楊維中 注譯

新譯華嚴經入法界品（上）

三民書局 印行

國家圖書館出版品預行編目資料

新譯華嚴經入法界品／楊維中注譯.——二版三刷.—
—臺北市：三民，2020
　冊；　公分.——(古籍今注新譯叢書)

ISBN 978-957-14-5448-1 （上冊：平裝）
ISBN 978-957-14-5449-8 （下冊：平裝）
1. 華嚴部

221.2　　100001233

古籍今注新譯叢書
新譯華嚴經入法界品（上）

注譯者　楊維中
發行人　劉振強
出版者　三民書局股份有限公司
地址　臺北市復興北路386號（復北門市）
　臺北市重慶南路一段61號（重南門市）
電話　(02)25006600
網址　三民網路書店 https://www.sanmin.com.tw

出版日期　初版一刷 2004 年 1 月
　二版一刷 2011 年 2 月
　二版三刷 2020 年 7 月
書籍編號　S032270
ISBN　978-957-14-5448-1

三民書局

刊印古籍今注新譯叢書緣起

劉振強

人類歷史發展，每至偏執一端，往而不返的關頭，總有一股新興的反本運動繼起，要求回顧過往的源頭，從中汲取新生的創造力量。孔子所謂的述而不作，溫故知新，以及西方文藝復興所強調的再生精神，都體現了創造源頭這股日新不竭的力量。古典之所以重要，古籍之所以不可不讀，正在這層尋本與啟示的意義上。處於現代世界而倡言讀古書，並不是迷信傳統，更不是故步自封；而是當我們愈懂得聆聽來自根源的聲音，我們就愈懂得如何向歷史追問，也就愈能夠清醒正對當世的苦厄。要擴大心量，冥契古今心靈，會通宇宙精神，不能不由學會讀古書這一層根本的工夫做起。

基於這樣的想法，本局自草創以來，即懷著注譯傳統重要典籍的理想，由第一部的四書做起，希望藉由文字障礙的掃除，幫助有心的讀者，打開禁錮於古老話語中的豐沛寶藏。我們工作的原則是「兼取諸家，直注明解」。一方面熔鑄眾說，擇善而從；一方面也力求明白可喻，達到學術普及化的要求。叢書自陸續出刊以來，頗受各界的喜愛，使我們得到很大的鼓勵，也有信心繼續推廣這項工作。隨著海峽兩岸的交流，我們注譯的成員，也由臺灣各大學的教授，擴及大陸各有專長的學者。陣容的充實，使我們有更多的資源，整理更多樣化的古籍。兼採經、史、子、集四部的要典，重拾對通才器識的重視，將是我們進一步工作的目標。

古籍的注譯，固然是一件繁難的工作，但其實也只是整個工作的開端而已，最後的完成與意義的賦予，全賴讀者的閱讀與自得自證。我們期望這項工作能有助於為世界文化的未來匯流，注入一股源頭活水；也希望各界博雅君子不吝指正，讓我們的步伐能夠更堅穩地走下去。

新譯華嚴經入法界品　目次

下冊

導讀

《華嚴經》全稱為《大方廣佛華嚴經》，也稱《雜華經》，是大乘佛教的重要經典，華嚴宗立宗的根基，對於中國佛教有著深遠的影響。直至目前，仍然得到佛教信眾的喜愛和深切信仰。無論從歷史與現實而言，還是從哲學思想與宗教信仰而言，《華嚴經》都不愧是人類思想文化寶庫中的瑰寶。〈入法界品〉儘管只是《華嚴經》的一部分，但無論從其在全經中佔據的分量來看，還是從其對於印度佛教、中國佛教以及整個東亞佛教的影響來看，〈入法界品〉無疑可以說是《華嚴經》的精髓所在，在一定程度上完全可以將其當作濃縮了的《華嚴經》來看。正緣於此，我們不嫌篇幅巨大，將〈入法界品〉幾乎全部注解、解釋、語譯於茲以饗讀者諸君。為方便閱讀，茲從《華嚴經》的整體入手，對於〈入法界品〉的內容及其意義作些解釋、介紹。

壹、《華嚴經》的形成與漢譯

《華嚴經》全稱《大方廣佛華嚴經》，或稱《大方廣佛會經》，亦稱《雜華經》、《不思議解脫經》。《大方廣佛華嚴經》經題包含了諸多涵義。「大」就是「週徧」、「包含」的意思。所謂「週徧」是指佛法週徧一切時、一切處，「時」指時間，「處」指空間。所謂「包含」，是指佛法總攝一切，包容一切，即任何事物都在佛心中顯現，沒有一事、一物、一位眾生能夠在佛心之外。「方」是「方正」的意思，指此經所講的義理不偏不倚，真正正確。「方廣」也可以合起來講，指「十二分教」中的「方廣分」。此處的「方廣」是大乘的代稱，與「方等」的涵義相同。「大」本來與「方廣」的涵義相同，此經題在「方廣」之前加上「大」字，表示此經既「大」又「方廣」。也就是說，此經總說一心法界之體用，廣大無邊，因而稱之為「大方廣」。「華」字與「花」字相同，以「花」作莊嚴，就稱之為「華嚴」。而「華嚴」與「佛」又構成因果關係，「華嚴」是「因」，「佛」是「果」，菩薩修習四攝、六度是「因」，最後成佛是「果」。此經為釋迦成佛後第一次說法，在菩提場等處，藉普賢、文殊諸大菩薩顯示佛陀之因、行、果德如雜華莊嚴、廣大圓滿、無盡無礙之妙旨。總體而言，「大方廣」是指所證之法，「佛」為能證之人，也就是證得大方廣之理的佛，「華嚴」二字是對佛的比喻。因位之萬行如「華」，以此「華」莊嚴果地。此經除去毗盧遮那佛之外，文殊師利菩薩、普賢菩薩以及善財童子是其中最為重要、具有重要象徵意義的形象。文殊菩薩象徵般若智慧，普賢菩薩象徵菩薩行，從「華嚴三聖」的角度解釋《華嚴經》的經題，則是以文殊菩薩的大智，去運普賢的大行，由兩者來莊嚴毗盧遮那佛的清淨法身。而〈入法界品〉所塑造的善財童子則象徵著以文殊的大智慧，運用普賢行，來證入法界，成就佛果。

《華嚴經》完整的漢語翻譯，有三大部：

第一部為東晉佛陀跋陀羅（西元三五九—四二九年）所譯的六十卷本（起初分為五十卷），分三十四品，名《大方廣佛華嚴經》，簡稱為「晉譯本」或「六十華嚴」。譯經的事跡，如《出三藏記集》卷九〈《華嚴經》記〉說：

> 《華嚴經》胡本，凡十萬偈。昔道人支法領，從于闐得此三萬六千偈。以晉義熙十四年，歲次鶉火，三月十日，於揚州司空謝石所立道場寺，請天竺禪師佛度跋陀羅，手執梵文，譯胡為晉，沙門釋法業親從筆受。時吳郡內史孟顗，右衛將軍褚叔為檀越，至元熙二年六月十日出訖。凡再校胡本，至大宋永初二年，辛丑（應是「辛酉」）之歲十二月二十八日校畢。❶

此中，也許是筆誤，將「佛陀跋陀羅」稱之為「佛度跋陀羅」，其實指的是一個人。《華嚴經》

---

❶《大正藏》卷五十五，頁六一上。

的梵本，號稱十萬偈，但「晉譯本」的梵本，僅有三萬六千偈。這部梵本，是支法領從于闐取回來的，如《高僧傳》卷六所說：「初，經流江東，多有未備，禪法無聞，律藏殘闕。(慧)遠慨其道缺，乃令弟子法淨、法領等，遠尋眾經，踰越沙雪，曠歲方反，皆獲梵本。」❷依《高僧傳》所說，支法領等去西方取經，是秉承慧遠的命令，去的不止一人，弟子們分頭去尋訪，也各有所得，所以說「皆獲梵本」。《華嚴經》梵本，就是支法領取回來的。僧肇在答劉遺民的信中也說到這件事情：「領公遠舉，乃千載之津梁也！於西域還，得方等新經二百餘部。」❸大抵慧遠在江東，所以經本也到了江東。恰好禪師佛陀跋陀羅到了江東，就在建康道場寺，將《華嚴經》翻譯出來。從義熙十四年(西元四一八年)三月，到元熙二年(西元四二〇年)六月，纔全部譯出。

第二部為唐實叉難陀(西元六五二—七一〇年)所譯，凡八十卷，分三十九品，也名《大方廣佛華嚴經》，簡稱「唐譯本」或「八十華嚴」。譯經的情形，如《開元釋教錄》卷九說：

沙門實叉難陀，唐云喜學，于闐國人。……天后明揚佛日，敬重大乘。以《華嚴》舊經處、會未備，遠聞于闐有斯梵本，發使求訪，並請譯人。實叉與經同臻帝闕，以天后證聖元年乙未，於東都大內徧空寺譯《華嚴經》。天后親臨法座，煥發序文；自運仙毫，首題名品。

❷《大正藏》卷五十，頁三五九中。

❸僧肇《肇論・般若無知論》附〈答劉遺民書〉，《大正藏》卷四十五，頁一五五下。

南印度沙門菩提流志，沙門義淨，同宣梵文。後付沙門復禮、法藏等，於佛授記寺譯，至聖曆二年己亥功畢。❹

「唐譯本」的梵本，也是從于闐請來。譯主實叉難陀為于闐人。譯經的時間，為證聖元年（西元六九五年）到聖曆二年（西元六九九年）。據《華嚴經疏》說：「於東都佛授記寺，再譯舊文，兼補諸闕，計益九千頌，通舊總四萬五千頌，合成唐本八十卷。」❺比對兩種譯本，「晉譯本」的〈盧舍那佛品〉第二，「唐譯本」譯為〈如來現相品〉第二到〈毗盧遮那品〉第六，分為五品。這一部分，「唐譯本」要詳備些。「唐譯本」〈十定品〉第二十七，「晉譯本」缺；二譯的重要差別，是晉譯缺了這一品。兩種譯本相比較，一共相差一會五品。

第三部為唐般若（西元七三四年—？）譯，四十卷，名為《大方廣佛華嚴經》，簡稱為「四十華嚴」。這部經雖題《大方廣佛華嚴經》的通稱，而內題《入不思議解脫境界普賢行願品》，實際上只是「唐譯本」第三十九〈入法界品〉的異譯。這部經的梵本，是烏荼國王於唐德宗貞元十一年（西元七九五年）奉獻給唐帝的。次年六月，在長安崇福寺翻譯，到貞元十四年（西元七九八年）譯成。此譯本最重要的是第四十卷，後來作為單行本流通，被稱之為《普賢行願品》。

❹ 唐智昇《開元釋教錄》卷九，《大正藏》卷五十五，頁五六六上。

❺ 澄觀《華嚴經疏》卷三，《大正藏》卷三十五，頁五二四上。

上述三大譯本之中，「六十華嚴」和「八十華嚴」為全本，而「四十華嚴」只是〈入法界品〉的異譯本。此外，《華嚴經》的某一品或某一部分單獨譯為漢語的也很多，法藏在《華嚴經傳記》卷一中列舉了三十五部❻。這些別譯本現今大部分都保存了下來。

關於《華嚴經》梵本在印度的流傳情況，有種種不同的說法。梁譯《攝大乘論》卷十五說：「《華嚴經》有百千偈，故名《百千經》。」❼「百千偈」就是十萬頌。法藏在其《華嚴經傳記》卷一則說，西域傳說，《華嚴經》有三本，其中，上本篇幅之大無法衡量；中本有四十九萬八千八百偈，一千二百品，決非世人之力所能為；下本十萬偈，四十八品，分成六個梵莢，現在西域、天竺流傳。中土的兩種全譯本也只是其節譯本❽。傳來中土的完整的《華嚴經》，除前述兩種之外，還有一種大慈恩寺藏本。智儼在《孔目章》中說：「依大慈恩寺《華嚴》梵本，檢有五百四十一紙葉，……四萬一千九百八十頌，餘十字。」❾《華嚴經》雖有十萬頌說，但傳來中國的《華嚴經》梵本，都在四萬頌左右。六十卷本的梵本是三萬六千頌，大慈恩寺梵本是四萬一千九百八十頌餘十字，八十卷本的梵文是四萬五千頌，藏譯本

❻ 法藏在《華嚴經傳記》卷一中還列舉了二部經名：一是由齊蕭子良摘抄的《鈔華嚴經》十五卷；二是《華嚴十惡經》一卷，法藏說此為隋學士費長房《歷代三寶記》所錄注，入偽妄。此二部不便列入。

❼ 真諦譯《攝大乘論釋》卷十五，《大正藏》卷三十一，頁二六三上。

❽ 此記載見於法藏《華嚴經傳記》卷一，《大正藏》卷五十一，頁一五三上至一五六中。此語本來是說《華嚴大不思議解脫經》的流傳情況的，而一般認為龍樹見到的應該是〈入法界品〉。

❾ 唐智儼《華嚴經內章門等雜孔目章》卷四〈梵本同異義〉，《大正藏》卷四十五，頁五八八上。

大概也不會超過六萬頌。

《華嚴經》的〈入法界品〉和〈十地品〉是尼泊爾佛教經常傳習的九部大經中的兩部，其梵本至今仍然存在。十九世紀中，這兩品梵文經文，先後流傳到印度、英國、法國、日本等國，並且有多種校刊本。

關於大部《華嚴經》的形成，古代以智昇《大唐內典錄》卷九的說法為代表，認為所有單行經都是從大本經之中節略而成，並且只是文字的差別而無義理的差異。近現代的學者則持相反的意見，比較一致的意見是此經並非一次集出，大部《華嚴經》可能是由小部諸品單獨流傳，然後再經組合組織而成今日所見的大部頭經集。此經漢譯的歷史過程也印證了這一點。

關於《華嚴經》形成的歷史過程，異說甚多，難於取得一致意見。除了此經單行經漢譯過程可以作為佐證之外，〈十地品〉與〈入法界品〉的流傳時間也是考察《華嚴經》形成時間與地域的較為有力的證據。

龍樹在《大智度論》卷四十九中提到：「此地相如《十地經》中廣說。」❿《大智度論》卷五十則提到《不可思議經》之名⓫，並且引用了此經中的許多說法。關於《不可思議經》的提法，大多數認為應該是指〈入法界品〉，如呂澂就明確說：「〈入法界品〉在龍樹的《大

❿ 羅什譯《大智度論》卷四十九，《大正藏》卷二十五，頁四一一中。
⓫ 羅什譯《大智度論》卷五十，《大正藏》卷二十五，頁四一九上。

智度論》裡引用時稱為《不思議解脫經》。」⑫但是，法藏在《華嚴經傳記》卷一中引用真諦的材料說：

龍樹菩薩往龍宮見此《華嚴大不思議解脫經》，有三本，上本有十三千大千世界微塵數偈四天下微塵數品，中本有四十九萬八千八百偈一千二百品，下本有十萬偈四十八品。其上、中二本及普眼等，並非凡力所持，隱而不傳。下本見流天竺。⑬

從上下文看，《華嚴大不思議解脫經》似乎應該是指《華嚴經》全文。但是，現今的學者一般以為，在龍樹之前，《華嚴經》的全本不可能會出現，否則龍樹在《大智度論》中就不會同時稱引《十地經》與《不思議經》。還有，四十卷《華嚴經》的全名為《入不思議解脫境界普賢行願品》，似乎也可以從側面印證《不思議經》應該是指〈入法界品〉。呂澂先生認為：「在印度，《華嚴》一類經典是當西元第二世紀中頃先流行於南方的。這只要看經文的重要部分〈入法界品〉以福城做根據地，並得到當地的大塔，便可瞭然。福城即是東南印濱海的馱那羯磔迦城，大塔又就是阿摩羅跋提塔，各有實地實物可考。而從現存大塔的題銘上看，塔建於西元一三〇年以後，提到它的〈入法界品〉當然更要遲出了。」⑭如果這一證據成立

⑫ 呂澂《中國佛學源流略講》，頁三六五，中華書局一九七九年八月版。

⑬ 法藏《華嚴經傳記》卷一，《大正藏》卷五十一，頁一五三上至一五六中。

的話，〈入法界品〉的成立時間就應該在西元一五〇年左右。

呂澂是這樣描述《華嚴經》之形成過程的：〈入法界品〉「內容豐富，原來作為獨立的經典流行。龍樹時代以後，這一經的序文才結合了十方佛土思想而另有開展，就說成祇洹佛會上十方大眾集會，而得了『健拏驃訶』，即『眾會莊嚴』的名稱（西藏一本保存的原名如此）。大部《華嚴經》在《兜沙經》、《十地經》的思想基礎上，更結合了〈入法界品〉，發展無盡緣起理論和普賢願行實踐相一致的大乘理論，於是直接用一品的名目來作全經的題號了。」[15]印順法師在日本學者研究成果的基礎上提出了三階段說，可便參考，茲引用如下：「《華嚴經》是不同部類的綜集。集出的時間，應大分為三期：一、初編，如《兜沙經》、《菩薩本業經》等所表示的，在西元一五〇年時，一定已經集成。二、〈入法界品〉與〈世界成就品〉等，《大智度論》已加以引用，推定為龍樹以前，西元一五〇—二〇〇年間所集成。三、集成現存《華嚴經》那樣的大部，近代學者作出不同的推論，依個人的意見，贊同西元三世紀中說。當然，在大部集成以後，補充幾段，或補入一品，都是有可能的。」[16]

關於《華嚴經》形成的地域，任繼愈先生主編的《中國佛教史》甚至認為，「《華嚴經》當是西元四世紀流傳在西域，可能在于闐編纂成集的。」[17]日本持這種觀點的學者頗多。近

---

[14] 呂澂《中國佛學源流略講》，頁三六七，中華書局一九七九年版。
[15] 呂澂《中國佛學源流略講》，頁三六五，中華書局一九七九年版。
[16] 印順《初期大乘佛教之起源與開展》，頁一〇二〇至一〇二一，正聞出版社一九八九年二月第五版。

年出版的魏道儒《中國華嚴宗通史》依據西秦僧人聖堅所譯的《羅摩伽經》與〈入法界品〉在善財童子「西行」與「南行」問題上的不同，認為：「與其說〈入法界品〉產生於南印度或最早流行於南印度，不如說它出自印度以外的『東方界』人士之手。『東方界』人士為了概括華嚴經學，借用印度聖地編造求法故事，既涉及到北印度和中印度一些地區，也涉及到南印度的一些地區。此品的產生，不早於西元二五〇年，不遲於六十華嚴的編集。」⑱魏先生的這一看法頗為新穎，但不知是否考慮過龍樹已經看到〈入法界品〉這一證據以及漢譯《羅摩伽經》翻譯的時間為西元三八八年至四一二年之間。從前者而言，將〈入法界品〉定為最早形成於西元二五〇年，是有些問題的。從後者言之，也存在《羅摩伽經》與現存的〈入法界品〉同時形成流通的可能。另外，魏先生斷言〈入法界品〉晚出的理由之一是「普賢行」部分形成的時間須早於〈入法界品〉形成的時間，而關於「普賢行」部分的形成時間現今更缺乏能夠服眾的說法。而李富華先生則這樣評論：「這些觀點雖然都有一定根據，但並沒有確鑿的證據，有待新資料的發現和進一步的考察。」⑲本人以為，儘管從現代學術的嚴格要求來說，確實有資料的不完整問題，但諸說之中，大多數學者所確定的形成於于闐的說法最為可靠。

---

⑰ 任繼愈主編《中國佛教史》第三卷，頁一九六，中國社會科學出版社一九八八年四月第一版。

⑱ 魏道儒《中國華嚴宗通史》，頁四六，江蘇古籍出版社一九九八年七月第一版。

⑲ 李富華《《華嚴經》與普賢菩薩思想》，《佛學研究》第八期，頁一九六，一九九九年。

貳、《華嚴經》的結構以及〈入法界品〉在本經中的意義

如前所述，《華嚴經》經歷了較長時期的匯集過程，因而即便是作為全譯的兩種漢譯本，其結構也是有所不同的。突出表現在，六十卷《華嚴經》分為七處八會三十四品，而八十卷《華嚴經》則分為九會三十九品。世所公認，在幾種《華嚴經》漢譯本中，數唐譯《華嚴經》的文義最為暢達，品目也較為完備，在我國漢傳佛教中流傳也最為廣泛。因此，本譯注以八十卷《華嚴經》為藍本進行注譯。為節省篇幅，本文僅僅依照這一版本來介紹《華嚴經》的結構。

八十卷《華嚴經》七處九會三十九品的名目以及主要內容如下：

第一會為「菩提場會」，包括〈世主妙嚴品〉、〈如來現相品〉、〈普賢三昧品〉、〈世界成就品〉、〈華嚴世界品〉、〈毗盧遮那品〉等六品。此會敘述佛在菩提場中初成正覺，道場有無量美妙的珍寶作為莊嚴，金剛座上的毗盧遮那佛萬德圓滿。十方世界微塵數佛土菩薩乃至金剛力士諸神諸天一時雲集，各各說頌讚佛，所有的華藏莊嚴世界海中的一切世界也都同樣進入佛的境界。——以上為第一〈世主妙嚴品〉的內容。諸菩薩和一切世間主都說頌讚佛，佛顯現出瑞相發出光芒以頌作答。佛又顯現神變，一切法勝音等菩薩各說頌讚佛。——以上為第二〈如來現相品〉的內容。當時，普賢菩薩進入佛三昧，接受諸佛的讚嘆摩頂。普賢菩薩

從三昧起，十方一切如來放光頌讚普賢菩薩，一切菩薩也同時頌讚佛。——以上為第三〈普賢三昧品〉的內容。普賢菩薩憑藉佛的神力，向道場海眾諸菩薩說世界海等十事，分別顯示十方國土的形相和它的原因。——以上為第四〈世界成就品〉的內容。普賢菩薩又向會眾宣說毗盧遮那佛往昔修行所嚴淨的華藏世界海無量妙寶莊嚴功德，乃至世界海中一切世界的莊嚴和諸佛號。——以上為第五〈華嚴世界品〉的內容。普賢菩薩又說這是由於毗盧遮那佛過去世為大威光太子時，供養諸佛，廣修無量妙行的廣大功德莊嚴所成就。——以上為第六〈毗盧遮那品〉的內容。

第二會為「普光法堂會」，包括〈如來名號品〉、〈四聖諦品〉、〈光明覺品〉、〈菩薩問明品〉、〈淨行品〉、〈普賢品〉等六品。佛在普光明殿蓮花座上，顯現出神變，十方菩薩都來集會。文殊師利菩薩承佛的威力，向眾菩薩稱說佛的名號，由於隨應各別的知見，於是就有無量不同名號的如來為會眾說法。——以上為第七〈如來名號品〉的內容。文殊師利菩薩又說娑婆世界中苦、集、滅、道四聖諦的種種異名，以及十方一切世界無量不同的四聖諦名。這些都針對著眾生的心，使眾生的心得到調伏。——以上為第八〈四聖諦品〉的內容。這時，佛的兩足輪放出光芒，普照十方，各現佛事。文殊師利菩薩說頌稱說佛的無邊功德行願。——以上為第九〈光明覺品〉的內容。文殊師利菩薩又和覺首等九位菩薩反覆問答十種甚深的佛法明門。——以上為第十〈菩薩問明品〉的內容。智首菩薩啟問，文殊師利菩薩答說菩薩身、語、意業動靜語默中為饒益眾生所應該發起的一百四十種清淨願行。——以上為第十一〈淨行品〉的內容。文殊師利菩薩又問，普賢菩薩以偈語答菩薩修行的無量殊勝功德，信願不虛，定慧圓滿成就。——以上為第十二〈普賢品〉的內容。

第三會為「忉利天宮會」，包括〈昇須彌山頂品〉、〈須彌頂上偈贊品〉、〈十住品〉、〈梵行品〉、〈初發心功德品〉、〈明法品〉等六品。佛不離菩提樹下，上昇到須彌山帝釋宮殿。帝釋莊嚴宮殿，迎接佛入座，並且與諸天一起說偈語讚頌佛。——以上為第十三〈昇須彌山頂品〉的內容。十方佛世界法慧等菩薩都前來集會，各說偈語稱讚佛所修行的無量勝妙功德。——以上為第十四〈須彌頂上偈贊品〉的內容。法慧菩薩由於佛的威力，進入無量方便三昧，受到諸佛讚嘆並摩頂。法慧菩薩出定之後，廣說「十住」的法門，每一「住」中各有聞、修十法。——以上為第十五〈十住品〉的內容。這時，正念天子來問，法慧菩薩向他宣說修習梵行的種種無相觀法。——這是第十六〈梵行品〉的內容。天帝釋來問，法慧菩薩向其宣說菩薩初發菩提心所獲的種種無量功德。發心便能夠與佛平等，便無所得。——以上為第十七〈初發心功德品〉的內容。精進慧菩薩問初發心菩薩如何修行，法慧菩薩以「十不放逸」、「得十清淨」、「十佛歡喜」、「十法安住」、「十法入地」、「十法行清淨」、「十種清淨願」、「十法圓滿大願」、「十無盡藏」等修行法門以及所應獲得的成就作答。——以上為第十八〈明法品〉的內容。

第四會為「夜摩天宮會」，包括〈昇夜摩天宮品〉、〈夜摩宮中偈贊品〉、〈十行品〉、〈十無盡藏品〉等四品。這時，佛昇入夜摩天宮。夜摩天王在莊嚴宮殿中莊嚴寶座，迎請如來，說頌讚佛，佛隨即入座。——以上為第十九〈昇夜摩天宮品〉的內容。功德林菩薩等微塵數菩薩都前來集會，十大菩薩各自說偈頌稱揚佛週徧法界的行願功德。——以上為第二十〈夜摩宮中偈贊品〉的內容。功德林菩薩由於佛的威力，進入善思惟三昧，受到諸佛稱讚並且受到佛的摩頂。功德林菩薩出定廣說「十行」法門，並一一分別其行相。——以上為第二十一〈十行品〉的內容。功德林菩薩又對諸菩薩宣說菩薩「十無盡藏」的一一行相，由此能夠使一切修行者成就無盡大藏。——以上為第二十二〈十無盡藏品〉的內容。

第五會為「兜率天宮會」，包括〈昇兜率天宮品〉、〈兜率宮中偈贊品〉、〈十迴向品〉等三品。這時，佛又昇入兜率天。兜率天王莊嚴宮殿中的座位迎請如來，並且說頌讚誦佛。佛隨即入座。——以上為第二十三〈昇兜率天宮品〉的內容。金剛幢等十大菩薩和微塵數菩薩從十佛世界前來集會，各自說頌讚誦稱揚佛德。——以上為第二十四〈兜率宮中偈贊品〉的內容。金剛幢菩薩由於佛的威力，進入智光三昧，受到諸佛稱讚並且摩頂。金剛幢菩薩從定中起，向諸菩薩廣說「十迴向」法門，並且一一分別解說所修行相。——以上為第二十五〈十迴向品〉的內容。

第六會為「他化自在天宮會」，包括第二十六〈十地品〉一品。當時，佛在他化自在天宮摩尼寶殿，諸方世界諸大菩薩都前來集會。這時，金剛藏菩薩由於佛的威力，進入大智慧光明三昧，受到諸佛稱讚並且摩頂。金剛藏菩薩從定中起，向會眾宣說「十地」的名稱。這時，解脫月等菩薩請他解說，佛也放出光明給其加以神力，金剛藏菩薩便向會眾演說甚深的十地法門行相。

第七會為「重會普光法堂會」，包括〈十定品〉、〈十通品〉、〈十忍品〉、〈阿僧祇品〉、〈如來壽量品〉、〈諸菩薩住處品〉、〈佛不思議法品〉、〈如來十身相海品〉、〈如來隨好光明功德品〉、〈普賢行品〉、〈如來出現品〉等十一品。佛在普光明殿，普眼菩薩向佛問從普賢菩薩三昧中所修的妙行，佛教誨他自己請求普賢菩薩宣說。這時，大眾希望見到普賢菩薩並且殷勤頂禮，普賢菩薩纔以神力出現，向會眾廣說「十大種三昧」的高深法門。——以上為第二十七〈十定品〉的內容。普賢菩薩又向大眾宣說十種神通。——這是第二十八〈十通品〉的內容。普賢菩薩又向會眾廣說十種法忍。——這是第二十九〈十忍品〉的內容。這時，心王菩薩問，佛便向他宣說阿僧祇不可說數量的世間、出世間一切諸法的事理。——這是第三十〈阿僧祇品〉的內容。心王菩薩又向大眾宣說諸佛世界的壽量和它們的長短比較。——這是第三十一〈如來壽量品〉的內容。心王菩薩又向大眾宣說十方菩薩和他們的眷屬的住處以及常住說法的地名。——這是第三十二〈諸菩薩住處品〉的內容。這時，會中諸菩薩心中希望知道諸佛的國土、本願、種姓、出現、佛身、音聲、智慧、自在、無礙、解脫等不思議事，佛便加持青蓮花藏菩薩廣說佛所住的十不思議法門。——以上為第三十三〈佛不思議法品〉的內容。普賢菩薩向諸菩薩演說佛的身相莊嚴，略說有九十七種大人相，廣說十華藏世界海微塵數大人相。——以上為第三十四〈如來十身相海品〉的內容。佛向寶手菩薩宣說如來的隨好中各有光明，週徧法界，能夠拔出地獄眾生之苦，生於兜率天，乃至使得這些眾生證得十地等光明無盡的功德。——以上為第三十五〈如來隨好光明功德品〉的內容。普賢菩薩又向大眾演說佛為了解脫眾生的結縛以及能障百萬法門的瞋心，告誡眾生應當勤修十法，具十清淨、十廣大智，獲得十種普入，住於十種妙心，獲得十種佛法善巧智。——以上為第三十六〈普賢行品〉的內容。這時，佛從眉間放光，名「如來出現光」。如來性起妙德菩薩向佛請問大法，佛又放光使其進入普賢菩薩之口，普賢菩薩便廣說佛以十無量法出現，以十無量百千阿僧祇事得到成就。說完之後，諸佛菩薩稱讚並且為會眾授記，普賢菩薩最後說頌激勵眾生受持。——以上為第三十七〈如來出現品〉的內容。

第八會為「三會普光法堂會」，包括第三十八〈離世間品〉一品。佛在普光明殿，普賢菩薩進入佛華藏莊嚴三昧，菩薩從三昧起，普慧菩薩請問菩薩依、菩薩行乃至佛示涅槃等二百個問題，普賢一問十答，分別演說二千法門。諸佛顯現於前贊喜。普賢菩薩再用偈頌重說菩薩的功德行處。

第九會為「逝多園林會」，包括第三十九〈入法界品〉一品，其內容下面當詳。

以上是唐譯本《華嚴經》九會三十九品的梗概。晉譯六十卷本中只有八會三十四品，這是因為舊譯本缺譯〈十定品〉一品，並且以〈十地品〉以下十一品為第六會而減少一會。還有，唐譯本八十卷〈如來現相品〉以下五品在舊譯中合譯為〈盧舍那佛品〉一品。這樣，唐譯本與晉譯本一共相差一會五品。七次集會的場所為：「菩提場」、「普光法堂」、「忉利天宮」、「夜摩天宮」、「兜率天宮」、「他化自在天宮」、「逝多園林」，其中，在「普光法堂」集會三次。

篇幅巨大的《華嚴經》，儘管並非形成於一時一地，但卻有著較為嚴整的結構。依照序分、正宗分、流通分三分來科判此經，一般以初品〈世主妙嚴品〉為序分，〈如來現相品〉（六十卷《華嚴經》名為〈盧舍那佛品〉）以下為正宗分。關於流通分古來有多種說法，北魏慧光以〈入法界品〉為流通分，隋代慧遠以〈入法界品〉善財童子以下為流通分，隋代靈裕以〈入法界品〉最後的偈頌作為流通分，而法藏則認為此經沒有流通分。法藏說：「初品是序分，二〈盧舍那品〉下是正宗，經來不盡故無『流通』。」⑳譯出的經文並不完整，流通分未曾譯出。這是法藏的第一種解釋。關於此經本來就沒有流通分的理由，法藏說：「又釋此經總無『流通』，以前七會各無『流通』故。《大般若經》十六會末各別『流通』，此不同彼，故知此經總無『流通』，表顯法門無終盡故。」㉑「為此經是稱法界法門說，故總無『流通』。」「以所入無極故，無終『流通』，如修生佛果有始無終。」㉒法藏以為，《大般若經》等大經每會之後都有流通分，全經之末尾也就有流通分，而此經每會之後並無流通分，因此全經也無流通分。這是第一項理由。第二項理由是，從佛教義理角度言之，此經所言修行法門沒有終盡，所入的法界沒有終極，因此就沒有流通分。澄觀則不贊成法藏的判釋，認為此經三分俱全。澄觀這樣說：

⑳ 法藏《花（華）嚴經文義綱目》，《大正藏》卷三十五，頁五〇一上。

㉑ 法藏《花（華）嚴經文義綱目》，《大正藏》卷三十五，頁五〇一上。

㉒ 法藏《華嚴經探玄記》卷二，《大正藏》卷三十五，頁一二五上。

所以三者，夫聖人設教，必有其漸，將命微言，先彰由致，故受之以「序分」。由致既彰，當機受法，故受之以「正宗」。正宗既陳，務於開濟，非但篤於時、會，復令末葉傳芳，永耀法燈，明明無盡，故受之以「流通」。非唯一部，當會當品等，皆容有之，故依三也。㉓

澄觀認為隋代慧遠的判釋最為合理，「以奇人進修示物，有分流通相故。故慈氏云，若有敬慕心，亦當如是學。」㉔澄觀以後，華嚴宗一般以澄觀之說為正統看法。

古代佛學家也有從經義角度解釋《華嚴經》之結構的。法藏在《華嚴經探玄記》卷二和《花（華）嚴經文義綱目》中都以「五週因果」判釋此經。澄觀在《華嚴經疏》卷四中沿用法藏的這一說法來解釋八十卷本《華嚴經》：

此經一部有五週因果，即為五分。初會中，一週因果。謂先顯舍那果德，後〈遮那〉一品明彼本因，名「所信因果」。二，從第二會至第七會中〈隨好品〉，名「差別因果」。謂二十六品辯因，後三品明果，亦名「生解因果」。三，〈普賢行品〉辯因，〈出現品〉明果，即名「平等因果」；非差別顯故，亦名「出現因果」。四，第八會初明五位因，後明八相果，名「出世因果」，亦名「成行因果」。五，第九會中，初明佛果大用，後顯菩薩起用修因，名

㉓ 澄觀《華嚴經疏》卷四，《大正藏》卷三十五，頁五二七上、中。
㉔ 澄觀《華嚴經疏》卷四，《大正藏》卷三十五，頁五二七中。

「證入因果」。因、果二門俱證入故，各分因果，果亦為十也。㉕

華嚴宗也就依據法藏和澄觀的說法將八十卷《華嚴經》分為五部分：第一部分就是第一會六品，宣說闡明佛土與佛，這是菩薩修行之中所「信」的因果。描述此經所塑造的最高的崇拜對象毗盧遮那佛及其所教化的世界以及菩薩行的基本內容。第二部分由第二會直到第七會的四十八品，宣說闡明菩薩行，略舉佛與所說法，然後勸信令行，次第深入。這裡重點闡述以「十住」、「十行」、「十迴向」、「十地」等菩薩修行階位，「果」是指佛地的功德差別，這屬於「生解因果」。第三部分包括第七會中的第三十六〈普賢行品〉、第三十七〈如來出現品〉，「因」是普賢菩薩之行願，「果」是如來出現之果德，這屬於「出現因果」即如來出世的因果。第四部分為第八會，「因」為「十信」、「十住」、「十行」、「十迴向」、「十地」等「五位」的修行，「果」是指佛的「八相成道」之果德，這屬於「成行因果」。第五部分就是〈入法界品〉，「因」是善財童子的參學歷程，「果」是證入的佛果。這屬於「證入因果」，即修行者可以通過這一路經證入佛果。

上文所述的古人對於《華嚴經》有無流通分的分歧，已經涉及到〈入法界品〉在此經中的地位問題，以為此經缺乏流通分的最核心理由恐怕在於不大願意將〈入法界品〉當作在全經中地位偏弱的「流通分」看待。如法藏就不希望將〈入法界品〉當作「流通分」，而贊成

㉕ 澄觀《華嚴經疏》卷四，《大正藏》卷三十五，頁五二七中、下。

其說的近現代佛學家或多或少也有這一考慮。日本學者龜川教信就認為：「有關流通分雖然區分為有、無兩說，但是法藏之正確所立，本經為稱法性之根本教者，特不另立流通分為是。」㉖這一說法也是有道理的，因為從《華嚴經》形成的歷史看，〈入法界品〉形成與流通在前，《華嚴經》的編訂在後，因而〈入法界品〉不大可能如同小部經一樣正好成為全經的流通分。但是，澄觀以後，華嚴宗將〈入法界品〉中善財童子出場以後的部分當作流通分也是可以成立的。正如澄觀所說：「謂前九會是本會，亦是佛會，佛為主故。從文殊至福城東已後，並是末會，亦是菩薩會，以諸善知識為會主故。」㉗可見，從性質上說，〈入法界品〉與前面的八會是有些不同，因而也就可以將此品所言善財童子的參學過程當作前述「本會」的實踐典範看待。

參、《華嚴經》的基本思想

作為大乘佛教的基本經典，《華嚴經》有著豐富的佛學思想，對於印度佛教、中國佛教以及日本、韓國等地的佛教產生了深遠的影響，隋唐時代更是以之為主要典據成立了華嚴宗，並傳入日、韓等國。關於《華嚴經》的宗趣與經義，古來同樣有不同的理解。南朝齊代曇衍

㉖ 龜川教信著《華嚴學》，印海譯，佛光出版社一九九七年九月版，頁五四。
㉗ 澄觀《華嚴經疏》卷四，《大正藏》卷三十五，頁五二七下。

認為此經以無礙法界為宗趣，隋代靈裕則認為此經是以甚深法界為宗趣；也有人說此經是以緣起為宗趣，有人說此經是以唯識為宗趣，還有人說此經是以海印三昧為宗趣；唐代敏、印等二師說此經是以因果為宗趣，隋代慧遠說此經是以華嚴三昧為宗趣，隋代摩笈多說此經是以觀行為宗趣，北魏慧光則以為此經是以因果理實為宗趣㉘。唐代創立宗派的法藏以及澄觀都依據慧光的解釋加以充實，以因果、緣起、理實法界為宗趣來解釋此經，這成為後來華嚴宗的共同見解。

具體言之，《華嚴經》主要發揮輾轉一心、深入法界、無盡緣起的理論與普賢行願的實踐相一致的大乘瑜伽思想。唐代翻譯的八十卷本，主要講菩薩的「十信」、「十住」、「十行」、「十迴向」、「十地」等法門行相和修行的感果差別，以及依此修行實踐證得廣大無量功德等，最後宣說諸菩薩依教證入清淨法界、頌揚佛的「功德海相」等。其中心內容是從「法性本淨」的觀點出發，進一步闡明法界諸法等同一味、一即一切、一切即一、無盡緣起等理論。在修行實踐上依據「三界唯心」的教義，強調解脫的關鍵是在心（阿賴耶識）上用功，指出依十地而輾轉增勝的普賢願行，最終能入佛地境界即清淨法界。從整體而言，《華嚴經》的十方成佛的思想、菩薩修行的階位以及「三界唯心」的思想對於中國佛教影響甚為深遠，尤其是它所渲染的「華藏莊嚴世界海」更是幾千年來佛教信眾所嚮往、信仰的對象。以下則分而論之。

㉘ 澄觀《華嚴經疏》卷三，《大正藏》卷三十五，頁五二一下至五二二上。

一、毗盧遮那佛

在佛教信仰領域，《華嚴經》推崇毗盧遮那佛，並且以其為中心塑造出名為華藏世界海的佛國世界。毗盧遮那佛並非由《華嚴經》首先提出，早在《阿含經》中就有他的名字，《梵網經》中已經有描述。但是，以法身佛來描述毗盧遮那佛，這可以說是《華嚴經》的創造。

「毗盧遮那」一語，最早出現於《雜阿含經》卷二十二：「破壞諸闇冥，光明照虛空，今毗盧遮那，清淨光明顯。」此中所指的「毗盧遮那」一詞，係「太陽」之意。「毗盧遮那」的梵文詞為Vairocana，又作「毗樓遮那」、「毗盧折那」、「吠嚧遮那」，略稱「盧舍那」、「盧遮那」、「遮那」，意譯「偏一切處」、「偏照」、「光明偏照」等。據《一切經音義》卷二十一載：「毗盧遮那，云『光明偏照』也，言佛於身智，以種種光明，照眾生也。或曰『毗』，偏也；『盧遮那』，光照也；謂佛以身智無礙光明，偏照理事無礙法界也。」㉙《華嚴經》言，毗盧遮那佛全身發光，如同太陽。「光明偏照」之語在全經中隨處可見，譬如：

> 爾時世尊，知諸菩薩心之所念，即於面門眾齒之間放佛剎微塵數光明。所謂：眾寶華偏照光明、出種種音莊嚴法界光明、垂布微妙雲光明、十方佛坐道場現神變光明、一切寶焰雲蓋光明、充滿法界無礙光明、遍莊嚴一切佛剎光明、迴建立清淨金剛寶幢光明、普莊嚴菩

㉙《一切經音義》卷二十一，《大正藏》卷五十四，頁四三四下。

> 薩眾會道場光明、妙音稱揚一切佛名號光明。如是等佛剎微塵數，一一復有佛剎微塵數光明以為眷屬。其光悉具眾妙寶色，普照十方各一億佛剎微塵數世界海。彼世界海諸菩薩眾於光明中，各得見此華藏莊嚴世界海。以佛神力，其光於彼一切菩薩眾會之前。㉚

佛能在身上任何部位發出無量光明，佛的光芒照耀一切世間之海，照耀一切世間國土。《華嚴經》屢次提到，佛以定力、神力使會中的菩薩及其他會眾得以見到未曾見到的景象，聽到未曾聽到的話語。世間的眾生因為目睹佛的光明的緣故，因為佛光照耀的緣故，得以覺悟，獲得智慧。以毗盧遮那佛作為佛之法身的象徵，是將佛視作照耀一切、生育一切的太陽的結果。「毗盧遮那」象徵佛智的廣大無邊，而佛之所以能夠如此，是其歷經無量劫海之修習功德而得到的正覺，是其智慧法身的體現、顯現。

大乘佛教中的「法身」，又名「自性身」，或稱「法性身」，本來是指佛之自性真身。法身無來無去，依於如來藏而顯現為法身，因此佛也稱為「如來」。澄觀在《華嚴經隨疏演義鈔》卷四中這樣解釋「法身佛」：「夫真身寥廓，與法界合其體者……包羅無外，與萬化齊其用者，……窮源莫二。」㉛「法身」是一種永恆而普遍的真理，它無形無象，不可名狀，不可思議。人們平常所接觸的佛只是佛的應身、化身，而並非「法身」。《華嚴經》也是持這

㉚ 唐實叉難陀譯《大方廣佛華嚴經》卷六，《大正藏》卷十，頁二六下。

㉛ 澄觀《華嚴經隨疏演義鈔》卷四，《大正藏》卷三十六，頁二七中。

種觀念的，經中說：「一切諸佛身，唯是一法身。……一切諸佛剎，莊嚴悉圓滿。隨眾生行異，如是見不同。」㉜這是說，從本質上，一切佛身、佛心、佛土，都是平等而無差別的，也就是「一」。只是由於眾生的業力不同，喜樂各異，因而所見到的佛身、佛土也各不相同。佛針對眾生的根機與喜好而應化，顯現於世間的形象便各不相同。《華嚴經》的殊勝之處在於塑造了毗盧遮那這樣一位法身、報身、應身「三位一體」的佛的形象。

「報身」是由佛的智慧功德所成的，有「自受用報身」和「他受用報身」的分別。自受用報身是佛自己受用內證法樂之身，他受用報身是佛為十地菩薩說法而變現的身。「應身」又名「應化身」，或「變化身」，即應眾生之機緣而變現出來的佛身。華嚴學者以十身相即融攝來解釋三身，澄觀說：

即三身即十身者，若以佛身上十身者，菩提身、願身、化身、力持身、意生身，即三身中化身攝也；相好身、威勢身、福德身，義通報、化；法身即法身；智身義通三身，局唯報身故。即三是十，即十是三。若約融三世間十身，即三身者，如來身通三身，智身亦通三身，法身、虛空身即法身，餘六通法、化，法身體故，隨物應國土等故。㉝

㉜ 唐實叉難陀譯《大方廣佛華嚴經》卷十三，《大正藏》卷十，頁六八下。

㉝ 澄觀《華嚴經隨疏演義鈔》卷四，《大正藏》卷三十六，頁三一上。

而毗盧遮那佛是十身具足的。毗盧遮那是唯一的如來，是真正的世尊，十方微塵數諸佛都圍繞在他的周圍，成為他的化身。《華嚴經》從頭至尾，毗盧遮那佛都沒有說過一句話，但是各位大菩薩和諸位善知識所表現出來的一切功德和智慧，以及演說的全部佛法，都是他的神力加持的結果。毗盧遮那佛具有一切智慧和最高覺悟，接受眾生的膜拜；同時，他也給信仰者以智慧和覺悟，給其顯示、加持各種神通，這就是其化身和報身的表現。而釋迦牟尼佛這位世間的聖人，也就成為毗盧遮那法身佛的一位應化身。而從三位一體的角度觀之，毗盧遮那佛與釋迦牟尼佛是一而二、二而一的，並無什麼區別。

正因為佛的三身分別只是從方便應化的角度去說的，其實質無有任何區別，因此，《華嚴經》並未對毗盧遮那佛與釋迦牟尼佛作出區分。《華嚴經》開初就說：「佛在摩竭提國，阿蘭若法菩提場中，始成正覺。」[34]在摩竭提的菩提場，是釋尊初成正覺之處。經中又說，在華藏莊嚴世界海的中央，普照十方寶光明世界種的第十三層，「至此世界，名娑婆，……其佛即是毗盧遮那如來。」[35]依照一般的說法，娑婆世界的佛是釋迦牟尼佛，而此處則說毗盧遮那是娑婆世界的佛，顯然二者所指是一致的。《華嚴經・如來名號品》說：「如來於此四天下中，或名一切義成（即悉達多），……或名釋迦牟尼，或名第七仙，或名毗盧遮那，或名瞿曇氏，或名大沙門。」[36]可見，釋迦牟尼只是毗盧遮那的別名，是二而一、一而二的，

---

[34] 唐實叉難陀譯《大方廣佛華嚴經》卷一，《大正藏》卷十，頁一中。

[35] 唐實叉難陀譯《大方廣佛華嚴經》卷八，《大正藏》卷十，頁四三上、中。

並沒有嚴格的分別意義，所以經中或說毗盧遮那，或說釋迦尊。譬如〈入法界品〉中，善財童子參訪的善知識，有嵐毗尼林神、釋種女瞿波、佛母摩耶，都與釋尊的誕生有關。如釋種女瞿波就說過：「今釋迦牟尼佛是也。」「晉譯本」㊲與「唐譯本」㊳所譯相同，而四十卷本則明確譯為「今世尊毗盧遮那如來是也」㊴。因此，與其說釋迦牟尼佛為化身，毗盧遮那為法身，倒不如說「舍那釋迦，釋迦舍那」㊵更為合適些㊶。

二、華藏莊嚴世界海

《華嚴經》所宣講的佛國世界名為「華藏莊嚴世界海」，也稱之為「蓮花藏世界」、「華藏世界」。這個世界就是毗盧遮那佛所居之處，是毗盧遮那佛教化的世界，它也是由毗盧遮那佛所創造的。這一國土是在娑婆世界成佛的毗盧遮那佛的化土。《華嚴經．華藏世界品》說：「此華藏莊嚴世界海，是毗盧遮那如來，往昔於世界海微塵數劫修菩薩行時，一一劫中，親近世界海微塵數佛，一一佛所淨修世界海微塵數大願之所嚴淨。」㊷不僅如此，一切世界

㊱ 唐實叉難陀譯《大方廣佛華嚴經》卷十二，《大正藏》卷十，頁五八下。
㊲ 晉佛陀跋陀羅譯《華嚴經》卷五十六，《大正藏》卷九，頁七五九下。
㊳ 唐實叉難陀譯《大方廣佛華嚴經》卷七十五，《大正藏》卷十，頁四四一下。
㊴ 唐般若譯《華嚴經》卷二十九，《大正藏》卷十，頁七九四下。
㊵ 吉藏《華嚴遊意》，《大正藏》卷三十五，頁二下。
㊶ 印順《初期大乘佛教之起源與開展》，頁一〇三二，正聞出版社一九八九年二月第五版。

海的一切國土，也都是毗盧遮那佛歷劫修行所嚴淨的，如《華嚴經．世界成就品》說：

所說無邊眾剎海，毗盧遮那悉嚴淨。世尊境界不思議，智慧神通力如是。菩薩修行諸願海，普隨眾生心所欲。眾生心行廣無邊，菩薩國土遍十方。菩薩趣於一切智，勤修種種自在力。無量願海普出生，廣大剎土皆成就。修諸行海無有邊，入佛境界亦無量。為淨十方諸國土，一一土經無量劫。眾生煩惱所擾濁，分別欲樂非一相。隨心造業不思議，一切剎海斯成立。佛子剎海莊嚴藏，離垢光明寶所成。斯由廣大信解心，十方所住咸如是。菩薩能修普賢行，遊行法界微塵道。塵中悉現無量剎，清淨廣大如虛空。等虛空界現神通，悉詣道場諸佛所。蓮華座上示眾相，一一身包一切剎。一念普現於三世，一切剎海皆成立。佛以方便悉入中，此是毗盧所嚴淨。[43]

毗盧遮那佛，能轉正法輪，法界諸國土，如雲悉周遍。十方中所有，諸大世界海，佛神通願力，處處轉法輪。[44]

這裡是說，毗盧遮那佛創造了世界，也是菩薩行創造了世界，而如此美妙殊勝的華藏世界正

[42] 唐實叉難陀譯《大方廣佛華嚴經》卷八，《大正藏》卷十，頁三九上。
[43] 唐實叉難陀譯《大方廣佛華嚴經》卷七，《大正藏》卷十，頁三五中。
[44] 唐實叉難陀譯《大方廣佛華嚴經》卷六，《大正藏》卷十，頁三一上。

是佛之修行神力所嚴淨感得的。

《華嚴經》第一品〈世間淨嚴品〉宣說世尊成正覺，與此同時，小至一塵大至整個蓮華藏世界都獲得無限生命及力量，都進入佛的境界。而在〈世界成就品〉，普賢菩薩秉承佛的神力，宣說佛所住的蓮花藏世界的構成與殊勝。而在《華嚴經・華藏世界品》中，普賢菩薩告訴大眾說：

諸佛子！此華藏莊嚴世界海，有須彌山微塵數風輪所持。其最下風輪，名「平等住」，能持其上一切寶焰熾然莊嚴。次上風輪，名「出生種種寶莊嚴」，能持其上淨光照耀摩尼王幢。次上風輪，名「寶威德」，能持其上一切寶鈴。次上風輪，名「平等焰」，能持其上日光明相摩尼王輪。次上風輪，名「種種普莊嚴」，能持其上光明輪華。次上風輪，名「普清淨」，能持其上一切華焰師子座。次上風輪，名「聲遍十方」，能持其上一切珠王幢。次上風輪，名「一切寶光明」，能持其上一切摩尼王樹華。次上風輪，名「速疾普持」，能持其上一切香摩尼須彌雲。次上風輪，名「種種宮殿遊行」，能持其上一切寶色香臺雲。諸佛子！彼須彌山微塵數風輪，最在上者，名「殊勝威光藏」，能持普光摩尼莊嚴香水海；此香水海有大蓮華，名「種種光明蕊香幢」。華藏莊嚴世界海，住在其中，四方均平，清淨堅固；金剛輪山，周匝圍繞；地海眾樹，各有區別。㊺

㊺ 唐實叉難陀譯《大方廣佛華嚴經》卷八，《大正藏》卷十，頁三九上、下。

蓮華藏世界由無數的風輪所執持，此風輪分為十層，最下稱之為「平等住」，最上層稱之為「殊勝威光藏」，其上為香水海。此香水海中有大蓮華支撐蓮華藏世界。在此蓮華藏世界中又有無數的佛國世界。此蓮華藏世界周圍以金剛山作為圍繞，其大地上有無數香水海，一一香水海又有微塵數之香水河，這些香水河之上都有無數寶華覆蓋其上。香水海之上生出蓮華，蓮華之上又有佛之世界次第而相互重疊，其上又有香水海，香水海之上又有無數蓮華以及佛國世界。如此，香水海與世界次第互相重疊而和合，這樣的世界之結構，十方都是如此，一齊共轉毗盧遮那佛法輪。

普賢菩薩秉承佛之神力，宣說完蓮華藏世界海的構造之後，又開始敘述關於毗盧遮那佛過去的因行，記述焰光明大城大威光太子之故事。童子之父王喜見善慧王以及諸位大臣及其無量眷屬一同前來禮敬「一切功德山須彌勝雲」，奉獻種種供養，聽聞佛宣說種種經典。跟從童子成佛之授記，大威光太子至此生出世成為「離垢福德幢大天王」，前往禮拜「名稱普聞蓮華眼幢佛」，那位如來為其宣說《廣大方便普門偏照修多羅》，此位天王隨即獲得「普門歡喜藏三昧」，以此三昧之力，能進入一切法之實相海。獲得這一真理之後，此位天王從道場出來，還歸蓮華藏世界海。

應該注意，《華嚴經》中所舉的蓮華藏世界以及世界中的佛、菩薩、諸位大王，其一一世界網，都是以譬喻表示的，如經中以「雲」表示「潤澤」，以「王」表示「自在」，等等。這些與此經對於蓮華藏世界海、佛的神通境界以及菩薩的修行歷程的描述一起，共同構成了象徵主義的表現手法。法藏在《華嚴經探玄記》卷三中說，除蓮華藏世界之外，以「解行位」感見的淨土為「十住世界」，以「見聞位」感見的佛土為「雜類世界」。「十住世界」是「世界性」、「世界海」、「世界輪」、「世界圓滿」、「界分別」、「世界旋」、「世界蓮華」、「世界須彌」、「世界相」，此為十地菩薩之境界。雜類世界為以無量之異類世界徧滿法界而互相無礙之世界。而此三類世界都是十身具足的毗盧遮那佛所攝化的國土，它以蓮華藏世界海為根本，其他二種為枝末，而「根本」與「枝末」並非另有別體，只是由於感見者不同而有粗細之差別。

這三類世界被稱為世界海，是從因位的機緣而說的。但是，佛國淨土實在是唯有佛與佛之知見纔能知曉，因位之人是難於窺知其奧秘的。蓮花藏世界是佛的果海世界，文殊菩薩秉承佛的神力加持得以讚嘆究竟十佛的境界，佛所證之果海是不可思議、不可說的。而菩薩及其修行者欲觀見此世界的殊勝，需要借助於佛的加持或者自己的禪定功夫。《華嚴經》中多次說到由於佛力的加持，菩薩得以在佛光之中觀見蓮華藏莊嚴世界海。而最重要、最通行的方法則是在修習禪定所獲得的神通之中觀見蓮華藏世界。普賢菩薩、文殊師利菩薩以及善財童子就是通過其禪定功夫得以進入這一蓮華藏世界海的。如同平靜的大海能夠影現一切形相一切萬物一樣，無限廣大的蓮華藏世界也能夠為菩薩所修的禪定所印證，所證實。

三、十方成佛與菩薩修行階位

成佛是佛教的最終目標，學佛、修行的最終目的就是獲得解脫，達到最高的理想境界——

成佛。大乘佛教的佛性思想正是著眼於為眾生成佛提供理論依據，《大涅槃經》宣說一切眾生都有佛性的觀念，《勝鬘經》以「空如來藏」與「不空如來藏」的統一來論定眾生的心性，為眾生成佛提供了明確的依據。小乘佛教所言，現在世只有釋迦牟尼佛，釋迦牟尼佛出世之前曾經有六佛（即毗婆尸佛、尸棄佛、毗舍浮佛、拘留孫佛、拘那含牟尼佛、迦葉佛），將來有彌勒佛。依照這一說法，佛的出世是有先後次序的，在一個世間不能同時有二佛。這顯然限定了眾生成佛的可能性，不利於佛教的進一步發展與傳播。《華嚴經》之所以不遺餘力地塑造出蓮華藏世界海，一個明顯的意圖就在於擴大成佛的時空，使一切眾生都有成佛的希望和可能。不僅如此，《華嚴經》還通過對於菩薩行的宣說，以完整的菩薩修行階位將其具體化。而此經的〈入法界品〉則以善財童子參學的形式向眾生顯示了一條修習菩薩行達至佛之境界的切實途徑。所有這些，對於後來印度佛教以及中國佛教的發展都產生了重大影響。

《華嚴經》以十方成佛的思想使大乘佛教的成佛理論更加豐富，更加切實。此經認為在空間上同時有無量無邊的國土分佈於十方，即可以有無量無邊的佛，即使大家一起成佛，也安排得下。《華嚴經．如來出現品》說：

> 我等十方八十不可說百千億那由他佛剎微塵數同名諸佛，皆說此法；如我所說，十方世界一切諸佛，亦如是說。佛子！今此會中，十萬佛剎微塵數菩薩摩訶薩，得一切菩薩神通三昧；我等皆與授記，一生當得阿耨多羅三藐三菩提。佛剎微塵數眾生，發阿耨多羅三藐三

菩提心，我等亦與授記，於當來世經不可說佛剎微塵數劫皆得成佛，同號「佛殊勝境界」。我等為令未來諸菩薩聞此法故，皆共護持。如此四天下所度眾生，十方百千億那由他無數無量，乃至不可說不可說法界虛空等，一切世界中所度眾生，皆亦如是。㊻

這是說，十方世界有無量無邊的相同名字的佛，都在說法。像我們說法一樣，其他十方世界的一切諸佛也都在說法。同時，在現在的法會之中，有無量無邊的大菩薩，因為得到了一切菩薩的神通三昧，我們這許多佛都為他們授記，其在一生中都能夠成佛。還有許多眾生，如果發菩提心，我們這許多佛也將為其授記，他們於未來世也將成佛。

儘管《華嚴經》以宏闊的視野宣傳十方成佛的思想，但是卻同時指出，成佛也並非輕而易舉，而是要經過長期的修行。在其他經典已經提出的菩薩修行階位之基礎上，《華嚴經》宣說眾生必須經過種種十法階次的修行，最終纔能成佛。菩薩自初發菩提心，累積修行之功德，以至達於佛果，其間所歷經的階位稱之為「菩薩階位」。關於菩薩階位之位次、名義，諸經論所說不一，例如發心住、治地心住等之「十住」說，在古代原本涵蓋菩薩修行之全部階位，至後世則僅相當於「十地」以前三賢位之初位而已，故知菩薩階位說亦每隨教理史之發展而變更。在四十一位、五十一位、五十二位、五十七位等各種菩薩階位說之中，自古以降，《菩薩瓔珞本業經》所舉之五十二位說——「十信位」、「十住位」、「十行位」、「十迴向

㊻ 唐實叉難陀譯《大方廣佛華嚴經》卷五十二，《大正藏》卷十，頁二七八中。

位」、「十地位」、「等覺」、「妙覺」，以名義之整然，位次之無缺，而廣為一般採用。與其他類似的經典略有不同，《華嚴經》採取的是「十信」、「十住」、「十行」、「十迴向」、「十地」、「佛地」等五十一層菩薩修行階位，但對於「十住」之前的「十信」並未展開論說。

《華嚴經》有〈十住品〉[47]專門來闡明「十住位」的具體內容。在此品中，法慧菩薩承蒙佛的加持之力而入於無量方便三昧，出定之後向會眾宣說「十住」之法。「十住」如下：第一，「發心住」，是指修得善根之人以真方便發起十信之心，信奉三寶，常住八萬四千般若波羅蜜，受習一切行、一切法門，常起信心，不作邪見、十重、五逆、八倒，不生難處，常值佛法，廣聞多慧，多求方便，始入空界，即住於空性之位，於心生出一切功德。第二，「治地住」，在前述修行境界的基礎上，修行者常隨空心，淨八萬四千法門，其心明淨，猶如琉璃之內顯現出精金；因為初發之妙心，履治為地，故稱之「治地住」。第三，「修行住」，在前述修行境界的基礎上，修行者在前之「發心」、「治地」二住之智俱已明了，故可遊履十方而無任何障礙。第四，「生貴住」，是指在前述各個層次之妙行的基礎上，冥契妙理，將生於佛家為法王子；即行與佛同，受佛之氣分，如中陰身，自求父母，陰信冥通，入如來種。第五，「方便具足住」，在前述修行境界的基礎上，修行者習無量之善根，自利利他，方便具足，相貌無缺。第六，「正心住」，在前述修行境界的基礎上，修行者成就第六般若的菩薩所成的境界，因為並非僅僅相貌與佛相同，其心也與佛相同，因此名之為「正心住」。第七，「不退

[47] 晉佛陀跋陀羅譯《華嚴經》卷八〈菩薩十住品〉、唐實叉難陀譯《華嚴經》卷十六〈十住品〉。

住」，在前述修行境界的基礎上，修行者進入無生畢竟空界，心常行空無相願，身心和合，日日增長。第八，「童真住」，菩薩自發心起，始終不倒退，不起邪魔破菩提之心，至此，佛之十身靈相乃一時具足。第九，「法王子住」，修行者自初「發心住」至第四「生貴住」，稱為入聖胎；自第五「方便具足住」至第八「童真住」，稱為長養聖胎；而此「法王子住」則相形具足，於焉出胎；猶如從佛王之教中生解，乃紹隆佛位。第十，「灌頂住」，進入「灌頂住」的菩薩已可列名為佛子，堪行佛事，故佛以智水為之灌頂；猶如剎帝利王子之受權灌頂。

《華嚴經》有〈十行品〉[48]專門來闡明「十行位」的具體內容。在此品中，功德林菩薩接受諸佛的加持進入善思惟三昧，出定之後向會眾宣說「十行」之法。第一，「歡喜行」，是指菩薩以無量如來的妙德，隨順十方。第二，「繞益行」，在前述「十住」修行的基礎上，以無量如來之妙德，隨順十方，作大施主，能捨一切，三時無悔，使所有眾生歡喜尊敬。第三，「無違逆行」，又稱「無瞋恨行」、「無恚恨行」，是指修忍辱離瞋，謙卑恭敬，不害自他，對怨能忍，以德報怨。第四，「無屈撓行」，又作「無盡行」，是指雖然多劫受諸劇苦，仍勤修精進，發心度一切眾生，廣攝善法，令至大涅槃而無鬆懈。第五，「離癡亂行」，又名「無癡亂行」，是在前述修行的基礎上，常住於正念而不散亂，對於一切法都無癡亂。第六，「善現行」，是指知曉一切法並無所有，身、口、意「三業」寂滅，無縛無著，但卻不捨棄而是教

[48] 晉佛陀跋陀羅譯《華嚴經》卷十一至卷十二〈功德華聚菩薩十行品〉、唐實叉難陀譯《華嚴經》卷十九至卷二十〈十行品〉。

化一切眾生。第七，「無著行」，是指歷諸塵剎供佛求法，心無厭足，且以寂滅觀諸法，因此對於一切無有所著。第八，「尊重行」，又名「難得行」，是指尊重善根智慧等法，悉皆成就，由之更增修二利之行。第九，「善法行」，是指獲得四無礙陀羅尼門等法，成就種種化他之善法，以守護正法，使佛種不絕。第十，「真實行」，是指修行至此境界已經成就第一義諦，如說能行，如行能說，語、行相應，色、心皆順。

《華嚴經》有〈十迴向品〉㊾專門來闡明「十迴向位」的具體內容。在此品中，金剛幢菩薩接受諸佛的加持進入智光三昧，出定之後向會眾宣說「十迴向」之法。第一，「救護眾生迴向」，即「救護一切眾生離眾生相迴向」，菩薩以行六度、四攝等救護一切眾生，使其遠離眾生之相，怨、親平等。第二，「不壞迴向」，又名「不壞一切迴向」，將信仰佛、法、僧等三寶所獲得的永遠不會變化的信仰，迴向此善根，使眾生獲得善利。第三，「等一切佛迴向」，又名「等一切諸佛迴向」、「平等一切佛迴向」、「等諸佛迴向」，是指倣法三世佛，不著生死、不離菩提，修習迴向之位。第四，「至一切處迴向」，又名「徧至一切處迴向」，經由迴向力以所修善根供養一切三寶、利益一切眾生。第五，「無盡功德迴向」，又作「無盡藏迴向」，即隨喜一切無盡善根，迴向此等功德，莊嚴諸佛剎，以獲得無盡善根。第六，「隨順平等善根迴向」，又名「隨順堅固一切善根迴向」、「入一切平等善根迴向」，其內容是迴向所修

㊾　晉佛陀跋陀羅譯《華嚴經》卷十四至卷二十二〈金剛藏菩薩十迴向品〉、唐實叉難陀譯《華嚴經》卷二十三至卷三十三〈十迴向品〉。

之善根，被佛所守護，能成一切堅固善根。第七，「隨順等觀一切眾生迴向」，又名「等心隨順一切眾生迴向」、「等隨順一切眾生迴向」，其內容是增長一切善根，迴向利益一切眾生。第八，「如相迴向」，又名「真如相迴向」，是指隨順真如相而將所成種種善根迴向給眾生。第九，「無縛無著解脫迴向」，又名「無縛無著解脫心迴向」、「無縛解脫迴向」、「無縛無著迴向」，是指對於一切法無所取執縛著，得解脫心，行普賢行，以無縛著解脫之心迴向所習諸善，饒益群生。第十，「法界無量迴向」，又名「入法界無量迴向」、「法界無盡迴向」，指修習一切無盡善根，以此迴向，願求法界差別無量功德。

《華嚴經》有〈十地品〉㊿專門來闡明「十地位」的具體內容。在此品中，金剛藏菩薩接受諸佛的加持進入菩薩大智慧光明三昧，出定之後向會眾宣說「十地」之法。第一，「歡喜地」，即菩薩初地，又作「極喜地」。菩薩歷十信、十住、十行、十迴向等修行階位，經一大阿僧祇劫之修行，初證真如平等聖性，全部證得人空、法空之理，能成就自利利他之行，心多生歡喜，故稱「歡喜地」。第二，「離垢地」，又作「離垢」、「無垢地」、「淨地」、「具戒地」。進入此地之菩薩，獲得守清淨戒行，遠離煩惱垢染，故名「無垢」；又以此地具足三聚淨戒故，亦稱「具戒地」。第三，「發光地」，又作「明地」、「有光地」、「興光地」，菩薩至此位成就勝定、大法、總持，開發極明淨之慧光。第四，「焰慧地」，又作「焰地」、「增曜地」、

㊿ 晉佛陀跋陀羅譯《華嚴經》卷二十三至卷二十七〈十地品〉、唐實叉難陀譯《華嚴經》卷三十四至卷三十九〈十地品〉。

「暉曜地」，菩薩至此位安住於最勝菩提分法，燒煩惱薪，增智慧焰，因此名之為「焰慧地」。第五，「難勝地」，又作「極難勝地」，菩薩至此位，能使行、相互違之真、俗二智互合相應，因此名為「難勝地」。第六，「現前地」，又作「現在地」、「目見地」、「目前地」，菩薩至此位，住緣起智，進而引發染淨無分別的最勝智現前，故名「現前地」。第七，「遠行地」，又作「深行地」、「深入地」、「深遠地」、「玄妙地」，菩薩至此位，修行進入無相行，遠離世間及二乘的有相功用，因此名為「遠行地」。第八，「不動地」，菩薩至此「不動」位，無分別智已經相續任運，不被相、用、煩惱等所動，因此名為「不動地」。第九，「善慧地」，又作「善意地」、「善根地」，菩薩至此位，成就微妙四無礙辯，普徧十方，善說法門，因此名為「善慧地」。第十，「法雲地」，又作「法雨地」，菩薩至此位，大法智雲含眾德水，如虛空覆隱無邊二障，使無量功德充滿法身，故名「法雲」。

四、「三界唯心」與心佛眾生三無差別

《華嚴經》還有兩個對於中國佛教影響深遠的命題：「三界所有唯是一心」與「心、佛、眾生是三無差別」。這兩個命題合起來構成中國佛教關於宇宙、人生的根本觀念。從古以來，就流傳有這樣的偈語：「三界唯一心，心外無別法，心佛及眾生，是三無差別。」此偈語並不見於諸種《華嚴經》的譯本，但以其來概括《華嚴經》的宗旨確實也恰如其分。

《華嚴經・十地品》在講到「現前地」時，提出了「十二有支皆依一心」的觀念，其文曰：

三界所有，唯是一心。如來於此分別演說十二有支，皆依一心，如是而立。何以故？隨事貪欲與心共生，心是識，事是行，於行迷惑是無明，與無明及心共生是名色，名色增長是六處，六處三分合為觸，觸共生是受，受無厭足是愛，愛攝不捨是取，彼諸有支生是有，有所起名生，生熟為老，老壞為死。51

「十二有支」就是十二因緣，即無明、行、識、名色、六處、觸、受、愛、取、有、生、老死。這是當初釋迦牟尼佛在菩提樹下悟道之時所得到的人生真諦。《華嚴經》認為，從「無明」到「老死」，都是依持於「心」而存在的。世界諸法的生起與存在，眾生的生死流轉與證悟解脫，如此等等問題，其根源都在於「心」，因此都可以從「心」上得到解決。

《華嚴經》中有一段偈語，晉譯與唐譯略有差別。實叉難陀譯為：

心如工畫師，能畫諸世間，五蘊悉從生，無法而不造。如心、佛亦爾，如佛、眾生然，應知佛與心，體性皆無盡。若人知心行，普造諸世間，是人則見佛，了佛真實性。心不住於身，身亦不住心，而能作佛事，自在未曾有。若人欲了知，三世一切佛，應觀法界性，一切唯心造。52

---

51 唐實叉難陀譯《大方廣佛華嚴經》卷三十七，《大正藏》卷十，頁一九四上。

52 唐實叉難陀譯《大方廣佛華嚴經》卷十九，《大正藏》卷十，頁一〇二上。

而佛陀跋陀羅譯為：

心如工畫師，畫種種五陰。一切世界中，無法而不造。如心、佛亦爾，如佛、眾生然。心、佛及眾生，是三無差別。諸佛悉了知，一切從心轉。若能如是解，彼人見真佛。心亦非是身，身亦非是心。作一切佛事，自在未曾有。若人欲求知，三世一切佛，應當如是觀，心造諸如來。[53]

這段話中包含了此經關於這一問題的很多要義，因此值得重點作一解析。法藏以為可有四句去說明[54]。第一句：「離佛心外，無所化眾生。」因為眾生及法都「唯是佛心所現」，「謂諸眾生無別自體，攬如來藏以成眾生。然此如來藏即是佛智證為自體，是故眾生舉體總在佛智心中。」第二句：「佛總在眾生心中，以離眾生心無別佛德故。」因為「佛證眾生心中真如成佛，亦以始覺同本覺故，是故總在眾生心中。從體起用，應化身時即是眾生心中如用大，更無別佛。」第三句：「隨一聖教，全唯二心。以前二說不相離故，謂眾生心內佛為佛心中眾生說法，佛心中眾生聽眾生心佛說法。」第四句：「或彼聖教俱非二心。以兩俱形奪不並現故，雙融二位無不泯故。」澄觀在《華嚴經疏》[55]中將其概括為：「一、眾生全在佛中故，

[53] 晉佛陀跋陀羅譯《華嚴經》卷十，《大正藏》卷九，頁四六五至四六六上。

[54] 法藏《華嚴經探玄記》卷一，《大正藏》卷三十五，頁一一八下。

則果門攝法無遺」；「二、佛在眾生心中故，則因門攝法無遺」；「三、由前生、佛互相在時，各實非虛，則因果交徹」；「四、由生全在佛，則同佛非生；佛全在生，則同生非佛。兩相形奪，二位齊融。」將法藏、澄觀二師所論對釋可知，《華嚴經》所言「心、佛、眾生是三無差別」可以從四方面去看：就眾生而論，眾生全在佛心中；就佛而論，佛總在眾生心中；就生、佛雖互攝但仍是「實體」存在而論，則因果呈交徹狀態；最後，雖可將眾生與佛看作實體，但因有眾生纔有佛，若無迷妄眾生，則生、佛均鎔融不存。

《華嚴經》將一切諸法均看作法身佛的呈現，清淨法身充滿三界，眾生自然無能例外。因此，一切眾生只是清淨佛智的體現，眾生無一不具如來智慧。唐譯《華嚴經・如來出現品》說：「如來智慧無處不至，無一眾生而不具如來智慧，但以妄想顛倒執著而不證得。若離妄想，一切智、自然智、無礙智則得現前。」56也就是說，眾生之所以既具如來智慧，又具雜染之身，受輪迴之苦，主要原因在於迷妄執著，若能離此迷執，悟現自身之本覺真心，則與佛無異。法藏對此解釋說：「若依妄念而有差別；若離妄念，唯一真如。」57澄觀則更為明確地解釋說：「夫真源莫二，妙旨常均，特由迷悟不同，遂有眾生及佛。迷真起妄，假號眾

55 澄觀《華嚴經疏》卷三，《大正藏》卷三十五，頁五二〇上。

56 唐實叉難陀譯《大方廣佛華嚴經》卷五十二，《大正藏》卷十，頁二七二下。

57 法藏《修華嚴奧旨妄盡還源觀》，石峻、樓宇烈、方立天、許抗生、樂壽明編《中國佛教思想資料選編》第二卷第二冊，頁九九，中華書局一九八三年一月第一版。

生；體妄即真，故稱為佛。」[58]法藏又說：「眾生及塵毛等，全以佛菩提之理成眾生故。所以於菩提身中，見佛發菩提心、修菩薩行，當知佛菩提，更無異見。今佛教化塵內眾生，眾生復受塵內佛教化，是故佛即眾生之佛，眾生即佛之眾生，縱有開合，終無差別。」[59]因此，《華嚴經》說，眾生與佛同以「佛菩提之理」為本體，因而眾生與佛因理性平等而可互即；而佛為教化眾生而將其攝入己身、己心，因而「眾生即佛」。其實，《華嚴經》反覆宣講「三界唯心」與「心佛眾生是三無差別」，最主要的目的就在於凸現「心造如來」，從而將眾生的解脫之路引向心的轉化。

五、海印三昧與華嚴境界

在《華嚴經》中，「因」即普賢解行，「果」即「十佛境界」。與佛果相對應的則是「海印三昧」，與普賢行相對應的是「華嚴三昧」。「華嚴三昧」也出自《華嚴經・賢首品》。《華嚴經》說，進入這種禪定狀態，就具有佛教的一切修行功德，並且具有一切修行的能力，用經文的話說就是「一切自在難思議，華嚴三昧勢力故」[60]。法藏在《修華嚴奧旨妄盡還源觀》中說，「華嚴三昧」係「廣修萬行，稱理成德，普周法界而證菩提」[61]。可見，「華嚴三昧」

[58] 澄觀《大華嚴經略策》，《中國佛教思想資料選編》第二卷第二冊，頁三五九。

[59] 法藏《華嚴經義海百門》，《中國佛教思想資料選編》第二卷第二冊，頁一〇九。

[60] 晉佛陀跋陀羅譯《華嚴經》卷六，《大正藏》卷九，頁四三四下。

是從修行解脫論角度立說的。眾生之心體具有成佛的一切功能，因而只要「稱理成德」，便可「普周法界而證菩提」。具體路向就是：「真該妄末，行無不修，妄徹真源，相無不寂，故曰法界圓明自在用也。」62這樣，若將「華嚴三昧」與「海印三昧」聯繫起來，就可以構成一個完整的系統。如果說「海印三昧」表徵佛果，那麼，「華嚴三昧」及普賢行則代表其悟入法界、獲證「海印三昧」的修行過程。

「海印三昧」是佛所得的定力之一，《大集經》、《寶積經》等均有敘述，唯《華嚴經．賢首品》敘之甚詳。法藏說：「言海印者，真如本覺也。妄盡心澄，萬象齊現，猶如大海，因風起浪。若風止息，海水澄清，無象不現。」63所謂「海印三昧」從喻得名，喻指佛心。佛的大覺猶如大海，湛然常清、至明至靜、森羅萬象，無論是過去、現在和未來的萬事萬物，以及從諸佛淨土到餓鬼、地獄等無量眾生，無不炳然印現於定力中。如《華嚴經》所云：

或現聲聞、獨覺道，或現成佛普莊嚴，如是開闡三乘教，廣度眾生無量劫。或現童男童女形，天龍及以阿修羅，乃至摩睺羅伽等，隨其所樂令見，眾生形相各不相同，行業音聲亦無量，如是一切皆能現海印三昧威神力。64

---

61 法藏《修華嚴奧旨妄盡還源觀》，《中國佛教思想資料選編》第二卷第二冊，頁九九。
62 法藏《修華嚴奧旨妄盡還源觀》，《中國佛教思想資料選編》第二卷第二冊，頁九九。
63 法藏《修華嚴奧旨妄盡還源觀》，《中國佛教思想資料選編》第二卷第二冊，頁九九。

這也就是說，眾生及世間萬物均可被佛之定力攝持。由於有此「海印三昧」力的加持，眾生皆有與佛相同的「真如本覺」之心體，只是眾生依於妄念而不覺知罷了。正如法藏所說：「所謂一心也，是心即攝一切世間、出世間法，即是一法界大總相法門體，唯依妄念而有差別，若離妄念，唯一真如，故言海印三昧也。」[65]如果眾生「妄盡心澄」就可現顯佛境。這裡，法藏將佛之「海印三昧」之力定義為真如本覺之現起。由於有此「海印」之生起作用，方纔有世間萬物及眾生的顯現，這是《華嚴經》的重要著眼點。如法藏所說：「辨依、正者，謂塵毛剎海，是依；佛身智慧光明，是正。今此塵是佛智所現，舉體全是佛智，是故光明中見微塵佛剎。又剎海微塵，全用法界性而為塵體，是故塵中見一切佛說法化生等事。」[66]在此，「佛智」也即本覺真心，亦即「自性清淨圓明體」。此「智」此「心體」為「正」，彼「塵」彼「事」為「依」，前者為能起，後者為所起。這裡，佛身、佛智為「一」，眾生、國土為「多」。

在《華嚴經》中，「一」與「多」具有多方面的運用。佛的法身是一，佛的應化身是多；如來的智慧是一，如來的智慧方便是多；諸法的法性是一，諸法的相狀是多；眾生的心是一，心的起用造作是多。如此等等，《華嚴經》都可用一、多去說明。《華嚴經》曾一再說：

---

[64] 唐實叉難陀譯《大方廣佛華嚴經》卷十四，《大正藏》卷十，頁七三下。

[65] 法藏《修華嚴奧旨妄盡還源觀》，《中國佛教思想資料選編》第二卷第二冊，頁九九。

[66] 法藏《華嚴經義海百門》，《中國佛教思想資料選編》第二卷第二冊，頁一一四。

是以一劫入一切劫，以一切劫入一劫，而不壞其相者之所住處。是以一剎入一切剎，以一切剎入一剎，而不壞其相者之所住處。是以一法入一切法，以一切法入一法，而不壞其相者之所住處。是以一眾生入一切眾生，以一切眾生入一眾生，而不壞其相者之所住處。是以一佛入一切佛，以一切佛入一佛，而不壞其相者之所住處。㊅㊆

一與一切、一切與一的相即相攝，儘管也涉及到客觀世界中諸物間的相互關係，但其確切所指，或者主要所指，是生、佛關係。澄觀有言：

約諸佛望眾生說，總以諸佛為一切是能攝，眾生為所攝所入：第一句者，諸佛攝一眾生入一眾生中；二者，諸佛攝一切眾生入一眾生中；三者，諸佛身攝一眾生入一切眾生身毛中；四者，諸佛各攝一切眾生入一切眾生中。餘法相望，一多皆爾……由此互攝互在，故有帝網重重之義。㊅㊇

這不是很清楚地說明了佛以「海印三昧」之力將眾生融攝於己身之內的奇觀嗎？《華嚴經》諸會中，包括普賢菩薩、文殊菩薩、善慧菩薩以及善財童子都受到過「海印三昧」之力的融

㊅㊆ 唐實叉難陀譯《大方廣佛華嚴經》卷七十七，《大正藏》卷十，頁四二三中。

㊅㊇ 澄觀《華嚴法界玄鏡》卷三，《中國佛教思想資料選編》第二卷第二冊，頁三四九。

攝。這樣，通過「海印三昧」，《華嚴經》宣說借助佛之定力給予眾生以更多的成佛信心。這大概是《華嚴經》凸現毗盧遮那佛和蓮華藏世界海的真意之所在。

肆、〈入法界品〉的結構與基本內容

在相當一段時間，〈入法界品〉是作為單獨的經文在印度流傳的，因此其具有相當完整的結構。如龍樹在《大智度論》中就稱〈入法界品〉為《不可思議解脫經》，或簡稱為《不思議經》。但是，此經在編入《華嚴經》之中後，〈入法界品〉就成為整部《華嚴經》的有機組成部分。澄觀之後，將善財童子出場之後的部分當作整部《華嚴經》之流通分的做法大為風行，因此本文採用澄觀「本」、「末」二會的判釋來介紹〈入法界品〉的內容。

澄觀說：〈入法界品〉「大分為二。初明本會，二『爾時文殊師利從善住樓閣出』下明末會。亦前明果法界，後明因法界；又前頓入法界，後明漸入法界；又，前總，後別。總、別圓融，本末無礙。又，前即亡修頓證，是正宗之極。後是寄人修入，以辨流通。通、正圓融，中、後無礙。」[69]此中，「通」指流通分，「正」指正宗分。「本會」為「總」，「末會」為「別」，本會、末會圓融無礙。此品的「本會」即全經的第九會「逝多園林會」，「末會」又分為五十五會。「末會」敘述善財童子遵從文殊菩薩的要求至各地參訪五十五位善知識，

[69] 澄觀《華嚴經疏》卷五十四，《大正藏》卷三十五，頁九〇九上。

其中五十三位善知識為善財童子演說隨順法界、深入法界的方法，習慣上稱之為「善財童子五十三參」。末會五十五會又可分為五部分，澄觀將其分別稱之為「寄位修行相」、「會緣入實相」、「攝德成因相」、「智照無二相」、「顯因廣大相」[70]。這五部分分別顯示菩薩所具有的五種行相，澄觀稱之為「一高行，二大行，三勝行，四深行，五廣行」[71]。

然而，關於末會的開合歷來說法不一。法藏根據晉譯六十卷《華嚴經》而判釋為：

一，若約所攝之機，唯有三會：一攝比丘會，二攝龍王會，三攝善財童子會。功德雲已去並同第三會攝，以所攝之機無差別故。二，若就能化之主有五十二會，謂初三及後第五十四普門城會俱是文殊，無別主故，餘五十一各別人會。是故約主唯五十二也。三，若約能、所通辨有五十五會，謂善財童子有五十三，比丘及龍各有一故。四，若約主、伴別分有一百一十會。[72]

澄觀在繼承法藏之說的基礎上，依據唐譯八十卷《華嚴經》，對於〈入法界品〉末會作了說明。與法藏的理路相仿，澄觀也依照「能」、「所」對於此品的末會作了判釋：

[70] 澄觀《華嚴經疏》卷五十五，《大正藏》卷三十五，頁九一八中。
[71] 澄觀《華嚴經疏》卷五十五，《大正藏》卷三十五，頁九一八中。
[72] 法藏《華嚴經探玄記》卷十八，《大正藏》卷三十五，頁四五〇下。

若約能、所通辨，有五十五會。善財童子自有五十三故，雖人有五十四，文殊一人四會說故，德生、有德同一問答，徧友無答不成會故。若以徧友承前指後得名會者，善財童子則有五十四會。是以唯就能化不足定會。[73]

澄觀以為只從「能化」的角度不能定會，而應當將「能化」與「所化」結合起來。依照這種標準，法藏、澄觀所說的「五十五會」實際上是「善財童子五十三參」加上舍利弗等比丘拜見文殊師利菩薩之會，以及諸龍拜見文殊師利菩薩並且受其開示之會。而「善財童子五十三參」中，文殊師利菩薩於最初與善財童子在福城相見，最後善財童子在普門國蘇摩那城文殊師利菩薩的住所拜見文殊師利菩薩，此二會算一參。而依照法藏與澄觀的判釋，〈入法界品〉中文殊師利菩薩共有四會，即上文所說的「文殊一人四會說故」。對於〈入法界品〉起首文殊師利菩薩辭別如來南下之後的內容，澄觀認為可以將其判釋為三會：「一比丘會，顯回小入大故。二，諸乘人會，顯通收諸權入一實故。三，善財童子會，顯純一乘機一生成辦故。又前二會表居信未久，尚不定故。善財童子信終可入證故。」[74]第一、二會是指眾比丘與龍分別前去拜訪文殊師利菩薩，向其求法，法藏稱其為「攝比丘會」、「攝龍王會」。而前二會的眾比丘與諸龍，居於「十信」之位沒有多久，將能證得何等果位尚不能確定。而善財童子

[73] 澄觀《華嚴經疏》卷五十五，《大正藏》卷三十五，頁九一七下。
[74] 澄觀《華嚴經疏》卷五十五，《大正藏》卷三十五，頁九一九上。

居於十信之位，終能進入法界證得佛果，「善財童子會」即集中顯現了其隨順法界、證入法界的過程。法藏明確說，德雲之後的諸會都歸於善財童子會攝，而澄觀未曾明文說明，但從上下文看，澄觀是同意法藏之說的。此外，法藏與澄觀都有此品末會分為一百一十會的說法，文繁不再論列。

法藏與澄觀的上述說法自然是有道理的，本注譯酌情予以採納。唯獨對於文殊師利四會的說法過於細碎，因為文殊師利在福城給予諸龍的開示在經文中很短小，本譯注未將其單獨列出，因此文殊師利菩薩部分僅將其列為首、尾三會。此外，將德生、有德分為一會，將徧友也列為一會。這樣做，也便於將五十三參與五十五會更整然地連綴起來。而這自然是從方便閱讀的角度設想的，是否如此，請讀者諸君體察。

一、本會：逝多園林會

〈入法界品〉本會的主題為「如來顯相，二聖開顯，頓證法界」[75]，「二聖」即文殊師利菩薩和普賢菩薩。本會又分為「序分」、「請佛說法分」、「三昧現相分」、「明集新眾分」、「舉失顯得分」、「偈頌贊德分」、「普賢開發分」、「毫光示益分」、「文殊述德分」、「無涯大用分」。

佛世尊與以普賢、文殊菩薩為上首的五百菩薩以及無量世主等同聚於室羅筏國逝多林給孤獨園大莊嚴重閣。這五百菩薩與聲聞、世間諸王均於心中產生請求佛為自己宣說佛法的想

[75] 澄觀《大華嚴經略策・第四處會法主》，《中國佛教思想資料選編》第二卷第二冊，頁三五四。

法。世尊感知了他們的心念，進入了師子嚬申三昧而顯現出不可思議的神變世界，佛以神力使得逝多林變得美妙莊嚴，因佛之偉力使得逝多林之上的虛空也變得美妙莊嚴，並且徧照十方世界。依照澄觀的解釋，「三嚴」表三種緣起，「嚴重閣」即裝飾重閣藉以「顯自體緣起」，「嚴園林」表徵「有為緣起」，「嚴虛空」表徵「無為緣起」。十方各有菩薩及其眷屬歸附來聆聽佛宣說佛法。這十方一切菩薩及其眷屬都是在普賢行願中成就的。對於上述菩薩所示現的境界，諸大聲聞因為自己的修習善根不足等等多種原因如聾如盲，無法得見。經中以十種比喻來說明聲聞眾生無法觀見佛、菩薩境界的原因。十方世界的十位大菩薩徧觀十方而各自說偈讚頌佛德以及此次聚會，並且各自顯現自己所證。

當十方的十位菩薩誦完讚頌佛德之偈後，普賢菩薩又為會眾詳細地以十種法句說明了師子奮迅三昧的內容。世尊為了使得會中的諸位菩薩能夠進入師子奮迅三昧，從自己眉間的白毫相放出光明，群集之菩薩因此而進入師子奮迅三昧。此時，文殊師利菩薩秉承佛之神力，觀察十方，分別以十三偈通贊逝多林之莊嚴等此會所具的過去、現在、未來三種世間之自在大用。會中因世尊加持之力而進入師子奮迅三昧的諸大菩薩這時也因三昧之力生起救度眾生之大用。至此，在逝多林及大莊嚴重閣進行的「本會」即結束。

二、寄位修行相

善財童子拜訪的四十一位善知識分別為其演說「十住」、「十行」、「十迴向」、「十地」等四位菩薩修行的階位。澄觀解釋說：「初四十一人名『寄位修行相』，寄四十一人依人求解，顯修行故。」76這是說，此四十一位善知識的修行方法和修行經歷分別象徵了「十信」、「十住」、「十行」、「十迴向」、「十地」等菩薩修行階位。

(一)十信位

文殊師利菩薩向世尊告別，欲帶領其眷屬，南下進入人世間化導眾生。舍利弗尊者因為佛力的加持，看到了文殊菩薩的意欲，於是動員與其同住的剛剛出家的六千比丘一起追隨文殊菩薩南下。於是，舍利弗帶著六千比丘向世尊辭行，來到了文殊師利菩薩的住所。文殊師利接受了這六千比丘的請求，向其宣說發「十種無疲厭心」的「十種趣大乘法」，其核心就是如何修證普賢行。六千比丘一經聞聽文殊師利菩薩的說法，就獲得「無礙眼見一切佛境界三昧」。這是「文殊師利」第一會。

文殊菩薩一行南行到達福城之東，住於過去諸佛昔日曾經教化眾生的大塔。無量諸龍以及城中無量眾前來聽文殊說法，善財童子也是會眾之一，並且得到了文殊師利菩薩的格外垂顧。文殊菩薩仔細觀察了善財童子得名的因緣以及修行情況，並且勸喻善財童子及其會眾發菩提心。文殊菩薩告誡善財童子，要求取無上菩提，應該堅定地尋找參拜善知識，並且建議善財童子前往「勝樂國」的「妙峰山」，向德雲比丘求教。這是文殊師利第二會的內容，也

76 澄觀《華嚴經疏》卷五十五，《大正藏》卷三十五，頁九一八中。

即善財童子第一參。

依照澄觀的解釋，文殊師利菩薩會象徵著「十信位」。《華嚴經》未曾具體言及「十信位」，茲依據《菩薩瓔珞本業經》將其名義列舉如下：信心、念心、精進心、慧心、定心、不退心、迴向心、護法心、戒心、願心。

㈡十住位

第三「德雲比丘會」：善財童子遵照文殊菩薩的指點，南下向德雲比丘請教。德雲比丘教誨給善財童子的念佛法門，是入第一住——「發心住」的法門。

第四「海雲比丘會」：善財童子又依照德雲比丘的囑咐，繼續南下至海門國禮拜海雲比丘，海雲比丘先告訴他發菩提心的十種內容。海雲比丘給善財童子宣講的「普眼法門」是進入第二住——「治地住」的方法。

第五「善住比丘會」：善財童子至楞伽道邊的「海岸」聚落，向善住比丘請教。善住比丘向善財童子宣說的「究竟無礙解脫門」，是進入菩薩行「十住位」第三位——「修行住」的法門。這一法門的基本內容是非戒不能修治心地，依戒而無礙解脫。

第六「良醫彌伽會」：善財童子繼續南下至「達裡鼻荼國」的「自在」城，良醫彌伽給善財童子宣講的「菩薩妙音陀羅尼光明門」是進入「十住」第四住——「生貴住」的方法。

第七「解脫長者會」：善財童子繼續南下至「住林」聚落，向解脫長者請教。解脫長者先進入「普攝一切佛剎無邊旋陀羅尼」三昧，得到清淨身，於其清淨身中觀見十方一切佛土、一切佛諸事。解脫長者出定後，將其所見告知善財童子。解脫長者又從三昧起，為善財童子宣說「如來無礙莊嚴解脫門」。這是進入「十住」第五住——「方便具足住」的方法。

第八「海幢比丘會」：善財童子繼續南下，在閻浮提畔的摩利伽羅聚落觀看了海幢比丘於三昧中所顯現出的勝境。善財童子歷經六月零六日觀察思惟海幢比丘之三昧力。等到海幢比丘從這一三昧境界之中出來，善財童子立即向其表達了對於這一三昧的極大敬意，並且殷切地向海幢比丘請教。海幢比丘向善財童子宣說「普眼捨得」三昧的神奇之處。海幢比丘給善財童子宣講的這一法門，是進入「十住」第六住——「正心住」的方法。

第九「休捨優婆夷會」：善財童子繼續南下至位於海潮處的普莊嚴園林禮拜休捨優婆夷。休捨優婆夷則向善財童子講解了自己所得的「離憂安隱幢」的解脫法門。休捨優婆夷說，十方佛都於此宣說佛法，只要進入此園聽聞十方佛說法之眾生就可進入不退轉位，而這一法門之所以能夠證得，全賴於十方諸佛的說法開示。這一「離憂安隱幢」法門是進入「十住」第七住——「不退住」的方法。

第十「毗目瞿沙會」：善財童子繼續南下到達「那羅素」國拜訪毗目瞿沙仙人。毗目瞿沙仙人告訴善財童子，只要發求取菩提之心，必當成就一切智道。毗目瞿沙仙人以手摩善財童子的頭頂，使其身未動卻自見十方世界微塵數諸佛，並且證得毗盧遮那藏三昧光明。這一「無勝幢解脫境界」，是進入「十住」第八住——「童真住」的方法。

第十一「勝熱婆羅門會」：善財童子南下到達伊沙那村落，看到勝熱婆羅門頭頂烈日，身體四面有四個大火堆。這種修行方法叫「五熱」苦行。善財童子跟從勝熱婆羅門的教誨以身投入大火堆。當身體剛剛落到火堆上，善財童子立即證得了「菩薩寂靜樂神通三昧」。這一「菩薩無盡輪解脫門」，是進入「十住」第九住——「法王子住」的方法。

第十二「慈行童女會」：善財童子經過長途跋涉南下到達師子奮迅城，進入師子幢王的宮殿，至誠禮拜慈行童女。慈行童女先從總體上為善財童子大致說明這一「般若波羅蜜普莊嚴門」的境界，然後分一百一十八門「陀羅尼」，詳細地對這一法門之境界以及功能作了說明。這一「般若波羅蜜普莊嚴門」，是進入「十住」第十住——「灌頂住」的方法。

㈢十行位

第十三「善見比丘會」：善財童子經過長途跋涉南下到達三眼國，在樹林中發現了被天眾、龍眾圍繞的善見比丘。善見比丘給善財童子宣講的「菩薩隨順燈解脫門」，是進入「十行」第一行——「歡喜行」的方法。

第十四「自在主童子會」：善財童子經過長途跋涉南下到達名聞國，找到了正在與一萬名童子聚沙成堆的自在主童子。自在主童子向善財童子顯示了自己所修的「一切工巧大神通智光明法門」的殊勝功用，其主旨為以戒、智之功德利益眾生。自在主童子教給善財童子的這一法門是進入「十行」第二行——「饒益行」的方法。

第十五「具足優婆夷會」：善財童子經過長途跋涉南下到達海住城，進入具足優婆夷的住所，看到優婆夷的罕見身相以及身前所置的一具小器，一萬童女圍繞著具足優婆夷。具足優婆夷可以隨眾生的欲樂以一小器具生出無盡的物品，滿足無數眾生、聲聞、緣覺的各種願望。具足優婆夷以其身邊的童女為例讓善財童子親眼觀見此法門的神奇功用。具足優婆夷給善財童子宣講的「菩薩無盡福德藏解脫門」，是進入「十行」第三行──「無違逆行」的方法。

第十六「明智居士會」：善財童子經過長途跋涉南下到達大興城，在大興城的街道上看到明智居士的罕見身相、豪華的裝飾以及陪侍的天眾、人眾。明智居士以其會眾為例讓善財童子親眼觀見「隨意出生福德藏解脫門」的神奇功用。這一「隨意出生福德藏解脫法門」是進入「十行」第四行──「無屈撓行」的方法。

第十七「法寶髻長者會」：善財童子經過長途跋涉到達師子城，於街市中找到法寶髻長者。寶髻長者引領善財童子仔細觀看自己十層八門的宏偉大宅。此會極具象徵意義，據澄觀的解釋，此八門十層「如八角塔形」，而「十層」則分別表徵十地、十度，即表徵「因果行位」等法。寶髻長者向善財童子說明，因為自己曾經在過去劫的「圓滿莊嚴世界」供養「無邊光明法界普莊嚴王如來應正等覺」的因緣而證成這一法門。這一法門是進入「十行」之第五行──「離癡亂行」的方法。

第十八「普眼長者會」：善財童子經過長途跋涉到達藤根國普門城中找到普眼長者。普眼長者向善財童子展示自己能知曉眾生之病，並給予相應治療，使其痊癒，其順序為先除身病，後治心病。普眼長者向善財童子說明，自己也同時知曉所有和合製作各種香的方法，並以其供養諸佛。普眼長者又說，如果有眾生與得到此法門的菩薩有緣接近，就能得到相應的利益。普眼長者給善財童子宣講的「令一切眾生普見諸佛歡喜法門」，是進入「十行」之第六行——「善現行」的方法。

第十九「無厭足王會」：善財童子經過長途跋涉到達多羅幢城中找到無厭足王。善財童子看到了無厭足王的神奇身相以及其審理犯罪眾生的手法。無厭足王給善財童子解說了「菩薩如幻解脫」法門的內容。無厭足王為了調伏眾生的緣故而以方便化作惡人作種種惡行，受種種苦，使一切眾生心生恐怖畏懼，斷其惡業。無厭足王給善財童子宣講的「菩薩如幻解脫」法門，是進入「十行」之第七行——「無著行」的方法。

第二十「大光王會」：善財童子經過長途跋涉到達妙光大城，看到大光王所住樓閣的神奇景象，並且看到在城中的街道、村落有二十億的菩薩在為眾生做布施。大光王宣講以法攝化、以無畏攝化、以財寶攝化以及隨機攝化等四種方法救度眾生。這一「菩薩大慈為首隨順世間三昧」法門，是進入「十行」之第八行——「尊重行」的方法。

第二十一「不動優婆夷會」：善財童子經過長途跋涉到達安住大城，來到不動優婆夷的住處看到不動優婆夷的神奇景象。不動童女為善財童子講說自己修成「菩薩難摧伏智慧藏解脫門」的因緣，並且進入「菩薩求一切法無厭足莊嚴」三昧門，為善財童子演示此法門攝化眾生之功能。這一「菩薩難摧伏智慧藏解脫」法門，是進入「十行」之第九行——「善法行」的方法。

第二十二「徧行出家外道會」：善財童子經過長途跋涉到達都薩羅城，在善德山找到徧行出家外道。徧行出家外道向善財童子講解「至一切處菩薩行」的體、用，他正是憑藉這一法門纔能夠以種種變化身救度無量眾生的。這一法門，是進入「十行」之第十行——「真實行」的方法。

(四)十迴向

第二十三「優鉢羅華長者會」：善財童子經過長途跋涉到達廣大國，禮拜優鉢羅華長者。優鉢羅華長者為善財童子講解的「調和香」法門，諸香象徵法香，它是進入「十迴向」之第一迴向——「救護眾生迴向」的方法。

第二十四「婆施羅船師會」：善財童子到達樓閣城，在城門外的海岸上看見了被無數大眾圍繞的婆施羅船師。婆施羅以大悲心救度眾生，「五知」、「十海」象徵菩薩救度眾生的功德。這一「大悲幢行」法門，是進入「十迴向」之第二迴向——「不壞迴向」的方法。

第二十五「無上勝長者會」：善財童子到達可樂城，在城東大莊嚴幢無憂林中看見了被無數商人、居士圍繞的無上勝長者。無上勝長者以「至一切處修菩薩行清淨法門無依無作神通之力」法門至一切處救度三界六道眾生，它是進入「十迴向」之第三迴向——「等一切佛迴向」的方法。

第二十六「師子嚬申比丘尼會」：善財童子南下到達「輸那」國土的「迦陵迦林」城，經人指點，來到所施捨的日光園，師子嚬申比丘尼隨應為其分別演說佛法。師子嚬申比丘尼為善財童子宣說的「成就一切智光明境界」，是進入「十迴向」之第四迴向——「至一切處迴向」的方法。

第二十七「婆須蜜多會」：善財童子南下到達「險難」國「寶莊嚴」城找尋「婆須蜜多」女。經人指點，善財童子來到婆須蜜多女的壯麗住宅，看到此宅建築園林之美無與倫比，婆須蜜多女向其講述自己所證得的「離貪欲際」法門。此境界的核心是，菩薩不斷貪欲而可得解脫，「染而不染」，即入世而出世，方為菩薩所獲得的「究竟離欲」境界。這一法門是進入「十迴向」之第五迴向——「無盡功德藏迴向」的方法。

第二十八「鞞瑟胝羅居士會」：善財童子南下到達「善度」城找尋「鞞瑟胝羅」居士。善財童子向鞞瑟胝羅居士請教修行菩薩行的方法、途徑。鞞瑟胝羅居士向其講述自己所證得的「不般涅槃際」法門。此境界的核心是，在三昧定境中常常觀見一切諸佛。鞞瑟胝羅居士給善財童子宣講的「菩薩所得不般涅槃際解脫」法門，是進入「十迴向」的第五迴向——「隨順平等善根迴向」的方法。

第二十九「觀自在菩薩會」：善財童子南下到達海中「補怛洛迦」山中，向「觀自在」菩薩請教修行菩薩行的方法、途徑。觀自在菩薩向善財童子宣說其以「菩薩大悲行門」平等教化一切眾生的因緣，其主要內容是以「四攝等門」攝取眾生以及以各種方便使其遠離「五種怖畏」。這一法門，是進入「十迴向」之第七迴向——「隨順等觀一切眾生迴向」的方法。

第三十「正趣菩薩會」：善財童子到達正趣菩薩的住所，正趣菩薩向善財童子講述自己所證得的「普門速疾行」的菩薩解脫法門。此境界的核心是，一念速至一切佛所，一念速解一切佛法。這一「菩薩普門速疾行」法門，是進入「十迴向」之第八迴向——「如相迴向」的方法。

第三十一「大天神會」：善財童子到達「墮羅鉢底」城，大天神向善財童子開始講述自己所證得的名叫「雲網」的菩薩解脫法門。此境界的核心是以六度救度眾生。這一「菩薩雲網解脫」法門，是進入「十迴向」之第九迴向——「無縛無著解脫迴向」的方法。

第三十二「安住地神會」：善財童子到達「摩竭提國菩提場」，安住地神向善財童子顯示了善財童子昔日在此地下所種植的善根。安住地神給善財童子宣講的「不可壞智慧藏」法門，是進入「十迴向」之第十迴向——「法界無量迴向」的方法。

㈤十地位

第三十三「婆珊婆演底夜神會」：善財童子到達「摩竭提國迦毗羅城」，婆珊婆演底夜神為善財童子敘述「菩薩破一切眾生癡暗法光明解脫」境界的內容。此境界的核心是以自己所具的「法光明」破除眾生的癡暗。這一法門，是進入「十地」之第一地——「歡喜地」的方法。

第三十四「普德淨光會」：善財童子到達「閻浮提摩竭提國菩提場內」，普德淨光夜神向善財童子解說圓滿菩薩行的十種方法，並為善財童子敘述「寂靜禪定樂普遊步」菩薩解脫法門的法體與四大業用即功能。此四大功能為「攀緣如實禪」、「法樂住禪」、「引生功德禪」、「饒益有情禪」。這一法門，是進入「十地」之第二地——「離垢地」的方法。

第三十五「喜目觀察眾生夜神會」：善財童子在前往找尋喜目觀察夜神住所的路上，得到喜目觀察夜神的加持，求訪親近善知識之心更加迫切。到達夜神的住所後，善財童子看到了此位夜神顯現出的修行身，其化身分別象徵「十度」。喜目觀察夜神又從其每一毛孔中變化出色界四禪天、欲界五天、天龍八部以及閻羅王及其眷屬等等無數的眾生身之雲，他們分別以各種聲音為眾生演說以「十波羅蜜」為主的法門，使眾生得到解脫修行利益。喜目觀察眾生夜神在「寂靜音劫」發菩提心，又歷經「天勝劫」、「梵光明劫」、「功德月劫」、「寂靜慧劫」、「善出現劫」、「堅固王劫」、「妙勝主劫」、「千功德劫」、「無著莊嚴劫」等九劫的清淨修行，最終在功德幢佛的所在證得「十地」境界，獲得「大勢力普喜幢菩薩解脫」法門。這一法門，是進入「十地」之第三地——「發光地」的方法。

第三十六「普救眾生妙德夜神會」：善財童子在路上，又得到普救眾生妙德夜神所發「智燈普照清淨幢」大光明的加持，獲得究竟清淨輪三昧，因此三昧而得以仔細觀察世間，並且看到普救眾生妙德夜神救度眾生的大用神力。善財童子看到如此景象，佩服至極，便虔誠禮拜。普救眾生妙德夜神恢復本形，但不捨其神力。此法門的全名為「菩薩普現一切世間調伏眾生解脫」，由於諸劫的修行，普救眾生妙德夜神最終獲得此「菩薩普現一切世間調伏眾生解脫」法門，獲得一切智。這一法門，是進入「十地」之第四地——「焰慧地」的方法。

第三十七「寂靜音海夜神會」：寂靜音海夜神告訴善財童子，自己獲得了「菩薩念念出生廣大喜莊嚴解脫門」。寂靜音海夜神告訴善財童子，這一法門是「以悲、智雙運等心為能起之方便」，寂靜音海夜神以「十大法藏」即「十度」作為證成此法門的根據。寂靜音海夜神給善財童子宣講的這一法門，是進入「十地」之第五地——「難勝地」的方法。

第三十八「守護一切城增長威力夜神會」：守護一切城增長威力夜神為善財童子詳細地說明了「菩薩甚深自在妙音解脫」法門的功用。善財童子又問證得此法門的機緣。守護一切城增長威力夜神告訴善財童子，在往古世過世界轉微塵數劫之「離垢光明」劫中，有一名為「法界功德雲」的四天下，在此劫中出世的第一位佛是「法海雷音光明王」。此中有一名為「妙幢」的王都，此王都中有一位名為「普寶華光」的轉輪王。這位轉輪王就是現今的普賢菩薩，而王國中名叫「清淨日光明面」的比丘尼，就是此位夜神的前身。守護一切城增長威力夜神就是在此劫發菩提心，獲得了此「甚深自在妙音解脫」法門。在往古世過世界轉微塵數劫之「離垢光明」劫中，又有無數的佛出世。在往古世過世界轉微塵數劫之「離垢光明」劫中，其最後佛名為「法界城智慧燈」。守護一切城增長威力夜神在此劫中供養一切佛，聽聞說法，出家學道，最終方纔修得這一「甚深自在妙音解脫」。這一法門，是進入「十地」

之第六地——「現前地」的方法。

第三十九「開敷一切樹華夜神會」：開敷一切樹華夜神向善財童子講解「菩薩出生廣大喜光明解脫門」的作用。此法門的作用分為兩方面，一是「安樂眾生行」、「利益眾生行」，進入這一解脫法門就能夠獲得「如來普攝眾生巧方便智」。在往古世過世界轉微塵數劫之中，有一處名為「普光明真金摩尼山」的世界海，此世界海中有一位名為「普照法界智慧山寂靜威德王」的佛出現。此世界海中又有名為「普莊嚴幢」的世界種，此世界種中又有名為「一切寶色普光明」的世界。此世界中，有一處名為「一切寶山幢」的四天下。此四天下的閻浮提中，有一處名為「堅固妙寶莊嚴雲燈」的王都。當人壽萬歲之時，此王都中出現了一位名為「一切法音圓滿蓋」的國王，其國王無有怨敵。在「一切寶色普光明」世界劫欲盡之時，進入五濁惡世。眾生悲苦，無所依靠，向國王求救。「一切法音圓滿蓋」國王應眾生的所請，下令竭盡所有布施眾生。在「一切法音圓滿蓋」國王的命令下，在閻浮提內的大小城市、村落到處都設置了布施之所。其中，「堅固妙寶莊嚴雲燈城」東面「摩尼山光明門」之外的布施大會由此位國王親自坐鎮。這位「一切法音圓滿蓋」國王面對前來求取布施的眾生產生十種「心」，也同時產生了無與倫比的喜悅，並且以種種心與喜悅給予眾生種種布施。當時，在城東布施大會中的「寶光明」長者女禮拜「一切法音圓滿蓋王」。「寶光明」長者女以偈頌的形式讚頌「一切法音圓滿蓋王」的功德，並且在偈頌中敘述了此位國王的本生故事。「一切法音圓滿蓋大王」稱讚「寶光明」童女能夠深信他人功德，並且以寶衣攝持寶光明童女及其眷屬。開敷一切樹華夜神告訴善財童子，當時的「一切法音圓滿蓋大王」就是現今的毗盧遮那佛，而「光明王」就是淨飯王，蓮花光夫人就是摩耶夫人，寶光明童女就是自己的前身。開敷一切樹華夜神給善財童子宣講的「菩薩出生廣大喜光明解脫」法門，是進入「十地」之第七地——「遠行地」的方法。

第四十「大願精進力救護一切眾生夜神會」：善財童子看到大願精進力救護一切眾生夜神之身油然而生十種心。善財童子因發十心而得以與夜神、無數位菩薩同「行」。大願精進力救護一切眾生夜神告訴善財童子自己所獲得的是「教化眾生令生善根解脫門」，並且為其講說憑藉此法門所顯現出來的九十八種色身。這位夜神首先從正說、喻說兩方面為善財童子解說菩薩智慧之輪的境界。在往古世，過世界海微塵數劫的「善光」劫中，有一處名為「寶光」的世界，其出世的第一位佛號為「法輪音虛空燈王」。在那閻浮提有一處王都名叫「寶莊嚴」，在其東不遠的「妙光」大森林中有一處名為「寶華」的道場。此國的國王名為「勝光」，其太子名為「善伏」。此位太子願意以自身換取對於罪人的寬恕。善伏太子到王都城北的「日光園林」做布施。在半月的最後一日，法輪音虛空燈王如來與其眷屬一起前往日光園林，為善伏太子及其會眾宣說《普照因輪經》，善伏太子因此而獲得「菩薩教化眾生令生善根解脫」法門。大願精進力救護一切眾生夜神告訴善財童子說，那位善伏太子就是自己的前身。善伏太子命終之後，又轉生於國王家中繼續做轉輪王，承事供養每一位出世的諸佛。大願精進力救護一切眾生夜神又告訴善財童子，自己在此後的日光劫之中同樣侍奉供養其中出世的六十億位如來。大願精進力救護一切眾生夜神給善財童子宣講的「菩薩教化眾生令生善根解脫門」法門，是進入「十地」之第八地——「不動地」的方法。

第四十一「妙德圓滿神會」：妙德圓滿神告訴善財童子，菩薩具足此「十種受生藏」即可生於如來家。妙德圓滿神對善財童子講解了自己因發一切菩薩受生之時皆得目睹的大願，而得以於此嵐毗尼園林中目睹釋迦牟尼佛誕生的整個過程。在摩耶夫人未至嵐毗尼園林中時，此園林中就出現了十種瑞相。而當摩耶夫人從迦毗羅城出發到達嵐毗尼園林之時，此嵐毗尼園林中發出十種光明瑞相，當摩耶夫人坐在畢洛叉樹下之時，此園林又出現菩薩將欲誕生的十種神變。然後妙德圓滿神給善財童子講說了世尊降生時的情景。妙德圓滿神又向善財童子講說自己的身世：在往古世過億佛剎微塵數劫有名為「普寶」的世界，在「悅樂」大劫中有八十那由他佛於中出現。其第一佛「自在功德幢」所在的世界中的「妙光莊嚴」四天下的「須彌莊嚴幢」王都中，有一名為「寶餤眼」的國王，其王夫人名為「喜光」。當喜光夫人將欲誕生菩薩之時旁邊有一位名為「淨光」的乳母。而這位乳母就是妙德圓滿神的前身。妙德圓滿神給善財童子宣講的「菩薩自在受生解脫」法門，是進入「十地」之第九地——「善慧地」的方法。

第四十二「瞿波釋種女會」：善財童子來到菩薩集會的「普現法界光明講堂」，受到「無憂德」神與一萬名主宮殿神的迎接。無憂德神以及其他神眾以偈頌讚頌善財童子，而無憂德神從此追隨善財童子而永不捨棄遠離。善財童子進入普現法界光明講堂，看到坐在寶蓮花師子座上的瞿波釋種女。瞿波釋種女首先對於善財童子發菩提心並且不懈求法的精神表示讚許，接著瞿波釋種女為善財童子講述「因陀羅網普智光明菩薩之行」，以及承事善知識的十種方法。瞿波釋種女說，進入「觀察一切菩薩三昧海解脫門」就可以完全知曉娑婆世界、各類國土之海以及往昔諸佛之因緣。瞿波釋種女說：在往古世過億佛剎微塵數劫有一名為「勝行」的劫，此劫中有一處名叫「無畏」的世界，此世界中有處名叫「安隱」的四天下。這一四天下的閻浮提中，有一座名為「高勝樹」的王城，此城中的國王名叫「財主」，其王有一位名叫「威德主」的太子。城中又有一位名為「善現」的母親，帶一名叫「具足妙德」的童女。城中「法雲光明」道場中有一位名為「勝日身」的如來出世。妙德童女因為夢中目睹如來而得以前往拜見太子。童女之母親向太子介紹妙德童女的出生以及成長經歷，激勵太子迎娶這位童女。太子進入香牙園告訴童女及其童女之母自己修行佛法的志向，而妙德童女願意與太子一起修行並供養勝日身如來。妙德童女與其母親善現以及太子一起前往勝日身佛的住所拜見這位佛，並且聽聞勝日身佛說法。太子回宮將勝日身佛出世的消息告訴國王。國王便捨棄王位，將其讓與太子，自己與一萬名眷屬一起去拜見勝日身佛。那位父王因為聽聞佛說法而發心出家，而那位太子則因七寶自然具足而成為轉輪聖王。瞿波釋種女告訴善財童子，那位供養勝日身如來的妙德女，就是其前身，其因供養此劫中的最後一位佛，並且聽聞其說「出生一切如來燈法門」，立即獲得「觀察一切菩薩三昧海境界解脫」境界。瞿波釋種女給善財童子說，儘管自己獲得了「觀察一切菩薩三昧海境界解脫」，並且多劫修證，但卻未能知曉「普賢解脫」境界。因為此「普賢解脫」境界事理之無邊，與諸佛之境界相同。瞿波釋種女給善財童子宣講的「觀察菩薩三昧海解脫」法門，是進入「十地」之第十地——「法雲地」的方法。

三、會緣入實相

從此以下九會十一位善知識都為善財童子說明依照本人的因緣證入實相的方法。澄觀解釋說：「從摩耶下九會十一人明『會緣入實相』，即會前住等成普、別兩行，契證法界故。初得幻智，後得幻住，該於中間如幻之緣，入一實故。」[77]這是說，以下的十一位善知識都是以自己獨特的因緣條件證入實相之理。在此會之前所證得的十住等境界成普遍的和個別的兩種行業，依此二行證入法界。這些善知識分別為善財童子演說各自證入法界的獨特因緣，因此這一部分名之為「會緣入實相」。

第四十三「摩耶夫人會」：善財童子剛剛發心尋求摩耶夫人，就有「寶眼」主城神前來為善財童子說明「修心」的重要性與方法。「蓮華法德及妙華光明」身眾神從其耳下放光加被善財童子，使善財童子獲得「十眼」。名叫「善眼」的法堂羅剎鬼王，則教給善財童子尋找拜訪善知識的方法，先教其「十法」增長其智，後示三昧息滅其亂心。在「寶眼」主城神、「蓮華法德及妙華光明」身眾神、「善眼」法堂羅剎鬼王的教導之下，善財童子得以目睹摩

[77] 澄觀《華嚴經疏》卷五十五，《大正藏》卷三十五，頁九一八中。

耶夫人的依報、正報。摩耶夫人告訴善財童子，自己證得了「菩薩大願智幻解脫門」，因而能夠成為諸佛之母。摩耶夫人並且向善財童子講述了自己做悉達多太子及其他佛、菩薩之母的經歷。摩耶夫人又告訴善財童子說：在往古世，過不可思議非最後身菩薩神通道眼所知曉的劫數，那時有一處名為「淨光」的劫，此劫有一處名為「須彌德」的世界，這一世界有一處名為「師子幢」的四天下，此四天下中有一處名為「自在幢」的王城，此王城之中有一位名為「大威德」的轉輪王。在這一王城的北邊，有一處名為「滿月光明」的道場，其道場神名為「慈德」，當時有一位名為「離垢幢」的菩薩在此道場中成佛。那位道場神就是摩耶夫人的前身，那位轉輪王也就是現今的世尊毗盧遮那佛。

第四十四「天主光女會」：天主光女告訴善財童子自己證得了「無礙念清淨莊嚴解脫」法門，以此法門能夠記憶無數的菩薩修行成佛的全過程。

第四十五「徧友童子師會」：徧友童子師向善財童子又推薦「善知眾藝」童子師，囑咐善財童子前去請教念誦「菩薩字智」法門。

第四十六「善知眾藝童子師會」：善知眾藝童子師向善財童子講解「菩薩字智」法門。「字」為法門之義，四十二字分別象徵菩薩行的四十二階位。

第四十七「賢勝優婆夷會」：賢勝優婆夷向善財童子講解了「無依處道場」解脫法門，獲得此法門即出生勝德不可窮盡，轉依究竟顯德無盡。

第四十八「堅固長者會」：堅固長者向善財童子講解了「無著念清淨莊嚴」解脫法門，

獲得此法門即勤求正法無有休息。

第四十九「妙月長者會」：妙月長者向善財童子講解了「淨智光明」解脫法門。

第五十「無勝軍長者會」：無勝軍長者向善財童子講解了「無盡相」解脫法門，得以觀見無量之佛，獲得無盡藏。

第五十一「最寂靜婆羅門會」：最寂靜婆羅門向善財童子講解了「誠願語」解脫法門，並且說明其以住於誠願語的緣故，隨意所作，莫不成功滿足。

第五十二「德生童子與有德童女會」：二位童男、童女告訴善財童子自己證得的是「幻住」菩薩解脫法門，見一切皆為幻住。德生童子、有德童女向善財童子解釋彌勒所具的功德，激勵善財童子前往拜見求法。其中，以十類九十八門標舉菩薩應該修行的法門。其十類為：一，「上求菩提行」；二，「下救眾生行」；三，「自斷惑障行」；四，「勸物出離行」；五，「淨自根欲行」；六，「力用自在行」；七，「攝法治惑行」；八，「供佛攝生行」；九，「悲願深廣行」；十，「證入圓滿行」。德生童子、有德童女激勵善財童子應該侍奉一切善知識。

四、攝德成因相：彌勒菩薩會

這是〈入法界品〉「末會」的第五十三會，澄觀解釋說，此會以文殊師利菩薩為會主，具有象徵意義，「慈氏一名『攝德成因相』，會前二門之德並為證入之因故，故法門名三世不忘念，則攝法無遺。」[78] 這是說，前述「寄位修行相」、「會緣入實相」所成之功德同為證入佛地之因，因此彌勒菩薩之法門名為「三世不忘念」，澄觀以為此會盡攝全部法門。

善財童子在南下的路上，仔細回憶自己往昔的一切活動，產生了後悔往昔而發心修行的心理活動。善財童子回味著拜訪諸位善知識之所得，進入無比之智慧境界。到達「毗盧遮那莊嚴藏」廣大樓閣前面，善財童子頂禮彌勒菩薩，不可思議之善根一時彌貫善財童子的身心之中。善財童子在彌勒菩薩面前以長行、偈頌體讚頌「大莊嚴」園中的「毗盧遮那莊嚴藏」廣大樓閣的功德莊嚴。善財童子在讚嘆毗盧遮那莊嚴藏大樓閣中諸菩薩之後，看見在天龍及其許多眾生的圍繞下，彌勒菩薩來到這座樓閣中。善財童子立即拜見彌勒菩薩，彌勒菩薩將善財童子介紹給會中大眾，並以偈語稱讚善財童子。善財童子聽完彌勒菩薩的稱讚後，不禁歡喜踴躍，身毛豎起，悲泣哽噎。善財童子起立合掌，恭敬禮拜彌勒菩薩。依持著文殊師利菩薩心念之力的緣故，無數花朵、瓔珞、種種美妙的珍寶不覺之間忽然自然自盈其手。善財童子非常歡喜，隨即將其奉上散佈在彌勒菩薩的身上。

善財童子向彌勒菩薩恭敬地請教如何修習菩薩行和菩薩道。彌勒菩薩指著善財童子向會眾作介紹，並且高度讚揚善財童子發菩提心、修習菩薩行的功德。彌勒菩薩稱讚善財童子能夠發菩提心，並且以一百一十種比喻來稱讚菩提心。澄觀說這些比喻所言都通於三種發心，且菩提心「徧該諸地」[79]。

[78] 澄觀《華嚴經疏》卷五十五，《大正藏》卷三十五，頁九一八中。
[79] 澄觀《華嚴經疏》卷六十，《大正藏》卷三十五，頁九五七中。

彌勒菩薩先以一百一十八種比喻稱讚菩提心，接著又以一百零三種比喻來稱讚菩提心所具有的「廣多無量」的自在功德。彌勒菩薩又讓善財童子進入毗盧遮那莊嚴藏大樓閣中週徧觀察，以學習菩薩行。善財童子請求彌勒菩薩打開毗盧遮那莊嚴藏大樓閣，讓自己能夠進入。彌勒菩薩至樓門前彈指出聲，其門自開，善財童子得以進入，看到了樓閣中的奇異莊嚴。善財童子看見毗盧遮那莊嚴藏樓閣如此不可思議的自在境界，生出大歡喜，進入無礙解脫之門。由於進入了無礙解脫境界，善財童子得以看見彌勒菩薩從初發心、修行得法，一直到其隨類攝取眾生的整個過程。

善財童子因為獲得了不忘失憶念之力的緣故，纔獲得了見十方清淨之眼、善觀察無礙智、諸菩薩自在智，並且因為獲得了諸菩薩已入智地後所具的廣大解，所以，他纔能在此樓閣中見到如此奇異的境界。彌勒菩薩進入毗盧遮那莊嚴藏樓閣，以彈指作聲，將善財童子從三昧定中喚出。彌勒菩薩告訴善財童子，你因為菩薩之法力加持的緣故，纔見到如此的境界。善財童子請問此法門之名，彌勒菩薩告訴善財童子說，這一法門名為「三世一切境界不忘念智莊嚴藏」。

善財童子又向彌勒菩薩請教「三世一切境界不忘念智莊嚴藏」法門所具如此境界的本源。彌勒菩薩則回答說，此法非去非來，非集非常，遠離一切。善財童子所見到的一切景象都是憑藉菩薩智慧神力而住，也是不住於內，不住於外，非來非去的。

善財童子又詢問彌勒菩薩是從何處生出的。彌勒菩薩以三層來回答：第一，從法身而言，無來之來，來即無來。第二，從「相」即「實報」言之，「從萬行中來」。第三，從化身、現身而言，從「隨機熟處而來」。這三層「即法、報、化身，亦體、相、用，亦理、行、事。又初唯理，後唯事，中一具理、事」80。善財童子又向彌勒菩薩請教菩薩的生處，彌勒菩薩先回答菩薩的十種生處，後又向善財童子說明出生菩薩的二十種因緣。彌勒菩薩告訴善財童子自己為了化度眾生的緣故，而生於閻浮提界的摩羅提國中的拘吒聚落的婆羅門家，當自己在未來成佛之後，善財童子可以與文殊菩薩一起來與其相會。

五、智照無二相：文殊師利會

這是〈入法界品〉「末會」的第五十四會。澄觀解釋說，此會以文殊師利菩薩為會主，具有象徵意義，「謂行圓究竟，朗悟在懷。照前行等唯一圓智，更無前後明昧等殊故。」81文殊師利菩薩是智慧的象徵，此會顯現出以智慧朗照菩薩行，行、智並無前後而圓融無礙。

善財童子經歷了一百一十城之後，到達了普門國蘇摩那城文殊師利菩薩的住所門前，他思惟文殊菩薩，隨順觀察。這時，文殊師利菩薩遠遠地伸出右手撫摩著善財童子的頭頂，為其說法，使其進入普賢行道場，文殊師利菩薩則隱藏起來，沒有現身。

80 澄觀《華嚴經疏》卷六十，《大正藏》卷三十五，頁九五九中。
81 澄觀《華嚴經疏》卷五十五，《大正藏》卷三十五，頁九一八中。

六、顯因廣大相：普賢菩薩會

這是〈入法界品〉「末會」的第五十五會，澄觀解釋說，此會以普賢菩薩為會主，具有象徵意義，「普賢一人名『顯因廣大相』，始覺同本，圓覺現前，稱周法界，無不包含故。」[82]普賢菩薩象徵成佛之因，普賢菩薩為善財童子顯現成佛之大因，因而稱之為「顯因廣大相」。

善財童子因文殊師利菩薩等善知識的教誨，趣求成佛之心普徧增長，所得之境界也漸為深邃。這時，善財童子生起強烈的欲拜見普賢菩薩之心，便生起十一種正觀普賢境界之心。由於生起此等心，善財童子得以看到十種瑞相和十種光明相。善財童子看見十種光明之相，渴望見到普賢菩薩之心更加強烈。

隨即，善財童子攝止自己散亂之心住於定境。在定境中，善財童子觀見普賢菩薩坐於蓮花獅子座上，普賢的智慧境界無量，普賢菩薩的每一毛孔之中出生無限無量的美妙境界。善財童子又重新觀想普賢菩薩體內所包含的一切境界，並且將在此看到的境界與在其他處所見到的境界進行比較，證實普賢菩薩之境界是殊勝的境界。善財童子因為看見如此殊勝的境界而獲得十種智波羅蜜。獲得此等智慧之後，普賢菩薩即伸手撫摩善財童子的頭頂，善財童子隨即又獲得無數三昧，在每一三昧之中顯現出無數境界。

普賢菩薩為善財童子講解自己獲得「究竟三世平等清淨法身」、「清淨無上色身」及其救

[82] 澄觀《華嚴經疏》卷五十五，《大正藏》卷三十五，頁九一八中。

護眾生的種種神通的因緣。普賢菩薩鼓勵善財童子觀看普賢神奇的、清淨的身體。普賢菩薩說，如果眾生見到或者聽說我的清淨國土，就一定會生於這一清淨國土中；如果有眾生見到或者聽說我的清淨身體，就一定會生於我的清淨身之中。善財童子應普賢菩薩的要求重新觀看普賢菩薩的色身，看見其每一毛孔之中都含有種種世間、種種眾生，看見普賢菩薩的色身徧於諸國土並且生起教化眾生的大用。善財童子又看見自己的身體在普賢菩薩的身內，並且在十方一切世界教化眾生。由此，善財童子感覺到自己所獲得的善根、多種境界、功能以及所進入的國土海，都遠遠無法與普賢菩薩相比較。看到如此神奇之境界，善財童子獲得了普賢菩薩行願之海。

普賢菩薩首先以偈頌體告訴善財童子，佛果之海離言而難說難思，今姑且以現佛之德來顯示善財童子之果相。在座的諸位菩薩聽說普賢菩薩的說法之後，都產生渴望、景仰。普賢菩薩應諸位菩薩之要求，以九十五偈讚頌難思難議的佛德。這九十五偈讚嘆毗盧遮那佛之十身圓滿二十一種殊勝功德。

八十卷《華嚴經》至此處全部結束。

伍、〈入法界品〉的佛學思想及其修行意義

〈入法界品〉是《華嚴經》的總結和縮影，它不僅相當完整地體現了《華嚴經》的幾乎

全部思想，更為重要的是提供了如何深入法界和隨順法界的典型例證和具體方法。從前者而言，舉凡《華嚴經》的重要思想，在此品中都得到了完整的體現與深化。因此，前文所論及的《華嚴經》的佛學思想都完全適用於〈入法界品〉。從後者而言，〈入法界品〉又是整個《華嚴經》的點睛之筆，深入法界、隨順法界這一《華嚴經》的核心旨趣在此得到了更為明確的昇華。善財童子奔赴各地向善知識求法問道，而各位善知識的指點既為善財童子指明了層層遞進的階梯，又堪稱《華嚴經》思想的形象化圖解。通過這一深入法界、隨順法界的全過程，《華嚴經》的深刻思想無疑更容易深入人心。這也正是〈入法界品〉千百年來贏得佛教信眾無限敬仰的原因，也正是如此，唐代的般若大師在「六十華嚴」、「八十華嚴」已經流通且贏得人們喜愛的情況下，仍然發心譯出了以善財童子五十三參為主要內容的四十卷《華嚴經》。四十卷本《華嚴經》的全名為《入不思議解脫境界普賢行願品》，「這指佛地的境界說為不思議解脫，而由清淨了的法界構成，所以能入不思議解脫法門的也就能入法界。在這一品裡借善財童子作過渡人物，由代表般若思想的文殊願行逐漸轉變為代表華嚴思想的普賢願行。善財童子所參訪的諸位善知識都是對於不思議解脫或者法界已經有了部分證悟的，集合攏來自然體現了全法界清淨的境界。」[83] 鑑於此，下文將採用與《華嚴經》整體之佛學思想相對照、相補充的方法對〈入法界品〉的佛學思想進行解析、介紹。

[83] 呂澂《中國佛學源流略講》，頁三六五，中華書局一九七九年八月第一版。

一、深入法界與隨順法界

「法界」一詞在佛學中涵義較為廣泛，「界」可作種族、種類、要素和因性等解釋。「法界」，大而言之，既指宇宙萬物、自然界、人的感覺內容，又可指事物的類別、性質、因由、根據。由於「法界」具有性質、根基的意思，所以，又被作為表述一切事物本來相狀的概念，在此層面上，「法界」一詞和同樣表述諸法實相的「真如」、「自性清淨心」、「法性」、「平等性」、「不虛妄性」、「不變性」、「實際」等詞相通互釋。這樣，概括而言，「法界」的一般涵義有二：一是泛指宇宙的萬事萬物；二是指決定萬事萬物的本性。法藏說「界有三義：一是因義，依生聖道故。……二是性義，謂是諸法所依性故。……三是分齊義，謂諸緣起相不雜故。」❽❹將「法」與「界」義合論即可以看出，「法界」概念有三層涵義：一是「法因」，指眾生成佛的根由即「佛性」、「真如」、「真心」、「一心」。二是「法性」，指事物的本性、規定性，其實就是「空性」。《華嚴經》卷十九說：「若人欲了知，三世一切佛，應觀法界性，一切唯心造。」❽❺此中「法界」就是指「法性」。三是「法相」，指具體事物的界限、差別相及事物的外在相狀，在《華嚴經》中就是指「世界」、「世間」，具體就是毗盧遮那佛所主的蓮華藏莊嚴世界海及其眾生所在的世間。《華嚴經》正是以上述諸義來使用「法界」概念的，

---

❽❹ 法藏《華嚴經探玄記》卷十八，《大正藏》卷三四五，頁四四〇中。

❽❺ 唐實叉難陀譯《大方廣佛華嚴經》卷十九，《大正藏》卷十，頁一〇二上。

而〈入法界品〉的主旨正是在上述三方面涵義的基礎上展開的。

從上述所言「法界」的三種涵義去理解「入法界」的意旨，則可以得出三層涵義：第一，「法界」為佛性之義，也就是「一心法界」或「一真法界」，所以「入法界」就是開發自己所蘊含的「如來藏自性清淨心」，使其如其所是的顯現出來。第二，「法界」是諸法的理體，而諸佛所證的境界正是這種諸法的理體，因此證入法界之理就稱之為「入法界」。第三，「法界」既然是「佛之世界」及其「眾生之世間」，因此，「入法界」也就是遊心於諸佛世界以及深入眾生所在之世間，一方面在佛國世界之中體味諸佛之智慧，另一方面又在眾生世間實踐救度教化眾生的功德。從證入佛境角度言之，澄觀依據《華嚴經》的說法總結出三種進入法界的途徑：第一，上根菩薩於初住之位破無明，證法界之理。第二，中根菩薩於十迴向之末，深入法界。第三，下根菩薩於初地位進入法界。作為《華嚴經》的主旨之一，深入法界、隨順法界是佛教全部修行的關鍵性環節，「遊心清淨法界，所行饒益諸群生」[86]，可以看作其宗教實踐的綱領。《華嚴經》明確將深入法界看作菩薩修行成佛的必由之路，〈十行品〉就借助功德林菩薩之口說：「於諸眾生善分別，悉入法界真實性，自然覺悟不由他，彼等空者行

---

86 這是晉佛陀跋陀羅譯《華嚴經》卷十二中功德林菩薩所誦的一偈，前面尚有一句：「一切如來人中雄，先已具發大慈悲。」（《大正藏》卷九，頁四七二下）唐譯為：「未來所有人師子，周徧遊行於法界，已發諸佛大悲心，彼饒益者行斯道。」（唐實叉難陀譯《華嚴經》卷二十，《大正藏》卷十，頁一〇八下）以晉譯為佳，故採用之。

斯道。」[87]此可為證。

《華嚴經》之所以將三個似乎有所分別的層面圓融起來強調深入法界、隨順法界，一個很重要的原因是既將「法界」看作成佛之因，又將其看作佛之境界即佛果。關於這一點，歷代祖師的解釋是正確的。法藏就明確地以「因果」來解釋《華嚴經》的意旨。在《華嚴策林》中，法藏說：「因徹果源，果究因末。普賢行願，方號圓因；舍那十身，遂稱滿果。」[88]在《華嚴經探玄記》中，法藏更以「普賢法界為因，舍那法界為果」而開「十事五對」[89]以說明之。李通玄在其《新華嚴經論》中首倡「三聖圓融」的提法來凸現此經的意旨。澄觀撰有〈三聖圓融觀門〉對其論之尤詳，堪稱集其大成。此中「三聖」即「本師毗盧遮那如來，普賢、文殊二大菩薩是也」[90]。〈三聖圓融觀門〉分二門論述「三聖圓融」，即「相對明表」、「相融顯圓」。

澄觀所言「相對明表」是說，《華嚴經》以文殊、普賢二菩薩互相分工而表徵成佛之路徑以及佛因、佛果。澄觀明確說：「三聖之內，二聖為因，如來為果。果起言想，且說二因。若悟二因之玄微，則知果海之深妙。」[91]因為佛果難於言表，澄觀於是分三層專論作為成佛

[87] 唐實叉難陀譯《大方廣佛華嚴經》卷二十，《大正藏》卷十，頁一〇九上。
[88] 法藏《華嚴策林》，《中國佛教思想資料選編》第二卷第二冊，頁三〇二。
[89] 法藏《華嚴經探玄記》卷一，《大正藏》卷三十五，頁一二〇下。
[90] 澄觀〈三聖圓融觀門〉，《中國佛教思想資料選編》第二卷第二冊，頁三七五。
[91] 澄觀〈三聖圓融觀門〉，《中國佛教思想資料選編》第二卷第二冊，頁三七六。

之因的二聖法門：第一，能信、所信相對，以普賢表徵所信之法界，即在纏如來藏，文殊表徵能信之心。澄觀以為，普賢菩薩在《華嚴經》的第一會中就進入「如來藏身三昧」，是因為普賢是能信之法界的象徵。而文殊菩薩因為是能信之心的象徵，所以如《佛名經》所說「此如是等諸佛，皆是文殊師利初教發阿耨多羅三藐三菩提心」⑫，而善財童子之所以一見到文殊菩薩就能夠發大心，是因為善財童子已經處於「信」位，只是尚未見到所信之境界。〈入法界品〉中文殊菩薩首先出場，是因為在未曾見到所信之境界的情形下，仍然能夠產生信仰而發大心。〈入法界品〉中以文殊菩薩居首，普賢菩薩居末，其奧妙正在於此。第二，以解、行相對，普賢表徵所起萬行，也就是菩薩行；文殊表徵能起之解，即通解事與理的智慧。在〈入法界品〉中，彌勒菩薩對善財童子說：「汝先所見諸善知識，聞菩薩行，入解脫門，滿足大願，皆是文殊威神之力，文殊師利於一切處咸得究竟。」⑬又云：

善男子！文殊師利常為無量百千億那由他諸佛母，常為無量百千億那由他菩薩師，教化成熟一切眾生，名稱普聞十方世界；常於一切諸佛眾中為說法師，一切如來之所讚嘆；住甚深智，能如實見一切諸法，通達一切解脫境界，究竟普賢所行諸行。⑭

⑫ 後魏北印度三藏菩提流支譯《佛說佛名經》卷七，《大正藏》卷十四，頁一五三下。
⑬ 唐實叉難陀譯《大方廣佛華嚴經》卷七十九，《大正藏》卷十，頁四三九上。
⑭ 唐實叉難陀譯《大方廣佛華嚴經》卷七十九，《大正藏》卷十，頁四三九上。

究竟而言，文殊師利菩薩表徵般若智慧，而普賢菩薩則象徵具體的化他之行。〈入法界品〉的特殊結構正說明了這一問題。依照法藏在《華嚴經探玄記》卷十八中的解釋，善財童子所參訪的五十五位善知識，由最初的文殊師利菩薩，到第五十四位又見到文殊師利菩薩，其間諸位善知識所說均屬於般若門，都屬於文殊位所攝；其後出現的普賢菩薩會屬於法界門，屬於普賢位所攝㊺。第三，以理、智相對，普賢表所證法界，即出纏如來藏，文殊表能證。從普賢菩薩角度言之，是因為在〈入法界品〉中善財童子進入普賢菩薩的身中的緣故，因為借助於普賢菩薩之身善財童子獲「得究竟三世平等身故；一毛廣大即無邊者，稱法性故，普賢身相如虛空故；又見普賢即得智波羅蜜者，明依於理而發智故」。從文殊師利菩薩角度言之，文殊師利菩薩象徵著般若智慧，「文殊師利常為無量百千億那由他諸佛母故」，因為諸佛都是「從文殊師利智慧大海所出生故」，在〈入法界品〉中，善財童子觀見文殊菩薩之後「方見普賢，顯其有智方證理故」。在此，澄觀是以「理開體用、智分權實」的思路論說能信所信、理智相對的，因此，普賢既表徵所證法界，即出纏如來藏，亦即理體，又可表徵所信法界，即在纏如來藏。這樣便可推出「以文殊二智，證普賢體用」㊻的結論。——這是一種解釋。另一種解釋為：「此一門亦表定、慧，理本寂故，智即慧故。亦表體、用，普賢理寂以為心體，文殊智照為大用故。」㊼這是另一層體用關係。其實，如初門這樣分別性分梳，並非澄

㊺ 法藏《華嚴經探玄記》卷十八，《大正藏》卷三十五，頁四五一上。
㊻ 澄觀〈三聖圓融觀門〉，《中國佛教思想資料選編》第二卷第二冊，頁三七六。

觀的最終目的，他的歸趣在於得出三聖圓融，即「因果」或說「因因果果圓融」的結論。在第二門「相融顯圓」中，澄觀就是這樣做的。

澄觀從「二聖法門各自圓融」與「二聖法門互相圓融」兩部分來說明「相融顯圓」。前者分為二門：首先，文殊法門之「信」、「解」、「行」是互相圓融的。澄觀說：「文殊必因於信，方能成解。有解無信，增邪見故。有信無解，長無明故。信、解真正，方了本原，成其極智，極智反照，不異初心故。」[98]這是說，文殊師利法門的特質在於般若智慧，但此智之修成卻須憑藉「信」，「初發心時，便成正覺。又前，方便之智不離智體故；後，文殊名『智照無二相』，照信不殊於智故。」在〈入法界品〉中，一開始，只聽聞文殊師利菩薩之聲而未見其身，在福城之中文殊師利菩薩方纔顯現出絕妙之身，在最後，當善財童子到達了普門國蘇摩那城拜訪文殊師利菩薩時，文殊師利菩薩則遠遠地伸出右手撫摩著善財童子的頭頂，為其說法使其進入普賢行道場，文殊師利菩薩則隱藏起來，沒有現身。這一敘述方式，則象徵了「智慧之體」是沒有任何相狀的，文殊法門也是「信」、「解」、「智」圓融的。其次，普賢法門之「理」、「事」、「行」三事也是互相圓融的。澄觀說：「理若無行，理終不顯。依體起行，行必稱體。由行證理，理無行外之理。由理顯行，無理外之行故。隨所證理，無不具，一證一切證故。見普賢一毛所得法門，過前不可說倍。又是即體之用故，毛孔法門緣起無盡。

[97] 澄觀〈三聖圓融觀門〉，《中國佛教思想資料選編》第二卷第二冊，頁三七六。

[98] 澄觀〈三聖圓融觀門〉，《中國佛教思想資料選編》第二卷第二冊，頁三七七。

由是普賢三事涉入重重。」[99]

文殊法門與普賢法門又是互相圓融的。這是因為：「謂要因於信，方知法界。信不信理，信即為邪。故能、所不二，不信自心有如來藏，非菩薩故。次要藉於解，方能起行稱解。起行，行不異解，則解、行不二。次以智是理用，體理成智，還照於理。智與理冥，方曰真智，則理、智無二。」[100]這是說，從「信」與「所信」之「理」不二，「解」與「行」、「理」與「智」圓融等三方面來說，文殊法門與普賢法門是圓融不二的。更為重要的是，借助於澄觀的這種解釋，我們可以更準確地理解《華嚴經》，特別是〈入法界品〉的結構意義。澄觀說：

又法界寂照名「正」，寂而常照名「觀」。觀窮數極妙符乎寂，即定、慧不二。又即體之用曰「智」，即用之體曰「理」，即體、用無二，是以文殊三事融通隱隱，即是普賢三事涉入重重。此二不異，名「普賢帝網之行」。故〈普賢行品〉反上下諸經廣顯理事圓融，為普賢行，非獨事行名普賢行。[101]

這是說，從「正觀」和「體用」合一的角度言之，文殊法門之「信」、「解」、「智」與普賢法

---

[99] 澄觀〈三聖圓融觀門〉，《中國佛教思想資料選編》第二卷第二冊，頁三七七。

[100] 澄觀〈三聖圓融觀門〉，《中國佛教思想資料選編》第二卷第二冊，頁三七七。

[101] 澄觀〈三聖圓融觀門〉，《中國佛教思想資料選編》第二卷第二冊，頁三七七。

門之「理」、「事」、「行」都是圓融的，數者重重相入，構成「普賢帝網之行」。而「既二聖相融而不名文殊行者，攝智屬理，唯一心法界故，舉一全收」。而「二聖法門既相融者，則普賢因滿，離相絕言，沒因果海，是名毗盧遮那光明偏照唯證相應故」[102]。這是說，依此二聖相融即可因圓果滿，進入毗盧遮那佛光明偏照之海。正因為如此，〈入法界品〉中，在普賢會之後便以偈讚頌佛德，是為了顯現佛果之相。〈入法界品〉開始部分，如來自入三昧，現相而無言，是為了表證佛所證之境界是言語道斷的。而〈入法界品〉後面普賢菩薩會中，普賢菩薩開顯放光使善財童子開悟，表證善財童子能夠證得絕言之境界。而在此前由文殊菩薩開顯善財童子前去拜訪普賢菩薩的意義也在於此。

澄觀以為，《華嚴經》的宗旨可以用「信」、「智」、「解」、「行」四個方面去概括，文殊、普賢都是這四方面的象徵。澄觀這樣論說：

若合三聖法門以為經目者，普賢是「大」，所證理體，無不包故。文殊是「方廣」，理上之智為業用故。又通是普賢理含體用，通為所證故。文殊、普賢二俱，華嚴萬行披敷信、智、解、行，皆是因。「華」用「嚴」本，寂體故。舍那即佛，通圓諸因，證上體用故。說即為經，因言顯故。[103]

---

[102] 澄觀〈三聖圓融觀門〉，《中國佛教思想資料選編》第二卷第二冊，頁三七七。

[103] 澄觀〈三聖圓融觀門〉，《中國佛教思想資料選編》第二卷第二冊，頁三七七。

而善財童子五十三參以文殊師利菩薩發現善財童子開始，而以善財童子參拜普賢菩薩為證入法界的象徵，更是體現了依體起用證入法界理體的修行路徑。《華嚴經》的核心是「因果圓融」，「因」為成佛之因即法身理體，「果」為成佛境界即「毗盧遮那莊嚴世界海」。《華嚴經》前八會反覆談論「因果圓融」，一個重要目的就是為了將清淨的佛之體性即佛果由果位推移至眾生之因位——「眾生之心」，從而為眾生成佛建立有說服力的根據，而由於這一根據是以宗教神話或者宗教象徵形式表達出來的，所以更具有強烈的信仰魅力。《華嚴經》的最後一會〈入法界品〉則以善財童子參學的形式將隨順法界、深入法界的全過程作了一個具體而形象的表現。在這一過程之中，善財童子參學的核心問題就是如何實踐普賢行，從而成就佛果。

二、「普賢行」與解脫不離世間

普賢菩薩與文殊師利菩薩都是如來的上首弟子，在「華嚴法門」中，都有崇高的重要地位。然而，〈入法界品〉雖為文殊所啟導，而終極是「普賢地」的普賢菩薩。「普賢行」或曰「普賢行願」，成為《華嚴經》以及〈入法界品〉的核心內容，因為普賢行在此經之中被看作大乘菩薩修行的集中體現，是成就佛果的最重要路徑。在《華嚴經》中，「普賢菩薩是一個無所不在的，比文殊菩薩道行還要高的菩薩」。「在《華嚴經》的描述中，普賢菩薩是一位高居於包括文殊菩薩在內的一切菩薩之上的，與『一切諸佛』等身的大菩薩。」[104]而貫穿於

[104] 李富華〈《華嚴經》與普賢菩薩思想〉，《佛學研究》第八期，頁二〇〇，一九九九年。

普賢行之中的解脫不離世間、上求佛道下化眾生的即世間求解脫的修行方法成為大乘佛教，特別是中國佛教的基本發展方向。

菩薩為「菩提薩埵」的略稱，意思為「求道求大覺之人」、「求道之大心人」，而普賢菩薩就是「這樣一位既知現在，又知未來而無所不知的，有著普度一切眾生慈悲之心的，精進而不知疲倦的菩薩的代表」[105]。他是佛法之理的象徵，又是佛之定力的象徵，《華嚴經》中又賦予他以十大願救度眾生的悲行。普賢菩薩所獲得的三昧稱為「一切諸佛毗盧遮那如來藏身」，普賢菩薩進入、獲得這一三昧就蘊涵了一切諸佛法身所有的神通之力和功德智慧，他的法力無邊而且與如來沒有什麼差別。貫穿於《華嚴經》始終的一個修行方法就是「普賢行」。

從深入法界、隨順法界而言，「普賢行」是〈入法界品〉的核心之一。〈入法界品〉中就有文殊菩薩激勵眾比丘修習普賢行願的文句，其文曰：

爾時，文殊師利菩薩勸諸比丘住普賢行；住普賢行已，入大願海；入大願海已，成就大願海。以成就大願海故，心清淨；心清淨故，身清淨；身清淨故，身輕利；身清淨輕利故，得大神通無有退轉；得此神通故，不離文殊師利足下，普於十方一切佛所悉現其身，具足成就一切佛法。[106]

[105] 李富華《〈華嚴經〉與普賢菩薩思想》，《佛學研究》第八期，頁一九八，一九九九年。

[106] 唐實叉難陀譯《大方廣佛華嚴經》卷六十一，《大正藏》卷十，頁三三一。

如果要成就如佛一樣的智身，就要住於普賢行，就要滿足普賢行願。進入普賢行願也就等於進入大願之海；進入大願之海，就能夠成就大願之海；成就大願之海，就能夠使心清淨；心清淨了，身纔能清淨；身清淨，就可以獲得無有退轉的大神通；因獲得此神通的緣故，就可不離開文殊師利足下，普於十方一切佛之所都顯現出自己之身，具足成就一切佛法。這是說，對於初步發心修行的比丘來說，進入普賢行，是其中最為關鍵的環節。正因為此，善財童子在拜見文殊菩薩之後，向文殊菩薩請教說：

唯願聖者廣為我說，菩薩應云何學菩薩行？應云何修菩薩行？應云何趣菩薩行？應云何行菩薩行？應云何淨菩薩行？應云何入菩薩行？應云何成就菩薩行？應云何隨順菩薩行？應云何憶念菩薩行？應云何增廣菩薩行？應云何令普賢行速得圓滿？

文殊菩薩則這樣回答：

善哉，功德藏！能來至我所，發起大悲心，勤求無上覺。已發廣大願，除滅眾生苦，普為諸世間，修行菩薩行。若有諸菩薩，不厭生死苦，則具普賢道，一切無能壞。福光福威力，福處福淨海；汝為諸眾生，願修普賢行。汝見無邊際，十方一切佛，皆悉聽聞法，受持不忘失。汝於十方界，普見無量佛，成就諸願海，具足菩薩行。若入方便海，安住佛菩提，能隨導師學，當成一切智。汝徧一切剎，微塵等諸劫，修行普賢行，成就菩提道。汝於無量剎，無邊諸劫海，修行普賢行，成滿諸大願。此無量眾生，聞汝願歡喜，皆發菩提意，願學普賢乘。[107]

值得注意的是，善財童子在其問話中是將「菩薩行」與「普賢行」合併在一起的，文殊師利的回答也是將二者合在一起的，強調的重點就是「普賢行」。可見，《華嚴經》所言的菩薩行其基本內容就是普賢行，因而〈入法界品〉也稱之為〈普賢行願品〉。本來，在其他經典中，菩薩行是指「六度」與「四攝」，《華嚴經》將其具體化為「普賢十大行願」，並且以善財童子五十三參的最終歸宿這一象徵性安排使其成為菩薩修行的核心內容。而善財童子由於發心修行普賢行而由普賢菩薩預言其當來成佛。

「普賢行」也稱為「普賢願」、「普賢行願」，「普賢地」就是以「普賢行願」所成就的。普賢菩薩向善財童子宣說自己過去的行願：

善男子！我於過去不可說不可說佛剎微塵數劫，行菩薩行，求一切智。

善男子！我於爾所劫海中，自憶未曾於一念間不順佛教，於一念間生瞋害心，我我所心，自他差別心，遠離菩提心，於生死中起疲厭心，懶惰心，障礙心，迷惑心，唯住無上不可

---

107 唐實叉難陀譯《大方廣佛華嚴經》卷六十一，《大正藏》卷十，頁三三一。

沮壞集一切智助道之法大菩提心。

善男子！我莊嚴佛土；以大悲心救護眾生，教化成就；供養諸佛；事善知識；為求正法，弘宣護持，一切內外悉皆能捨，乃至身命亦無所吝。一切劫海說其因緣，劫海可盡，此無有盡。

善男子！我法海中，無有一文，無有一句，非是捨施轉輪王位而求得者，非是捨施一切所有而求得者。善男子！我所求法，皆為救護一切眾生。一心思惟：「願諸眾生得聞是法，願以智光普照世間，願為開示出世間智，願令眾生悉得安樂，願普稱讚一切諸佛所有功德。」108

上述引文是八十卷《華嚴經》普賢菩薩會中的內容，而關於「普賢行願」的具體內容以四十卷《華嚴經》所言最為明確、詳細。其文曰：

爾時，普賢菩薩摩訶薩稱歎如來勝功德已，告諸菩薩及善財童子言：「善男子，如來功德。假使十方一切諸佛經不可說不可說佛剎極微塵數劫，相續演說不可窮盡。若欲成就此功德門，應修十種廣大行願。何等為十？一者禮敬諸佛。二者稱讚如來。三者廣修供養。四者懺悔業障。五者隨喜功德。六者請轉法輪。七者請佛住世。八者常隨佛學。九者恆順眾生。

108 唐實叉難陀譯《大方廣佛華嚴經》卷八十，《大正藏》卷十，頁四四一中至下。

十者普皆迴向。」[109]

是為菩薩摩訶薩十種大願具足圓滿。若諸菩薩，於此大願隨順趣入，則能成熟一切眾生，則能隨順阿耨多羅三藐三菩提，則能成滿普賢菩薩諸行願海。[110]

上述「普賢菩薩十大行願」與《華嚴經》其他部分所宣說的「十信」、「十住」、「十行」、「十迴向」、「十地」等菩薩修行階位一起構成了「菩薩行」修行的基本內容。

從修行原則而言，「普賢行」突出的是大乘佛教一貫的「解脫不離世間」的路徑以及唯心解脫的傾向。菩薩之所以是菩薩，最主要的是因為其具有無量廣大的菩提心——「慈」、「悲」、「喜」、「捨」之心。在〈入法界品〉「彌勒菩薩會」中，彌勒菩薩以一百一十種比喻稱讚菩提心，其文有「菩提心者，猶如種子，能生一切諸佛法故；菩提心者，猶如良田，能長眾生白淨法故；菩提心者，猶如大地，能持一切諸世間故……」[111]等等。而「發菩提心」也就順理成章地成為菩薩修行的起點。〈入法界品〉中海雲比丘就給予善財童子強調了這一點：

發菩提心者，所謂：發大悲心，普救一切眾生故；發大慈心，等祐一切世間故；發安樂心，

---

[109] 唐般若譯《華嚴經》卷四十，《大正藏》卷十，頁八四四中。

[110] 唐般若譯《華嚴經》卷四十，《大正藏》卷十，頁八四六中。

[111] 唐實叉難陀譯《大方廣佛華嚴經》卷七十八，《大正藏》卷十，頁四二九至四三〇。

令一切眾生滅諸苦故；發饒益心，令一切眾生離惡法故；發哀愍心，有怖畏者咸守護故；發無礙心，捨離一切諸障礙故；發廣大心，一切法界咸徧滿故；發無邊心，等虛空界無不往故；發寬博心，悉見一切諸如來故；發清淨心，於三世法智無違故；發智慧心，普入一切智慧海故。[112]

此中，「發菩提心」有兩方面的要義：一是將修行解脫成佛的依據界定為眾生自具的「自性清淨之心」，二是將其修行的內容指向救度一切眾生。前者也就是貫穿於《華嚴經》始終的唯心解脫的傾向，後者就是解脫不離世間的路徑。《華嚴經‧十行品》說：

菩薩如是解一切法皆悉甚深，一切世間皆悉寂靜，一切佛法無所增益。佛法不異世間法，世間法不異佛法；佛法、世間法，無有雜亂，亦無差別。了知法界體性平等，普入三世，永不捨離大菩提心，恆不退轉化眾生心，轉更增長大慈悲心，與一切眾生作所依處。[113]

菩薩應該知曉，佛法與世間法，雖然各自有自性的差別，並且不相雜亂，但是從根本上二者是沒有任何區別的。菩薩也應該知曉：

---

[112] 唐實叉難陀譯《大方廣佛華嚴經》卷六十二，《大正藏》卷十，頁三三五中。

[113] 唐實叉難陀譯《大方廣佛華嚴經》卷十九，《大正藏》卷十，頁一〇五中。

妙世界即是粗世界，粗世界即是妙世界；仰世界即是覆世界，覆世界即是仰世界；小世界即是大世界，大世界即是小世界；廣世界即是狹世界，狹世界即是廣世界；一世界即是不可說世界，不可說世界即是一世界；不可說世界入一世界，一世界入不可說世界；穢世界即是淨世界，淨世界即是穢世界。欲知一毛端中，一切世界差別性；一切世界中，一毛端一體性。欲知一世界中出生一切世界，欲知一切世界無體性。欲以一念心盡知一切廣大世界而無障礙故，發阿耨多羅三藐三菩提心。[114]

從現象層面言之，「清淨世界」與「污穢世界」是截然不同的，但是對於發心救度一切世間中的一切眾生的菩薩來說，二者是沒有任何區別的，完全是可以相即相入的。《華嚴經・普賢行品》就講到了普賢行所應該具有的這種境界：

菩薩摩訶薩住此十智已，則得入十種普入。何等為十？所謂：一切世界入一毛道，一毛道入一切世界；一切眾生身入一身，一身入一切眾生身；不可說劫入一念，一念入不可說劫；一切佛法入一法，一法入一切佛法；不可說處入一處，一處入不可說處；不可說根入一根，一根入不可說根；一切根入非根，非根入一切根；一切想入一想，一想入一切想；一切言音入一言音，一言音入一切言音；一切三世入一世，一世入一切三世。是為十。[115]

---

114 唐實叉難陀譯《大方廣佛華嚴經》卷十七，《大正藏》卷十，頁八九下。

這十種「普入」的核心就是深入世間、隨順法界救度眾生。因為只有具有這一無分別智慧和無分別的菩薩身，纔能毫無障礙地深入法界實踐普賢菩薩的悲願。

在《華嚴經》中，一切菩薩都是「普賢行」的實踐楷模，正如〈入法界品〉所說：

此諸菩薩皆悉成就普賢行願，境界無礙，普徧一切諸佛剎故；現身無量，親近一切諸如來故；淨眼無障，見一切佛神變事故；至處無限，一切如來成正覺所恆普詣故；光明無際，以智慧光普照一切實法海故；說法無盡，清淨辯才無邊際劫無窮盡故；等虛空界，智慧所行悉清淨故；無所依止，隨眾生心現色身故；除滅癡翳，了眾生界無眾生故；等虛空智，以大光網照法界故。[116]

這五百名菩薩已經與佛一樣成就了正覺，度脫了生死苦海，出離了世間，但是為了救度一切眾生，則又深入世間，示現大神通變化，即便有「眾生來從我乞手足、耳鼻、血肉、骨髓、妻子、象馬乃至王位，如是一切悉皆能捨，不生一念憂悔之心」[117]，只求使一切眾生得到利益，而絕對不求果報福報。一言以蔽之，菩薩從境界而言已然是佛，從救度眾生而言又不離

[115] 唐實叉難陀譯《大方廣佛華嚴經》卷四十九，《大正藏》卷十，頁二五八中、下。

[116] 唐實叉難陀譯《大方廣佛華嚴經》卷六十，《大正藏》卷十，頁三一九中。

[117] 唐實叉難陀譯《大方廣佛華嚴經》卷五十五，《大正藏》卷十，頁二八九上。

世間，一切為了眾生就是菩薩的品格。在《華嚴經》中，普賢菩薩就是實踐普賢行的現實楷模，而善財童子就是一位以「普賢行」為修行內容的修行典範。在〈入法界品〉的最後一會，善財童子得以見到普賢菩薩如此不可思議的威神之力所示現出的如此境界，就立即獲得了普賢菩薩行願之海。〈入法界品〉的全部內容可以說就是為了說明依照善財童子之修行範式是完全可以成就佛果的。從這個角度說，〈入法界品〉也是「普賢行」之修行實踐的形象化、具體化的說明。

三、〈入法界品〉的修行論意義

〈入法界品〉的核心是善財童子，善財童子通過參訪諸多善知識逐漸修行菩薩行的諸多階位，最後得到普賢菩薩的加持得以進入普賢行之海。如果說，在《華嚴經》其他部分所說的菩薩修行的過程還帶有抽象說教之味道的話，那麼，〈入法界品〉中的善財童子則是具體經歷和體驗了菩薩種種十法階次的修學過程，也為所有學佛修行者提供了如何去具體完成這一菩薩修行階次的善巧方法。深入法界、隨順法界，也就是「入世間」這一修行思想，通過善財童子的具體修行過程得到了淋漓盡致的表現。善財童子向諸位善知識請教修行菩薩行以及普賢行的方法，諸位善知識的回答大多數從不同方面解釋深化了《華嚴經》的重要思想和修行法門。「因此，〈十地品〉和〈入法界品〉，雖然同是講菩薩的修學階段，而對於修行者來說，〈入法界品〉要比〈十地品〉顯得更為重要，其作用和意義也就更大。也正是由於如此，所以在〈入法界品〉中所說的善財童子『五十三參』，成為廣大佛教徒歷來傚法的榜樣。直至今日，廣大佛教徒仍把青年僧人的聞經學教稱作『參學』、『參訪』。」118可見，〈入法界品〉的修行論意義是多麼的突出！

善財童子是印度福城119的年輕佛教徒。由於前生善因緣的果報，當這位童子剛剛入胎之時，在其住宅內自然而湧出七寶樓閣，其樓閣下有七種伏藏，在伏藏之上，大地自然開裂，生出七寶之萌芽，這就是金、銀、琉璃、玻璃、真珠、硨磲、瑪瑙。善財童子處胎十月然後誕生，其形體肢節端正具足；這時，地中的七種寶藏，縱廣高下各滿七肘，從地下湧出，光明照耀。接著，在其家宅中自然而有五百種寶器，種種諸物自然盈滿。這些寶器有：金剛器中盛放一切香，在香器中盛放種種衣物，美玉器中盛滿種種上等美味飲食，摩尼器中盛滿種種殊異珍寶，金器盛銀，銀器盛金，金銀器中盛滿琉璃及摩尼寶，玻璃器中盛滿硨磲，硨磲器中盛滿玻璃，瑪瑙器中盛滿真珠，真珠器中盛滿瑪瑙，火摩尼器中盛滿水摩尼，水摩尼器中盛滿火摩尼……。如此等等五百種寶器自然出現。又從天上降下許多珍寶及諸財物，使所有倉庫都裝滿了珍寶物品。由於這件事的緣故，父母、親屬以及優秀的相面師都稱此兒名曰「善財」。善財童子曾經供養過過去諸佛，深種善根，信仰、理解力廣大，常常樂於親近諸

118 高振農釋譯《華嚴經》，頁三七一，佛光出版社一九九六年八月初版。

119 六十卷《華嚴經》卷四十九稱「福城」為「覺城」，四十卷《華嚴經》卷四則稱之為「福生城」，「福城」則是八十卷《華嚴經》的譯法。

善知識，身、語、意業都無過失，發心修習菩薩道，求證一切智，欲成就佛之法器，其心清淨猶如虛空，迴向菩提沒有任何障礙。文殊菩薩於南行途中止住於福城東方之莊嚴幢娑羅林中。往昔諸佛曾於此林教化眾生，附近又有一大塔廟，是釋尊往昔修菩薩行時捨棄無量難捨之處。善財童子聞悉文殊在此，即來請益。善財童子聽聞文殊師利菩薩的教誡，一心求取大菩提心，以偈頌形式向文殊菩薩請教修菩薩行的方法，得到了文殊菩薩的肯定。文殊師利菩薩便鼓勵善財童子前往拜訪善知識，善財童子於是開始了著名的「五十三參」的修行歷程。以下就理解善財童子五十三參之意義的若干重要問題作些解釋。

(一)「善財童子」之名的涵義

從表面上言之，善財童子之所以得名是因為其出生時顯現出財寶，而且一般都容易從物質財富角度解釋。其實，此名以及〈入法界品〉的描述是大有深意的，並非為表面的有形財寶，而具有深刻的象徵意義。

智儼在《華嚴經內章門等雜孔目》中將「七財」解釋為「信、施、戒、聞、慧、慚、愧」，並且以為「資用成佛是財義」[120]。正因為如此，〈入法界品〉中的道場神等指其寶藏，由善財童子任意資取。法藏在《華嚴經探玄記》卷十八中也有一很好的解釋：

---

[120] 智儼《華嚴經內章門等雜孔目章》卷一，《大正藏》卷四十五，頁五五六下。

> 由此福報，財寶相起，立「善財童子」名。即「善」為因，「財」為果。又得此順道之財故曰「善財童子」。又生時寶現為「財」，後嘆其行德為「善」，如善現空生等。[121]

澄觀在此基礎上解釋說：

> 財多屬依，善通依、正。財現是其「善」，相稱曰「善財童子」。亦猶善、現立稱。又，解心順理曰「善」，積德無盡曰「財」。[122]

歸納法藏、澄觀所說，善財童子之得名至少可以有三層理由：第一，善財童子出生之時所顯現出的無數無量財寶是其累世修行之福報，即其「善」行為因，「財」顯為果。此中之「財」多指有形質之財。第二，「財」為順道應機之所得，此即澄觀所說「財現是其『善』，相稱曰善財童子」，也就是顯現出的財富是與其善行一致的、相稱的。此中之「財」通有形質與無形質兩種性質。第三，「善財童子」是指此位童子之善根堪為大菩薩而當來成佛，此即為法藏所說「嘆其行德為『善』」以及澄觀所說「解心順理曰『善』，積德無盡曰『財』」之義。此中之「財」多指無形質之財，即「菩薩所修善根」，再進一步則可以說就是菩提心。

---

[121] 法藏《華嚴經探玄記》卷十八，《大正藏》卷三十五，頁四五三下。

[122] 澄觀《華嚴經疏》卷五十五，《大正藏》卷三十五，頁九二〇下。

㈡善財童子修行之階位以及所成之果位

關於善財童子見到文殊菩薩之前的修行階位，分歧較大。唐譯八十卷《華嚴經》卷六十二中，善財童子拜見文殊菩薩時以偈頌自言自己所證：「已入法王位，已著智王冠，已繫妙法繒，願能慈顧我！」❿這裡明確說，自己已經到達「法王位」。四十卷《華嚴經》卷四則將相應的偈語譯為：「已入法王妙法城，已冠智王大智冠，已繫諸佛離垢繒，最勝智眼願觀察。」⓫此與八十卷《華嚴經》大略一致。這裡的關鍵就是對於「法王位」的理解，而此名相歷來有異解，因為涉及到對善財童子的定位，所以特別關鍵。菩薩行之「十住」的第九位也稱「法王子住」，其涵義為：眾生自初「發心住」至第四之「生貴住」，稱為入聖胎；自第五「方便具足住」至第八「童真住」，稱為長養聖胎；而此「法王子住」則相形具足，於焉出胎；猶如從佛王之教中生解，乃紹隆佛位。此處如何理解，應該仔細斟酌。晉譯六十卷《華嚴經》與之有明顯的差別：「開發淨慧眼，莊嚴妙智王，冠以無上冠，法王慈顧我。」⓬參照晉譯來解釋，似乎「法王」並非指善財童子，而是指佛或菩薩。因此，對於善財童子入修之前的階位，似乎不能過分拘泥於字面的理解。法藏、澄觀的解釋自然應該引

---

123 唐實叉難陀譯《大方廣佛華嚴經》卷六十二，《大正藏》卷十，頁三三三中。

124 唐般若譯《華嚴經》卷四，《大正藏》卷十，頁六七八下。

125 晉佛陀跋陀羅譯《華嚴經》卷四十五，《大正藏》卷九，頁六八九上。

為權威。如澄觀所說：「此菩提心為當何位？善財童子為聖？為凡？有古多釋：一云即地上菩薩，言發心者，證發心也。一云是地前實報凡夫，但有宿善信根現熟。」[126]至於第三種解釋：「此人已生法王種中，斯文可定然自為二解，一謂智契法性，生在佛家，名法王種，即已入地。二謂據多聞熏習，勝解真性，成就佛種，名生法王種中，即三賢內種性菩薩。」但澄觀認為，這三種解釋都不能作為依據。澄觀依據法藏的解釋認為，善財童子「應是善趣信行中人。依圓教宗有其三位：一見聞位，即是善財童子次前生身，見聞如是普賢法故，成解脫分善根。如前歎德中辨。二是解行位，頓修如此五位行法，如善財童子此生所成，至普賢位是。三證入生，即因位窮終沒同果海，善財童子來生是也。若爾，定是何位？謂以在『信』是『信位』，在『住』是『住位』，一身歷五位隨在即彼。」[127]這樣，便有三種解釋：其一，善財童子為地前菩薩；其二，善財童子為地上菩薩；其三，善財童子頓修五位行法，乃是一身歷五位。法藏、澄觀從其宗派思想出發，贊成第三種說法。

善財童子在文殊師利菩薩的啟迪之下，南下參訪諸位善知識，其參訪的諸位善知識則分別表示其因果漸證之次第。即由最初之文殊菩薩至第四十一位善知識，表寄位修行之相。即將最初之文殊菩薩配以十信行，後四十善知識配以三賢十聖位。其後十一位善知識，表會緣入實之相，係匯合上述階位差別之緣，同入實相之理，親證妙覺。第五十三位善知識彌勒菩

[126] 唐澄觀《華嚴經疏》卷五十五，《大正藏》卷三十五，頁九二〇下至九二一上。
[127] 唐澄觀《華嚴經疏》卷五十五，《大正藏》卷三十五，頁九二一上。

薩，表攝德成因之相，係攝前述會緣入實之德，表一生補處之正因。第五十四位再參文殊菩薩，表智照無二之相，蓋初參文殊表信智，再參文殊表證智，此與本智冥合無二相，故名智照無二相。最後第五十五位參訪普賢菩薩，表顯因廣大之相。按善財童子既達智證無二，故言亡慮絕，觸物皆適，法法全真，依正渾融，重重無盡，舉一法即是圓因，一切諸法皆亦爾，是即普賢廣大之境界，故名顯因廣大相。這樣，善財童子便達到了因果圓融的完滿境界。

至於善財童子經過參訪五十三位善知識而後獲得的果位，因為經文中有較為明確的說法，所以歧義不是非常大。〈入法界品〉敘述善財童子拜訪了五十三位善知識，得以聽聞了所有菩薩行法門。彌勒菩薩對善財童子說，善財童子「已生菩薩家，已具菩薩德，已長如來種，當昇灌頂位。不久汝當得，與諸佛子等，見苦惱眾生，悉置安隱處」128。這是說，善財童子再見到彌勒菩薩之前已經具備菩薩之德，至第九地，應當昇入第十地「灌頂位」。最後，彌勒菩薩告訴善財童子：

我為化度與我往昔同修諸行，今時退失菩提心者；亦為教化父母、親屬；亦為教化諸婆羅門，令其離於種族憍慢，得生如來種性之中，而生於此閻浮提界摩羅提國拘吒聚落婆羅門家。善男子！我住於此大樓閣中，隨諸眾生心之所樂，種種方便教化調伏。善男子！我為隨順眾生心故，我為成熟兜率天中同行天故，我為示現菩薩福智變化莊嚴；超過一切諸欲

128 唐實叉難陀譯《大方廣佛華嚴經》卷七十七，《大正藏》卷十，頁四二七中。

界故，令其捨離諸欲樂故，令知有為皆無常故，令知諸天盛必衰故，為欲示現將降生時大智法門；與一生菩薩共談論故，為欲攝化諸同行故，為欲教化釋迦如來所遣來者令如蓮華悉開悟故，於此命終，生兜率天。善男子！我願滿足，成一切智，得菩提時，汝及文殊俱得見我。[129]

釋迦牟尼佛曾經預言授記，當其壽四千歲（約人間五十七億六千萬年）盡時，彌勒菩薩將下生此世，於龍華樹下成佛，分三會說法。而從德相來說，彌勒菩薩已經具備佛格，只是欲化度眾生的緣故，至於世間，即如《華嚴經》中所說的生於閻浮提界的摩羅提國中的拘吒聚落的婆羅門家，住於「毗盧遮那莊嚴藏樓閣」。因此緣故，彌勒菩薩也稱為彌勒佛。在〈入法界品〉的「彌勒菩薩會」中，彌勒菩薩告訴善財童子：「當自己在未來成佛之後，善財童子可以與文殊菩薩一起來與其相會。」對於「汝及文殊俱得見我」一句經文，據澄觀的解釋，此有三義：第一，「俱助化故」。第二，「善財童子表行，文殊信智，成正覺時俱證此故」。第三，「文殊古佛，善財童子當佛，慈氏現佛，三世圓融，浩然大均，故云『俱見』」[130]。顯然，依照如此理解，善財童子歷經五十三參之後實際上已經具備佛格，與文殊菩薩、普賢菩薩具

[129] 唐實叉難陀譯《大方廣佛華嚴經》卷七十九，《大正藏》卷十，頁四三八下至四三九上。

[130] 澄觀《華嚴經疏》卷六十，《大正藏》卷三十五，頁九五九下。法藏在《華嚴經探玄記》卷十八中從「人」、「法」、「人法合辨」三方面去界定善知識，文繁不贅（參見《大正藏》卷三十五，頁四五五中、下）。

有相同的德相，只是為了依普賢行化度眾生的緣故，住於世間，而在當來彌勒菩薩下生之時，定然成佛。

對於上述這種敘述，自然會有諸如「善財童子值知識時所聞法門皆如聞得證耶？聞以後修行方得耶？」等疑問，法藏則以「隨所聞法聞即得證也」作回答[131]。這也就是說，經中所言所有境界、所有法門，善財童子一經聽聞都得以證成。不過，依照一般的原則，「過去無量劫中值諸佛，聞法供養等諸行修，方得此法門」，而善財童子只是「聞所說法門耳，非修行無量劫行，云何得乎？」法藏這樣回答：

> 已得此法門即入法性，入法性即自、他無二，三世無前後故。善知識所得因果自利、利他法門，即是善財童子自行成故。隨所得法門其因果前後之法，皆自無不行得法，不移一時而即成無量劫。隨所聞法門無量劫中修行以得，豈不修有得果之義乎？[132]

法藏說，善財童子一經聽聞這些法門就進入法性，一入法性就獲得一種自、他無二，三世無前後的境界，其他善知識所獲得的各種法門就自然成為自己的一個有機組成部分，也就是等於為善財童子自己所成就的。法藏以為這樣解釋，就與前面所講的累劫修行成佛沒有矛盾了。

---

131 法藏《華嚴經問答》卷下，《大正藏》卷四十五，頁六一一下至六一二上。

132 法藏《華嚴經問答》卷下，《大正藏》卷四十五，頁六一二上。

不僅如此，法藏還引用智儼在《華嚴經孔目章》中對於「依勝身一生即得」成佛的解釋來說明善財童子所證得的果位。智儼以為，《華嚴經》中講到了五種「疾得成佛」即快速成佛的類型，其中第一種為「依勝身一生即得，從見聞位後，一生至離垢定，後身即成佛」[133]。這是說，依靠殊勝之身修行至十地之第二地「離垢地」而獲得法眼淨，然後至後身得以成佛。善財童子就是屬於此類。智儼說：「依閻浮提勝功德身，如善財童子等現身究竟普賢之行，後生即見佛。」[134]就是這個意思。法藏贊成智儼的說法，他說：「善財童子既現身至普賢菩薩知識，而彌勒知識言『當來我成佛時，汝見我』，故知後生中成佛。」[135]不過，法藏又補充說，這是從經文字句出發所作的解釋，是「三乘」之說，非其「一乘圓教」之說。這又牽扯到華嚴宗的教判問題，更為複雜，茲不再累贅。

㈢參訪善知識之意義

「善知識」又作「知識」、「善友」、「親友」、「勝友」、「善親友」，佛教中，凡是正直而有德行、能教導眾生進入正道者均可稱之為「善知識」。反之，引導眾生進入邪道者稱為「惡知識」。那麼，怎樣纔算善知識呢？澄觀在《華嚴經疏》卷五十五中說：「知識有五：一，

133 智儼《華嚴經孔目章》卷四〈釋四十五知識文中意章〉，《大正藏》卷四十五，頁五八五中。

134 智儼《華嚴經孔目章》卷四〈釋四十五知識文中意章〉，《大正藏》卷四十五，頁五八五下。

135 法藏《華嚴經問答》卷下，《大正藏》卷四十五，頁六一二中。

知識世間善惡因果，而令修斷。二，厭世樂而欣涅槃。三，有悲心相心修度。四，以無相慧令物修行。五，令無障礙修滿普賢行。」[136]澄觀並且說有兩種善知識，上述五種屬於「人、天善友」，如果從「法友」而言，「教、理、行、果皆善友也」[137]。一般而言，「善知識」主要是指前者，而對於《華嚴經．入法界品》的解釋中，法藏與澄觀則堅持以上述二重涵義來界定善知識，因此將〈入法界品〉的「末會」劃分為一百一十會。此文為了敘述方便只取「人、天善友」之義。

關於成為修行者之善知識的條件，印順法師從五方面去界定，頗為精闢，列舉如下：

怎樣纔算是善知識呢？這不是因為他徒眾多，寺院大，相貌好，或者是世法場中多知多識。因為他有：(1)「證德」，指三學修證：戒清淨成就，定成就，觀慧成就。(2)「教德」：深入經藏，成就多聞，能開示導引學眾，進修大乘正道。(3)「達實性」：實性是正法的別名，這或者由現證慧通達，或是從聞思教理得通達。(4)「悲愍」：有慈悲心，不是為了名聞利養，而是能清淨（為利益眾生）說法。(5)「巧為說」：成就辯才，能善巧方便的為眾說法，所以容易瞭解，容易得益。如成就這些功德，那就是了不得的大善知識了！可是末法時代，全德的善知識，是難得遭遇的；而修學佛法，卻又不能沒有師友，所以不能不退求其次。

[136] 澄觀《華嚴經疏》卷五十五，《大正藏》卷三十五，頁九二二上。

[137] 澄觀《華嚴經疏》卷五十五，《大正藏》卷三十五，頁九二二上。

經上說：如有八分之一的功德，也可以親近。[138]

在佛教中，善知識是除了佛之外，能夠引導眾生信仰正法的唯一依靠，因此，《華嚴經．離世間品》講到要成就菩薩必須依憑十種善知識。唐譯《華嚴經》說：

佛子！菩薩摩訶薩有十種善知識。何等為十？所謂：令住菩提心善知識，令生善根善知識，令行諸波羅蜜善知識，令解說一切法善知識，令成熟一切眾生善知識，令得決定辯才善知識，令不著一切世間善知識，令於一切劫修行無厭倦善知識，令安住普賢行善知識，令入一切佛智所入善知識。是為十。[139]

〈入法界品〉中，善財童子向毗目瞿沙仙人稟告說：

[138] 印順《成佛之道》第二章，中編之五，正聞出版社一九九二年版。

[139] 唐實叉難陀譯《大方廣佛華嚴經》卷五十三，《大正藏》卷十，頁二八〇下。晉佛陀跋陀羅所譯《華嚴經》卷三十六則譯為：「能令安住菩提心善知識，能令修習善根善知識，能令究竟諸波羅蜜善知識，能令分別解說一切法善知識，能令安住成熟一切眾生善知識，能令具足辯才隨問能答善知識，能令不著一切生死善知識，能令於一切劫行菩薩行心無厭倦善知識，能令安住普賢行善知識，能令深入一切佛智善知識。」（《大正藏》卷九，頁六三三上）

我今得遇真善知識。善知識者，則是趣向一切智門，令我得入真實道故；善知識者，則是趣向一切智乘，令我得至如來地故；善知識者，則是趣向一切智船，令我得至智寶洲故；善知識者，則是趣向一切智炬，令我得生十力光故；善知識者，則是趣向一切智道，令我得入涅槃城故；善知識者，則是趣向一切智燈，令我得見夷險道故；善知識者，則是趣向一切智橋，令我得度險惡處故；善知識者，則是趣向一切智蓋，令我得生大慈涼故；善知識者，則是趣向一切智眼，令我得見法性門故；善知識者，則是趣向一切智潮，令我滿足大悲水故。[140]

這些經文將善知識在修行成佛過程之中的作用講得非常具體，而澄觀則很簡要地將善知識的功能概括為兩種：「謂能令於未知善法令知，未識惡法令識。」[141]這可謂簡明扼要矣！〈入法界品〉的整體框架是由善財童子去各地參訪諸位善知識而構成的，而從境界上文殊師利菩薩完全可以獨自完成開導善財童子的重任。為什麼「文殊不即為其一切宣說，而令善財童子廣歷多處求善友」[142]呢？而這正是〈入法界品〉以及善財童子給予修行者的修行示範意義。以下依據法藏在《華嚴經探玄記》卷十八中的解釋來說明善財童子五十三參的修行

[140] 唐實叉難陀譯《大方廣佛華嚴經》卷六十四，《大正藏》卷十，頁三四五中。
[141] 澄觀《華嚴經疏》卷五十五，《大正藏》卷三十五，頁九二二上。
[142] 此為法藏《華嚴經探玄記》卷十八中所記錄的一條提問，見《大正藏》卷三十五，頁四五四下。

論意義。

法藏從八個方面去說明善財童子參訪善知識的意義：

第一，藉善財童子參訪善知識來作為修行者的「軌範」。法藏說：「謂諸菩薩於佛聖法恆修二行，謂求法、說法。經云，明諸菩薩求法不懈，說法無吝。此中顯斯二行，示諸眾生。是故善財童子成求法之妙軌，善友現說法之良規，使諸眾生軌此躅成行。即佛花常敷廣嚴恆著者也。」[143]這是說，菩薩行的兩種重要修行法門——求法、說法，都憑藉作為求法之模範的善財童子顯現出來，憑藉作為說法之模範的諸位善知識顯現出來，使諸位眾生能夠仿此修行。

第二，「行緣勝」，即善知識是眾生修行成佛的重要外緣。法藏說：「謂成行之要，莫不以良友為先，如阿難言『善知識是半梵行』，佛言『不爾。是全梵行』。經云『阿闍世王若不用耆婆語者，來月七日定墮地獄』。是故我言得道之來莫若善友。又如論說『迦旃延令應入地獄，弟子而得聖果等』。又經言『善知識者是大因緣，能令汝等當得見佛』。又下文云『善知識者是奇特法』等，由是要用，是故善財童子求之無足。」[144]此中，法藏引用經論證明，善知識在眾生修行之中是任何其他緣都無法比擬的，而善財童子求法沒有滿足，真正地為眾生之修行作了榜樣。

第三，以善財童子參訪善知識來作為修行者破除見慢的方法，即法藏所說的「破見慢」。

---

143 法藏《華嚴經探玄記》卷十八，《大正藏》卷三十五，頁四五四下至四五五上。

144 法藏《華嚴經探玄記》卷十八，《大正藏》卷三十五，頁四五五上。

法藏說：「令善財童子等新學菩薩破自憍慢及執見故，令其求法，不簡男女、長幼、貴賤、道俗、尊卑、神天外道，但卑身屈辱，務存得法。經云『有知法者若老若少應當恭敬，猶如諸天奉事帝釋』。」[145]

第四，借助於善財童子參學來表現不同的修行方法，即法藏所說的「寄成行」。針對有人產生的疑問：「此善財童子得一法門足成修行，何不修習，乃遊歷無厭？」法藏回答說：「即此廣求成就菩薩事善友行及求法行，縱不得法，此已成行，況皆得彼未曾得法，慧眼開明見真法界。」[146]這是說，善財童子通過求法證得未曾聽聞之法，見到真正的法界。對於一般的修行者來說，參訪求法即便是未能證得此法，也可以算作已經進行了修行。也就是說，求訪善知識本身就是一種修行。

第五，借助於善財童子參訪善知識將菩薩修行的五種階位顯示給廣大修行者，此即法藏所說的「寄現位」。

第六，借助於善財童子的參訪顯現佛法的無限廣闊，此即法藏所說的「顯深廣」。法藏說：「謂表顯佛法廣無邊故，諸知識雖有位極法雲，猶稱我唯知此一法門，豈能了知諸大菩薩無量行相？」[147]這是說，在〈入法界品〉中，善財童子所參訪的諸位善知識即便是進入十

---

145 法藏《華嚴經探玄記》卷十八，《大正藏》卷三十五，頁四五五上。

146 法藏《華嚴經探玄記》卷十八，《大正藏》卷三十五，頁四五五上。

147 法藏《華嚴經探玄記》卷十八，《大正藏》卷三十五，頁四五五中。

地之法雲地者，仍然非常謙虛地說：「我僅僅知曉這一法門，何況諸位大菩薩的無邊之形象呢？」

第七，借助於善財童子的參訪顯現佛法的無限淵深，此即法藏所說的「顯佛法深無底」。法藏說：「表顯佛法深無底故，善財童子縱位至登地，猶云『而我未知，云何菩薩行菩薩道』等，況今具縛少善凡夫微有所解，便自謂解一切佛法起慢，自高陵蔑他人，恥有不知，便臆斷經論，自陷陷人，何悲之甚？」⑱在此，借助於善財童子之修行，法藏對於凡夫動輒以我慢之心理解佛法，妄解經論，如此等等現象作了批評。此正可顯示出以善財童子為鑑可以正人之修行。

第八，借助於善財童子的參訪成就一大緣起，即法藏所說的「顯緣起」。法藏說：「善財童子與善友同成一緣起，以能入、所入無二相故。是故無善友之外善財童子，故彰一即一切，明善財童子歷諸位也；無善財之外善友，故顯一切即一，明多位成在於善財也。由是卷舒自在相融無礙，思之可知。」⑲此中是說，善財童子是「能入」，諸位善知識及其所代表的法門是「所入」，「能入」、「所入」共同構成一大緣起。從諸位善知識之外的善財童子來說，「一」即善財童子就是諸位善知識所代表的「一切」，因為善財童子已經證得了全部法門；從善財童子之外的善知識來說，顯現出「一切」即諸位善知識身上都蘊含著「一」——善財

⑱ 法藏《華嚴經探玄記》卷十八，《大正藏》卷三十五，頁四五五中。
⑲ 法藏《華嚴經探玄記》卷十八，《大正藏》卷三十五，頁四五五中。

童子，因為將所有菩薩階位的修行集於一身之中了。

善財童子參訪的善知識，「晉譯本」[150]、「唐譯本」及「四十卷本」，人數與次第，都是一致的。不過晚出的「四十卷本」，內容上增加了一些，如「四十卷本」末，附有烏荼國王奉獻《華嚴經》書，明說「五十五聖者善知識」[151]。一般傳說為「五十三參」，那是省去了再見文殊師利的第二次，及推介善知識而沒有說法的徧友。梵本經在〈普賢行願讚〉末，列舉五十二位善知識，那是沒有第十七位普眼長者，合有德童女與德生童子為一，及省去文殊的第二次[152]。此外還有一種說法，是依照〈入法界品〉中善財童子所說「願見文殊師利，及見三千大千世界微塵數諸善知識，悉皆親近，恭敬承事，受行其教」[153]，而言善財童子所參訪的善知識是沒有數量的，〈入法界品〉所說只是略舉若干作例子而已。從總體而言，從《華嚴經．入法界品》所記述的善財童子參訪的五十五位善知識看，上至佛、菩薩，下至人、天，不論以何種姿態出現，凡是能夠引導眾生捨惡修善、入於佛道者，均可稱為「善知識」。這樣的編排更是明確體現了大乘佛教的根本精神，有很深遠的意義。

印順法師將善財童子所參訪的善知識分為三大類，即「人」、「菩薩」、「天神」。印順法

---

[150] 指日照補譯後的六十卷《華嚴經》。

[151] 唐般若譯《華嚴經》卷四十，《大正藏》第十卷，頁八四八下。

[152] 轉引自《華嚴思想》之第二章〈《華嚴經》在思想史上的意義〉（中村元撰），頁九六至九七，日本川田熊太郎等著，李世傑譯，法爾出版社一九八九年六月版。

[153] 唐實叉難陀譯《大方廣佛華嚴經》卷八十，《大正藏》卷十，頁四三九中。

師說：「善財童子從文殊發心以後，參訪的人間善知識，一直是在人間，一直是南行，共有二十六位。以後，在南方見到了觀自在、正趣二位『菩薩』善知識。以下，參訪了大天，不再南行，而到了菩提場，迦毗羅，菩提場，嵐毗尼園，迦毗羅，三十三天；參訪的善知識，都是稱為天神的。從三十三天下來，到迦毗羅，婆呾那，然後又向南方；所參訪的善知識，又都是『人』了。末了，到南方海岸國見彌勒菩薩，蘇摩那城見文殊菩薩，然後『入普賢道場』，見普賢菩薩，到了成佛的道場。這是五十五位善知識的次第經歷。」[154]可以簡要地把善財童子參訪善知識（包括未曾說法的徧友童子）的身分作如此標示：

文殊菩薩 → 比丘、比丘尼等二十六位人 → 觀自在、正趣菩薩

→ 大天等十一位天神 → 瞿波釋種女、摩耶夫人、偏友童子等

十二位人 → 彌勒菩薩、文殊菩薩、普賢菩薩

依據現存的梵文本〈入法界品〉，五十三位善知識的詳細分類如下：第一，菩薩，四位。第二，神之子（天子），一位。第三，女神，十二位。第四，比丘，五位。第五，比丘尼，一位。第六，偏歷行者，一位。第七，仙人，一位。第八，婆羅門，二位。第九，國王，二

[154] 印順《初期大乘佛教之起源與開展》，頁一一二二至一一二三，正聞出版社一九八九年二月五版。

位。第十，善友，一位。第十一，長者，三位。第十二，資產者，四位。第十三，在俗信女，四位。第十四，淑女，一位。第十五，黃金工，一位。第十六，香商，一位。第十七，少年，三位。第十八，少女，三位。第十九，少年之師，一位。第二十，德羅維達人，一位。第二十一，隸民，一位[155]。

這五十三位善知識中，以人居多，其職業呈現出繁雜而無所不包的特色。印順法師依照唐譯《華嚴經》將人善知識作了分類：「比丘五位，比丘尼一位，優婆夷四位，仙人一位，出家外道一位，國王二位，婆羅門二位，長者八位，居士二位，童子三位，童女二位，童子師一位，船師一位，人一位，女人一位。」[156]其中，「女人」一位也就是婆須蜜多女。這樣，從世俗生活而言，上至國王，下至富有的長者、良醫、海師、童子師等等各種世俗職業者，包括妓女，都是善財童子參訪的對象；從宗教修行者而言，上至菩薩，下至比丘、比丘尼、優婆夷、外道苦行者，也都是修行菩薩行者應該虔誠學習的。「這些善知識，從菩薩示現說，是現身在人間，以不同的身分，不同的方便，來化導人類向佛道的。從學習者來說，這都是菩薩所應該修學的。善知識所開示的，就是善知識自己所修得的，自行與化他合一。」[157]這

[155] 轉引自《華嚴思想》之第二章〈《華嚴經》在思想史上的意義〉（中村元撰），頁九〇至九七，日本川田熊太郎等著，李世傑譯，法爾出版社一九八九年六月版。

[156] 印順《初期大乘佛教之起源與開展》，頁一一二六。

[157] 印順《初期大乘佛教之起源與開展》，頁一一二六至一一二七。

表明《華嚴經》力圖將世俗生活的各個方面都納入修行生活之中，社會上的一切等級，一切職業者，以及世間的一切世俗生活和技能，都成為修行者深入法界的具體法門。換言之，通過一切世俗的生活，政治的、經濟的、文化的、欲樂的，眾生都可以從中體驗到佛教的道理，藉之達到佛教的覺悟。如彌伽是教授語言的語言學者；自在主童子精通數學，「悟入一切工巧神通智法門」，治病以外，能營造建築，及一切農商事業；普眼長者是醫師，治身病與心病，還能調合製香；優缽羅華長者能調合一切香；婆施羅是航海的船師，知曉大海的情形，熟悉船隻機械，能夠引導商人出海平安歸航；無上勝長者能夠「理斷人間種種事務」，和解彼此間的諍執怨結，並教導一切技藝，使人向善。特別是，無厭足王嚴刑治世，「斷手足」、「截耳鼻」、「挑雙耳」、「斬身手」之類的酷刑，都是救度眾生向善的手段。而妓女婆須蜜多女與他人共宿，與他人擁抱接吻等等，被稱為「離欲三昧」，此女以這些方便，使親近他的人，遠離貪欲。還有一位勝熱婆羅門，登刀山，入火聚，「五熱炙身」，是一位愚癡邪見的苦行外道，但他的苦行，消除了眾生的罪惡，而引入佛道。「這三位，是以貪欲、瞋殺、愚癡邪見為利他方便的，都曾引起人的懷疑，而其實是不思議菩薩弘法救世的善巧。」[158]所有這些，都是《華嚴經》提倡調和世間與出世間的矛盾，隨順法界、深入法界，在世俗生活之中修行佛道等等修行觀的具體體現。這也是善財童子以及〈入法界品〉對於中國佛教的深遠影響之所在。

---

158 印順《初期大乘佛教之起源與開展》，頁一一二八。

陸、《華嚴經》及其〈入法界品〉對於中國佛教的影響

由印度傳譯過來的佛教經論數量眾多，如果以「十」這個華嚴宗最喜歡用的數字來排比對於中國佛教真正產生重大影響並且為中國信眾所喜聞樂見的佛教經論的話，《華嚴經》及其〈入法界品〉無疑可以毫無爭議地名列前茅。從東漢末年，支婁迦讖譯出現存的第一部《華嚴經》的單品經《兜沙經》開始，隨著此經單品經的不斷譯出，「華嚴類」經典越來越受到中國佛教界的注意。特別是東晉佛陀跋陀羅六十卷《華嚴經》的譯出，為中國佛教全面、準確地吸收《華嚴經》思想，提供了非常重要的前提條件。此後，由《十地經論》的譯出引發的對於《華嚴經》思想的深入研討，為隋唐時期創立以《華嚴經》為宗經的華嚴宗開闢了更為廣泛的學理與信仰依據。其實，《華嚴經》及其〈入法界品〉的影響不僅僅限於華嚴宗，它在更為廣闊的背景之下影響甚至改變了中國佛教的發展路向，譬如中國佛教參學參訪修行風氣的興起以及五臺山、峨嵋山作為文殊師利菩薩、普賢菩薩道場的形成等等，都與《華嚴經》以及〈入法界品〉的流行與普徧信仰有密切的關係。本文僅僅就《華嚴經》及其〈入法界品〉與華嚴宗的形成、〈入法界品〉與中國佛教參學風氣的興起，以及《華嚴經》、〈入法界品〉對於禪宗、淨土及菩薩信仰的影響等方面，來管窺《華嚴經》及其〈入法界品〉對於中國佛教的影響。

一、《華嚴經》與華嚴宗

正如魏道儒博士所說的[159]，華嚴宗的形成是由華嚴經學逐漸演變而成的，而東晉佛陀跋陀羅譯出六十卷《華嚴經》則是華嚴經學成熟的開始。完整而較為準確的《華嚴經》的譯出、流通，一時在中土形成了研習、弘傳的高潮。如最初參與此經翻譯的法業，曾經親承佛陀跋陀羅的口義而撰成《華嚴旨歸》二卷。隨後劉宋求那跋陀羅曾經講解此經多遍，北齊玄暢更是對此經逐字逐句加以疏解。北魏勒那摩提曾經多次弘講此經，並與菩提流支一起翻譯出解釋此經〈十地品〉的《十地經論》。由《十地經論》的研習而引發的「地論」學派，更是將《華嚴經》的地位抬高到一個前所未有的地位。先是，劉宋的慧觀在其判教學說中，給《華嚴經》以特殊的地位，將其置於佛教所有經典的最高位——「頓教」[160]。此後，齊劉虬以「頓」、「漸」二分法判釋佛教，「頓教」為《華嚴經》[161]。尤其是，地論師慧光又撰制了《華嚴經廣疏》和《華嚴經略疏》，並將此經判釋為「圓教」，其弟子稟承其志在南北大地弘傳《華嚴經》、《十地經論》，華嚴學迅速成為當時中國佛學的熱點，為隋唐時期創立以此經為宗經的宗派奠定了基礎。「慧光通過分析揭示原經描述的神通境界場面的象徵意義，從中提出具有

[159] 魏道儒《中國華嚴宗通史》，江蘇古籍出版社一九九八年一月第一版。
[160] 吉藏《三論玄義》卷上，《大正藏》卷四十五，頁五中。
[161] 隋慧遠《大乘義章》卷一，《大正藏》卷四十四，頁四六五上。

宗教哲學意味的概念，用以論證經文中蘊含的義理，並以此作為全經思想的概括。這種從形象描述向理性分析的宗教哲學的過渡方式，一直為華嚴研究後繼者，包括華嚴宗人所使用。」[162]尤其是，地論師吸收《十地經論》中的「六相」等概念，將其作為分析《華嚴經》之十句排比句中的第一句與第九句關係的語法概念與邏輯方法。而唐代的華嚴學者將其高度抽象化成為「六相圓融」，廣泛運用於對《華嚴經》的詮釋以及華嚴宗義理的建構之中。此中，慧光與淨影慧遠的貢獻最為突出。

隋至唐初，隨著《華嚴經》得到廣泛的研習與信仰，逐漸形成了專弘此經的華嚴宗。儘管關於華嚴宗的初祖是否為法順，現代學術界仍然有爭論，但法順精通《華嚴經》、依照「普賢行」的要求修行並且與長安至相寺有關，則是學術界一致公認的。殆至智儼，繼承前人解釋《華嚴經》成果之大成，撰成《華嚴經搜玄記》十卷、《華嚴一乘十玄門》一卷、《華嚴經五十要問答》二卷、《華嚴經孔目章》四卷等等。其中，《華嚴經搜玄記》是智儼逐句解釋《華嚴經》，也是現存最早的關於六十卷《華嚴經》的注疏。與此前之《華嚴經》的解釋性著作相比，智儼的著述不僅更為系統，更重要的是，智儼以「法界緣起」作為《華嚴經》的宗旨，以「十玄」來解釋《華嚴經》的教理與境界，初步建立起詮釋《華嚴經》的解釋學體系，華嚴宗後來常用的一些概念、範疇以及觀法等等，大多來自於智儼的著述。正因為如此，有現代學者乾脆直接將智儼作為華嚴宗的創始人。

---

[162] 魏道儒《中國華嚴宗通史・導言》，頁三。

至西元七世紀下半葉，華嚴學與禪學一起成為當時佛教之中的顯學。《華嚴經》在社會上的普及與信仰程度，受到朝廷重視的程度，都是其他經學所不能比擬的。特別是，《華嚴經》得到了武則天的特殊禮遇與信仰，華嚴經學由此得到空前的發展機遇，終於由法藏正式創立了華嚴宗。在《華嚴經》弘傳史中，法藏是一位非常重要的人物。法藏十七歲時就到太白山拜師學習《華嚴經》。約二十歲至雲華寺拜智儼為師學習《華嚴經》，但並未授受具足戒。唐高宗總章元年（西元六六八年），法藏年二十六歲，還未出家，智儼圓寂前把他付託於弟子道成、薄塵，說他將要紹隆遺法。既而就長年婆羅門請授菩薩戒，講《華嚴》兼講《梵網》。高宗咸亨元年（西元六七〇年）榮國夫人死，武后為樹福田，度僧，並把住宅施捨作太原寺。於是道成、薄塵等京城者德連狀薦舉，度法藏為僧，得到許可，並且令其隸屬太原寺。此時法藏只受了沙彌戒，奉詔在太原寺講《華嚴經》。後來，又在雲華寺開講，有旨命京城十大德為授具足戒，並把《華嚴經》中賢首菩薩的名字賜給他作稱號，一般稱為「賢首國師」。自此以後，經常參加翻譯、廣事講說和著述，大振華嚴的宗風。法藏在弘傳《華嚴經》方面貢獻最大者有三：一是參與促成六十卷《華嚴經》的補譯與八十卷《華嚴經》的譯出；二是取得武后的信任，多次為其講解《華嚴經》，使華嚴經學的昌盛有了更雄厚的基礎；三是完善了華嚴經學的詮釋體系，創立了完整的華嚴宗義理以及觀法體系。

法藏常常慨嘆晉譯《華嚴經．入法界品》內有闕文。高宗永隆元年（西元六八〇年），中印度沙門地婆訶羅（意譯為日照）來到長安，法藏聞知地婆訶羅從印度帶來的梵本中，有

〈入法界品〉，遂親自和地婆訶羅對校，果然獲得善財童子求天主光等十善知識和文殊伸手按善財童子頂兩段，旋即請他於西京太原寺譯出。其經過如澄觀所說：

大唐永隆元年中，天竺三藏地婆訶羅，此云「日照」，於西京太原寺，譯出〈入法界品〉內兩處脫文。一、從摩耶夫人後，至彌勒菩薩前，中間天主光等十善知識。二、從彌勒菩薩後，至三千大千世界微塵數善知識前，中間文殊伸手，過一百一十由旬，按善財頂，十五行經。大德道成律師，薄塵法師，大乘基法師等同譯，復禮法師潤文。[163]

證聖元年（西元六九五年），于闐沙門實叉難陀（意譯為喜學）在洛陽大徧空寺，重新翻譯《華嚴經》，法藏奉詔筆受。新譯的《華嚴經》，雖然增加了〈如來現相〉、〈普賢三昧〉、〈華嚴世界〉及〈十定〉等品，卻脫漏地婆訶羅所補譯的「文殊伸手過百一十由旬按善財童子頂」等等文句。法藏用晉、唐兩譯對勘梵本，把地婆訶羅的譯文，補在實叉難陀的脫處，於是得以文續義連，現行八十卷《華嚴經》就是經過法藏補訂的本子。

法藏一生多次為武則天講解《華嚴經》，為《華嚴經》在唐代的普徧流行取得了重要的外緣。永昌元年（西元六八九年）正月七日夜，法藏等奉武后之命，在玄武北門建立華嚴高座八會道場，闡揚方廣妙典。第二日，「僧尼眾等數千餘人共設齋會。當時有司藏冰，獲瑞

---

[163] 澄觀《華嚴經疏》卷三，《大正藏》卷三十五，頁五二三上至五二四下。

冰一段，中有雙浮圖現於冰內，高一尺餘，層級自成。如白銀色，形相具足，映徹分明。敕以示諸僧等，大眾驚嗟，悲忻頂禮，咸稱聖德所感，實為希有瑞矣！御因制〈聽華嚴詩并序〉。」[164]武后說自己「暫因務隙，聽講《華嚴》」[165]。聖曆二年（西元六九六年）己亥十月八日，法藏受詔「於佛授記寺講大經，至〈華藏世界品〉，講堂及寺中地皆震動。都維那僧恆景具表聞奏。敕云：昨請敷演微言，闡揚祕賾。初譯之日夢甘露以呈祥，開講之辰感地動以標異。斯乃如來降跡，用符九會之文。豈朕庸虛敢當六種之震。披覽來狀欣惕於懷云」[166]。法藏為武則天講新譯《華嚴經》，「至天帝網義十重玄門、海印三昧門、六相和合義門、普眼境界門，此諸義章皆是華嚴總別義綱，帝於此茫然未決。藏乃指鎮殿金獅子為喻，因撰義門，徑捷易解，號《金師子章》，列十門總別之相。帝遂開悟其旨。」[167]講經授徒是法藏一生的主要活動，而講解《華嚴經》又是其經常性的弘法活動。法藏先是講解舊譯《華嚴經》，新譯出來後就開始講解八十卷《華嚴經》，前後講解新舊兩經三十餘遍。法藏講經，或奉朝廷之命，或應僧眾之請，或應地方官吏之請，聽講者時達數千人，這對於促進《華嚴經》的流

[164] 法藏《華嚴經傳記》卷三，《大正藏》卷五十一，頁一六四上。
[165] 法藏《華嚴經傳記》卷三，《大正藏》卷五十一，頁一六四中。
[166] 宋贊寧《宋高僧傳》卷五〈周洛京佛授記寺法藏傳〉，頁九〇，范祥雍點校，中華書局一九八七年八月第一版。
[167] 宋贊寧《宋高僧傳》卷五〈周洛京佛授記寺法藏傳〉，頁八九，范祥雍點校，中華書局一九八七年八月第一版。

行和華嚴宗學說在朝野的普及起了重要作用。

法藏有《華嚴經探玄記》二十卷專門疏解六十卷《華嚴經》，又有《華嚴經旨歸》一卷、《花（華）嚴經文義綱目》一卷、《華嚴策林》一卷、《華嚴一乘教義分齊章》四卷、《華嚴經問答》二卷、《華嚴經義海百門》一卷、《華嚴遊心法界記》一卷、《修華嚴奧旨妄盡還原觀》一卷、《華嚴經普賢觀行法門》一卷等著作概括論述、講解《華嚴經》的義理與觀法，有《華嚴經傳記》五卷記述《華嚴經》翻譯、傳播的史實、傳說。法藏晚年依據新譯《華嚴經》著有《開脈義記》一卷、《新經三昧記》一卷、《七處九會頌》一卷、《華嚴略疏》十二卷。不過，其影響最大者仍然是依據舊經的著述。

法藏的私淑弟子澄觀忠實地繼承了法藏的思想，以法藏所建立的《華嚴經》的詮釋學體系解釋此經。澄觀從大曆十年（西元七七五年）起，在各地各寺講解《華嚴經》，並且給數位皇帝講過此經。貞元十二年（西元七九六年）應唐德宗之召入長安，與罽賓三藏般若共譯出烏荼國王貢獻之四十卷《華嚴經》，進之於朝，奉敕奏對華嚴大宗，皇帝大為高興，賜紫袍及「教授和尚」之號。貞元十五年（一說十一年）德宗聖誕，召入內殿，闡揚華嚴宗旨，帝朗然覺悟，謂「以妙法清涼朕心」，遂賜號「清涼國師」。順宗即位，亦禮之為國師，朝野悉慕高風。憲宗元和五年（西元八一〇年），答憲宗之問，述華嚴法界之義，以深愜帝旨，加號「僧統清涼國師」，任國師統，並敕有司鑄金印。澄觀一生講《華嚴經》達五十遍，身歷九朝，先後為七帝講解《華嚴經》，為此經以及華嚴宗的傳播作出了很大的貢獻。澄觀一生還著有《華嚴經疏》等書四百餘卷，現在保存下來的與《華嚴經》有關的著述有：《大方廣佛華嚴經疏》六十卷、《大方廣佛華嚴經隨疏演義鈔》九十卷、《大華嚴經略策》一卷、《新譯華嚴經七處九會頌釋章》一卷、《華嚴經入法界品十八問答》一卷、《三聖圓融觀門》一卷、《華嚴法界玄鏡》二卷、《五蘊觀》一卷、《華嚴心要法門》一卷、《華嚴經綱要》三卷。與法藏不同，澄觀上述著作大多依據的是八十卷《華嚴經》。而般若四十卷《華嚴經》譯出後，澄觀又奉詔於終南山草堂寺制新經之疏十卷，即《貞元新譯華嚴經疏》或稱《華嚴經普賢行願品疏》、《華嚴經行願品疏》。

華嚴宗的學說主要來源於《華嚴經》，但也吸收了《楞伽經》、《維摩詰經》、《大乘起信論》等其他經論的思想，甚至在一定程度上受到中國傳統思想的影響。從宗派思想的形成而言，其義理與修行方法奠基於智儼，大成於法藏，中興於澄觀。華嚴宗宗旨的根基在於以法界緣起來詮釋《華嚴經》，併用「四法界」、「十玄無盡」、「六相圓融」等法門，來闡明圓融法界無盡緣起的內容。尤其重要的是，華嚴宗將《華嚴經》之「如來出現」之義解釋為「性起」，並以之建構了華嚴宗心性思想的義理範式。「性起」一詞最早見於六十卷《華嚴經・寶王如來性起品》。據此經說，「性起」屬果，是盧舍那佛的法門；緣起屬因，為普賢菩薩的法門。唐譯八十卷《華嚴經》將「性起」一詞重譯為「如來出現」，是符合原經本義的。智儼，尤其是法藏，將原來指「如來性」出現的「性起」加以改動，使此「性」變成了不改而可「起」的真如理體。法藏說：「從自性住至至得果，故名如來。不改名『性』，顯用稱『起』，即如來之性起。又真理名『如』名『性』，顯用名『起』名『來』，即如來為性起。」[168]此處，「自性住」為因佛性，「至得果」為果佛性，亦即佛果。法藏將佛性由因位的「引出性」至佛果的由隱到顯的顯現過程稱為如來，基本符合《華嚴經》的原義。但以「不改名性」、「真理名『如』名『性』」顯然指的是真如佛性，因而如來性起就意味著佛性理體之起。不變的佛之本性顯現教化作用，真理本身生起作用，這就是「如來為性起」的新意義。四祖澄觀以「三聖圓融觀」融合了智儼的十玄義與法藏的六相圓融之義，以為《華嚴經》中的普賢為無盡法界，為「所起」，而文殊為無盡法界的「能起」，毗盧遮那莊嚴藏世界則是一「理事無礙法界」。「華嚴三聖」的圓融，將信仰與義理合為一體，使得華嚴宗的觀法與信仰更為完善。

綜觀以上所述華嚴宗的形成過程，《華嚴經》無疑是此宗基本的依據，但華嚴學者以中國化的方法理解、解釋此經，使得其對於《華嚴經》的疏解既有與梵本符合的地方，自然也會有據經發揮的地方。這樣兩方面的結合，使得智儼、法藏、澄觀等華嚴宗大師對於《華嚴經》及其〈入法界品〉的解釋呈現出二重性。這是我們閱讀這些著述時所應該注意的地方，也是清理《華嚴經》與華嚴宗之關係的必要前提。

總體而言，《華嚴經》在漢地的流傳有一個歷史的過程。其中，唐代的智儼、法藏為弘揚《華嚴經》的主要代表，法藏的貢獻尤為巨大，並且據此經而創立了華嚴宗。不過，法藏的上首弟子慧苑卻撰寫《續華嚴經略疏刊定記》十五卷，參雜自己的觀點而與法藏在許多看

---

[168] 法藏《華嚴經探玄記》卷十六，《大正藏》卷三十五，頁四〇五上。

法上相左，俗家信士李通玄也與法藏的說法相異。這樣，在客觀上妨礙了華嚴宗的迅速發展，對於《華嚴經》的詮釋也趨於多元化。其後，又賴澄觀的大力匡正，恢復了法藏學說的正統地位，使華嚴宗得以興盛。唐宋之後，儘管華嚴宗的流傳漸趨衰微，但《華嚴經》對於中國佛教的影響並未見衰，直至今日依然影響巨大。

二、善財童子崇拜以及中國佛教參學風氣的形成

善財童子奔走各地尋訪善知識求取成佛之道的修行歷程，對於中國佛教產生了深遠的影響，這突出體現在信眾對於善財童子的崇拜以及中國佛教的參學參訪風氣的興起等方面。而且這種影響，從古到今從未衰竭。

隨著華嚴小品經以及六十卷《華嚴經》的譯出，善財童子就成為廣大佛教徒津津樂道的人物，如南朝陳徐陵在〈齊國宋司徒寺碑〉就將其與釋迦佛的大弟子並列：「善財童子，而行未窺；目連沙門，北遊不見。」在宋代，出現了許多有關善財童子求道歷程之偈贊與圖繪，如北宋楊傑之〈大方廣華嚴入法界品贊〉、忠師的〈五相知識頌〉、惟白等的《文殊指南圖贊》等等。其中惟白等的《文殊指南圖贊》，亦常被用為佛教文學上之題材。這部書分為三部分，前一部分是根據《華嚴經・入法界品》介紹善財童子五十三參的概況，第二部分是配畫，最後一部分是八句五十六字的七言詩。惟白等的《文殊指南圖贊》在當時就有一定影響，張商英對其評價就很高：「世主妙嚴文殊結集，龍宮誦出，雞嶺傳來，繼踵流通普聞華夏。李長

者《合論》四十軸，觀國師《疏鈔》一百卷，龍樹尊者二十萬偈，佛國禪師五十四贊。四家之說學者所宗。若乃撮大經之要樞，舉法界之綱目，標知識之儀相，述善財童子之悟門，人、境交參，事、理俱顯，則意詳文簡，其圖贊乎？」[169]張商英將此與李通玄的《華嚴經合論》、澄觀的《華嚴經疏鈔》、龍樹的《十住毗婆沙論》並列，有溢美之嫌疑。但是，毫無疑問，這一做法並非惟白一人，如《五燈會元》、《禪宗頌古聯珠通集》中就收有許多其他禪師讚頌善財童子五十三參的偈頌。如《禪宗頌古聯珠通集》卷三收有佛印元、正覺逸、保寧勇、照覺總、雲溪恭、楚安方、鐵山仁、石田重、掩石開等僧人撰寫的頌文殊師利菩薩令善財童子採藥之事的偈頌七首，卷四中收有張無盡、或菴體、北磵簡、致翁琰、坦堂圓、無准范等僧俗頌善財童子參拜彌勒菩薩的偈頌，其中坦堂圓禪師的偈頌為：「知識曾參五十三，精金百煉罷錘鉗。回頭萬壑煙雲散，午夜蟾光浸碧潭。」[170]無准范禪師的偈頌為：「南方經歷幾雲煙，收得珍奇貨滿船。彈指便風帆到岸，一時翻作大光錢。」[171]這些材料說明，善財童子五十三參已經成為禪門競相談論、摹仿的對象。

大概從唐代開始，善財童子就作為觀音菩薩的侍從樹於大雄寶殿及觀音殿之上。在唐代

---

[169] 惟白、張商英述《文殊指南圖贊・序》，《大正藏》卷四十五，頁七九三。

[170] 《禪宗頌古聯珠通集》卷三，《卍續藏經》第一一五冊，頁二八，臺灣新文豐出版社一九八三年元月影印版。

[171] 《禪宗頌古聯珠通集》卷四，《卍續藏經》第一一五冊，頁四一下。

開始，壁畫中出現的「華嚴經變」中屢有善財童子的形象以及五十三參大型壁畫與雕塑出現，留存至今的仍然不少。譬如敦煌莫高窟第七十二窟西側上方山口處畫有立佛、菩薩像多幅，其中一幅旁邊題為「龍王現樓閣時」，畫面的西部有一菩薩乘雲而至，屋內一童子合十迎拜，旁邊題有「觀音菩薩度童子時」。這就是以民間傳說為本的「善財童子拜觀音」的故事。有些寺院在大雄寶殿的背面修設海島，面北而設觀音像，在觀音像旁邊有善財童子和龍女像作為脅侍。而佛寺觀音殿也常常採用這一設置。這一設置也來源於民間在經典之說的基礎上的創造。中國民間相傳觀音菩薩為了試驗善財童子是否有誠意，便化為船夫，起大風浪，勸阻善財童子返回。但是，善財童子決心渡海去尋訪善知識，毫不動搖，矢志不渝。這是民間在《華嚴經・入法界品》之記載基礎上的合理想像，而中國民間尚有與經典沒有瓜葛的傳說。

相傳善財童子為一位窮得用紙糊竹籃挑水的苦孩子。他懷著一顆向善的心，把觀音菩薩放在小瓶中的黑蛇精救了出來。當蛇精恩將仇報欲吃掉善財童子之時，善財童子與蛇精找到老樹、青蛙評理，但都沒有定論。後來，他們遇到一位小姑娘。小姑娘忽然變為觀音，怒斥蛇精，重新將蛇精放入淨瓶之中。觀音菩薩對善財童子說：「你雖然心地善良，可是不辨善惡，還是到普陀山去修煉吧！」於是善財童子便成為觀音菩薩的侍童。還有一則與黃山有關的傳說。相傳南海觀音被黃山美麗的景色所吸引，化作一位老太婆與一個揀來的小孩共度時光，將這位小孩撫養成人。後來這位小孩發現奶奶的眼睛瞎了，就爬山越嶺去採藥為奶奶治病。他用自己的鮮血和著草藥調製好眼藥水治癒了一位素不相識的老人的病。又再次以血調製好眼藥水治癒了自己奶奶的眼病。奶奶（即觀音菩薩）要走了，此位童子跪倒便拜。祥雲繚繞的觀音帶著童子走了，在黃山留下了由他們的肉身化成的兩塊大小不同的石頭。這兩則故事與〈入法界品〉不同，顯然屬於中國人的加工。前一則體現了宣揚了中國人所秉承的善惡是非觀，後一則則宣揚了中國人所崇尚的孝道。

上述三則中國民間加工而成的故事，一方面有將善財童子之修行境界降低的嫌疑，另一方面則體現了將善財童子民間化、世俗化的意圖。但這只是民間傳說的一種類型，也有一些傳說賦予了善財童子救苦救難、普度眾生的特殊功能，體現了民間對於善財童子崇拜的深度。譬如《高僧傳・求那跋陀羅傳》中就記載說，求那跋陀羅隨譙王出征，在梁山大敗之際，「大艦轉迫，去岸懸遠，判無全濟，唯一心稱觀世音。手捉邛竹杖投身江中，水齊至膝，以杖刺水，水流深駛，見一童子尋後而至，以手牽之。顧謂童子：『汝小兒何能度我？』怳忽之間，覺行十餘步，仍得上岸。即脫衲衣，欲償童子。顧覓不見，舉身毛豎，方知神力焉。」[172]作為觀音菩薩的脅侍，善財童子也與觀音一起發揮救助眾生的功能。據《兗州志》記載，當某人被強盜挖去雙眼時，觀音菩薩答應讓其再見光明，觀音「向空中一喚，即見童子擕籃，覆以蓮花，揭開皆羊睛也。拈兩枚賜吞之，兩眼復明」。諸如此類的傳說古今很多。善財童子還受到民婦村姑的喜愛。「童子」即男娃，是婦女幸福的寄託，婦女們求其胎而得貴子。在民間的彩塑和剪紙中，善財童子或手持銅錢，或腰纏紅兜肚，慧眼明睛，活潑可愛。此外，

172 梁慧皎《高僧傳》卷三，湯用彤校注，頁一三二，中華書局一九九二年版。

中國民間人士往往因為「善財童子」其名之起源而將其當作財富的象徵，以崇拜善財童子而可以招財進寶的心理崇拜他。這儘管有急功近利之嫌疑，而且與〈入法界品〉的描述不符，但是卻是善財童子在民間影響最大之所在。

以上是從民間崇拜信仰的角度對於善財童子的影響作了若干說明。其實，〈入法界品〉以及善財童子對中國佛教最根本性的影響在於佛教內部參學參訪風尚的興起。從中唐開始，禪宗逐漸興起了行腳參禪的風氣。禪僧或因解決生活上的困難，或因尋訪名師指點，往往到處流動。儘管這一做法並非禪宗僧人所專為，但禪門的做法更為自覺。禪門將其稱之為「行腳」、「遊行」、「遊方」，此等出家人，稱為「行腳僧」或「雲水僧」。《祖庭事苑》卷八說：「行腳者，謂遠離鄉曲，腳行天下。脫情捐累，尋訪師友，求法證悟也。所以學無常師，徧歷為尚。善財童子南求，常啼東請，蓋先聖之求法也。永嘉所謂『游江海涉山川，尋師訪道為參禪』，豈不然邪？」[173]如唐代趙州從諗禪師就是一個行腳參禪的典範，一生行腳至八十歲方住於趙州城東觀音院。《趙州諗禪師錄》云：「師初隨本師行腳到南泉，……其後自攜瓶錫，徧歷諸方。常自謂曰：『七歲童兒勝我者，我即問伊；百歲老翁不及我者，我即教他。』年至八十，方住趙州城東觀音院。」[174]趙州禪師所說，即便是七歲兒童只要是他比自己高明，自己也會虛心向其請教；而即便是百歲老翁，只要不如自己，「我」即可教他解悟。這與善

173 《祖庭事苑》卷八，《卍續藏經》第一一三冊，頁二四〇上。

174 宋賾藏主編集《古尊宿語錄》卷十三，蕭萐父、呂有祥點校，頁二〇九，中華書局一九九四年版。

財童子參訪五十三位善知識的態度何其相似乃爾！

禪宗語錄中屢見禪師對於行腳的提倡之語，如《汾陽昭禪師錄》所載〈行腳歌〉云：

發志辭親，意欲何能？投佛出家，異俗專心，慕法為僧。既得尸羅具備，又能法服霑身，父母不供甘旨，王侯不侍不臣。潔白修持，如冰似玉，不名不利，去垢去塵。受人天之瞻敬，承釋梵之恭勤，忖德業量來處，將何報答為門戶？專精何行即能消？唯有參尋別無路。不苦身心歷山水，白眉作伴為參禮，冒雪衝霜不避寒，渡水穿雲伏龍鬼，銕錫飛銅瓶滿。不問世間長與短，叢林道侶要商量。四句百非一齊翦，探玄機明道眼。入室設針須鍛鍊，驅邪顯正自應知。勿使身心有散亂，道難行塵易漫。頭頭物物須明見，區區役役走東西。今古看來忙無限，我今行勤自辦。莫教失卻來時伴，舉足動步要分明。切忌被他虛使喚，入叢林行大道。不著世間虛浩浩，堅求至理不辭勞。剪去繁華休作造，百衲衣雲水襖。萬事無心離煩惱，千般巧妙不施功。直出輪迴生死道，勸同袍求正見。莫似愚夫頻改變，投嵒立雪猛身心。方得法王常照現，請益勤恭敬速。不避寒暄常不足，只緣心地未安然。不羨榮華不怕辱，直教見性不從他。自家解唱還鄉曲，度平生實安樂。蕩蕩縱橫無依托，四方八面應機緣。萬象森羅任寬廓，報四恩拔三有。問答隨機易開口，五湖四海乍相逢。一擊雷音師子吼，悠悠自在樂騰騰。大地乾坤無過咎，分明報爾水雲益，記取面南看北斗。贊曰：五湖四海歷叢林，萬里千山不易尋。親覲祖宗明見性，莫將薺苨作人蔘。[175]

善昭這樣說，自己也是這樣做的。楊億在《善昭語錄》中就稱讚善昭「學解淹博，周游湖嶺，探索筌蹄。效遍參於善財，同多聞於慶喜」[176]。善昭的〈行腳歌〉將參學的益處說得非常明確，禪師也都承認這是以善財童子為仿傚對象的。由善財童子五十三參所引發的中國佛教修行方式的這一變化，有其深刻的社會根源，並引起了佛教傳教方式、佛教管理模式的很大變化。時至今日，這一模式仍然是中國佛教僧人的最主要修行求法方式。

三、〈入法界品〉與淨土信仰

在〈入法界品〉中，善財童子先後拜訪了五位菩薩，即文殊師利菩薩、普賢菩薩、觀音菩薩、正趣菩薩、彌勒菩薩。這五大菩薩對於中國佛教以及民俗信仰都產生了重大深遠的影響。五大菩薩之中，文殊菩薩、普賢菩薩一起與毗盧遮那佛形成「華嚴三聖」，成為華嚴宗的核心信仰。而觀音菩薩、正趣菩薩[177]、彌勒菩薩等三位菩薩為淨土信仰的對象。在此，僅僅將這些菩薩與淨土信仰的關係作些概括分析。

綜合起來言之，《華嚴經》的淨土思想主要包括三方面：第一，從佛國淨土方面看，《華

[175] 慈明大師楚圓集《汾陽無德禪師語錄》卷下，《大正藏》卷四十七，頁六一九中、下。

[176] 慈明大師楚圓集《汾陽無德禪師語錄・序》，《大正藏》卷四十七，頁五九四中。

[177] 關於「正趣菩薩」的所指，印順法師認為「與觀自在同時的正趣菩薩，可說是大勢至的別名」（印順《初期大乘佛教之起源與開展》，頁一一二八）。此說頗有道理，但由於法藏《華嚴經探玄記》、澄觀《華嚴經疏》都未說「正趣菩薩」為「大勢至菩薩」，因此在此不擬對其與淨土宗的聯繫作論述。

嚴經》所提倡的是以毗盧遮那佛為教主的蓮華藏莊嚴世界海，而經中則以唯心淨土來解釋佛之國土。第二，《華嚴經・淨行品》以及〈入法界品〉中的文殊師利菩薩、觀音菩薩以及德雲比丘、解脫長者等等所提倡的往生淨土與念佛法門。第三，往生彌陀淨土之法門與普賢行願的結合，使得《華嚴經》，特別是〈入法界品〉的最終歸趣，可以從淨土思想的角度去解釋。《華嚴經》及其〈入法界品〉與淨土信仰的關係，正好構成了「華嚴經學」除了法界緣起之外的最重要的詮釋向度。上述三個方面，第一方面已經見於前述「《華嚴經》的基本思想」部分，以下對於後面兩個方面略作說明。

淨土宗與淨土信仰是兩個層面的概念。淨土宗是指信仰阿彌陀佛、稱念其名號以求死後往生西方淨土的中國佛教的一個派別。而淨土信仰則是一個寬泛的概念，只要以佛國世界為信仰對象都可以稱之為淨土信仰。對於中國佛教發生影響的淨土信仰主要有六種，即阿彌陀佛淨土、阿閦佛淨土、彌勒淨土、文殊菩薩淨土、藥師佛淨土以及唯心淨土，阿彌陀佛淨土後來成為中國淨土信仰的主流，淨土宗也就以彌陀淨土作為信仰對象。而從佛國淨土的角度言之，《華嚴經》本來屬於鮮明的唯心淨土範圍，但是，在中國淨土信仰的歷史發展中，其他種類的淨土信仰都程度不同的與彌陀淨土相結合，《華嚴經》所包含的淨土思想也不可避免地走向了這一路徑。儘管這一結合可能起源甚早，但大規模的結合是從北宋初年的省常開始的。

省常，生於西元九五九年，圓寂於西元一〇二〇年。在宋雍熙年（西元九八四至九八七年）中，在僧眾之中傳播文殊信仰。宋淳化年（西元九九〇至九九四年）中，省常在杭州南昭慶寺仿傚東晉慧遠在廬山結蓮社的做法在西湖邊雕刻無量壽佛像，聯絡僧俗結蓮社。不久，省常認識到《華嚴經・淨行品》是「成聖之宗要」，隨即將蓮社改名為「淨行社」。關於創辦淨行社的經過，據〈西胡昭慶寺結淨行社集總序〉一文所載，省常「刺指血，以血和墨，寫模法式，書《華嚴・淨行》一品」[178]。省常將書寫好的《華嚴經・淨行品》印一千冊，分發僧俗。省常還以栴檀香木雕造毗盧遮那佛像。後來，省常與八十位僧人一起結為淨行社，並對著經像發願：

> 我於八十比丘，一千大眾，始從今日，發菩提心，窮未來際，行菩薩行願，盡此報已，生安養國，頓入法界，圓悟無生，修習十種波羅蜜多，親近無數真善知識。身光徧照，令諸有情，得念佛三昧，如大勢至；聞聲救苦，令諸有情，獲十四無畏，如觀世音；修廣大無邊行願海，猶如普賢；開微妙甚深智慧門，猶如妙德；邊際智滿，漸次補佛處，猶如彌勒；至成佛時，若身若土，如阿彌陀。[179]

上述引文中，作為崇拜對象的有「華嚴三聖」與「西方三聖」以及彌勒菩薩（佛），文中的

---

[178] 錢易述〈西湖昭慶寺結淨行社集總序〉，《圓宗文類》卷二十二，《卍續藏經》第一〇三冊，頁八五〇下。

[179] 宋白〈大宋杭州西湖慶昭寺結社碑銘并序〉，《圓宗文類》卷二十二，《卍續藏經》第一〇三冊，頁八五三。

「妙德」即是指文殊菩薩。從修行方法而言，「十種波羅蜜多」、親近善知識是《華嚴經》所提倡的內容，而「念佛三昧」、「聞聲救苦」之類則是淨土宗的方法。從修行境界言之，所謂「頓入法界」、「邊際智滿」等屬於華嚴境界的範圍；而「生安養國」、往生彌陀淨土則是淨土宗所追求的目標。上述三方面的結合，已經足以構成了將《華嚴經》的唯心淨土思想轉化為彌陀淨土的解釋學路向。這一變化，在後來的華嚴經學以及華嚴宗中得到了充分的反響，使得華嚴與淨土的合流成為現實。

在華嚴宗與淨土宗合流上，南宋的圓澄義和在其中起了很大的作用。義和，號「圓澄」，又被稱為「圓證大師」，生卒年不詳。義和注重華嚴典籍的收集、整理、流通，把從高麗搜集的智儼、法藏的著作重新雕版，使其廣泛流通。南宋乾道元年（西元一一六五年），義和在臨安府慧因院撰寫《華嚴念佛三昧無盡燈》一卷，在當時產生了很大的影響，並受到宋孝宗的讚賞。義和在《華嚴念佛三昧無盡燈・序》中說：自己「晚年退席平江能仁，遍搜淨土傳錄與諸論贊，未嘗有華嚴圓融念佛法門。蓋巴歌和眾，雪曲應稀，無足道者。嗚呼！不思議法門，散乎大經與疏記之中，無聞於世。離此別求，何異北轅而之楚耶？於是備錄法門，著為一編，使見聞者不動步而歸淨土，安俟階梯？非思量而證彌陀，豈存言念？諸佛則背塵合覺故明，眾生則背覺合塵故昏。欲使冥者皆明，明終無盡。因目其篇曰『無盡燈』云爾。」180 義和以為，《華嚴經》所蘊含的「圓融念佛法門」淹沒在經論與注疏之中，未曾引起世人的

180 南宋宗曉編《樂邦文類》卷二《華嚴念佛三昧無盡燈・序》，《大正藏》卷四十七，頁一七〇上。

注意，是因為其曲高和寡。而離開這一圓融念佛法門去求往生西方淨土，是南轅北轍，難於達到預定的目的。在此，需要特別注意兩點：一是義和認為，《華嚴經》本來就包含著淨土法門，只是未曾引起人們的注意罷了！二是《華嚴經》中所包含的圓融念佛法門與時下流行的淨土法門有別，而這一法門纔是往生的最根本路徑。儘管義和所編寫的《華嚴念佛三昧無盡燈》一書已經失傳，但是從流傳下來的序文以及同時代的人對著作的稱引之中，我們仍然可以看出義和華嚴淨土思想的梗概以及對於後來華嚴宗與淨土宗的合流所產生的實質性推動。

義和的淨土思想主要有五方面的內容：第一，明顯的華嚴學立場。義和說道：「六道凡夫、三乘賢聖，其根本悉是靈明清淨一法界心，性覺寶光。各各圓滿。本不名諸佛，亦不名眾生。但此心靈妙自在，不守自性故，隨迷悟之緣，作業受苦，名曰眾生。修道證真，遂名諸佛。佛憫眾生顛倒妄想，執著而不證得，於是稱法界性，說《華嚴經》，欲令眾生知一切法，即心自性，成就慧身，不由他悟。」這是說，佛與眾生都具有「自性清淨一法界心」，本來就沒有什麼區別。只是由於此心不守自性，而隨迷悟之緣而有眾生與佛的差別。佛以憐憫之心向眾生宣說《華嚴經》，其主旨在於使眾生知曉成就慧身在於自悟。義和強調「自悟」，顯然與淨土宗所強調的他力往生有一定區別。第二，將《華嚴經・入法界品》中的相關內容解釋為「念佛法門」。義和說道：「至於善財證入法界，參諸知識，最初吉祥雲比丘教以無礙智慧念佛門；又解脫長者教以唯心念佛門；又普遍吉淨光夜神，教以觀德相念佛門。」義和在〈入法界品〉中找到了三種念佛法門——無礙智慧念佛、唯心念佛、觀德相念佛。確實如其所言，〈入法界品〉中的三位善知識向善財童子講授了淨土法門，其中解脫長者還提到「見安樂世界阿彌陀佛」的問題。但是，應該說，〈入法界品〉的這三種法門並非嚴格意義上的淨土思想[181]，而且這三種法門也並非《華嚴經》及其〈入法界品〉的最核心意旨所在。義和這樣解釋，有明顯的融合淨土法門於華嚴宗義的意圖。第三，義和鮮明地主張以《華嚴經》的法界圓融思想來詮釋往生淨土的問題。義和說：「其後華嚴諸祖慮念佛者，莫得其要，於善知識解脫門中，復設諸門，意使諸佛與眾生交徹，淨土與穢土融通，法法彼此該收，塵塵悉包徧法界，相即相入，無礙圓融。儻得其門，則等諸佛於一朝。不得其門，則徒修因於曠劫。」這裡，義和大講「生佛交徹」、「淨土與穢土融通」，仍然不出華嚴經學的範疇。義和說，如果能夠從這一角度理解淨土的真正意義，就可「等諸佛於一朝」。否則，即便曠劫修行也是不得其門的。第四，義和借用《莊子》的「不龜手之藥」的比喻來說明在淨土法門

[181] 其實，解脫長者給善財宣講的「不思議菩薩解脫門」，是進入三昧定力觀見諸法的法門。如解脫長者對善財童子說：「如來欲見安樂世界阿彌陀如來，隨意即見；我若欲見栴檀世界金剛光明如來、妙香世界寶光明如來、蓮華世界寶蓮華光明如來、妙金世界寂靜光如來、妙喜世界不動如來、善住世界師子如來、鏡光明世界月覺如來、寶師子莊嚴世界毗盧遮那如來，如是一切，悉皆即見。然彼如來不來至此，我身亦不往詣於彼。知一切佛及與我心，悉皆如夢；知一切佛猶如影像，自心如水；知一切佛所有色相及以自心，悉皆如幻；知一切佛及以己心，悉皆如響。我如是知，如是憶念：所見諸佛皆由自心。」（唐實叉難陀譯《大方廣佛華嚴經》卷六十三，《大正藏》卷十，頁三三九下）

之中唯有「華嚴觀行」纔是最殊勝的。義和說道：「華嚴觀行得圓至功於頃刻，見佛境於塵毛；諸佛心內眾生，新新作佛；眾生心中諸佛，念念證真；至簡至易。」[182]而義和強調的「華嚴觀行」實際上仍然是唯心念佛，他以為依此法門念佛，見佛在於頃刻，而成佛的關鍵在於「念念證真」，而不完全在借助於他力往生。第五，在前述基點上，義和提倡以普賢行願作為往生彌陀淨土的法門。義和說：「雖然諸佛拔苦與樂之心一也，不思議力一也，唯西方彌陀世尊接引娑婆眾生願力偏重，即本師故。是以流通經中，普賢行願獨指彌陀，極為至切。」[183]

綜觀義和融合華嚴與淨土思想的意圖，並不在於單純引彌陀信仰於華嚴宗之內，其真正的意向在於以華嚴之淨土法門來改造甚至代替往生西方的淨土宗義。義和對自己的這一見解非常自信，他稱自己所言的法門能夠「使見聞者不動步而歸淨土，安俟階梯？非思量而證彌陀，豈存言念？」[184]而同時代的范成大則評論道：「念佛三昧，深廣微密。世但以音聲為佛事，此書既出，當有知津者。」[185]不過，從佛教發展史來看，與義和的想法相反，並非以華

[182] 此段中上述幾處引文均見於南宋宗曉編《樂邦文類》卷二《華嚴念佛三昧無盡燈・序》，《大正藏》卷四十七，頁一六九下。

[183] 南宋宗曉編《樂邦文類》卷二《華嚴念佛三昧無盡燈・序》，《大正藏》卷四十七，頁一六九下至一七〇上。

[184] 南宋宗曉編《樂邦文類》卷二《華嚴念佛三昧無盡燈・序》，《大正藏》卷四十七，頁一七〇上。

[185] 南宋宗曉編《樂邦文類》卷二，范成大《華嚴念佛三昧無盡燈・後跋》，《大正藏》卷四十七，頁一七〇上。

嚴的宗義來融合淨土宗義，而是華嚴宗向淨土宗義的妥協。儘管如此，義和在華嚴與淨土法門融合方面的貢獻仍然是不可忽視的，因為它所開闢的將彌陀信仰與普賢行願結合起來的發展路向，成為以後華嚴宗內部的普遍做法，在現在仍然如此。如當代的印順法師就明確說：「唐譯二本，普賢行願而歸於往生極樂，所說完全相同。」[186]

現今闡述《華嚴經．入法界品》的佛教界諸人仍然堅持普賢行願本來就是與彌陀淨土結合在一起的看法。這一見解的依據也就是四十卷本《華嚴經》在普賢菩薩這一參所強調的，凡是受持讀誦十大願王者，有五種勝果，其中之一就是依靠十大願王的引導，臨終時得以「往生極樂世界」。《華嚴經》的原文是這樣的：

> 或復有人以深信心，於此大願受持讀誦，乃至書寫一四句偈，速能除滅五無間業，所有世間身心等病種種苦惱，乃至佛剎極微塵數一切惡業，皆得消除。……又復是人臨命終時，最後剎那，一切諸根悉皆散壞，一切親屬悉皆捨離，一切威勢悉皆退失，輔相大臣、宮城內外、象馬車乘、珍寶伏藏，如是一切無復相隨，唯此願王不相捨離，於一切時引導其前，一剎那中即得往生極樂世界，到已即見阿彌陀佛；文殊菩薩、普賢菩薩、觀自在菩薩、彌勒菩薩等，此諸菩薩色相莊嚴，功德具足，所共圍繞。其人自見生蓮花中，蒙佛授記，得授記已，經於無數百千萬億那由他劫，普於十方不可說不可說世界，以智慧力隨眾生心而

---

186 印順《初期大乘佛教之起源與開展》，頁一一四一。

為利益。不久當坐菩提道場，降服魔軍，成等正覺，轉妙法輪……是故汝等，聞此願王，莫生疑念，應當諦受。受已能讀，讀已能誦，誦已能持，乃至書寫，廣為人說。是諸人等，於一念中，所有行願，皆得成就，所獲福聚無量無邊，能於煩惱大苦海中，拔濟眾生，令其出離，皆得往生阿彌陀佛極樂世界。[187]

《華嚴經》的這一段經文，大概是最明確地將彌陀淨土與普賢行願結合的證據。從這些經文觀之，華嚴宗後來與淨土宗的融匯確實是《華嚴經》及其〈入法界品〉影響的結果。

其實，《華嚴經》及其〈入法界品〉對於中國佛教的影響是多方面的，從唐宋以後，中國佛教逐漸形成了「四大名山」聖跡，至明代更是有「金五臺、銀普陀、銅峨嵋、鐵九華」的說法。四大佛教名山之中，五臺山為文殊師利菩薩的道場，峨嵋山為普賢菩薩的道場，普陀山為觀音菩薩的道場，九華山為地藏菩薩的道場。而五臺山、峨嵋山、普陀山都是由於《華嚴經》及其〈入法界品〉的描述而形成的。限於篇幅，不再詳說。

另外，本書為《華嚴經》譯注系列之一種，採用的是唐實叉難陀翻譯的《華嚴經》。原文以《大正藏》第十卷所載《華嚴經．入法界品》與金陵刻經處刻版《華嚴經．入法界品》進行對校確定。本譯注主要以法藏《華嚴經探玄記》、澄觀《華嚴經疏》為主要參考資料，特別是澄觀的《華嚴經疏》，更是本譯注常常引用的權威解釋。在注釋方面，則時下常見的

---

[187] 唐般若譯《華嚴經．普賢行願品》卷四十五，《大正藏》卷十，頁八四六下。

幾種佛學辭書，如《佛光大詞典》、丁福保《佛學大辭典》、藍吉富主編《中華佛教百科全書》等等，都是佛教有關名詞釋文的重要參考，由於體例及篇幅關係不便一一在正文中注出，敬請見諒。至於譯文方面，也許限於視野關係，未曾發現較有參考價值的作品，因此，由於本人學養之局限，可能在某些方面有所不周，敬請諒解。

感謝賴永海、韓廷傑二位先生的舉薦，也感謝三民書局編輯先生的信賴，使得本人有機會將《華嚴經》的精華逐漸注譯出來。一方面，可以為讀者諸君讀誦《華嚴經》提供一種可供選擇的較為可靠的現代語體文注本；另一方面，由於上述諸位先生的幫助，使本人多年學習、研究的成果有機會接受社會的檢驗，這是我十分高興和需要永遠感謝的。

楊維中

華嚴經　入法界品之一

【題解】依照澄觀的判釋，八十卷《華嚴經》第九會「逝多林園重閣會」可分為「本」、「末」二會。本會為「如來顯相，二聖開顯，頓證法界」，末會為「諸善知識為善財說」（澄觀《大華嚴經略策・第四處會法主》）。此卷為本會之「序分」、「請佛說法分」、「三昧現相分」、「明集新眾分」、「舉失顯得分」、「偈頌贊德分」。

佛世尊與以普賢、文殊菩薩為上首的五百菩薩以及無量世主等同聚於室羅筏國逝多林給孤獨園大莊嚴重閣。這五百菩薩與聲聞、世間諸王均於心中產生請求佛為自己宣說佛法的想法。世尊感知了他們的心念，進入了師子嚬申三昧而顯現出不可思議的神變世界，佛以神力使得逝多林變得美妙莊嚴，因佛之偉力使得逝多林之上的虛空也變得美妙莊嚴，並且偏照十方世界。依照澄觀的解釋，「三嚴」表三種緣起，「嚴重閣」即裝飾重閣藉以「顯自體緣起」，「嚴園林」表徵「有為緣起」，「嚴虛空」表徵「無為緣起」。十方各有菩薩及其眷屬歸附來聆聽佛宣說佛法。這十方一切菩薩及其眷屬都是在普賢行願中成就的。

對於上述菩薩所示現的境界，諸大聲聞因為自己的修習善根不足等等多種原因如聾如盲，無法得見。經中以十種比喻來說明聲聞眾生無法觀見佛、菩薩境界的原因。十方世界的十位大菩薩徧觀十方而各自說偈讚頌佛德以及此次聚會，並且各自顯現自己所證。

依照上述線索，本卷可以分為六大段落：第一，世尊與五百菩薩、聲聞以及世主在逝多林大莊嚴重閣聚會。第二，五百菩薩與聲聞、世間諸王均於心中產生請求佛為自己宣說佛法的想法。第三，十方菩薩世尊以神變莊嚴逝多林以及大莊嚴重閣。第四，因世尊的感召，十方世界的十大菩薩及其眷屬前來逝多林聆聽世尊說法。第五，回答聲聞不能感知佛、菩薩神變的原因。第六，十方十位大菩薩各自說偈讚頌佛德。

本會・序分

爾時，世尊在室羅筏國❶逝多林給孤獨園❷大莊嚴重閣，與菩薩摩訶薩❸五百人俱，普賢菩薩❹、文殊師利菩薩❺而為上首，其名曰光燄幢菩薩❻、須彌幢菩薩、寶幢菩薩、無礙幢菩薩、華幢菩薩、離垢幢菩薩、日幢菩薩、妙幢菩薩、離塵幢菩薩、普光幢菩薩、地威力菩薩、寶威力菩薩、大威力菩薩、金剛智威力菩薩、離塵垢威力菩薩、正法日威力菩薩、功德山威力菩薩、智光影威力菩薩、普吉祥威力菩薩、地藏菩薩❼、虛空藏菩薩、蓮華藏菩薩、寶藏菩薩、日藏菩薩、淨德藏菩薩、法印藏菩薩、光明藏菩薩、臍藏菩薩、蓮華德藏菩薩、善眼菩薩、淨眼菩薩、離垢眼菩薩、無礙眼菩薩、普見眼菩薩、善觀眼菩薩、青蓮華眼菩薩、金剛眼菩薩、寶眼菩薩、虛空眼菩薩、喜眼菩薩、普眼菩薩、天冠菩薩、普照法界智慧冠菩薩、道場冠菩薩、普照十方冠菩薩、一切佛藏冠菩薩、超出一切世間冠菩薩、普照冠菩薩、不可壞冠菩薩、持一切如來師子座冠菩薩、普照法界虛空冠菩薩、梵王髻菩薩、龍王髻菩薩、一切化佛光明髻菩薩、道場髻菩薩、一切願海音寶王髻菩薩、一切佛光明摩尼髻菩薩、示現一切虛空平等相摩尼王莊嚴髻菩薩、示現一切如來神變摩尼王幢網垂覆髻菩薩、出一切佛轉法輪音髻菩薩、說三世一切名字音髻菩薩、大光菩薩、離垢光菩薩、寶光菩薩、離塵光菩薩、燄光菩薩、法光菩薩、寂靜光菩薩、日光菩薩、自在光菩薩、天光菩薩、福德幢菩薩、智慧幢菩薩、法幢菩薩、神通幢菩薩、光幢菩薩、華幢菩薩、摩尼幢菩薩、菩提幢菩薩、梵幢菩薩、普光幢菩薩、梵音菩薩、海音菩薩、大地音菩薩、世主音菩薩、山相擊音菩薩、徧一切法界音菩薩、震一切法海雷音菩薩、降魔音菩薩、大悲方便雲雷音菩薩、息一切世間苦安慰音菩薩、法上菩薩、勝上菩薩、智上菩薩、福德須彌上菩薩、功德珊瑚上菩薩、名稱上菩薩、普光上菩薩、大慈上菩薩、智海上菩薩、佛種上菩薩、光勝菩薩、德勝菩薩、上勝菩薩、普明勝菩薩、法勝菩薩、月勝菩薩、虛空勝菩薩、寶勝菩薩、幢勝菩薩、智勝菩薩、娑羅自在王菩薩、法自在王菩薩、象自在王菩薩、梵自在王菩薩、山自在王菩薩、眾自在王菩薩、速疾自在王菩薩、寂靜自在王菩薩、不動自在王菩薩、勢力自在王菩薩、最勝自在王菩薩、寂靜音菩薩、無礙音菩薩、地震音菩薩、海震音菩薩、雲音菩薩、法光音菩薩、虛空音菩薩、說一切眾生善根音菩薩、示一切大願音菩薩、道場音菩薩、須彌光覺菩薩、虛空覺菩薩、離染覺菩薩、無礙覺菩薩、善覺菩薩、普照三世覺菩薩、廣大覺菩薩、普明覺菩薩、法界光明覺菩薩……如是等菩薩摩訶薩五百人俱。此諸菩薩皆悉成就❽普賢行願❾，境界無礙，普徧一切諸佛剎故；現身無量，親近一切諸如來故；淨眼無障，見一切佛神變❿事故；至處無限，一切如來成正覺所恆普詣故；光明無際，以智慧光普照一切實法海故；說法無盡，清淨辯才⓫無邊際劫無窮盡故；等虛空界⓬，智慧所行悉清淨故；無所依止，隨眾生心現色身故；除滅癡翳，了眾生界無眾生故；等虛空智⓭，以大光網照法界故。及與五百聲聞眾俱，悉覺真諦，皆證實際⓮，深入法性⓯，永出有海⓰；依佛功德，離結、使⓱、縛⓲，住無礙處⓳；其心寂靜猶如虛空，於諸佛所永斷疑惑，於佛智海深信趣入。及與無量諸世主俱，悉曾供養無量諸佛，常能利益一切眾生，為不請友恆勤守護，誓願不捨；入於世間殊勝智門，從佛教生，護佛正法，起於大願，不斷佛種⓴，生如來家，求一切智㉑。

【章　旨】佛世尊與以普賢、文殊菩薩為上首的五百菩薩以及無量世主等同聚於室羅筏國逝多林給孤獨園大莊嚴重閣。此章為八十卷《華嚴經》第九會之序幕。

【注　釋】❶室羅筏國　即古印度舍衛國之京城，又稱「舍衛城」。❷逝多林給孤獨園　即「祇園精舍」。原是祇陀太子之園林，後被給孤獨長者購買，贈送給釋迦牟尼佛作為講法之場所。因當時太子只賣園，沒有賣園中之樹，當給孤獨長者把所購之園贈送給釋迦牟尼佛時，祇陀太子亦把樹贈送給釋迦牟尼佛。於是，兩人合力在園中建築精舍供釋迦牟尼佛說法之用。此後，此園成為釋迦牟尼傳教說法的重要道場。❸摩訶薩　「摩訶薩埵」的簡稱，乃菩薩或大士之通稱，即「大有情」、「大眾生」。謂此大眾生為「願」大、「行」大、「度眾生」大，於世間諸眾生中為最上，不退其大心，故稱「摩訶薩埵」。具體指有作佛之大心願的眾生。❹普賢菩薩　漢譯有「普賢」、「偏吉」等名，意為具足無量行願、普現於一切佛剎的大乘聖者。在娑婆世界，他與文殊菩薩並為釋迦牟尼的兩大脅侍。文殊象徵「智」、「慧」、「證」三德，普賢則顯示「理」、「定」、「行」三德。在修行上，文殊重在一切般若，而普賢則重在一切三昧。兩位菩薩德行的配合，象徵著大乘精神最究竟的完成。在我國，普賢菩薩則是四大菩薩之一。❺文殊師利菩薩　又稱「文殊室利」，意譯為「妙吉祥」、「法王子」，是中國佛教的四大菩薩之一。❻光燄幢菩薩　以下所列菩薩名號共計一百四十一名，乃大有深意之文。依據澄觀《華嚴經疏》卷五十四說：「數中欲顯五位同證入故，位各十度，一一相融成五百故。」(《大正藏》卷三十五，頁九〇九中)此中「五位」指菩薩修道之五等階位，即「資糧位」、「加行位」、「通達位」、「修習位」、「究竟位」。依澄觀的說法，前四十一人總體表徵前四位，後「天冠」下十位百人專門表徵「十地」、「十度」。此十四位一般為十，其間略有增減。第一以「幢」命名的菩薩十位，表徵「行」、「德」高出。第二以「威力」命名的菩薩九位，表徵能精進修行。第三以「藏」命名的菩薩十位，表徵德備含攝。第四以「眼」命名的菩薩十二位，表徵「解能照法」。上述四位以總體觀之，欲表圓融之位無前後故。後十位分別表徵十地十度：第一以「冠」命名的菩薩十位，「初地冠於諸地之首，檀冠眾行之先故；又一一位中各具十者，一地之中具足一切諸地功德故，一度之中具足十度，為莊嚴故。」第二以「髻」命名的菩薩十位，「持戒無垢檢束尊高故」。第三以「光」命名的菩薩十位，「發聞持光照法忍故」。第四又以「幢」命名的菩薩十位，「燄慧精進超世高出故，又道品伏惑精進伏慢故」。第五以「音」命名的菩薩十位，「禪定發生難勝悅機故」。第六以「上」命名的菩薩十位，「般若現前最尊上故」。第七以「勝」命名的菩薩十位，「遠行方便有殊勝行故」。第八以「自在王」命名的菩薩十一位，「相用不動大願無礙故」。第九又以「音」命名的菩薩十位，「善慧演法自力生故」。第十以「覺」命名的菩薩九位，「法雲受職墮佛數故，智覺諸法無所遺故」（上述引文均見澄觀《華嚴經疏》卷五十四，《大正藏》卷三十五，頁九〇九下）。❼地藏菩薩　別稱「持地菩薩」、「無邊心菩薩」、「地藏王菩薩」，是我國佛教界所信仰的四大菩薩之一。依經典所載，地藏菩薩受釋尊咐囑，出現於釋尊入滅後至彌勒佛出世的無佛時代，誓願濟度教化六道一切眾生後始願成佛，且又有「地獄未空，誓不成佛」的誓願，故被稱為「大願菩薩」。❽成就　為「得」的一種。未曾得到或得到之後已經失去但今日又得到，稱為「獲」；已經獲得而至今相續不失，則稱為「成就」。❾普賢行願　廣義指三世諸佛同有的因位行願，要義就是本經所列舉的「十大行願」，法界緣起要由修十種廣大行願纔能證入，成就佛的功德也要從修習十種廣大行願開始。其「十大行願」是：㈠禮敬諸佛，㈡稱讚如來，㈢廣修供養，㈣懺悔業障，㈤隨喜功德，㈥請轉法輪，㈦請佛住世，㈧常隨佛學，㈨恆順眾生，㈩普皆迴向。因為普賢菩薩勸人廣修十大行願，並且以此十願為眾生成就如來功德的主要法門，因此，普賢菩薩是大乘佛教之行願的象徵，也是大乘佛教徒實踐菩薩道時的行為典範。❿神變　為教化眾生，佛、菩薩等以超人間之不可思議的神通力變現出各種外在的形狀與動作。狹義而言，一般指以身來表現，即指「六神通」中之「神足通」；廣義而言，則包括身、語、意三類之變。⓫辯才　巧於辯述，善巧講說佛法之才能。佛、菩薩等於多劫中，由口業莊嚴之功力而具足各種辯才，如四無礙辯、七辯、八辯、九辯等。⓬虛空界　指一切諸法存在之廣大無邊無際的空間、場所。⓭虛空智　菩薩所具之智慧，因為真如離諸相猶如虛空，故云「虛空」。⓮實際　「真實際極」之意。極真實之理，至於其窮極，稱之為「實際」。具體而言，是指絕離虛妄之涅槃實證；又指真如之理體。⓯法性　諸法之真實體性，即宇宙一切現象所具有之真實不變之本性。又作真如法性、真法性、真性，為真如之異稱。法性乃萬法之本，故又作法本。⓰有海　比喻三有、二十五有等生死迷界如無邊之大海，眾生沉沒於生死迷界中，而不得出離，猶如船舶漂泊於大海中，不能到達彼岸。⓱結使　煩惱之異稱。結，為繫縛之義，諸煩惱纏縛眾生，不使出離生死，故稱「結」；驅役而惱亂眾生，故稱「使」。「結」有九種，「使」有十種，稱為「九結十使」。⓲縛　拘束之義，為煩惱之異名，由於貪等煩惱束縛眾生，令不自在，故稱為「縛」。⓳無礙處　無有障礙之處。無礙，又作「無閡」、「無障礙」、「無罣礙」、「無所罣礙」，有「心無礙」、「色無礙」、「解無礙」、「辯無礙」等的區別。本經卷五十六載，如相迴向位（十迴向之第八）之菩薩有眾生無礙用乃至力無礙用等十種自在作用（十無礙用）；卷四十六說諸佛具十種無障礙住。⓴佛種　有二義。一指佛之種族、佛之系統；二指成佛之種子，即佛性，為得佛果之因。此處為第二義。㉑一切智　三智之一，音譯為「薩婆若」，指通達一切法相的智慧。在佛典中，有時為區別聲聞的一切智與佛的一切智，而將佛的一切智稱為「一切智智」，得此智的佛稱「一切智人」；有時「一切智」也是「一切智人」即佛的略稱。

【語譯】那時，世尊在舍衛城逝多林給孤獨園大莊嚴重閣與五百名菩薩在一起聚會。普賢菩薩、文殊師利菩薩為上首菩薩，還有光燄幢菩薩、須彌幢菩薩、寶幢菩薩、無礙幢菩薩、華幢菩薩、離垢幢菩薩、日幢菩薩、妙幢菩薩、離塵幢菩薩、普光幢菩薩、地威力菩薩、寶威力菩薩、大威力菩薩、金剛智威力菩薩、離塵垢威力菩薩、正法日威力菩薩、功德山威力菩薩、智光影威力菩薩、普吉祥威力菩薩、地藏菩薩、虛空藏菩薩、蓮華藏菩薩、寶藏菩薩、日藏菩薩、淨德藏菩薩、法印藏菩薩、光明藏菩薩、臍藏菩薩、蓮華德藏菩薩、善眼菩薩、淨眼菩薩、離垢眼菩薩、無礙眼菩薩、普見眼菩薩、善觀眼菩薩、青蓮華眼菩薩、金剛眼菩薩、寶眼菩薩、虛空眼菩薩、喜眼菩薩、普眼菩薩、天冠菩薩、普照法界智慧冠菩薩、道場冠菩薩、普照十方冠菩薩、一切佛藏冠菩薩、超出一切世間冠菩薩、普照冠菩薩、不可壞冠菩薩、持一切如來師子座冠菩薩、普照法界虛空冠菩薩、梵王髻菩薩、龍王髻菩薩、一切化佛光明髻菩薩、道場髻菩薩、一切願海音寶王髻菩薩、一切佛光明摩尼髻菩薩、示現一切虛空平等相摩尼王莊嚴髻菩薩、示現一切如來神變摩尼王幢網垂覆髻菩薩、出一切佛轉法輪音髻菩薩、說三世一切名字音髻菩薩、大光菩薩、離垢光菩薩、寶光菩薩、離塵光菩薩、燄光菩薩、法光菩薩、寂靜光菩薩、日光菩薩、自在光菩薩、天光菩薩、福德幢菩薩、智慧幢菩薩、法幢菩薩、神通幢菩薩、光幢菩薩、華幢菩薩、摩尼幢菩薩、菩提幢菩薩、梵幢菩薩、普光幢菩薩、梵音菩薩、海音菩薩、大地音菩薩、世主音菩薩、山相擊音菩薩、偏一切法界音菩薩、震一切法海雷音菩薩、降魔音菩薩、大悲方便雲雷音菩薩、息一切世間苦安慰音菩薩、法上菩薩、勝上菩薩、智上菩薩、福德須彌上菩薩、功德珊瑚上菩薩、名稱上菩薩、普光上菩薩、大慈上菩薩、智海上菩薩、佛種上菩薩、光勝菩薩、德勝菩薩、上勝菩薩、普明勝菩薩、法勝菩薩、月勝菩薩、虛空勝菩薩、寶勝菩薩、幢勝菩薩、智勝菩薩、娑羅自在王菩薩、法自在王菩薩、象自在王菩薩、梵自在王菩薩、山自在王菩薩、眾自在王菩薩、速疾自在王菩薩、寂靜自在王菩薩、不動自在王菩薩、勢力自在王菩薩、最勝自在王菩薩、寂靜音菩薩、無礙音菩薩、地震音菩薩、海震音菩薩、雲音菩薩、法光音菩薩、虛空音菩薩、說一切眾生善根音菩薩、示一切大願音菩薩、道場音菩薩、須彌光覺菩薩、虛空覺菩薩、離染覺菩薩、無礙覺菩薩、善覺菩薩、普照三世覺菩薩、廣大覺菩薩、普明覺菩薩、法界光明覺菩薩……等等五百名菩薩在座。這些菩薩都成就了普賢行願，達到了境界無礙的境地，能夠普偏一切諸佛國土；他們顯現出無量之身，能夠親近一切諸如來；他們證得無障之淨眼，見到過一切佛之神變事跡；他們到達過無限多的地方，拜訪了一切成正覺的如來；他們具有無邊無際的光明，能夠以智慧光普照一切真實的法海；他們宣講了無窮無盡的法理，其所具的清淨辯才在無邊無際劫中永無窮盡；他們之身彌漫虛空界，以其智慧所做一切的事情都是清淨行為；他們沒有固定的依止，隨著眾生之心意顯現出不同的色身；他們去除了無明的遮蔽，了悟眾生界並沒有眾生；他們憑藉虛空智，以大光網徧照法界。這五百菩薩與五百聲聞眾都知曉覺悟真諦，都現證得實際，深入法性，永遠出離了生死之大海；依靠佛之功德遠離諸煩惱，住於無礙處；他們的心寂靜猶如虛空，永遠斷絕了對於佛土的疑惑，虔誠地相信佛之智慧並且發心趣入。這五百菩薩、五百聲聞眾與無量諸世主都曾供養無量諸佛，常能利益一切眾生，為那些並未要求菩薩守護家口的人永恆、勤謹的守護，發出永不捨棄的誓願；他們入於世間殊勝智門，尊從佛的教誨而生存，護佛正法，發起大願，使成佛之種子不中斷，誓生於如來之家，求證一切智。

請佛說法分

時，諸菩薩大德❶、聲聞❷、世間諸王並其眷屬❸咸作是念：「如來境界、如來智行、如來加持❹、如來力❺、如來無畏❻、如來三昧❼、如來所住、如來自在❽、如來身、如來智，一切世間❾諸天及人無能通達、無能趣入、無能信解、無能了知、無能忍受、無能觀察❿、無能揀擇、無能開示、無能宣明、無有能令眾生解了，唯除諸佛加被之力、佛神通力、佛威德力、佛本願力，及其宿世善根之力、諸善知識⓫攝受⓬之力、深淨信力、大明解力、趣向菩提⓭清淨心力、求一切智廣大願力。唯願世尊隨順我等及諸眾生種種欲、種種解⓮、種種智、種種語、種種自在、種種住地、種種根清淨、種種意方便⓯、種種心境界、種種依止⓰如來功德、種種聽受諸所說法，顯示如來往昔趣求一切智心、往昔所起菩薩大願、往昔所淨諸波羅蜜⓱、往昔所入菩薩諸地、往昔圓滿諸菩薩行⓲、往昔成就方便、往昔修行諸道、往昔所得⓳出離法⓴、往昔所作神通事、往昔所有本事因緣，及成等正覺㉑、轉妙法輪㉒、淨佛國土、調伏㉓眾生、開一切智法城㉔、示一切眾生道㉕、入一切眾生所住、受一切眾生所施、為一切眾生說布施㉖功德、為一切眾生現諸佛影像；如是等法，願皆為說！」

【章 旨】這五百菩薩與聲聞、世間諸王均於心中產生請求佛為自己宣說佛法的想法。此章為此會的「請佛說法分」。

【注 釋】❶大德 在印度佛教中，是對佛菩薩或高僧之敬稱。中國佛教中特以「大德」稱呼高僧，統領僧尼之僧官，亦稱「大德」。近代以來，「大德」成為佛教界一般性之禮稱，舉凡有德有行之人，不論其出家、在家，均以「大德」尊稱之。❷聲聞 因聲聞法而悟道，特指因聽聞佛說法而悟道者，在佛教屬於小乘信眾。❸眷屬 親近的順從者。眷，親愛。屬，隸屬。此經中的「眷屬」大多指佛、菩薩、天王等等的隨從。「眷屬」又可指隨附無漏淨慧必起的心所及四相的涵義。此處指第一義項。❹如來加持 佛以不可思議之力，保護眾生，稱為「神變加持」。加持，又譯作「所持」、「護念」，互相加入，彼此攝持。❺如來力 指佛所具有的能力、力用，或指眾生求悟的能力，有時也指煩惱力、魔力等。❻如來無畏 指佛所具有的四種無畏（無所畏）。無畏，意為無所怖畏。佛具十力之智，於大眾中說法，無恐懼之相，故名「無所畏」。第一為「正等覺無畏」，又稱「一切智無所畏」，即佛於一切法等皆覺知，即使面對因不知諸法而施種種問難的眾生也無有怖畏。第二為「漏永盡無畏」，又稱「漏盡無所畏」，即佛自宣言，我諸漏已盡，更不怖畏外難。第三為「說障法無畏」，又稱「說障道無所畏」，即佛能夠無畏地宣說「染法能障礙聖道」。第四為「說出道無畏」，又稱「說盡苦道無所畏」，即佛說能出離之道，修道必能出離苦果；佛無畏地宣說能盡滅諸苦的道法。❼三昧 又作「三摩」、「三摩提」，意譯為「正定」，是佛教的一種修行方法。❽如來自在 又作「無礙」、「縱任」，即自由自在，隨心所欲，做任何事均無障礙。此為諸佛及上位菩薩所具之功德，故佛亦被稱為「自在人」。❾一切世間 指一切有為有漏之穢土，為五蘊世間、眾生世間、器世間之總稱。世，世俗；凡俗。世界，指被煩惱纏縛之欲界、色界、無色界三界及有為有漏諸法等一切現象。五蘊世間，指世間之眾生能成之法，其色、受、想、行、識等五蘊各各差別。眾生世間，指五蘊所成之假名之眾生各各差別。國土世間，此世間之眾生所依之住處國土各各差別。❿觀察　為佛教的修行方法之一。繫念內、外境，以智慧照察，以正念觀此境，並且如實修行，稱為「觀察」。法藏《華嚴經探玄記》卷十說，「觀察」有內心照察與舉目眄視二義，前者言內境，後者言外境。⓫善知識　指正直而有德行，能教導正道之人。又作「知識」、「善友」、「親友」、「勝友」、「善親友」。反之，引導眾生進入邪道之人，稱為「惡知識」。從《華嚴經・入法界品》所記述的善財童子參訪的五十五位善知識看，上至佛、菩薩，下至人、天，不論以何種姿態出現，凡是能夠引導眾生捨惡修善、入於佛道者，均可稱為「善知識」。佛陀跋陀羅所譯《華嚴經》卷三十六〈離世間品〉則舉了十種「善知識」：能令安住菩提心善知識、能令修習善根善知識、能令究竟諸波羅蜜善知識、能令分別解說一切法善知識、能令安住成熟一切眾生善知識、能令具足辯才隨問能答善知識、能令不著一切生死善知識、能令於一切劫行菩薩行心無厭倦善知識、能令安住普賢行善知識、能令深入一切佛智善知識。⓬攝受　又作「攝取」，佛以慈心攝入感化眾生，而以平和之言語解說佛法以達到感化眾生使其攝住於善法的目的。與此相反的是「折伏」，即嚴厲斥責對方，並仔細分析道理使其理解，而令其破迷得悟。對無智者或意念上犯罪者，適用攝受法；對邪智者、謗法者或犯五逆之重罪者，則須使用折伏法。⓭菩提　意譯為「妙智」，指能斷除世間煩惱、證成道果之智慧。菩提有佛與緣覺、聲聞之分，佛之菩提稱「阿耨多羅三藐三菩提」，亦即「無上菩提」。⓮種種解　指思惟事物之理而能有所了知，是與「信」、「證」相對的用語。作領知之義，稱為「領解」；作信知之義，稱為「信解」；作心意開悟之義，稱為「悟解」、「瞭解」、「開解」；作印持審決之義者，稱為「勝解」、「慧解」；作義推之義者，則稱「義解」。⓯方便　十波羅蜜之一，又作「善權」、「變謀」，指隨方因便、以利導人的種種安排以及種種方法。⓰依止　依賴止住有力有德之處而不離。⓱波羅蜜　即波羅蜜多，即到彼岸之意。生死境界，叫「此岸」；涅槃境界，叫「彼岸」；「羅蜜多」，意為離生死此岸，度煩惱中流，到涅槃彼岸。波羅蜜有六種，即布施、持戒、忍辱、精進、禪定、般若，此又稱「六度」。⓲菩薩行　即佛教修行者為了成佛道而須修的六度之行。如釋迦牟尼在成道前所修的種種苦行，在過去世現種種身所修的布施、忍辱等行，即稱之為菩薩行。⓳得　一切法造作成就而不失去，稱為「得」。「得」有「獲」與「成就」兩種。「獲」是指未曾得到或得到之後已經失去但現今又重新得到，「成就」是指已經得而至今相續不失。⓴出離法　出離苦海之方法。㉑等正覺　梵語音譯為「三藐三菩提」，意譯為「等正覺」，即「無上菩提」，即真正平等的覺悟。㉒轉妙法輪　指佛為眾生宣說佛法。㉓調伏　調和、控御身、口、意三業，制伏諸惡行，其目的在於使眾生離過順法，究竟出離。㉔法城　佛教正法可杜防非法，猶如城池之防患外敵，故稱「法城」。一切經法亦稱法城，此乃因經法可守護正法之故。又涅槃妙果乃安身之處，故亦稱法城。㉕眾生道　即六道，天、人、阿修羅、畜生、餓鬼、地獄，因為此六者是一切眾生乘業而趣向之處，所以又名「六趣」。㉖布施　以自己的財物等等方面，分施給別人。布施有三種，一為財施，即以財物去救濟疾病貧苦的人；二為法施，即以正法去勸人修善斷惡；三為無畏施，即不顧慮自己的安危去解除別人的怖畏。布施為大乘六度之一。

【語　譯】這時，諸位菩薩、聲聞、世間諸王並其眷屬都產生了這樣的想法：「如來之境界、如來之智慧與修行、如來對於眾生的加持、如來之力、如來之無畏、如來的定力、如來所住、如來的自由自在、如來身、如來智，一切世間諸天及人之中沒有能夠通達者、沒有能夠趣入者、沒有能夠信仰理解者、沒有能夠了悟者、沒有能夠忍受者、沒有能夠觀察者、沒有能夠鑑別選擇者、沒有能夠開示者、沒有能夠明暢宣講者、沒有能夠使眾生理解了悟者，只有憑藉諸佛加被之力、佛神通力、佛威德力、佛本願力，及其宿世善根之力、諸善知識攝受之力、深淨信力、大明解力、趣向菩提清淨心力、求一切智廣大願力，纔有可能達到。唯願世尊隨順我們這些眾生的種種欲望、種種理解、種種智力、種種語言、種種自在、種種住地、種種根清淨、種種意識方便、種種心境界、種種依止於如來所得的功德、種種聽受諸所說法，為我們顯示出如來往昔趣求一切智之心、往昔所起的菩薩大願、往昔所淨的六波羅蜜、往昔所入的菩薩諸地、往昔圓滿的諸菩薩行、往昔的成就方便、往昔所修行的諸道、往昔所得的出離法、往昔所作的神通事、往昔所有本事因緣，以及如何成佛、轉法輪、清淨佛國土、調伏眾生、開一切智法城、示一切眾生道、入一切眾生所住、接受一切眾生所施捨、為一切眾生說布施功德、為一切眾生現諸佛影像。如此這些法，我們都願意世尊為我們宣說！」

三昧現相分

爾時，世尊知諸菩薩心之所念，大悲❶為身，大悲為門，大悲為首，以大悲法而為方便，充徧虛空，入師子嚬申三昧❷。

入此三昧已，一切世間普皆嚴淨。於時，此大莊嚴樓閣忽然廣博，無有邊際。金剛為地，寶王覆上，無量寶華及諸摩尼❸普散其中，處處盈滿。琉璃為柱，眾寶合成，大光摩尼之所莊嚴，閻浮檀金如意寶王❹周置其上以為嚴飾。危樓迥帶❺，閣道傍出，棟宇相承，窗闥交映❻，階墀❼、軒檻❽種種備足，一切皆以妙寶莊嚴；其寶悉作人、天形像，堅固妙好，世中第一，摩尼寶網彌覆其上。於諸門側悉建幢幡❾，咸放光明，普周法界道場之外。階隥、欄楯❿，其數無量不可稱說，靡不咸以摩尼所成。

爾時，復以佛神力故，其逝多林忽然廣博，與不可說佛剎⓫微塵數諸佛國土其量正等。一切妙寶間錯莊嚴，不可說寶徧佈其地，阿僧祇⓬寶以為垣牆，寶多羅樹⓭莊嚴道側。其間復有無量香河，香水⓮盈滿，湍激洄澓⓯；一切寶華隨流右轉，自然演出佛法音聲；不思議寶、芬陀利華⓰菡萏⓱芬敷，彌布水上；眾寶華樹列植其岸；種種臺榭不可思議，皆於岸上次第行列，摩尼寶網之所彌覆。阿僧祇寶放大光明，阿僧祇寶莊嚴其地。燒眾妙香，香氣氛氳。復建無量種種寶幢，所謂：寶香幢、寶衣幢、寶幡幢、寶繒⓲幢、寶華幢、寶瓔珞幢、寶鬘幢、寶鈴幢、摩尼寶蓋幢、大摩尼寶幢、光明徧照摩尼寶幢、出一切如來名號音聲摩尼王幢、師子摩尼王幢、說一切如來本事⑲海摩尼王幢、現一切法界影像摩尼王幢，週遍十方，行列莊嚴。

時，逝多林上虛空之中，有不思議天宮殿雲、無數香樹雲、不可說須彌山雲、不可說伎樂雲、出美妙音歌讚如來不可說寶蓮華雲、不可說寶座雲、敷以天衣菩薩坐上嘆佛功德不可說諸天王形像摩尼寶雲、不可說白真珠雲、不可說赤珠樓閣莊嚴具雲、不可說雨金剛堅固珠雲，皆住虛空，周匝偏滿，以為嚴飾。何以故？如來善根不思議故，如來白法不思議故，如來威力不思議故，如來能以一身自在變化偏一切世界不思議故，如來能以神力令一切佛及佛國莊嚴皆入其身不思議故，如來能於一微塵內普現一切法界影像不思議故，如來能於一毛孔中示現過去一切諸佛不思議故，如來隨放一一光明悉能偏照一切世界不思議故，如來能於一毛孔中出一切佛剎微塵數變化雲充滿一切諸佛國土不思議故，如來能於一毛孔中普現一切十方世界成、住、壞劫⑳不思議故。如於此逝多林給孤獨園見佛國土清淨莊嚴，十方一切盡法界、虛空界、一切世界亦如是見。所謂：見如來身住逝多林，菩薩眾會皆悉徧滿；見普雨一切莊嚴雲，見普雨一切寶光明照曜雲，見普雨一切摩尼寶雲，見普雨一切莊嚴蓋彌覆佛剎雲，見普雨一切天身雲，見普雨一切華樹雲，見普雨一切衣樹雲，見普雨一切寶鬘、瓔珞[21]相續不絕週徧一切大地雲，見普雨一切莊嚴具雲，見普雨一切如眾生形種種香雲，見普雨一切微妙寶華網相續不斷雲，見普雨一切諸天女持寶幢幡於虛空中周旋來去雲，見普雨一切眾寶蓮華於華葉間自然而出種種樂音雲，見普雨一切師子座[22]寶網瓔珞而為莊嚴雲。

【章　旨】此章為本品的「三昧現相分」。世尊感知了他們的心念進入了師子頻申三昧，以此三昧力莊嚴世間，特別是莊嚴了此次聚會的場所——大莊嚴樓閣、逝多園林以及虛空。依照澄觀的解釋，「三嚴」表三種緣起，「嚴重閣」即裝飾重閣「顯自體緣起」，「嚴園林」表徵「有為緣起」，「嚴虛空」表徵「無為緣起」（《華嚴經疏》卷五十四，《大正藏》卷三十五，頁九一二上）。

【注釋】❶大悲　諸佛菩薩不忍十方眾生受苦而欲拔濟之，其心被稱為「大悲」。此乃佛菩薩為救度眾生之痛苦而生的悲愍心。悲，拔苦。❷師子嚬申三昧　又稱「師子威三昧」、「師子奮迅三昧」，略稱「奮迅三昧」，於所依之定中，如獅子王之奮迅勇猛，現佛之大威神力，故稱為「師子奮迅三昧」。❸摩尼　又作「末尼」，意譯作「珠」、「寶珠」，為珠玉之總稱。一般傳說摩尼有消除災難、疾病以及澄清濁水、改變水色之德。❹閻浮檀金如意寶王　以閻浮檀金製作的最上乘的如意寶珠。印度傳說，在香醉山與雪山之間，有流經閻浮樹林之河流，從此河流採出之金即稱閻浮檀金。此金色澤赤黃帶有紫燄氣，為金中之最高貴者。在印度神話中，閻浮河為恆河七支流之一。❺危樓迴帶　形容樓閣高聳的樣子。迴，高。❻窗闥交暎　從門窗射入的光線交相輝映。闥，門。暎，映照；光影。❼階墀　階，臺階。墀，階面；臺階上的空地。❽軒檻　欄板。軒，樓板；欄檻。檻，欄杆。❾幢幡　旌旗之總稱。原為武人在戰場上用以統領軍旅、顯揚軍威之物，佛教則取之以顯示佛菩薩降魔之威德，為佛菩薩之莊嚴供具。一般而言，「幢」、「幡」，沒有多大區別。也有人認為，二者的形狀有所不同，謂圓桶狀者為「幢」，長片狀者為「幡」。❿欄楯　欄杆。⓫佛剎　有二義：其一指佛所住之國土，即佛國土、淨土。其二泛指一般寺院之堂宇，即佛塔、佛閣、佛龕、僧剎、伽藍專供修行辦道之處所。⓬阿僧祇　為印度數目之一，無量數或極大數之意。又作「阿僧伽」、「阿僧企耶」、「阿僧」等，意譯「不可算計」或「無量數」。⓭多羅樹　又作岸樹、高竦樹。盛產於印度、緬甸、錫蘭、馬德拉斯等海岸之砂地，樹高約二十二公尺，為棕櫚科之熱帶喬木。其葉長廣，平滑堅實，自古即用於書寫經文，稱為貝多羅葉；果熟則赤，狀如石榴，可食。⓮香水　指含有香氣之淨水，是混和諸種香而成，用於身體之灌沐或諸物之灑淨。⓯湍激洄澓　形容河水激盪迴旋。湍，水勢急而旋；急流的水；沖刷。洄澓，湍急迴旋的流水。⓰芬陀利華　又作「芬陁利」、「分陀利」，白蓮花。⓱菡萏　荷花。⓲繒　絲織品的總稱；厚帛。⓳如來本事　佛陀及佛弟子在過去世之因緣事跡。⓴成

住壞劫　劫，譯為「時分」或「大時」，即通常年月日所不能計算的極長時間。加上「空劫」為四劫。這是佛教對於宇宙世界之成立、持續、破壞又轉變為另一世界之成立、持續、破壞之連續過程的一種描述，即成、住、壞、空四時期。成劫，為器世間（山河、大地、草木等）與眾生世間（一切有情眾生）成立之時期。住劫，為器世間與眾生世間安穩、持續之時期。壞劫，火、水、風三災毀壞世界之時期。空劫，世界已壞滅，於欲、色二界之中，唯色界之第四禪天尚存，其他則全入於長期之空虛中。㉑寶鬘瓔珞　寶鬘，花鬘，即以香草結成的花鬘。瓔珞，又作「纓絡」，由珠玉或花等編綴成之飾物，可掛在頭、頸、胸或手腳等部位。㉒師子座　又作「師子床」、「獅子座」。原指釋迦牟尼之座席，佛為人中之獅子，故佛所坐之處（床、地等）總稱師子座。後來泛指寺院中佛、菩薩之臺座以及高僧說法時之座席。

【語　譯】這時，世尊知曉諸位菩薩心中的想法。世尊以大悲為身，大悲為門，大悲為首，以大悲法而為方便，充滿虛空，進入師子嚬申三昧。

世尊一進入此三昧，一切世間都普徧嚴整乾淨。此時，此大莊嚴樓閣忽然變得廣博，沒有邊際。此樓閣以金剛為地，最上等的珠寶覆蓋其上，無量寶華及諸摩尼到處都是，處處盈滿。此樓閣以琉璃為柱，以許多珠寶合成，並且以大光摩尼作為莊嚴具，以閻浮檀金製作最上等的如意珠環繞其上作為美麗的裝飾。高樓矗立，閣樓伸展，棟棟相連，門窗交映，階墀、軒檻種種備足，所有一切都用美妙的珍寶作裝飾。這些裝飾都呈現人、天形像，堅固而美妙，為世間第一，摩尼寶珠完全覆蓋於這些人、天形像之上。在樓閣的各個門的側面都懸掛著幢幡，整個逝多林給孤獨園大莊嚴重閣都熠熠發光，照耀到法界道場之外。臺階、欄杆的數量根本沒有辦法稱說，無不用摩尼珠製成。

這時，又因佛之神力的緣故，此逝多林忽然變得廣博，它與不能估計數量的佛國土、無數的諸佛國土同樣廣大。一切美妙的珍寶交錯輝映，不可言說的珍寶偏佈其地，以無量無數的珍寶製作垣牆，多羅樹矗立於大路兩旁。此逝多林中又有無數的香河，其香水盈滿，激流湍旋；無數珍貴的花朵隨著流水右轉，自然演奏出佛法音聲；不可思議的白蓮花爭奇鬥豔，彌漫於河水之上；河水兩岸種植了許許多多的花樹；種種樓臺在岸上次第排列，摩尼寶網彌覆於這些樓臺之上。無數的珍寶大放光明，無數的珍寶莊嚴著此逝多林的地面。逝多林中供奉著許多美妙之香，香氣氛氳。在此林中，又製作了無數的寶幢，計有：寶香幢、寶衣幢、寶幡幢、寶繒幢、寶華幢、寶瓔珞幢、寶鬘幢、寶鈴幢、摩尼寶蓋幢、大摩尼寶幢、光明偏照摩尼寶幢、出一切如來名號音聲摩尼王幢、師子摩尼王幢、說一切如來本事海摩尼王幢、現一切法界影像摩尼王幢，這些寶幢充滿十方，行列莊嚴。

這時，在逝多林之上的虛空之中，有不可思議天宮殿雲、無數香樹雲、不可說須彌山雲、不可說伎樂雲、出美妙音歌讚如來不可說寶蓮華雲、不可說寶座雲、敷以天衣菩薩坐上嘆佛功德不可說諸天王形像摩尼寶雲、不可說白真珠雲、不可說赤珠樓閣莊嚴具雲、不可說雨金剛堅固珠雲，都停留在虛空中，周匝徧滿，裝飾著逝多林的上空。為什麼會這樣呢？這是因為如來善根不可思議，如來所說的佛法不可思議，如來威力不可思議，如來能夠不可思議地以一身自在變化充滿一切世界，如來能以神力不可思議地使一切佛及佛國之莊嚴都進入其身，如來能不可思議地在一微塵內普現一切法界影像，如來能不可思議地於一毛孔中示現過去一切諸佛，如來不可思議地隨便放出一束束光明就能夠徧照一切世界，如來能不可思議地於一毛孔中出一切佛剎微塵數變化雲充滿一切諸佛國土，如來不可思議地能於一毛孔中普現一切十方世界成、住、壞、空的生成、存在、變化與毀滅的過程。比如，在此逝多林給孤獨園中看見佛國土清淨莊嚴，從十方一切盡法界、虛空界、一切世界之中觀看也是如此結果。這就是：看見如來身住於逝多林，菩薩眾會都徧滿；看見普雨一切莊嚴雲，看見普雨一切寶光明照曜雲，看見普雨一切摩尼寶雲，看見普雨一切莊嚴蓋彌覆佛剎雲，看見普雨一切天身雲，看見普雨一切華樹雲，看見普雨一切衣樹雲，看見普雨一切寶鬘、瓔珞相續不絕週徧一切大地雲，看見普雨一切莊嚴具雲，看見普雨一切如眾生形種種香雲，看見普雨一切微妙寶花網相續不斷雲，看見普雨一切諸天女持寶幢幡於虛空中周旋來去雲，看見普雨一切眾寶蓮華於花朵、枝葉之間自然而出種種樂音雲，看見普雨一切師子座寶網瓔珞而為莊嚴雲。

明集新眾分

爾時，東方過不可說佛剎微塵數世界海❶外有世界，名金燈雲幢，佛號毗盧遮那勝德王。彼佛眾中有菩薩名毗盧遮那❷願光明，與不可說佛剎微塵數菩薩俱來向佛所，悉以神力興種種雲。所謂：天華雲、天香雲、天末香雲、天鬘雲、天寶雲、天莊嚴具雲、天寶蓋雲、天微妙衣雲、天寶幢幡雲、天一切妙寶諸莊嚴雲，充滿虛空。至佛所已，頂禮佛足❸，即於東方化作寶莊嚴樓閣及普照十方寶蓮華藏師子之座，如意寶網羅覆其身，與其眷屬結跏趺坐❹。

南方過不可說佛剎微塵數世界海外有世界，名金剛藏，佛號普光明無勝藏王。彼佛眾中有菩薩，名不可壞精進王，與不可說佛剎微塵數菩薩俱來向佛所，持一切寶香網，持一切寶瓔珞，持一切寶華帶，持一切寶鬘帶，持一切金剛瓔珞，持一切摩尼寶網，持一切寶衣帶，持一切寶瓔珞帶，持一切最勝光明摩尼帶，持一切師子摩尼寶瓔珞，悉以神力充偏一切諸世界海。到佛所已，頂禮佛足，即於南方化作偏照世間摩尼寶莊嚴樓閣及普照十方寶蓮華藏師子之座，以一切寶華網羅覆其身，與其眷屬結跏趺坐。

西方過不可說佛剎微塵數世界海外有世界，名摩尼寶燈須彌山幢，佛號法界智燈。彼佛眾中有菩薩，名普勝無上威德王，與世界海微塵數菩薩俱來向佛所，悉以神力與不可說佛剎微塵數種種塗香❺燒香❻須彌山❼雲、不可說佛剎微塵數種種色香水須彌山雲、不可說佛剎微塵數一切大地微塵等光明摩尼寶王須彌山雲、不可說佛剎微塵數種種光燄輪莊嚴幢須彌山雲、不可說佛剎微塵數種種色金剛藏摩尼王莊嚴須彌山雲、不可說佛剎微塵數普照一切世界閻浮檀摩尼寶幢須彌山雲、不可說佛剎微塵數現一切法界摩尼寶須彌山雲、不可說佛剎微塵數現一切諸佛相好摩尼寶王須彌山雲、不可說佛剎微塵數現一切如來本事因緣說諸菩薩所行之行摩尼寶王須彌山雲、不可說佛剎微塵數現一切佛坐菩提場摩尼寶王須彌山雲，充滿法界。至佛所已，頂禮佛足，即於西方化作一切香王樓閣，真珠寶網彌覆其上，及化作帝釋❽影幢寶蓮華藏師子之座，以妙色摩尼網羅覆其身，心王寶冠以嚴其首，與其眷屬結跏趺坐。

北方過不可說佛剎微塵數世界海外有世界，名寶衣光明幢，佛號照虛空法界大光明。彼佛眾中有菩薩，名無礙勝藏王，與世界海微塵數菩薩俱來向佛所，悉以神力興一切寶衣雲，所謂：黃色寶光明衣雲、種種香所熏衣雲、日幢摩尼王衣雲、金色熾然摩尼衣雲、一切寶光燄衣雲、一切星辰像上妙摩尼衣雲、白玉光摩尼衣雲、光明偏照殊勝赫奕摩尼衣雲、光明偏照威勢熾盛摩尼衣雲、莊嚴海摩尼衣雲，充偏虛空。至佛所已，頂禮佛足，即於北方化作摩尼寶海莊嚴樓閣及毗琉璃寶蓮華藏師子之座，以師子威德摩尼王網羅覆其身，清淨寶王為髻明珠，與其眷屬結跏趺坐。

【章　旨】從此章開始，敘述從十方各有菩薩及其眷屬歸附來聆聽佛宣說佛法。此章先言東方金燈雲幢世界中的毗盧遮那願光明菩薩、南方金剛藏世界中的不可壞精進王菩薩、西方摩尼寶燈須彌山幢世界中的普勝無上威德王菩薩、北方寶衣光明幢世界中的無礙勝藏王菩薩及其眷屬等，前來佛所，結跏趺坐聽聞佛說法。以下十段各有十句，惟「其間剎佛菩薩之名，本意難定。但可說者隨宜」（澄觀《華嚴經疏》卷五十四，《大正藏》卷三十五，頁九一二中）理解。此章為「明集新眾分」的開始。

【注　釋】❶世界海　指十佛攝化的諸種世界，為「國土海」的對稱。華嚴宗約因、果而分佛土為二類，以「果分不可說土」為國土海，即圓融自在不可言說的佛境界；以「因分可說土」為世界海，即因位菩薩所居以及佛所教化之世界。❷毗盧遮那　原為太陽之意，象徵佛智之廣大無邊，乃歷經無量劫海的修習功德而得到之正覺。❸頂禮佛足　兩膝、兩肘及頭著地，以頭頂敬禮，承接所禮者雙足。以我所高者為頂，彼所卑者為足；以我所尊，敬彼所卑者，為禮節的極至。❹結跏趺坐　又作「結加趺坐」、「結跏跗坐」、「跏趺坐」等，其坐法即互交二足，雙膝彎曲，兩足掌向上。諸坐法中，結跏趺坐最安穩而不易疲倦。此為圓滿安坐之相，諸佛皆依此法而坐，故又稱如來坐、佛坐。❺塗香　又作塗身香、塗妙香。以香塗身，以消除臭氣或惱熱。密教言以塗香供養諸佛、菩薩，則能獲甚大功德，故密教中以之與閼伽、華鬘、燒香、飲食、燈明等並稱六種供養。❻燒香　指用於在諸佛、菩薩、祖師像前燃燒的各種香。「燒」或作動詞理解，又稱拈香、捻香、焚香、炷香。❼須彌山　原為印度神話中之山名，佛教沿用之，謂其為聳立於一小世界中央之高山，以此山為中心，周圍有八山、八海環繞，而形成一世界。❽帝釋　即天帝釋、忉利天天主，與梵天同為佛教之護法主神，鎮護東方，居於須彌山頂，其城稱善見城。

【語　譯】那時，東方過不可說佛剎無數世界海之外有一個名叫金燈雲幢的世界，此世界中有毗盧遮那勝德王佛。這位佛的信眾中有一位名叫毗盧遮那願光明的菩薩。這位菩薩與不可說佛剎無數菩薩一同來到佛所在的大莊嚴重閣。他們都以神力興起許許多多雲彩。這些雲彩有：天華雲、天香雲、天末香雲、天鬘雲、天寶雲、天莊嚴具雲、天寶蓋雲、天微妙衣雲、天寶幢幡雲、天一切妙寶諸莊嚴雲，如此等等雲彩充滿虛空。他們到達佛所在的東方，頂禮佛足，隨即在東方化出寶莊嚴樓閣及普照十方寶蓮華藏師子之座，以如意寶網覆蓋自己的身體，與其眷屬結跏趺而坐。

南方過不可說佛剎無數世界海之外有一個名叫金剛藏的世界，此世界中有普光明無勝藏王佛。

這位佛的信眾中有一位名叫不可壞精進王的菩薩。這位菩薩與不可說佛刹無數菩薩一起來到佛所在的大莊嚴重閣，手持一切寶香網，手持一切寶瓔珞，手持一切寶華帶，手持一切寶鬘帶，手持一切金剛瓔珞，手持一切摩尼寶網，手持一切寶衣帶，手持一切寶瓔珞帶，手持一切最勝光明摩尼帶，手持一切師子摩尼寶瓔珞，都以神力使這些充滿了一切諸世界海。這些菩薩到達佛所在的地方之後，頂禮佛足，隨即就在南方化出徧照世間摩尼寶莊嚴樓閣及普照十方寶蓮華藏師子之座，以一切寶華網覆蓋自己的身體，與其眷屬結跏趺而坐。

西方過不可說佛刹無數世界海之外有一個名叫摩尼寶燈須彌山幢的世界，此世界中有法界智燈佛。這位佛的信眾中有一位名叫普勝無上威德王的菩薩。這位菩薩與世界海無數的菩薩一同來到佛所，都以神力興起不可說佛刹無數種種塗香燒香須彌山雲、不可說佛刹微塵數種種色香水須彌山雲、不可說佛刹微塵數一切大地微塵等光明摩尼寶王須彌山雲、不可說佛刹微塵數種種光燄輪莊嚴幢須彌山雲、不可說佛刹微塵數種種色金剛藏摩尼王莊嚴須彌山雲、不可說佛刹微塵數普照一切世界閻浮檀摩尼寶幢須彌山雲、不可說佛刹微塵數現一切法界摩尼寶須彌山雲、不可說佛刹微塵數現一切諸佛相好摩尼寶王須彌山雲、不可說佛刹微塵數現一切如來本事因緣說諸菩薩所行之行摩尼寶王須彌山雲、不可說佛刹微塵數現一切佛坐菩提場摩尼寶王須彌山雲，這些雲彩充滿法界。如此等等菩薩到達佛所在的地方，頂禮佛足，隨即在西方化出一切香王樓閣，並且用真珠寶網完全覆蓋了此樓閣；他們還化出帝釋影幢寶蓮華藏師子之座，以妙色摩尼網羅覆蓋自己的身體，以心王寶冠裝飾自己的頭，與其眷屬結跏趺而坐。

北方過不可說佛刹無數世界海之外有一個名叫寶衣光明幢的世界，此世界中有照虛空法界大光明佛。這位佛的信眾中有一位名叫無礙勝藏王的菩薩。這位菩薩與世界海無數菩薩一同來到佛所在的大莊嚴重閣，都以神力興起一切寶衣雲。這些雲彩有：黃色寶光明衣雲、種種香所熏衣雲、日幢摩尼王衣雲、金色熾然摩尼衣雲、一切寶光燄衣雲、一切星辰像上妙摩尼衣雲、白玉光摩尼衣雲、光明徧照殊勝赫奕摩尼衣雲、光明徧照威勢熾盛摩尼衣雲、莊嚴海摩尼衣雲，如此等等雲彩充滿虛空。他們到達佛所在的地方，頂禮佛足，隨即在北方化出摩尼寶海莊嚴樓閣及毗琉璃寶蓮華藏師子之座，以師子威德摩尼王網羅覆蓋自己的身體，以清淨寶王作為裝飾於髮髻上的明珠，與其眷屬結跏趺坐。

東北方過不可說佛剎微塵數世界海外有世界，名一切歡喜清淨光明網，佛號無礙眼。彼佛眾中有菩薩，名化現法界願月王，與世界海微塵數菩薩俱來向佛所，悉以神力興寶樓閣雲、香樓閣雲、燒香樓閣雲、華樓閣雲、栴檀樓閣雲、金剛樓閣雲、摩尼樓閣雲、金樓閣雲、衣樓閣雲、蓮華樓閣雲，彌覆十方一切世界。至佛所已，頂禮佛足，即於東北方化作一切法界門大摩尼樓閣及無等香王蓮華藏師子之座，摩尼華網羅覆其身，著妙寶藏摩尼王冠，與其眷屬結跏趺坐。

東南方過不可說佛剎微塵數世界海外有世界，名香雲莊嚴幢，佛號龍自在王。彼佛眾中有菩薩，名法慧光燄王，與世界海微塵數菩薩俱來向佛所，悉以神力興金色圓滿光明雲、無量寶色圓滿光明雲、如來毫相圓滿光明雲、種種寶色圓滿光明雲、蓮華藏圓滿光明雲、眾寶樹枝圓滿光明雲、如來頂髻圓滿光明雲、閻浮檀金色圓滿光明雲、日色圓滿光明雲、星月色圓滿光明雲，悉徧虛空。到佛所已，頂禮佛足，即於東南方化作毗盧遮那最上寶光明樓閣、金剛摩尼蓮華藏師子之座，眾寶光燄摩尼王網羅覆其身，與其眷屬結跏趺坐。

西南方過不可說佛剎微塵數世界海外有世界，名日光摩尼藏，佛號普照諸法智月王。彼佛眾中有菩薩，名摧破一切魔軍智幢王，與世界海微塵數菩薩俱來向佛所，於一切毛孔中出等虛空界華燄雲、香燄雲、寶燄雲、金剛燄雲、燒香燄雲、電光燄雲、毗盧遮那摩尼寶燄雲、一切金光燄雲、勝藏摩尼王光燄雲、等三世如來海光燄雲，一一皆從毛孔中出，徧虛空界。到佛所已，頂禮佛足，即於西南方化作普現十方法界光明網大摩尼寶樓閣及香燈燄寶蓮華藏師子之座，以離垢藏摩尼網羅覆其身，著出一切眾生發趣音摩尼王嚴飾冠，與其眷屬結跏趺坐。

西北方過不可說佛剎微塵數世界海外有世界，名毗盧遮那願摩尼王藏，佛號普光明最勝須彌王。彼佛眾中有菩薩，名願智光明幢，與世界海微塵數菩薩俱來向佛所，於念念中，一切相❶好❷、一切毛孔、一切身分❸，皆出三世一切如來形像雲、一切菩薩形像雲、一切如來眾會形像雲、一切如來變化身形像雲、一切如來本生身形像雲、一切聲聞辟支佛形像雲、一切如來菩提場形像雲、一切如來神變形像雲、一切世間主形像雲、一切清淨國土形像雲，充滿虛空。至佛所已，頂禮佛足，即於西北方化作普照十方摩尼寶莊嚴樓閣及普照世間寶蓮華藏師子之座，以無能勝光明真珠網羅覆其身，著普光明摩尼寶冠，與其眷屬結跏趺坐。

【章　旨】此章敘述東北方一切歡喜清淨光明網世界中的化現法界願月王菩薩、東南方香雲莊嚴幢世界中的法慧光燄王菩薩、西南方日光摩尼藏世界中的摧破一切魔軍智幢王菩薩、西北方毗盧遮那願摩尼王藏世界中的願智光明幢菩薩及其眷屬前來佛所結跏趺坐聽聞佛說法。

【注　釋】❶相　即「三十二相」，也就是「三十二大人相」、「四八相」，本指釋迦牟尼佛所具有的與常人不同的三十二種最為顯著的特徵，在此則指菩薩。依照三十二相的描繪，釋迦佛的形像一般是頂有肉髻，螺髮特徵明顯，雙耳垂肩，眉目修長，雙眼微睜，眉間有白毫，背有身光和頭光。三十二相有十二、三個「相」可以在塑像中得到體現。❷好　即「八十種好」，也就是「八十隨形好」、「八十微妙種好」、「八十種小相」，本指釋迦容貌的八十種微細隱秘、難於一眼看出而須待指明的特徵，主要涉及頭、面、鼻、口、眼、耳、手、足各處的奇特長相，其中在造像上可以得到體現的有十多項。在此則指菩薩。❸身分　指身體之一部分或身體全部。

【語　譯】東北方過不可說佛剎無數世界海之外有一個名叫一切歡喜清淨光明網的世界，此世界中有一位無礙眼佛。這位佛的信眾中有一位名叫化現法界願月王的菩薩。這位菩薩與世界海無數菩薩都來到佛所在的大莊嚴重閣，都以神力興起寶樓閣雲、香樓閣雲、燒香樓閣雲、華樓閣雲、栴檀樓閣雲、金剛樓閣雲、摩尼樓閣雲、金樓閣雲、衣樓閣雲、蓮華樓閣雲，這些雲彩完全覆蓋了十方一切世界。他們到達佛所在的地方，頂禮佛足，隨即在東北方化出一切法界門大摩尼樓閣以及無等香王蓮華藏師子之座，以摩尼華網覆蓋自己的身體，戴著妙寶藏摩尼王冠，與其眷屬結跏趺而坐。

東南方過不可說佛剎無數世界海之外有一個名叫香雲莊嚴幢的世界，此世界中有龍自在王佛。

這位佛的信眾中有一位名叫法慧光燄王的菩薩。這位菩薩與世界海無數菩薩一同來到佛所在的地方，都以神力興起金色圓滿光明雲、無量寶色圓滿光明雲、如來毫相圓滿光明雲、種種寶色圓滿光明雲、蓮華藏圓滿光明雲、眾寶樹枝圓滿光明雲、如來頂髻圓滿光明雲、閻浮檀金色圓滿光明雲、日色圓滿光明雲、星月色圓滿光明雲，這些雲彩完全充滿了虛空。他們到達佛所在的地方，頂禮佛足，隨即在東南方化出毗盧遮那最上寶光明樓閣以及金剛摩尼蓮華藏師子之座，以眾寶光燄摩尼王網覆蓋自己的身體，與其眷屬結跏趺而坐。

西南方過不可說佛剎無數世界海之外有一個名叫日光摩尼藏的世界，此世界中有普照諸法智月王佛。這位佛的信眾中有一位名叫摧破一切魔軍智幢王的菩薩。這位菩薩與世界海無數菩薩一起來到佛所在的大莊嚴重閣，並且從一切毛孔中生出等虛空界華燄雲、香燄雲、寶燄雲、金剛燄雲、燒香燄雲、電光燄雲、毗盧遮那摩尼寶燄雲、一切金光燄雲、勝藏摩尼王光燄雲、等三世如來海光燄雲。這些雲彩每個都是從毛孔中出來的，雲彩完全充滿了虛空界。他們到達佛所在的地方，頂禮佛足，隨即在西南方化出普現十方法界光明網大摩尼寶樓閣以及香燈燄寶蓮華藏師子之座，以離垢藏摩尼網覆蓋自己的身體，頭戴出一切眾生發趣音摩尼王嚴飾冠，與其眷屬結跏趺而坐。

西北方過不可說佛剎無數世界海之外有一個名叫毗盧遮那願摩尼王藏的世界，此世界中有普光明最勝須彌王佛。這位佛的信眾中有一位名叫願智光明幢的菩薩。這位菩薩與世界海無數菩薩一同來到佛所在的大莊嚴重閣，在其念念之中，一切相好、一切毛孔、身體的一切部分都生出三世一切如來形像雲、一切菩薩形像雲、一切如來眾會形像雲、一切如來變化身形像雲、一切如來本生身形像雲、一切聲聞辟支佛形像雲、一切如來菩提場形像雲、一切如來神變形像雲、一切世間主形像雲、一切清淨國土形像雲，這些雲彩完全充滿了虛空。他們到達佛所在的地方，頂禮佛足，隨即在西北方化出普照十方摩尼寶莊嚴樓閣以及普照世間寶蓮華藏師子之座，以無能勝光明真珠網覆蓋自己的身體，頭戴普光明摩尼寶冠，與其眷屬結跏趺而坐。

下方過不可說佛剎微塵數世界海外有世界，名一切如來圓滿光普照，佛號虛空無礙相智幢王。彼佛眾中有菩薩，名破一切障勇猛智王，與世界海微塵數菩薩俱來向佛所，於一切毛孔中，出說一切眾生語言海音聲雲，出說一切三世菩薩修行方便海音聲雲，出說一切菩薩所起願方便海音聲雲，出說一切菩薩成滿清淨波羅蜜方便海音聲雲，出說一切菩薩圓滿行徧一切剎音聲雲，出說一切菩薩成就自在用音聲雲，出說一切如來往詣道場破魔軍眾成等正覺自在用音聲雲，出說一切如來轉法輪契經❶門名號海音聲雲，出說一切隨應教化調伏眾生法方便海音聲雲，出說一切隨時、隨善根、隨願力普令眾生證得智慧方便海音聲雲。到佛所已，頂禮佛足，即於下方化作現一切如來宮殿形像眾寶莊嚴樓閣及一切寶蓮華藏師子之座，著普現道場影摩尼寶冠，與其眷屬結跏趺坐。

上方過不可說佛剎微塵數世界海外有世界，名說佛種性無有盡，佛號普智輪光明音。彼佛眾中有菩薩，名法界差別願，與世界海微塵數菩薩俱發彼道場來向此娑婆世界❷釋迦牟尼佛所，於一切相好、一切毛孔、一切身分、一切支節❸、一切莊嚴具、一切衣服中，現毗盧遮那等過去一切諸佛、未來一切諸佛、已得授記、未授記者，現十方一切國土，一切諸佛並其眾會，亦現過去行檀那波羅蜜❹及其一切受布施者諸本事海，亦現過去行尸羅波羅蜜❺諸本事海，亦現過去行羼提波羅蜜❻割截支體心無動亂諸本事海，亦現過去行精進波羅蜜❼勇猛不退諸本事海，亦現過去求一切如來禪波羅蜜❽海而得成就諸本事海，亦現過去求一切佛所轉法輪所成就法發勇猛心一切皆捨諸本事海❾，亦現過去樂見一切佛、樂行一切菩薩道❿、樂化一切眾生界諸本事海⓫，亦現過去所發一切菩薩大願清淨莊嚴諸本事海⑫，亦現過去菩薩所成力波羅蜜勇猛清淨諸本事海，亦現過去一切菩薩所修圓滿智波羅蜜⑬諸本事海。如是一切本事海，悉皆徧滿廣大法界。至佛所已，頂禮佛足，即於上方化作一切金剛藏莊嚴樓閣及帝青金剛王蓮華藏師子之座，以一切寶光明摩尼王網羅覆其身，以演說三世如來名摩尼寶王為髻明珠，與其眷屬結跏趺坐。

如是十方一切菩薩並其眷屬，皆從普賢菩薩行願中生，以淨智眼⑭見三世佛，普聞一切諸佛如來所轉法輪修多羅⑮海，已得至於一切菩薩自在彼岸；於念念中現大神變，親近一切諸佛如來；一身充滿一切世界一切如來眾會道場，於一塵中普現一切世間境界，教化成就一切眾生，未曾失時，一毛孔中出一切如來說法音聲；知一切眾生悉皆如幻，知一切佛悉皆如影，知一切諸趣受生悉皆如夢，知一切業報如鏡中像，知一切諸有⑯生起如熱時燄，知一切世界皆如變化；成就如來十力⑰、無畏，勇猛自在，能師子吼⑱，深入無盡辯才大海，得一切眾生言辭海諸法智；

於虛空法界所行無礙，知一切法無有障礙；一切菩薩神通境界悉已清淨，勇猛精進，摧伏魔軍；恆以智慧了達三世，知一切法猶如虛空，無有違諍，亦無取著⑲；雖勤精進而知一切智終無所來，雖觀境界而知一切有悉不可得；以方便智⑳入一切法界，以平等智㉑入一切國土，以自在力令一切世界展轉相入於一切世界；處處受生，見一切世界種種形相；於微細境現廣大剎，於廣大境現微細剎；於一佛所一念之頃，得一切佛威神所加，普見十方無所迷惑，於剎那頃悉能往詣。如是等一切菩薩滿逝多林，皆是如來威神之力。

【章　旨】此章敘述下方一切如來圓滿光普照世界中的破一切障勇猛智王菩薩、上方說佛種性無有盡世界中的法界差別願菩薩及其眷屬前來佛所結跏趺坐聽聞佛說法。前文所述十方一切菩薩及其眷屬都是在普賢行願中所成就。

【注　釋】❶契經　即如來所說的契合眾生的根機、表達佛教真理的經文，即佛經。契，上契諸佛之理，下契眾生之機；經，法、常之義。本意指由線與紐串連花簇，引申為能貫串前後法語、法意使不散失者。❷娑婆世界　簡稱為「娑婆」，意譯為「堪忍」，因這一世界的眾生堪能忍受十惡三毒及諸煩惱而不肯出離，故名「堪忍世界」，或簡稱「忍土」。❸支節　即託胎第五個七日後，肢節等形相皆已圓滿之位。❹檀那波羅蜜　六波羅蜜之一。檀那，意譯為布施、施，即給與、施捨之意。梵漢並稱，則為檀施、檀信。❺尸羅波羅蜜　六波羅蜜之一。尸羅，意譯為「清涼」、「戒」，言三業過惡，其性熱惱，惟戒能防息其熾燃焚燒之勢。❻羼提波羅蜜　六波羅蜜之一。羼提，意譯為「忍辱」，指忍受諸侮辱惱害而無恚恨。❼精進波羅蜜　六波羅蜜之一。精進，又作「精勤」、「勤精進」、「進」、「勤」，指勇猛勤策進修諸善法。依照佛教教義，在修善斷惡、去染轉淨之修行過程中，不懈怠地努力上進。❽禪波羅蜜　六波羅蜜之一。禪，又作「禪那」，意譯為「思惟修」、「靜慮」，即住心一境而冥想妙理。❾轉法輪句　指六波羅蜜中的般若波羅蜜。般若即智慧，指佛教中所說的明見一切事物及道理的高深智慧。般若波羅蜜（智慧波羅蜜），被稱為「諸佛之母」，成為其他五波羅蜜之根據，而居於最重要之地位。❿菩薩道　即菩薩修六度萬行，圓滿自利、利他之兩利，成就佛果之道。一般也稱之為上求佛道，下化眾生之教法為菩薩道。⓫亦現過去樂見句　指十波羅蜜中的方便波羅蜜，又作「方便善巧波羅蜜」、「方便勝智波羅蜜」，包括「迴向方便善巧」、「拔濟方便善巧」兩種。「迴向方便善巧」指把前六種波羅蜜所積集的諸善巧施與有情，並與有情共同迴向，祈求無上正等菩提；「拔濟方便善巧」則指方便利益濟度諸有情。前者為般若，後者為大悲。指以般若之故，乃求涅槃；以大悲之故，不捨生死。⓬亦現過去所發句　指十波羅蜜中的願波羅蜜，指菩薩以上求菩提、下化眾生之誓願，為到達彼岸之大行者。此經卷十八列舉願波羅蜜十德：㈠盡成就一切眾生，㈡盡莊嚴一切世界，㈢盡供養一切諸佛，㈣盡通達無障礙法，㈤盡修行偏法界行，㈥身恆住盡未來劫，㈦智盡知一切心念，㈧盡覺悟流轉還滅，㈨盡示現一切國土，㈩盡證得如來智慧。以此十德能清淨願波羅蜜。⓭智波羅蜜　十波羅蜜之一，即如實知一切法之智，分為「受用法樂智」與「成熟有情智」兩種。前者係由十波羅蜜中之前六度所成立之妙智，具此一妙智即能受用法樂無窮；後者則可成熟有情，有情依此智而得大饒益。⓮智眼　因為智慧能夠見到事物，故以「眼」比喻智慧，「智」本身就是「眼」。智之眼並非肉眼。⓯修多羅　有兩種涵義：一是一切佛法的總稱。二是特指九分教或十二分教中之第一類即「契經」。就文體與內容而言，佛陀所說之教法，凡屬直說之長行者，皆屬於修多羅。⑯諸有　世間萬事萬物的總稱。佛教看來，世間一切都是眾生所作之業的產物。諸有可分三有、四有、七有、九有、二十五有等類，總稱諸有。此外，諸有是凡夫眾生浮沉其中的生死海，故稱「諸有海」。⑰如來十力　又作「十神力」，指惟有如來纔具足的十種智力，即佛十八不共法中之十種。因為如來證得了實相之智，了達一切，無能壞，無能勝，故稱為「力」。十力如下：其一，處非處智力，指如來對於一切因緣果報審實能知之智力。其二，業異熟智力，指如來對於一切眾生過去、未來、現在三世業緣、果報、生處都完全徧知之力。其三，靜慮解脫等持等至智力，指如來對於諸禪定自在無礙，對於其淺深次第如實徧知之力。其四，根上下智力，指如來於諸眾生根性勝劣、得果大小皆實徧知之力。其五，種種勝解智力，指如來對於諸眾生種種欲樂善惡不同如實徧知之力。其六，種種界智力，指如來於世間眾生種種界分不同如實徧知之力。其七，徧趣行智力，指如來於六道有漏行所至處、涅槃無漏行所至處如實徧知之力。其八，宿住隨念智力，指如來如實了知過去世種種事之力。其九，死生智力，指如來藉天眼如實了知眾生死生之時與未來生之善惡趣乃至美醜貧富等善惡業緣之力。其十，漏盡智力，指如來於一切惑餘習氣分永斷不生如實徧知之力。⑱師子吼　佛在大眾中演說佛法，心中毫無怖畏，好像獅子作吼。⑲取著　執取所面對的對象，貪著而不捨離。這是凡夫之境界。凡夫視心外之對象為實有，又於己身執著有「我」、「我所」，這都是執於「我」而起之作用。以此取著而生貪欲，有貪欲則為生、老、病、死等一切煩惱所繫縛而不得解脫。⑳方便智　又作「權智」，為「實智」即「真實智」的對稱，合稱「二智」。方便智指熟達方便法之智，也就是行善巧方便之智。㉑平等智　即「平等性智」，為四智心品之一，五智之一。指體悟自、他平等之智。為唯識學所特別強調，即轉第七末那識所得之智慧，依此智慧而了知一切事相及自他皆平等，乃生起大慈悲心。

【語　譯】下方過不可說佛剎無數世界海之外有一個名叫一切如來圓滿光普照的世界，此世界中有虛空無礙相智幢王佛。這位佛的信眾中有一位名叫破一切障勇猛智王的菩薩。這位菩薩與世界海無數菩薩一同來到佛所在的大莊嚴重閣，菩薩從一切毛孔中發出說一切眾生語言海音聲雲，發出說一切三世菩薩修行方便海音聲雲，發出說一切菩薩所起願方便海音聲雲，發出說一切菩薩成滿清淨波羅蜜方便海音聲雲，發出說一切菩薩圓滿行徧一切剎音聲雲，發出說一切菩薩成就自在用音聲雲，發出說一切如來往詣道場破魔軍眾成等正覺自在用音聲雲，發出說一切如來轉法輪契經門名號海音聲雲，發出說一切隨應教化調伏眾生法方便海音聲雲，發出說一切隨時、隨善根、隨願力普令眾生證得智慧方便海音聲雲。他們到達佛所在的地方，頂禮佛足，隨即在下方化出現一切如來宮殿形像眾寶莊嚴樓閣及一切寶蓮華藏師子之座，頭戴普現道場影摩尼寶冠，與其眷屬結跏趺而坐。

上方過不可說佛剎無數世界海之外有一個名叫說佛種性無有盡的世界，此世界中有普智輪光明音佛。在這位佛的信眾中有一位名叫法界差別願的菩薩。這位菩薩與世界海無數菩薩一起從他們各自的道場出發來到此娑婆世界釋迦牟尼佛所在的地方，從一切相好、一切毛孔、一切身分、一切肢節、一切莊嚴具、一切衣服中顯現出毗盧遮那等過去一切諸佛、未來一切諸佛、已得授記、未授記者，顯現出十方一切國土、一切諸佛及其眾會，也顯現出過去行布施波羅蜜及其一切受布施者諸本事海，也顯現出過去行戒波羅蜜諸本事海，也顯現出過去行忍辱波羅蜜時割截肢體而心卻沒有任何動亂等等本事海，也顯現出過去行精進波羅蜜而勇猛不退諸本事海，也顯現出過去求一切如來禪波羅蜜海而得到成就的諸本事海，也顯現出過去求一切佛所轉法輪所成就之法以及發勇猛心一切皆捨諸本事海，也顯現出過去樂見一切佛、樂行一切菩薩道、樂化一切眾生界諸本事海，也顯現出過去菩薩所發一切菩薩大願清淨莊嚴諸本事海，也顯現出過去菩薩所成力波羅蜜勇猛清淨諸本事海，也顯現出過去一切菩薩所修圓滿智波羅蜜諸本事海。如此一切本事海，全部都充滿廣大法界。他們到達佛所在的地方，頂禮佛足，隨即在上方化出一切金剛藏莊嚴樓閣及帝青金剛王蓮華藏師子之座，以一切寶光明摩尼王網覆蓋自己的身體，以用演說三世如來名摩尼寶王製作的明珠作為髮髻的裝飾，與其眷屬結跏趺而坐。

上述十方一切菩薩並其眷屬都是從普賢菩薩行願中出生，以淨智眼觀見三世佛，普聞一切諸佛如來所轉法輪契經海，已經達到菩薩之解脫境界；從念念中顯現出大神變，親近一切諸佛如來，一身充滿一切世界一切如來眾會道場，從一塵中普現一切世間境界，能夠及時而卓有成效地教化成就一切眾生，一毛孔中發出一切如來說法音聲；知曉一切眾生都是如幻的暫時存在，知曉一切佛都是與影一樣的存在，知曉一切諸趣受生都是如夢一樣，知曉一切業報都如同鏡中像一樣，知曉一切諸有的生起、存在如同燃燒時的火燄，知曉一切世界都是變化的。他們成就了如來十力、四無畏，勇猛自在，能發出師子吼，深入無盡辯才大海，證得一切眾生言辭海諸法智；能夠在虛空法界無礙地行動，知曉一切法無有障礙；一切菩薩神通境界都已經清淨，勇猛精進，摧伏魔軍；永遠以智慧了達三世，知曉一切法猶如虛空，對於一切法沒有違逆的情況發生，對於一切法沒有執著；雖勤精進而知曉一切智終無所來，雖觀想境界而知曉一切有都不可能得到；以方便智進入一切法界，以平等智進入一切國土，以自在力使一切世界展轉相入於一切世界；處處受生，見一切世界種種形相；於微細境顯現廣大佛土，於廣大境顯現微細佛土；從一佛的一念得到一切佛威神的加持，完全觀見十方無所迷惑，於剎那頃都能夠往來無礙。這樣的一切菩薩滿聚於逝多林，都是如來威神之力加持的結果。

舉失顯得分

於時，上首諸大聲聞——舍利弗❶、大目犍連❷、摩訶迦葉❸、離婆多❹、須菩提❺、阿㝹樓馱❻、難陀❼、劫賓那❽、迦旃延❾、富樓那❿等諸大聲聞，在逝多林皆悉不見如來神力、如來嚴好、如來境界、如來遊戲⓫、如來神變、如來尊勝、如來妙行⓬、如來威德、如來住持⓭、如來淨剎，亦復不見不可思議菩薩境界、菩薩大會、菩薩普入、菩薩普至、菩薩普詣、菩薩神變、菩薩遊戲、菩薩眷屬、菩薩方所、菩薩莊嚴師子座、菩薩宮殿、菩薩住處、菩薩所入三昧自在、菩薩觀察、菩薩嚬申、菩薩勇猛、菩薩供養⓮、菩薩受記、菩薩成熟、菩薩勇健、菩薩法身⓯清淨、菩薩智身圓滿、菩薩願身示現、菩薩色身成就、菩薩諸相具足清淨、菩薩常光眾色莊嚴、菩薩放大光網、菩薩起變化雲、菩薩身徧十方、菩薩諸行圓滿。如是等事，一切聲聞諸大弟子皆悉不見。

何以故？以善根不同故，本不修習見佛自在善根故，本不讚說十方世界一切佛剎清淨功德故，本不稱歎諸佛世尊種種神變故，本不於生死流轉之中發阿耨多羅三藐三菩提心故，本不令他住菩提心故，本不能令如來種性不斷絕故，本不攝受諸眾生故，本不勸他修習菩薩波羅蜜故，本在生死流轉之時不勸眾生求於最勝大智眼故，本不修習生一切智諸善根故，本不成就如來出世諸善根故，本不得嚴淨佛剎神通智故，本不得諸菩薩眼所知境故，本不求超出世間不共菩提諸善根故，本不發一切菩薩諸大願故，本不從如來加被之所生故，本不知諸法如幻、菩薩如夢故，本不得諸大菩薩廣大歡喜故。如是皆是普賢菩薩智眼境界，不與一切二乘[16]所共。以是因緣，諸大聲聞不能見、不能知、不能聞、不能入、不能得、不能念、不能觀察、不能籌量、不能思惟、不能分別[17]；是故，雖在逝多林中，不見如來諸大神變。

復次，諸大聲聞無如是善根故，無如是智眼故，無如是三昧故，無如是解脫故，無如是神通故，無如是威德故，無如是勢力故，無如是自在故，無如是住處故，無如是境界故，是故於此不能知、不能見、不能入、不能證、不能住、不能解、不能觀察、不能忍受、不能趣向、不能遊履；又亦不能廣為他人開闡解說，稱揚示現，引導勸進，令其趣向，令其修習，令其安住，令其證入。何以故？諸大弟子依聲聞乘而出離故，成就聲聞道，滿足聲聞行，安住聲聞果，於無有諦得決定⑱智，常住實際究竟寂靜，遠離大悲，捨於眾生，住於自事；於彼智慧，不能積集，不能修行，不能安住，不能願求，不能成就，不能清淨，不能趣入，不能通達，不能知見，不能證得。是故，雖在逝多林中對於如來，不見如是廣大神變。

【章旨】對於上述菩薩所示現的境界，諸聲聞帝子如聾如盲，無法得見。這裡正面闡述了聲聞的局限性。此章為本品「舉失顯德分」之開始。

【注　釋】❶舍利弗　又稱「舍利弗多」，意譯為「鶖鷺子」、「秋露子」，有些佛典中譯為「身子」，釋迦牟尼佛的十大弟子之一，以「智慧第一」著稱。❷大目犍連　又作「摩訶目犍連」、「大目連」等，意譯為「天抱」，釋迦牟尼佛的十大弟子之一，以「神通第一」著稱。❸摩訶迦葉　又作「大迦葉」等，釋迦牟尼佛的十大弟子之一，行十二頭陀，能堪苦行，以「頭陀第一」著稱。❹離婆多　又作「離越多」、「離婆」等，意譯「常作聲」、「所供養」、「室星」。佛弟子之一，為舍利弗之弟。常坐禪入定，心無錯亂。因其父母祈求離婆多星而得之，故取此名。❺須菩提　釋迦牟尼佛的十大弟子之一，恆好空定，能通達空義，以「解空第一」著稱。❻阿㝹樓馱　又作「阿那律」，釋迦牟尼佛的十大弟子之一，因得天眼，能見十方世界，以「天眼第一」著稱。釋尊的堂兄弟，與阿難同時出家，曾在佛前瞌睡受叱責，遂立誓不眠而致失明，仍勤修不懈，終得天眼。❼難陀　又稱「阿難陀」、「阿難」，意譯為「慶喜」、「無染」等，釋迦牟尼佛的十大弟子之一，以「多聞第一」著稱。❽劫賓那　又作「劫庀那」、「劫譬那」、「劫比拏」，憍薩羅國人，世尊之弟子，其知星宿之力為眾僧中第一。❾迦旃延　又作「摩訶迦旃延」，釋迦牟尼佛的十大弟子之一，能分別深義，發揮佛教教義，以「論義第一」著稱。❿富樓那　全稱為「富樓那彌多羅尼子」，又稱「彌多羅尼子」等，意譯為「滿慈子」、「滿禍子」，釋迦牟尼佛的十大弟子之一，以「說法第一」著稱。⓫遊戲　佛、菩薩藉其神通力以度化眾生而自娛。戲，意謂自在、無礙，含遊化、遊行之意。本經卷五十六舉出菩薩有十種遊戲。⓬如來妙行　即如來所具有的殊妙之行法，指「三牟尼」，即「身牟尼」、「語牟尼」、「意牟尼」，又稱「三寂默」。據《集異門足論》卷六之解釋，謂無學之身律儀為「身寂默」，無學之語律儀為「語寂默」，無學之心律儀為「意寂默」。⓭如來住持　指如來安住於世而保持佛法的延續。⓮供養　奉養的意思，對上含有親近、奉事、尊敬的意思，對下含有同情、憐惜、愛護的意思。佛教中對於供養的分類很多，最流行的是三種供養的說法：財供養、法供養、觀行供養。財供養，指以世間的財寶、香華等行供養。法供養，指依佛所說的教法，如實奉行，起菩提心，行二利行。觀行供養，指實踐週徧含容一即一切、一切即一、事事無礙的深觀。⑮法身　本是佛的三身之一，又名自性身，或法性身，即諸佛所證的真如法性之身。菩薩處於候補佛之位，因而此處稱之為菩薩法身。⑯二乘　指二種教法。乘，運載。諸佛所說之教法，係運載行者從迷至悟，故稱之為「乘」。有多種涵義，此處指聲聞乘與緣覺乘。聲聞乘又稱弟子乘，緣覺乘又稱獨覺乘。直接聽聞佛陀之教說，依四諦理而覺悟者，稱聲聞乘。不必親聞佛陀之教說，係獨自觀察十二因緣之理而獲得覺悟者，稱緣覺乘。⑰分別　若作專門的佛學術語言之，「分別」為「推量思惟」之意，又譯作「思惟」、「計度」，即心及心所（精神作用）對境起作用時，取其相而思惟量度之意。若作一般術語使用，解釋，「分別」為「區分」、「類別」、「分析」之意，即欲分類、分析教法，而由種種立場來研究考察之意。此處則作一般術語理解為妥。⑱決定　確定不變。為「不定」之對稱，又作「一定」，縮略為「定」，有「決定信」、「決定業」、「決定性」、「決定明了」等語，為佛教典籍中常用的普通語詞。

【語　譯】在那時，上首諸大聲聞——舍利弗、大目犍連、摩訶迦葉、離婆多、須菩提、阿㝹樓馱、難陀、劫賓那、迦旃延、富樓那等諸大聲聞，在逝多林都沒有看見如來神力、如來相好、如來境界、如來遊戲、如來神變、如來尊勝、如來妙行、如來威德、如來住持、如來清淨土，也沒有看見不可思議的菩薩境界、菩薩的大型聚會、菩薩普入、菩薩普至、菩薩普詣、菩薩神變、菩薩遊戲、菩薩眷屬、菩薩方所、菩薩莊嚴師子座、菩薩宮殿、菩薩住處、菩薩所入自在的定境、菩薩觀察、菩薩定力、菩薩勇猛、菩薩供養、菩薩受記、菩薩成熟、菩薩勇健、菩薩清淨的法身、菩薩圓滿的智身、菩薩示現的願身、菩薩成就的色身、菩薩諸具足的清淨之相、菩薩永恆具有的眾色裝飾、菩薩放大光網、菩薩起變化雲、菩薩身徧十方、菩薩諸行圓滿。如此等等事情，一切聲聞諸大弟子都沒有看見。

為什麼呢？這是因為聲聞與菩薩所具的善根是不同的，聲聞本來就不修習見佛自在的善根，本來就不讚揚十方世界一切佛剎的清淨功德，本來就不稱讚感嘆諸佛世尊種種神變，本來就不在生死流轉之中發無上菩提心，本來就不能使人住於菩提心，本來就不能使如來種性不斷絕，本來就不攝受諸眾生，本來就不激勵別人修習菩薩波羅蜜，本來就在生死流轉之時不激勵眾生追求最勝大智眼，本來就不修習能出生一切智的諸善根，本來就不成就如來出世諸善根，本來就不能得到清淨美麗的佛土神通智，本來就不能得到諸菩薩眼所知曉的外境，本來就不追求能夠出生超越世間的不共菩提之諸善根，本來就不發一切菩薩諸大願，本來就不是從如來加被之力所生，本來就不知曉諸法如幻、菩薩如夢，本來就不能得到諸大菩薩的廣泛歡喜。上述這些都是普賢菩薩智眼境界，不與一切聲聞、緣覺所共有。因為這些因緣，諸大聲聞不能見、不能知、不能聞、不能入、不能得、不能念、不能觀察、不能籌量、不能思惟、不能分別，因此，這些聲聞，雖是身在逝多林中，也沒有見到如來諸大神變。

其次，因為那些大聲聞沒有如此善根的緣故，沒有如此智眼的緣故，沒有如此三昧的緣故，沒有如此解脫的緣故，沒有如此神通的緣故，沒有如此威德的緣故，沒有如此勢力的緣故，沒有如此自在的緣故，沒有如此住處的緣故，沒有如此境界的緣故，因此，這些聲聞於此是不能知、不能見、不能入、不能證、不能住、不能解、不能觀察、不能忍受、不能趣向、不能遊履的；也是不能廣為他人開闡解說，稱揚示現，引導激勵，使其趣向於此，使其修習，使其安住，使其證入。為什麼呢？這些大弟子依持於聲聞乘而出離世間的緣故，他們成就了聲聞道，滿足了聲聞行，安住於聲聞果，於無有諦得決定的智慧，常住實際究竟寂靜，但是遠離大悲，捨棄眾生，住於自己之事；那些聲聞對於這一智慧，不能積集，不能修行，不能安住，不能願求，不能成就，不能清淨，不能趣入，不能通達，不能知見，不能證得。因此，那些聲聞，雖然身在逝多林中面對如來，但卻不見看見如此廣大的神變。

佛子！如恆河岸有百千億無量餓鬼，裸形饑渴，舉體焦然，烏鷲豺狼競來搏撮，為渴所逼，欲求水飲，雖住河邊而不見河；設有見者，見其枯竭。何以故？深厚業障之所覆故。彼大聲聞亦復如是，雖復住在逝多林中，不見如來廣大神力，捨一切智，無明翳瞙覆其眼故，不曾種植薩婆若地❶諸善根故。

譬如有人，於大會中昏睡安寢，忽然夢見須彌山頂帝釋所住善見大城宮殿、園林種種嚴好，天子、天女百千萬億，普散天華徧滿其地，種種衣樹出妙衣服，種種華樹開敷妙華，諸音樂樹奏天音樂，天諸采女❷歌詠美音，無量諸天於中戲樂；其人自見著天衣服，普於其處住止周旋。

其大會中一切諸人雖同一處，不知不見。何以故？夢中所見，非彼大眾所能見故。一切菩薩、世間諸王亦復如是，以久積集善根力故，發一切智廣大願故，學習一切佛功德故，修行菩薩莊嚴道故，圓滿一切智智法故，滿足普賢諸行願故，趣入一切菩薩智地故，遊戲一切菩薩所住諸三昧故，已能觀察一切菩薩智慧境界無障礙故，是故悉見如來世尊不可思議自在神變。一切聲聞諸大弟子，皆不能見，皆不能知，以無菩薩清淨眼故。

譬如雪山具眾藥草，良醫詣彼悉能分別；其諸捕獵、放牧之人恆住彼山，不見其藥。此亦如是，以諸菩薩入智境界，具自在力，能見如來廣大神變；諸大弟子唯求自利，不欲利他，唯求自安，不欲安他，雖在林中，不知不見。

譬如地中有諸寶藏，種種珍異悉皆充滿，有一丈夫聰慧明達，善能分別一切伏藏，其人復有大福德力，能隨所欲自在而取，奉養父母，賑恤親屬，老、病、窮、乏靡不均贍；其無智慧、無福德人，雖亦至於寶藏之處，不知不見，不得其益。此亦如是，諸大菩薩有淨智眼，能入如來不可思議甚深境界，能見佛神力，能入諸法門，能游三昧海，能供養諸佛，能以正法開悟眾生，能以四攝❸攝受眾生；諸大聲聞不能得見如來神力，亦不能見諸菩薩眾。

譬如盲人至大寶洲，若行、若住、若坐、若臥，不能得見一切眾寶；以不見故，不能採取，不得受用。此亦如是，諸大弟子雖在林中親近世尊，不見如來自在神力，亦不得見菩薩大會。何以故？無有菩薩無礙淨眼，不能次第悟入法界，見於如來自在力故。

譬如有人得清淨眼，名離垢光明，一切暗色不能為障。爾時，彼人於夜暗中，處在無量百千萬億人眾之內，或行、或住、或坐、或臥，彼諸人眾形相威儀❹，此明眼人莫不具見；其明眼者威儀進退，彼諸人眾悉不能睹。佛亦如是，成就智眼，清淨無礙，悉能明見一切世間；其所示現神通變化，大菩薩眾所共圍繞，諸大弟子悉不能見。

譬如比丘在大眾中入偏處定❺，所謂：地偏處定、水偏處定、火偏處定、風偏處定、青偏處定、黃偏處定、赤偏處定、白偏處定、天偏處定、種種眾生身偏處定、一切語言音聲偏處定、一切所緣偏處定。入此定者見其所緣，其餘大眾悉不能見，唯除有住此三昧者。如來所現不可思議諸佛境界亦復如是，菩薩具見，聲聞莫睹。

譬如有人以翳形藥自塗其眼，在於眾會去、來、坐、立無能見者，而能悉睹眾會中事。應知如來亦復如是，超過於世，普見世間，非諸聲聞所能得見，唯除趣向一切智境諸大菩薩。如人生已，則有二天❻，恆相隨逐❼，一曰同生，二曰同名；天常見人，人不見天。應知如來亦復如是，在諸菩薩大集會中現大神通，諸大聲聞悉不能見。

譬如比丘得心自在，入滅盡定❽，六根❾作業皆悉不行，一切語言不知不覺；定力持故，不般涅槃❿。一切聲聞亦復如是，雖復住在逝多林中，具足六根，而不知不見不解不入如來自在、菩薩眾會諸所作事。何以故？如來境界甚深廣大，難見難知，難測難量，超諸世間，不可思議，無能壞者，非是一切二乘境界；是故，如來自在神力、菩薩眾會及逝多林普偏一切清淨世界，如是等事，諸大聲聞悉不知見，非其器故。

【章　旨】此章以十種比喻來說明聲聞眾生無法觀見佛、菩薩境界的原因。

【注　釋】❶薩婆若地　即一切種智，就是諸佛究竟圓滿果位的大智慧。❷采女　又作「婇女」，指地位卑微的宮女。❸四攝　即「布施攝」、「愛語攝」、「利行攝」、「同事攝」，是菩薩應該修行的法門。「布施攝」是對於錢財心重的人，用財施，對於求知心重的人，用法施，使雙方情誼逐漸深厚，而達到我度化對方的目的。「愛語攝」是隨著眾生的根性，以溫和慈愛的言語相對，使他生歡喜心，感到我和藹可親而與我接近，以達到我度化對方的目的。「利行攝」是修菩薩道者，以身口意諸行都有利於人，以損己利人的行為，感化眾生共修佛道，以達到我度人的目的。「同事攝」是修菩薩道者，要深入社會各階層中，與各行各業的人相接近，做其朋友，與其同事，在契機契緣的情況下，而度化之。菩薩濟度眾生，必須先行此四攝法，使眾生愛我敬我信我，然後方能聽我勸導，修行佛道。❹威儀　指舉止善合規矩，語默行為不失方正，見之能使人生起崇仰畏敬之念的儀容。❺偏處定　又名「十偏處」，為八解脫法之一，指觀青、黃、赤、白、地、水、火、風、空、識之十法，使其一一週偏於一切處。十中之前八者，如前之第三淨解脫，觀色之清淨，其所依之禪定亦如前，依第四禪定緣欲界之色。後二者以「空無邊處識無邊處定」為所依，緣其他受、想、行、識之四蘊。修觀行者由解脫入於勝處，由勝處入於一切處，後面生起的遠遠勝於前面產生的。❻二天　這是此經的獨特說法。是說，人一出生就有「同生」、「同名」二天恆相隨逐。同生天，謂此天與人同時而生。同名天，謂此天與人同其名字。❼隨逐　親近而不遠離。❽滅盡定　為「無心定」之一，為滅除心、心所之定。滅盡定是聖者將定之境地作為無餘涅槃界之靜，而修習之定。❾六根　包含眼、耳、鼻、舌、身、意六種。眼是視根，耳是聽根，鼻是嗅根，舌是味根，身是觸根，意是念慮之根。「根」為能生之義，如草木有根，能生枝幹，識依根而生，有六根則能生六識，亦復如此。其中何根生何識，各有其界限，不相混，例如眼根只能生眼識，並不能生耳、鼻等識，餘可類推。❿般涅槃又作「泥洹」、「泥曰」、「涅槃那」、「涅槃」、「大般涅槃」，意譯作「滅」、「寂滅」、「滅度」、「無生」，與「擇滅」、「離繫」、「解脫」等詞同義。原來指吹滅，或表吹滅之狀態；其後轉指燃燒煩惱之火滅盡，完成悟智（即菩提）之境地。此乃超越生死（迷界）之悟界，亦為佛教終極之實踐目的，而「涅槃寂靜」為佛教的「三法印」之一。

【語　譯】佛子！譬如恆河岸邊有百千億無數餓鬼，裸著身體，非常饑渴，全身異常憔悴，烏鷲豺狼爭先恐後前來撮食，這些餓鬼被渴所逼迫想找水喝飲，但雖然住在河邊卻看不見河。即便是有看見河的，也只是看見枯竭的河床。為什麼呢？這是他們深厚的業障覆蓋的緣故。那些大聲聞也是如此，雖然住在逝多林中，卻不能看見如來的廣大神力，因為他們捨棄了一切智，無明的眼膜覆障了他們的眼睛，並未種植培植一切種智所需之地的諸善根。

譬如有人在大眾聚會中昏睡安寢，忽然夢見須彌山頂帝釋所住的善見大城的宮殿、園林的種種美好的形象，百千萬億的天子、天女將天華撒滿了大地，許許多多衣樹生長出美妙的衣服，許許多多華樹開放出美妙的花朵，許多音樂樹演奏出天上的音樂，天眾中的歌伎演唱出美妙的音符，無數諸天在其中戲耍娛樂；這位昏睡者看見自己穿著天眾的衣服，在此城中到處遊賞。當時一同參加大會的一切諸人雖然同處一地，卻不能知曉這些。這是為什麼呢？夢中所見的情境，並不是那些大眾所能看見的。一切菩薩、世間諸王也是如此，因為他們長久地積集善根之力，發一切智廣大願望，學習一切佛的功德，修行菩薩莊嚴道，圓滿一切佛智之法，滿足普賢諸行願，趣入一切菩薩智地，遊戲一切菩薩所住諸三昧，已能觀察一切菩薩智慧境界而無有障礙，因此，他們都看見了如來世尊不可思議的自在神變。一切聲聞諸大弟子都不能觀見，都不能知曉，因為他們沒有菩薩清淨眼。

譬如雪山儲藏著許多草藥，良醫前往那裡都能夠完全分別；那些捕獵、放牧之人一直住在那山中，卻看不見藥。這也是如此，因為諸菩薩進入了智境界，具備自在力，能夠看見如來廣大的神變；諸大弟子只是追求自利，不想利他，只是追求自己安寧，不想幫助他人安寧，雖然在逝多林中，也不知不見如來的神變。

譬如地中有許多寶藏，充滿了種種珍異，有一男子聰慧明達，善於辨別一切隱藏的寶藏，這人也有大福德力，能隨心所欲地自在取用，並且以其奉養父母，賑恤親屬，老人、病人、窮苦人、缺乏財物之人無不得到贍養。但是，那些沒有智慧、沒有福德之人，即使也到蘊藏寶藏之處，既無法知曉，也無法見到，不能得到利益。聲聞與佛、菩薩的區別也應該如此看待，諸大菩薩擁有淨智眼，能進入如來不可思議的甚深境界，能觀見佛之神力，能進入諸法門，能在三昧海中漫遊，能夠供養諸佛，能以正法使眾生開悟，能夠以四攝攝受眾生；諸大聲聞則不能得見如來之神力，也不能見諸菩薩眾之神力。

譬如盲人到大寶洲，無論是行，是住，是坐，還是臥，都不能得見一切眾寶；因為不能看見，所以就不能採擇取用，更不能享用。聲聞與佛、菩薩的區別也應該如此看待，諸大弟子雖在逝多林中與世尊在一起，但卻沒有觀見如來自在神力，也沒有觀見菩薩的大型聚會。為什麼呢？因為他們沒有菩薩無礙之淨眼，不能次第悟入法界，所以就不能觀見如來自在之力。

譬如有人擁有號稱離垢光明的清淨眼，所有黑暗及其昏暗的光線都不能障礙其視線。這時，讓那人在夜暗中，處在無量百千萬億人群之內，或行、或住、或坐、或臥，無量數之人的形體相貌威儀，這位明眼人無不清楚地看見；但這位明眼者的威儀與進退，那些無量數之人都無法看見。佛也是如此，成就了智眼，清淨無礙，明見一切世間之事物；他所示現的神通變化，大菩薩眾都在其周圍環繞，只是諸大弟子都不能看見。

譬如比丘在大眾中進入徧處定，所謂：地徧處定、水徧處定、火徧處定、風徧處定、青徧處定、黃徧處定、赤徧處定、白徧處定、天徧處定、種種眾生身徧處定、一切語言音聲徧處定、一切所緣徧處定。進入此定者觀見其所觀之對象，而其他大眾則都不能看見，除非同樣住於此三昧者纔有可能觀見。如來所示現的不可思議諸佛境界也是如此，菩薩全都可以看見，聲聞卻不可能看見。

譬如有人以障形之藥塗在自己的眼睛上，在大眾聚會的場所去、來、坐、立，會中大眾沒有能夠看見他的，而他卻能全部看見會中的大眾及其所發生的事情。應該知道，如來也是如此，超越了世間，普見世間之一切，這是諸聲聞不能看見的，只有趣向一切智境的諸位大菩薩纔能看見。

譬如人一生下來，就有二類天眾恆相隨逐，一曰「同生」，二曰「同名」；這兩類天眾常常看見人，而人卻無法看見天。應該知道，如來也是如此，如來在諸菩薩大集會中顯現出大神通，諸大聲聞卻完全不能看見。

譬如比丘得到心自在的境界，進入滅盡定，六根的活動都不存在，對於所有語言都沒有知覺；由於定力的加持，不進入涅槃境界。一切聲聞也應該是如此，雖然住在逝多林中，具足六根，而不知不見不解不入如來自在以及菩薩眾會中所作的事情。為什麼呢？如來之境界甚深廣大，難於觀見，難於知曉，難於測量，超越了諸世間的局限，不可思議，沒有什麼可以毀壞它，它不同於所有的聲聞、緣覺境界；因此，如來自在神力、菩薩眾會及逝多林一切普偏清淨世界，如此這樣的種種事情，諸大聲聞都無法知見，因為他們沒有這種根器。

偈頌贊德分

爾時，毗盧遮那願光明菩薩，承佛神力，觀察十方而說頌言：「汝等應觀察，佛道❶不思議，於此逝多林，示現神通力。善逝❷威神力，所現無央數；一切諸世間，迷惑不能了。法王❸深妙法，無量難思議，所現諸神通，舉世莫能測。以了法無相，是故名為佛，而具相莊嚴，稱揚不可盡。今於此林內，示現大神力，甚深無有邊，言辭莫能辯。汝觀大威德，無量菩薩眾，十方諸國土，而來見世尊。所願皆具足，所行無障礙；一切諸世間，無能測量者。一切諸緣覺，及彼大聲聞，皆悉不能知，菩薩行境界。菩薩大智慧，諸地悉究竟，高建勇猛幢，難摧難可動。諸大名稱士，無量三昧力，所現諸神變，法界悉充滿。」

爾時，不可壞精進王菩薩，承佛神力，觀察十方而說頌言：「汝觀諸佛子，智慧功德藏，究竟菩提行，安隱諸世間。其心本明達，善入諸三昧，智慧無邊際，境界不可量。今此逝多林，種種皆嚴飾，菩薩眾雲集，親近如來住。汝觀無所著，無量大眾海，十方來詣此，坐寶蓮華座。無來亦無住❹，無依❺無戲論，離垢心無礙，究竟於法界。建立智慧幢，堅固不動搖，知無變化法，而現變化事。十方無量剎，一切諸佛所，同時悉往詣，而亦不分身。汝觀釋師子❻，自在神通力，能令菩薩眾，一切俱來集。一切諸佛法，法界悉平等，言說故不同，此眾咸通達。諸佛常安住，法界平等際❼，演說差別法❽，言辭無有盡。」

爾時，普勝無上威德王菩薩，承佛神力，觀察十方而說頌言：「汝觀無上士❾，廣大智圓滿，善達時非時❿，為眾演說法；摧伏眾外道⓫，一切諸異論，普隨眾生心，為現神通力。正覺非有量，亦復非無量；若量若無量，牟尼悉超越⓬。如日在虛空，照臨一切處；佛智亦如是，了達三世法⓭。譬如十五夜，月輪無減缺；如來亦復然，白法⓮悉圓滿。譬如空中日，運行無暫已；如來亦如是，神變恆相續。譬如十方剎，於空無所礙，世燈現變化，於世亦復然。譬如世間地，群生之所依；照世燈法輪，為依亦如是。譬如猛疾風，所行無障礙；佛法亦如是，速徧於世間。譬如大水輪⓯，世界所依住；智慧輪⓰亦爾，三世佛⓱所依。」

爾時，無礙勝藏王菩薩，承佛神力，觀察十方而說頌言：「譬如大寶山，饒益⓲諸含識⓳；佛山亦如是，普益於世間。譬如大海水，澄淨無垢濁；見佛亦如是，能除諸渴愛。譬如須彌山，出於大海中；世間燈⓴亦爾，從於法海㉑出。如海具眾寶，求者皆滿足；無師智㉒亦然，見者悉開悟。如來甚深智，無量無有數；是故神通力，示現難思議。譬如工幻師㉓，示現種種事；佛智㉔亦如是，現諸自在力。譬如如意寶，能滿一切欲；最勝亦復然，滿諸清淨願。譬如明淨寶，普照一切物；佛智亦如是，普照群生心。譬如八面寶，等鑒於諸方；無礙燈亦然，普照於法界。譬如水清珠，能清諸濁水；見佛亦如是，諸根悉清淨。」

【章旨】十方十位菩薩分別說偈讚頌佛德與此次聚會，並且顯現自己所證。東方金燈雲幢世界中的毗盧遮那願光明菩薩、南方金剛藏世界中的不可壞精進王菩薩主要讚頌道場三昧等用，西方摩尼寶燈須彌山幢世界中的普勝無上威德王菩薩與北方寶衣光明幢世界中的無礙勝藏王菩薩則從總體上讚頌佛德。

【注釋】❶佛道　成佛之道。❷善逝　如來十號之一，「善」是「好」的意思，「逝」是「去」的意思，佛修正道，進入涅槃，向好的去處而去，故號「善逝」。❸法王　此處為佛之尊稱。「王」有「最勝」、「自在」之義，佛為法門之主，能自在教化眾生，故稱「法王」。❹無住　又稱「不住」。「住」為「所住」之意，「無住」則指無固定之實體，也指心不執著於一定之對象，不失其自由無礙之作用。❺無依　即「無著」。指雖處於萬境而一無所依，即不被任何外在條件所左右的境界。也指遠離煩惱繫縛的境界。❻釋師子　為釋尊之德號。釋尊為人中之王，於三界中得無畏自在，如獸中之獅子王，故稱釋師子。❼平等際　即「平等法」，指一切眾生平等成佛之法也。本經卷五十三〈離世間品〉舉出菩薩具有十種平等，即：一切眾生平等、一切法平等、一切剎平等、一切深心平等、一切善根平等、一切菩薩平等、一切願平等、一切波羅蜜平等、一切行平等、一切佛平等，菩薩若安住此法，則得一切諸佛無上平等之法。同經卷三十〈十迴向品〉，也舉出十種平等：業平等、報平等等十種平等。又《大方等大集經》卷五十則舉出眾生平等、法平等、清淨平等、布施平等、戒平等、忍平等、精進平等、禪平等、智平等、一切法清淨平等。眾生若具此平等，能速得入無畏之大城。此皆說明人、法、國土、修行乃至諸佛等悉皆平等無有差別之理。❽差別法　與「平等法」對照而言之。「平等法」指萬法一如之法性，而「差別法」指萬事萬物之個性品類。也可以直接將「差別法」理解為一切世間諸法。❾無上士　佛十號之一。又作無上、無上丈夫。如來之智德，於人中最勝，無有過之者，故稱無上士。❿時非時　時，時節。此處大致是指說法度生的時機問題。⓫外道　佛教通常對於佛教之外的宗教與思想派別的稱呼。⓬正覺非有量四句　此四句係以中觀的中道思想表達佛之正覺。⓭三世法　過去、現在、未來之一切法。⓮白法　此處為宣說佛法之意。⓯水輪　成立器世間的「四輪」之一。輪，持載之義。佛教以為，有四輪支持器世間，金輪在大地之下，金輪之下有水輪，水輪之下有風輪，風輪之下有空輪。⓰智慧輪　這是仿照「四輪」而作的譬喻，意思為正如器世間為「四輪」所持載，三世佛也是以智慧之輪所持載。⓱三世佛　過去佛為迦葉諸佛，現在佛為釋迦牟尼佛，未來佛為彌勒諸佛。⓲饒益　予人法益，豐足利人。⓳含識　又作「有情」、「眾生」、「含靈」、「含生」、「含類」、「含情」、「稟識」，即指含有心識之有情眾生。以一切眾生皆有心識，故稱含識；此總攝六道之有情眾生。⓴世間燈　比喻佛法如同燈火可以照明破除世間之黑暗。㉑法海　謂佛法廣大，深遠遼闊猶如大海。㉒無師智　指非藉他力，不待他人教而自然成就之智慧。如佛所證得之智慧，非由師教或外力而得。㉓幻師　又作「幻士」、「幻人」、「幻術師」，是那種專門演示幻術之人，他們往往能夠將非實體性的存在變現成似乎是真實的存在。佛教經論中常常用其譬喻諸法之虛幻。㉔佛智　指佛所具有的聖智，即指證悟法界真理的聖智。此聖智橫窮十方，豎盡三世，完全圓滿，為最勝無上之智見，相當於一切種智。諸佛即依此聖智發起無限的慈悲，以開啟攝化法界的大事業。

【語譯】

這時，毗盧遮那願光明菩薩，秉承佛之神力，觀察十方而說出以下的偈頌：「汝等應觀察，佛道不思議，於此逝多林，示現神通力。善逝威神力，所現無央數；一切諸世間，迷惑不能了。法王深妙法，無量難思議，所現諸神通，舉世莫能測。以了法無相，是故名為佛，而具相莊嚴，稱揚不可盡。今於此林內，示現大神力，甚深無有邊，言辭莫能辯。汝觀大威德，無量菩薩眾，十方諸國土，而來見世尊。所願皆具足，所行無障礙；一切諸世間，無能測量者。一切諸緣覺，及彼大聲聞，皆悉不能知，菩薩行境界。菩薩大智慧，諸地悉究竟，高建勇猛幢，難摧難可動。諸大名稱士，無量三昧力，所現諸神變，法界悉充滿。」

這時，不可壞精進王菩薩，秉承佛之神力，觀察十方而說出以下的偈頌：「汝觀諸佛子，智慧功德藏，究竟菩提行，安隱諸世間。其心本明達，善入諸三昧，智慧無邊際，境界不可量。今此逝多林，種種皆嚴飾，菩薩眾雲集，親近如來住。汝觀無所著，無量大眾海，十方來詣此，坐寶蓮華座。無來亦無住，無依無戲論，離垢心無礙，究竟於法界。建立智慧幢，堅固不動搖，知無變化法，而現變化事。十方無量剎，一切諸佛所，同時悉往詣，而亦不分身。汝觀釋師子，自在神通力，能令菩薩眾，一切俱來集。一切諸佛法，法界悉平等，言說故不同，此眾咸通達。諸佛常安住，法界平等際，演說差別法，言辭無有盡。」

這時，普勝無上威德王菩薩，秉承佛之神力，觀察十方而說出以下的偈頌：「汝觀無上士，廣大智圓滿，善達時非時，為眾演說法；摧伏眾外道，一切諸異論，普隨眾生心，為現神通力。正覺非有量，亦復非無量；若量若無量，牟尼悉超越。如日在虛空，照臨一切處；佛智亦如是，了達三世法。譬如十五夜，月輪無減缺；如來亦復然，白法悉圓滿。譬如空中日，運行無暫已；如來亦如是，神變恆相續。譬如十方剎，於空無所礙，世燈現變化，於世亦復然。譬如世間地，群生之所依；照世燈法輪，為依亦如是。譬如猛疾風，所行無障礙；佛法亦如是，速徧於世間。譬如大水輪，世界所依住；智慧輪亦爾，三世佛所依。」

這時，無礙勝藏王菩薩，秉承佛之神力，觀察十方而說出以下的偈頌：「譬如大寶山，饒益諸含識；佛山亦如是，普益於世間。譬如大海水，澄淨無垢濁；見佛亦如是，能除諸渴愛。譬如須彌山，出於大海中；世間燈亦爾，從於法海出。如海具眾寶，求者皆滿足；無師智亦然，見者悉開悟。如來甚深智，無量無有數；是故神通力，示現難思議。譬如工幻師，示現種種事；佛智亦如是，現諸自在力。譬如如意寶，能滿一切欲；最勝亦復然，滿諸清淨願。譬如明淨寶，普照一切物；佛智亦如是，普照群生心。譬如八面寶，等鑒於諸方；無礙燈亦然，普照於法界。譬如水清珠，能清諸濁水；見佛亦如是，諸根悉清淨。」

爾時，化現法界願月王菩薩，承佛神力，觀察十方而說頌言：「譬如帝青寶，能青一切色；見佛者亦然，悉發菩提行。一一微塵內，佛現神通力，令無量無邊，菩薩皆清淨。甚深微妙力，無邊不可知；菩薩之境界，世間莫能測。如來所現身，清淨相莊嚴，普入於法界，成就諸菩薩。難思佛國土，於中成正覺；一切諸菩薩，世主皆充滿。釋迦無上尊，於法悉自在，示現神通力，無邊不可量。菩薩種種行，無量無有盡；如來自在力，為之悉示現。佛子善修學，甚深諸法界，成就無礙智，明了一切法。善逝威神力，為眾轉法輪，神變普充滿，令世皆清淨。如來智圓滿，境界亦清淨；譬如大龍王，普濟諸群生。」

爾時，法慧光燄王菩薩，承佛神力，觀察十方而說頌言：「三世諸如來，聲聞大弟子，悉不能知佛，舉足下足事。去來現在世，一切諸緣覺，亦不知如來，舉足下足事。況復諸凡夫，結使所纏縛，無明覆心識，而能知導師！正覺無礙智，超過語言道，其量不可測，孰有能知見！譬如明月光，無能測邊際；佛神通亦爾，莫見其終盡。一一諸方便，念念所變化，盡於無量劫，思惟不能了。思惟一切智，不可思議法，一一方便門，邊際不可得。若有於此法，而興廣大願；彼於此境界，知見不為難。勇猛勤修習，難思大法海；其心無障礙，入此方便門。心意已調伏，志願亦寬廣，當獲❶大菩提，最勝之境界。」

爾時，破一切魔軍智幢王菩薩，承佛神力，觀察十方而說頌言：「智身非是身，無礙難思議；設有思議者，一切無能及。從不思議業，起此清淨身，殊特妙莊嚴，不著於三界❷。光明照一切，法界悉清淨，開佛菩提門，出生眾智慧。譬如世間日，普放慧光明，遠離諸塵垢，滅除一切障，普淨三有處，永絕生死流，成就菩薩道，出生無上覺。示現無邊色❸，此色無依處；所現雖無量，一切不思議。菩提一念頃，能覺一切法；云何欲測量，如來智邊際？一念悉明達，一切三世法；故說佛智慧，無盡無能壞。智者應如是，專思佛菩提；此思難思議，思之不可得。菩提不可說，超過語言路；諸佛從此生，是法難思議。」

爾時，願智光明幢王菩薩，承佛神力，觀察十方而說頌言：「若能善觀察，菩提無盡海，則得離癡念，決定受持❹法。若得決定心，則能修妙行，禪寂自思慮，永斷諸疑惑。其心不疲倦，亦復無懈怠，展轉增進修，究竟諸佛法。信智已成就，念念令增長，常樂常觀察，無得無依法。無量億千劫，所修功德行；一切悉迴向❺，諸佛所求道。雖在於生死，而心無染著，安住諸佛法，常樂如來行。世間之所有，蘊界等諸法❻；一切皆捨離，專求佛功德。凡夫嬰妄惑，於世常流轉；菩薩心無礙，救之令解脫。菩薩行難稱，舉世莫能思，徧除一切苦，普與群生樂。已獲菩提智，復愍諸群生，光明照世間，度脫一切眾。」

爾時，破一切障勇猛智王菩薩，承佛神力，觀察十方而說頌言：「無量億千劫，佛名難可聞；況復得親近，永斷諸疑惑！如來世間燈，通達一切法，普生三世福，令眾悉清淨。如來妙色身，一切所欽嘆，億劫常瞻仰，其心無厭足。若有諸佛子，觀佛妙色身，必捨諸有著，迴向菩提道。如來妙色身，恆演廣大音，辯才無障礙，開佛菩提門；曉悟諸眾生，無量不思議，令入智慧門，授以菩提記。如來出世間，為世大福田，普導諸含識，令其集福行。若有供養佛，永除惡道畏，消滅一切苦，成就智慧身。若見兩足尊，能發廣大心；是人恆值佛，增長智慧力。若見人中勝❼，決意向菩提；是人能自知，必當成正覺。」

爾時，法界差別願智神通王菩薩，承佛神力，觀察十方而說頌言：

「釋迦無上尊，具一切功德；見者心清淨，迴向大智慧。如來大慈悲，出現於世間，普為諸群生，轉無上法輪❽。如來無數劫，勤苦為眾生；云何諸世間，能報大師恩？寧於無量劫，受諸惡道苦；終不捨如來，而求於出離。寧代諸眾生，備受一切苦；終不捨於佛，而求得安樂❾。寧在諸惡趣❿，恆得聞佛名；不願生善道⓫，暫時不聞佛。寧生諸地獄，一一無數劫；終不遠離佛，而求出惡趣。何故願久住，一切諸惡道？以得見如來，增長智慧故。若得見於佛，除滅一切苦；能入諸如來，大智之境界。若得見於佛，捨離一切障；長養無盡福，成就菩提道。如來能永斷，一切眾生疑，隨其心所樂，普皆令滿足。」

【章　旨】東北方一切歡喜清淨光明網世界中的化現法界願月王菩薩、東南方香雲莊嚴幢世界中的法慧光燄王菩薩、西南方日光摩尼藏世界中的破一切魔軍智幢王菩薩、西北方毗盧遮那願摩尼王藏世界中的願智光明幢王菩薩、下方一切如來圓滿光普照世界中的破一切障勇猛智王菩薩、上方說佛種性無有盡世界中的法界差別願智神通王菩薩等六位菩薩繼續讚頌佛之功德。

【注　釋】❶獲　是「得」之一種。得到一直未曾得到的法，或者得到曾經得到但後來又失去的法，都稱之為「獲」。❷三界　指欲界、色界、無色界。欲界是指有淫、食二欲的眾生所住的世界，上自六欲天，中自人畜所居的四大洲，下至無間地獄都屬於此界；色界是指無淫、食二欲但還有色相的眾生所住的世界，四禪十八天都屬於此界；無色界是指色、相俱無而將心識住於深妙禪定的眾生所住的世界，四空天即屬於此界。此三界都是凡夫生死往來的境界，所以佛教行者是以跳出三界為目的的。❸無邊色　指沒有邊際的佛之身量。❹受持　領受於心，憶而不忘。可分為受持佛教戒律、受持佛教經典、受持僧人服裝三個方面。❺迴向　又作「轉向」、「施向」。以自己所修之善根功德，回轉給眾生，並使自己趣入菩提涅槃。或以自己所修之善根，為亡者追悼，以希望死亡者得到安穩。❻蘊界等諸法　指世間有為法。蘊，五蘊。界，十八界。❼人中勝　即「人中尊勝」的縮略語，為佛之德號之一。佛是人中最尊最勝者。❽轉無上法輪　指如來說法。❾安樂　身安心樂。《法華文句》卷八下：「身無危險故『安』，心無憂惱故『樂』。」❿惡趣　即六道中的三惡道地獄、畜生、餓鬼。⓫善道　即六道中的阿修羅、人、天三道。

【語　譯】這時，化現法界願月王菩薩，秉承佛之神力，觀察十方而說出以下的偈頌：「譬如帝青寶，能青一切色；見佛者亦然，悉發菩提行。一一微塵內，佛現神通力，令無量無邊，菩薩皆清淨。甚深微妙力，無邊不可知；菩薩之境界，世間莫能測。如來所現身，清淨相莊嚴，普入於法界，成就諸菩薩。難思佛國土，於中成正覺；一切諸菩薩，世主皆充滿。釋迦無上尊，於法悉自在，示現神通力，無邊不可量。菩薩種種行，無量無有盡；如來自在力，為之悉示現。佛子善修學，甚深諸法界，成就無礙智，明了一切法。善逝威神力，為眾轉法輪，神變普充滿，令世皆清淨。如來智圓滿，境界亦清淨；譬如大龍王，普濟諸群生。」

這時，法慧光燄王菩薩，秉承佛之神力，觀察十方而說出以下的偈頌：「三世諸如來，聲聞大弟子，悉不能知佛，舉足下足事。去來現在世，一切諸緣覺，亦不知如來，舉足下足事。況復諸凡夫，結使所纏縛，無明覆心識，而能知導師！正覺無礙智，超過語言道，其量不可測，孰有能知見！譬如明月光，無能測邊際；佛神通亦爾，莫見其終盡。一一諸方便，念念所變化，盡於無量劫，思惟不能了。思惟一切智，不可思議法，一一方便門，邊際不可得。若有於此法，而興廣大願；彼於此境界，知見不為難。勇猛勤修習，難思大法海；其心無障礙，入此方便門。心意已調伏，志願亦寬廣，當獲大菩提，最勝之境界。」

這時，破一切魔軍智幢王菩薩，秉承佛之神力，觀察十方而說出以下的偈頌：「智身非是身，無礙難思議；設有思議者，一切無能及。從不思議業，起此清淨身，殊特妙莊嚴，不著於三界。光明照一切，法界悉清淨，開佛菩提門，出生眾智慧。譬如世間日，普放慧光明，遠離諸塵垢，滅除一切障，普淨三有處，永絕生死流，成就菩薩道，出生無上覺。示現無邊色，此色無依處；

所現雖無量，一切不思議。菩提一念頃，能覺一切法；云何欲測量，如來智邊際？一念悉明達，一切三世法；故說佛智慧，無盡無能壞。智者應如是，專思佛菩提；此思難思議，思之不可得。菩提不可說，超過語言路；諸佛從此生，是法難思議。」

這時，願智光明幢王菩薩，秉承佛之神力，觀察十方而說出以下的偈頌：「若能善觀察，菩提無盡海，則得離癡念，決定受持法。若得決定心，則能修妙行，禪寂自思慮，永斷諸疑惑。其心不疲倦，亦復無懈怠，展轉增進修，究竟諸佛法。信智已成就，念念令增長，常樂常觀察，無得無依法。無量億千劫，所修功德行；一切悉迴向，諸佛所求道。雖在於生死，而心無染著，安住諸佛法，常樂如來行。世間之所有，蘊界等諸法；一切皆捨離，專求佛功德。凡夫嬰妄惑，於世常流轉；菩薩心無礙，救之令解脫。菩薩行難稱，舉世莫能思，徧除一切苦，普與群生樂。已獲菩提智，復愍諸群生，光明照世間，度脫一切眾。」

這時，破一切障勇猛智王菩薩，秉承佛之神力，觀察十方而說出以下的偈頌：「無量億千劫，佛名難可聞；況復得親近，永斷諸疑惑！如來世間燈，通達一切法，普生三世福，令眾悉清淨。如來妙色身，一切所欽嘆，億劫常瞻仰，其心無厭足。若有諸佛子，觀佛妙色身，必捨諸有著，迴向菩提道。如來妙色身，恆演廣大音，辯才無障礙，開佛菩提門；曉悟諸眾生，無量不思議，令入智慧門，授以菩提記。如來出世間，為世大福田，普導諸含識，令其集福行。若有供養佛，永除惡道畏，消滅一切苦，成就智慧身。若見兩足尊，能發廣大心；是人恆值佛，增長智慧力。若見人中勝，決意向菩提；是人能自知，必當成正覺。」

這時，法界差別願智神通王菩薩，秉承佛之神力，觀察十方而說出以下的偈頌：「釋迦無上尊，具一切功德；見者心清淨，迴向大智慧。如來大慈悲，出現於世間，普為諸群生，轉無上法輪。如來無數劫，勤苦為眾生；云何諸世間，能報大師恩？寧於無量劫，受諸惡道苦；終不捨如來，而求於出離。寧代諸眾生，備受一切苦；終不捨於佛，而求得安樂。寧在諸惡趣，恆得聞佛名；不願生善道，暫時不聞佛。寧生諸地獄，一一無數劫；終不遠離佛，而求出惡趣。何故願久住，一切諸惡道？以得見如來，增長智慧故。若得見於佛，除滅一切苦；能入諸如來，大智之境界。若得見於佛，捨離一切障；長養無盡福，成就菩提道。如來能永斷，一切眾生疑，隨其心所樂，普皆令滿足。」

華嚴經 入法界品之二

【題 解】此卷橫跨本品的兩大部分，即「本會」與「末會」。「本會」是以世尊為說法之主體的，而「末會」共有五十五會，說法主體有五十三位。依照此線索，本卷可分為五部分：第一「普賢開發分」，第二「毫光示益分」，第三「文殊述德分」，第四「無涯大用分」。這四部分屬於本品的「本會」，從第五「文殊師利會」開始則進入此品的「末會」。

當十方的十位菩薩誦完讚頌佛德之偈後，普賢菩薩又為會眾詳細地以十種法句說明了師子奮迅三昧的內容。世尊為了使得會中的諸位菩薩能夠進入師子奮迅三昧，從自己眉間的白毫相放出光明，群集之菩薩因此而進入師子奮迅三昧。此時，文殊師利菩薩秉承佛之神力，觀察十方，以偈頌形式讚嘆。文殊菩薩分別以十三偈通贊逝多林之莊嚴等此會所具的過去、現在、未來三種世間之自在大用。會中因世尊加持之力而進入師子奮迅三昧的諸大菩薩這時也因三昧之力生起救度眾生之大用。至此，在逝多林及大莊嚴重閣進行的「本會」結束。

文殊師利菩薩向世尊告別，欲帶領其眷屬，南下進入人世間化導眾生。舍利弗尊者因為佛力的加持，看到了文殊菩薩的意欲，於是動員與其同住的剛剛出家的六千比丘一起追隨文殊菩薩南下。於是，舍利弗帶著六千比丘向世尊辭行，來到了文殊師利菩薩的住所。文殊師利接受了這六千比丘的請求，向其宣說發「十種無疲厭心」的「十種趣大乘法」，其核心就是如何修證普賢行。六千比丘一經聞聽文殊師利菩薩的說法，就獲得「無礙眼見一切佛境三昧」。

普賢開發分

爾時，普賢菩薩摩訶薩普觀一切菩薩眾會，以等法界方便、等虛空界方便、等眾生界方便，等三世、等一切劫、等一切眾生業、等一切眾生欲、等一切眾生解、等一切眾生根、等一切眾生成熟時、等一切法光影方便❶，為諸菩薩以十種法句❷開發、顯示、照明❸、演說此師子嚬申三昧。何等為十？所謂：演說能示現等法界一切佛剎微塵中，諸佛出興次第、諸剎成壞次第法句；演說能示現等虛空界一切佛剎中，盡未來劫讚嘆如來功德音聲法句；演說能示現等虛空界一切佛剎中，如來出世無量無邊成正覺門法句；演說能示現等虛空界一切佛剎中，佛坐道場菩薩眾會法句；演說於一切毛孔，念念出現等三世一切佛變化身充滿法界法句；演說能令一身充滿十方一切剎海平等顯現法句；演說能令一切諸境界中，普現三世諸佛神變法句；演說能令一切佛剎微塵中，普現三世一切佛剎微塵數佛種種神變經無量劫法句；演說能令一切毛孔出生三世一切諸佛大願海音，盡未來劫開發化導一切菩薩法句；演說能令佛師子座量同法界，菩薩眾會道場莊嚴等無差別，盡未來劫轉於種種微妙法輪法句。佛子！此十為首，有不可說佛剎微塵數法句，皆是如來智慧境界。

爾時，普賢菩薩欲重宣此義，承佛神力，觀察如來，觀察眾會，觀察諸佛難思境界，觀察諸佛無邊三昧，觀察不可思議諸世界海，觀察不可思議如幻法智，觀察不可思議三世諸佛悉皆平等，觀察一切無量無邊諸言辭法而說頌言：「一一毛孔中，微塵數剎海，悉有如來坐，皆具菩薩眾。一一毛孔中，無量諸剎海，佛處菩提座，如是徧法界。一一毛孔中，一切剎塵佛，菩薩眾圍繞，為說普賢行。佛坐一國土，充滿十方界，無量菩薩雲，咸來集其所。億剎微塵數，菩薩功德海，俱從會中起，徧滿十方界。悉住普賢行，皆游法界海，普現一切剎，等入諸佛會。安坐一切剎，聽聞一切法；一一國土中，億劫修諸行。菩薩所修行，普明法海行，入於大願海，住佛境界地。了達普賢行，出生諸佛法，具佛功德海，廣現神通事。身雲等塵數，充徧一切剎，普雨甘露法❹，令眾住佛道。」

【章　旨】普賢菩薩普觀會中諸眾，為諸菩薩以十種法句開發、顯示、照明、演說此佛所入的奮迅三昧，並以偈頌形式重宣此義。此章為「普賢開發分」。

【注　釋】❶光影方便　以光影清淨相比喻一切法，又以光影隨著物體不同而變化比喻契機化導眾生。❷法句　說法之語句。❸照明　以明亮的智慧去照亮眾生的無明癡暗。❹甘露法　指如來之教法。因法味清淨，長養眾生之身心，譬如甘露之德，故名之甘露法。

【語　譯】這時，普賢菩薩仔細地觀看了此會中的所有菩薩一遍，以與法界數量相等的方便，以與虛空界相等的方便，以與眾生界相等的方便，以與三世同樣持續的方便，以與一切劫同樣長久的方便，以與一切眾生之業相同的方便，以與一切眾生之欲望相同的方便，以與一切眾生之理解力相同的方便，以與一切眾生根相同的方便，以與一切眾生成熟之時機相應的方便，以與一切法光影方便，替諸菩薩以十種法句開拓啟發、顯現示範、照明、演說此師子嚬申三昧。十種法句有哪些呢？十種法句如下：演說能夠示現與法界一切佛土的微塵數量相等的諸佛出世次第、諸土成壞次第的法句；演說能示現與虛空界相等的一切佛土中，一到未來劫都連續讚嘆如來功德的音聲的法句；演說能示現與虛空界相等的一切佛土中，可以使如來出世的無量無邊成正覺門的法句；演說能示現與虛空界相等的一切佛土中，佛坐道場菩薩眾會的法句；演說從一切毛孔之中，念念出現三世一切佛變化身充滿整個法界的法句；演說能使一身充滿十方一切剎海使其平等顯現的法句；演說能使一切諸境界中普現三世諸佛神變的法句；演說能使一切佛土的微塵之中，普遍顯現三世一切佛剎微塵數量的佛的種種神變經無量劫而仍存在的法句；演說能使一切毛孔出生三世一切諸佛所具的無邊大願之音，盡未來劫開發化導一切菩薩的法句；演說能使佛師子座的數量與法界相等，菩薩眾會道場都很莊嚴沒有任何差別，盡未來劫旋轉種種微妙法輪的法句。佛子！以此十為開端，有不可說佛土的微塵數量的法句，都是如來智慧的境界。

這時，普賢菩薩想再次宣講此義，秉承佛之神力，觀察如來，觀察眾會，觀察諸佛的難思境界，觀察諸佛無邊的定力，觀察不可思議的諸世界海，觀察不可思議如幻法智，觀察不可思議三世諸佛悉皆平等，觀察一切無量無邊可以以言辭表達的諸法，然後，普賢菩薩說出如下的偈頌：

「一一毛孔中，微塵數剎海，悉有如來坐，皆具菩薩眾。一一毛孔中，無量諸剎海，佛處菩提座，如是徧法界。一一毛孔中，一切剎塵佛，菩薩眾圍繞，為說普賢行。佛坐一國土，充滿十方界，無量菩薩雲，咸來集其所。億剎微塵數，菩薩功德海，俱從會中起，徧滿十方界。悉住普賢行，皆游法界海，普現一切剎，等入諸佛會。安坐一切剎，聽聞一切法；一一國土中，億劫修諸行。菩薩所修行，普明法海行，入於大願海，住佛境界地。了達普賢行，出生諸佛法，具佛功德海，廣現神通事。身雲等塵數，充徧一切剎，普雨甘露法，令眾住佛道。」

毫光示益分

爾時，世尊欲令諸菩薩安住如來師子頻申廣大三昧故，從眉間白毫相❶放大光明，其光名：普照三世法界門，以不可說佛剎微塵數光明而為眷屬❷，普照十方一切世界海諸佛國土。時，逝多林菩薩大眾悉見一切盡法界、虛空界一切佛剎一一微塵中，各有一切佛剎微塵數諸佛國土，種種名❸、種種色❹、種種清淨、種種住處、種種形相。如是一切諸國土中，皆有大菩薩坐於道場師子座上成等正覺，菩薩大眾前後圍繞，諸世間主而為供養；或見於不可說佛剎量大眾會中，出妙音聲充滿法界，轉正法輪；或見在天宮殿、龍宮殿、夜叉❺宮殿，乾闥婆❻、阿修羅❼、迦樓羅❽、緊那羅❾、摩睺羅伽❿、人非人⓫等諸宮殿中，或在人間村邑聚落、王都大處，現種種姓、種種名、種種身、種種相、種種光明，住種種威儀，入種種三昧，現種種神變，或時自以種種言音，或令種種諸菩薩等在於種種大眾會中種種言辭說種種法。

如此會中，菩薩大眾見於如是諸佛如來甚深三昧大神通力；如是盡法界、虛空界，東、西、南、北、四維⓬、上、下一切方海中，依於眾生心想而住，始從前際至今現在，一切國土身、一切眾生身、一切虛空道，其中一一毛端量處，一一各有微塵數剎，種種業起次第而住，悉有道場菩薩眾會，皆亦如是見佛神力，不壞三世，不壞世間，於一切眾生心中現其影像，隨一切眾生心樂出妙言音，普入一切眾會中，普現一切眾生前，色相⓭有別，智慧無異，隨其所應開示佛法，教化調伏一切眾生未曾休息。

其有見此佛神力者，皆是毗盧遮那如來於往昔時善根攝受，或昔曾以四攝所攝，或是見聞憶念親近之所成熟，或是往昔教其令發阿耨多羅三藐三菩提心，或是往昔於諸佛所同種善根，或是過去以一切智善巧方便教化成熟。

【章旨】世尊為使諸位菩薩都能夠進入師子奮迅三昧，從眉間白毫相放出光明，偏照一切世界，群集的菩薩因此而進入各種三昧。「毫光示益分」的內容自此章始。此章先言佛之毫光普射，會中大菩薩依光而見法，會中大菩薩因佛之攝持以及過去自身之因緣而證之。

【注釋】❶白毫相　又作「毫眉」、「毫相」、「白毛相」、「眉間白毫相」、「眉間白毫軟白兜羅綿相」等，為如來三十二相之一。世尊兩眉之間有柔軟細澤之白色毛髮，引之則長一尋（或謂初生時長五尺，成道時長一丈五尺），放之則右旋宛轉，猶如旋螺，鮮白光淨，一似真珠，如日之正中，能放光明，稱為白毫光。眾生若遇其光，可消除業障、身心安樂。❷眷屬　本來指眷愛隸屬的家族、從僕等人，在佛典中常指佛、菩薩、天眾等等的隨從圍繞者。狹義的佛陀眷屬是指其出家以前車匿、瞿毗耶等人，以及苦行時之五人給侍、得道時之阿難等，也有將舍利弗、目犍連等諸聖以及彌勒、文殊師利等諸菩薩當作佛陀之眷屬的情況。而從廣義而言，凡聞道受教者，都為佛之眷屬。此外，在論述諸法之相狀時，隨屬一法而起的他法，也稱之為「眷屬」。❸名　為心不相應行法之一，通常指名稱而言。應該準確理解為隨音聲呼召物體，使人聞其名而心中浮現物體之相。此「名」，據說能令人生起覺慧。❹色　有廣、狹二義，廣義為物質存在之總稱，狹義則專指眼根所取之境。❺夜叉　天龍八部眾之一，通常與「羅剎」並稱，又作「藥叉」、「野叉」等，意譯輕捷、勇健、能啖、貴人、威德、祠祭鬼、捷疾鬼。女性夜叉，稱為「夜叉女」。指夜叉為住於地上或空中，以威勢惱害人，或守護正法之鬼類。❻乾闥婆　天龍八部眾之一，又作「尋香神」、「樂神」、「執樂天」，與緊那羅同奉侍帝釋天而司奏雅樂。傳說不食酒肉，唯以香氣為食。此類神有眾多之王及眷屬，本經卷一〈世主妙莊嚴品〉就說到二十餘「乾闥婆王」之名。❼阿修羅　六道、十界之一，指以戰鬥為事之一類鬼類，又作「阿素羅」、「阿須羅」、「阿素洛」等，意譯為「非天」、「不端正」、「非善戲」、「非同類」，略稱「修羅」。阿修羅原為印度最古諸惡神之一，與帝釋天率領之天族對抗。佛教中，與乾闥婆、緊那羅等同是天龍八部眾，守護釋尊。另外，與地獄、餓鬼、畜生、人、天形成六道世界，常與天眾戰鬥。❽迦樓羅　天龍八部眾之一，又作「迦留羅」、「伽樓羅」、「金翅鳥」、「妙翅鳥」等。本是印度神話中一種性格猛烈的大鳥，佛教將其作為人之外護持佛法的眾生之一。依佛典所載，迦樓羅的翅膀是由眾寶交織而成，所以又稱為金翅鳥或妙翅鳥。這種鳥的軀體極大，兩翅一張開，有數千餘里，甚至於數百萬里之大。其出生類別有胎生、卵生、濕生、化生四種，以龍為食物。❾緊那羅　又作「緊捺洛」、「緊拏羅」、「歌神」、「歌樂神」、「音樂天」，意譯作「疑神」、「人非人」。原為印度神話中之神，後被佛教吸收為八部眾之一。法藏《華嚴經探玄記》卷二載，此神形貌似人，然頂有一角，人見而起疑，故譯為「疑人」、「疑神」，具有美妙的音聲，能歌舞。大乘諸經中，佛說法之聽眾中常列其名。❿摩睺羅伽　音譯又作「摩呼羅伽」、「摩護囉伽」、「摩休洛」等，意譯作「大腹行」、「大蟒」、「大蟒神」，為無足、腹行之蟒神。⓫人非人　有兩種涵義：一是緊那羅的別名，二是天龍八部眾的總稱。此處應該依第二義理解。⓬四維　指東南、西南、西北、東北四隅。「四維」加「四方」，稱為八方；若再加上、下二方，則合稱「十方」。⓭色相　指顯現於外在而能夠被人所見的色身之相貌。在此指諸佛、菩薩為方便攝化眾生，而以方便顯現出來的色身相貌。

【語　譯】這時，世尊出於想使諸位菩薩安住於如來師子嚬申廣闊無邊三昧的緣故，從眉間白毫相放出大光明，光的名字是「普照三世法界門」，以不可說佛剎無數的光明為其眷屬，普照十方一切世界海諸佛國土。當時，逝多林中的菩薩大眾都看見了全部法界、虛空界的一切佛土中每一微塵中各有一切佛剎無數的諸佛國土的種種名、種種色、種種清淨、種種住處、種種形相。這樣的一切諸國土中都有大菩薩坐於道場的師子座上成就等正覺，許多菩薩大眾圍繞在菩薩的前後，諸世間主為大菩薩作供養；也見到不可說佛土無量大眾會中產生出美妙的聲音，這些聲音充滿了整個法界，宣說著純正的佛法；也有看見在天宮殿、龍宮殿、夜叉宮殿以及乾闥婆、阿修羅、迦樓羅、緊那羅、摩睺羅伽、人非人等天龍的宮殿中，在人間村邑聚落、國都大城市，出現了種種姓、種種名、種種身、種種相、種種光明，菩薩在種種威儀中安住，進入種種三昧，顯現種種神變，不時以自己的種種語言聲音，使種種諸菩薩等在種種大眾聚會之中以種種言辭說種種法。

在此逝多林會中，菩薩大眾見到了諸佛如來如此深廣的三昧大神通力；盡法界、虛空界，東、西、南、北、四維、上、下一切方向海中，凡是依止於眾生心想而住者，從過去到現在，一切國土身、一切眾生身、一切虛空道，其中每一個毛端處各有無數國土剎，種種業次第而生起、存在，逝多林會中的菩薩大眾進入了上述場所的道場和菩薩的聚會。在這些聚會中的菩薩都見到了佛的如此神力，這種神力在過去、現在、未來三世中不會損壞，在世間中也不會損減，由於佛之神力在所有眾生的心中顯現出佛的影像，隨著所有眾生喜悅的心發出美妙的言語、聲音，完全進入了所有眾會之中，完全顯現在一切眾生面前。這些如來，其色相有差別，但智慧卻沒有差別，隨著眾生的根機和要求開示佛法，教化調伏一切眾生，永無疲倦，永不休息。

會中諸大菩薩之所以能夠觀見佛之三昧神力，都是毗盧遮那如來在過去以善根攝受的結果，或者是毗盧遮那如來在過去以四攝所攝的結果，或者是其見聞憶念親近佛所成就的結果，或者是在過去受過教導而發過大菩提心，或者是過去曾經在諸佛所在之處種植了善根，或者是過去曾以一切智善巧方便教化而成。

是故皆得入於如來不可思議甚深三昧，盡法界、虛空界大神通力。或入法身❶，或入色身，或入往昔所成就行❷，或入圓滿諸波羅蜜，或入莊嚴清淨行輪❸，或入菩薩諸地❹，或入成正覺力，或入佛所住三昧無差別大神變，或入如來力、無畏智，或入佛無礙辯才海。彼諸菩薩以種種解、種種道、種種門、種種入、種種理趣、種種隨順❺、種種智慧、種種助道❻、種種方便、種種三昧，入如是等十不可說佛剎微塵數佛神變海方便門。

云何種種三昧？所謂：普莊嚴法界三昧、普照一切三世無礙境界三昧、法界無差別智光明三昧、入如來境界不動轉三昧、普照無邊虛空三昧、入如來力三昧、佛無畏勇猛奮迅莊嚴三昧、一切法界旋轉藏三昧、如月普現一切法界以無礙音大開演三昧、普清淨法光明三昧、無礙繒法王幢三昧、一一境界中悉見一切諸佛海三昧、於一切世間悉現身三昧、入如來無差別身境界三昧、隨一切世間轉大悲藏三昧、知一切法無有迹三昧、知一切法究竟寂滅三昧、雖無所得而能變化普現世間三昧、普入一切剎三昧、莊嚴❼一切佛剎成正覺三昧、觀一切世間主色相差別三昧、觀一切眾生境界無障礙三昧、能出生一切如來母❽三昧、能修行入一切佛海功德道三昧、一一境界中出現神變盡未來際三昧、入一切如來本事海三昧、盡未來際護持一切如來種性三昧、以決定解力令現在十方一切佛剎海皆清淨三昧、一念中普照一切佛所住三昧、入一切境界無礙際三昧、令一切世界為一佛剎三昧、出一切佛變化身❾三昧、以金剛王智知一切諸根海三昧、知一切如來同一身三昧、知一切法界所安立悉住心念際三昧、於一切法界廣大國土中示現涅槃三昧、令住最上處三昧、於一切佛剎現種種眾生差別身三昧、普入一切佛智慧三昧、知一切法性相❿

三昧、一念普知三世法三昧、念念中普現法界身三昧、以師子勇猛智知一切如來出興次第三昧、於一切法界境界慧眼圓滿三昧、勇猛趣向十力三昧、放一切功德圓滿光明普照世間三昧、不動藏三昧、說一法普入一切法三昧、於一法以一切言音差別訓釋三昧、演說一切佛無二法三昧、知三世無礙際三昧、知一切劫無差別三昧、入十力微細方便三昧、於一切劫成就一切菩薩行不斷絕三昧、十方普現身三昧、於法界自在成正覺三昧、生一切安隱受三昧、出一切莊嚴具莊嚴虛空界三昧、念念中出等眾生數變化身雲三昧、如來淨空月光明三昧、常見一切如來住虛空三昧、開示一切佛莊嚴三昧、照明一切法義[11]燈三昧、照十力境界三昧、三世一切佛幢相三昧、一切佛一密藏三昧、念念中所作皆究竟三昧、無盡福德藏三昧、見無邊佛境界三昧、堅住一切法三昧、現一切如來變化悉令知見三昧、念念中佛日常出現三昧、一日中悉知三世所有法三昧、普音演說一切法性寂滅三昧、見一切佛自在力三昧、法界開敷蓮華三昧、觀諸法如虛空無住處三昧、十方海普入一方三昧、入一切法界無源底三昧、一切法海三昧、以寂靜身放一切光明三昧、一念中現一切神通大願三昧、一切時一切處成正覺三昧、以一莊嚴入一切法界三昧、普現一切諸佛身三昧、知一切眾生廣大殊勝神通智三昧、一念中其身徧法界三昧、現一乘淨法界三昧、入普門[12]法界示現大莊嚴三昧、住持一切佛法輪三昧、以一切法門莊嚴一法門三昧、以因陀羅網[13]願行攝一切眾生界三昧、分別一切世界門三昧、乘蓮華自在游步三昧、知一切眾生種種差別神通智三昧、令其身恆現一切眾生前三昧、知一切眾生差別音聲言辭海三昧、知一切眾生差別智神通三昧、大悲平等藏三昧、一切佛入如來際三昧、觀察一切如來解脫處師子頻申三昧。菩薩以如是等不可說佛刹微塵數三昧，入毗盧遮那如來念念充滿一切法界三昧神變海。

【章旨】此章先以十種「入」從總體上說明諸大菩薩之所證入，後又具體羅列了會中菩薩在世尊之神力感召下所進入的各種三昧的名稱。經文中列舉了一百零二門三昧，都是從「業用」（即功能）立名的。這些三昧都以法性真如為三昧之根本。其中前一百零一門各自的「業用」都不相同，後一門三昧為集大成者。

【注　釋】❶法身　大乘佛教所言佛的三身之一，又名「自性身」、「法性身」，即諸佛所證的真如法性之身。❷往昔所成就行　指佛往日所證得的果位。已得而至今相續不失，稱為「成就」。❸莊嚴清淨行輪　指佛所做的一切事情。❹菩薩諸地　指菩薩修證過程中所經歷的十個重要階段，即「菩薩十地」——歡喜地、離垢地、發光地、燄慧地、難勝地、現前地、遠行地、不動地、善慧地、法雲地。❺隨順　隨從他人之意而不拂逆。這裡所說意思為，隨順世間若干眾生之種性、根機，以方便知見而為說法，拔出眾生處處之貪著。本經卷三十七中有菩薩隨順得以進入第六現前地而獲得明利的隨順忍卻未獲得無生法忍的記載。❻助道　能資助果德，或者諸行互為資助。佛教中主要指「四念住」、「四正斷」等「三十七種道品」，因為其能資助止觀的緣故。❼莊嚴　嚴飾佈列，即佈列諸種眾寶、雜花、寶蓋、幢、幡、瓔珞等，以裝飾嚴淨道場或國土等。❽如來母　指六波羅蜜中的「般若波羅蜜」，因為它是其他五波羅蜜之根據，居於最重要之地位。❾變化身　是佛的「三身」之一，又作「化身」、「變易身」。具體指法身、報身、應身三身中的應身，為應身之分身所化之佛，依於應身所化現出的佛形。這是諸佛為欲利益安樂地前菩薩、二乘及六趣等眾生而由成所作智變現出無量隨類化身，以便使眾生脫離惡趣，出離三界，而入於初地。❿性相　指體性與相狀。不變而絕對之真實本體，或事物之自體，稱為「性」；差別變化之現象的相狀，稱為「相」。⓫法義　指佛教的教法義理。「法」即「教法」，「義」即「義理」。⓬普門　又作「無量門」，意指普及於一切之法門。佛教中往往將佛、菩薩依種種緣，顯示其種種形相，而來救度眾生，稱為「普門示現」。⓭因陀羅網　又作「天帝網」、「帝網」，為帝釋天之寶網，為帝釋天宮殿的裝飾物。網之一一結皆附寶珠，其數無量，一一寶珠皆映現自他一切寶珠之影，又一一影中亦皆映現自他一切寶珠之影，如是寶珠無限交錯反映，重重影現，互顯互隱，重重無盡。《華嚴經》以因陀羅網譬喻諸法之「一」與「多」相即相入、重重無盡之義；若依境而言，稱為因陀羅網境，依定而言，稱為因陀羅網定，依土而言，稱為因陀羅網土，此皆為顯示事事無礙圓融之法門。

【語譯】由於上述原因，這些菩薩都得以進入如來不可思議甚深三昧；顯現出盡法界、虛空界的大神通力，有的進入法身，有的進入色身，有的進入佛往昔所成就行，有的進入圓滿諸波羅蜜，有的進入莊嚴清淨行輪，有的進入菩薩諸十地，有的進入成正覺力，有的進入佛所住三昧無差別大神變，有的進入如來十力、無畏智，有的進入佛的無礙辯才海。這些菩薩以種種解悟、種種方法、種種門徑、種種入、種種義理歸趣、種種隨順、種種智慧、種種助道、種種方便、種種三昧，進入如此十不可說佛剎微塵數佛神變海方便門。

種種三昧包括哪些呢？包括：普莊嚴法界三昧、普照一切三世無礙境界三昧、法界無差別智光明三昧、入如來境界不動轉三昧、普照無邊虛空三昧、入如來力三昧、佛無畏勇猛奮迅莊嚴三昧、一切法界旋轉藏三昧、如月普現一切法界以無礙音大開演三昧、普清淨法光明三昧、無礙繒法王幢三昧、一一境界中悉見一切諸佛海三昧、於一切世間悉現身三昧、入如來無差別身境界三昧、隨一切世間轉大悲藏三昧、知一切法無有迹三昧、知一切法究竟寂滅三昧、雖無所得而能變化普現世間三昧、普入一切剎三昧、莊嚴一切佛剎成正覺三昧、觀一切世間主色相差別三昧、觀一切眾生境界無障礙三昧、能出生一切如來母三昧、能修行入一切佛海功德道三昧、一一境界中出現神變盡未來際三昧、入一切如來本事海三昧、盡未來際護持一切如來種性三昧、以決定解力令現在十方一切佛剎海皆清淨三昧、一念中普照一切佛所住三昧、入一切境界無礙際三昧、令一切世界為一佛剎三昧、出一切佛變化身三昧、以金剛王智知一切諸根海三昧、知一切如來同一身三昧、知一切法界所安立悉住心念際三昧、於一切法界廣大國土中示現涅槃三昧、令住最上處三昧、於一切佛剎現種種眾生差別身三昧、普入一切佛智慧三昧、知一切法性相三昧、一念普知三世法三昧、念念中普現法界身三昧、以師子勇猛智知一切如來出興次第三昧、於一切法界境界慧眼圓滿三昧、勇猛趣向十力三昧、放一切功德圓滿光明普照世間三昧、不動藏三昧、說一法普入一切法三昧、於一法以一切言音差別訓釋三昧、演說一切佛無二法三昧、知三世無礙際三昧、知一切劫無差別三昧、入十力微細方便三昧、於一切劫成就一切菩薩行不斷絕三昧、十方普現身三昧、於法界自在成正覺三昧、生一切安隱受三昧、出一切莊嚴具莊嚴虛空界三昧、念念中出等眾生數變化身雲三昧、如來淨空月光明三昧、常見一切如來住虛空三昧、開示一切佛莊嚴三昧、照明一切法義燈三昧、照十力境界三昧、三世一切佛幢相三昧、一切佛一密藏三昧、念念中所作皆究竟三昧、無盡福德藏三昧、見無邊佛境界三昧、堅住一切法三昧、現一切如來變化悉令知見三昧、念念中佛日常出現三昧、一日中悉知三世所有法三昧、普音演說一切法性寂滅三昧、見一切佛自在力三昧、法界開敷蓮華三昧、觀諸法如虛空無住處三昧、十方海普入一方三昧、入一切法界無源底三昧、一切法海三昧、以寂靜身放一切光明三昧、一念中現一切神通大願三昧、一切時一切處成正覺三昧、以一莊嚴入一切法界三昧、普現一切諸佛身三昧、知一切眾生廣大殊勝神通智三昧、一念中其身徧法界三昧、現一乘淨法界三昧、入普門法界示現大莊嚴三昧、住持一切佛法輪三昧、以一切法門莊嚴一法門三昧、以因陀羅網願行攝一切眾生界三昧、分別一切世界門三昧、乘蓮華自在游步三昧、知一切眾生種種差別神通智三昧、令其身恆現一切眾生前三昧、知一切眾生差別音聲言辭海三昧、知一切眾生差別智神通三昧、大悲平等藏三昧、一切佛入如來際三昧、觀察一切如來解脫處師子嚬申三昧。菩薩以如此等等不可說佛剎微塵數三昧，進入毗盧遮那如來念念充滿一切法界三昧神變海。

其諸菩薩皆悉具足大智神通，明利自在，住於諸地；以廣大智普觀一切，從諸智慧種性而生一切智，智常現在前，得離癡翳清淨智眼。為諸眾生作調御師❶，住佛平等，於一切法無有分別，了達境界，知諸世間性皆寂滅無有依處；普詣一切諸佛國土而無所著，悉能觀察一切諸法而無所住，徧入一切妙法宮殿而無所來；教化調伏一切世間，普為眾生現安隱處。智慧解脫為其所行，恆以智身住離貪際，超諸有海，示真實際；智光圓滿，普見諸法，住於三昧，堅固不動；於諸眾生恆起大悲，知諸法門悉皆如幻，一切眾生悉皆如夢，一切如來悉皆如影，一切言音悉皆如響❷，一切諸法悉皆如化❸；善能積集殊勝行願，智慧圓滿，清淨善巧，心極寂靜；善入一切總持❹境界，具三昧力，勇猛無怯；獲明智眼，住法界際，到一切法無所得處；修習無涯智慧大海，到智波羅蜜究竟彼岸，為般若波羅蜜之所攝持；以神通波羅蜜❺普入世間，依三昧波羅蜜得心自在。以不顛倒智知一切義，以巧分別智❻開示法藏❼，以現了智訓釋文辭，以大願力說法無盡，以無所畏大師子吼，常樂觀察無依處法，以淨法眼普觀一切，以淨智月照世成壞，以智慧光照真實諦❽；福德智慧如金剛山❾，一切譬喻所不能及；善觀諸法，慧根❿增長；勇猛精進，摧伏眾魔；無量智慧，威光熾盛；其身超出一切世間，得一切法無礙智慧，善能悟解盡、無盡際；住於普際，入真實際，無相觀智常現在前。

善巧成就諸菩薩行，以無二智知諸境界，普見一切世間諸趣，徧往一切諸佛國土；智燈圓滿，於一切法無諸暗障，放淨法光照十方界；為諸世間真實福田⓫，若見若聞所願皆滿，福德高大超諸世間，勇猛無畏摧諸外道，演微妙音徧一切剎。普見諸佛心無厭足，於佛法身已得自在，隨所應化而為現身⓬，一身充滿一切佛剎。已得自在清淨神通，乘大智舟，所往無礙，智慧圓滿，週徧法界；譬如日出普照世間，隨眾生心現其色像；知諸眾生根性欲樂，入一切法無諍境界；知諸法性無生無起，能令小大自在相入。決了⓭佛地甚深之趣，以無盡句說甚深義，於一句中演說一切修多羅海；獲大智慧陀羅尼身⓮，凡所受持永無忘失；一念能憶無量劫事，一念悉知三世一切諸眾生智；恆以一切陀羅尼門，演說無邊諸佛法海，常轉不退清淨法輪，令諸眾生皆生智慧。得佛境界智慧光明，入於善見甚深三昧，入一切法無障礙際，於一切法勝智自在，一切境界清淨莊嚴；普入十方一切法界，隨其方所靡不咸至。一一塵中現成正覺，於無色性現一切色，以一切方普入一方。

其諸菩薩具如是等無邊福智⓯功德之藏，常為諸佛之所稱歎，種種言辭說其功德不能令盡。靡不咸在逝多林中，深入如來功德大海，悉見於佛光明所照。

【章　旨】此章以十門總結菩薩所得三昧之德：一為「智位高深德」，二為「調生無染德」，三為「成滿諸度德」，四為「智力無畏德」，五為「成就昔行德」，六為「法身圓滿德」，七為「色身自在德」，八為「辯才自在德」，九為「三昧神變德」，十為「成等正覺德」。

【注　釋】❶調御師　又作「調御丈夫」，佛十號之一，佛能調御一切可度的丈夫，使他們發心修道。❷如響　這是佛經中常用的比喻之一。《大智度論》卷六曰：「若深山狹谷中，若深絕澗中，空大舍中，若語聲若打聲，從聲有聲名為響，無智人謂為有人語聲。智者心念，是聲無人作，但以聲觸故名為響。響事空能誑耳根……諸菩薩知諸法如響。」❸如化　佛經中常用的比喻之一。化，又作「變化」、「變化事」。舉凡神仙之通力、天龍之業力，及以禁咒、禪定等變現諸物者，皆稱為「化」。這些化事化物，皆空而無實，故以之比喻一切諸法皆空，猶如化物般之無實。❹總持　音譯作「陀羅尼」，持善不失，持惡不使起，以念與定慧為體。這是菩薩所修之念定慧所具的功德。❺神通波羅蜜　通常所言的「十波羅蜜」、「六波羅蜜」、「四波羅蜜」中均無此名相，在本經特指上文所述世尊以神力使得諸大菩薩獲得各種三昧等事。❻分別智　分別有為事相之智，在佛言之為後得之權智，在凡夫則是虛妄之計度。凡夫若能離此虛妄之計度，而與真理冥合，則名為無分別智，亦即佛之根本實智。❼法藏　法，教法之意。藏，含藏之意。指佛陀所說之教法；以教法含藏多義，故稱法藏。也指含藏此等教說之聖教、經典等。❽真實諦　即「真諦」，又名「勝義諦」、「第一義諦」，即聖智所見的真實理性，亦即內證的離言法性。聖智所見的真實理性，離諸虛妄，故云「真」，其理永恆不變，故云「諦」。❾金剛山　又曰「金剛圍山」、「金剛輪山」，須彌山及金剛鐵圍一切諸山。本經卷四十五〈菩薩住處品〉曰：「東北方有處，名清涼山。……海中有處，名金剛山。從昔以來，諸菩薩眾，於中止住。現有菩薩，名曰法起，與其眷屬諸菩薩眾千二百人俱，常在其中而演說法。」❿慧根　即由定中觀智所起而了知如實之真理，為五無漏根之一。觀想了達真理，稱為「慧」；智慧具有照破一切、生出善法之能力，可成就一切功德，以至成道，故稱「慧根」。這是以草木之根對於生命的重要性來比喻智慧在佛教修行中的重要性。⓫福田　田以生長為義，人若行善修慧，猶如農夫於田下種，能得福慧之報，故名福田。⓬隨所應化而為現身　即「應化利生」，佛、菩薩示現種種形像，為眾生說法，教化眾生乃至令達悟境，給與眾生無上利益。如觀世音菩薩化現三十三身，自在變化而無拘縛，稱為「應化無方」。如是應化之佛身、菩薩身，稱為「應化身」、「應身」、「化身」。⓭決了　使義理決定明瞭。⓮陀羅尼身　指「三陀羅尼」之一的「持陀羅尼」與「分別陀羅尼」。前者指耳聞一切語言諸法皆不忘失，後者指分別了知諸眾生諸法。⓯福智　「福德」與「智慧」之並稱。據《成唯識論》卷九，菩薩所修諸勝行中，以慧為性者稱為「智」，其餘則稱為「福」。菩薩為成就佛果，必須上求菩提（智業），下化眾生（福業），因其所具備之福、智二行（福、智二業），係成佛最勝之實踐，故稱為「二種勝行」。菩薩一切行為，雖總攝於「福行」與「智行」，若加以區別，則有布施、持戒、忍辱、精進、禪定、智慧等六度。此中，前五者屬於「福行」，智慧屬「智行」；或以前三者屬「福行」，智慧屬「智行」，而居中之精進、禪定則通於「智行」與「福行」。

【語　譯】這些菩薩都具足大智神通，聰明銳利而自在，住於十地，並且以廣大的智慧普觀一切，從諸智慧種性之中生出一切智，這些智常常顯現出來，使其可以遠離無明障蔽他們清淨的智眼。這些菩薩是眾生的調御師，堅住於佛平等的真際，對於一切法都不產生分別，了達其境界，知曉世間都是以寂滅為性質的，並無固定的處所可以作為依止；他們都到過一切諸佛之國土但卻不產生執著之心，完全能夠觀察一切諸法而並不將其當作永恆不變的東西，進入過一切妙法之宮殿而並無來過的感覺；教化調伏所有世間之眾生，為所有眾生顯現可以安穩地居住之處。這些菩薩以智慧解脫為其行為的歸趣，永遠以其智慧之身住於遠離貪欲之處，超越萬有之海，顯現出真實之際；智光圓滿，普遍觀察世間諸法，住於三昧大定中堅固不動；對於諸眾生永遠生起大悲之心，知曉世間法門都如同幻覺，一切眾生都如同夢境，一切如來都如同影子，一切言語聲音都如響，一切諸法悉皆如化；善於並且能夠積集殊勝的行願，智慧圓滿，清淨善巧，心極寂靜；善於進入一切總持境界，具備三昧力，勇猛而不膽怯；獲得明智之眼，住於法界際，達到了一切法無所得之處；修習無涯智慧大海，到智波羅蜜究竟彼岸，為般若波羅蜜之所攝持；以神通波羅蜜普偏進入世間，依於三昧波羅蜜得心自在的境界。這些菩薩以不顛倒之智知曉一切義法，以善巧的分別智開示法藏，以顯現明了之智解釋理解文辭，以大願力無盡地為眾生說法，以無畏的大師子吼，常常並且樂於觀察無所依止之法，以清淨的法眼普觀一切，以清淨智慧之月照徹世間的生成、存在與變化，以智慧之光照真實諦；其福德智慧如金剛山，是一切譬喻都不能清晰表達的；善於觀察諸法，使慧根增長；以勇猛之精進摧伏許許多多魔境，無量智慧之威光熾盛；其身超出一切世間，得到了一切法都是無礙之智慧，善能悟解有限與無限之際；住於世間，進入真實之際，無相觀智常常顯現出來。

這些菩薩善巧成就諸菩薩行，以無二之智慧知曉諸境界，普見一切世間的六道眾生，偏往一切諸佛國土；智慧之燈圓滿，對於一切法都沒有暗障，放出淨法之光照耀十方界；為了締造諸世間真實的福田，其所見所聞所願都得到滿足，其高大福德超越諸世間，以勇猛無畏之力摧破諸外道，演說微妙法音使其偏於一切國土。見到了所有諸佛而心無厭倦也無滿足，已證得佛之自在法身，隨其所應化的需要而顯現出應身，一身就充滿一切佛土。這些菩薩已得自在清淨神通，乘大智慧之舟，所往無有任何障礙，智慧圓滿，週徧法界；譬如日出，普照世間，隨眾生之心顯現出不同的顏色與形像；知曉諸眾生的根機、本性、欲望、快樂，進入一切法都無爭諍的境界；知曉諸法之性本來無生無起，能夠使小物與大物自在相入。這些菩薩決定明了佛地甚深之歸趣，以無窮無盡的語言宣說很深的佛教義理，從一句中演說一切經藏海；獲得大智慧陀羅尼身，凡所接受的法義永遠不會忘記失去；其一念能夠記憶無量劫之事務，一念就全部知曉三世一切眾生之智慧；永遠以一切陀羅尼門，演說無邊佛法義理之海，常轉不退轉的清淨法輪，使那些眾生都產生智慧。這些菩薩獲得了佛境界的智慧光明，進入了善見甚深三昧，進入一切法無障礙的境界，對於一切法都以智慧而得自在，一切境界都清淨莊嚴；普入十方一切法界，隨其方向處所沒有不至的。這些菩薩於每一塵中現證出正覺，在無色性中顯現出一切色，以一切方所普入一方所。

這些菩薩具足如此等無邊福智功德之藏，常常被諸佛所稱引讚嘆，以種種言辭宣說他們的功德都不能全部說盡，他們無不在逝多林中，深入如來功德大海，都見到了佛之光明所照。

爾時，諸菩薩得不思議正法光明，心大歡喜，各於其身及以樓閣、諸莊嚴具，並其所坐師子之座，徧逝多林一切物中，化現種種大莊嚴雲，充滿一切十方法界。所謂：於念念中放大光明雲，充滿十方，悉能開悟一切眾生；出一切摩尼寶鈴雲，充滿十方，出微妙音，稱揚讚嘆三世諸佛一切功德；出一切音樂雲，充滿十方，音中演說一切眾生諸業果報；出一切菩薩種種願行色相雲，充滿十方，說諸菩薩所有大願；出一切如來自在變化雲，充滿十方，演出一切諸佛如來語言音聲；出一切菩薩相好莊嚴身雲，充滿十方，說諸如來於一切國土出興次第；出三世如來道場雲，充滿十方，現一切如來成等正覺功德莊嚴；出一切龍王雲，充滿十方，雨一切諸香；出一切世主身雲，充滿十方，演說普賢菩薩之行；出一切寶莊嚴清淨佛剎雲，充滿十方，現一切如來轉正法輪。是諸菩薩以得不思議法光明故，法應如是，出興此等不可說佛剎微塵數大神變莊嚴雲。

【章　旨】諸位大菩薩因得此光明三昧而化現出種種莊嚴雲而供養世尊。文中列舉十種以象徵無量無數。

【語　譯】這時，諸菩薩獲得了不可思議的正法光明，心中生出大歡喜，各自於其身，以樓閣、諸莊嚴具並其所坐師子之座，以及徧逝多林中的一切物之中，化現出種種大莊嚴雲，充滿一切十方法界。這些雲有：這些菩薩於念念中放出大光明雲，充滿十方，都能以之開悟一切眾生；這些菩薩發出一切摩尼寶鈴雲，充滿十方，出微妙之音，稱揚讚嘆三世諸佛一切功德；這些菩薩發出一切音樂雲，充滿十方，音中演說一切眾生諸業之果報；這些菩薩發出一切菩薩種種願行色相雲，充滿十方，宣說諸菩薩所有大願；這些菩薩發出一切如來自在變化雲，充滿十方，演出一切諸佛如來語言音聲；這些菩薩發出一切菩薩相好莊嚴身雲，充滿十方，宣說諸如來在一切國土出興的次第；這些菩薩發出三世如來道場雲，充滿十方，顯現出一切如來成等正覺的功德莊嚴；這些菩薩發出一切龍王雲，充滿十方，降下一切諸香；這些菩薩發出一切世主身雲，充滿十方，演說普賢菩薩之行；這些菩薩發出一切寶莊嚴清淨佛剎雲，充滿十方，顯現一切如來轉正法輪。這些都是諸菩薩以得到的不可思議法發出的光明的緣故，法應如此，出生興起此等不可說的佛剎微塵數的大神變莊嚴雲。

文殊述德分

爾時，文殊師利菩薩承佛神力，欲重宣此逝多林中諸神變事，觀察十方而說頌言：「汝應觀此逝多林，以佛威神廣無際，一切莊嚴皆示現，十方法界悉充滿。十方一切諸國土，無邊品類大莊嚴，於其座等境界中，色像分明皆顯現。從諸佛子毛孔出，種種莊嚴寶燄雲，及發如來微妙音，徧滿十方一切剎。寶樹❶華中現妙身，其身色相等梵王❷，從禪定起而遊步，進止威儀恆寂靜。如來一一毛孔內，常現難思變化身，皆如普賢大菩薩，種種諸相為嚴好。逝多林上虛空中，所有莊嚴發妙音，普說三世諸菩薩，成就一切功德海。逝多林中諸寶樹，亦出無量妙音聲，演說一切諸群生，種種業海各差別。林中所有眾境界，悉現三世諸如來，一一皆起大神通，十方剎海微塵數。十方所有諸國土，一切剎海微塵數，悉入如來毛孔中，次第莊嚴皆現睹。所有莊嚴皆現佛，數等眾生徧世間，一一咸放大光明，種種隨宜化群品❸。香燄❹眾華及寶藏，一切莊嚴殊妙雲，靡不廣大等虛空，徧滿十方諸國土。十方三世一切佛，所有莊嚴妙道場，於此園林境界中，一一色像皆明現。一切普賢諸佛子，百千劫海❺莊嚴剎，其數無量等眾生，莫不於此林中見。」

【章　旨】此章為本品「文殊述德分」。文殊菩薩分別以十三偈通贊此會所具的過去、現在、未來三種世間之自在大用。

【注　釋】❶寶樹　珍寶所成之樹林，指佛土的草木。❷梵王　又名「大梵王」、「大梵天王」，為初禪天之王。❸群品　指在六道中輪迴的各類眾生。❹香燄　焚香時出現的煙火。❺劫海　劫數之多譬如大海之水量。

【語　譯】這時，文殊師利菩薩秉承佛之神力，想重複宣說此逝多林中發生的諸神變事，普觀察十方而說頌言：「汝應觀此逝多林，以佛威神廣無際，一切莊嚴皆示現，十方法界悉充滿。十方一切諸國土，無邊品類大莊嚴，於其座等境界中，色像分明皆顯現。從諸佛子毛孔出，種種莊嚴寶燄雲，及發如來微妙音，徧滿十方一切剎。寶樹華中現妙身，其身色相等梵王，從禪定起而遊步，進止威儀恆寂靜。如來一一毛孔內，常現難思變化身，皆如普賢大菩薩，種種諸相為嚴好。逝多林上虛空中，所有莊嚴發妙音，普說三世諸菩薩，成就一切功德海。逝多林中諸寶樹，亦出無量妙音聲，演說一切諸群生，種種業海各差別。林中所有眾境界，悉現三世諸如來，一一皆起大神通，十方剎海微塵數。十方所有諸國土，一切剎海微塵數，悉入如來毛孔中，次第莊嚴皆現睹。所有莊嚴皆現佛，數等眾生徧世間，一一咸放大光明，種種隨宜化群品。香燄眾華及寶藏，一切莊嚴殊妙雲，靡不廣大等虛空，徧滿十方諸國土。十方三世一切佛，所有莊嚴妙道場，於此園林境界中，一一色像皆明現。一切普賢諸佛子，百千劫海莊嚴剎，其數無量等眾生，莫不於此林中見。」

無涯大用分

爾時，彼諸菩薩以佛三昧光明照故，即時得入如是三昧，一一皆得不可說佛剎微塵數大悲門，利益安樂一切眾生。於其身上一一毛孔，皆出不可說佛剎微塵數光明；一一光明，皆化現不可說佛剎微塵數菩薩。其身形相如世諸主，普現一切眾生之前，周匝徧滿十方法界，種種方便教化調伏，或現不可說佛剎微塵數諸天宮殿無常門，或現不可說佛剎微塵數一切眾生受生門，或現不可說佛剎微塵數一切菩薩修行門，或現不可說佛剎微塵數夢境門，或現不可說佛剎微塵數菩薩大願門，或現不可說佛剎微塵數震動世界門，或現不可說佛剎微塵數分別世界門，或現不可說佛剎微塵數現生❶世界門，或現不可說佛剎微塵數檀波羅蜜門，或現不可說佛剎微塵數一切如來修諸功德種種苦行❷尸波羅蜜門，或現不可說佛剎微塵數割截支體羼提波羅蜜門，或現不可說佛剎微塵數勤修毗梨耶❸波羅蜜門，或現不可說佛剎微塵數一切菩薩修諸三昧禪定解脫門❹，或現不可說佛剎微塵數佛道圓滿智光明門，或現不可說佛剎微塵數勤求佛法為一文一句故捨無數身命門，或現不可說佛剎微塵數親近一切佛諮問一切法心無疲厭門，或現不可說佛剎微塵數隨諸眾生時節欲樂，往詣其所方便成熟令住一切智海光明門，或現不可說佛剎微塵數降伏眾魔制諸外道顯現菩薩福智力門，或現不可說佛剎微塵數知一切工巧明❺智門，或現不可說佛剎微塵數知一切眾生差別明智門，或現不可說佛剎微塵數知一切法差別明智門，或現不可說佛剎微塵數知一切眾生心樂差別明智門，或現不可說佛剎微塵數知一切眾生根行、煩惱、習氣❻明智門，或現不可說佛剎微塵數知一切眾生種種業明智門，或現不可說佛剎微塵數開悟一切眾生門……。以如是等不可說佛剎微塵數方便門，往詣一切眾生住處而成熟之。所謂：或往天宮，或往龍宮，或往夜叉、乾闥婆、阿修羅、迦樓羅、緊那羅、摩睺羅伽宮，或往梵王宮，或往人王宮，或往閻羅王❼宮，或往畜生、餓鬼、地獄之所住處，以平等大悲、平等大願、平等智慧、平等方便攝諸眾生。或有見已而調伏者，或有聞已而調伏者，或有憶念而調伏者，或聞音聲而調伏者，或聞名號而調伏者，或見圓光而調伏者，或見光網而調伏者；隨諸眾生心之所樂，皆詣其所令其獲益。

佛子！此逝多林一切菩薩，為欲成熟諸眾生故，或時現處種種嚴飾諸宮殿中，或時示現住自樓閣寶師子座，道場眾會所共圍繞，周遍十方皆令得見，然亦不離此逝多林如來之所。佛子！此諸菩薩，或時示現無量化身雲，或現其身獨一無侶。所謂：或現沙門❽身，或現婆羅門❾身，或現苦行身，或現充盛身，或現醫王身，或現商主身，或現淨命❿身，或現伎樂身，或現奉事諸天身，或現工巧技術身。往詣一切村營城邑、王都聚落諸眾生所，隨其所應，以種種形相、種種威儀、種種音聲、種種言論、種種住處，於一切世間猶如帝網⓫行菩薩行。或說一切世間工巧事業，或說一切智慧照世明燈，或說一切眾生業力所莊嚴，或說十方國土建立諸乘位，或說智燈所照一切法境界，教化成就一切眾生，而亦不離此逝多林如來之所。

【章旨】此章為本品「無涯大用分」；言諸大菩薩因三昧之力起救度眾生之大用。

【注釋】❶現生　現在之生。同於現世，指其人在生之一期。❷苦行　即斷除肉體欲望、堪忍諸種難忍之苦的宗教修行方式。主要指印度諸外道為求生天而行諸苦行，佛教的苦行稱之為「頭陀」。❸毗梨耶　即「六度」中「精進」的音譯。❹解脫門　指空、無相、無願三種，因為這三種乃是通向涅槃之門戶，因此名為「解脫門」。❺工巧明　又作「世工業明」、「巧業明」，指通達有關技術、工藝、音樂、美術、書術、占相、咒術等的技能學問。❻習氣　又作「煩惱習」、「餘習」、「殘氣」，略稱「習」。指由於人之思想及行為（尤以煩惱）經常生起，其熏習於人心中所留的習慣、氣分、習性、餘習、殘氣等。如由納香之篋中取出香，篋內猶存香氣；用以比喻雖滅除煩惱之正體（稱為正使），尚存習慣氣分。❼閻羅王　即「閻王」，又作「琰魔王」、「雙王」。兄妹二人並為王，兄治男事，妹治女事。據《法苑珠林》等記載：閻羅王往昔為沙毗國王，與鄰國戰而敗，國王極其忿怒，與諸大臣兵卒都發願，希望死後作為地獄主，抓住鄰國諸惡人，一一投之於地獄以發泄憤怒。後來，這位國王果然死後成為閻羅王，其大臣兵卒，也都成為地獄官卒。❽沙門　又作「沙門那」、「桑門」、「喪門」，意譯「勤勞」、「功勞」、「劬勞」、「靜志」、「息止」、「息心」、「息惡」、「勤息」、「貧道」、「乏道」，為出家修道者的總稱，在印度及中國佛教初期通用於佛教內、外。凡剃除鬚髮，止息諸惡，善調身心，勤行諸善，希望以行趣涅槃之出家修道者，均稱為「沙門」。❾婆羅門　為印度社會種姓之一。自認為是梵天的後裔，平素讀誦《四吠陀》，行祭祀，位居四姓（四種階級）之最上位，只有婆羅門可以教授他人《吠陀》，為他人行祭祀，接受布施。❿淨命　比丘遠離四種邪命法而清淨活命，即八正道中之正命。亦即正當、清淨之生活方法。⓫帝網　即「因陀羅網」，帝釋懸寶珠網以裝飾宮殿，這些寶珠的光明互相輝映，一珠現一切珠影，一切珠盡現一珠之中，各各如此，重重影現。

【語　譯】這時，那些菩薩因為有佛三昧之光明照耀的緣故立即得以進入如此三昧，每一位都得到不可說佛剎無數大悲法門，使一切眾生都能夠得到利益和安定、快樂；從他們的身上每一個毛孔中都發出不可說佛剎無數光明；每一光明都化現出不可說佛剎無數菩薩。這些身形、相貌如同世間的統治者的菩薩，普現在一切眾生之前，菩薩徧滿十方一切法界，以種種方便教化調伏眾生，有的顯現出不可說佛剎無數諸天宮殿無常法門，有的顯現出不可說佛剎無數一切眾生轉生法門，有的顯現出不可說佛剎無數一切菩薩修行法門，有的顯現出不可說佛剎無數夢境法門，有的顯現出不可說佛剎無數菩薩大願法門，有的顯現出不可說佛剎無數震動世界法門，有的顯現出不可說佛剎無數分別世界法門，有的顯現出不可說佛剎無數現在之生命世界法門，有的顯現出不可說佛剎無數檀波羅蜜法門，有的顯現出不可說佛無數一切如來修諸功德種種苦行尸波羅蜜法門，有的顯現出不可說佛剎無數割截肢體羼提波羅蜜法門，有的顯現出不可說佛剎無數勤修精進波羅蜜法門，有的顯現出不可說佛剎無數一切菩薩修諸三昧禪定解脫法門，有的顯現出不可說佛剎無數佛道圓滿智光明法門，有的顯現出不可說佛剎無數勤求佛法並且因為一文一句之故而寧願捨棄無數身命的法門，有的顯現出不可說佛剎無數親近一切佛並向佛諮問一切法而自己之心從無疲倦厭惡的法門，有的顯現出不可說佛剎無數針對眾生之時節、欲望、快樂前往其所住的地方以方便使其成熟而住於一切智海光明之法門，有的顯現出不可說佛剎無數降伏眾魔、制服外道而顯現菩薩福智之力的法門，有的顯現出不可說佛剎無數知一切工巧明的智慧法門，有的顯現出不可說佛剎無數知曉一切眾生差別的智慧法門，有的顯現出不可說佛剎無數知曉一切法之差別的智慧法門，有的顯現出不可說佛剎無數知曉一切眾生心中快樂差別的智慧法門，有的顯現出不可說佛剎無數知曉一切眾生根行、煩惱、習氣的智慧法門，有的顯現出不可說佛剎無數知曉一切眾生種種業的智慧法門，有的顯現出不可說佛剎無數使一切眾生開悟的法門……。以如此不可說佛剎無數方便法門，前往一切眾生住處而使其成熟正果。具體而言：有的往天宮，有的往龍宮，有的往夜叉、乾闥婆、阿修羅、迦樓羅、緊那羅、摩睺羅伽宮，有的往梵王宮，有的往人王宮，有的往閻羅王宮，有的往畜生、餓鬼、地獄的住處，以平等大悲、平等大願、平等智慧、平等方便攝諸眾生。有只要一看見菩薩就調伏的眾生，也有只要一聽說菩薩就調伏的眾生，也有以記憶和回憶而調伏的眾生，也有因聽聞菩薩的音聲而調伏的眾生，也有因聞菩薩名號而調伏的眾生，也有看見圓光而調伏的眾生，也有看見光明之網而調伏的眾生。總之，這些菩薩針對眾生心之所樂，都前往眾生之住所而使其獲得利益。

佛子！逝多林中的所有菩薩為了想使眾生成熟的緣故，有的時時顯現出有種種美麗裝飾的宮殿，有的時時示現出住於自己之樓閣、坐於寶師子座的場景，道場眾會圍繞著菩薩。菩薩使十方世界的眾生都可以看見這些場景，但自己卻並未離開逝多林如來之所。佛子！這些菩薩，有的時時示現無量化身之雲，有的顯現其獨自居住、無有法侶的場景。總而言之，有的顯現沙門身，有的顯現婆羅門身，有的顯現苦行身，有的顯現充盛身，有的顯現出醫王身，有的顯現出商主身，有的顯現出正命身，有的顯現出伎樂身，有的顯現出奉事諸天身，有的顯現出工匠身。這些菩薩前往一切村落城市、王都聚落等等眾生之住所，以其應化之身，以種種形相、種種威儀、種種音聲、種種言論、種種住處，在一切世間猶如因陀羅網實踐菩薩行。有的宣說一切世間工巧事業，有的宣說作為照世明燈的一切智慧，有的宣說飾一切眾生業力的善美，有的宣說十方國土建立的諸乘位，有的宣說智慧之燈所照耀的一切法境界。這些菩薩教化成就一切眾生，但卻並不離開此逝多林如來之所。

末會五十五會第一會：文殊師利會

爾時，文殊師利童子從善住❶樓閣出，與無量同行菩薩，及常隨侍衛諸金剛神❷、普為眾生供養諸佛諸身眾神、久發堅誓願常隨從諸足行神、樂聞妙法主地神、常修大悲主水神、智光照耀主火神、摩尼為冠主風神、明練十方一切儀式主方神、專勤除滅無明黑暗主夜神、一心匪懈闡明佛日主晝神、莊嚴法界一切虛空主空神、普度眾生超諸有海主海神、常勤積集趣一切智助道善根高大如山主山神、常勤守護一切眾生菩提心城主城神、常勤守護一切智智❸無上法城諸大龍王、常勤守護一切眾生諸夜叉王、常令眾生增長歡喜乾闥婆王、常勤除滅諸餓鬼趣鳩槃荼王❹、恆願拔濟一切眾生出諸有海迦樓羅王、願得成就諸如來身高出世間阿修羅王、見佛歡喜曲躬恭敬摩睺羅伽王、常厭生死恆樂見佛諸大天王❺、尊重於佛讚歎供養諸大梵王。文殊師利與如是等功德莊嚴諸菩薩眾，出自住處，來詣佛所，右繞世尊，經無量匝，以諸供具種種供養；供養畢已，辭退南行，往於人間。

【章　旨】這是八十卷《華嚴經》「末會」的第一會「文殊師利會」的開端。文殊師利菩薩與其眷屬一起告別世尊準備南行，進入人世間。文殊師利菩薩的眷屬就是著名的「十四神九王」。

【注　釋】❶善住　安定、安住。❷金剛神　全名「執金剛神」，又名「金剛手」、「金剛力士」等，為執金剛杵護持佛法的神祇。❸一切智智　指佛陀之智慧是一切智中之最殊勝者。音譯作「薩婆若那」。一切智通於聲聞、緣覺、佛三者，今為區別佛智與前二者，故稱佛智為「一切智智」。❹鳩槃荼王　在此經中為文殊師利菩薩的眷屬，密教中將其當作千手觀音二十八部眾之第二十七位。❺諸大天王　即「四大天王」，指在欲界護持佛法的四位天王，包括東方持國天王、南方增長天王、西方廣目天王、北方多聞天王。居須彌山腰的四方，率部屬守護佛土、護持佛法。

【語譯】這時，文殊師利童子從善住樓閣出來，其間有無數菩薩以及「十四位神九王」同行。這「十四位神九王」名目如下：常隨侍衛諸金剛神、普為眾生供養諸佛諸身眾之神、久發堅誓願常隨從諸足之行神、樂聞妙法之主地神、常修大悲之主水神、智光照耀之主火神、摩尼為冠之主風神、明練十方一切儀式之主方神、專勤除滅無明黑暗之主夜神、一心匪懈闡明佛日之主晝神、莊嚴法界一切虛空之主空神、普度眾生超諸有海之主海神、常勤積集六道眾生的一切智助道善根使其高大如山之主山神、常勤守護一切眾生菩提心之城的主城神、常勤守護一切智智無上法城諸大龍王、常勤守護一切眾生諸夜叉王、常令眾生增長歡喜乾闥婆王、常勤除滅諸餓鬼趣鳩槃荼王、恆願拔濟一切眾生出諸有海迦樓羅王、願得成就諸如來身高出世間阿修羅王、見佛歡喜曲躬恭敬摩睺羅伽王、常厭生死恆樂見佛諸大天王、尊重於佛讚嘆供養諸大梵王。文殊師利與這些功德莊嚴諸菩薩及隨從神、王，從自己的住處出來，來到佛所住的地方，從世尊的右邊繞行無數圈，以諸種種供具供養世尊。供養世尊結束之後，文殊菩薩等向世尊辭退欲向南方去進入人世間。

爾時，尊者舍利弗承佛神力，見文殊師利菩薩，與諸菩薩眾會莊嚴，出逝多林，往於南方，遊行人間；作如是念：「我今當與文殊師利俱往南方。」時，尊者舍利弗與六千比丘，前後圍繞，出自住處，來詣佛所，頂禮佛足，具白世尊。世尊聽許，右繞三匝，辭退而去，往文殊師利所。此六千比丘是舍利弗自所同住，出家未久，所謂：海覺比丘、善生比丘、福光比丘、大童子比丘、電生比丘、淨行比丘、天德比丘、君慧比丘、梵勝比丘、寂慧比丘……。如是等，其數六千，悉曾供養無量諸佛，深植善根，解力廣大，信眼明徹，其心寬博，觀佛境界，了法本性，饒益眾生，常樂勤求諸佛功德，皆是文殊師利說法教化之所成就。

爾時，尊者舍利弗在行道中觀諸比丘，告海覺言：「海覺！汝可觀察文殊師利菩薩清淨之身相、好莊嚴，一切天人莫能思議。汝可觀察文殊師利圓光暎徹，令無量眾生發歡喜心。汝可觀察文殊師利光網莊嚴，除滅眾生無量苦惱。汝可觀察文殊師利眾會具足，皆是菩薩往昔善根之所攝受。汝可觀察文殊師利所行之路，左右八步，平坦莊嚴。汝可觀察文殊師利所住之處，周迴十方常有道場[1]隨逐而轉。汝可觀察文殊師利所行之路，具足無量福德莊嚴，左右兩邊有大伏藏❷，種種珍寶自然而出。汝可觀察文殊師利曾供養佛，善根所流，一切樹間出莊嚴藏。汝可觀察文殊師利，諸世間主雨供具雲，頂禮恭敬以為供養。汝可觀察文殊師利，十方一切諸佛如來將說法時，悉放眉間白毫相光來照其身，從頂上入。」

爾時，尊者舍利弗為諸比丘稱揚讚嘆、開示演說文殊師利童子有如是等無量功德具足莊嚴。彼諸比丘聞是說已，心意清淨，信解堅固，喜不自持，舉身踴躍，形體柔軟，諸根悅豫，憂苦悉除，垢障咸盡，常見諸佛，深求正法，具菩薩根，得菩薩力，大悲大願皆自出生，入於諸度甚深境界，十方佛海❸常現在前，於一切智深生信樂。即白尊者舍利弗言：「唯願大師將引我等，往詣於彼勝人之所。」時，舍利弗即與俱行，至其所已，白言：「仁者！此諸比丘，願得奉覲。」

【章　旨】舍利弗見文殊菩薩將南行也告別世尊，欲帶領其六千比丘一同南行。舍利弗在去禮敬文殊菩薩的路上，向六千比丘稱讚文殊菩薩之道行。

【注　釋】❶道場　指修行佛道之區域。不論有無堂宇，凡修行佛道的所在，均稱道場。❷伏藏　指埋藏於地中之寶物。此名相也有譬喻義，指以貧女不知自家有伏藏，待智者教之始發掘，比喻眾生不知自身具有佛性，待佛說法開示始能覺悟。此處應該以第一義項理解。❸佛海　佛界之廣大無邊如海，因此曰「佛海」。法藏《華嚴經探玄記》卷三載：「佛海者，能化之佛非一如海，謂徧一切處而轉法輪故。」

【語　譯】這時，舍利弗尊者秉承佛的神力，觀見文殊師利菩薩以及諸菩薩眾會的莊嚴，看見文殊菩薩等走出逝多林前往南方，準備進行人世間。舍利弗這樣想道：「我現在應該與文殊師利一起前往南方。」於是，舍利弗尊者就與六千比丘前後相隨，從各自的住處出來，來到佛的住所，頂禮佛足，將其打算全部稟告世尊。世尊允許了舍利弗等人的要求。舍利弗尊者從世尊的右邊繞行三圈，向世尊辭退前往文殊師利菩薩的住所。這六千比丘是與舍利弗住在一起的。他們出家時間不長，他們的名字是：海覺比丘、善生比丘、福光比丘、大童子比丘、電生比丘、淨行比丘、天德比丘、君慧比丘、梵勝比丘、寂慧比丘……。如此等等，總數六千，都曾供養無量諸佛，深深地種植善根，理解力廣大，信眼明徹，其心寬博，觀佛境界，了悟諸法本性，能夠饒益眾生，長期樂於辛勤追求諸佛功德，也都是文殊師利說法教化之所成就。

當時，舍利弗尊者在路上看著這些比丘，告訴海覺等人：「海覺！你可以觀察文殊師利菩薩清淨之身所具有的莊嚴之相、好，這是一切天與人都不能思不能議的。你可觀察文殊師利照徹的圓光，它使無數眾生發出歡喜心。你可觀察文殊師利莊嚴的光明之網，它除滅了眾生無量的苦惱。你可觀察文殊師利所具有的眾會，這都是文殊菩薩往昔善根所攝受的結果。你可觀察文殊師利所行之路，左右八步，平坦莊嚴。你可觀察文殊師利所住之處，週迴十方，常有道場隨逐而轉。你可觀察文殊師利所行之路，具足無量福德莊嚴，左右兩邊有珍貴的伏藏，種種珍寶自然從中流出。你可觀察文殊師利曾供養佛，因此從其善根之樹間流出莊嚴的寶藏。你可觀察文殊師利，諸世間主頂禮恭敬，降下供具雲並以之供養文殊菩薩。你可觀察文殊師利，十方一切諸佛如來將說法時，文殊就放出眉間白毫相之光來照耀佛身，此光從頭頂上進入佛身。」

　　這時，舍利弗尊者向諸比丘稱揚讚嘆、開示演說文殊師利童子有如此無量功德具足莊嚴。那些比丘聞聽了這些說法之後，心意清淨，信仰、解證堅固，喜不自持，舉身踴躍，形體柔軟，諸根悅豫，全部的憂苦都除掉了，全部的塵垢與障礙都消除了，常常禮敬諸佛，深求正法，具備菩薩之根，得到菩薩之力，大悲大願都自菩薩之根、力中出生，進入了六度甚深境界，十方佛海顯現在眼前，對於一切智深深地產生信仰和快樂。這六千比丘隨即向舍利弗尊者說：「希望大師引領我們前往那殊勝之人的住所。」當時，舍利弗隨即就與這些比丘一起向文殊菩薩的住所走去。到達文殊師利菩薩的住所之後，舍利弗尊者對文殊菩薩說：「仁者！這些比丘希望供奉覲見您。」

　　爾時，文殊師利童子、無量自在菩薩圍繞並其大眾如象王❶回觀諸比丘。時，諸比丘頂禮其足，合掌恭敬，作如是言：「我今奉見，恭敬禮拜。及餘所有一切善根，唯願仁者文殊師利、和尚舍利弗、世尊釋迦牟尼，皆悉證知❷！如仁所有如是色身、如是音聲、如是相好、如是自在，願我一切悉當具得。」

爾時，文殊師利菩薩告諸比丘言：「比丘！若善男子、善女人，成就十種趣大乘法，則能速入如來之地，況菩薩地！何者為十？所謂：積集一切善根，心無疲厭。見一切佛承事供養，心無疲厭。求一切佛法，心無疲厭。行一切波羅蜜，心無疲厭。成就一切菩薩三昧，心無疲厭。次第入一切三世，心無疲厭。普嚴淨十方佛剎，心無疲厭。教化調伏一切眾生，心無疲厭。於一切剎一切劫中成就菩薩行，心無疲厭。為成就一切眾生故，修行一切佛剎微塵數波羅蜜，成就如來十力；如是次第，為成熟一切眾生界，成就如來一切力，心無疲厭。

「比丘！若善男子、善女人，成就深信，發此十種無疲厭心，則能長養一切善根，捨離一切諸生死趣，超過一切世間種性❸，不墮聲聞、辟支佛❹地，生一切如來家，具一切菩薩願，學習一切如來功德，修行一切菩薩諸行，得如來力，摧伏眾魔及諸外道，亦能除滅一切煩惱，入菩薩地，近如來地。」

【章　旨】文殊師利菩薩向六千比丘宣講發「十種無疲厭心」的「十種趣大乘法」。

【注　釋】❶象王　譬喻佛、菩薩之舉止如象中之王。佛八十種「好」中說，佛進止如象王，行步如鵝王，容儀如獅子王。也可以之譬喻菩薩。❷證知　修習正法，以實際體驗而悟入真理，稱為「證」。「證」有契會真理而悟入之意，故有「契證」、「證悟」、「證入」等術語。證入之境地稱為「所證」，證入之主體稱之為「能證」、「證智」、「證知」。❸種性　又作「種姓」，是指佛及聲聞、緣覺、菩薩等三乘人各具有可能證得菩提之本性。此有先天具足不變者與後天修行而得者二種，前者稱為「本性住種性」，略稱「性種性」，後者稱為「習所成種性」，略稱「習種性」。有時也轉用種性之意義，以表示菩薩修行之階位。而《大集經》卷八等列舉了十種種性，即：㈠凡夫性。㈡信行性，聽聞善知識之教，而如是信受奉行之三賢位。㈢法行性，信奉佛說及善知識之教而修行之四善根位。㈣八忍性，即具有八忍七智之見道位。㈤須陀洹性。㈥斯陀含性。㈦阿那含性。㈧阿羅漢性。㈨辟支佛性。㈩佛種性。此處所言的「一切世間種性」是指除佛、菩薩即「佛種性」之外的其餘種性。❹辟支佛　意譯作「緣覺」、「獨覺」，為二乘之一，指無師而能自覺自悟之聖者。

【語　譯】這時，文殊師利童子、圍繞著文殊的無數自在菩薩以及其他大眾，如同象王般回觀這些比丘。當時，這些比丘頂禮文殊菩薩之足，合掌恭敬，這樣說道：「我今奉見您，恭敬禮拜。請求仁者文殊師利、和尚舍利弗、世尊釋迦牟尼，都能夠來使我們證知所有一切善根！仁者所有的如此的色身、如此的音聲、如此的相好、如此的自在，希望我們都能夠具備、獲得。」

這時，文殊師利菩薩告訴這些比丘說：「比丘！如果善男子、善女人能夠成就十種趣向大乘之法，就能夠很快進入如來之地，何況菩薩地呢！這十種有哪些呢？它們是：積集一切善根，心從不疲倦厭惡。見一切佛承事供養，心從不疲倦厭惡。追求一切佛法，心從不疲倦厭惡。實行一切波羅蜜，心從不疲倦厭惡。成就一切菩薩三昧，心從不疲倦厭惡。次第進入一切三世，心從不疲倦厭惡。普徧嚴淨十方佛剎，心從不疲倦厭惡。教化調伏一切眾生，心從不疲倦厭惡。在一切國土一切劫中成就菩薩行，心從不疲倦厭惡。為成就一眾生故，修行一切佛剎無數波羅蜜，成就如來十力；以如此的次第，為一切眾生界的成熟，成就如來一切力，心從不疲倦厭惡。

「比丘！如果善男子、善女人，成就深信，發此十種無疲厭心，就能長養一切善根，捨離一切諸生死輪迴之道，超過一切世間種性，就不會墮於聲聞、辟支佛地，就會生於一切如來家，具備一切菩薩之大願，學習一切如來功德，修行一切菩薩諸行，獲得如來力，摧伏眾魔以及外道，也能除滅一切煩惱，進入菩薩地，接近如來地。」

時，諸比丘聞此法已，則得三昧，名無礙眼見一切佛境界。得此三昧故，悉見十方無量無邊一切世界諸佛如來，及其所有道場眾會；亦悉見彼十方世界一切諸趣所有眾生；亦悉見彼一切世界種種差別；亦悉見彼一切世界所有微塵；亦悉見彼諸世界中，一切眾生所住宮殿，以種種寶而為莊嚴；及亦聞彼諸佛如來種種言音演說諸法，文辭訓釋悉皆解了；亦能觀察彼世界中一切眾生諸根心欲；亦能憶念彼世界中一切眾生前後十生❶；亦能憶念彼世界中過去、未來各十劫❷事；亦能憶念彼諸如來十本生事、十成正覺、十轉法輪、十種神通、十種說法、十種教誡、十種辯才。又即成就十千菩提心、十千三昧、十千波羅蜜；悉皆清淨，得大智慧圓滿光明，得菩薩十神通，柔軟微妙，住菩薩心，堅固不動。

爾時，文殊師利菩薩勸諸比丘住普賢行；住普賢行已，入大願海；入大願海已，成就大願海。以成就大願海故，心清淨；心清淨故，身清淨；身清淨故，身輕利❸；身清淨輕利故，得大神通無有退轉；得此神通故，不離文殊師利足下，普於十方一切佛所悉現其身，具足成就一切佛法。

【章　旨】六千比丘一經聞聽文殊師利菩薩的說法，就獲得「無礙眼見一切佛境界三昧」。文殊又鼓勵諸位比丘修行普賢行。

【注　釋】❶十生　即卵生、胎生、濕生、化生、有色生、無色生、有想生、無想生、非有想生、非無想生等十種生命形態。此文言「前後」，似應該理解為十次轉生。❷十劫　阿彌陀佛在過去世為法藏比丘，於修行時，立四十八願以期成佛。自成佛以來，至今十劫。劫，印度所說最長久的時間單位。❸輕利　輕快；輕便；銳利。

【語　譯】此時，這些比丘聽聞此法之後，就獲得了名叫「無礙眼見一切佛境界」的三昧。因得到此三昧的緣故，這些比丘都見到了十方無量無邊一切世界諸佛如來及其所有道場的眾會；也全都看見了那十方世界一切諸趣中的所有眾生；也都看見了一切世界種種差別；也都看見了那一切世界所有微塵；也都看見了那諸世界中一切眾生所住的宮殿，這些宮殿均以種種珍寶作為裝飾；也聽到了那些諸佛如來以種種言音演說的諸法，其文辭解釋都全部理解了悟；也能觀察到那世界之中一切眾生諸根的心思欲望；也能回憶記住那世界中一切眾生前後十次轉生的形態；也能回憶記住那世界中過去、未來各十劫中發生的事情；也能回憶記住那些如來十種本生事、十次成正覺、十次轉法輪、十種神通、十種說法、十種教誡、十種辯才。他們隨即成就十千菩提心、十千三昧、十千波羅蜜；他們都得到清淨，獲得大智慧圓滿光明，獲得菩薩十種神通，柔軟微妙地堅住於菩薩心，此心堅固不動。

這時，文殊師利菩薩激勵這些比丘住於普賢行；住普賢行之後，進入大願海；進入大願海之後，成就大願海。以成就大願海的緣故，心獲得清淨；因心清淨的緣故，身獲得清淨；因身清淨的緣故，身獲得輕快之感；因身清淨輕快的緣故，獲得從不退轉的大神通；因獲得此神通的緣故，不離開文殊師利足下，普於十方一切佛之所都顯現出自己之身，具足成就一切佛法。

華嚴經 入法界品之三

【題解】本卷包括〈入法界品〉「末會」中的第二會至第五會，即善財童子「五十三參」中的第一參至第四參的內容。

第一參為「文殊師利菩薩會」：文殊菩薩一行南行到達福城之東，住於過去諸佛昔日曾經教化眾生的大塔。無量諸龍以及城中無量眾前來聽文殊說法，善財童子也是會眾之一，並且得到了文殊師利菩薩的格外垂顧。文殊菩薩仔細觀察了善財童子得名的因緣以及修行情況，並且勸喻善財童子及其會眾發菩提心。文殊菩薩告誡善財童子，要求取無上菩提，應該堅定地尋找參拜善知識，並且建議善財童子前往「勝樂國」的「妙峰山」向「德雲」比丘求教。

第二參為「德雲比丘會」：善財童子遵照文殊菩薩的指點南下向德雲比丘請教，德雲則以種種念佛法門相教。德雲比丘教誨給善財童子的念佛法門是入「發心住」的法門。所謂「發心住」，是「十住位」的第一位，又作「波藍耆兜波菩薩法住」、「發意住」，謂上進分善根之人以真方便發起十信之心，信奉三寶，常住八萬四千般若波羅蜜，受習一切行、一切法門，常起信心，不作邪見、十重、五逆、八倒，不生難處，常值佛法，廣聞多慧，多求方便，始入空界，住於空性之位；並以空理智心習古佛之法，於心中生出一切功德。

第三參為「海雲比丘會」：善財童子依照德雲比丘的囑咐繼續南下至「海門國」禮拜「海雲比丘，向其請教如何進入菩薩行。海雲比丘先告訴他發菩提心的十種內容。海雲比丘給善財宣講的「普眼法門」是進入「治地住」的方法。所謂「治地住」，為「十住位」的第二位，又作「阿闍浮菩薩法住」、「持地住」，謂常隨空心，淨八萬四千法門，其心明淨，猶如琉璃內現精金；因為初發之妙心，履治為地，故稱之「治地住」。

第四參為「善住比丘會」：遵照海雲比丘的告誡，善財童子至楞伽道邊的「海岸」聚落向「善住」比丘請教如何進入菩薩行的問題，善住比丘向善財童子宣說修行菩薩行的「究竟無礙解脫門」。這是進入菩薩行之「十住位」之第三位「修行住」的法門。所謂「修行住」，又作「渝阿闍菩薩法住」、「應行住」，是指前之發心、治地二住之智俱已明了，故遊履十方而無障礙。這一法門的基本內容是非戒不能修治心地，依戒而無礙解脫。善住比丘又建議善財童子前往「達裡鼻荼國」的「自在」城去拜訪「彌伽」比丘。善財於是辭別善住比丘繼續南下。

善財童子第一參：文殊師利菩薩會

爾時，文殊師利菩薩勸諸比丘發阿耨多羅三藐三菩提心已，漸次南行，經歷人間，至福城東❶，住莊嚴幢娑羅林中往昔諸佛曾所止住教化眾生大塔廟處，亦是世尊於往昔時修菩薩行能捨無量難捨之處，是故此林名稱普聞無量佛剎。此處常為天、龍、夜叉、乾闥婆、阿修羅、迦樓羅、緊那羅、摩睺羅伽、人與非人之所供養。

時，文殊師利與其眷屬到此處已，即於其處說普照法界修多羅，百萬億那由他❷修多羅以為眷屬。說此經時，於大海中有無量百千億諸龍而來其所；聞此法已，深厭龍趣，正求佛道，咸捨龍身，生天、人中。一萬諸龍，於阿耨多羅三藐三菩提得不退轉；復有無量無數眾生，於三乘❸中各得調伏。

時，福城人聞文殊師利童子在莊嚴幢娑羅林中大塔廟處，無量大眾從其城出，來詣其所。時，有優婆塞❹名曰大智，與五百優婆塞眷屬俱，所謂：須達多優婆塞、婆須達多優婆塞、福德光優婆塞、有名稱優婆塞、施名稱優婆塞、月德優婆塞、善慧優婆塞、大慧優婆塞、賢護優婆塞、賢勝優婆塞……如是等五百優婆塞俱來詣文殊師利童子所，頂禮其足，右繞三匝，退坐一面。復有五百優婆夷❺，所謂：大慧優婆夷、善光優婆夷、妙身優婆夷、可樂身優婆夷、賢優婆夷、賢德優婆夷、賢光優婆夷、幢光優婆夷、德光優婆夷、善目優婆夷……如是等五百優婆夷來詣文殊師利童子所，頂禮其足，右繞三匝，退坐一面。復有五百童子，所謂：善財童子、善行童子、善戒童子、善威儀童子、善勇猛童子、善思童子、善慧童子、善覺童子、善眼童子、善臂童子、善光童子……如是等五百童子，來詣文殊師利童子所，頂禮其足，右繞三匝，退坐一面。復有五百童女，所謂：善賢童女、大智居士女童女、賢稱童女、美顏童女、堅慧童女、賢德童女、有德童女、梵授童女、德光童女、善光童女……如是等五百童女，來詣文殊師利童子所，頂禮其足，右繞三匝，退坐一面。

【章旨】文殊師利菩薩一行南行到達福城之東，住於過去諸佛昔日曾經教化眾生的大塔。這個地方也是世尊修菩薩行時捨棄難於割捨之處的地方。無量諸龍以及城中無量眾前來聽文殊說法。這是善財童子五十三參的第一次參訪，也是〈入法界品〉「末會」中善財五十五會中的第二會。

【注　釋】❶福城東　據澄觀的解釋，其城之居民多有福德故曰「福城」，東為十方之首，也是啟明之初，即第一縷陽光出現之所，故以之表徵順福分善入佛道，又以之表徵「福智進位本故。娑羅林者，此云『高遠』，以林木森聳故，表當起萬行莊嚴摧伏故。大塔廟者，即歸宗之所」（澄觀《華嚴經疏》卷五十五，《大正藏》卷三十五，頁九一九下）。六十卷《華嚴經》卷四十九稱「福城」為「覺城」，四十卷《華嚴經》卷四則稱之為「福生城」。❷那由他　數目字，相當於今天的億數。❸三乘　以三種交通工具來比喻運載眾生度越生死到涅槃彼岸之三種法門，有聲聞乘、緣覺乘、菩薩乘等三種教法。❹優婆塞　意譯為「清信士」、「近事男」、「善宿男」等，即在家親近奉事三寶和受持五戒的男居士，為佛教四眾或七眾之一。❺優婆夷　意譯為「清淨女」、「清信女」、「近善女」、「近事女」等，即親近奉事三寶和受持五戒的女居士，為佛教四眾或七眾之一。

【語　譯】這時，文殊師利菩薩激勵六千比丘發阿耨多羅三藐三菩提心之後，逐漸朝南走，進入人間，到達福城的東邊，住在莊嚴幢娑羅林中過去諸佛曾經住於此教化眾生的大塔廟處，這也是世尊在往昔修菩薩行的時候捨棄無量難於割捨之處的地方。由於這些原因，這個地方的樹林的名稱在無數佛土之中非常著名。這個地方常常由天、龍、夜叉、乾闥婆、阿修羅、迦樓羅、緊那羅、摩睺羅伽、人與非人等所供養。

當時，文殊師利與其眷屬到達此處之後，隨即就在這個地方宣說普照法界的佛法經藏，百萬億的經藏為其眷屬。說此經時，大海中有無量百千億諸龍前來文殊的住所聽法。他們聽聞此法之後，深深地厭倦生於龍道，正求佛道，於是都捨棄龍身，生於天、人之中。一萬諸龍，在阿耨多羅三藐三菩提中得到不退轉境界；也有無量無數眾生在聲聞、緣覺、菩薩乘中分別得到調伏。

當時，福城人聽說文殊師利童子住於莊嚴幢娑羅林中大塔廟處，無量大眾從其城中出來，前來文殊菩薩的住所。當時，有一位名叫「大智」的優婆塞是與五百優婆塞眷屬在一起的，五百眷屬有：須達多優婆塞、婆須達多優婆塞、福德光優婆塞、有名稱優婆塞、施名稱優婆塞、月德優婆塞、善慧優婆塞、大慧優婆塞、賢護優婆塞、賢勝優婆塞……如此等五百優婆塞都來到文殊師利童子的住所，頂禮文殊之足，圍繞文殊菩薩右旋三圈，然後退後坐在一面。又有五百優婆夷，有：大慧優婆夷、善光優婆夷、妙身優婆夷、可樂身優婆夷、賢優婆夷、賢德優婆夷、賢光優婆夷、幢光優婆夷、德光優婆夷、善目優婆夷……如此等五百優婆夷，前來文殊師利童子的住所，頂禮文殊菩薩之足，圍繞文殊菩薩右旋三圈，然後退後坐在一面。又有五百童子，有：善財童子、善行童子、善戒童子、善威儀童子、善勇猛童子、善思童子、善慧童子、善覺童子、善眼童子、善臂童子、善光童子……如此等五百童子，前來文殊師利童子的住所，頂禮文殊菩薩之足，圍繞文殊菩薩右旋三圈，然後退後坐在一面。又有五百童女，有：善賢童女、大智居士女童女、賢稱童女、美顏童女、堅慧童女、賢德童女、有德童女、梵授童女、德光童女、善光童女……如此等五百童女，前來文殊師利童子的住所，頂禮文殊菩薩之足，圍繞文殊菩薩右旋三圈，然後退後坐在一面。

爾時，文殊師利童子知福城人悉已來集，隨其心樂現自在身，威光赫奕蔽諸大眾；以自在大慈❶令彼清涼，以自在大悲起說法心，以自在智慧知其心樂，以廣大辯才將為說法。復於是時，觀察善財以何因緣而有其名？知此童子初入胎時，於其宅內自然而出七寶❷樓閣，其樓閣下有七伏藏，於其藏上，地自開裂，生七寶芽，所謂：金、銀、琉璃❸、玻璃❹、真珠❺、硨磲❻、瑪瑙❼。善財童子處胎十月然後誕生，形體支分端正具足；其七大藏，縱廣高下各滿七肘❽，從地湧出，光明照耀。復於宅中自然而有五百寶器，種種諸物自然盈滿。所謂：金剛器中盛一切香，於香器中盛種種衣，美玉器中盛滿種種上味飲食，摩尼器中盛滿種種殊異珍寶，金器盛銀，銀器盛金，金銀器中盛滿琉璃及摩尼寶，玻璃器中盛滿硨磲，硨磲器中盛滿玻璃，瑪瑙器中盛滿真珠，真珠器中盛滿瑪瑙，火摩尼器中盛滿水摩尼，水摩尼器中盛滿火摩尼……。如是等五百寶器自然出現。又雨眾寶及諸財物，一切庫藏悉令充滿。以此事故，父母親屬及善相師共呼此兒名曰善財。又知此童子，已曾供養過去諸佛，深種善根，信解廣大，常樂親近諸善知識，身、語、意業皆無過失，淨菩薩道，求一切智，成佛法器❾，其心清淨猶如虛空，迴向菩提無所障礙。

爾時，文殊師利菩薩如是觀察善財童子已，安慰開喻而為演說一切佛法。所謂：說一切佛積集法，說一切佛相續法，說一切佛次第法，說一切佛眾會清淨法，說一切佛法輪化導法，說一切佛色身相好法，說一切佛法身成就法，說一切佛言辭辯才法，說一切佛光明照耀法，說一切佛平等無二法。爾時，文殊師利童子為善財童子及諸大眾說此法已，殷勤勸喻，增長勢力，令其歡喜，發阿耨多羅三藐三菩提心，又令憶念過去善根。作是事已，即於其處，復為眾生隨宜說法，然後而去。

【章　旨】文殊師利菩薩仔細觀察了善財童子得名的因緣以及修行情況，然後為善財童子以及其他會眾開演一切佛法，並且勸喻善財童子及其會眾發菩提心。

【注　釋】❶大慈　指佛、菩薩所具的濟度一切眾生之大慈心，通常與「大悲」連用來表示佛、菩薩化度眾生的胸懷。據《大智度論》卷二十七所說，「大慈」為「與一切眾生樂」，「大悲」為「拔一切眾生苦」。❷七寶　即下文所說的金、銀、琉璃、玻璃、真珠、硨磲、瑪瑙等七種珍珠寶物。❸琉璃　意譯「青色寶」、「遠山寶」，又作「流璃」、「吠琉璃」、「毗琉璃」等，為貓眼石之一種。種類有青、白、赤、黑、綠等各種顏色。古代人所說的琉璃實際上是指一種不透明或半透明的彩色玻璃，甚至也將一種彩色的陶質釉當作琉璃。佛教文獻中說，琉璃具有將任何接近琉璃之物都同化為琉璃之色的功能，相傳虛空之顏色（青色）即是由須彌山南方之琉璃寶所映現。❹玻璃　又作「頗梨」、「頗黎」、「頗胝迦」等，也稱為「水玉」。在古代，玻璃與琉璃的區別主要在於顏色，玻璃呈現白色或者很淡的紫、紅、碧等色，因此古人慣於以水或冰比喻其色。又該「玻璃珠」有「火珠」、「水珠」二種，日宮殿與月宮殿即分別由「火珠」、「水珠」所形成。❺真珠　即珍珠。形圓如豆，乳白色，有光澤，是某些軟體動物（如蚌）殼內所產。為珍貴的裝飾品，並可入藥。❻硨磲　又作「車磲」、「車渠」、「紫色寶」等，音譯作「麻薩羅揭婆」、「牟娑羅揭婆」等。據《增廣本草綱目》卷四十六載，車渠乃海中大蛤，外殼上有似壟之紋，如車輪之渠，其殼內白皙如玉，故常被誤作玉石類。後世多以白珊瑚及貝殼所製之物為硨磲。❼瑪瑙　赤色寶之意，音譯「阿濕摩揭拉婆」、「阿舍磨揭婆」等，又作「石藏」、「胎藏」、「杵藏」。一般認為可能相當於今日所說的金剛石。❽附　印度的計量單位。附，本來是指人體上臂與前臂相接處向外突起的部分，古代印度人將其當作尺度的名稱。❾法器　有二義：一是指能修習佛法之眾生，大乘佛教經典中將護持正法者或信奉大乘法者稱之為「法器」，反之則稱之為「非法器」。二是指寺院之中做各種佛事活動所使用的器具。此中為第一種涵義。

【語　譯】這時，文殊師利童子知曉福城中的人全都來到此處了，於是針對會眾心中所樂見的形像顯現出自己的自在身，其身所發出的熠熠光彩遮蔽了會中大眾。文殊以自在的大慈之心使他們渾身清涼，以自在大悲生起說法之心，以自在智慧知曉會眾心中所樂，並且以廣大辯才準備為眾生宣說佛法。正在這時，文殊菩薩仔細觀察善財究竟以何種因緣而有這個名字：當這位童子剛剛入胎之時，在其住宅內自然而湧出七寶樓閣，其樓閣下有七種伏藏，在伏藏之上，大地自然開裂，生出七寶之萌芽，這就是金、銀、琉璃、玻璃、真珠、硨磲、瑪瑙。善財童子處胎十月然後誕生，其形體肢節端正具足；這時，地中的七種寶藏，縱、廣、高、下各滿七肘，從地下湧出，光明照耀。接著，在其家宅中自然而有五百種寶器，種種諸物自然盈滿。這些寶器有：金剛器中盛放一切香，在香器中盛放種種衣物，美玉器中盛滿種種上等美味飲食，摩尼器中盛滿種種殊異珍寶，金器盛銀，銀器盛金，金銀器中盛滿琉璃及摩尼寶，玻璃器中盛滿硨磲，硨磲器中盛滿玻璃，瑪瑙器中盛滿真珠，真珠器中盛滿瑪瑙，火摩尼器中盛滿水摩尼，水摩尼器中盛滿火摩尼……。如此等等五百種寶器自然出現。又從天上降下許多珍寶及諸財物，使所有倉庫都裝滿了珍寶物品。由於這件事的緣故，父母、親屬以及優秀的相面師都稱此兒名曰「善財」。文殊菩薩還知道這位童子，曾經供養過過去諸佛，深種善根，信仰、理解力廣大，常常樂於親近諸善知識，身、語、意業都無過失，發心修習菩薩道，求證一切智，欲成就佛之法器，其心清淨猶如虛空，迴向菩提沒有任何障礙。

當時，文殊師利菩薩這樣觀察完善財童子之後，開始以撫慰的語調並以各種比喻為眾生演說一切佛法。文殊菩薩宣說了這些法門：說一切佛積集法，說一切佛相續法，說一切佛次第法，說一切佛眾會清淨法，說一切佛轉法輪化導眾生法，說一切佛之色身所具相、好法，說一切佛法身成就法，說一切佛言辭辯才法，說一切佛光明照耀法，說一切佛平等無二法。這時，文殊師利童子為善財童子及諸大眾宣說完這些法之後，以多方比喻激勵、教誨眾生，使其增長勢力，使其歡喜而發阿耨多羅三藐三菩提心，又使其回憶記住過去之善根。做完這些事情之後，文殊菩薩就在其住處，又隨宜為眾生說法，然後纔離開。

爾時，善財童子從文殊師利所聞佛如是種種功德，一心勤求阿耨多羅三藐三菩提，隨文殊師利而說頌曰：「三有❶為城廓，憍慢❷為垣牆，諸趣為門戶，愛水為池塹。愚癡闇所覆，貪恚❸火熾然，魔王作君主，童蒙❹依止住。貪愛為徽纏，諂誑❺為轡勒，疑惑蔽其眼，趣入諸邪道。慳、嫉、憍❻盈故，入於三惡處，或墮諸趣中，生老病死苦。妙智清淨日，大悲圓滿輪，能竭煩惱海，願賜少觀察！妙智清淨月，大慈無垢輪，一切悉施安，願垂照察我！一切法界王，法寶為先導，遊空無所礙，願垂教敕我！福智大商主，勇猛求菩提，普利諸群生，願垂守護我！身被忍辱甲，手提智慧劍，自在降魔軍❼，願垂拔濟我！住法須彌頂，定女❽

常恭侍，滅惑阿修羅，帝釋願觀我！三有凡愚宅，惑業地趣因；仁者悉調伏，如燈示我道！捨離諸惡趣，清淨諸善道；超諸世間者，示我解脫門！世間顛倒執，常樂我淨❾想；智眼悉能離，開我解脫門！善知邪正道❿，分別心無怯；一切決了人，示我菩提路！住佛正見地，長佛功德樹，雨佛妙法華，示我菩提道！去來現在佛，處處悉週徧，如日出世間，為我說其道！善知一切業，深達諸乘行；智慧決定人，示我摩訶衍⓫！願輪大悲轂⓬，信軸堅忍轄，功德寶莊校，令我載此乘！總持廣大箱，慈愍莊嚴蓋，辯才鈴震響，使我載此乘！梵行⓭為茵蓐⓮，三昧為采女，法鼓⓯震妙音，願與我此乘！四攝無盡藏，功德莊嚴寶，慚愧⓰為羈鞅⓱，願與我此乘！常轉布施輪，恆塗淨戒香，忍辱牢莊嚴，令我載此乘！禪定三昧箱，智慧方便軛，調伏不退轉，令我載此乘！大願清淨輪，總持堅固力，智慧所成就，令我載此乘！普行為周校，悲心作徐轉，所向皆無怯，令我載此乘！堅固如金剛，善巧如幻化，一切無障礙，令我載此乘！廣大極清淨，普與眾生樂，虛空法界等，今我載此乘！淨諸業惑輪，斷諸流轉苦，摧魔及外道，今我載此乘！智慧滿十方，莊嚴遍法界，普洽眾生願，今我載此乘！清淨如虛空，愛見[18]悉除滅，利益一切眾，今我載此乘！願力速疾行，定心安隱住，普運諸含識，今我載此乘！如地不傾動，如水普饒益，如是運眾生，今我載此乘！四攝圓滿輪，總持清淨光；如是智慧日，願示我今見！已入法王位[19]，已著智王冠，已繫妙法繒，願能慈顧我！」

爾時，文殊師利菩薩如象王回觀善財童子，作如是言：「善哉！善哉！善男子！汝已發阿耨多羅三藐三菩提心，復欲親近諸善知識，問菩薩行，修菩薩道。善男子！親近供養諸善知識，是具一切智最初因緣，是故於此勿生疲厭。」

【章旨】善財童子聽聞文殊師利菩薩的教誡，一心求取大菩提心，以偈頌形式向文殊菩薩請教修菩薩行的方法，得到了文殊菩薩的肯定。

【注釋】❶三有　有二義：其一，因三界之生死是有因有果的，所以有「三有」：「欲有」，即欲界的生死；「色有」，即色界的生死；「無色有」，即無色界的生死。其二，「本有」指現生的身心；「當有」指未來的身心；「中有」指本有與當有之間所受的身心。❷憍慢　二種有區別的心理活動和感受。憍，指不對他人而僅對自己之種性、色力、財位、智才等有所染著，使心高舉之精神作用，也就是對自己之長處產生傲慢自大之心理。慢，則指經過比較自己與他人之高低、勝劣、好惡等，而生起輕蔑他人之自恃之心，也就是輕蔑、自負之意。唯識學以「憍」為小隨煩惱之一，係以貪愛之一分為自體的，離貪而別無相用；將「慢」作為六根本煩惱之一。❸貪恚與「癡」即「無明」共同構成「三毒」。貪，即「貪欲」、「貪愛」，簡稱為「愛」、「欲」，指欲求各種欲望的滿足欲，追求名聲、財物等等，沒有厭足的心理活動。貪通於三界，其中，欲界之貪，稱為欲貪，其性不善，為十惡、五蓋、三不善根之一；色界、無色界之貪，稱為有貪，其性有覆無記。恚，又作「瞋恚」、「瞋怒」、「瞋」、「怒」，指對於眾生產生的怨恨的心理。《成唯識論》卷六將其解釋為，對違背己情之有情生起憎恚，使身心焦熱苦惱，不得平安。「瞋」唯屬欲界所繫之煩惱，色界、無色界則無。「貪」是從喜愛之對境所起，「瞋」則從違逆（不順心）之對境所起。唯識學將「貪」、「瞋」列為六種「根本煩惱」、十種「隨眠」之一。❹童蒙　幼稚愚昧；無知的兒童。❺諂誑　唯識學所列的兩種有聯繫的二十種「隨煩惱」。諂，阿曲；諂曲。指為了網取他意而無法如實顯表自己之精神作用，也即心曲而不真，將自己本心隱藏而對他人卻故意裝出順從之心理作用，以諂所生之身、口、意業，稱為「曲業」。誑，指以種種手段迷惑他人之精神作用，此為得利養而現矯德，以詭詐為性，能障不誑，以邪命為業。「諂」與「誑」同為欲界及初地所繫，與諸受中之憂喜相應，而自在生起，故僅屬於「修所斷」。❻慳嫉憍　吝嗇、嫉妒、傲慢。❼降魔軍　意即對治、降伏惡魔。惡魔乃擾亂身心，障礙善法，破壞勝事，奪取慧命者，通常分為心內之煩惱魔與心外之天魔，皆為修行佛道之障礙，修行者可賴禪定或智慧力加以降伏。同時佛菩薩為引導眾生，亦須以定慧之力降伏魔害。例如，不動明王所持之劍稱為降魔劍，此即其象徵之意。傳說釋尊在菩提樹下端坐時，即有群魔來襲，然盡為釋尊逐退，而後終成正等正覺。故降魔亦為釋尊八相之一。❽定女　比喻三昧之力在修行中的作用。❾常樂我淨　即「涅槃四德」，大乘涅槃與如來法身所具足之四德。達涅槃境界之覺悟為永遠不變之覺悟，故稱之為「常」；其境界無苦而安樂，故稱之為「樂」；自由自在，毫無拘束，故稱之為「我」；無煩惱之染污，故稱之為「淨」。❿正道　指中正之道，即趣向涅槃之正直大道；亦即無漏正真之道，係相對於邪道而言，又作「正真道」。廣義言之，指與邪道惡道相對之佛道即稱正道；三乘所行之道亦稱正道。狹義言之，則指正見、正思惟、正語、正業、正命、正精進、正念、正定。⓫摩訶衍　即「大乘」。乘，即交通工具之意，係指能將眾生從煩惱之此岸載至覺悟之彼岸之教法而言。具體地說，大乘即菩薩的法門，以救世利他為宗旨，最高的果位是佛果。⓬轂　本指車輪的中心部位，周圍與車輻的一端相接，中有圓孔，用以插軸。又為車輪的代稱。⓭梵行　意譯「淨行」，指道俗二眾所修之清淨行為。以梵天斷淫欲、離淫欲者，故稱梵行；反之，行淫欲之法，即稱非梵行。⓮茵褥　床墊子。⓯法鼓　有二義：一指佛陀所說的法，能使眾生折伏如魔軍般的煩惱，恰如兩軍作戰，擊鼓以令軍士進擊敵陣，故將「法」比喻為「鼓」。二指佛教寺廟所用的鼓之一。⓰慚愧　慚與愧之並稱，即羞恥過罪的心理活動。「慚」為先尊重自身，而後崇重賢者與聖者，並崇重法；「愧」係由世間之力，即由於他人之譏謗或律法之制裁，而輕拒暴惡。即主張羞恥為慚、愧二者之通相，崇善與拒惡則分別為慚、愧之別相。⓱羈鞅　泛指駕馭牲口的用具；喻束縛。羈，馬絡頭；鞅，牛韁繩。⓲愛見　以事、理為對象所起之煩惱。分別言之，「愛」係屬情意上之煩惱，由於執著事事物物，故易障道。「見」則指執著於錯誤之理論導致謬見，並妨礙悟道，為理知上之煩惱。⓳法王位　此名相歷來有異解，因為涉及到對善財童子的定位，所以特別關鍵。在菩薩行之「十住」的第九位也稱「法王子住」、「了生住」。眾生自初「發心住」至第四之「生貴住」，稱為入聖胎；自第五「方便具足住」至第八「童真住」，稱為長養聖胎；而此「法王子住」則相形具足，於焉出胎；猶如從佛王之教中生解，乃紹隆佛位。此處應該如何理解，應該仔細斟酌。如澄觀所說：「此菩提心為當何位？善財童子為聖？為凡？有古多釋：一云即地上菩薩，言發心者，證發心也。二云是地前實報凡夫，但有宿善信根現熟。」至於第三種解釋：「此人已生法王種中，斯文可定然自為二解，一謂智契法性生在佛家，名法王種，即已入地。二謂據多聞熏習勝解真性成就佛種，名生法王種中，即三賢內種性菩薩。」但澄觀認為，這三種解釋都不能作為依據。澄觀依據法藏的解釋認為，善財童子「應是善趣信行中人。依圓教宗有其三位：一見聞位，即是善財次前生身，見聞如是普賢法故，成解脫分善根。如前歎德中辨。二是解行位，頓修如此五位行法，如善財此生所成，至普賢位是。三證入生，即因位窮終沒同果海，善財來生是也。若爾，定是何位？謂以在『信』是『信位』。在『住』是『住位』。一身歷五位隨在即彼」。這樣，便有三種解釋：其一，善財為地前菩薩；其二，善財為地上菩薩；其三，善財頓修五位行法，乃是一身歷五位。

【語譯】這時，善財童子在文殊師利的住所聽聞佛有如此種種功德，便一心勤求阿耨多羅三藐三菩提。他接著文殊師利的話音誦出偈頌曰：「三有為城廓，憍慢為垣牆，諸趣為門戶，愛水為池塹。愚癡闇所覆，貪恚火熾然，魔王作君主，童蒙依止住。貪愛為徽纏，諂誑為轡勒，疑惑蔽其眼，趣入諸邪道。慳、嫉、憍盈故，入於三惡處，或墮諸趣中，生老病死苦。妙智清淨日，大悲圓滿輪，能竭煩惱海，願賜少觀察！妙智清淨月，大慈無垢輪，一切悉施安，願垂照察我！一切法界王，法寶為先導，遊空無所礙，願垂教敕我！福智大商主，勇猛求菩提，普利諸群生，願垂守護我！身被忍辱甲，手提智慧劍，自在降魔軍，願垂拔濟我！住法須彌頂，定女常恭侍，滅惑阿修羅，帝釋願觀我！三有凡愚宅，惑業地趣因；仁者悉調伏，如燈示我道！捨離諸惡趣，清淨諸善道；超諸世間者，示我解脫門！世間顛倒執，常樂我淨想；智眼悉能離，開我解脫門！善知邪正道，分別心無怯；一切決了人，示我菩提路！住佛正見地，長佛功德樹，雨佛妙法華，示我菩提道！去來現在佛，處處悉週徧，如日出世間，為我說其道！善知一切業，深達諸乘行；智慧決定人，示我摩訶衍！願輪大悲轂，信軸堅忍轄，功德寶莊校，令我載此乘！總持廣大箱，慈愍莊嚴蓋，辯才鈴震響，使我載此乘！梵行為茵褥，三昧為采女，法鼓震妙音，願與我此乘！四攝無盡藏，功德莊嚴寶，慚愧為羈鞅，願與我此乘！常轉布施輪，恆塗淨戒香，忍辱牢莊嚴，令我載此乘！禪定三昧箱，智慧方便軛，調伏不退轉，令我載此乘！大願清淨輪，總持堅固力，智慧所成就，令我載此乘！普行為周校，悲心作徐轉，所向皆無怯，令我載此乘！堅固如金剛，善巧如幻化，一切無障礙，令我載此乘！廣大極清淨，普與眾生樂，虛空法界等，令我載此乘！淨諸業惑輪，斷諸流轉苦，摧魔及外道，令我載此乘！智慧滿十方，莊嚴徧法界，普洽眾生願，令我載此乘！清淨如虛空，愛見悉除滅，利益一切眾，令我載此乘！願力速疾行，定心安隱住，普運諸含識，令我載此乘！如地不傾動，如水普饒益，如是運眾生，令我載此乘！四攝圓滿輪，總持清淨光；如是智慧日，願示我令見！已入法王位，已著智王冠，已繫妙法繒，願能慈顧我！」

這時，文殊師利菩薩以如同象王之身回頭觀看善財童子，並且說出這樣的話語：「好啊！好啊！善男子！你已經發阿耨多羅三藐三菩提心，又想親近諸善知識，問菩薩行，修菩薩道。善男子！親近並供養諸善知識，是具備一切智的最初因緣。因此，絕不要對此產生疲倦和厭惡之心。」

善財白言：「唯願聖者廣為我說，菩薩應云何學菩薩行？應云何修菩薩行？應云何趣菩薩行？應云何行菩薩行？應云何淨菩薩行？應云何入菩薩行？應云何成就菩薩行？應云何隨順菩薩行？應云何憶念菩薩行？應云何增廣菩薩行？應云何令普賢行速得圓滿？」

爾時，文殊師利菩薩為善財童子而說頌言❶：「善哉，功德藏！能來至我所，發起大悲心，勤求無上覺。已發廣大願，除滅眾生苦，普為諸世間，修行菩薩行。若有諸菩薩，不厭生死苦，則具普賢道，一切無能壞。福光福威力，福處福淨海；汝為諸眾生，願修普賢行。汝見無邊際，十方一切佛，皆悉聽聞法，受持不忘失。汝於十方界，普見無量佛，成就諸願海，具足菩薩行。若入方便海，安住佛菩提，能隨導師學，當成一切智。汝徧一切剎，微塵等諸劫，修行普賢行，成就菩提道。汝於無量剎，無邊諸劫海，修行普賢行，成滿諸大願。此無量眾生，聞汝願歡喜，皆發菩提意，願學普賢乘。」

爾時，文殊師利菩薩說此頌已，告善財童子言：「善哉！善哉！善男子！汝已發阿耨多羅三藐三菩提心，求菩薩行。善男子！若有眾生能發阿耨多羅三藐三菩提心，是事為難；能發心已，求菩薩行，倍更為難。善男子！若欲成就一切智智，應決定求真善知識。善男子！求善知識勿生疲懈，見善知識勿生厭足，於善知識所有教誨皆應隨順，於善知識善巧方便勿見過失。善男子！於此南方有一國土名為勝樂；其國有山，名曰妙峰；於彼山中，有一比丘名曰德雲。汝可往問：菩薩云何學菩薩行？菩薩云何修菩薩行？乃至菩薩云何於普賢行疾得圓滿？德雲比丘當為汝說。」

爾時，善財童子聞是語已，歡喜踴躍，頭頂禮足，繞無數匝，殷勤瞻仰，悲泣流淚。

【章旨】善財童子向文殊菩薩請教求取無上菩提的方法、途徑。文殊菩薩告誡善財童子，要求取無上菩提，應該堅定地尋找參拜善知識，並且建議善財童子前往「勝樂國」的「妙峰山」向「德雲」比丘求教。

【注　釋】❶說頌言　下文的偈頌大意為文殊菩薩對於善財童子的鼓勵誇獎之辭，其涵義與下文的散文體大致相同。

【語　譯】善財童子對文殊菩薩說：「很希望聖者為我等廣泛詳細地宣說，成就菩薩應該如何學習菩薩行？應該如何修行菩薩行？應該如何導向菩薩行？應該如何實踐菩薩行？應該如何純淨菩薩行？應該如何進入菩薩行？應該如何成就菩薩行？應該如何隨順菩薩行？應該如何記憶回憶菩薩行？應該如何增加擴展菩薩行？應該如何使普賢行很快能夠圓滿？」

這時，文殊師利菩薩為善財童子說出偈頌：「善哉，功德藏！能來至我所，發起大悲心，勤求無上覺。已發廣大願，除滅眾生苦，普為諸世間，修行菩薩行。若有諸菩薩，不厭生死苦，則具普賢道，一切無能壞。福光福威力，福處福淨海；汝為諸眾生，願修普賢行。汝見無邊際，十方一切佛，皆悉聽聞法，受持不忘失。汝於十方界，普見無量佛，成就諸願海，具足菩薩行。若入方便海，安住佛菩提，能隨導師學，當成一切智。汝徧一切剎，微塵等諸劫，修行普賢行，成就菩提道。汝於無量剎，無邊諸劫海，修行普賢行，成滿諸大願。此無量眾生，聞汝願歡喜，皆發菩提意，願學普賢乘。」。

當時，文殊師利菩薩說完此偈頌之後，告訴善財童子說：「很好啊！很好啊！善男子！你已經發阿耨多羅三藐三菩提心，追求菩薩行。善男子！如果有眾生能發阿耨多羅三藐三菩提心，這本身就是很難的事情；能在發心之後，再接著求取菩薩行，更加倍地艱難。善男子！如果欲成就一切智智，應該下定決心尋找真正的善知識。善男子！尋找善知識千萬不要產生疲倦和懈怠，拜見善知識也不要產生厭倦和滿足，對於善知識的所有教誨都應該隨順，對於善知識以善巧方便所說及所做不要認為是其過失。善男子！在此南方有一個名叫『勝樂』的國土；此國中有一座名叫『妙峰』的山；那座山中有一位名叫『德雲』的比丘。你可以前往向他請教：成就菩薩應該如何學菩薩行？成就菩薩應該如何修行菩薩行？以及成就菩薩應該如何很快獲得圓滿的普賢行？德雲比丘應該會給你作出回答。」

當時，善財童子聽了文殊菩薩的這些話語之後，歡喜跳躍，以頭頂禮文殊菩薩的雙足，並且圍繞文殊菩薩無數圈禮拜文殊，非常殷勤虔誠地抬頭觀看文殊菩薩，流下了激動的淚水。

善財童子第二參：德雲比丘會

辭退南行，向勝樂國，登妙峰山，於其山上東、西、南、北、四維、上、下觀察求覓，渴仰欲見德雲比丘。經於七日，見彼比丘在別山上徐步經行[1]。見已往詣，頂禮其足，右繞三匝，於前而住，作如是言：「聖者！我已先發阿耨多羅三藐三菩提心，而未知菩薩云何學菩薩行？云何修菩薩行？乃至應云何於普賢行疾得圓滿？我聞聖者善能誘誨，唯願垂慈，為我宣說：云何菩薩而得成就阿耨多羅三藐三菩提？」

時，德雲比丘告善財言：「善哉！善哉！善男子！汝已能發阿耨多羅三藐三菩提心，復能請問諸菩薩行。如是之事，難中之難。所謂：求菩薩行，求菩薩境界，求菩薩出離道，求菩薩清淨道，求菩薩清淨廣大心，求菩薩成就神通，求菩薩示現解脫門，求菩薩示現世間所作業，求菩薩隨順眾生心，求菩薩生死涅槃門，求菩薩觀察有為❷、無為❸心無所著。

「善男子！我得自在決定解力，信眼清淨，智光照耀，普觀境界，離一切障，善巧觀察，普眼明徹，具清淨行，往詣十方一切國土，恭敬供養一切諸佛，常念一切諸佛如來，總持一切諸佛正法，常見一切十方諸佛。所謂：見於東方一佛、二佛、十佛、百佛、千佛、百千佛、億佛、百億佛、千億佛、百千億佛、那由他億佛、百那由他億佛、千那由他億佛、百千那由他億佛，乃至見無數、無量、無邊、無等、不可數、不可稱、不可思、不可量、不可說、不可說不可說佛，乃至見閻浮提❹微塵數佛、四天下❺微塵數佛、千世界微塵數佛、二千世界微塵數佛、三千世界❻微塵數佛、佛剎微塵數佛，乃至不可說不可說佛剎微塵數佛；如東方，南、西、北方，四維、上、下，亦復如是。一一方中所有諸佛，種種色相、種種形貌、種種神通、種種遊戲、種種眾會莊嚴道場、種種光明無邊照耀、種種國土、種種壽命，隨諸眾生種種心樂，示現種種成正覺門，於大眾中而師子吼。

【章　旨】善財童子遵照文殊菩薩的指點南下向德雲比丘請教，德雲則以種種念佛法門相教。德雲比丘所示為入「十住」初位——「發心住」的法門。這是善財童子五十三參的第二次參訪，也是〈入法界品〉「末會」中善財五十五會中的第三會。

【注　釋】❶經行　以養身為目的散步。義淨《南海寄歸內法傳》卷三云：「五天之地，道俗多作經行，直去直來，唯遵一路，隨時適性，勿居鬧處。一則痾；二能銷食。」❷有為　有所作為、造作之意，又稱「有為法」。泛指由因緣和合所造作之現象；狹義而言，亦特指人的造作行為。也就是一切處於相互聯繫、生滅變化中之現象，而以生、住、異、滅四種有為相為其特徵。❸無為　無造作之意，為「有為」的對稱，指非由因緣所造作、離於生滅變化而絕對常住之法，又作「無為法」。❹閻浮提　又作「閻浮利」、「贍部提」、「閻浮提鞞波」，梵漢兼譯則作「剡浮洲」、「閻浮洲」、「贍部洲」、「譫浮洲」，略稱「閻浮」。閻浮，梵語為樹之名。提，梵語為洲之意。閻浮提，即盛產閻浮樹之國土。又因出產閻浮檀金，故又有「勝金洲」、「好金土」之譯名。此洲為須彌山四大洲之南洲，故又稱「南閻浮提」、「南閻浮洲」、「南贍部洲」。在佛教中，此洲就是我們現在所住的娑婆世界。❺四天下　須彌山東、南、西、北之四大洲。❻三千世界　是古代印度人對於宇宙構成的描述，又作「一大三千大千世界」、「一大三千世界」、「三千大千世界」。印度人認為，以須彌山為中心，周圍環繞四大洲及九山八海，稱為一小世界，乃自色界之初禪天至大地底下之風輪，其間包括日、月、須彌山、四天王、三十三天、夜摩天、兜率天、樂變化天、他化自在天、梵世天等。此一小世界以一千為集，而形成一個小千世界，一千個小千世界集成中千世界，一千個中千世界集成大千世界，此大千世界因由小、中、大三種千世界所集成，故稱三千大千世界。佛教中所說的三千世界往往是指一位佛所教化之領域，故又稱一佛國。

【語　譯】善財童子辭別文殊師利菩薩向南行走，到達勝樂國，登上妙峰山。善財在妙峰山上向東、西、南、北、四維、上、下觀察尋找，渴望見到德雲比丘。一直經過了七日，纔見到德雲比丘在另外一座山上慢慢散步。善財看見德雲比丘後，立即前往拜見，頂禮其足，在德雲周圍向右圍繞轉三圈，又站在其正前方，向德雲比丘這樣說道：「聖者！我已經發阿耨多羅三藐三菩提心，但還不知道成就菩薩應該如何學菩薩行，如何修行菩薩行，以及應該如何迅速圓滿證成普賢行。我聽聞聖者您善能教誨眾生，希望您能夠垂憐我，為我宣說菩薩如何纔可以成就阿耨多羅三藐三菩提。」

這時，德雲比丘對善財說：「好啊！好啊！善男子！你已經能夠發阿耨多羅三藐三菩提心，又能請教諸菩薩行。這樣的事，是難為之事中最難的。正如所說：追求菩薩行，追求菩薩境界，追求菩薩出離世間之道，求取菩薩清淨之道，追求菩薩清淨廣大之心，追求菩薩成就神通，追求菩薩示現解脫法門，追求菩薩示現世間所作之業，追求菩薩隨順眾生之心，追求菩薩生死涅槃之門，追求菩薩觀察有為法、無為法而心並無任何執著。

「善男子！我已經證得自在決定的解悟力，信眼清淨，智光照耀，普觀所有境界，遠離一切障礙，善巧觀察，普眼明徹，具備清淨之行，到往十方一切國土，恭敬供養一切諸佛，常常憶念一切諸佛如來，總持一切諸佛之正法，常常觀見一切十方諸佛。具體而言：見於東方一佛、二佛、十佛、百佛、千佛、百千佛、億佛、百億佛、千億佛、百千億佛、那由他億佛、百那由他億佛、千那由他億佛、百千那由他億佛，乃至見無數、無量、無邊、無等、不可數、不可稱、不可思、不可量、不可說、不可說不可說佛，乃至見閻浮提微塵數佛、四方天下微塵數佛、千世界微塵數佛、二千世界微塵數佛、三千世界微塵數佛、佛剎微塵數佛，乃至不可說不可說佛剎微塵數佛。東方如此，南、西、北方，四維、上、下，也是如此。對於一一方中所有諸佛的種種色相、種種形貌、種種神通、種種遊戲、種種眾會莊嚴道場、種種光明無邊照耀、種種國土、種種壽命，隨諸眾生種種心樂示現出種種成就正覺之門，以及在大眾中作師子吼而宣說正法。

「善男子！我唯得此憶念一切諸佛境界智慧光明普見法門，豈能了知諸大菩薩無邊智慧清淨行門？所謂：智光普照念佛門，常見一切諸佛國土種種宮殿悉嚴淨故；令一切眾生念佛門，隨諸眾生心之所樂，皆令見佛得清淨故；令安住力念佛門，令入如來十力中故；令安住法念佛門，見無量佛，聽聞法故；照耀諸方念佛門，悉見一切諸世界中等無差別諸佛海故；入不可見處念佛門，悉見一切微細境中諸佛自在神通事故；住於諸劫念佛門，一切劫中常見如來諸所施為無暫捨故；住一切時念佛門，於一切時常見如來，親近同住不捨離故；住一切剎念佛門，一切國土咸見佛身超過一切無與等故；住一切世念佛門，隨於自心之所欲樂普見三世諸如來故；住一切境念佛門，普於一切諸境界中見諸如來次第現故；住寂滅❶念佛門，於一念中見一切剎一切諸佛示涅槃故；住遠離念佛門，於一念中見一切佛從其所住而出去故；住廣大念佛門，心常觀察一一佛身充遍一切諸法界故；住微細念佛門，於一毛端有不可說如來出現，悉至其所而承事故；住莊嚴念佛門，於一念中見一切剎皆有諸佛成等正覺現神變故；住能事念佛門，見一切佛出現世間放智慧光轉法輪故；住自在心念佛門，知隨自心所有欲樂，一切諸佛現其像故；住自業❷念佛門，知隨眾生所積集業，現其影像令覺悟故；住神變念佛門，見佛所坐廣大蓮華週遍法界而開敷故；住虛空念佛門，觀察如來所有身雲莊嚴法界、虛空界故。

「而我云何能知能說彼功德行？善男子！南方有國，名曰海門；彼有比丘名為海雲。汝往彼問：菩薩云何學菩薩行、修菩薩道？海雲比丘能分別說發起廣大善根因緣。善男子！海雲比丘當令汝入廣大助道位，當令汝生廣大善根力，當為汝說發菩提心因❸，當令汝生廣大乘光明，當令汝修廣大波羅蜜，當令汝入廣大諸行海，當令汝滿廣大誓願輪，當令汝淨廣大莊嚴門，當令汝生廣大慈悲力。」

時，善財童子禮德雲比丘足，右繞觀察，辭退而去。

【章旨】德雲比丘又告訴善財童子南方「海門國」的「海雲」比丘可以進一步給予教誨，善財於是辭別德雲比丘繼續南下。

【注釋】❶寂滅　略稱為「滅」，指度脫生死，進入寂靜無為之境地。此境地遠離迷惑世界，含快樂之意，故稱寂滅為樂。「寂滅」有時又等同於「涅槃」。❷自業　自己之業。「業」為造作之義，指行為、所作、行動、作用、意志等身心活動，或單由意志所引生之身心生活。若與因果關係結合，則指由過去行為延續下來所形成之力量。❸因　指能引生結果之原因。從狹義而言，引生結果的直接內在原因，稱為因（內因），而由外來相助的間接外在原因，則稱為緣（外緣）。然從廣義而言，凡參與造果之因素，包括使事物得以生存與變化之一切條件，皆稱為「因」。由此可知，廣義之因，係包含內因與外緣二者。

【語譯】「善男子！我只是證得了這種回憶記憶一切諸佛境界智慧光明普見的法門，怎麼能夠了知諸大菩薩無邊智慧清淨行門？這一法門包含：智光普照念佛門，常常觀見一切諸佛國土種種宮殿都整潔乾淨；使一切眾生念佛門，針對諸眾生心之所樂，使其都觀見佛而獲得清淨；使眾生安住於力念佛門，使其進入如來十力中；使其安住於法念佛門，觀見無量佛，聽聞佛法；照耀諸方念佛門，完全觀見一切諸世界中等無差別諸佛海；進入不可見處念佛門，完全觀見一切微細境界中諸佛自在神通等事；住於諸劫念佛門，在一切劫中常常觀見如來諸所施為沒有片刻捨離；住一切時念佛門，在一切時常常觀見如來，親近同住從不捨離；住一切剎念佛門，於一切國土均見佛身超過一切，沒有與之相等者；住於一切世念佛門，隨於自心之所欲樂完全觀見三世諸如來；住於一切境念佛門，在一切諸境界中完全觀見諸如來次第顯現；住寂滅念佛門，於一念中觀見一切剎一切諸佛示顯涅槃；住於遠離念佛門，於一念中觀見一切佛從其所住而出去；住廣大念佛門，心常常觀察一一佛身充徧一切諸法界；住微細念佛門，於一毛端有不可說如來出現，都至其所而做各種事；住莊嚴念佛門，於一念中觀見一切剎皆有諸佛成等正覺並出現神變；住能事念佛門，看見一切佛出現世間放出智慧光而轉法輪；住自在心念佛門，知道隨其自心所有欲樂，一切諸佛均顯現其像；住自業念佛門，知道隨著眾生所積集之業，顯現眾生影像使其覺悟；住神變念佛門，觀見佛所坐廣大蓮華週徧法界而開放；住虛空念佛門，觀察如來所有身雲裝飾了整個法界和虛空界。

「我為什麼能夠知曉宣說那些功德行呢？善男子！南方有一個名叫『海門』的國家；這個國家有一位叫『海雲』的比丘。你可以前往他那裡向他請教：成就菩薩應該如何學菩薩行、修菩薩道？海雲比丘能分別宣說發起廣大善根的因緣。善男子！海雲比丘肯定會使你進入廣大助道位，肯定會使你產生廣大善根力，肯定會為你宣說發菩提心之因，肯定會為你生發出擴展大乘的光明，肯定會為你說明如何修廣大波羅蜜，肯定會使你進入廣大諸行海，肯定會滿足你的廣大誓願輪，肯定會使你進入清淨廣大莊嚴門，肯定會使你產生廣大慈悲力。」

當時，善財童子禮拜德雲比丘雙足之後，右繞而禮敬觀察德雲。最後，善財童子辭別德雲而向南去。

善財童子第三參：海雲比丘會

爾時，善財童子一心思惟善知識教，正念觀察智慧光明門，正念觀察菩薩解脫門，正念觀察菩薩三昧門，正念觀察菩薩大海門，正念觀察諸佛現前門，正念觀察諸佛方所門，正念觀察諸佛軌則門，正念觀察諸佛等虛空界門，正念觀察諸佛出現次第門，正念觀察諸佛所入方便門。

漸次南行，至海門國，向海雲比丘所，頂禮其足，右繞畢，於前合掌，作如是言：「聖者！我已先發阿耨多羅三藐三菩提心，欲入一切無上智海，而未知菩薩云何能捨世俗家，生如來家？云何能度生死海，入佛智海？云何能離凡夫地，入如來地？云何能斷生死流，入菩薩行流？云何能破生死輪，成菩薩願輪？云何能滅魔境界，顯佛境界？云何能竭愛欲海，長大悲海？云何能閉眾難惡趣門，開諸大涅槃門？云何能出三界城，入一切智城？云何能棄捨一切玩好之物，悉以饒益一切眾生？」

時，海雲比丘告善財言：「善男子！汝已發阿耨多羅三藐三菩提心耶？」

善財言：「唯！我已先發阿耨多羅三藐三菩提心。」

海雲言：「善男子！若諸眾生不種善根，則不能發阿耨多羅三藐三菩提心。要得普門善根光明，具真實道三昧智光，出生種種廣大福海，長白淨法❶無有懈息，事善知識不生疲厭，不顧身命無所藏積，等心❷如地無有高下，性常慈愍一切眾生，於諸有趣❸專念不捨，恆樂觀察如來境界。如是乃能發菩提心。

「發菩提心者，所謂：發大悲心，普救一切眾生故；發大慈心，等祐一切世間故；發安樂心，令一切眾生滅諸苦故；發饒益心，令一切眾生離惡法故；發哀愍心，有怖畏者咸守護故；發無礙心，捨離一切諸障礙故；發廣大心，一切法界咸徧滿故；發無邊心，等虛空界無不往故；發寬博心，悉見一切諸如來故；發清淨心，於三世法智無違故；發智慧心，普入一切智慧海故。

【章　旨】在南下的路上，善財繼續體味德雲比丘的教誨。善財童子依照德雲比丘的囑咐繼續南下至海門國禮拜海雲比丘，向其請教如何進入菩薩行。海雲比丘先告訴他發菩提心的十種內容。至此，海雲比丘開始為善財童子開示進入十住之第二住「治地住」的法門——「普眼法門」。這是善財童子五十三參的第三次參訪，也是〈入法界品〉「末會」中善財五十五會中的第四會。

【注　釋】❶白淨法　清淨法；善法。❷等心　對於一切眾生怨親所持平等之心；對於佛教修行的萬千法門持等修之心。❸諸有趣　指眾生在其中以因果律而運作的六道輪迴。趣，即六道。諸有，指迷界之萬象差別。眾生之所作業，由因生果，因緣果報實有不虛；可分三有、四有、七有、九有、二十五有等類，總稱諸有。此外，諸有為凡夫眾生浮沉之生死海，故稱「諸有海」。

【語　譯】這時，善財童子一心思惟德雲比丘的如下教誨：正念觀察智慧光明門，正念觀察菩薩解脫門，正念觀察菩薩三昧門，正念觀察菩薩大海門，正念觀察諸佛現前門，正念觀察諸佛方所門，正念觀察諸佛軌則門，正念觀察諸佛等虛空界門，正念觀察諸佛出現次第門，正念觀察諸佛所入方便門。

善財童子逐漸地南行，到達海門國，走向海雲比丘的住所，頂禮海雲比丘雙足，從右圍繞向其致敬完畢，重新在海雲比丘的前面合掌向其致敬，善財童子這樣說道：「聖者！我早先已經發阿耨多羅三藐三菩提心，想進入一切無上智之海，但卻不知道菩薩如何纔能捨棄世俗之家而生於如來之家？如何纔能度過生死大海，進入佛智之海？如何纔能脫離凡夫地，進入如來地？如何纔能截斷生死之流，進入菩薩行之流？如何纔能毀破生死車輪，成就菩薩大願之輪？如何纔能滅除魔境界，顯現佛之境界？如何纔能使愛欲之海枯竭而使大悲之海壯大？如何纔能關閉諸多進入惡道之門，打開進入大涅槃之門？如何纔能逃出欲界、色界、無色界三界之城，進入一切智之城？如何纔能棄捨一切玩好之物，將其都用作使一切眾生得到很大的益處？」

當時，海雲比丘問善財說：「善男子！你已經發了阿耨多羅三藐三菩提心嗎？」

善財回答：「是！我早先已經發阿耨多羅三藐三菩提心。」

海雲說：「善男子！如果諸眾生不種植善根，就不能發阿耨多羅三藐三菩提心。要獲得普門善根光明，具備真實道三昧之智光，生出種種廣大福海，使清淨法得到增長，沒有懈怠停息，應該侍奉善知識而不生疲倦和厭惡，不顧身體和生命，沒有任何掖藏和積集，其等心如同大地一樣無有高下之分，心性常常緬懷慈愍一切眾生之念想，對於諸有趣專念不捨，永恆地樂於觀察如來境界。這樣纔能發菩提心。

「所謂發菩提心包含這些內容：發大悲心，普徧救助一切眾生；發大慈心，完全同等地護祐一切世間；發安樂心，使一切眾生滅除諸苦；發饒益心，使一切眾生遠離惡法；發哀愍心，能夠普徧地守護那些怖畏者；發無礙心，捨離一切諸障礙；發廣大心，使其徧滿一切法界；發無邊心，等虛空界無不往；發寬博心，完全觀見一切諸如來；發清淨心，對於過去、現在、未來三世法之智沒有違反；發智慧心，普徧進入一切智慧之海。

「善男子！我住此海門國十有二年，常以大海為其境界。所謂：思惟大海廣大無量，思惟大海甚深難測，思惟大海漸次深廣，思惟大海無量眾寶奇妙莊嚴，思惟大海積無量水，思惟大海水色不同不可思議，思惟大海無量眾生之所住處，思惟大海容受種種大身眾生，思惟大海能受大雲所雨之雨，思惟大海無增無減。

「善男子！我思惟時，復作是念：『世間之中，頗有廣博過此海不？頗有無量過此海不？頗有甚深過此海不？頗有殊特過此海不？』善男子！我作是念時，此海之下有大蓮華忽然出現，以無能勝因陀羅尼羅寶為莖，吠琉璃寶❶為藏，閻浮檀金為葉，沉水❷為臺，瑪瑙為鬚，芬敷布濩❸，彌覆大海。百萬阿修羅王執持其莖，百萬摩尼寶莊嚴網彌覆其上，百萬龍王雨以香水，百萬迦樓羅王銜諸瓔珞及寶繒帶周匝垂下，百萬羅剎❹王慈心觀察，百萬夜叉王恭敬禮拜，百萬乾闥婆王種種音樂讚嘆供養，百萬天王雨諸天華、天鬘、天香、天燒香、天塗香、天末香❺、天妙衣服、天幢幡蓋，百萬梵王頭頂禮敬，百萬淨居天❻合掌作禮，百萬轉輪王❼各以七寶莊嚴供養，百萬海神俱時出現恭敬頂禮，百萬味光摩尼寶光明普照，百萬淨福摩尼寶以為莊嚴，百萬普光摩尼寶為清淨藏，百萬殊勝摩尼寶其光赫奕，百萬妙藏摩尼寶光照無邊，百萬閻浮幢摩尼寶次第行列，百萬金剛師子摩尼寶不可破壞清淨莊嚴，百萬日藏摩尼寶廣大清淨，百萬可樂摩尼寶具種種色，百萬如意摩尼寶莊嚴無盡，光明照耀。此大蓮華，如來出世善根所起，一切菩薩皆生信樂，十方世界無不現前，從如幻法生、如夢法生、清淨業❽生，無諍法門之所莊嚴，入無為印，住無礙門，充滿十方一切國土，隨順諸佛甚深境界，於無數百千劫歎其功德不可得盡。

「我時見彼蓮華之上，有一如來結跏趺坐，其身從此上至有頂。寶蓮華座不可思議，道場眾會不可思議，諸相成就不可思議，隨好圓滿不可思議，神通變化不可思議，色相清淨不可思議，無見頂相❾不可思議，廣長舌相❿不可思議，善巧言說不可思議，圓滿音聲⓫不可思議，無邊際力不可思議，清淨無畏不可思議，廣大辯才不可思議。又念彼佛往修諸行不可思議，自在成道不可思議，妙音演法不可思議，普門示現種種莊嚴不可思議，隨其左右見各差別不可思議，一切利益皆令圓滿不可思議。

【章　旨】海雲比丘向善財童子宣說其於大海中所觀見的大蓮華以及結跏趺坐於此蓮華之上的如來之不可思議的情境。

【注　釋】❶吠琉璃寶　又作「毗琉璃」，為「琉璃」的異名。❷沉水　即「沉水香」之略稱，又稱「沉香」、「黑沉香」、「蜜香」。係採自熱帶所產瑞香科常綠喬木之天然香料。此香木材質甚重，為青白色。印度、波斯、暹羅、交趾及我國廣東南部、海南島等地均產之。其木朽敗或伐採時，由中心木質部分滲出黑色樹脂，即是沉香。其香濃郁，木心堅實，入水必沉，故稱沉水香，可供藥用，治療風水腫毒。❸布濩　徧佈；佈散。❹羅剎　惡鬼的總名，男的叫「羅剎娑」，女的叫「羅剎私」，或飛空，或地行，喜歡食人的血肉。羅剎也是地獄的獄卒，職司呵責罪人。又稱「阿傍」、「阿傍羅剎」、「阿防」、「旁」。其形狀有多種，或牛頭人手，或具有牛蹄，力氣甚大，或為鹿頭、羊頭、兔頭等。以上各類惡鬼性質之羅剎，於諸經中，偶亦轉變成佛教之守護神，稱為「羅剎天」，乃十二天之一。彼等呈神王形，身披甲冑，手上持刀，跨騎白獅。❺末香　即「抹香」、「粖香」，指在道場、寺廟拋撒的呈粉末的香，為十種用來供養佛的香之一。❻淨居天　在色界四禪之最高處，有五重天，為證得不還果的聖者所生之處，因無外道雜居，故名「淨居」。這五重天是無煩天、無熱天、善現天、善見天、色究竟天。❼轉輪王　即「轉輪聖王」，簡稱「輪王」，為世間第一有福之人，於人壽八萬四千歲時出現，統轄四天下。❽清淨業　又作「淨業」，即「世福」、「戒福」、「行福」三種福業。據《觀無量壽經》載，此三「福業」為：第一，孝養父母，奉侍師長，慈心不殺，修十善業。第二，受持三歸，具足眾戒，不犯威儀。第三，發菩提心，深信因果，讀誦大乘，勸進行者。此三福為眾生往生之正因，亦為菩薩之淨佛國土之無漏修因，故稱淨業。❾無見頂相　指佛八十種「好」的第六十六種，佛之肉髻相，是說佛頂高至不得見之相。❿廣長舌相　為佛三十二大人相之一。又作「廣長輪相」，略稱「長舌相」、「廣長舌」、「舌相」。諸佛之舌廣而長，柔軟紅薄，能覆面至髮際，如赤銅色。此相具有兩種表徵：一是語必真實，二是辯說無窮，即下文所說的「善巧言說」、「廣大辯才」、「妙音演法」。⓫圓滿音聲　指佛所具「三十二大人相」的第二十八種「梵聲相」，又作「梵音相」、「聲如梵王相」，即佛清淨之梵音，洪聲圓滿，如天鼓響，亦如迦陵頻伽之音。乃由說實語、美語，制守一切惡言所得之相；聞者隨其根器而得益生善，大小權實亦得惑斷疑消。

【語譯】「善男子！我住於這個海門國已經有十二年了，經常以大海為我觀想的境界。我是這樣做的：思惟大海的廣大無量，思惟大海甚深難測，思惟大海逐漸又深又寬闊，思惟大海中有無量奇妙莊嚴的眾多珍寶，思惟大海積集了無量的水，思惟大海水色不同也不可思議，思惟大海是無量眾生的居住之處，思惟大海容受了種種身體宏大的眾生，思惟大海能受大雲所降下之雨，思惟大海從來就沒有增減。

「善男子！我思惟這些問題時，又產生這樣的念想：『在世間之中，是否有廣博超過大海的東西呢？是否有在容納眾生之數量方面超過大海的地方呢？是否有在深度方面超過大海的東西嗎？是否有殊特超過大海的嗎？』善男子！我這樣想時，此海之下有宏大的蓮花忽然出現了，它以無能戰勝的因陀羅尼羅寶為其莖，以吠琉璃寶為其藏，閻浮檀金為其葉，沉水為其臺，瑪瑙為其鬚，其芬芳徧佈十方，覆蓋了整個大海。有數百萬的阿修羅王執持其莖，有數百萬摩尼寶莊嚴網完全覆蓋其上，數百萬龍王降下香水，數百萬迦樓羅王佩戴諸瓔珞及寶繒帶周匝垂下，數百萬羅剎王以慈心觀察此花，數百萬夜叉王恭敬禮拜，數百萬乾闥婆王以種種音樂讚嘆供養，數百萬天王降下天華、天鬘、天香、天燒香、天塗香、天末香、天妙衣服、天幢幡蓋，數百萬梵王頭頂禮敬此花，數百萬淨居天眾合掌作禮，數百萬轉輪王各以七寶莊嚴供養此花，數百萬海神同時出現恭敬頂禮，數百萬味光摩尼寶光明普照，數百萬淨福摩尼寶作為此花的裝飾，數百萬普光摩尼寶為其清淨藏，數百萬殊勝摩尼寶其光赫奕，數百萬妙藏摩尼寶光照無邊，數百萬閻浮幢摩尼寶次第排列，數百萬不可破壞的金剛師子摩尼寶清淨裝飾此花，數百萬日藏摩尼寶廣大清淨，數百萬可樂摩尼寶具種種色，數百萬如意摩尼寶莊嚴無盡，光明照耀。這朵大蓮花，是如來出世善根所生起的，一切菩薩都對其產生信仰和快樂，十方世界無不顯現於眼前。這朵大蓮花，是從如幻之法中產生的，是從如夢之法產生的，是從清淨之業產生的，為無諍法門所裝飾，進入無為法印，住於無礙門，充滿十方一切國土，隨順諸佛甚深境界，無數百千劫中感嘆其功德永遠不可能耗盡。

「我那時看見那蓮華之上，有一位如來結跏趺而坐，其身從此一直到達有頂天。其寶蓮華座不可思議，道場眾會也不可思議，諸相成就也不可思議，隨好圓滿不可思議，神通變化不可思議，色相清淨不可思議，無見頂相不可思議，廣長舌相不可思議，善巧言說不可思議，圓滿音聲不可思議，無邊際力不可思議，清淨無畏不可思議，廣大辯才不可思議。我又想到那佛以往所修的諸行不可思議，自在成道不可思議，以妙音演說佛法不可思議，以普門示現種種莊嚴不可思議，其所顯現的隨其身邊的會眾去看各各不同而不可思議，使一切眾生的利益都圓滿而不可思議。

「時，此如來即申右手而摩我頂，為我演說普眼法門，開示一切如來境界，顯發一切菩薩諸行，闡明一切諸佛妙法，一切法輪悉入其中，能淨一切諸佛國土，能摧一切異道邪論，能滅一切諸魔軍眾，能令眾生皆生歡喜，能照一切眾生心行[1]，能了一切眾生諸根，隨眾生心悉令開悟。我從於彼如來之所聞此法門，受持讀誦，憶念觀察。假使有人，以大海量墨，須彌聚筆，書寫於此普眼法門，一品中一門，一門中一法，一法中一義，一義中一句，不得少分，何況能盡！

「善男子！我於彼佛所千二百歲，受持如是普眼法門，於日日中以聞持陀羅尼光明領受無數品，以寂靜門陀羅尼光明趣入無數品，以無邊旋陀羅尼光明普入無數品，以隨地觀察陀羅尼光明分別無數品，以威力陀羅尼光明普攝無數品，以蓮華莊嚴陀羅尼光明引發無數品，以清淨言音陀羅尼光明開演無數品，以虛空藏❷陀羅尼光明顯示無數品；以光聚陀羅尼光明增廣無數品，以海藏陀羅尼光明辨析無數品。若有眾生從十方來，若天、若天王，若龍、若龍王，若夜叉、若夜叉王，若乾闥婆、若乾闥婆王，若阿修羅、若阿修羅王，若迦樓羅、若迦樓羅王，若緊那羅、若緊那羅王，若摩睺羅伽、若摩睺羅伽王，若人、若人王，若梵❸、若梵王，如是一切來至我所，我悉為其開示解釋、稱揚讚嘆，咸令愛樂、趣入、安住此諸佛菩薩行光明普眼法門。

「善男子！我唯知此普眼法門，如諸菩薩摩訶薩深入一切菩薩行海，隨其願力而修行故；入大願海，於無量劫住世間故；入一切眾生海，隨其心樂廣利益故；入一切眾生心海，出生十力無礙智光故；入一切眾生根海，應時教化悉令調伏故；入一切剎海，成滿本願嚴淨佛剎故；入一切佛海，願常供養諸如來故；入一切法海，能以智慧咸悟入故；入一切功德海，一一修行令具足故；入一切眾生言辭海，於一切剎轉正法輪故。

「而我云何能知能說彼功德行？善男子！從此南行六十由旬❹，楞伽道❺邊有一聚落，名為海岸❻；彼有比丘，名曰善住。汝詣彼問菩薩云何淨菩薩行？」

時，善財童子禮海雲足，右繞瞻仰，辭退而去。

【章旨】海雲比丘向善財童子宣說了修行菩薩行的「普眼法門」，並且告訴善財童子可以繼續南下到「海岸」聚落去向「善住」比丘請教。

【注釋】❶心行　心以念念遷流為特徵，故稱「心行」。指心的作用、活動、狀態、變化以及心的對象、作用所及的範圍、志向、心願、性向、決心等。另外，心中產生的分別意識、妄想、計較分別也稱之為「心行」。❷虛空藏　含藏一切功德如虛空，故名「虛空藏」。❸梵　指梵天之眾生。❹由旬　又作「由延」、「踰繕那」、「踰闍那」，是印度古代用來衡定里程的長度單位。其一般涵義為「套一次牛，車所行的路程」，並無確定的長度。玄奘在《大唐西域記》卷二〈印度總述〉中說：「踰繕那者，自古聖王一日軍程也。舊傳一踰繕那四十里矣。印度國俗乃三十里，聖教所載唯十六里。」又，日本學者足立喜六經過研究認為，《佛國記》所說「由延」，在印度北部及西部為每一由延平均合四點六里，在以摩竭提國為中心之中印度地方則每一由延平均合六點五里（足立喜六著《〈法顯傳〉——中亞、印度、南海紀行的研究》，頁三三三至三四一，東京，一九四〇年版）。❺楞伽道　通往楞伽山之道路。楞伽，即楞伽山。相傳此山乃佛陀宣講《楞伽經》之處。據《入楞伽經》卷一〈請佛品〉所載，此山係由種種寶性所成，諸寶間錯，光明赫炎，猶如百千個太陽共同照耀金山。山中有無量花園香樹，微風吹拂，枝葉搖曳，百千妙香一時流佈，百千妙音一時俱發。重岩屈曲，處處仙境，無數眾寶共成靈堂、龕窟，內外明徹，不能復現日月之光暉，此山乃古昔諸仙賢聖得道入化之處。據玄奘《大唐西域記》卷十一說，楞伽山在斯里蘭卡。澄觀說，《楞伽》「云『難往』，又含四義：一種種寶性所成莊嚴殊妙故，二有大光明映日月故，三高顯寬廣故，四伽王等居，佛復於此開化群生，作勝益事故。……此山居海之中四面無門，非得通者莫往，故云『難往』」（澄觀《華嚴經疏》卷五十六，《大正藏》卷三十五，頁九二五下）。❻海岸　此村落之所以名為「海岸」是因為它是通往南海北岸的緣故。

【語　譯】「當時，這位如來隨即伸出其右手撫摩著我的頭頂，為我演說普眼法門，開示一切如來境界，顯發一切菩薩諸行，闡明一切諸佛微妙法門，一切法輪都進入其中，這些微妙佛法能淨一切諸佛國土，能摧毀一切異道的邪論，能滅除一切諸魔的軍眾，能使眾生都產生歡喜，能照亮一切眾生的心行，能了一切眾生諸根，隨著眾生之心的狀況使其開悟。我跟從這位如來所聽聞的這一法門之後，便經常受持讀誦，憶念觀察。假使有人以大海數量的墨，以無數須彌山聚製成的筆，書寫這一普眼法門，一品中一門，一門中一法，一法中一義，一義中一句，也只能寫很少一部分，何況其全部！

「善男子！我在那位佛的住所一千二百年，受持了如此的普眼法門，日日中以聞持陀羅尼光明領受無數品，以寂靜門陀羅尼光明趣入無數品，以無邊旋陀羅尼光明普入無數品，以隨地觀察陀羅尼光明去琢磨理解無數品，以威力陀羅尼光明普攝無數品，以蓮華莊嚴陀羅尼光明引發無數品，以清淨言音陀羅尼光明開演無數品，以虛空藏陀羅尼光明顯示無數品；以光聚陀羅尼光明增廣無數品，以海藏陀羅尼光明辨析無數品。如果有眾生從十方來，或者是天、或者是天王，或者是龍、或者是龍王，或者是夜叉、或者是夜叉王，或者是乾闥婆、或者是乾闥婆王，或者是阿修羅、或者是阿修羅王，或者是迦樓羅、或者是迦樓羅王，或者是緊那羅、或者是緊那羅王，或者是摩睺羅伽、或者是摩睺羅伽王，或者是人、或者是人王，或者是梵眾、或者是梵王，如此一切眾生都來到我的住所，我都為他們開示解釋、稱揚讚嘆，使其都能夠愛樂、趣入、安住於此諸佛菩薩行光明普眼法門。

「善男子！我深深地知道這一普眼法門，如果諸位菩薩摩訶薩能夠深入一切菩薩行海，隨其願力而修行；進入大願海，在無量劫中住於世間；進入一切眾生海，隨其心之欲樂給予其廣泛的利益；進入一切眾生心海，出生十力無礙智之光；進入一切眾生根海，應時教化全部使其調伏；進入一切剎海，成滿本願裝飾清淨佛土；進入一切佛海，希望經常供養諸如來；進入一切法海，能以智慧使其都悟入；進入一切功德海，使其具足所有修行法門；進入一切眾生言辭海，在一切國土轉正法輪而說法。

「而我為什麼能夠知曉，能夠宣說普眼法門的功德行呢？善男子！從此繼續南行六十由旬，在楞伽道邊有一個名為『海岸』的村落；那裡有一位叫『善住』的比丘。你可以到他那裡詢問成就菩薩如何清淨菩薩行？」

這時，善財童子禮拜海雲雙足，右繞瞻仰海雲比丘。然後辭別海雲比丘，離開海門國繼續南下。

善財童子第四參：善住比丘會

爾時，善財童子專念善知識教，專念普眼法門，專念佛神力，專持法句雲，專入法海門，專思法差別，深入法漩澓❶，普入法虛空，淨持法翳障，觀察法寶處。

漸次南行，至楞伽道海岸聚落，觀察十方求覓善住。見此比丘於虛空中來往經行，無數諸天恭敬圍繞，散諸天華，作天伎樂，幡幢繒綺悉各無數，偏滿虛空以為供養；諸大龍王於虛空中興不思議沉水香雲，震雷激電以為供養；緊那羅王奏眾樂音，如法讚美以為供養；摩睺羅伽王以不思議極微細衣，於虛空中周匝佈設，心生歡喜，以為供養；阿修羅王興不思議摩尼寶雲，無量光明種種莊嚴，偏滿虛空以為供養；迦樓羅王作童子形，無量采女之所圍繞，究竟成就無殺害心，於虛空中合掌供養；不思議數諸羅剎王，無量羅剎之所圍繞，其形長大，甚可怖畏，見善住比丘慈心自在，曲躬合掌瞻仰供養；不思議數諸夜叉王各各悉有自眾圍繞，四面周匝恭敬守護；不思議數諸梵天王於虛空中曲躬合掌，以人間法稱揚讚嘆；不思議數諸淨居天於虛空中與宮殿俱，恭敬合掌發弘誓願。

時，善財童子見是事已，心生歡喜，合掌敬禮，作如是言：「聖者！我已先發阿耨多羅三藐三菩提心，而未知菩薩云何修行佛法？云何積集佛法？云何備具佛法？云何熏習❷佛法？云何增長佛法？云何總攝佛法？云何究竟佛法？云何淨治佛法？云何深淨佛法？云何通達佛法？我聞聖者善能誘誨，唯願慈哀，為我宣說：菩薩云何不捨見佛，常於其所精勤修習？菩薩云何不捨菩薩，與諸菩薩同一善根？菩薩云何不捨佛法，悉以智慧而得明證？菩薩云何不捨大願，能普利益一切眾生？菩薩云何不捨眾行，住一切劫心無疲厭？菩薩云何不捨佛剎，普能嚴淨一切世界？菩薩云何不捨佛力❸，悉能知見如來自在？菩薩云何不捨有為亦復不住，普於一切諸有趣中猶如變化，示受生死修菩薩行？菩薩云何不捨聞法，悉能領受諸佛正教？菩薩云何不捨智光，普入三世智❹所行處？」

【章　旨】善財童子辭別海雲比丘踏上南下求法的歷程，於路途又專心回味「普眼法門」的內容。善財童子到達楞伽道海岸聚落向善住比丘請教修行菩薩行的途徑、方法。這是善財童子五十三參的第四次參訪，也是〈入法界品〉「末會」中善財五十五會中的第五會。

【注　釋】❶漩澓　水的旋渦和回流。澓，水回流。❷熏習　又作「薰習」，簡稱「熏」，指將一法之勢力熏附於他法之上，猶如以香氣熏附於物。《成唯識論述記》卷三（本）云：「熏者，發也，或由致也。習者，生也，近也，數也。即發致果於本識內，令種子生，近令生長故。」（《大正藏》卷四十三，頁三一二下）意思為，由熏習而新生種子，並且能使種子增長。❸佛力　佛之力用。佛具有二智，也稱為「智力」；以方便智能攝化眾生，因而也稱為「方便力」；顯示由佛果而起之力，因而又稱為「願力」。❹三世智　如來十智之一，為通達過去、現在、未來三世之佛智。

【語　譯】在路途，善財童子專心憶念海雲比丘的教誨，專心憶念這一普眼法門，專心憶念佛之神力，專心憶持無數法句，專心進入法海之門，專心思考法之差別，深入法之旋渦，完全進入法之虛空處，清除障礙法，觀察法寶。

善財童子逐漸地繼續向南行進，直至通往楞伽山的大道旁的海岸村落。善財童子仔細觀察十方尋找善住比丘。他終於看見善住比丘在虛空之中來往漫步，無數諸天恭敬地圍繞著他，諸天撒播許多天華，演奏出天伎樂，以徧滿虛空的無數幡、幢、絲綢飄帶作為善住比丘之供養；諸大龍王在虛空中興起了不可思議沉水香雲，並將震雷激電作為對善住比丘的供養；緊那羅王演奏出音樂，如法讚美善住以之作為對他的供養；摩睺羅伽王將不可思議極微細之衣在空中周匝佈設，使其心中產生歡喜，以之作為對善住比丘的供養；阿修羅王興起不可思議的摩尼寶雲，以其無量光明的種種莊嚴徧滿虛空作為對善住比丘的供養；迦樓羅王變作童子形，無量采女圍繞著這位童子，究竟成就了無殺害之心，在虛空中合掌供養善住比丘；不可思議數諸羅剎王被無量羅剎圍繞著，這些羅剎王形體非常大，十分可怕恐怖，看見善住比丘慈心自在，便曲躬合掌瞻仰供養善住比丘；不可思議無數諸夜叉王，各各都有眾多眷屬圍繞，四面周匝恭敬守護善住比丘；不可思議數諸梵天王，在虛空中曲躬合掌，以人間之法稱揚讚嘆善住比丘；不可思議數諸淨居天，在虛空中與宮殿中都恭敬合掌發出大誓願。

當時，善財童子看見這些景象之後，心裡產生無量歡喜，合掌敬禮，這樣說道：「聖者！我已先發阿耨多羅三藐三菩提心，而未知菩薩如何修行佛法？如何積集佛法？如何具備佛法？如何熏習佛法？如何使佛法增長？如何總攝佛法？如何究竟佛法？如何淨治佛法？如何清淨佛法？如何通達佛法？我聞聖者善於教誨眾生，希望您憐愛我，為我宣說：菩薩如何纔能夠不捨棄拜見佛，並且常在其住所精勤修習？菩薩如何不捨離菩薩，與諸菩薩有同一善根？菩薩如何不捨佛法，都以智慧而得到明證？菩薩如何不捨大願，而能完全使一切眾生得到利益？菩薩如何不捨眾行，住於一切劫而心沒有任何疲倦和厭惡？菩薩如何不捨佛土，能夠完全使一切世界嚴整乾淨？菩薩如何不捨佛力，能全部知見如來自在？菩薩如何不捨有為法又不住於有為法，並且在一切六道之中自如變化，示現所受生死而修菩薩行？菩薩如何不捨所聞之法，並且都能領受諸佛之正教？菩薩如何不捨智光，普入三世智所行之處？」

時，善住比丘告善財言：「善哉！善哉！善男子！汝已能發阿耨多羅三藐三菩提心，今復發心求問佛法、一切智法、自然❶者法。

「善男子！我已成就菩薩無礙解脫門，若來若去，若行若止，隨順思惟，修習觀察，即時獲得智慧光明，名究竟無礙。得此智慧光明故，知一切眾生心行無所障礙，知一切眾生歿生無所障礙，知一切眾生宿命無所障礙，知一切眾生未來劫事無所障礙，知一切眾生現在世事無所障礙，知一切眾生言語音聲種種差別無所障礙，決一切眾生所有疑問無所障礙，知一切眾生諸根無所障礙，隨一切眾生應受化❷時悉能往赴無所障礙，知一切剎那、羅婆❸、牟呼栗多❹、日夜時分無所障礙，知三世海流轉次第無所障礙，能以其身徧往十方一切佛剎無所障礙。何以故？得無住無作神通力故。

「善男子！我以得此神通力故，於虛空中或行、或住、或坐、或臥、或隱、或顯，或現一身，或現多身，穿度牆壁猶如虛空；於虛空中結跏趺坐，往來自在猶如飛鳥；入地如水，履水如地，徧身上下普出煙燄如大火聚。或時震動一切大地，或時以手摩觸日月，或現其身高至梵宮。或現燒香雲，或現寶燄雲，或現變化雲，或現光網雲，皆悉廣大彌覆十方。或一念中過於東方一世界、二世界、百世界、千世界、百千世界，乃至無量世界，乃至不可說不可說世界；或過閻浮提微塵數世界，或過不可說不可說佛剎微塵數世界。於彼一切諸佛國土佛世尊前，聽聞說法，一一佛所現無量佛剎微塵數差別身，一一身雨無量佛剎微塵數供養雲，所謂：一切華雲、一切香雲、一切鬘雲、一切末香雲、一切塗香雲、一切蓋雲、一切衣雲、一切幢雲、一切幡雲、一切帳雲，以一切身雲而為供養。一一如來所有宣說，我皆受持；一一國土所有莊嚴，我皆憶念。如東方，南、西、北方，四維，上、下，亦復如是。如是一切諸世界中所有眾生，若見我形，皆決定得阿耨多羅三藐三菩提。彼諸世界一切眾生，我皆明見，隨其大小、勝劣、苦樂，示同其形，教化成就。若有眾生親近我者，悉令安住如是法門。

【章　旨】善住比丘向善財童子宣說修行菩薩行的「究竟無礙解脫門」。這是進入菩薩行之「十住位」之第三位「修行住」的法門。

【注　釋】❶自然　指不假任何造作之力而自然而然、本然如是存在之狀態。❷受化　受生及化生，即「轉生」之義。❸羅婆　又作「臘縛」、「羅預」、「羅予」，為印度計量時間的單位。據《俱舍論》卷十二載，剎那為一怛剎那，六十怛剎那為一羅婆，三十羅婆為一牟呼栗多，三十牟呼栗多為一晝夜。❹牟呼栗多　剎那，印度計量時間的單位。《俱舍論》卷十二曰：「三十臘縛為一牟呼栗多，三十牟呼栗多為一晝夜。」

【語　譯】這時，善住比丘對善財說：「好啊！好啊！善男子！你已經能發阿耨多羅三藐三菩提心，現在又發心求問佛法、一切智法以及自然者之法。

「善男子！我已經成就菩薩無礙解脫門，若來若去，若行若止，隨順思惟，修習觀察，即時獲得叫做『究竟無礙』的智慧光明。由於得到這個智慧光明的緣故，能夠沒有任何障礙地知曉一切眾生的心行，能夠無所障礙地知曉一切眾生的生死狀況，能夠沒有任何障礙地知曉一切眾生的宿命，能夠沒有任何障礙地知曉一切眾生在未來劫中的事情，能夠沒有任何障礙地知曉一切眾生現在世的事情，能夠沒有任何障礙地知曉一切眾生的言語音聲的種種差別，能夠為一切眾生沒有任何障礙地解決所有的疑問，能夠沒有任何障礙地知曉一切眾生諸根，能夠沒有任何障礙地在一切眾生應該受化之時準時前往，能夠沒有任何障礙地知曉一切剎那、羅婆、牟呼栗多以及日夜時分，能夠沒有任何障礙地知曉三世海的流轉次第，能夠沒有任何障礙地以自己的身體徧往十方一切佛土。為什麼可以如此呢？是因為我證得了無住無作的神通力的緣故。

「善男子！我因為證得了這一神通力，所以，在虛空中有時行、有時住、有時坐、有時臥、有時隱、有時顯，有時顯現出一身，有時顯現出多身，穿度牆壁猶如虛空；並且在虛空中結跏趺而坐，往來自在猶如飛鳥；進入地下猶如進入水中一樣地方便，履水如地般平坦，渾身上下都冒出煙燄猶如大火。有時讓大地震動，有時以手觸摸太陽、月亮，有時顯現出高至梵宮的身體。有時顯現出如燒香形狀的雲彩，有時顯現出寶燄樣的雲彩，有時顯現出變化多端的雲彩，有時顯現出如光網般的雲彩，這些雲彩都非常廣大完全覆蓋了十方。有時在一念中掠過東方一世界、二世界、百世界、千世界、百千世界，乃至無量世界，乃至不可說不可說世界；有時也掠過閻浮提微塵數世界，有時掠過不可說不可說佛剎微塵數世界。在一切諸佛國土佛世尊面前，聽聞他們說法，每一位佛所現無量佛剎微塵數的差別身，每一佛身雨無量佛剎微塵數供養雲，這些雲彩有：一切華雲、一切香雲、一切鬘雲、一切末香雲、一切塗香雲、一切蓋雲、一切衣雲、一切幢雲、一切幡雲、一切帳雲，以一切身雲而為供養。每一位如來宣說的所有內容，我都受持；每一國土所有的莊嚴，我都回憶憶念。如東方以及南、西、北方，四維，上、下，所有十方都是如此。如此一切諸世界中所有的眾生，如果看見我的身形，都可決定得阿耨多羅三藐三菩提。那些世界中的一切眾生，我都已經清晰地看見了，並且能夠隨其大小、勝劣、苦樂，展示出與其同樣的形狀，以便教化他們使其成就。如果有眾生來親近我，我都能夠使其安住於如此法門之中。

「善男子！我唯知此普速疾供養諸佛成就眾生無礙解脫門，如諸菩薩持大悲戒、波羅蜜戒、大乘戒❶、菩薩道相應戒、無障礙戒、不退墮❷戒、不捨菩提心戒、常以佛法為所緣戒、於一切智常作意❸戒、如虛空戒、一切世間無所依戒、無失戒、無損戒、無缺戒、無雜戒、無濁戒、無悔戒、清淨戒、離塵戒、離垢戒。

「如是功德，而我云何能知能說？善男子！從此南方有國，名達裡鼻荼，城名自在❹；其中有人，名曰彌伽。汝詣彼問：菩薩云何學菩薩行、修菩薩道？」

時，善財童子頂禮其足，右繞瞻仰，辭退而行。

【章旨】證得「究竟無礙解脫門」都是由於持別解脫戒為依地的緣故，因為非戒不能修治心地。這是善住對於這一法門的總結。善住比丘又建議善財童子前往「達裡鼻荼國」的「自在」城去拜訪「彌伽」比丘。善財於是辭別善住比丘繼續南下。

【注釋】❶大乘戒　又名「菩薩戒」，即菩薩僧所受持的戒，如《梵網經》中所說的「十重戒四十八輕戒」以及《善戒經》中所說的「三聚淨戒」。❷退墮　又作「退轉」、「退失」，略稱作「退」。指在求佛道之中途，退失菩提心，而墮於二乘凡夫之地；或退失已證得之行位。❸作意　心的作用、功能之一，即突然警覺而將心投注某處以引起活動之精神作用。❹名達裡鼻荼二句　據澄觀的解釋，「達裡鼻荼」的意思為「消融」，「謂從聖教生消謬解故」；城名為「自在」的意思為「於三世佛法了知修習，得圓滿故」（澄觀《華嚴經疏》卷五十六，《大正藏》卷三十五，頁九二六下）。

【語譯】「善男子！我只知曉這一普偏迅速供養諸佛成就眾生的無礙解脫法門，如諸菩薩持大悲戒、波羅蜜戒、大乘戒、菩薩道相應戒、無障礙戒、不退墮戒、不捨菩提心戒、常以佛法為所緣戒、於一切智常作意戒、如虛空戒、一切世間無所依戒、無失戒、無損戒、無缺戒、無雜戒、無濁戒、無悔戒、清淨戒、離塵戒、離垢戒。

「如此的功德，我為什麼能夠知曉，能夠宣說呢？善男子！從此南下有一個名叫『達裡鼻荼』

的國家，此國中有一座名叫『自在』的城市；此城中有一位名叫『彌伽』的比丘。你可以前往他住的地方去請教：菩薩如何學菩薩行、修菩薩道？」

當時，善財童子頂禮善住比丘的雙足，右繞瞻仰比丘，辭別善住比丘，又朝南方走去。

華嚴經 入法界品之四

【題 解】本卷主要包括〈入法界品〉「末會」中的第六、七、八會的內容，即善財童子「五十三參」中的第五參、第六參以及第七參的內容。

第五參為「良醫彌伽會」：善財童子繼續南下至「達裡鼻荼國」的「自在」城，向「良醫彌伽」請教修行菩薩行的途徑、方法。良醫彌伽首先稱讚善財童子為真正的法器，然後為其講授自己所精通的修行法門。良醫彌伽給善財宣講的「菩薩妙音陀羅尼光明門」是進入「十住」第四住——「生貴住」的方法。所謂「生貴住」，又作「闍摩期菩薩法住」，是指在前述各個層次之妙行的基礎上，冥契妙理，將生於佛家為法王子；即行與佛同，受佛之氣分，如中陰身，自求父母，陰信冥通，入如來種。

第六參為「解脫長者會」：善財童子繼續南下至「住林」聚落，向「解脫」長者請教修行菩薩行的途徑、方法。解脫長者先進入「普攝一切佛剎無邊旋陀羅尼」三昧，得到清淨身，於其清淨身中觀見十方一切佛土、一切佛諸事。解脫長者出定後，將其所見告知善財童子。解脫長者又從三昧起，為善財童子宣說「如來無礙莊嚴解脫門」。這是進入「十住」第五住之「方便具足住」的法門。所謂「方便具足住」，又作「波渝三般菩薩法住」、「修成住」。其內容為，習無量之善根，自利利他，方便具足，相貌無缺。

第七參為「海幢比丘會」：善財童子繼續南下，在閻浮提畔的「摩利伽羅」聚落觀看了「海幢」比丘於三昧中所顯現出的勝境。善財童子歷經六月零六日觀察思惟海幢比丘之三昧力。等到海幢比丘從這一三昧境界之中出來，善財童子立即向其表達了對於這一三昧的極大敬意，並且殷切地向海幢比丘請教。海幢比丘向善財童子宣說「普眼捨得」三昧的神奇之處。海幢比丘給善財宣講的這一法門，是進入「十住」第六住——「海幢寄正心住」的方法。所謂「正心住」，又作「阿者三般菩薩法住」、「行登住」，是指成就第六般若的菩薩所成的境界，因為並非僅僅相貌與佛相同，其心也與佛相同，因此名之為「正心住」。

善財童子第五參：良醫彌伽會

爾時，善財童子一心正念法光明法門，深信趣入，專念於佛，不斷三寶❶，嘆離欲性，念善知識普照三世，憶諸大願普救眾生，不著有為，究竟思惟諸法自性，悉能嚴淨一切世界，於一切佛眾會道場心無所著。

漸次南行，至自在城，求覓彌伽。乃見其人於市肆中，坐於說法師子之座，十千人眾所共圍繞，說輪字❷莊嚴法門。時，善財童子頂禮其足，繞無量匝，於前合掌而作是言：「聖者！我已先發阿耨多羅三藐三菩提心，而我未知菩薩云何學菩薩行？云何修菩薩道？云何流轉於諸有趣常不忘失菩提之心？云何得平等意堅固不動？云何獲清淨心無能沮壞？云何生大悲力恆不勞疲？云何入陀羅尼普得清淨？云何發生智慧廣大光明，於一切法離諸暗障？云何具無礙解辯才之力，決了一切甚深義藏？云何得正念❸力，憶持一切差別法輪？云何得淨趣力，於一切趣普演諸法？云何得智慧力，於一切法悉能決定分別其義？」

爾時，彌伽告善財言：「善男子！汝已發阿耨多羅三藐三菩提心耶？」善財言：「唯！我已先發阿耨多羅三藐三菩提心。」

彌伽遽即下師子座，於善財所五體投地❹，散金銀華無價寶珠，及以上妙碎末栴檀❺、無量種衣以覆其上，復散無量種種香華、種種供具以為供養，然後起立而稱歎言：「善哉！善哉！善男子！乃能發阿耨多羅三藐三菩提心。善男子！若有能發阿耨多羅三藐三菩提心，則為不斷一切佛種，則為嚴淨一切佛剎，則為成熟一切眾生，則為了達一切法性，則為悟解一切業種❻，則為圓滿一切諸行，則為不斷一切大願，則如實解離貪種性，則能明見三世差別，則令信解永得堅固，則為一切如來所持，則為一切諸佛憶念，則與一切菩薩平等，則為一切賢聖讚喜，則為一切梵王禮覲，則為一切天主供養，則為一切夜叉守護，則為一切羅剎侍衛，則為一切龍王迎接，則為一切緊那羅王歌詠讚嘆，則為一切諸世間主稱揚慶悅，則令一切諸眾生界悉得安隱。所謂：令捨惡趣故，令出難處故，斷一切貧窮根本故，生一切天、人快樂故，遇善知識親近故，聞廣大法受持故，生菩提心故，淨菩提心故，照菩薩道故，入菩薩智故，住菩薩地故。

「善男子！應知菩薩所作甚難，難出難值，見菩薩者倍更難有。菩薩為一切眾生恃怙❼，生長成就故；為一切眾生拯濟，拔諸苦難故；為一切眾生依處，守護世間故；為一切眾生救護，令免怖畏故。菩薩如風輪，持諸世間不令墮落惡趣故；如大地，增長眾生善根故；如大海，福德充滿無盡故；如淨日，智慧光明普照故；如須彌❽，善根高出故；如明月，智光出現故；如猛將，摧伏魔軍故；如君主，佛法城中得自在故；如猛火，燒盡眾生我愛心故；如大雲，降霔無量妙法雨❾故；如時雨，增長一切信根❿芽故；如船師⓫，示導法海津濟處故；如橋梁，令其得度生死海故。」

【章　旨】這是善財童子五十三參的第五次參訪，也是〈入法界品〉「末會」中善財五十五會中的第六會。善財童子向良醫彌伽請教修行菩薩行的途徑、方法，良醫彌伽首先稱讚善財童子為真正的法器。

【注　釋】❶三寶　佛寶、法寶、僧寶。一切之佛，即佛寶；佛所說之法，即法寶；奉行佛所說之法的人，即僧寶。佛者覺知之義，法者法軌之義，僧者和合之義。❷輪字　因菩薩為轉法輪之彌勒菩薩，故約於其彌勒之三形，而稱為「輪」。❸正念　八正道之一，又作「諦意」，即如實憶念諸法之性相而不忘失。❹五體投地　印度禮法之一，為佛教最鄭重的禮拜法。即兩膝、兩附及頭頂著地的致敬法。又稱五輪投地、五輪著地、舉身投地頂禮、接足禮。❺栴檀　又作「栴檀樹」、「真檀樹」、「真檀」等，為常綠之喬木，幹高數丈，其材芳香，可供雕刻；研根為粉末，可為檀香，或製香油，葉長約五公分，槍鋒狀對生，房狀花。球形核果，大如蠶豆，熟時呈黑色，頗富汁液，核甚堅硬，豎之有三凸菱。❻業種　因為善、惡之業可以生出苦樂之果，因此將善、惡之業稱之為「業種子」。❼恃怙　出自《詩・小雅・蓼莪》：「無父何怙，無母何恃。」後因以「恃怙」為母親、父親的代稱。❽須彌　即「須彌山」，意譯「妙高山」，因為此山是由金、銀、琉璃、水晶四寶所成，所以稱「妙」；諸山不能與之相比，所以稱「高」。又高有八萬四千由旬，闊有八萬四千由旬，為諸山之王，故得名「妙高」。此山為一小世界的中心，山形上下皆大，中央獨小，四王天居山腰四面，忉利天在山頂，山根有七重金山，七重香水海環繞之，在金山之外有鹹海，鹹海之外有大鐵圍山，四大部洲即在此鹹海的四方。❾法雨　以雨來比喻佛之教法。佛法滋潤眾生，令由迷妄而至證悟，猶如雨之普澤草木，使其生長，而至開花結果，因此佛教常常以雨譬喻佛法。❿信根　即信仰佛、法、僧三寶以及四諦等佛教的真理，為五無漏根之一。「信」為入理之根本，「根」則為堅固不動之義。這是以草木之根對於生命的重要性來比喻信仰之心在佛教修行中的重要性。⓫船師　因為佛、菩薩如同度眾生至彼岸的船筏的指揮者一樣，因而佛典中常常以船師來喻指佛、菩薩。

【語　譯】在繼續南下的路途，善財童子一心正念即將學習的大光明法光明法門，深深地信仰並且趣入，專心憶念佛，使三寶從不中斷，感嘆而遠離各種欲念，憶念一切普照三世的善知識，憶念那些能夠普救眾生的大願，對於有為法不產生執著，究竟思惟諸法的自性，能夠使一切世界都變得嚴整乾淨，對於一切佛以及眾會道場都在心中不產生執著。

善財童子逐漸地繼續南下到達自在城，尋找彌伽。善財看見有人在市場中坐在師子座上說法，數萬人一同圍繞著他，彌伽正在宣說輪字莊嚴法門。善財童子當即頂禮彌伽之足，圍繞他無量圈，最後在其前合掌而這樣說：「聖者！我早先已經發阿耨多羅三藐三菩提心，但我卻不知道成就菩薩如何學菩薩行？如何修菩薩道？如何在六道中流轉但卻永不忘記失去菩提之心？如何得平等之心意並堅固不動？如何獲得清淨心而不會毀壞？如何產生大悲之力而永不疲勞？如何進入陀羅尼而完全得到清淨？如何發生智慧廣大光明，一切法都不再是其障蔽？如何具備無礙理解辯才之力，決定明了一切很深的義藏？如何得正念力，憶持一切差別法輪？如何獲得淨趣之力，在一切道都演說諸法？如何獲得智慧之力，對於一切法都能夠決定分別其意義？」

這時，彌伽對善財童子說：「善男子！你已經發阿耨多羅三藐三菩提心嗎？」善財童子回答：「是！我早先已經發阿耨多羅三藐三菩提心。」

彌伽立即從師子座上走下來，來到善財童子面前，五體投地禮敬善財，並且散佈金銀華等無價寶珠以及美妙的碎末狀的栴檀、無量種的衣物覆蓋在善財的身上，又散佈無量種種香華、種種供具以之供養善財。做完這一切之後，彌伽起立而稱讚感嘆說：「好啊！好啊！善男子！已經能夠發阿耨多羅三藐三菩提心。善男子！如果有人能夠發阿耨多羅三藐三菩提心，那麼就可以使一切佛種不至於中斷，就可以使一切佛剎更為嚴整乾淨，就可以使一切眾生獲得成熟，就可以了達一切法性，就可以悟解一切業的種子，就可以使一切諸行圓滿，就可以使一切大願不至於中斷，就可以如實理解遠離貪欲的種性，就可以明確地見到三世的差別，就可以使信仰和理解永遠堅固不變，就可以被一切如來所加持，就可以被一切諸佛所憶念，就可以與一切菩薩平等，就可以被一切賢聖所讚嘆喜歡，就可以被一切梵王禮覲，就可以被一切天之主所供養，就可以被一切夜叉守護，就可以被一切羅剎所侍奉保衛，就可以被一切龍王迎接，就可以被一切緊那羅王所歌詠讚嘆，就可以被一切諸世間之主稱揚慶悅，就可以使一切諸眾生界都得到安定。總而言之，使其捨棄惡道，使其出離困難之處，斷絕一切貧窮之根本，生於一切天、人快樂之位，遇到善知識並親近之，聽聞廣大法並且受持，生出菩提心，使菩提心清淨，照耀菩薩道，進入菩薩之智，住於菩薩之地。

「善男子！應該知曉菩薩所作是非常難的，難於出生也難於遇到，就更加難有看見菩薩的機遇。菩薩是一切眾生的父母親，因為眾生依靠菩薩而成就；菩薩是一切眾生救星，救拔眾生出離苦難；菩薩是一切眾生的依止之處，因為菩薩守護著世間；菩薩是一切眾生的救護者，使其免於恐怖害怕。菩薩如同風輪，執持諸世間不使其墮落於惡道；菩薩如同大地，使眾生的善根得到增長；菩薩如同大海，充滿了無盡福德；菩薩如同淨日，智慧光明普照；菩薩如同須彌山，其善根遠遠高於須彌山巔；菩薩如同明月，智光因此而出現；菩薩如同猛將，摧伏了魔軍；菩薩如同君主，在佛法城中得到自由自在；菩薩如同猛火，燒盡了眾生我愛之心；菩薩如同大雲，降下無量的妙法雨；菩薩如同及時雨，使一切信根之芽增長；菩薩如同船師，指示著度過法海的渡口；菩薩如同橋梁，使眾生可以度過生死之大海。」

彌伽如是讚歎善財，令諸菩薩皆歡喜已，從其面門出種種光，普照三千大千世界。其中眾生遇斯光已，諸龍神等乃至梵天❶悉皆來至彌伽之所。彌伽大士即以方便，為開示、演說、分別、解釋輪字品莊嚴法門。彼諸眾生聞此法已，皆於阿耨多羅三藐三菩提得不退轉。

彌伽於是還昇本座，告善財言：「善男子！我已獲得妙音陀羅尼，能分別知三千大千世界中諸天語言，諸龍、夜叉、乾闥婆、阿修羅、迦樓羅、緊那羅、摩睺羅伽、人與非人及諸梵天所有語言。如此三千大千世界，十方無數乃至不可說不可說世界，悉亦如是。

「善男子！我唯知此菩薩妙音陀羅尼光明法門。如諸菩薩摩訶薩，能普入一切眾生種種想海、種種施設❷海、種種名號海、種種語言海，能普入說一切深密法句海、說一切究竟❸法句海、說一切所緣中有一切三世所緣法句海、說上法句海、說上上法句海、說差別法句海、說一切差別法句海，能普入一切世間咒術海、一切音聲莊嚴輪❹、一切差別字輪❺際。

【章　旨】良醫彌伽向善財童子宣說「菩薩妙音陀羅尼光明」法門。

【注　釋】❶梵天　音譯「婆羅賀摩」、「沒羅含摩」、「梵摩」，意譯「清淨」、「離欲」。在婆羅門教、印度教之中，梵天指宇宙的創造者，是萬有之根源。「梵」的神格化所產生的神祇，為婆羅門教的最高神，也是印度教三大神祇（即梵天、濕婆、毗濕奴）之一。佛教中總稱色界的初禪天為梵天，包括「大梵天」、「梵輔天」、「梵眾天」。通常單獨使用的「梵天」，大多指「大梵天王」、「梵王」。「梵王」，別名「尸棄」、「世主」，此天王深信正法，每逢佛出世，必最先請求佛轉法輪，與帝釋天同為佛教的護法神。❷施設　安立；建立；發起。❸究竟　音譯「郁多羅」，形容至高無上之境界，或對事物徹底極盡之意。❹音聲莊嚴輪　以音聲作佛事之意，即用誦經、唱佛名乃至以歌舞音樂等供養佛的禮儀。在此是指以妙音誦持「輪字法門」。❺字輪　密教修法所用的觀法之一。又稱法界體性三昧觀、入法界三昧觀、入法界觀、後入三摩地觀。即觀顯本尊之意密與行者之意業本來融會不二的觀法。亦即行者於心月輪上，佈列表地、水、火、風、空五大的梵字（阿、鍐、羅、訶、佉），以及表示佛、菩薩的梵字，而思惟現象世界本來是空，最後實現本尊與自己一體無二之境地。於密教修法中，此字輪觀為意密成佛之秘觀、加持成佛之妙行，與正念誦、修口密的入我、我入觀同是重要的觀法。

【語　譯】彌伽如此讚揚感嘆善財童子，使得諸位菩薩都非常歡喜。諸位菩薩都從其面門發出種種光芒，普照三千大千世界。大千世界之中的眾生遇到這些光之後，諸位龍神以及梵天都全部來到彌伽的住所。彌伽大士即以方便為眾生開示、演說、分別、解釋輪字品莊嚴法門。那些眾生聽聞此法之後，都發阿耨多羅三藐三菩提之心並且永不退轉。

彌伽又還昇其本座，告訴善財說：「善男子！我已經獲得妙音陀羅尼，能分別知曉三千大千世界中諸天所用的語言，對於諸龍、夜叉、乾闥婆、阿修羅、迦樓羅、緊那羅、摩睺羅伽、人與非人及諸梵天等所有的語言也都能夠知曉。對於三千大千世界，十方無數乃至不可說不可說世界諸眾生所用的語言，也都能夠知曉。

「善男子！我只知曉這一菩薩妙音陀羅尼光明法門。諸菩薩摩訶薩，能夠完全進入一切眾生種種想海、種種施設海、種種名號海、種種語言海，能夠完全進入說一切深刻秘密的法句海、說一切究竟法句海、說一切所緣中有一切三世所緣法句海、說上等法句海、說上上等法句海、說差別法句海、說一切差別法句海，能完全進入一切世間咒術海、一切音聲莊嚴輪、一切差別之字輪際。

「如是功德，我今云何能知能說？善男子！從此南行，有一聚落，名曰住林❶；彼有長者，名曰解脫❷。汝詣彼問：菩薩云何修菩薩行？菩薩云何成菩薩行？菩薩云何集菩薩行？菩薩云何思菩薩行？」

爾時，善財童子以善知識故，於一切智法深生尊重，深植淨信，深自增益；禮彌伽足，涕泗悲泣，繞無量匝，戀慕瞻仰，辭退而行。

【章旨】良醫彌伽又向善財童子舉薦「住林」聚落的「解脫」長者，囑咐善財童子南下前去拜訪。

【注釋】❶住林　表徵「方便具足住」。❷解脫　於其身內顯現無邊佛境，定用自在，因此此長者之名為「解脫」。

【語譯】「如此功德，我現在為什麼能夠知曉，能夠宣說？善男子！從此繼續向南行進，有一個名叫『住林』的村落；那裡有一位名叫『解脫』的長者。你可以前往他那裡去請教：成就菩薩如何修菩薩行？菩薩如何成就菩薩行？菩薩如何積集菩薩行？菩薩如何思惟菩薩行？」

這時，善財童子因為彌伽善知識的緣故，對於一切智之法產生深深的尊重，種植了很深的清淨信仰，自己又深深地增益它。善財童子禮拜彌伽之足，涕泗悲泣，繞無數圈。戀慕瞻仰彌伽之後，善財童子辭別良醫彌伽，繼續向南行進。

善財童子第六參：解脫長者會

爾時，善財童子思惟諸菩薩無礙解陀羅尼光明莊嚴門，深入諸菩薩語言海門，憶念諸菩薩知一切眾生微細方便門，觀察諸菩薩清淨心門，成就諸菩薩善根光明門，淨治諸菩薩教化眾生門，明利諸菩薩攝眾生智門，堅固諸菩薩廣大志樂門，住持諸菩薩殊勝志樂門，淨治諸菩薩種種信解門，思惟諸菩薩無量善心門；誓願堅固，心無疲厭；以諸甲冑而自莊嚴，精進深心❶不可退轉，具不壞信；其心堅固，猶如金剛及那羅延❷，無能壞者；守持一切善知識教，於諸境界得不壞智；普門清淨，所行無礙；智光圓滿，普照一切；具足諸地總持光明，了知法界種種差別，無依無住，平等無二；自性清淨而普莊嚴，於諸所行皆得究竟，智慧清淨離諸執著；知十方差別法，智無障礙；往十方差別處，身不疲懈；於十方差別業，皆得明了；於十方差別佛，無不現見；於十方差別時，悉得深入；清淨妙法充滿其心，普智三昧明照其心，心恆普入平等境界；如來智慧之所照觸，一切智流相續不斷，若身若心不離佛法；一切諸佛神力所加，一切如來光明所照，成就大願，願身週遍一切剎網，一切法界普入其身。

漸次遊行十有二年，至住林城，週遍推求解脫長者。既得見已，五體投地，起立合掌，白言：「聖者！我今得與善知識會，是我獲得廣大善利❸。何以故？善知識者，難可得見，難可得聞，難可出現，難得奉事，難得親近，難得承接❹，難可逢值，難得共居，難令喜悅，難得隨逐。我今會遇，為得善利。

「聖者！我已先發阿耨多羅三藐三菩提心，為欲事一切佛故，為欲值一切佛故，為欲見一切佛故，為欲觀一切佛故，為欲知一切佛故，為欲證一切佛平等故，為欲發一切佛大願故，為欲滿一切佛大願故，為欲具一切佛智光故，為欲成一切佛眾行故，為欲得一切佛神通故，為欲具一切佛諸力故，為欲獲一切佛無畏故，為欲聞一切佛法故，為欲受一切佛法故，為欲持一切佛法故，為欲解一切佛法故，為欲護一切佛法故，為欲與一切諸菩薩眾同一體故，為欲與一切菩薩善根等無異故，為欲圓滿一切菩薩波羅蜜故，為欲成就一切菩薩所修行故，為欲出生一切菩薩清淨願故，為欲得一切諸佛菩薩威神藏故，為欲得一切菩薩法藏無盡智慧大光明故，為欲得一切菩薩三昧廣大藏故，為欲成就一切菩薩無量無數神通藏故，為欲以大悲藏教化調伏一切眾生皆令究竟到邊際故，為欲顯現神變藏故，為於一切自在藏中悉以自心得自在故，為欲入於清淨藏中以一切相而莊嚴故。

「聖者！我今以如是心、如是意、如是樂、如是欲、如是希求、如是思惟、如是尊重、如是方便、如是究竟、如是謙下，至聖者所。我聞聖者善能誘誨諸菩薩眾，能以方便闡明所得，示其道路，與其津梁，授其法門；令除迷倒障，拔猶豫箭，截疑惑網，照心稠林❺，浣心垢濁，令心潔白，使心清淨，正心諂曲，絕心生死，止心不善，解心執著；於執著處令心解脫，於染愛處使心動轉，令其速入一切智境，使其疾到無上法城❻；令住大悲，令住大慈，令入菩薩行，令修三昧門，令入證位，令觀法性，令增長力，令修習行，普於一切，其心平等。唯願聖者為我宣說：菩薩云何學菩薩行、修菩薩道？隨所修習，疾得清淨，疾得明了！」

【章　旨】這是善財童子五十三參的第六次參訪，也是〈入法界品〉「末會」中善財五十五會中的第七會。善財遵囑繼續南下，於路途仔細消化良醫彌伽所宣說的「菩薩妙音陀羅尼光明門」。後到達住林城禮拜解脫長者，並誠懇地向解脫長者請教修行菩薩行的途徑、方法。

【注　釋】❶深心　又稱「深信」。通常是指深求佛道之心，或指掃除猶疑不定而對佛法真實確信之心，或指樂於集聚諸功德善行而又深信愛樂之心。❷那羅延　即「那羅延天」、「那羅延力執金剛」，乃帝釋天之力士，或為毗紐天之異名，此金剛能發勇猛之大悲以救濟眾生。以其大悲心特別強盛，因此以那羅延天之大力喻之，而稱為「那羅延力」。❸廣大善利　善的、美妙的利益為「善利」。佛典中的「大善利」往往是指菩提之利益。❹承接　交接；連接；銜接；接受。❺稠林　又作「譢」，即密茂之森林，佛教以之比喻眾生邪見煩惱，交絡繁茂，有如稠密的森林。❻無上法城　即「涅槃城」。無上法，指「涅槃」，因為在佛教中，「涅槃」是一切法中至高無上之法。

【語　譯】在南下的路途，善財童子思惟著良醫彌伽宣說的諸菩薩無礙解陀羅尼光明莊嚴門，深入了諸菩薩語言海門，回憶記憶諸菩薩知曉一切眾生微細的方便門，觀察諸菩薩清淨心門，成就諸菩薩善根光明門，淨治諸菩薩教化眾生門，明利諸菩薩攝眾生之智門，堅固諸菩薩廣大志樂門，住持諸菩薩殊勝志樂門，淨治諸菩薩種種信解門，思惟諸菩薩無量善心門；誓願堅固，心無疲倦厭惡；以諸甲冑而自己莊嚴，精進深心不可退轉，具備從未毀壞的信仰；其心堅固，猶如金剛以及那羅延，從來就不會毀壞；守持一切善知識的教誨，對於諸境界獲得不壞之智；普門清淨，所行無有障礙；智光圓滿，普照一切；具足諸地總持光明，了知法界的種種差別，無依無住，平等無二；自性清淨而普偏莊嚴法界，於諸所行都獲得究竟，智慧清淨遠離所有執著；知曉十方差別法，智慧沒有障礙；前往十方差別之處，身體從不疲倦懈怠；對於十方差別之業，都獲得明了；

對於十方差別佛，無不現見；對於十方差別時，都可以深入；清淨妙法充滿了善財童子的心，普智三昧明照其心，心永恆完全進入平等境界；因為得到了如來智慧的照觸，一切智流相續不斷，其身其心都不離開佛法；由於一切諸佛神力的加持，由於一切如來光明所照的緣故，成就了大願，願身週徧一切剎網，一切法界完全進入其身。

善財童子逐漸地向南方遊行達十二年之久，最後到達了住林城。善財童子到處詢問找尋解脫長者。與解脫長者見面之後，善財童子便五體投地，起立合掌，向解脫長者說：「聖者！我現在總算與善知識相會了，這會使我獲得廣大的好處。為什麼這樣說呢？善知識者，確實難於見到，也難於得聞您的說法，難於出現，難得奉事，難得親近，難得承接，難於遇到，難得在一起居住，難得使您喜悅，難得跟隨。我現在遇到您，肯定會得到好處。

「聖者！我早先已經發阿耨多羅三藐三菩提心，是因為欲侍奉一切佛的緣故，因為欲遇到一切佛的緣故，因為欲見一切佛的緣故，因為欲觀一切佛的緣故，因為欲知曉一切佛的緣故，因為欲證得一切佛平等的緣故，因為欲發一切佛的大願的緣故，因為欲滿足一切佛的大願的緣故，因為欲具備一切佛智之光的緣故，因為欲成就一切佛的眾行的緣故，因為欲獲得一切佛之神通的緣故，因為欲具備一切佛之諸力的緣故，因為欲獲得一切佛之無畏的緣故，因為欲聽聞一切佛法的緣故，因為欲接受一切佛法的緣故，因為欲持一切佛法的緣故，因為欲理解一切佛法的緣故，因為欲保護一切佛法的緣故，因為欲與一切諸菩薩具備同一本體的緣故，因為欲與一切菩薩的善根相等沒有差別的緣故，因為欲圓滿一切菩薩波羅蜜的緣故，因為欲成就一切菩薩所修行的緣故，因為欲出生一切菩薩清淨大願的緣故，因為欲獲得一切諸佛菩薩威神藏的緣故，因為欲獲得一切菩薩法藏無盡智慧大光明的緣故，因為欲獲得一切菩薩三昧廣大藏的緣故，因為欲成就一切菩薩無量無數神通藏的緣故，因為欲以大悲藏教化調伏一切眾生使他們都獲得究竟到達邊際的緣故，因為欲顯現神變藏的緣故，因為在一切自在藏之中全部以自心獲得了自在的緣故，因為欲進入清淨藏之中並且以一切相而得莊嚴的緣故。

「聖者！我現在以如此之心、如此之意、如此之樂、如此之欲、如此之希求、如此之思惟、如此之尊重、如此之方便、如此之究竟、如此之謙下，到達了聖者您的住所。我聽說聖者您能夠誘誨諸菩薩眾，能以方便闡明所得，為眾生指示道路，給予他們指示渡口和橋梁，教授給他們法門；使他們除去迷惑和顛倒、障礙，拔出他們的猶豫之箭，截斷他們的疑惑之網，照耀他們的心稠林，清洗他們那污濁之心，使其心變得潔白，使其心清淨，矯正其諂曲的心，斷絕其生死之心，制止其不善之心，解開其執著之心；在其執著之處使其心得到解脫，在染愛之處使其心動轉，使其迅速進入一切智境，使其迅速達到無上法之城；使其住於大悲，使其住於大慈，使其進入菩薩行，使其修習三昧門，使其進入證位，使其觀想法性，使其力得到增長，使其修習菩薩行，對於一切境遇都能夠做到心平氣和。希望聖者為我宣說：菩薩如何學菩薩行、修菩薩道？很想跟隨著您所修習的法門，迅速獲得清淨，迅速獲得明了！」

時，解脫長者以過去善根力、佛威神力、文殊師利童子憶念力故，即入菩薩三昧門，名普攝一切佛剎無邊旋陀羅尼。入此三昧已，得清淨身。於其身中，顯現十方各十佛刹微塵數佛，及佛國土眾會道場種種光明諸莊嚴事，亦現彼佛往昔所行神通變化、一切大願、助道之法、諸出離行、清淨莊嚴，亦見諸佛成等正覺、轉妙法輪教化眾生。如是一切，於其身中悉皆顯現，無所障礙；種種形相、種種次第，如本而住，不相雜亂，所謂：種種國土、種種眾會、種種道場、種種嚴飾。其中諸佛現種種神力、立種種乘道、示種種願門，或於一世界處兜率宮❶而作佛事，或於一世界歿兜率宮而作佛事；如是，或有住胎，或復誕生，或處宮中，或復出家，或詣道場，或破魔軍，或諸天、龍恭敬圍繞，或諸世主勸請說法❷，或轉法輪，或般涅槃，或分舍利❸，或起塔廟。彼諸如來於種種眾會、種種世間、種種趣生、種種家族、種種欲樂、種種業行、種種語言、種種根性、種種煩惱隨眠❹習氣諸眾生中，或處微細道場，或處廣大道場，或處一由旬量道場，或處十由旬量道場，或處不可說不可說佛刹微塵數由旬量道場，以種種神通、種種言辭、種種音聲、種種法門、種種總持門❺、種種辯才門，以種種聖諦❻海、種種無畏大師子吼，說諸眾生種種善根、種種憶念，授種種菩薩記，說種種諸佛法。彼諸如來所有言說，善財童子悉能聽受，亦見諸佛及諸菩薩不可思議三昧神變。

爾時，解脫長者從三昧起，告善財童子言：「善男子！我已入出如來無礙莊嚴解脫門。善男子！我入出此解脫門時，即見東方閻浮檀金光明世界，龍自在王如來應正等覺，道場眾會之所圍繞，毗盧遮那藏菩薩而為上首；又見南方速疾力世界，普香如來應正等覺，道場眾會之所圍繞，心王菩薩而為上首；又見西方香光世界，須彌燈王如來應正等覺，道場眾會之所圍繞，無礙心菩薩而為上首；又見北方袈裟❼幢世界，不可壞金剛如來應正等覺，道場眾會之所圍繞，金剛步勇猛菩薩而為上首；又見東北方一切上妙寶世界，無所得境界眼如來應正等覺，道場眾會之所圍繞，無所得善變化菩薩而為上首；又見東南方香燄光音世界，香燈如來應正等覺，道場眾會之所圍繞，金剛燄慧菩薩而為上首；又見西南方智慧日普光明世界，法界輪幢如來應正等覺，道場眾會之所圍繞，現一切變化幢菩薩而為上首；又見西北方普清淨世界，一切佛寶高勝幢如來應正等覺，道場眾會之所圍繞，法幢王菩薩而為上首；又見上方佛次第出現無盡世界，無邊智慧光圓滿幢如來應正等覺，道場眾會之所圍繞，法界門幢王菩薩而為上首；又見下方佛光明世界，無礙智幢如來應正等覺，道場眾會之所圍繞，一切世間剎幢王菩薩而為上首。

【章旨】解脫長者先進入「普攝一切佛剎無邊旋陀羅尼」三昧，得到清淨身，於其清淨身中觀見十方一切佛土、一切佛諸事。解脫長者出定後，將其所見告知善財童子。

【注釋】❶兜率宮　是欲界第四層天之名。此天一晝夜，人間四百年，天壽四千歲，合人間五億七千六百萬年。有內、外二院，外院為天、人所居，內院為補處菩薩的住處，補處菩薩常由此天下生而成佛，今為彌勒菩薩的淨土。❷勸請說法　又叫「勸請轉法輪」，指佛陀初成道時，菩薩勸請世尊為眾生轉法輪，度脫一切。❸舍利　又作「實利」、「設利羅」、「室利羅」等，意譯為「體」、「身」、「身骨」、「遺身」等。通常指佛陀之遺骨，而稱佛骨、佛舍利，後又指高僧死後焚燒所遺之物。❹隨眠　「煩惱」的異名。煩惱隨逐我人，令入昏昧沉重之狀態；其活動狀態微細難知，與境及相應之心、心所相互影響而增強（隨增），以其束縛（隨縛）我人，故稱為「隨眠」。有貪、瞋、慢、無明（癡）、見（惡見）、疑等六種，稱為「六隨眠」或「六根本煩惱」。其中，將

「貪」又分為「欲貪」與「有貪」，成「七隨眠」；將「見」分為「身」、「邊執」、「邪」、「見取」、「戒禁取」等五見，成「十隨眠」。❺總持門　即總持之法門。總持，為「陀羅尼」之意譯，即能總攝憶持無量佛法而不忘失之念慧力。有「法」、「義」、「咒」、「忍」等四種總持。❻聖諦　「諦」為真實不虛之理，「聖諦」即指聖者所知的一切寂靜之境界，係佛教之根本大義，故又稱「第一義」、「真諦」，為佛教所說的出離世間法中的最究竟深義。❼袈裟　比丘的法衣，有不正色、壞色、染色等意義，因為出家比丘所穿的法衣都要染成濁色，故袈裟是依染色而立名的。又因其形狀為許多長方形割截的小布塊縫合而成，有如田畔，故又名「割截衣」或「田相衣」，亦稱「福田衣」。分大、中、小三種，大者名叫「僧伽梨衣」或「九條大衣」，中者名叫「郁多羅衣」或「七條衣」，小者名叫「安陀會衣」或「五條衣」。

【語　譯】這時，解脫長者以過去善根力、佛威神力、文殊師利童子憶念力，隨即進入名為「普攝一切佛剎無邊旋陀羅尼」的菩薩三昧門。進入此三昧之後，解脫長者獲得清淨身。在其清淨身之中，顯現出十方各十佛土微塵數佛，以及佛國土中眾會道場的種種光明諸莊嚴事，也顯現出諸佛往昔所做出的種種神通變化、一切大願、助道之法、諸出離世間的修行、清淨的莊嚴，也觀見諸佛成等正覺、轉妙法輪教化眾生的情境。如此一切，在其身中都可顯現出來，沒有任何障礙；顯現出的種種形相、種種次第，如其本來面貌而住，種種國土、種種眾會、種種道場、種種嚴飾不相雜亂。在其身中，諸佛顯現出種種神力、樹立種種乘道、示顯種種願門，有的在一世界住於兜率宮而作佛事，有的在一世界隱沒兜率宮而作佛事；如此等等，有顯現住胎形相的，有顯現誕生形相的，有顯現住於宮中形相的，有顯現出家形相的，或在道場，或破魔軍，或諸天、龍恭敬圍繞，或諸世間之主殷勤勸請其說法，也有顯現轉法輪形相的，有顯現出般涅槃形相的，有顯現分舍利情境的，也有顯現修建塔廟供養的情形的。那些如來在種種眾會、種種世間、種種六道、種種家族、種種欲樂、種種業行、種種語言、種種根性、種種煩惱隨眠習氣諸眾生之中，有的住於很小的道場，有的處於非常廣大的道場，有的處於一由旬量的道場，有的處於十由旬量的道場，有的處於不可說不可說佛土微塵數由旬量的道場，他們以種種神通、種種言辭、種種音聲、種種法門、種種總持門、種種辯才門，以種種聖諦海、種種無畏大師子吼，宣說諸眾生種種善根、種種憶念，授與種種菩薩記，宣說種種佛法。那些如來的所有言說，善財童子都能夠聽受，也觀見到諸佛及諸菩薩不可思議的三昧神變。

這時，解脫長者從三昧出來，對善財童子說：「善男子！我已經進入並且又出了如來無礙莊嚴解脫門。善男子！我進出此解脫門時，就立即觀見東方閻浮檀金光明世界中，龍自在王如來應正等覺在道場之中被無數眾會圍繞，其中毗盧遮那藏菩薩而為上首；又觀見南方速疾力世界中，普香如來應正等覺在道場之中被眾會圍繞，其中心王菩薩而為上首；又觀見西方香光世界中，須彌燈王如來應正等覺在道場之中被眾會圍繞，其中無礙心菩薩而為上首；又觀見北方袈裟幢世界中，不可壞金剛如來應正等覺在道場之中被眾會圍繞，其中金剛步勇猛菩薩而為上首；又觀見東北方一切上妙寶世界中，無所得境界眼如來應正等覺在道場之中被眾會圍繞，其中無所得善變化菩薩而為上首；又觀見東南方香燄光音世界中，香燈如來應正等覺在道場之中被眾會圍繞，其中金剛燄慧菩薩而為上首；又觀見西南方智慧日普光明世界中，法界輪幢如來應正等覺在道場之中被眾會圍繞，其中現一切變化幢菩薩而為上首；又觀見西北方普清淨世界中，一切佛寶高勝幢如來應正等覺在道場之中被眾會圍繞，其中法幢王菩薩而為上首；又觀見上方佛次第出現無盡世界中，無邊智慧光圓滿幢如來應正等覺在道場之中被眾會圍繞，其中法界門幢王菩薩而為上首；又觀見下方佛光明世界中，無礙智幢如來應正等覺在道場之中被眾會圍繞，其中一切世間刹幢王菩薩而為上首。

「善男子！我見如是等十方各十佛刹微塵數如來。彼諸如來不來至此，我不往彼。我若欲見安樂世界阿彌陀如來❶，隨意即見；我若欲見栴檀世界金剛光明如來、妙香世界寶光明如來、蓮華世界寶蓮華光明如來、妙金世界寂靜光如來、妙喜世界不動如來、善住世界師子如來、鏡光明世界月覺如來、寶師子莊嚴世界毗盧遮那如來❷，如是一切，悉皆即見。然彼如來不來至此，我身亦不往詣於彼。知一切佛及與我心，悉皆如夢；知一切佛猶如影像，自心❸如水；知一切佛所有色相及以自心，悉皆如幻；知一切佛及以己心，悉皆如響。我如是知，如是憶念：所見諸佛皆由自心。

「善男子！當知菩薩修諸佛法，淨諸佛剎，積集妙行，調伏眾生，發大誓願，入一切智自在遊戲不可思議解脫之門，得佛菩提，現大神通，偏往一切十方法界，以微細智普入諸劫；如是一切，悉由自心。是故，善男子！應以善法扶助自心，應以法水❹潤澤自心，應於境界淨治自心，應以精進堅固自心，應以忍辱坦蕩自心，應以智證潔白自心，應以智慧明利自心，應以佛自在開發自心，應以佛平等廣大自心，應以佛十力照察自心。

「善男子！我唯於此如來無礙莊嚴解脫門而得入出。如諸菩薩摩訶薩得無礙智住無礙行，得常見一切佛三昧，得不住涅槃際三昧，了達三昧普門境界，於三世法悉皆平等，能善分身偏一切剎，住於諸佛平等境界，十方境界皆悉現前，智慧觀察無不明了，於其身中悉現一切世界成壞，而於己身及諸世界不生二想❺。

【章　旨】解脫長者從三昧起，為善財童子宣說「如來無礙莊嚴解脫門」。這是進入「十住」之第五住「方便具足住」的法門。

【注　釋】❶阿彌陀如來　意譯為「無量光佛」、「無量壽佛」，為西方極樂世界的教主。他以觀世音、大勢至兩大菩薩為脅侍，在極樂淨土實踐教化、接引眾生的偉大悲願，這是我國佛教界最熟稔的如來。依據《無量壽經》所載，阿彌陀佛在成道以前，原是一位國王，由於受到世自在佛的啟示，乃發起求無上道的願心而出家。在修行期間，曾發出四十八大願，誓願建立一個莊嚴的極樂世界，以救度一切念佛名號的眾生。其中有三個大願是：「設我得佛，十方眾生至心信樂，欲生我國，乃至十念，若不生者，不取正覺。唯除五逆、毀謗正法。」「設我得佛，十方眾生發菩提心、修諸功德，至心發願欲生我國。臨壽終時，假令不與大眾圍繞現其人前者，不取正覺。」「設我得佛，十方眾生聞我名號，繫念我國，植眾德本，至心迴向，欲生我國，不果遂者，不取正覺。」基於這些深宏的誓願，因此，在他成佛之後，任何人只要具足信願行、如法念佛，則一定會得到他的接引，而往生到至真至善至美的淨土佛國。阿彌陀佛的悲願至廣，慈心極深，其念佛法門又至為易行，因此在中、日等國信仰彌陀法門的眾生為數極多，並且在隋唐時期形成了專門弘揚這一法門的淨土宗。宋代以後，淨土宗更與禪宗一起成為中國佛教的主流。❷毗盧遮那如來　又作「毗盧遮那」、「盧舍那」、「遍一切處」、「光明偏照」如來等。華嚴宗以「毗盧遮那」為蓮華藏世界的教主，也是包含十方諸佛，顯示超越形相之佛法本身的法身佛。法相宗以之為釋迦牟尼佛的自性身。天台宗以之為釋迦牟尼佛的法身。密教則奉為真言密乘的教主，而譯之為「大日如來」，或稱「摩訶毗盧遮那」，而以之為金剛界與胎藏界曼荼羅的中心本尊。❸自心　自己的本來之心，即眾生自己的本性。❹法水　佛教的妙法能夠洗盡煩惱之塵垢，因此以水比喻佛法。❺二想　分別之想，即將二者分別看待的想法。此句的實際涵義就是，自己之身與此世界為一個整體而不是兩體。

【語　譯】「善男子！我觀見如此十方各十佛土微塵數如來。那些如來並不來到我這個地方，我也並不到他們那裡去。我如果想觀見西方極樂世界的阿彌陀佛，隨著心意就可以見到；我如果想見到栴檀世界的金剛光明如來、妙香世界的寶光明如來、蓮華世界的寶蓮華光明如來、妙金世界的寂靜光如來、妙喜世界的不動如來、善住世界的師子如來、鏡光明世界的月覺如來、寶師子莊嚴世界的毗盧遮那如來，如此一切諸佛，都可以隨意見到。但是這些如來卻並不來到我這個地方，我的身體也並不前往他們那裡。我知曉一切佛以及我的心，都與夢是一樣的；知曉一切佛猶如影像，自己之心如同水一樣；知曉一切佛所有色相以及自己的心，都與幻覺沒有區別；知曉一切佛以及自己之心，都與響是一樣的。我是這樣認知，這樣憶念的：我所觀見的諸佛都是由我的自心而有的。

「善男子！應當知道，菩薩修諸佛法，淨諸佛剎，積集妙行，調伏眾生，發大誓願，入一切智自在遊戲不可思議解脫之門，得佛菩提，現大神通，偏往一切十方法界，以微細智普入諸劫；如此一切，都是由於自心而有的。因此，善男子！應該以善法扶助自己之心，應該以法水潤澤自己之心，應該以所觀見的境界淨治自己之心，應該以精進使自己之心更加堅固，應該以忍辱使自己之心更為坦蕩，應該以智證使自己之心潔白，應該以智慧使自己之心明亮敏銳，應該以佛之自在開發自己之心，應該以佛的平等使自己之心更加開闊，應該以佛之十力照察自己之心。

「善男子！我只是可以在如來無礙莊嚴解脫門中入出而已。以諸菩薩摩訶薩得無礙智住無礙行，可以常常觀見一切佛之三昧，獲得不住涅槃際之三昧，了達三昧之普門境界，對於三世法都可以平等對待，能善於分身使其偏於一切國土，住於諸佛平等之境界，十方境界全部都顯現出來，以智慧觀察諸法無不明了，在其身中全部顯現出一切世界之生成與毀壞，但是對於自己之身及其諸世界卻不產生分別之想。

「如是妙行，而我云何能知能說？善男子！從此南行，至閻浮提畔，有一國土，名摩利伽羅❶；彼有比丘，名曰海幢❷。汝詣彼問：菩薩云何學菩薩行、修菩薩道？」

時，善財童子頂禮解脫長者足，右繞觀察，稱揚讚嘆，思惟戀仰，悲泣流淚，一心憶念：依善知識，事善知識，敬善知識，由善知識見一切智；於善知識不生違逆，於善知識心無諂誑，於善知識心常隨順；於善知識起慈母想，捨離一切無益法故；於善知識起慈父想，出生一切諸善法故。辭退而去。

【章　旨】解脫長者又向善財童子舉薦「摩利伽羅」國的「海幢」比丘，囑咐善財童子南下前去拜訪。

【注　釋】❶摩利伽羅　「莊嚴」之義。❷海幢　業用深廣而高出，正心不動如海最為高勝，因此此比丘的名號為「海幢」。

【語　譯】「如此功德，我現在為什麼能夠知曉，能夠宣說？善男子！從此繼續向南行進，有一個名叫『摩利伽羅』的國家；那裡有一位名叫『海幢』的比丘。你可以前往他那裡去請教：成就菩薩如何成菩薩行、修菩薩道？」

這時，善財童子禮拜解脫長者之足，右繞觀察，稱揚讚嘆，思惟依戀敬仰，悲泣流淚，專心致志地回憶記憶：依止於善知識，侍奉善知識，敬禮善知識，由於善知識而見到一切智；因善知識而不產生違逆之業，因善知識而心無諂媚欺騙，因善知識而心常隨順；因善知識而起慈母之想，捨離一切無益之法；因善知識而起慈父之想，出生一切諸善法。然後，善財童子辭別了解脫長者，向南方繼續行進。

善財童子第七參：海幢比丘會

爾時，善財童子一心正念彼長者教，觀察彼長者教，憶念彼不思議菩薩解脫門，思惟彼不思議菩薩智光明，深入彼不思議法界門，趣向彼不思議菩薩普入門，明見彼不思議如來神變，解了彼不思議普入佛剎，分別彼不思議佛力莊嚴，思惟彼不思議菩薩三昧解脫境界分位❶，了達彼不思議差別世界究竟無礙，修行彼不思議菩薩堅固深心，發起彼不思議菩薩大願淨業。

漸次南行，至閻浮提畔摩利聚落，周徧求覓海幢比丘。乃見其在經行地側結跏趺坐，入於三昧，離出入息，無別思覺，身安不動。從其足下，出無數百千億長者、居士、婆羅門眾，皆以種種諸莊嚴具莊嚴其身，悉著寶冠，頂繫明珠，普往十方一切世界，雨一切寶、一切瓔珞、一切衣服、一切飲食如法上味、一切華、一切鬘、一切香、一切塗香、一切欲樂資生❷之具，於一切處救攝一切貧窮眾生，安慰一切苦惱眾生，皆令歡喜心意清淨，成就無上菩提之道。

從其兩膝，出無數百千億剎帝利、婆羅門眾，皆悉聰慧，種種色相、種種形貌、種種衣服上妙莊嚴，普徧十方一切世界，愛語❸、同事攝❹諸眾生。所謂：貧者令足，病者令愈，危者令安，怖者令止，有憂苦者咸使快樂；復以方便而勸導之，皆令捨惡，安住善法。

從其腰間，出等眾生數無量仙人，或服草衣，或樹皮衣，皆執澡瓶❺，威儀寂靜，周旋往返十方世界，於虛空中以佛妙音，稱讚如來，演說諸法；或說清淨梵行之道，令其修習，調伏諸根；或說諸法皆無自性，使其觀察，發生智慧；或說世間言論軌則，或復開示一切智智出要方便，令隨次第各修其業。

從其兩脅，出不思議龍、不思議龍女，示現不思議諸龍神變，所謂：雨不思議香雲、不思議華雲、不思議鬘雲、不思議寶蓋雲、不思議寶幡雲、不思議妙寶莊嚴具雲、不思議大摩尼寶雲、不思議寶瓔珞雲、不思議寶座雲、不思議寶宮殿雲、不思議寶蓮華雲、不思議寶冠雲、不思議天身雲、不思議采女雲，悉遍虛空而為莊嚴，充滿一切十方世界諸佛道場而為供養，令諸眾生皆生歡喜。

【章　旨】這是善財童子五十三參的第七次參訪，也是〈入法界品〉「末會」中善財五十五會中的第八會。善財遵囑繼續南下，於路途仔細消化解脫長者所宣說的「不思議菩薩解脫門」。後來，善財童子在閻浮提畔的摩利伽羅聚落看到，海幢比丘於三昧之中，從其足下變現出無數長者、居士等，救攝一切貧窮眾生，安慰一切苦惱眾生；從其兩膝變現出無數剎帝利、婆羅門，以愛語、同事攝諸眾生，從其腰間變現出五十仙人，讚揚如來，演說諸法，使眾生次第修行；從其兩脅變現出無數龍、龍女以及不可思議的雲彩，供養諸佛道場。

【注　釋】❶分位　分，指時分。位，指地位。是指對於事物產生變化之時分與地位。為顯假立法之詞。如波為水之鼓動分位，故波為假立於水之分位，離水則波無實法。百法中之二十四不相應法為假立於色與心或心所三法而生的變化之分位，故為無別體性。❷資生　指能夠資助眾生生存的衣、食、住、行等物品、工具。❸愛語　「四攝」之一，又作「能攝方便愛語攝事」、「愛語攝方便」、「愛言」。依照眾生之根性而善言慰喻，令起親愛之心而依附菩薩受道。❹同事攝　「四攝」之一，又作「同事攝事」、「同事隨順方便」、「隨轉方便」、「隨順方便」、「同利」、「同行」、「等利」、「等與」。指親近眾生同其苦樂，並以法眼見眾生根性而隨其所樂分形示現，使其同沾利益，因而入道。❺澡瓶　僧人所帶用來淨手的水罐。

【語　譯】在南下的路途，善財童子一心正念解脫長者所教授的法門，觀想考察解脫長者的教誨，記憶解脫長者所宣說的不思議菩薩解脫門，思惟解脫長者所宣說的不思議菩薩智光明，深入解脫長者所宣說的不思議法界門，趣向解脫長者宣說的不思議菩薩普入門，明見解脫長者所宣說的不思議如來神變，理解了悟解脫長者所宣說的不思議普入佛剎，分別解脫長者所宣說的不思議佛力莊嚴，思惟解脫長者所宣說的不思議菩薩三昧解脫境界分位，了達解脫長者所宣說的不思議差別世界究竟無礙，修行解脫長者所宣說的不思議菩薩堅固深心，發起解脫長者所宣說的不思議菩薩大願淨業。

善財童子逐漸地向南行進，到達了閻浮提邊緣的摩利村落，在此村落之中到處尋找海幢比丘。善財童子終於看見海幢比丘在其散步的地方結跏趺坐，進入了三昧，脫離了呼氣與吸氣，沒有別的思惟和知覺，身體安寧不動。海幢比丘從其足下生出無數百千億長者、居士、婆羅門眾。這些長者、居士、婆羅門眾，都以種種諸莊嚴具莊嚴其身體，都戴寶冠，頭頂繫著明珠，前往十方一切世界，降下一切寶、一切瓔珞、一切衣服、一切飲食如法上味、一切花、一切鬘、一切香、一切塗香、一切滋生欲樂的工具，在一切處救護攝念一切貧窮眾生，安慰一切苦惱眾生，都使他們得到歡喜而心意清淨，成就無上菩提之道。

海幢比丘從其兩膝生出無數百千億剎帝利、婆羅門眾。這些剎帝利、婆羅門眾都顯現出聰慧，種種色相、種種形貌、種種衣服之上的裝飾都很漂亮美麗，他們徧佈十方一切世界，以愛語、同事兩種方法攝度眾生。具體而言為：使貧窮者財物充足，使得病者痊癒，使處境危險者安寧，使恐懼者停止恐懼，使有憂惱痛苦者都得到快樂；又以方便而勸導眾生，都使其捨棄惡行，安住於善法。

海幢比丘從其腰間生出與眾生數量相等的無量仙人。這些仙人，有的穿著草衣，有的穿著樹皮衣，都手執澡瓶，威儀寂靜，周旋往返於十方世界，在虛空中以佛妙音稱讚如來，演說諸法；有的宣說清淨梵行之道，使其修習梵行，調伏諸根；有的宣說諸法皆無自性，使其觀察諸法，生出智慧；有的宣說世間言論邏輯；有的又開示一切智智的進出方便，使其隨著次第各修其業。

海幢比丘從其兩脅生出不可思議龍、不可思議龍女，示現出不思議諸龍的神變。這些神變有：雨不可思議香雲、不可思議華雲、不可思議鬘雲、不可思議寶蓋雲、不可思議寶幡雲、不可思議妙寶莊嚴具雲、不可思議大摩尼寶雲、不可思議寶瓔珞雲、不可思議寶座雲、不可思議寶宮殿雲、不可思議寶蓮華雲、不可思議寶冠雲、不可思議天身雲、不可思議采女雲，都徧佈虛空作為莊嚴具，充滿一切十方世界諸佛道場而作為供養，使諸眾生都發生歡喜之心。

從胸前卍字❶中，出無數百千億阿修羅王，皆悉示現不可思議自在幻力，令百世界皆大震動，一切海水自然涌沸，一切山王互相沖擊，諸天宮殿無不動搖，諸魔光明無不隱蔽，諸魔兵眾無不摧伏；普令眾生捨憍慢心，除怒害心，破煩惱山，息眾惡法，長無鬥諍，永共和善。復以幻力開悟眾生，令滅罪惡，令怖生死，令出諸趣，令離染著，令住無上菩提之心，令修一切菩薩行，令住一切諸波羅蜜，令入一切諸菩薩地，令觀一切微妙法門，令知一切諸佛方便。如是所作，週徧法界。

從其背上，為應以二乘而得度者出無數百千億聲聞、獨覺；為著我者說無有我；為執常者說一切行❷皆悉無常；為貪行者說不淨觀❸；為瞋行者說慈心觀❹；為癡行者說緣起觀❺；為等分行❻者說與智慧相應境界法；為樂著境界者說無所有法；為樂著寂靜處者說發大誓願普饒益一切眾生法。如是所作，週徧法界。

從其兩肩，出無數百千億諸夜叉、羅剎王，種種形貌、種種色相，或長或短，皆可怖畏，無量眷屬而自圍繞，守護一切行善眾生，並諸賢聖、菩薩眾會，若向正住❼及正住者。或時現作執金剛神❽，守護諸佛及佛住處，或徧守護一切世間。有怖畏者，令得安隱；有疾病者，令得除差；有苦惱者，令得免離；有過惡者，令其厭悔；有災❾橫❿者，令其息滅。如是利益一切眾生，皆悉令其捨生死輪轉正法輪。

從其腹，出無數百千億緊那羅王，各有無數緊那羅女前後圍繞；又出無數百千億乾闥婆王，各有無數乾闥婆女前後圍繞。各奏無數百千天樂，歌詠讚嘆諸法實性⓫，歌詠讚嘆一切諸佛，歌詠讚嘆發菩提心，歌詠讚嘆修菩薩行，歌詠讚嘆一切諸佛成正覺門，歌詠讚嘆一切諸佛轉法輪門，歌詠讚嘆一切諸佛現神變門，開示演說一切諸佛般涅槃門，開示演說守護一切諸佛教門，開示演說令一切眾生皆歡喜門，開示演說嚴淨一切諸佛剎門，開示演說顯示一切微妙法門，開示演說捨離一切諸障礙門，開示演說發生一切諸善根門。如是遍十方法界。

【章　旨】海幢比丘於三昧之中，從其胸前的卍字變現出無數阿修羅使其遠離諸染污，修行菩薩行；從其背上變現出無數聲聞、緣覺為各類眾生方便說法；從其兩肩變現出無數夜叉、羅剎王守護一切善眾生；從其腹部變現出無數緊那羅王、乾闥婆王讚嘆成佛的修行法門。

【注　釋】❶卍字　又作「萬字」、「卍卍字」，音譯作「室利韈蹉洛剎曩」，意譯作「吉祥海雲」、「吉祥喜旋」，為佛三十二相、八十種好之一。是顯現於佛及十地菩薩胸臆等處之德相。在佛教，卍字為佛及十地菩薩胸前之吉祥相，其後漸成為整個佛教的標誌。❷行　有三義：第一，原為「造作」之意，後轉為遷流變化之意。在「造作」的意義上，等同於「業」，指能招感現世果報之過去世三業（身業、口業、意業），即人的一切身心活動。在「遷流變化」的意義上，為「有為」之義，因有為乃由因緣所造，故指無常之一切法。第二，動作、行為，具體是指為到達悟境所作的修行或行法。第三，進行、步行，即行、住、坐、臥（四威儀）之「行」。此章所用之「行」，分別指第一、第二種意義。❸不淨觀　五停心觀之一。為治貪心，觀身之不淨也。據淨影慧遠在《大乘義章》卷十二、卷十三的說法，不淨觀可分為兩大類：一者觀自身之不淨，二者觀他身之不淨。觀自身不淨，有九相：一死想，二脹想，三青瘀想，四膿爛想，五壞想，六血塗想，七蟲啖想，八骨鎖想，九分散想。《大智度論》中加「燒想」，而缺「死想」。「觀他身不淨」有五不淨：一種子不淨，身以過去之結業為種，現在以父母之精血為種。二住處不淨，在母胎不淨之處。三自相不淨，身具有九孔，常流出唾涕大小便等不淨。四自體不淨，由三十六種之不淨物所合成。五終竟不淨，此身死後，埋則成土，蟲啖成糞，火燒則為灰，究竟推求，無一淨相。❹慈心觀　五停心觀之一，即「慈悲觀」，指對其他眾生作拔苦與樂想，以對治瞋恚障。瞋心重者修之。大、小乘所修有別。依《俱舍論》卷二十九之意，觀自行慈悲有七週，意即觀想對上親（父母師長）、中親（兄弟姊妹）、下親（朋友知識）、中人（非怨非親）、下怨（害下親者）、中怨（害中親者）、上怨（害上親者），給予佛、菩薩、聲聞、獨覺所受的真正快樂。依《次第禪門》所述，對驟然間所發不問可否的非理瞋，修眾生緣慈；對人實來惱我而起的實理瞋，修法緣慈；對以己所解為是，其他說行為非的諍論瞋，修無緣慈。前者為小乘觀法，後者為大乘觀法。❺緣起觀　五停心觀之一，又作「因緣觀」、「觀緣觀」、「緣性緣起觀」，即觀十二緣起之連環相續，而悟生死流轉之理，是對治眾生愚癡煩惱的觀法。❻等分行　指對於諸法以類相別而作的分類、歸納活動。等，平等；等級；等類。如《雜阿毗曇心論》卷六所說：「等者，眾事聚會之義。」分，分別；歸類。❼正住　「住」指「十住」，「正住」即正確的「十住」之境界。❽執金剛神　又云「執金剛夜叉」、「金剛手」、「金剛力士」，為手執金剛杖而衛護帝釋天宮門之夜叉神。遇佛出世，即降於閻浮提，衛護世尊，防守道場。❾災　即「災患」，指妨礙向上修道之障，有八種。因為尋、伺、苦、樂、憂、喜、出息、入息等八者，妨礙入於色界第四禪，故稱之為「八災患」。❿橫　即「橫死」，指非因往世之業果致死，而係遭意外災禍死亡的情形，又作「非時死」、「不慮死」、「事故死」。共有九種，得病無醫而死，王法誅戮，被非人奪去精氣，被火焚而死，溺水而死，被惡獸所噉，墮崖摔死，被毒藥毒死及咒咀而死，饑渴所困而死。⓫諸法實性　即一切事物的最真實的相狀，也就是「真相」、「真理」。諸法，世間與出世間之一切萬法，乃差別之現象、隨緣之事；實性，即「實相」，真實之體相，乃平等之實在、不變之理。

【語　譯】海幢比丘從其胸前的卍字之中，生出無數百千億的阿修羅王。這些阿修羅王，都示現出不可思議的自在幻力，使百世界都發生大震動，一切海水自然而然地翻騰洶湧，一切大山之王互相沖擊，諸天宮殿無不動搖，諸魔之光明全部都被遮蔽，諸魔兵眾都被其摧伏；使全部眾生捨棄憍慢之心，除去憤怒和害人之心，破除煩惱之山，息滅諸多惡法，使無鬥諍之心增長，永遠保持和善相處之心。海幢比丘以幻力開悟眾生，使其滅除罪惡，使其對生死產生恐怖，使其出離六道，使其遠離染著，使其住於無上菩提之心，使其修習一切諸菩薩行，使其住於一切諸波羅蜜，使其進入一切諸菩薩地，使其觀想一切微妙法門，使其知曉一切諸佛方便。海幢比丘變化出的這些，充滿了全部法界。

為應對聲聞、獨覺等二乘使其可以解脫，海幢比丘從其背上，生出無數百千億聲聞、獨覺。這些聲聞、獨覺，為執著我者宣說並無我的存在，為執著常恆不變者宣說一切行都是無常的，為貪戀身心者宣說不淨觀，為有瞋行者宣說慈心觀，為有癡行者宣說緣起觀，為執著於等分行者宣說與智慧相應境界法；為樂於執著境界者宣說境界是並不存在的；為樂於執著寂靜處者宣說發大誓願完全饒益一切眾生之法。海幢比丘變化出的這些，充滿了全部法界。

海幢比丘從其兩肩，生出無數百千億諸夜叉、羅剎王，他們有種種不同的形貌、不同的色相，有的高大，有的矮小，都非常恐怖使眾生畏懼，無數的眷屬都分別圍繞著他們，而他們又守護著所有行善的眾生，保護著諸賢聖、菩薩等眾的聚會以及已經向往「正住」及進入「正住」的眾生。

這些夜叉、羅剎，有的顯現為執金剛神，守護著諸佛以及佛的住處，有的守護著全部一切世間。他們使世間的有恐怖感的眾生得以安隱，有疾病的得以痊癒，有苦惱的得以免除遠離，有過錯和惡行的使其得以厭棄悔悟，有災橫的使其得以息滅。他們使一切眾生都得到利益，使其全部捨離生死之輪而旋轉正法輪。

海幢比丘從其腹，生出無數百千億緊那羅王，各有無數緊那羅女前後圍繞著這些緊那羅王；又生出無數百千億乾闥婆王，各有無數乾闥婆女前後圍繞著他們。這些無數的緊那羅王、緊那羅女、乾闥婆王、乾闥婆女每一位都演奏著無數百千種天樂，歌詠讚嘆諸法實性，歌詠讚嘆一切諸佛，歌詠讚嘆發菩提心，歌詠讚嘆修菩薩行，歌詠讚嘆一切諸佛成正覺門，歌詠讚嘆一切諸佛轉法輪門，歌詠讚嘆一切諸佛現神變門，開示演說一切諸佛般涅槃門，開示演說守護一切諸佛教門，開示演說使一切眾生皆歡喜門，開示演說嚴淨一切諸佛剎門，開示演說顯示一切微妙法門，開示演說捨離一切諸障礙門，開示演說發生一切諸善根門。海幢比丘變化出的這些，充滿了全部法界。

從其面門，出無數百千億轉輪聖王，七寶具足，四兵❶圍繞，放大捨光，雨無量寶，諸貧乏者悉使充足，令其永斷不與取行❷；端正采女無數百千，悉以捨施心無所著，令其永斷邪淫之行❸；令生慈心，不斷生命；令其究竟常真實語，不作虛誑無益談說；令攝他語，不行離間；

令柔軟語，無有粗惡；令常演說甚深決定明了之義，不作無義綺飾言辭；為說少欲，令除貪愛，心無瑕垢；為說大悲，令除忿怒，意得清淨；為說實義，令其觀察一切諸法，深入因緣，善明諦理，拔邪見❹刺，破疑惑山，一切障礙悉皆除滅。如是所作，充滿法界。

從其兩目，出無數百千億日輪，普照一切諸大地獄及諸惡趣，皆令離苦；又照一切世界中間，令除黑暗；又照一切十方眾生，皆令捨離愚癡翳障；於垢濁國土放清淨光，白銀國土放黃金色光，黃金國土放白銀色光，琉璃國土放玻璃色光，玻璃國土放琉璃色光，硨磲國土放瑪瑙色光，瑪瑙國土放硨磲色光，帝青國土放日藏摩尼王色光，日藏摩尼王國土放帝青色光，赤真珠國土放月光網藏摩尼王色光，月光網藏摩尼王國土放赤真珠色光，一寶所成國土放種種寶色光，種種寶所成國土放一寶色光，照諸眾生心之稠林，辦諸眾生無量事業，嚴飾一切世間境界，令諸眾生心得清涼，生大歡喜。如是所作，充滿法界。

從其眉間白毫相中，出無數百千億帝釋，皆於境界而得自在，摩尼寶珠繫其頂上，光照一切諸天宮殿，震動一切須彌山王，覺悟一切諸天大眾，嘆福德力，說智慧力，生其樂力，持其志力，淨其念力，堅其所發菩提心力。讚樂見佛，令除世欲；讚樂聞法，令厭世境；讚樂觀智❺，令絕世染，止修羅戰❻，斷煩惱諍，滅怖死心，發降魔願，興立正法須彌山王，成辦眾生一切事業。如是所作，遍法界。

【章旨】海幢比丘於三昧之中，從其面門生出無數百千億轉輪聖王，從其兩目生出無數百千億日輪，從其眉間白毫相中生出無數百千億帝釋，都於此三昧之中做利益眾生之事。

【注釋】❶四兵　為印度古代戰場上之四種軍兵。象兵，即每四人組成一隊，共護象足。馬兵，每八人組成一隊，共護馬足。車兵，每十六人組成一隊，共護軍車。步兵，每三十二人組成一隊，執持兵杖。此處指轉輪王出遊之時所具的衛護之士。❷不與取行　十惡業道之一，指他人不給與而自己取之，即偷盜。禁制這種行為者稱為「不與取戒」，為五戒中的第二戒。❸邪淫之行　又作「欲邪行」，為「十惡」之一。指在家者與配偶之外的異性發生的性行為，佛教居士者不可為之惡行之一。以男性而言，指與妻子以外之女性行淫，又雖與妻子，但行於不適當之時間、場所、方法等，亦為邪淫。❹邪見　指不正之執見，主要指撥無四諦因果之道理者。是「八邪行」、「十惡」、「十隨眠」、「五見」之一。以為世間無可招結果之原因，也沒有由原因而生之結果，因此主張惡不足畏，善也不足喜。這些理論見解就是「邪見」。❺觀智　觀見佛法之正智。❻修羅戰　指阿修羅王與忉利天帝釋之戰鬥。修羅有美女而無好食，諸天有好食而無美女，互相憎嫉，故常戰鬥。其戰鬥之場所，稱為修羅場；作戰之軍，稱為修羅軍。

【語　譯】海幢比丘從其面門生出無數百千億轉輪聖王。這些轉輪聖王具足七寶，有四兵圍繞，放出無量光芒，降下無量之寶，使那些貧乏者都可以有充足的財物，使其永斷偷盜行為；又有無數百千長相端正美麗的宮女，都做出種種施捨行為而心卻沒有如何執著，使那些欲望強烈的眾生永遠斷除邪淫之行；使眾生產生慈悲之心，不殺戮生命；使眾生獲得最究竟的境界而常常說出真實的話語，而決不以虛誑之心說出虛偽不實的言說；使眾生相信接受別人的見解，不在眾生之間做出挑撥離間的行為；使其以溫柔和緩的語言說話，從不使用粗俗惡劣的話語；使其常常演說很深刻而決定明了之義理，而不作沒有意義的空虛之言辭；為其宣說抑制欲望之法，使其除去貪欲與愛戀之情，心無瑕疵與污垢；為其宣說大悲之義，使其去除忿怒，在意識層面得到清淨；為其宣說真實之理，使其觀察一切諸法，深入因緣，善於明了真理，拔出邪見之刺，破除疑惑之山，除滅一切障礙。海幢比丘變化出的這些，充滿了全部法界。

海幢比丘從其兩目，生出無數百千億日輪。這些日輪，普照一切諸大地獄及諸惡道，使這些界別的眾生都遠離痛苦；也照耀著一切世界的空間之中，除掉黑暗；也照耀著一切十方眾生，使其都捨離愚蠢、無明的障礙；在垢濁國土放出清淨之光，白銀國土放出黃金色之光，黃金國土放出白銀色之光，琉璃國土放出玻璃色之光，玻璃國土放出琉璃色之光，硨磲國土放出瑪瑙色之光，瑪瑙國土放出硨磲色之光，帝青國土放出日藏摩尼王色之光，日藏摩尼王國土放出帝青色之光，赤真珠國土放出月光網藏摩尼王色之光，月光網藏摩尼王國土放出赤真珠色之光，一寶所成國土放出種種寶色之光，種種寶所成國土放出一寶色之光，照耀著諸眾生心之稠林，為諸眾生辦成無量的事業，裝飾著一切世間的境界，使諸眾生之心得到清涼，生出大歡喜。海幢比丘變化出的這些，充滿了全部法界。

海幢比丘從其眉間白毫相之中，生出無數百千億帝釋。這些帝釋，都在境界之中得到自在，其頭頂上繫著摩尼寶珠，其光照耀著一切諸天的宮殿，使一切須彌山王都感覺到震動，使一切諸天大眾得到覺悟，感嘆福德力，宣說智慧力，產生快樂力，堅持其志力，淨化其念力，堅定其所發的菩提心力。讚嘆並且使其樂於觀佛，使其除去世俗的情欲；讚嘆並且使其樂於聞法，使其厭惡世間的景象；讚嘆並且樂於觀智，使其斷絕世俗的染著，停止修羅與天帝釋的戰鬥，斷滅煩惱之鬥諍，滅除對於死亡的恐懼之心，發降魔之願，興起樹立正法須彌山王，成辦眾生一切事業。海幢比丘變化出的這些，充滿了全部法界。

從其額上，出無數百千億梵天，色相端嚴，世間無比，威儀寂靜，言音美妙，勸佛說法，嘆佛功德，令諸菩薩悉皆歡喜，能辦眾生無量事業，普徧一切十方世界。

從其頭上，出無量佛剎微塵數諸菩薩眾，悉以相、好莊嚴其身，放無邊光，說種種行。所謂：讚歎布施，令捨慳貪，得眾妙寶莊嚴世界；稱揚讚歎持戒功德，令諸眾生永斷諸惡，住於菩薩大慈悲戒；說一切有悉皆如夢，說諸欲樂無有滋味，令諸眾生離煩惱縛；說忍辱力，令於諸法心得自在；讚金色身，令諸眾生離瞋恚垢，起對治❶行，絕畜生道；歎精進行，令其遠離世間放逸，皆悉勤修無量妙法；又為讚歎禪波羅蜜，令其一切心得自在；又為演說般若波羅蜜，開示正見，令諸眾生樂自在智，拔諸見❷毒；又為演說隨順世間種種所作，令諸眾生雖離生死，而於諸趣自在受生；又為示現神通變化，說壽命自在，令諸眾生發大誓願；又為演說成就總持力、出生大願力、淨治三昧力、自在受生力；又為演說種種諸智，所謂：普知眾生諸根智、普知一切心行智、普知如來十力智、普知諸佛自在智。如是所作，週徧法界。

從其頂上，出無數百千億如來身，其身無等，諸相隨好清淨莊嚴，威光赫奕如真金山，無量光明普照十方，出妙音聲充滿法界，示現無量大神通力，為一切世間普雨法雨。所謂：為坐菩提道場諸菩薩雨普知平等法雨，為灌頂位❸諸菩薩雨入普門法雨，為法王子位❹諸菩薩雨普莊嚴法雨，為童子位❺諸菩薩雨堅固山法雨，為不退位❻諸菩薩雨海藏法雨，為成就正心位❼諸菩薩雨普境界法雨，為方便具足位❽諸菩薩雨自性門法雨，為生貴位❾諸菩薩雨隨順世間法雨，為修行位❿諸菩薩雨普悲愍法雨，為新學諸菩薩⓫雨積集藏法雨，為初發心⓬諸菩薩雨攝眾生法雨，為信解⓭諸菩薩雨無盡境界普現前法雨，為色界⓮諸眾生雨普門法雨，為諸梵天雨普藏法雨，為諸自在天⓯雨生力法雨，為諸魔眾雨心幢法雨，為諸化樂天⓰雨淨念法雨，為諸兜率天雨生意法雨，為諸夜摩天⓱雨歡喜法雨，為諸忉利天雨疾莊嚴虛空界法雨，為諸夜叉王雨歡喜法雨，為諸乾闥婆王雨金剛輪法雨，為諸阿修羅王雨大境界法雨，為諸迦樓羅王雨無邊光明法雨，為諸緊那羅王雨一切世間殊勝智法雨，為諸人王雨無樂著法雨，為諸龍王雨歡喜幢法雨，為諸摩睺羅伽王雨大休息法雨，為諸地獄眾生雨正念莊嚴法雨，為諸畜生雨智慧藏法雨，為閻羅王界眾生雨無畏法雨，為諸厄難處眾生雨普安慰法雨。悉令得入賢聖眾會。如是所作，充滿法界。

【章旨】海幢比丘從其額頭生出無數梵王，以美妙的聲音激勵佛說法；從其頭頂上，生出無量佛土的菩薩眾，都以相、好莊嚴其身，放出無邊光芒，為眾生宣說種種修行方法；從其頂上，生出無數百千億如來身，光明普照十方，發出妙音聲充滿法界，示現出無量大神通力，為一切世間普雨法雨。

【注釋】❶對治　原意為「否定」、「遮遣」，佛教中以之指依照正確的修行方法斷除煩惱等。其中，「道」即正確的方法，為「能對治」，「煩惱」等為「所對治」。據《俱舍論》卷二十一，有四種對治煩惱的方法，可順次配於加行道、無間道、解脫道與勝進道等四道。第一，厭患對治，又作厭壞對治，首先深厭欲界生死之苦與煩惱惑業之集。第二，斷對治，其次觀苦、集、滅、道四諦之理以斷除煩惱。第三，持對治，再次保持擇滅（以真智之揀擇力來斷滅煩惱）之得，使其不失。第四，遠分對治，再觀四諦之理，以更遠離前所斷之煩惱。❷諸見　即種種「邪見」，共計六十二種，是古代印度外道之妄執。❸灌頂位　「十住位」第十，即「灌頂住」，又作「阿惟顏菩薩法住」、「補處住」。菩薩既為佛子，堪行佛事，故佛以智水為之灌頂；猶如剎帝利王子之受權灌頂。已至灌頂住之菩薩即具有三別相：㈠度眾生，謂堪能修行，成就十種智，而能度眾生。㈡得甚深所入之境界，一切眾生乃至第九法王子住之菩薩亦不能測量其境界。㈢廣學十種智，了知一切法。❹法王子位　「十住位」第九，即「法王子住」，又作「渝羅闍菩薩法住」、「了生住」，自初發心住至第四之生貴住，稱為入聖胎；自第五之方便具足住至第八之童真住，稱為長養聖胎；而此法王子住則相形具足，於焉出胎；猶如從佛王之教中生解，乃紹隆佛位。❺童子位　「十住位」第八，即「童真住」，又作「鳩摩羅浮童男菩薩法住」。自發心起，始終不倒退，不起邪魔破菩提之心，至此，佛之十身靈相乃一時具足。❻不退位　「十住位」第七，即「不退住」，又作「阿惟越致菩薩法住」、「不退轉住」。既入於無生畢竟空界，心常行空無相願，身心和合，日日增長。❼正心位　「十住位」第六，即「正心住」，又作「阿耆三般菩薩法住」、「行登住」。成就第六般若，故非僅相貌，且心亦與佛同。❽方便具足位　「十住位」第五，即「方便具足住」，又作「波渝三般菩薩法住」、「修成住」。習無量之善根，自利、利他，方便具足，相貌無缺。❾生貴位　「十住位」第四，即「生貴住」，又作「闍摩期菩薩法住」。由前之妙行，冥契妙理，將生於佛家為法王子；即行與佛同，受佛之氣分，如中陰身，自求父母，陰信冥通，入如來種。❿修行位　「十住位」第三，即「修行住」，又作「渝阿闍菩薩法住」、「應行住」。前之發心、治地二住之智俱已明了，故遊履十方而無障礙。⓫新學諸菩薩　「十住位」第二，指進入「治地住」的菩薩，因為「發心住」意味著進入成就菩薩果位的菩薩行，因此名之為「新學菩薩」。治地住，又作「阿闍浮菩薩法住」、「持地住」。常隨空心，淨八萬四千法門，其心明淨，猶如琉璃內現精金；蓋以初發之妙心，履治為地，故稱之為「治地住」。⓬初發心　「十住位」第一，即「發心住」，又作「波藍耆兜波菩薩法住」、「發意住」。上進分善根之人以真方便發起十信之心，信奉三寶，常住八萬四千般若波羅蜜，受習一切行、一切法門，常起信心，不作邪見、十重、五逆、八倒，不生難處，常值佛法，廣聞多慧，多求方便，始入空界，住於空性之位；並以空理智心習古佛之法，於心生出一切功德。⓭信解　依靠信仰而得殊勝的理解，這是小乘佛教修行階位之名，又名「信勝解」，為鈍根者入修道位之名。《俱舍論》卷二十三說：「至住果位捨得二名，謂不復名隨信、法行，轉得信解、見至二名，此亦由根鈍利差別。」（《大正藏》卷二十九，頁一二二下）這是說，在見道位中，諸鈍根者原名隨信行，後至修道住果之位，則改名信解。⓮色界　三界之一，在欲界之上，因為此界的眾生，只有色相，而無男女諸欲，故名色界，色界的範圍包括初禪至四禪等一共十八層天。⑮自在天　即「大自在天」，印度教濕婆神的異名。在印度的文化傳統中，此神原與毗濕奴同居梵天之下，後來成為三者同位。在印度教中，大自在天被視為世界最高位的神，是宇宙世界的創造者。此神被吸收入佛教後，成為居住在色究竟天的聖者。在大乘佛教中，更被視為是位居法雲地的聖者。⑯化樂天　音譯作「尼摩羅天」、「維那羅泥天」，又作「化自在天」、「化自樂天」、「樂變化天」等。是欲界六天中之第五天，其上為他化自在天，下為兜率天。此天之人，自化五塵而自娛樂，故稱「化自樂」。以人間八百歲為一日夜，壽長八千歲，身長八由旬，身具常光，男女互相熟視或相向而笑即成交媾，其子自男女膝上化生，剛剛降生就大如人間十二歲之孩童。⑰夜摩天　六欲天之一，音譯又作「燄摩」、「須燄摩」、「須燄」等，意譯為「善時分」、「善時」、「妙善」等，也稱為「離諍天」。此天界光明赫奕，無晝夜之別。居於其中之天人分分度時受不可思議之歡樂。距閻浮提十六萬由旬，距忉利天八萬由旬；縱廣有八萬由旬。其天王名叫「牟修樓陀」，身量五由旬。又此天界有高一萬由旬的四大山及種種異山，亦有無數天華以為莊嚴，有種種河池，百千園林周匝圍繞。河池有勝妙蓮華，園林有天女喜笑歌舞，成就其他無量功德。天眾受種種快樂，其勝妙非忉利天所能及。壽二千歲，其一晝夜相當於人間二百歲。身長二由旬，衣長四由旬，廣二由旬，重三銖。有婚姻之事，男娶女嫁，男女相近或纔相抱即形成性行為。兒從男女膝上化生。其初生者如閻浮提三、四歲之童（一說七歲），出生不久身形就迅速成滿，常食淨摶食。

【語　譯】海幢比丘從其額上生出無數百千億的梵天。這些梵王色相端正莊嚴，世間無比，威儀寂靜，以其美妙的聲音和語言鼓勵佛為眾生說法，感嘆佛的功德，使諸菩薩都歡歡喜喜，為眾生辦理無量的事業。海幢比丘變化出的這些，充滿了全部法界。

海幢比丘從其頭上生出無量佛剎微塵數的菩薩眾。這些菩薩都以相、好莊嚴其身，放出無邊光芒，宣說種種修行方法。這些方法有：讚嘆布施，使眾生捨棄吝嗇和貪婪，獲得眾妙寶莊嚴世界；稱揚讚嘆持戒的功德，使諸眾生永遠斷除諸惡，堅住於菩薩大慈悲戒；宣說一切事物都如同夢境，宣說諸欲望、快樂都沒有滋味，使諸眾生遠離煩惱的束縛；宣說忍辱之力，使眾生在諸法之中獲得心的自在；讚嘆金色身，使諸眾生遠離瞋恚等污垢，生起對治之行，斷絕畜生道；感嘆精進之行，使其遠離世間的種種放逸，都勤修無量妙法；又為眾生讚嘆禪波羅蜜，使其於一切心都獲得自在；又為眾生演說般若波羅蜜，開示正見，使諸眾生樂自在之智，拔除諸見之毒；又為眾生演說隨順世間的種種所作，使諸眾生雖然有生有死，但卻能在六道中自在受生；又為眾生示現種種神通變化，宣說壽命自在，使諸眾生發大誓願；又為眾生演說成就總持力、出生大願力、淨治三昧力、自在受生力；又為眾生演說種種諸智，所謂：普知眾生諸根智、普知一切心行智、普知如來十力智、普知諸佛自在智。海幢比丘變化出的這些，充滿了全部法界。

海幢比丘從其頂上，生出無數百千億如來身，其身無與倫比，「三十二相」及「八十好」清淨莊嚴，威光赫奕如真正的金山，發出無量光明普照著十方世界，發出的美妙聲音充滿法界，示現出無量大神通力，為一切世間普降下法雨。所謂：為坐菩提道場諸菩薩降下普知平等法雨，為灌頂位諸菩薩降下入普門法雨，為法王子位諸菩薩降下普莊嚴法雨，為童子位諸菩薩降下堅固山法雨，為不退位諸菩薩降下海藏法雨，為成就正心位諸菩薩降下普境界法雨，為方便具足位諸菩薩降下自性門法雨，為生貴位諸菩薩降下隨順世間法雨，為修行位諸菩薩降下普悲愍法雨，為新學諸菩薩降下積集藏法雨，為初發心諸菩薩降下攝眾生法雨，為信解諸菩薩降下無盡境界普現前法雨，為色界諸眾生降下普門法雨，為諸梵天降下普藏法雨，為諸自在天降下產生「力」的法雨，為諸魔眾降下心幢法雨，為諸化樂天降下淨念法雨，為諸兜率天降下產生「意」的法雨，為諸夜摩天降下歡喜法雨，為諸忉利天降下快速莊嚴虛空界法雨，為諸夜叉王降下歡喜法雨，為諸乾闥婆王降下金剛輪法雨，為諸阿修羅王降下大境界法雨，為諸迦樓羅王降下無邊光明法雨，為諸緊那羅王降下一切世間殊勝智法雨，為諸人王降下無樂著法雨，為諸龍王降下歡喜幢法雨，為諸摩睺羅伽王降下大休息法雨，為諸地獄眾生降下正念莊嚴法雨，為諸畜生降下智慧藏法雨，為閻羅王界眾生降下無畏法雨，為諸厄難處眾生降下普安慰法雨。全部使其得以進入賢聖眾會。海幢比丘變化出的這些，充滿了全部法界。

爾時，善財童子一心觀察海幢比丘，深生渴仰，憶念彼三昧解脫，思惟彼不思議菩薩三昧，思惟彼不思議利益眾生方便海，思惟彼不思議無作用❶普莊嚴門，思惟彼莊嚴法界清淨智，思惟彼受佛加持❷智，思惟彼出生菩薩自在力，思惟彼堅固菩薩大願力，思惟彼增廣菩薩諸行力。如是住立，思惟觀察，經一日一夜，乃至經於七日七夜、半月、一月，乃至六月，復經六日。

過此已後，海幢比丘從三昧出。善財童子讚言：「聖者！希有奇特！

如此三昧最為甚深，如此三昧最為廣大，如此三昧境界無量，如此三昧神力難思，如此三昧光明無等，如此三昧莊嚴無數，如此三昧威力難制，如此三昧境界平等，如此三昧普照十方，如此三昧利益無限，以能除滅一切眾生無量苦故。所謂：能令一切眾生離貧苦故，出地獄故，免畜生故，閉諸難門故，開人、天道故，令人、天眾生喜樂故，令其愛樂禪境界故，能令增長有為樂故，能為顯示出有樂故，能為引發菩提心故，能使增長福智行故，能令增長大悲心故，能令生起大願力故，能令明了菩薩道故，能使莊嚴究竟智故，能令趣入大乘境故，能令照了普賢行故，能令證得諸菩薩地智光明故，能令成就一切菩薩諸願行故，能令安住一切智智境界中故。聖者！此三昧者，名為何等？」

【章旨】善財童子歷經六月零六日觀察思惟海幢比丘之三昧力。等到海幢比丘從這一三昧境界之中出來，善財童子立即向其表達了對於這一三昧的極大敬意，並且殷切地向海幢比丘請教。

【注　釋】❶作用　動作起用，簡稱為「用」。在三世有為法中，唯現在法有作用，過去及未來之法無有作用。在有為法的「四相」之中，生相之作用在於未來，住、異、滅三相之作用則起於諸法已生之現在。此外，無為法離生、住、異、滅四相，不為世所遷流，因此都無有作用。❷加持　又譯作「所持」、「護念」，指互相加入，彼此攝持。原意為「站立」、「住所」，後轉為「加護」之義。佛菩薩以不可思議之力，保護眾生，稱為神變加持。

【語　譯】當時，善財童子一心觀察海幢比丘，產生了深深的敬仰之情，回憶記憶著這一三昧解脫法門，思惟這一不可思議的菩薩三昧，思惟這一不可思議的利益眾生方便海，思惟這一不可思議的無為法之普莊嚴門，思惟這一莊嚴法界清淨之智，思惟這一受佛加持之智，思惟這一出生菩薩的自在力，思惟這一堅固菩薩的大願力，思惟這一增廣菩薩的諸行力。就這樣，善財童子站立著思惟觀察，經過一日一夜，乃至經過七日七夜、半月、一月，最終一直經過了六個月另加六日。

六個月零六日之後，海幢比丘從三昧中出來。善財童子讚嘆說：「聖者！真是希有！真是奇特啊！這種三昧最為深刻，這種三昧最為廣大，這種三昧境界無量，這種三昧神力難於思惟，這種三昧光明無等，這種三昧莊嚴無數，這種三昧威力難於控制，這種三昧境界平等，這種三昧普照十方，這種三昧利益無限，因為它能夠除滅一切眾生無量的痛苦。具體而言：能使一切眾生遠離貧窮之苦，出離地獄，免於作畜生，關閉那些難於掌握的法門，開闢出人、天之道，使人、天眾都產生喜樂，使人、天眾喜愛禪的境界，使其有為樂得到增長，並且為其顯示出有為之樂，能夠引發出他們的菩提心，能使他們的福智行得到增長，能使他們的大悲心得到增長，能使他們生起大願力，能使他們明了菩薩道，能使究竟智得到莊嚴，能使其趣入大乘的境界，能使其明了普賢行，能使其證得諸菩薩地的光明智慧，能使其成就一切菩薩諸願行，能使其安住於一切智智之境界中。聖者！這一三昧，叫什麼名字呢？」

海幢比丘言：「善男子！此三昧名普眼捨得，又名般若波羅蜜境界清淨光明，又名普莊嚴清淨門。善男子！我以修習般若波羅蜜故，得此普莊嚴清淨三昧等百萬阿僧祇三昧。」

善財童子言：「聖者！此三昧境界究竟唯如是耶？」

海幢言：「善男子！入此三昧時，了知一切世界無所障礙；往詣一切世界無所障礙；超過一切世界無所障礙；莊嚴一切世界無所障礙；修治一切世界無所障礙；嚴淨一切世界無所障礙；見一切佛無所障礙；觀一切佛廣大威德無所障礙；知一切佛自在神力無所障礙；證一切佛諸廣大力無所障礙；入一切佛諸功德海無所障礙；受一切佛無量妙法無所障礙；入一切佛法中修習妙行無所障礙；證一切佛轉法輪平等智無所障礙；入一切諸佛眾會道場海無所障礙；觀十方佛法無所障礙；大悲攝受十方眾生無所障礙；常起大慈充滿十方無所障礙；見十方佛心無厭足無所障礙；入一切眾生海無所障礙；知一切眾生根❶海無所障礙；知一切眾生諸根差別智無所障礙。善男子！我唯知此一般若波羅蜜三昧光明。如諸菩薩入智慧海，淨法界境，達一切趣，徧無量剎，總持自在三昧清淨，神通廣大，辯才無盡，善說諸地，為眾生依。

【章　旨】海幢比丘向善財童子宣說「普眼捨得」（又名「般若波羅蜜境界清淨光明」或「普莊嚴清淨門」）三昧的神奇之處。

【注　釋】❶眾生根　眾生的根性。

【語　譯】海幢比丘告訴善財童子說：「善男子！這一三昧名叫『普眼捨得』，也叫『般若波羅蜜境界清淨光明』，又名『普莊嚴清淨門』。善男子！我是因為修習般若波羅蜜的緣故而獲得這一普莊嚴清淨三昧等百萬阿僧祇三昧的。」

善財童子又問：「聖者！這一三昧境界究竟有些什麼內容呢？」

海幢比丘說：「善男子！進入這一三昧時，可以沒有障礙地了知一切世界，可以沒有障礙地來往於一切世界之間，可以沒有障礙地超越一切世界，可以沒有障礙地莊嚴一切世界，可以沒有障礙地修治一切世界，可以沒有障礙地嚴淨一切世界，可以沒有障礙地見到一切佛，可以沒有障礙地觀一切佛的廣大威德，可以沒有障礙地知曉一切佛的自在神力，可以沒有障礙地證得一切佛的諸廣大力，可以沒有障礙地進入一切佛的諸功德海，可以沒有障礙地接受一切佛的無量妙法，可以沒有障礙地進入一切佛法中修習各種妙行，可以沒有障礙地證得一切佛轉法輪所說的平等智，可以沒有障礙地進入一切諸佛眾會的道場海，可以沒有障礙地觀見十方佛法，可以沒有障礙地以大悲攝受十方眾生，可以沒有障礙地生起大慈使其充滿十方，可以沒有障礙地既觀見十方佛而心卻無任何厭惡與滿足，可以沒有障礙地進入一切眾生海，可以沒有障礙地知曉一切眾生的根性海，可以沒有障礙地知曉一切眾生諸根的差別智。善男子！我只知曉這一般若波羅蜜三昧光明。可以如諸菩薩進入智慧海，使法界境得到清淨，了達一切諸趣，身體徧佈無量國土，以總持之力而得自在三昧清淨，神通廣大，辯才無盡，善於宣說菩薩修行所經歷的諸地，並且作為眾生的依止。

「而我何能知其妙行，辨其功德，了其所行，明其境界，究其願力，入其要門，達其所證，說其道分，住其三昧，見其心境，得其所有平等智慧？善男子！從此南行有一住處名曰海潮❶；彼有園林名普莊嚴❷；於其園中，有優婆夷名曰休捨❸。汝往彼問：菩薩云何學菩薩行、修菩薩道？」

時，善財童子於海幢比丘所，得堅固身，獲妙法財❹，入深境界，智慧明徹，三昧照耀，住清淨解，見甚深法，其心安住諸清淨門，智慧光明充滿十方，心生歡喜，踴躍無量；五體投地，頂禮其足，繞無量匝，恭敬瞻仰，思惟觀察，諮嗟戀慕，持其名號，想其容止❺，念其音聲，思其三昧及彼大願所行境界，受其智慧清淨光明。辭退而行。

【章　旨】海幢比丘又向善財童子舉薦「海潮」地方「普莊嚴」園林中的「休捨」優婆夷，囑咐善財童子南下前去拜訪。善財童子於是告別海幢比丘繼續南下。

【注　釋】❶海潮　據澄觀的解釋，以「海潮」為名是因為「前國顯方便行不離般若故，言海潮者，謂潮所至處，顯方便就機不過限故。亦將入生死海以濟物故，能知三世佛法海故，故上法門名為海藏」（澄觀《華嚴經疏》卷五十六，《大正藏》卷三十五，頁九三〇中）。❷普莊嚴　據澄觀所說，「園名普莊嚴者，約相廣有眾嚴故，約表以生死為園苑，萬行為莊嚴故。又文義相隨等莊嚴總持無漏法故。」（澄觀《華嚴經疏》卷五十六，《大正藏》卷三十五，頁九三〇中）。❸休捨　據澄觀的解釋，「休捨」意思為「意樂」、「希望」、「滿願」，以「休捨」為名是因為「謂隨眾生意樂希望得圓滿故，亦能圓滿性相法故。前般若了真故寄比丘，此以慈心方便入俗故寄優婆夷矣」（澄觀《華嚴經疏》卷五十六，《大正藏》卷三十五，頁九三〇中）。❹法財　與「世財」的對應詞，指佛法、教說等。因為精神之教法能滋潤眾生，為眾生長養慧命之資糧，猶如世間之財寶，故喻稱為「法財」。❺容止　儀容舉止；允許棲止。此中所用為第一種義項。

【語　譯】「我為什麼能夠知曉如此的妙行，能夠辨別各種功德，明了各種行為，明觀如此境界，究竟其願力，進入其關鍵之處，了達其所證，宣說其道分，住於其三昧，觀見其心境，獲得其所有平等智慧呢？善男子！從這個地方再南下，有一個名叫『海潮』的住處；那裡有一處名叫『普莊嚴』的園林；在這個園林中，有一位名叫『休捨』的優婆夷。你可以到她那裡向她請教：菩薩如何學菩薩行、修菩薩道？」

這時，善財童子在海幢比丘的住所，已經獲得堅固身，獲得美妙的法財，進入很深的境界，智慧明徹，三昧照耀，住於清淨的解悟之中，觀見甚深之法，其心安住於諸清淨門，智慧光明充滿十方。善財童子心中生出大歡喜，踴躍無量，五體投地，頂禮海幢比丘之足，圍繞無量匝恭敬瞻仰、思惟觀察海幢比丘，諮嗟戀慕，持其名號，想其儀容舉止，念其音聲，思其三昧及彼大願所行境界。善財童子接受了海幢比丘的智慧清淨光明，辭別了比丘向南方進發。

華嚴經 入法界品之五

【題解】本卷主要包括〈入法界品〉的「末會」中的第九會、第十會及第十一會，即善財童子「五十三參」中的第八參、第九參以及第十參的主要內容。

第八參為「休捨優婆夷會」：善財童子繼續南下至位於「海潮」處的「普莊嚴」園林禮拜「休捨」優婆夷，向其請教修行菩薩行的方法、途徑。休捨優婆夷則向善財童子講解了自己所得的「離憂安隱幢」的解脫法門。休捨優婆夷說，十方佛都於此宣說佛法，只要進入此園聽聞十方佛說法之眾生就可進入不退轉位，而這一法門之所以能夠證得，全賴於十方諸佛的說法開示。休捨優婆夷所說的「離憂安隱幢」法門是進入「十住」第七住——「不退住」的方法。所謂「不退住」，又作「阿惟越致菩薩法住」、「不退轉住」，在前述修行境界的基礎上，進入無生畢竟空界，心常行空無相願，身心和合，日日增長。

第九參為「毗目瞿沙仙人會」：善財童子繼續南下到達「那羅素」國拜訪「毗目瞿沙」仙人。毗目瞿沙仙人以及在座的諸多仙人對於善財童子能夠發心修行菩薩行及其所發之心相大加稱讚，毗目瞿沙仙人告訴善財童子，只要發求取菩提之心，必當成就一切智道。毗目瞿沙仙人應善財童子的請求，為其演說「無勝幢解脫」法門。毗目瞿沙仙人以手摩善財童子的頭頂，使其身未動卻自見十方世界微塵數諸佛，並且證得毗盧遮那藏三昧光明。毗目瞿沙仙人給善財宣講的「無勝幢解脫境界」，是進入「十住」第八住──「童真住」的方法。所謂「童真住」，又作「鳩摩羅浮童男菩薩法住」，是說菩薩自發心起，始終不倒退，不起邪魔破菩提之心，至此，佛之十身靈相乃一時具足。

第十參為「勝熱婆羅門會」：善財童子南下到達「伊沙那」村落，看到「勝熱」婆羅門頭頂烈日，身體四面有四個大火堆。這種修行方法叫「五熱」苦行。善財童子作禮問法，勝熱婆羅門讓善財童子修「五熱」苦行，善財心中暗暗以為此為魔鬼所設的陷阱以擾亂修行。天界十三種眾生知曉善財童子的疑慮之後，先後下降至伊沙那村落為善財童子解除疑慮，並激勵他向勝熱婆羅門求法。善財童子聽了這些天眾的解釋後，疑慮很快消除。善財童子真誠懺悔自己剛纔所產生的罪過，跟從勝熱婆羅門的教誨以身投入大火堆。當身體剛剛落到火堆上，善財立即證得了「菩薩寂靜樂神通三昧」。據澄觀所說，此中「五熱」及其上「刀山」等都有象徵涵義。「五熱」象徵著無明和各種煩惱，而「刀山」則象徵著「無分別智」。勝熱婆羅門給善財宣講的「菩薩無盡輪解脫門」，是進入「十住」第九住──「法王子住」的方法。法王子住，又作「渝羅闍菩薩法住」、「了生住」，自初「發心住」至第四「生貴住」，稱為入聖胎；自第五「方便具足住」至第八「童真住」，稱為長養聖胎；而此「法王子住」則相形具足，於焉出胎；猶如從佛王之教中生解，乃紹隆佛位。

善財童子第八參：休捨優婆夷會

爾時，善財童子蒙善知識力，依善知識教，念善知識語，於善知識深心愛樂，作是念言：「因善知識，令我見佛；因善知識，令我聞法。善知識者是我師傅❶，示導於我諸佛法故；善知識者是我眼目，令我見佛如虛空故；善知識者是我津濟❷，令我得入諸佛如來蓮華池故。」

漸漸南行，至海潮處，見普莊嚴園，眾寶垣牆周匝圍繞，一切寶樹行列莊嚴；一切寶華樹，雨眾妙華，佈散其地；一切寶香樹，香氣氛氳，普熏十方；一切寶鬘樹，雨大寶鬘，處處垂下；一切摩尼寶王樹，雨大摩尼寶，徧佈充滿；一切寶衣樹，雨種種色衣，隨其所應，周匝敷佈；一切音樂樹，風動成音，其音美妙，過於天樂；一切莊嚴具樹，各雨珍玩奇妙之物，處處分佈，以為嚴飾。

其地清淨無有高下，於中具有百萬殿堂，大摩尼寶之所合成；百萬樓閣，閻浮檀金以覆其上；百萬宮殿，毗盧遮那摩尼寶間錯莊嚴；一萬浴池，眾寶合成；七寶欄楯，周匝圍繞；七寶階道，四面分佈；八功德水❸，湛然盈滿，其水香氣如天栴檀，金沙布底，水清寶珠週徧間錯；鳧鴈❹、孔雀、俱枳羅鳥❺遊戲其中，出和雅音；寶多羅樹❻周匝行列，覆以寶網，垂諸金鈴，微風徐搖，恆出美音；施大寶帳，寶樹圍繞，建立無數摩尼寶幢，光明普照百千由旬。其中復有百萬陂池❼，黑栴檀泥凝積其底，一切妙寶以為蓮華敷佈水上，大摩尼華光色照耀。

園中復有廣大宮殿，名莊嚴幢，海藏妙寶以為其地，毗琉璃寶以為其柱，閻浮檀金以覆其上，光藏摩尼以為莊嚴，無數寶王光燄熾然，重樓挾閣種種莊飾；阿盧那香王、覺悟香王，皆出妙香普熏一切。其宮殿中，復有無量寶蓮華座週迴佈列，所謂：照耀十方摩尼寶蓮華座、毗盧遮那摩尼寶蓮華座、照耀世間摩尼寶蓮華座、妙藏摩尼寶蓮華座、師子藏摩尼寶蓮華座、離垢藏摩尼寶蓮華座、普門摩尼寶蓮華座、光嚴摩尼寶蓮華座、安住大海藏清淨摩尼王寶蓮華座、金剛師子摩尼寶蓮華座。

園中復有百萬種帳，所謂：衣帳、鬘帳、香帳、華帳、枝帳、摩尼帳、真金帳、莊嚴具帳、音樂帳、象王神變帳、馬王神變帳、帝釋所著摩尼寶帳……如是等，其數百萬。有百萬大寶網彌覆其上，所謂：寶鈴網、寶蓋網、寶身網、海藏真珠網、紺琉璃❽摩尼寶網、師子摩尼網、月光摩尼網、種種形像眾香網、寶冠網、寶瓔珞網……如是等，其數百萬。有百萬大光明之所照耀，所謂：燄光摩尼寶光明、日藏摩尼寶光明、月幢摩尼寶光明、香燄摩尼寶光明、勝藏摩尼寶光明、蓮華藏摩尼寶光明、燄幢摩尼寶光明、大燈摩尼寶光明、普照十方摩尼寶光明、香光摩尼寶光明……如是等，其數百萬。常雨百萬莊嚴具，百萬黑栴檀香出妙音聲，百萬出過諸天曼陀羅華❾而以散之，百萬出過諸天瓔珞以為莊嚴，百萬出過諸天妙寶鬘帶處處垂下，百萬出過諸天眾色妙衣，百萬雜色摩尼寶妙光普照，百萬天子欣樂瞻仰，頭面作禮⑩，百萬采女於虛空中投身而下，百萬菩薩恭敬親近，常樂聞法。

【章旨】這是善財童子五十三參的第八次參訪，也是〈入法界品〉「末會」中善財五十五會中的第九會。善財遵囑繼續南下，於路途仔細消化海幢比丘所宣說的「般若波羅蜜境界清淨光明普莊嚴清淨門」。善財童子南下至海潮處「普莊嚴」園中看到許多奇異的景象。

【注釋】❶師傅　古代對於僧人的通稱。嚴格意義上的「師傅」，又作「師長」、「師僧」、「師父」、「師家」。而在佛教之中，通常是指從其學習教法、依之出家剃度，或從其受戒之人。❷津濟　渡口；航道；渡河；救助；接濟。此處應該理解為「渡口」之義。❸八功德水　又作「八支德水」、「八味水」、「八定水」，所謂八種殊勝包括：第一為「澄淨」，就是水澄清潔淨，沒有污穢。第二為「清冷」，就是很清淨涼冷，沒有昏濁煩躁。第三為「甘美」，就是水的味道，富有甜味。第四為「輕軟」，就是水的性質，輕浮柔軟。第五為「潤澤」，就是滋潤滑澤，有益身心。第六為「安和」，就是安寧和平，沐浴其中，安穩舒適。第七為「除患」，就是喝了這種水，不但可以止渴，還可以去餓。第八為「增益」，就是喝了水，或者在水中沐浴，可以增長人們的善根。佛之淨土有八功德池，八功德水充滿其中。同時，包圍須彌山之七內海，亦有八功德水充滿其中，其亦具有甘、冷、軟、輕、清淨、無臭、飲不傷喉、飲不傷腹等八種特質。❹鳧鴈　即「鳧雁」，野鴨或大雁，鵝。❺俱枳羅鳥　又作「咄吒迦」、「都吒迦」。據澄觀《華嚴經疏鈔》卷十四說：「俱枳羅者，亦云『都吒迦』，此云『眾音合和，微妙最勝』。」❻多羅樹　又作「岸樹」、「高竦樹」。盛產於印度、緬甸、錫蘭、馬德拉斯等海岸之砂地，樹高約二十二公尺，為棕櫚科之熱帶喬木。其葉長廣，平滑堅實，自古即用於書寫經文，稱為貝多羅葉；果熟則赤，狀如石榴，可食。又此樹幹若中斷，則不再生芽，故於諸經中多以之譬喻比丘犯波羅夷之重罪。❼陂池　池沼；池塘。❽紺琉璃　即青色的琉璃。紺，天青色。❾曼陀羅華　音譯又作「曼陀勒華」、「曼那羅華」、「曼陀羅梵華」、「曼陀羅帆華」，為一年生的草本毒草，印度、日本及中國皆有產。佛典也譯為「適意」、「成意」、「雜色」等名，又稱「佛花」、「悶陀羅草」、「天茄彌陀花」等。此植物莖高三、四尺，枝葉皆似茄子。葉無刺，綠色互生。夏秋之間開花，花冠為大形一瓣，作漏斗狀，長凡三寸，端有五尖，裂片排列呈褶襞形，其色白質。果實卵圓形。種子、殼、莖、葉均有毒，也供作藥用。佛教經典說，曼陀羅華為諸天之中四種最名貴的花之一，花色似赤而美，見者心悅。❿頭面作禮　以我頭面頂禮尊者之足，為最高級別的致敬禮節。

【語　譯】這時，善財童子承蒙善知識海幢之力，依止於善知識海幢的教誨，憶念善知識海幢之語，從心靈深處生出了對於海幢善知識的尊敬喜愛。善財童子這樣說道：「我憑藉善知識而使我觀見了佛，憑藉善知識而使我聽聞了佛法。善知識是我的師父，向我開示了無量佛法；善知識是我的眼睛，使我觀見了佛就如同虛空；善知識是我的渡河嚮導，使我能夠進入諸佛如來的蓮華池中。」

善財童子逐漸地繼續向南行進，到達了海潮地方，看見了普莊嚴園。這座園林由許多珍寶製作裝飾而成的垣牆周匝圍繞，莊嚴美觀的寶樹排列整齊；一切寶華樹撒播下許多美妙的花朵，園中的地上到處都散佈著花朵；一切寶香樹，香氣芬芳，使得十方世界都沾染了香氣；一切寶鬘樹降下大寶鬘，其枝條低垂，妝點著園林；一切摩尼寶王樹撒播下大摩尼寶，園中滿地都徧佈這些大摩尼寶；一切寶衣樹撒播下各種各樣顏色的衣服，隨其所應，到處都有敷設；一切音樂樹在風的吹拂之下演奏出音樂，其音美妙遠遠超過天樂；一切莊嚴具樹都撒播下珍玩奇妙之物，處處分佈，以為嚴飾。

普莊嚴園林清淨平整，沒有高低之別。這個園林之中，矗立著百萬座殿堂，都是用大摩尼寶所製作完成的；百萬座樓閣都是以閻浮檀金作為屋頂覆蓋著；百萬座宮殿中，毗盧遮那摩尼寶交錯分佈，將其妝點得分外莊嚴；一萬座浴池，也是由多種珍寶組成的；以七種珍寶製作的欄杆，周匝圍繞妝點著這些浴池；以七種珍寶製作的臺階，四面分佈；八種功德水，清澈盈滿，其水放射出的香氣猶如栴檀，這些功德水池的池地都是以金沙鋪就的，池水清澈見底，水池的底部徧佈珍寶；大雁、孔雀、俱枳羅鳥在園林中遊戲，發出和諧美妙的叫聲；珍貴的多羅樹在園林周圍矗立，樹上覆蓋著寶網，樹枝上懸垂的各種金鈴，在微風的吹拂之下慢慢搖動，演奏出美妙的音樂；園林中還設置了巨大的寶帳，有寶樹圍繞，寶帳中建立了無數的摩尼寶幢，其發出的光明甚至普照到百千由旬之外。園林中還有百萬處池塘，黑栴檀泥池塘塘底凝積著黑栴檀泥，無數美妙的蓮華敷布在水面上，池中的大摩尼華光色鮮豔明亮，照耀十方。

園中還有一處名叫「莊嚴幢」的宏大宮殿，宮殿的地面是以海中出產的各種美妙的珍寶鋪就的，宮殿的柱子是以毗琉璃寶製作的，以閻浮檀金覆蓋著，以光藏摩尼寶作為柱子的裝飾，無數最珍貴的珍寶光芒燦爛，各層樓閣上佈滿了無數的裝飾；阿盧那香王、覺悟香王都發出美妙的香氣熏染著一切。在這座宮殿中，又有無量寶蓮華座環旋分佈，這些蓮花座有：照耀十方摩尼寶蓮華座、毗盧遮那摩尼寶蓮華座、照耀世間摩尼寶蓮華座、妙藏摩尼寶蓮華座、師子藏摩尼寶蓮華座、離垢藏摩尼寶蓮華座、普門摩尼寶蓮華座、光嚴摩尼寶蓮華座、安住大海藏清淨摩尼王寶蓮華座、金剛師子摩尼寶蓮華座。

普莊嚴園林中又有百萬種帳。這些帳的名稱有：衣帳、鬘帳、香帳、華帳、枝帳、摩尼帳、真金帳、莊嚴具帳、音樂帳、象王神變帳、馬王神變帳、帝釋所著摩尼寶帳……如此等等，其數有上百萬之多。又有百萬數的大寶網完全覆蓋在帳上。這些網是：寶鈴網、寶蓋網、寶身網、海藏真珠網、紺琉璃摩尼寶網、師子摩尼網、月光摩尼網、種種形像眾香網、寶冠網、寶瓔珞網……如此等等，其數有上百萬之多。又有上百萬大光明照耀著這一園林，這些光明有：燄光摩尼寶光明、日藏摩尼寶光明、月幢摩尼寶光明、香燄摩尼寶光明、勝藏摩尼寶光明、蓮華藏摩尼寶光明、燄幢摩尼寶光明、大燈摩尼寶光明、普照十方摩尼寶光明、香光摩尼寶光明……如此等等，其數有上百萬之多。從園林上空常常撒播下來百萬種莊嚴具，百萬種黑色栴檀香發出美妙的音聲，百萬諸天出現在空中，將曼陀羅華撒播在園林中，百萬諸天出現，以瓔珞裝飾園林，百萬諸天從空中將美妙的寶鬘帶垂落下來，百萬諸天以多種顏色的衣服，以百萬種色彩的摩尼寶所發出的美妙光芒普照園林，百萬天之子欣樂瞻仰，以頭面作禮，百萬的采女從虛空中投身而下，百萬的菩薩恭敬親近，樂於常常聽聞說法。

時，休捨優婆夷坐真金座，戴海藏真珠網冠，掛出過諸天真金寶釧❶，垂紺青髮，大摩尼網莊嚴其首，師子口摩尼寶以為耳璫，如意摩尼寶王以為瓔珞，一切寶網垂覆其身，百千億那由他眾生曲躬恭敬。東方有無量眾生來詣其所，所謂：梵天、梵眾天❷、大梵天、梵輔天❸、自在天，乃至一切人及非人。南、西、北方，四維，上、下，皆亦如是。其有見此優婆夷者，一切病苦悉得除滅，離煩惱垢，拔諸見刺，摧障礙山，入於無礙清淨境界，增明一切所有善根，長養諸根；入一切智慧門，入一切總持門、一切三昧門、一切大願門、一切妙行門、一切功德門皆得現前；其心廣大，具足神通，身無障礙，至一切處。

爾時，善財童子入普莊嚴園，週徧觀察，見休捨優婆夷坐於妙座，往詣其所，頂禮其足，繞無數匝，白言：「聖者！我已先發阿耨多羅三藐三菩提心，而未知菩薩云何學菩薩行？云何修菩薩道？我聞聖者善能誘誨，願為我說！」

休捨告言：「善男子！我唯得菩薩一解脫門，若有見聞憶念於我，與我同住，供給我者，悉不唐捐[4]。善男子！若有眾生不種善根，不為善友之所攝受，不為諸佛之所護念，是人終不得見於我。善男子！其有眾生得見我者，皆於阿耨多羅三藐三菩提獲不退轉。

「善男子！東方諸佛常來至此，處於寶座為我說法；南、西、北方，四維，上、下，一切諸佛悉來至此，處於寶座為我說法。善男子！我常不離見佛聞法，與諸菩薩而共同住。善男子！我此大眾，有八萬四千億那由他，皆在此園與我同行，悉於阿耨多羅三藐三菩提得不退轉；其餘眾生住此園者，亦皆普入不退轉位。」

【章　旨】善財童子進入普莊嚴園林，看到休捨優婆夷的神奇裝扮以及會眾圍繞的情景。善財童子隨即禮拜休捨優婆夷，向其請教修行菩薩行的方法、途徑。休捨優婆夷則向善財童子開始宣說自己所得的解脫法門。十方佛都於此宣說佛法，只有進入此園聽聞十方佛說法之眾生纔可進入不退轉位，而這一法門之所以能夠證得，全賴於十方諸佛的說法開示。據澄觀的判釋，前者屬於「舉法門體用」，後者屬於「窮因淺深」（澄觀《華嚴經疏》卷五十六，《大正藏》卷三十五，頁九三〇下）。

【注　釋】❶寶釧　以金玉等製作的手鐲。❷梵眾天　又作「梵身天」，為色界初禪天之第一天。此天為大梵所有、所化、所領之天眾所住，故稱「梵眾天」。此天之天眾身長半由旬，壽命半劫。初禪天之主為大梵王，其下之梵眾天、梵輔天分別為其人民、屬臣。❸梵輔天　又作「梵富樓天」，色界初禪之第二天，為大梵天之輔相。

舊名「梵先行天」，又稱「梵前益天」，因為其在梵前恆思梵天利益，因此以之為名。「梵輔天」之天眾皆為大梵天王之輔弼臣，天王行幸時，必為列行侍衛。❹唐捐　虛棄浪費。

【語譯】這時，休捨優婆夷坐在真金座上，頭戴海藏真珠網冠，手臂上戴著來自於諸天的以真金製作的寶釧，青色的頭髮自然下垂，以大摩尼網裝飾著其頭頂，耳朵上掛著師子口摩尼寶製作的耳環，戴著以如意摩尼寶王製作的瓔珞，一切寶網覆蓋著其身，周圍有百千億那由他的眾生恭敬地作揖向其致敬。從東方，有無數眾生來到這座園林，這些眾生有：梵天王、梵眾天、大梵天、梵輔天、自在天，以及一切人及非人。南面、西面、北方，東南、東北、西南、西北，上、下的眾生，都全部來到了此園林之中。凡是見到這位優婆夷的眾生，一切病苦都全部除滅，遠離煩惱的污垢，拔除了諸見之刺，摧毀了障礙之山，進入了沒有任何障礙的清淨境界，使一切所有善根都得到增長，使之更為明淨，使諸善根得到長期保養；進入一切智慧門，進入一切總持門，一切三昧門、一切大願門、一切妙行門、一切功德門都顯現在眼前；眾生的心變得廣大，具足神通，身體方面沒有障礙，可以自由到達任何地方。

正在這時，善財童子進入普莊嚴園。他週徧觀察，看見休捨優婆夷坐在那美妙的座位上，便前往其所在的地方，頂禮休捨優婆夷的雙足，在其身邊繞無數圈向其致敬。然後，善財童子說道：「聖者！我早先已經發阿耨多羅三藐三菩提心，但卻未能知曉菩薩如何學菩薩行？如何修菩薩道？我聽說聖者您諄諄善誘，特來請求您為我宣說修菩薩行的方法！」

休捨告訴善財童子說：「善男子！我只是獲得了菩薩的一種解脫法門。如果有眾生看見我，或聽聞我說法，或憶念我，或與我住在一起，為我提供供養，這些都不會白白浪費。善男子！如果有眾生並不種植善根，沒有被善友所吸引、接受，沒有被諸佛所護念，這種人是永遠不能來見我的。善男子！凡是來拜見我的眾生，都在阿耨多羅三藐三菩提方面獲得不退轉之位。

「善男子！東方諸佛常常來到這處園林，坐在這個寶座為我說法；南、西、北方，東南、東北、西南、西北，上、下，十方一切諸佛都曾經來到此園林，坐於這個寶座為我說法。善男子！我從不失去見佛聞法的機會，並且經常與諸菩薩居住在一起。善男子！在我這裡的大眾，共有八萬四千億那由他。他們都在此園林中與我同行，都在阿耨多羅三藐三菩提心方面獲得不退轉位。除此之外的其他眾生凡住於此園中的，也全都進入了不退轉位。」

善財白言：「聖者！發阿耨多羅三藐三菩提心為久近耶？」

答言：「善男子！我憶過去，於然燈佛❶所修行梵行，恭敬供養，聞法受持。次前，於離垢佛❷所出家學道，受持正法。次前，於妙幢佛所；次前，於勝須彌佛所；次前，於蓮華德藏佛所；次前，於毗盧遮那佛所；次前，於普眼佛所；次前，於梵壽佛所；次前，於金剛臍佛所；次前，於婆樓那天佛所。善男子！我憶過去，於無量劫無量生中，如是次第三十六恆河沙❸佛所，皆悉承事，恭敬供養，聞法受持，淨修梵行。於此已往，佛智所知，非我能測。

「善男子！菩薩初發心無有量，充滿一切法界故。菩薩大悲門無有量，普入一切世間故。菩薩大願門無有量，究竟十方法界故。菩薩大慈門無有量，普覆一切眾生故。菩薩所修行無有量，於一切剎一切劫中修習故。菩薩三昧力無有量，令菩薩道不退故。菩薩總持力無有量，能持❹一切世間故。菩薩智光力無有量，普能證入三世故。菩薩神通力無有量，普現一切剎網故。菩薩辯才力無有量，一音一切悉解故。菩薩清淨身無有量，悉徧一切佛剎故。」

【章　旨】從此章開始，應善財童子的請求，休捨優婆夷顯現所證之果證得時間的久暫。在此章，休捨優婆夷向善財童子敘說自己證道的經過。

【注　釋】❶然燈佛　又作「燃燈佛」、「普光佛」、「錠光佛」，是在過去世為釋迦菩薩授成道之記的佛。據《修行本起經》卷上記載，提和衛國有聖王名「燈盛」，王臨命終時將國付託太子錠光。太子知世之無常，復授國於其弟，而出家為沙門，後成佛果。時有梵志儒童，值遇錠光佛之遊化，買花供佛，佛為儒童授來世成道之記，此儒童即後來之釋迦牟尼佛。❷離垢佛　此處可能是指舍利弗當來成佛之國名。據《法華經．譬喻品》記載，舍利弗於未來世過無量無邊不可思議劫，供養千萬億佛，奉持正法，具足菩薩所行之道，當得作佛，號「華光如來」，國名「離垢」。其土平正清淨，安隱豐樂，天、人眾多，其時，華光如來亦以三乘教化眾生。離垢，即遠離煩惱之垢穢，一般慣稱「遠塵離垢」，是法眼的修飾詞。四諦、緣起之理乃佛教正確之人生觀、世界觀，若能在理論上真實理解，即得照見真理之智慧眼（即法眼），並且證成佛教所言聖者位的初階——須陀洹道（預流果）。因為此法眼能遠離理論上之見惑，故稱「遠塵離垢」。❸恆河沙　又作「恆邊沙」、「兢伽沙」、「恆沙」、「恆河沙數」等，即恆河之沙。印度之恆河沙粒非常細微，其量根本無法計算。佛教經典之中凡形容無法計算之數，多以「恆河沙」一詞來比喻。❹能持　能護持而不忘失。

【語　譯】善財童子又問道：「聖者！發阿耨多羅三藐三菩提心需要多長時間呢？」

休捨優婆夷回答說：「善男子！我回憶到，我過去在然燈佛的所在清淨修行，恭敬供養諸佛，聽聞然燈佛說法並且如法領受於心，記憶不忘。在此之前，我在離垢佛的所在出家學道，受持正法。再朝前推，我在妙幢佛的所在；再朝前推，我在勝須彌佛的所在；再朝前推，我在蓮華德藏佛的所在；再朝前推，我在毗盧遮那佛的所在；再朝前推，我在普眼佛的所在；再朝前推，我在梵壽佛的所在；再朝前推，我在金剛臍佛的所在；再朝前推，我在婆樓那天佛的所在。善男子！我回憶過去，在無量劫的無數次轉生之中，如這樣依次在總數達第三十六條恆河之沙的數量的佛所，都承事諸佛，恭敬供養諸佛，聞法受持，清淨修行。從現在以後，乃是佛智才能知曉的，並非我所能夠預測。

「善男子！菩薩初發菩提心所具的能量充滿一切法界，因此它是沒有限度的。菩薩大悲門所具的能量普入一切世間，因此它是沒有限度的。菩薩大願門所具的能量究竟十方法界，因此它是沒有限度的。菩薩大慈門所具的能量完全覆蓋了一切眾生，因此它是沒有限度的。菩薩是在一切剎一切劫中修習的，因此它是沒有限度的。菩薩的三昧力能夠使菩薩道永遠不退轉，因此它是沒有限度的。菩薩所具的總持力能夠護持而不忘失一切世間，因此它是沒有限度的。菩薩的智慧之光完全能夠證入三世，因此它是沒有限度的。菩薩所具的神通力完全顯現出一切佛土，因此它是沒有限度的。菩薩所具有的辯才能夠完全知曉每一個音節，因此它是沒有限度的。菩薩的清淨之身能夠偏佈於所有佛土，因此它是沒有限度的。」

善財童子言：「聖者！久如當得阿耨多羅三藐三菩提？」

答言：「善男子！菩薩不為教化調伏一眾生故發菩提心，不為教化調伏百眾生故發菩提心，乃至不為教化調伏不可說不可說轉眾生故發菩提心；不為教化一世界眾生故發菩提心，乃至不為教化不可說不可說轉世界眾生故發菩提心；不為教化閻浮提微塵數世界眾生故發菩提心，不為教化三千大千世界微塵數世界眾生故發菩提心，乃至不為教化不可說不可說轉三千大千世界微塵數世界眾生❶故發菩提心；不為供養一如來故發菩提心，乃至不為供養不可說不可說轉如來❷故發菩提心；不為供養一世界中次第興世諸如來故發菩提心，乃至不為供養不可說不可說轉世界中次第興世諸如來故發菩提心；不為供養一三千大千世界微塵數世界中次第興世諸如來故發菩提心，乃至不為供養不可說不可說轉佛剎微塵數世界中次第興世諸如來故發菩提心；不為嚴淨一世界故發菩提心，乃至不為嚴淨不可說不可說轉世界故發菩提心；不為嚴淨一三千大千世界微塵數世界故發菩提心，乃至不為嚴淨不可說不可說轉三千大千世界微塵數世界故發菩提心；不為住持一如來遺法❸故發菩提心，乃至不為住持不可說不可說轉如來遺法故發菩提心；不為住持一世界如來遺法故發菩提心，乃至不為住持不可說不可說轉世界如來遺法故發菩提心；不為住持一閻浮提微塵數世界如來遺法故發菩提心，乃至不為住持不可說不可說轉佛剎微塵數世界如來遺法故發菩提心。如是略說，不為滿一佛誓願故，不為往一佛國土故，不為入一佛眾會故，不為持一佛法眼❹故，不為轉一佛法輪故，不為知一世界中諸劫次第故，不為知一眾生心海故，不為知一眾生根海故，不為知一眾生業海故，不為知一眾生行海故，不為知一眾生煩惱海故，不為知一眾生煩惱習海故，乃至不為知不可說不可說轉佛剎微塵數眾生煩惱習海故，發菩提心。

「欲教化調伏一切眾生悉無餘故發菩提心，欲承事供養一切諸佛悉無餘故發菩提心，欲嚴淨一切諸佛國土悉無餘故發菩提心，欲護持一切諸佛正教悉無餘故發菩提心，欲成滿一切如來誓願悉無餘故發菩提心，欲往一切諸佛國土悉無餘故發菩提心，欲入一切諸佛眾會悉無餘故發菩提心，欲知一切世界中諸劫次第悉無餘故發菩提心，欲知一切眾生心海悉無餘故發菩提心，欲知一切眾生根海悉無餘故發菩提心，欲知一切眾生業海悉無餘故發菩提心，欲知一切眾生行海悉無餘故發菩提心，欲滅一切眾生諸煩惱海悉無餘故發菩提心，欲拔一切眾生煩惱習海悉無餘故發菩提心。善男子！取要言之，菩薩以如是等百萬阿僧祇方便行故發菩提心。

「善男子！菩薩行普入一切法皆證得故，普入一切剎悉嚴淨故。是故，善男子！嚴淨一切世界盡，我願乃盡；拔一切眾生煩惱習氣盡，我願乃滿。」

【章　旨】菩薩的使命是教化調伏所有眾生，因為眾生之數是無窮無盡的，所以菩薩行所具的大願應該就是普證一切法、普淨一切國土、拔除所有眾生之煩惱習氣。因為眾生無盡，所以成佛也是無有期限的。

【注　釋】❶轉三千大千世界微塵數世界眾生　指眾生在生死之中無窮不盡地流轉。也就是由於眾生的真如淨法無力，因此被雜染法所薰染，沉淪三界。❷轉如來　此處所言的「流轉」是指諸佛為化他而隨緣顯現六道，普現色身流入生死海中。這種處於生死世界之中的如來即「轉如來」。❸遺法　佛去而遺於世之教法。❹法眼　指徹見佛法正理之智慧眼。係五眼之一。此眼能見一切法之實相，故能分明觀達緣生等差別法。菩薩為度眾生，以清淨法眼徧觀諸法，能知能行，得證佛道；又知一切眾生之各各方便門，故能使眾生修行證道。

【語　譯】善財童子又向休捨優婆夷請教說：「聖者！到底修行多長時間纔能夠獲得阿耨多羅三藐三菩提呢？」

休捨優婆夷回答道：「善男子！菩薩不會為教化調伏一位眾生的緣故而發菩提心，不會為教化調伏百名眾生的緣故而發菩提心，甚至也不會為教化調伏不可說不可說次轉世之眾生的緣故發菩提心；不會為教化一個世界之眾生的緣故而發菩提心，甚至也不會為教化不可說不可說數量之世界之眾生的緣故而發菩提心；不會為教化閻浮提微塵數世界之眾生的緣故而發菩提心，不會為教化三千大千世界微塵數世界之眾生的緣故而發菩提心，甚至也不會為教化不可說不可說次轉世的三千大千世界微塵數世界之眾生的緣故而發菩提心；不會為供養一位如來的緣故而發菩提心，甚至也不會為供養不可說不可說次轉世的如來的緣故而發菩提心；不會為供養在一處世界中次第興世的諸如來的緣故而發菩提心，甚至也不會為供養不可說不可說轉世界中次第興世的諸如來的緣故而發菩提心；不會為供養一個三千大千世界微塵數世界中次第興世的諸如來的緣故而發菩提心，甚至也不會為供養不可說不可說轉佛剎微塵數世界中次第興世的諸如來的緣故而發菩提心；不會為嚴淨一處世界的緣故而發菩提心，乃至不會為嚴淨不可說不可說轉世界的緣故而發菩提心；不會為嚴淨一三千大千世界微塵數世界的緣故而發菩提心，甚至也不會為嚴淨不可說不可說轉三千大千世界微塵數世界的緣故而發菩提心；不會為住持一位如來之遺法的緣故而發菩提心，甚至也不會為住持不可說不可說轉如來之遺法的緣故而發菩提心；不會為住持一處世界的如來之遺法的緣故而發菩提心，甚至也不會為住持不可說不可說轉世界之如來的遺法的緣故而發菩提心；不會為住持一閻浮提微塵數世界之如來的遺法的緣故而發菩提心，甚至不會為住持不可說不可說轉佛剎微塵數世界的如來之遺法的緣故而發菩提心。如此總括而言，不會為滿足一位佛之誓願的緣故，不會為往一位佛之國土的緣故，不會為進入一位佛的眾會的緣故，不會為持一位佛之法眼的緣故，不會為轉一次佛之法輪的緣故，不會為知曉一處世界中諸劫次第的緣故，不會為知曉一位眾生之心海的緣故，不會為知曉一位眾生之根海的緣故，不會為知曉一位眾生之業海的緣故，不會為知曉一位眾生之行海的緣故，不會為知曉一位眾生之煩惱海的緣故，不會為知曉一位眾生之煩惱習海的緣故，甚至也不會為知曉不可說不可說轉佛土微塵數眾生之煩惱習海的緣故而發菩提心。

「菩薩是因為想毫無剩餘地教化調伏一切眾生的緣故而發菩提心，是因為想毫無剩餘地承事供養一切諸佛的緣故而發菩提心，是因為想毫無剩餘地嚴淨一切諸佛國土的緣故而發菩提心，是因為想毫無剩餘地護持一切諸佛正教的緣故而發菩提心，是因為想毫無剩餘地成滿一切如來誓願的緣故而發菩提心，是因為想毫無剩餘地前往一切諸佛國土的緣故而發菩提心，是因為想毫無剩餘地進入一切諸佛眾會的緣故而發菩提心，是因為想毫無剩餘地知曉一切世界中諸劫次第的緣故而發菩提心，是因為想毫無剩餘地知曉一切眾生之心海的緣故而發菩提心，是因為想毫無剩餘地知曉一切眾生之根海的緣故而發菩提心，是因為想毫無剩餘地知曉一切眾生之業海的緣故而發菩提心，是因為想毫無剩餘地知曉一切眾生之行海的緣故而發菩提心，是因為想毫無剩餘地滅除一切眾生諸煩惱大海的緣故而發菩提心，是因為想毫無剩餘地拔除一切眾生之煩惱習海的緣故而發菩提心。善男子！總括而言，菩薩是因為如此等百萬阿僧祇之方便行的緣故而發菩提心的。

「善男子！菩薩行是完全進入一切法都可以證得的，是完全進入一切國土都可使國土得到嚴整乾淨的。因此，善男子！使一切世界全部得到嚴整乾淨，我的大願纔算得到滿足直至全部實現；拔除一切眾生的煩惱習氣使其完全消除，我的大願纔算滿足。」

善財童子言：「聖者！此解脫名為何等？」

答言：「善男子！此解脫名離憂安隱幢❶。善男子！我唯知此一解脫門。如諸菩薩摩訶薩其心如海，悉能容受一切佛法；如須彌山，志意堅固，不可動搖；如善見藥❷，能除眾生煩惱重病；如明淨日，能破眾生無明闇障；猶如大地，能作一切眾生依處；猶如好風，能作一切眾生義利；猶如明燈，能為眾生生智慧光；猶如大雲，能為眾生雨寂滅法；猶如淨月，能為眾生放福德光；猶如帝釋，悉能守護一切眾生。

「而我云何能知能說彼功德行？善男子！於此南方海潮之處，有一國土，名那羅素❸；中有仙人，名毗目瞿沙❹。汝詣彼問，菩薩云何學菩薩行、修菩薩道？」

時，善財童子頂禮其足，繞無數匝，殷勤瞻仰，悲泣流淚，作是思惟：「得菩提難，近善知識難，遇善知識難，得菩薩諸根難，淨菩薩諸根難，值同行善知識難，如理觀察難，依教修行難，值遇出生善心方便難，值遇增長一切智法光明難。」作是念已，辭退而行。

【章　旨】休捨優婆夷告訴善財童子這一解脫法門名叫「離憂安隱幢」。休捨優婆夷又向善財童子舉薦「那羅素」國土中的「毗目瞿沙」仙人，囑咐善財童子南下前去拜訪。

【注　釋】❶離憂安隱幢　據澄觀的解釋，此法門之所以列名「離憂安隱幢」，「有二義：一以大悲高顯所以稱『幢』，其有見者，離業惑苦不退菩提，是謂離憂安隱。二者即智之悲涉苦安隱，即悲之智多劫無憂，雙摧生死涅槃，特出凡小之外故名『幢』矣。」（澄觀《華嚴經疏》卷五十六，《大正藏》卷三十五，頁九三一上）這是說，「離憂安隱」是說可以依靠此法門遠離憂苦，得不退轉的菩提心；以「幢」象徵其功能卓絕。❷善見藥　佛教經典中常用的比喻，用來比喻此種法門如同良藥，眾生若見此法，眾毒都可以滅除。❸那羅素　據澄觀說，涵義為「不懶惰」，永不休息（澄觀《華嚴經疏》卷五十六，《大正藏》卷三十五，頁九三一上）。❹毗目瞿沙　據澄觀說，涵義為「最上無恐怖聲」，是說其常常以無與倫比的無怖畏之聲使眾生得到安定。

【語　譯】善財童子又問道：「聖者！這一解脫法門叫什麼名字呢？」

休捨優婆夷回答道：「善男子！這一解脫法門名叫『離憂安隱幢』。善男子！我只知曉這一個解脫法門。我已經有如同菩薩一樣如海廣大寬闊的心，能夠全部容受一切佛法；如同須彌山一樣志意堅固，不可動搖；如同善見之藥一樣能夠去除眾生的煩惱重病；如同明淨的太陽，能夠破除眾生無明之黑暗的障蔽；猶如大地，能夠作為一切眾生的依止可依靠；猶如和熙的風，能夠給予一切眾生以利益；猶如明燈，能夠為眾生發生智慧之光；猶如大雲，能為眾生降下寂滅解脫之法；猶如清淨的月亮，能夠為眾生放出福德之光；猶如帝釋，能夠守護一切眾生。

「我為什麼能夠知曉、能夠宣說這一修行法門之功德呢？善男子！從此再向南行，在有海潮的地方，有一個名叫『那羅素』的國土。這一國土中有一位名叫『毗目瞿沙』的仙人。你可以前往他住的地方去向他請教，菩薩如何學菩薩行、修菩薩道？」

這時，善財童子頂禮休捨優婆夷的雙足，在其身邊轉了無數圈向其致敬，殷勤瞻仰，悲泣流淚。善財童子這樣想：「獲得菩提是非常難的，親近善知識也是非常難的；遇到善知識是很難的，獲得菩薩之根則更加艱難；成就菩薩之根是非常難的，想遇到有同樣志行的善知識則更加艱難；如理觀察善知識的教誨是非常難的，依此教誨修行則更加艱難；想遇到生出善心的方便是非常難的，想遇到能夠使一切智法之光明增長的機緣則更加艱難。」善財童子這樣想著，便告別了休捨優婆夷向南方進發。

善財童子第九參：毗目瞿沙仙人會

爾時，善財童子隨順思惟菩薩正教，隨順思惟菩薩淨行，生增長菩薩福力心，生明見一切諸佛心❶，生出生一切諸佛心，生增長一切大願心，生普見十方諸法心，生明照諸法實性心，生普散一切障礙心，生觀察法界無闇心，生清淨意寶莊嚴心，生摧伏一切眾魔心。

漸漸遊行，至那羅素國，遍推求毗目瞿沙。見一大林，阿僧祇樹以為莊嚴，所謂：種種葉樹❷扶疏❸佈濩❹，種種華樹開敷鮮榮❺，種種果樹相續成熟，種種寶樹雨摩尼果，大栴檀樹處處行列，諸沉水樹常出好香，悅意香樹妙香莊嚴，波吒羅樹❻四面圍繞，尼拘律樹❼其身聳擢，閻浮檀樹常雨甘果，優鉢羅華❽、波頭摩華❾以嚴池沼。

時，善財童子見彼仙人在栴檀樹下敷草而坐，領徒一萬，或著鹿皮，或著樹皮，或復編草以為衣服，髻環垂鬢，前後圍繞。善財見已，往詣其所，五體投地，作如是言：「我今得遇真善知識。善知識者，則是趣向一切智門，令我得入真實道故；善知識者，則是趣向一切智乘，令我得至如來地故；善知識者，則是趣向一切智船，令我得至智寶洲❿故；善知識者，則是趣向一切智炬，令我得生十力光故；善知識者，則是趣向一切智道，令我得入涅槃城故；善知識者，則是趣向一切智燈，令我得見夷險道故；善知識者，則是趣向一切智橋，令我得度險惡處故；善知識者，則是趣向一切智蓋，令我得生大慈涼故；善知識者，則是趣向一切智眼，令我得見法性門故；善知識者，則是趣向一切智潮，令我滿足大悲水故。」

作是語已，從地而起，繞無量匝，合掌前住，白言：「聖者！我已先發阿耨多羅三藐三菩提心，而未知菩薩云何學菩薩行？云何修菩薩道？我聞聖者善能誘誨，願為我說！」

【章　旨】這是善財童子五十三參的第九次參訪，也是〈入法界品〉「末會」中善財五十五會中的第十會。善財童子於是告別休捨優婆夷繼續南下，並在路途繼續思惟休捨優婆夷所說之法門。善財童子到達那羅素國看到毗目瞿沙仙人及其徒眾，並且向仙人請教修行菩薩行的途徑、方法。

【注　釋】❶佛心　有三層涵義：其一指如來充滿慈愛（大慈悲）之心。其二指不執著於任何事、理之心。其三指人人心中本來具足之清淨真如心。❷葉樹　指除果樹、花樹、香木、珍寶樹等有特種用途的樹木之外的普通樹木。❸扶疏　也作「扶踈」、「扶踈」，枝葉繁茂分披的樣子。❹佈濩　徧佈；佈散。❺鮮榮　指鮮花豔麗的樣子。❻波吒羅樹　又作「缽怛羅樹」。慧琳《一切經音義》卷二十五曰：「波吒羅，此翻為重葉樹也。」慧苑《音義》卷下則解釋為：「波吒羅，其樹正似此方楸樹也，然甚有香氣，其花紫色也。」❼尼拘律樹　意譯為「無節」、「縱廣」、「多根」，又稱「尼拘陀樹」、「尼拘屢陀樹」、「尼俱盧陀樹」等，形狀類似榕樹，產於印度、錫蘭等地。其樹高十公尺乃至十五公尺，樹葉呈長橢圓形，葉端為尖狀。由枝生出下垂氣根，達地復生根；枝葉繁茂而向四方蔓生，因為其種子甚小，因此佛典常用來比喻由小「因」而得大果報者。❽優缽羅華　又作「烏缽羅花」、「漚缽羅花」、「郁缽羅花」、「優缽剌花」、「優婆羅花」，即睡蓮。此花似蓮而小，葉浮在水面上，卵形，表面為有光澤的暗綠色，葉背是淡綠色，邊緣為赤色且有不規則的暗赤紫色斑點。花由多數花蓋組成。根與種子可食用。佛典中，也有在「優缽羅」之前冠上意指「青色」的「泥盧」、「尼羅」之語，因此，「優缽羅華」也就是「青蓮華」。❾波頭摩華　意譯作「赤蓮華」、「紅蓮華」，又作「缽特摩華」、「般頭摩華」，為產於東印度、波斯、西藏、中國內地、緬甸、北澳大利亞及日本沼澤區之睡蓮科植物。其根莖肥大，可供食用，柄內之細絲可作燈心。印度自古以來，視此花為水生植物中最高貴之花，於諸佛典中，亦每譬之為七寶中之一寶。又於諸經論中，常與「拘物頭華」、「優缽羅華」、「芬陀利華」並舉。❿智寶洲　智慧、珍寶聚集的水中之陸地。洲，水中的陸地。

【語　譯】在南下的路上，善財童子隨順思惟休捨優婆夷所宣說的成就菩薩的正確教導，隨順思惟菩薩的清淨行生增長菩薩福力之心。由此，善財童子產生了明見一切諸佛之心，生出生一切諸佛之心，產生了增長一切大願之心，生出普見十方諸法之心，生出明照諸法實性之心，生出普散一切障礙之心，生出觀察法界沒有障暗之心，生出清淨意寶莊嚴之心，生出摧伏一切眾魔之心。

善財童子逐漸地向南行進，最後到達了那羅素國。善財童子在那羅素國到處尋找毗目瞿沙仙人，看見一處很大的樹林，有無數的樹木將其裝扮得分外莊嚴。樹林之中有種種葉樹枝葉繁茂，到處皆有；種種花樹爭奇鬥豔，競相開放；種種果樹掛滿果實，種種寶樹降下摩尼果，高大的梅檀樹巍然聳立，諸沉水樹逸出撲鼻芳香，悅意香樹妙香莊嚴，波吒羅樹則四面圍繞著此樹林，尼拘律樹挺拔高聳，閻浮檀樹常常降下甘果，青蓮花、紅蓮花裝飾著池沼。

這時，善財童子看見毗目瞿沙仙人在栴檀樹下坐在草座之上，有一萬徒眾，有的穿著鹿皮，有的穿著樹皮，有的穿著以草編織成的衣服，這些徒眾髻環垂鬢，前後圍繞著毗目瞿沙仙人。善財童子看見毗目瞿沙仙人之後，立即前往其坐處，五體投地禮拜仙人。善財童子對毗目瞿沙仙人這樣說：「我今很榮幸地遇到了真正的善知識。善知識是趣向一切智的門徑，使我可以得以進入真實的修行之道；善知識是趣向一切智的車乘，使我可以得以到達如來之地；善知識是趣向一切智之船，使我可以得以到達智寶聚集之洲；善知識是趣向一切智的火炬，使我可以得以產生十力之光；善知識是趣向一切智之道，使我可以得以進入涅槃之城；善知識是趣向一切智之燈，使我可以得以區分平坦與崎嶇之道；善知識是趣向一切智的橋梁，使我可以得以度過險惡之地；善知識是趣向一切智之寶蓋，使我可以得以產生大慈之清涼；善知識是趣向一切智之眼，使我可以得以觀見法性之門；善知識是趣向一切智之潮，使我的大悲之水得以滿足。」

說完這些話之後，善財童子從地上站起來，在仙人周圍繞行無量圈，合掌禮拜，然後朝前靠近仙人說道：「聖者！我早先已經發阿耨多羅三藐三菩提心，但卻不知成就菩薩應該如何學菩薩行？如何修菩薩道？我聽說您諄諄善誘說法度人，請求您為我講一講這些問題吧！」

時，毗目瞿沙顧其徒眾，而作是言：「善男子！此童子已發阿耨多羅三藐三菩提心。善男子！此童子普施一切眾生無畏，此童子普興一切眾生利益，此童子常觀一切諸佛智海，此童子欲飲一切甘露法雨，此童子欲測一切廣大法海，此童子欲令眾生住智海中，此童子欲普發起廣大悲雲，此童子欲普雨於廣大法雨，此童子欲以智月普照世間，此童子欲滅世間煩惱毒熱，此童子欲長含識一切善根。」

時，諸仙眾聞是語已，各以種種上妙香華散善財上，投身作禮，圍繞恭敬，作如是言：「今此童子，必當救護一切眾生，必當除滅諸地獄苦，必當永斷諸畜生道，必當轉去閻羅王界，必當關閉諸難處門，必當乾竭諸愛欲海，必令眾生永滅苦蘊❶，必當永破無明❷黑闇，必當永斷貪愛繫縛❸，必以福德大輪圍山❹圍繞世間，必以智慧大寶須彌顯示世間，必當出現清淨智日，必當開示善根法藏，必使世間明識險易。」

時，毗目瞿沙告群仙言：「善男子！若有能發阿耨多羅三藐三菩提心，必當成就一切智道。此善男子已發阿耨多羅三藐三菩提心，當淨一切佛功德地。」

【章　旨】毗目瞿沙仙人對於善財童子能夠發心修行菩薩行及其所發之心相大加稱讚，在座的諸多仙人聽到此言，也不覺對於善財童子產生敬意。毗目瞿沙仙人告訴善財童子，只要發求取菩提之心，必當成就一切智道。

【注　釋】❶苦蘊　又作「苦陰」。蘊，聚集。其義有二：㈠苦之所集，㈡指個人之存在。眾生之身體是由五蘊結合而成，因此只是一種暫時的存在。另外，眾生之身也是各種「苦」的承擔者，各種「苦」最終都聚集於此，因此身體本身就叫「苦蘊」。五蘊，色蘊、受蘊、想蘊、行蘊、識蘊。❷無明　又作「癡」，為十二因緣之一。無明，涵義甚多，大致而言，是指對於佛法不能明了。明，智慧；學識。因此，「無明」最簡單的語意就是「無智」。從佛教義理而言，可將一切煩惱通稱為「無明」；也可將迷於真如本際之理，稱為「無明」；也可將不能明了抉擇、解了諸法事理的煩惱，稱為「無明」。❸繫縛　指眾生之身心為煩惱、妄想或外界事物所束縛而失去自由，長時流轉於生死之中。❹大輪圍山　「輪圍山」即「鐵圍山」，有大、小之別。「鐵圍山」又作「鐵輪圍山」、「金剛圍山」、「金剛山」，指圍繞須彌四洲的外海，由鐵所成之山。佛教之世界觀以須彌山為中心，其周圍共有八山八海圍繞，最外側之山即稱鐵圍山。「大輪圍山」是指圍繞三千大千世界之大鐵山。據《彰所知論》卷上〈器世界品〉載，以閻浮提等四大洲為一小世界，集一千小世界為一小千世界，其外有一鐵山圍之，稱為小鐵圍山；集一千小千世界為一中千世界，其外亦有一鐵山圍之，稱為中鐵圍山；集一千中千世界為一大千世界，其外復有鐵山圍之，稱為大鐵圍山。

【語　譯】這時，毗目瞿沙回頭看了看他的徒眾，然後這樣說道：「善男子！這位童子已經發阿耨多羅三藐三菩提心。善男子！這位童子給一切眾生施予無畏之力，這位童子給一切眾生利益，這位童子常常以一切諸佛智之海為觀想的對象，這位童子想飲用一切甘露法之雨，這位童子欲測量一切廣大法海，這位童子欲使眾生住於智海之中，這位童子欲完全發起廣闊的大悲之雲，這位童子欲完全降下廣大法雨，這位童子欲以智慧之月普照世間，這位童子欲滅除世間煩惱之毒之熱，這位童子欲使眾生的一切善根都得到增長。」

當時，諸仙眾聽了毗目瞿沙仙人這番話之後，每位仙人都將種種最上等的美妙的香華撒在善財童子的身上，仙人們投身作禮，圍繞著善財童子，恭敬地向善財童子致禮。這些仙人這樣說道：「現今的這位童子，必然會救護一切眾生，必然會除滅諸地獄之苦，必然會永遠斷除諸畜生道，必然會轉生於閻羅王界，必然會關閉諸難處之門，必然會使眾生的愛欲之海乾枯，必然會使眾生永遠滅除苦蘊，必然會永遠破除無明黑暗，必然會永遠斷除貪愛的繫縛，必然會以福德大輪圍山圍繞世間，必然會以如須彌山高的智慧大寶顯示世間，必然會有清淨智之日出現，必然會為眾生開示善根法藏，必然使世間的眾生明確地知曉危險與容易。」

這時，毗目瞿沙告訴這些仙人們：「善男子！如果能夠發阿耨多羅三藐三菩提心，必然會成就一切智之道。這位善男子已經發阿耨多羅三藐三菩提心，肯定能夠使一切佛之功德地清淨。」

時，毗目瞿沙告善財童子言：「善男子！我得菩薩無勝幢解脫[1]。」

善財白言：「聖者！無勝幢解脫境界云何？」

時，毗目仙人即申右手，摩善財頂，執善財手。即時，善財自見其身往十方十佛剎微塵數世界中，到十佛剎微塵數諸佛所，見彼佛剎及其眾會、諸佛相好、種種莊嚴；亦聞彼佛隨諸眾生心之所樂而演說法，一文一句皆悉通達，各別受持無有雜亂；亦知彼佛以種種解❷淨治❸諸願；亦知彼佛以清淨願成就諸力；亦見彼佛隨眾生心所現色相；亦見彼佛大光明網，種種諸色清淨圓滿；亦知彼佛無礙智慧大光明力；又自見身於諸佛所，經一日夜或七日夜、半月、一月、一年、十年、百年、千年，或經億年，或阿庾多❹億年，或那由他億年，或經半劫，或經一劫、百劫、千劫，或百千億乃至不可說不可說佛剎微塵數劫。

爾時，善財童子為菩薩無勝幢解脫智光明照故，得毗盧遮那藏三昧光明；為無盡智解脫三昧光明照故，得普攝諸方陀羅尼光明；為金剛輪❺陀羅尼門光明照故，得極清淨智慧心三昧光明；為普門莊嚴藏般若波羅蜜光明照故，得佛虛空藏輪三昧光明；為一切佛法輪三昧光明照故，得三世無盡智三昧光明。

時，彼仙人放善財手，善財童子即自見身還在本處。

時，彼仙人告善財言：「善男子！汝憶念耶？」

善財言：「唯！此是聖者善知識力。」

仙人言：「善男子！我唯知此菩薩無勝幢解脫。如諸菩薩摩訶薩成就一切殊勝三昧，於一切時而得自在，於一念頃出生諸佛無量智慧，以佛智燈而為莊嚴普照世間，一念普入三世境界，分形徧往十方國土，智身普入一切法界，隨眾生心普現其前觀其根行而為利益，放淨光明甚可愛樂。

【章　旨】毗目瞿沙仙人應善財童子的請求，為其演說「無勝幢解脫」法門。這是進入「十住」的第八住「童真住」的法門。毗目瞿沙仙人以手摩善財童子的頭頂，使其身未動卻自見十方世界微塵數諸佛，並且證得毗盧遮那藏三昧光明。

【注　釋】❶無勝幢解脫　據澄觀的解釋，此法門之所以名為「無勝幢」，是因為「童真住」所證的「童真淨智變化自在，高出功用之表，所以名『幢』；相惑不動故云『無勝』」。另外，因為此法門可以摧毀除滅煩惱，所以可名為「幢」（澄觀《華嚴經疏》卷五十六，《大正藏》卷三十五，頁九三二）。❷解　對於思惟事物之理而能有所了知，稱為「解」。在佛教中，有「信」、「解」、「行」、「證」的說法。「解」，若作領知之義，稱為「領解」；若作信知之義，稱為「信解」；若作心意開悟之義，稱為「悟解」、「瞭解」、「開解」；若作印持審決之義，稱為「勝解」、「慧解」；若作義推之義，則稱「義解」。❸淨治　密教中有「淨治」之法，即在道場召請本尊聖眾之前，先清淨空中道路，為除諸障礙而誦真言。此處應該為「引導使其清淨」之義。❹阿庾多　又作「阿由多」，為古代印度對於無法計算的數字的稱呼。《佛本行集經》卷十二認為是「數十億」；《一切經音義》卷下認為是「一兆」之名。❺金剛輪　此處所言指地層底部用來支撐整個世界的金輪。據《俱舍論》卷十一載，器世間由三輪組成，風輪位居最下層，次上為水輪。其餘凝結為金，即為金輪，上有九山、八海、四洲等。

【語譯】這時，毗目瞿沙仙人告訴善財童子：「善男子！我獲得了菩薩無勝幢解脫。」

善財問道：「聖者！無勝幢解脫境界有些什麼內容？」

當時，毗目瞿沙仙人隨即伸出右手撫摩著善財童子的頭頂，左手拉著善財童子的手。善財童子立即看見自己的身體前往十方十佛剎微塵數世界中，到達十佛剎微塵數諸佛的住所，看見了那些佛土及其眾會、諸佛的相與好以及種種裝飾；也聽見了那些佛針對眾生心之所嚮往而演說的佛法，佛所講的一字一句善財童子都能夠明了通達，分門別類地記住，沒有任何雜亂；也已經知曉諸佛淨治眾生的願望並且能夠使眾生開解、了悟的方法；也知曉諸佛以清淨的願望所成就的諸力；也已經看見諸佛隨應眾生之心所顯現的色相；也已經看見諸佛大光明之網以及種種清淨圓滿的諸色身；也已經知曉諸佛無礙智慧的大光明之力。善財童子又看見自己的身體到達了諸佛的住所，並且在其地經歷了一日夜或七日夜、半月、一月、一年、十年、百年、千年，或經億年，或阿庾多億年，或那由他億年，或經半劫，或經一劫、百劫、千劫，或百千億乃至不可說不可說佛剎微塵數劫。

這時，善財童子憑藉菩薩無勝幢解脫智之光明照耀的緣故，獲得了毗盧遮那藏三昧之光明；憑藉無盡智解脫三昧之光明照耀的緣故，獲得普攝諸方陀羅尼之光明；憑藉金剛輪陀羅尼門之光明照耀的緣故，獲得極為清淨智慧心三昧之光明；憑藉普門莊嚴藏般若波羅蜜光明照耀的緣故，獲得佛虛空藏輪三昧之光明；憑藉一切佛法輪三昧之光明照耀的緣故，獲得三世無盡智三昧之光明。

當毗目瞿沙仙人放開善財童子的手後，善財童子就看見自己身體又回到原來的地方。

這時，毗目瞿沙仙人問善財童子：「善男子！你還記得剛纔所見的情景嗎？」

善財童子回答說：「記得！這是憑藉聖者善知識之力的緣故。」

毗目瞿沙仙人說道：「善男子！我只是知曉這一菩薩無勝幢解脫法門。進入這一菩薩成就一切殊勝的三昧，就可在一切時中獲得自由自在，在一念頃出生諸佛無量的智慧，以佛智之燈普照世間、莊嚴世間，一念普入三世之境界，其分形徧往十方國土，智身完全進入一切法界，隨應眾生之心在眾生之眼前顯現出來，並且觀察眾生的根機和行為而使其得到利益，放射出非常使眾生喜愛的清淨光明。

「而我云何能知能說彼功德行、彼殊勝願、彼莊嚴剎、彼智境界、彼三昧所行、彼神通變化、彼解脫遊戲、彼身相差別、彼音聲清淨、彼智慧光明？善男子！於此南方，有一聚落，名伊沙那❶；有婆羅門，名曰勝熱❷。汝詣彼問：菩薩云何學菩薩行、修菩薩道？」

時，善財童子歡喜踊躍，頂禮其足，繞無數匝，殷勤瞻仰，辭退南行。

【章　旨】毗目瞿沙仙人又向善財童子舉薦「伊沙那」村落中的「勝熱」婆羅門，囑咐善財童子南下前去拜訪，善財童子於是告別毗目瞿沙仙人繼續南下。

【注　釋】❶伊沙那　據澄觀的解釋，「伊沙那」的涵義是「長直」，「謂里巷徑永，表善知三際故『長』，善知勝義故『直』」（澄觀《華嚴經疏》卷五十六，《大正藏》卷三十五，頁九三一下）。❷勝熱　據澄觀的解釋，此婆羅門之所以名叫「勝熱」，意思為「於五熱中成勝行故，表體煩惱熱成勝德故，不染煩惱成淨行故」（澄觀《華嚴經疏》卷五十六，《大正藏》卷三十五，頁九三一下）。「五熱」為古代印度外道苦行之一，即曝曬身體於烈日下，而於身體四方燃火之苦行。行此苦行之外道，即稱五熱炙身外道。

【語　譯】「我為什麼能夠知曉、能夠宣說這一功德行、那些殊勝願、那些莊嚴剎、那些智境界、那些三昧所行、那些神通變化、那些解脫遊戲、那些身相差別、那些音聲清淨、那些智慧光明？善男子！從這地方再向南方繼續行進，有一個名叫『伊沙那』的村落；這村落中有一位名叫『勝熱』的婆羅門。你可以前往他所在之處向他詢問，菩薩如何學菩薩行、修菩薩道？」

這時，善財童子歡喜跳躍，頂禮毗目瞿沙仙人的雙足，圍繞毗目瞿沙仙人無數圈向其致敬，殷勤瞻仰。然後，善財童子辭別了仙人，繼續向南進發。

善財童子第十參：勝熱婆羅門會

爾時，善財童子為菩薩無勝幢解脫所照故，住諸佛不思議神力，證菩薩不思議解脫神通智，得菩薩不思議三昧智光明，得一切時熏修三昧智光明，得了知一切境界皆依想所住三昧智光明，得一切世間殊勝智光明；於一切處悉現其身，以究竟智說無二無分別平等法，以明淨智普照境界；凡所聞法皆能忍受❶，清淨信解，於法自性決定明了。心恆不捨菩薩妙行，求一切智永無退轉，獲得十力智慧光明，勤求妙法常無厭足，以正修行入佛境界，出生菩薩無量莊嚴，無邊大願悉已清淨；以無窮盡智知無邊世界網，以無怯弱心度無量眾生海；了無邊菩薩諸行境界，見無邊世界種種差別，見無邊世界種種莊嚴，入無邊世界微細境界，知無邊世界種種名號，知無邊世界種種言說，知無邊眾生種種解，見無邊眾生種種行，見無邊眾生成熟行，見無邊眾生差別想。念善知識。

漸次遊行，至伊沙那聚落，見彼勝熱修諸苦行求一切智。四面火聚❷猶如大山，中有刀山❸高峻無極，登彼山上投身入火❹。

時，善財童子頂禮其足，合掌而立，作如是言：「聖者！我已先發阿耨多羅三藐三菩提心，而未知菩薩云何學菩薩行？云何修菩薩道？我聞聖者善能誘誨，願為我說！」

婆羅門言：「善男子！汝今若能上此刀山，投身火聚，諸菩薩行悉得清淨。」

時，善財童子作如是念：「得人身難❺，離諸難❻難，得無難難，得淨法難，得值佛難❼，具諸根難❽，聞佛法難❾，遇善人難，逢真善知識難，受如理正教❿難，得正命⓫難，隨法行難。此將非魔⓬、魔所使耶？

將非是魔險惡徒黨，詐現菩薩善知識相，而欲為我作善根難、作壽命⑬難，障我修行一切智道，牽我令入諸惡道中，欲障我法門、障我佛法？」

【章　旨】這是善財童子五十三參的第十次參訪，也是〈入法界品〉「末會」中善財五十五會中的第十一會。善財童子在南下的路途繼續思惟毗目瞿沙仙人所說的「無勝幢解脫」法門，到達伊沙那村落，見到勝熱婆羅門在修「五熱」苦行。據澄觀所說，此中「五熱」及其上「刀山」等都有象徵涵義。善財童子作禮問法，勝熱婆羅門讓善財童子如其自己一樣修「五熱」苦行，善財以為這是為魔所設的陷阱，不敢嘗試。

【注　釋】❶忍受　忍，即「忍辱」，為六般若波羅蜜之一。受，即「受持」。「忍」有三層涵義：忍受人世間的苦迫，叫「生忍」；忍受身心的勞苦病苦，以及風雨寒熱等苦，叫「法忍」；忍可諸法無生性，叫「無生忍」，無生忍即般若慧。常人所不易忍的，即受人的欺虐等，所以經中多舉忍辱為例。❷四面火聚　據澄觀所說，「般若波羅蜜猶如大火聚，四邊不可取遠離於四句。四句即四邊，取則燒人，離則成智。又火有四義，一燒煩惱薪，二破無明闇，三成熟善根，四照現證理。」（澄觀《華嚴經疏》卷五十七，《大正藏》卷三十五，頁九三二上）「四句」即中觀學所說的「有」、「無」、「亦有亦無」、「非有非無」。❸刀山　據澄觀所說，「刀山者，無分別智最居中道，無不割故；高而無上難可登故。」這是說，「刀山」是「無分別智」即佛智的象徵（澄觀《華嚴經疏》卷五十七，《大正藏》卷三十五，頁九三二上）。❹投身入火　據澄觀所說，「投身入火者，從無分別智徧入四句皆無滯故。又釋『刀』是斷德，無不割故。『火』是智德，無不照故。『投身下』者，障盡證理故。即刀山為能證，火聚為所證故。此火等即是法門。」簡單言之，「投身入火」就是燒盡諸煩惱，以無分別智住於世間（澄觀《華嚴經疏》卷五十七，《大正藏》卷三十五，頁九三二上）。❺得人身難　為南本《涅槃經》卷二所舉直接聽聞佛法的「五難」之一，指受生於人「道」，獲得人之身體是非常難得的。❻諸難　難，障礙，特指障礙佛道修行的情況。關於「難」的具體內容，佛教經典說法甚多，有「二難」、「三難」、「四難」、「六難」、「七難」、「八難」、「二十難」等，其中以「六難」、「八難」最為常見。「六難」見於北本《涅槃經》。此經卷二十三〈高貴德王品〉舉出如下六難：難遇佛世、難聞正教、難生善心、難生「中國」（指中印度）、難生人間、難具眼耳諸根。「八難」見於《長阿含經》卷九，在地獄難、在餓鬼難、在畜生難、在長壽天難、在邊地難、盲聾瘖啞難、世智辯聰難、生在佛前佛後難。❼得值佛難　謂值遇佛陀出世甚難。諸經論謂佛之出世，數十億歲乃有一次。即賢劫人壽二萬歲時，有迦葉佛出世；人壽百歲時，有釋迦牟尼佛出世；五十六億七千萬年之後有彌勒佛出世。如此佛之出世，頗為稀有。縱令佛出世時受生此界，仍有八難處不得見聞佛法。❽具諸根難　也叫「盲聾瘖啞難」，是指雖得人身，但是由於聾、盲、瘖、啞等原因而六根難於具備，故稱「具諸根難」。❾聞佛法難　即「八難」的「生在佛前佛後難」、「六難」的「正法難聞難」。眾生由於其根業，生在佛出世之前或入滅之後，不得見佛聞法。或者，雖然得遇佛出世，然因機緣之違逆、身體之障難、根性之愚鈍等，而不能聽受；又值佛滅後，不得聽聞正法，生邪見，雖聽聞而不能信受。❿正教　所說契於正理。⓫正命　又作「諦受」、「正命道支」，八正道之一。佛弟子依從正法，清淨身、口、意三業；遠離咒術、占卜等五種邪惡之謀生方法，而如法求取衣服、飲食、湯藥、床榻等生活資具，即稱為「正命」。⓬魔　全稱為「魔羅」，意譯為「殺者」、「奪命」、「障礙」，又稱「惡魔」，指奪取眾生生命，而妨礙善事之惡鬼神。⓭壽命　指眾生之生命的持續時間。湛然《止觀輔行傳弘訣》卷七之三說：「一期為『壽』，連續曰『命』。一期連持，息風不斷，名為『壽命』。」這是在佛教三世輪迴的框架之下而言的。佛教認為，眾生有兩種「命」，一者命根，二者智慧命。前者指眾生的肉體，後者指眾生所具的智慧。

【語譯】在繼續南下的路途，善財童子由於被菩薩無勝幢解脫所照耀的緣故，住於諸佛不可思議之神力，證得菩薩不可思議解脫神通之智，獲得菩薩不可思議三昧智之光明，獲得一切時熏修三昧智之光明，獲得了知一切境界皆依想所住三昧智之光明，獲得一切世間殊勝智之光明；在一切地方都可以顯現出自己的身體，以最究竟的智慧宣說無二無分別之平等真實法，以明淨智普照諸境界；凡其所聽聞之法都能夠記憶受持，清淨信仰理解，對於法的自性都能夠確定明了。在對從毗目瞿沙仙人處所學到的法門作了仔細回憶之後，善財童子又這樣想：我永遠不捨棄菩薩妙行，求取一切智永遠不退轉，獲得十力智慧光明，辛勤追求妙法常常沒有滿足，要以正修行進入佛之境界，出生菩薩無量莊嚴，使無邊大願都得到清淨；要以無窮盡智知曉無邊世界網，以無怯弱之心度無量眾生海；要了知無邊菩薩諸行境界，觀見無邊世界種種的差別，觀見無邊世界種種的莊嚴，進入無邊世界微細境界，知曉無邊世界種種名號，知曉無邊世界種種言說，知曉無邊眾生種種解，觀見無邊眾生種種行，觀見無邊眾生成熟行，觀見無邊眾生差別想。善財童子這樣想著，便十分想念善知識勝熱婆羅門。

善財童子逐漸地向南行進，到達了伊沙那村落。在這個村落中，善財童子看見了勝熱婆羅門正在修習苦行求證一切智。勝熱在露天受太陽烘烤，身體四周置放的大火堆猶如大山，火堆之山中有高峻無極的刀山，勝熱婆羅門登上那刀山上投身跳進火堆。

這時，善財童子頂禮勝熱的雙足，後又合掌站在勝熱的前面。善財童子這樣說道：「聖者！我早先已經發阿耨多羅三藐三菩提心，但卻不知道菩薩如何學菩薩行？如何修菩薩道？我聽說聖者諄諄善誘，善於為眾生說法解惑，希望您能為我講解一下這些問題！」

勝熱婆羅門說：「善男子！你現在如果能登上這個刀山，投身於火堆之中，就可以使諸菩薩行全部得到清淨。」

這時，善財童子心中這樣想：「獲得人的身體難，遠離諸難也難，獲得無難的情形更難；獲得清淨之法難，獲得遇到佛出世的機會也難，具備諸根更難；有聽聞佛說法的機會難，與善人相遇也難，與真正的善知識相遇更難；接受如理正教難，獲得正命的生活也難，隨順法行動更難。這莫非是魔道或者是他們所使？是不是魔的那些險惡的徒黨詐現菩薩善知識之相，想藉此顯現出毀滅我的善根的災難和毀滅我壽命的災難，以其作為我修行一切智道的障礙，引誘我進入諸惡道之中，最終阻礙我的修行、妨礙我接受佛法？」

作是念時，十千梵天[1]在虛空中作如是言：「善男子！莫作是念！莫作是念！今此聖者得金剛燄三昧光明，發大精進，度諸眾生，心無退轉；欲竭一切貪愛海，欲截一切邪見網，欲燒一切煩惱薪，欲照一切惑稠林，欲斷一切老死怖，欲壞一切三世障，欲放一切法光明。善男子！我諸梵天多著邪見，皆悉自謂是自在者、是能作者，於世間中我是最勝。見婆羅門五熱炙身，於自宮殿心不樂著，於諸禪定不得滋味，皆共來詣婆羅門所。時，婆羅門以神通力示大苦行為我說法，能令我等滅一切見，除一切慢，住於大慈，行於大悲，起廣大心，發菩提意，常見諸佛，恆聞妙法，於一切處❷心無所礙。」

復有十千諸魔❸在虛空中以天摩尼寶散婆羅門上，告善財言：「善男子！此婆羅門五熱炙身時，其火光明映奪於我，所有宮殿諸莊嚴具皆如聚墨❹，令我於中不生樂著，我與眷屬來詣其所。此婆羅門為我說法，令我及餘無量天子、諸天女等皆於阿耨多羅三藐三菩提得不退轉。」

復有十千自在天王❺於虛空中各散天華，作如是言：「善男子！此婆羅門五熱炙身時，其火光明映奪我等所有宮殿諸莊嚴具皆如聚墨，令我於中不生愛著，即與眷屬來詣其所。此婆羅門為我說法，令我於心而得自在，於煩惱中而得自在，於受生中而得自在，於諸業障而得自在，於諸三昧而得自在，於莊嚴具而得自在，於壽命中而得自在，乃至能於一切佛法而得自在。」

【章　旨】天界十三種眾生知曉善財童子的疑慮之後，先後下降至伊沙那村落為善財童子解除疑慮，並激勵他向勝熱婆羅門求法。此章中，大梵天王、魔眾以及欲界的「自在天王」下降伊沙那村落激勵善財童子。

【注　釋】❶梵天　據澄觀的解釋，此處以色界的梵天王對應象徵初禪之所證。❷一切處　有二義：其一為「不論何處」的意思，也就是通於十方無有障礙。其二為禪定之名，以總合萬有所觀之境週徧一切處，計有地、水、火、風、青、黃、赤、白、空、識十種，稱「十一切處」、「十徧處」。❸諸魔　《長阿含經》卷二十〈忉利天品〉將「欲界」分為地獄、畜生、餓鬼、人、阿須倫（即阿修羅）、四天王、忉利天、燄魔天、兜率天、化自在天、他化自在天、魔天等十二種，此處即其所指最後一類「魔天」。而一般經典所說欲界六天之中並無「魔天」之名目。據《過去現在因果經》卷三載，魔王是住於欲界第六他化自在天之高處，為破壞正教之神，稱為「天子魔」或「天魔波旬」。另據《增一阿含經》卷二十七記載，魔王波旬具有色力、聲力、香力、味力、細滑力等五力。《佛本行集經》卷二十五舉出欲貪、不歡喜、饑渴寒熱、愛著、睡眠、驚怖恐畏、狐疑惑、瞋恚忿怒、競利爭名、愚癡無知、自譽矜高、恆常毀他人等十二魔軍。又由內觀而言，煩惱、疑惑、迷戀等一切能擾亂眾生者，均稱為魔；由自己身心所生之障礙稱為內魔，來自外界之障礙稱為外魔，二者合稱為二魔。此處所指應該為「外魔」。❹眾墨　佛典中常常以此比喻最為黝黑的物品。❺自在天王　此指欲界第六天的「他化自在天」之天王，因為此處之天眾對於所變化之欲境自在受樂，因而名之為「自在天」。又作「他化自轉天」、「他化樂天」、「化應聲天」等。「自在天王」身量為一俱盧舍半，以人間一千六百歲為一晝夜，定壽一萬六千歲。

【語　譯】當善財童子這樣想的時候，一萬名梵天在空中向善財童子這樣說：「善男子！不要這樣想！不要這樣想！你現在看到的這位聖者已經獲得了金剛燄三昧光明，發心精進，濟度諸眾生，其心永不退轉；想使一切貪愛之海乾涸，想截斷一切邪見之網，想燒盡一切煩惱之薪，想照亮一切煩惱之稠林，想斷絕一切對於衰老、死亡的恐怖，想毀壞一切三世障礙，想放出一切法之光明。善男子！我們這些梵天都執著於邪見，都自以為是自在者、是能創造者，在世間之中惟有我們最好。我們看見這位婆羅門以五熱烤炙自己的身體，便對自己的宮殿不再產生執著之心，對於自己所修的這些禪定體味不到滋味，於是，我們便一起來到這位婆羅門的住所。當時，這位婆羅門以神通力示現大苦行為我們說法，使我們滅除了一切見，滅除了一切慢，住於大慈之心，以大悲的精神行事，發起廣大之心，發菩提之意，常常觀見諸佛，永遠聽聞美妙之法，在一切處都可心無障礙。」

這時，又有一萬名魔鬼在空中將天上的摩尼寶撒播在這位婆羅門的身上。這些魔鬼告訴善財童子說：「善男子！當這位婆羅門以五熱炙烤自己的身體時，其明亮的火光照徹了我們，我們那裡的所有宮殿的所有裝飾物品都變成如同焦炭一樣，使我等心中對這些物品再也不產生執著。我們與眷屬一起來到這位婆羅門的住所。這位婆羅門便為我們說法，使我們以及無數的天之子、諸天之女都獲得永不退轉的阿耨多羅三藐三菩提。」

這時，又有一萬名自在天王在空中，各自從天空撒下無數天上的花朵。這些自在天王告訴善財童子說：「善男子！當這位婆羅門以五熱炙烤自己的身體時，其明亮的火光照徹了我們的所有宮殿，使得宮殿中的所有裝飾物品都變得如同焦炭一樣，使我們對於這些物品再也不產生愛戀執著。我們立即與眷屬一起來到這位婆羅門的住所。這位婆羅門便為我們說法，使我們的心得到自在，使我們對於所有煩惱都能夠自在脫離，並且於日後能夠自在地轉生，能夠自在地脫離所有業障，使我們獲得自在的三昧，使我們能夠自在地脫離對於莊嚴具的執著，使我們自由地在自己的本來壽命中生存，他甚至使我們自在地解悟一切佛法。」

復有十千化樂天王❶，於虛空中，作天音樂，恭敬供養，作如是言：「善男子！此婆羅門五熱炙身時，其火光明照我宮殿諸莊嚴具及諸采女，能令我等不受欲樂、不求欲樂，身心柔軟，即與眾俱來詣其所。時，婆羅門為我說法，能令我等心得清淨、心得明潔、心得純善、心得柔軟、心生歡喜，乃至令得清淨十力清淨之身，生無量身，乃至令得佛身、佛語、佛聲、佛心，具足成就一切智智。」

復有十千兜率天王❷、天子、天女、無量眷屬，於虛空中，雨眾妙香，恭敬頂禮，作如是言：「善男子！此婆羅門五熱炙身時，令我等諸天及其眷屬，於自宮殿無有樂著，共詣其所，聞其說法，能令我等不貪境界，少欲知足，心生歡喜，心得充滿，生諸善根，發菩提心，乃至圓滿一切佛法。」

復有十千三十三天❸並其眷屬、天子、天女，前後圍繞，於虛空中，雨天曼陀羅華，恭敬供養，作如是言：「善男子！此婆羅門五熱炙身時，令我等諸天於天音樂不生樂著，共詣其所。時，婆羅門為我等說一切諸法無常敗壞，令我捨離一切欲樂，令我斷除憍慢放逸❹，令我愛樂無上菩提。又，善男子！我當見此婆羅門時，須彌山頂六種震動❺，我等恐怖，皆發菩提心，堅固不動。」

【章旨】欲界六天中的「化樂天王」、「兜率天王」以及帝釋天王各一萬名紛紛從天界下降至伊沙那村落為善財童子解除對於勝熱婆羅門的疑慮，並且激勵他向勝熱婆羅門求法。

【注釋】❶化樂天王　即欲界第五天的「化自在天」之王。此中之天眾依空而住，常自化五塵之欲而娛樂。此天離大海六十四萬由旬，距上方之他化自在天亦六十四萬由旬。其壽量，以人間八百年為一晝夜，定壽八千歲。身長一又四分之一俱盧舍，衣長十六由旬。行欲之相，唯男女相向而笑。❷兜率天王　欲界第四天之王，又作「知足天王」。此天依空而住，於五欲境知止足。《彌勒上生經》說此天宮有牢度跋提大神，於發誓為彌勒菩薩造善法堂時，額上出五百億寶珠，此摩尼光迴旋於空中，形成四十九重微妙寶宮。此天離大海三十二萬由旬，距上方之化樂天亦三十二萬由旬。其壽量，以人間四百年為一晝夜，定壽四千歲。身長一俱盧舍，衣長八由旬。行欲之相，由執手成淫。❸三十三天　即「忉利天」的音譯，指住在須彌山頂上的三十三天。帝釋天止住於中央（善見城），其四方各有八天（八城），合計三十三天。山頂四隅各有一峰，高五百由旬，由金剛手藥叉於中守護諸天。帝釋天所居住的善見城，城外四面有四苑，乃諸天眾遊戲之處。此天離大海八萬由旬，與上方之夜摩天亦相距八萬由旬。其壽量，以人間百年為一晝夜，定壽千歲。身長四分之三俱盧舍，衣長二由旬。行欲之相，亦以形交成淫（或說以風為欲），與人無異，然無諸不淨。❹放逸　心所之一，簡稱「逸」，《俱舍論》所列七十五法之一，唯識學百法之一。是指放縱欲望而不精勤修習諸善之精神狀態。《俱舍論》說，放逸是指與一切染污心（不善心與有覆無記心）相應而起之心所，係屬大煩惱地法。唯識學則說此屬八大隨惑之一。反之，防杜諸惡而專注於修善之精神作用，稱為「不放逸」。《俱舍論》以不放逸為一切善心生起的心所，係屬「大善地法」；唯識學也以之為「善心所」。❺六種震動　指大地震動的六種相狀。又稱六變震動或六反震動，略稱六震或六動。依佛典所載，在釋尊誕生、成道、說法或如來出現時，大地皆有六種震動。據澄觀《華嚴經疏》卷六載，「六種震動」為動、起、涌、震、吼、擊六種。「動」為搖揚不安，「起」為自下漸高，「涌」則忽然騰舉，此三者指地動之形。「震」為隱隱出聲，「吼」為雄聲猛烈，「擊」則砰然發響，此三者指地動之聲。在形、聲之中各列舉一種，稱為「震動」。又此六者各有「小」（獨）、「中」（偏）、「大」（普偏）三相，因此總共有十八種震動之相。「獨」指一方獨動，「偏」指向四方俱動，「普偏」則是向八方齊動。

【語譯】這時，又有一萬名化樂天王在空中演奏出天上的音樂，以之恭敬供養勝熱婆羅門。這些化樂天王對善財童子這樣說道：「善男子！當這位婆羅門以五熱炙烤自己的身體時，其明亮的火光照耀著我們的宮殿以及宮殿之中的裝飾品、各位宮女，這些光明使我們不接受感性之樂，也不尋求感性之樂，使我們的身心變得柔軟。我們於是與許多天眾一起來到勝熱婆羅門的住所。當時，這位婆羅門為我們說法，能使我們的心變得清淨、心變得明亮清潔、心變得純粹善良、心變得柔軟、心中產生歡喜，甚至使我們獲得清淨的十力清淨之身，產生無數的身形，乃至使我們獲得佛身、佛的語言、佛的聲音、佛的心，完全具備成就一切智之智。」

這時，又有一萬名兜率天王、天之子、天女以及無數的眷屬在空中降下許許多多美妙的香，並且恭敬頂禮勝熱婆羅門。這些天王、天之子、天女對善財童子說：「善男子！當這位婆羅門以五熱炙烤自己的身體的時候，使我們這些天眾及其眷屬在自己的宮殿中沒有了對於歡樂的執著。於是我們一起來到這位婆羅門的住所聽聞他為我們說法，勝熱婆羅門所說之法能夠使我們對於各種境界不產生貪著，少欲知足，心中產生歡喜，心裡感到充實，產生諸善根，發菩提心，甚至圓滿一切佛法。」

這時，又有一萬名三十三天及其眷屬、天之子、天女前後圍繞，在空中降下許許多多曼陀羅華，恭敬供養勝熱婆羅門。這些天眾對善財童子這樣說：「善男子！當這位婆羅門以五熱炙烤自己的身體時，使我們這些諸天對於天上的音樂不再產生歡樂和執著。於是，我們一起來到勝熱婆羅門的住所。當時，勝熱婆羅門為我們宣說一切諸法是無常的，是要衰滅和毀壞的，使我們捨離一切欲望和快樂，使我們斷除憍、慢、放逸，使我們愛樂無上菩提。還有，善男子！當我們看見此婆羅門時，在須彌山頂產生六種震動，使我們產生無比的恐怖，使我們都發菩提心，堅固不動。」

復有十千龍王，所謂伊那跋羅龍王❶、難陀❷、優波難陀龍王❸等，於虛空中，雨黑栴檀；無量龍女奏天音樂，雨天妙華及天香水，恭敬供養，作如是言：「善男子！此婆羅門五熱炙身時，其火光明普照一切諸龍宮殿，令諸龍眾離熱沙怖、金翅鳥❹怖，滅除瞋恚，身得清涼，心無垢濁，聞法信解，厭惡龍趣，以至誠心悔除業障，乃至發阿耨多羅三藐三菩提意，住一切智。」

復有十千夜叉王，於虛空中，以種種供具，恭敬供養此婆羅門，及以善財作如是言：「善男子！此婆羅門五熱炙身時，我及眷屬悉於眾生發慈愍心，一切羅剎❺、鳩槃茶❻等亦生慈心；以慈心故，於諸眾生無所惱害而來見我。我及彼等，於自宮殿不生樂著，即與共俱，來詣其所。時，婆羅門即為我等如應說法，一切皆得身心安樂，又令無量夜叉、羅剎、鳩槃茶等發於無上菩提之心。」

復有十千乾闥婆王，於虛空中，作如是言：「善男子！此婆羅門五熱炙身時，其火光明照我宮殿，悉令我等受不思議無量快樂，是故我等來詣其所。此婆羅門為我說法，能令我等於阿耨多羅三藐三菩提得不退轉。」

復有十千阿修羅王，從大海出，住在虛空，舒右膝輪，合掌前禮，作如是言：「善男子！此婆羅門五熱炙身時，我阿修羅所有宮殿、大海、大地，悉皆震動，令我等捨憍慢放逸，是故我等來詣其所。從其聞法，捨離諂誑，安住忍地❼，堅固不動，圓滿十力❽。」

【章旨】又有龍王、夜叉王、乾闥婆王、阿修羅王等各一萬名紛紛從天界下降至伊沙那村落為善財童子解除對於勝熱婆羅門的疑慮，並且激勵他向勝熱婆羅門求法。

【注釋】❶伊那跋羅龍王　又作「翳羅缽呾羅」、「咽囉缽多囉龍王」、「伊羅缽多羅龍王」。「伊那」是樹名；「跋羅」為樹葉之義。此龍王前身為比丘時，曾損伊那樹葉，以致受龍王之身，且頭上生出伊那樹。❷難陀龍王　又作「難途龍王」、「難頭龍王」，意譯為「喜龍王」、「歡喜龍王」，八大龍王之一。與優波難陀（跋難陀）龍王為兄弟，一般將二龍王連稱為「難陀跋難陀龍王」、「難途跋難陀龍王」。難陀龍王善能順應人心，以調御風雨，深得世人歡喜，故有喜龍王等名稱。據《增一阿含經》卷二十八及《大寶積經》卷十四載，此龍王有七龍頭，性頗兇惡，後為佛陀弟子目犍連降伏。據《過去現在因果經》卷一、《法華經》卷一〈序品〉等載，難陀龍王為護法龍神之上首。❸優波難陀龍王　又作「婆難陀龍王」、「跋難陀龍王」，意譯為「重喜龍王」、「延喜龍王」、

「賢喜龍王」，為八大龍王之一，與難陀龍王為兄弟。優波難陀善能順應人心，調御風雨，深得百姓歡喜，故有重喜等名稱。❹金翅鳥　意譯「羽毛美麗」，又譯「食吐悲苦聲」，又作「妙翅鳥」、「項癭鳥」，是印度神話之鳥，為印度教毗濕奴神所跨乘。在佛教中，為天龍八部之一，翅翮金色，兩翼廣三三六萬里，住於須彌山下層。據《長阿含經》卷十九載，此鳥有卵生、胎生、濕生、化生四種，常取卵、胎、濕、化之諸龍為食。❺羅剎　惡鬼之名。又作「羅叉娑」、「羅乞察娑」，意譯為「可畏」、「速疾鬼」，女則稱「羅剎女」，為印度神話中的惡魔。男羅剎為黑身、朱髮、綠眼，女羅剎則如絕美婦人，富有魅人之力，專食人之血肉。羅剎具神通力，可於空際疾飛，或速行地面，為暴惡可畏之鬼。羅剎也是地獄之獄卒，職司呵責罪人。各類惡鬼性質之羅剎，在佛教諸經中，也有轉變成佛教之守護神的情形，稱為羅剎天，乃十二天之一。彼等呈神王形，身披甲冑，手上持刀，跨騎白獅。❻鳩槃茶　又作「俱槃茶」、「究槃茶」、「槃查」等，意譯為「瓮形鬼」、「冬瓜鬼」、「厭魅鬼」，為隸屬於增長天的二部鬼類之一。此鬼啖人精氣，其疾如風，變化多端，住於林野，管諸鬼眾。據《大方等大集經》卷五十二所載，佛嘗敕毗樓勒天王（增長天）護持南方閻浮提；天王之下有鳩槃茶大臣，率領眾多部眾，具有大勢力，其下有鳩槃茶兄弟，檀提、憂波檀提、大肚、葛迦賒、摩訶缽濕婆、十手、山行等諸鳩槃茶眷屬。❼忍地　覺悟「無生忍」所得之修證階位。無生忍，為「無生法忍」的略稱。遠離生滅之真如實相理體，稱為「無生法」；真智安住於此理而不動，稱為「無生法忍」。蓋菩薩觀諸法性空，入於見道初地，而了見一切法畢竟不生之理，就算證得了「無生法忍」，進入了「無生法忍」之地。❽十力　佛教經典所說的「十力」有如來十力、菩薩十力、波羅蜜十力、世間十力四種，本經所說大多數是指如來十力。其具體內容見〈入法界品之一〉的注解。

【語　譯】這時，又有一萬名龍王，如伊那跋羅龍王、難陀龍王、優波難陀龍王等，在空中降下黑色的栴檀香；又有無數龍女演奏著天上的音樂，降下天上美妙的花朵以及天上的香水，恭敬供養勝熱婆羅門。這些龍王對善財童子這樣說:「善男子!當這位婆羅門以五熱炙烤著自己的身體時,其明亮的火光普照一切諸龍的宮殿,使諸龍眾遠離對於熱沙的恐怖以及對於金翅鳥的恐怖,滅除瞋恨,身體獲得清涼的感受,心中沒有了污垢,聽聞佛法即產生信仰與解悟,對於龍身產生厭惡,最終誠懇地懺悔祈求滅除業障,甚至發阿耨多羅三藐三菩提之意,發心住於一切智。」

這時,又有一萬名夜叉王在空中以種種供具恭敬供養這位婆羅門,並且對善財童子這樣說道:「善男子!當這位勝熱婆羅門以五熱炙烤自己的身體時,我們以及眷屬都對眾生產生憐憫之心。所有羅剎、鳩槃荼等也同時對於眾生產生慈心;由於這種慈心的緣故,這些羅剎、鳩槃荼對於眾生沒有了痛恨和加以惱害之心,他們一起來見我。我與他們一起對於自己的宮殿不產生歡喜和執著,隨即與他們一起來到勝熱婆羅門的住所。當時,婆羅門隨即隨應我們的要求為我們說法,所有在場者的身心都得到了安定和快樂,也使無數的夜叉、羅剎、鳩槃荼等發起無與倫比的菩提之心。」

這時,又有一萬名乾闥婆王在空中這樣向善財童子說:「善男子!當這位勝熱婆羅門以五熱炙烤自己的身體時,其明亮的火光照耀著我們的宮殿,使我們得到了不可思議的無量快樂,因此,我們一起來到勝熱婆羅門的住所。這位婆羅門為我們說法,能夠使我們的阿耨多羅三藐三菩提永不退轉。」

這時,又有一萬名阿修羅王從大海出來,停在空中,解下右膝之輪,上前合掌向勝熱婆羅門行禮。這些阿修羅對善財童子這樣說:「善男子!當這位婆羅門以五熱炙烤自己的身體時,我們阿修羅的所有宮殿、大海、大地都感覺到了震動,使我們捨棄了憍慢與放逸。於是,我們便一起來到了勝熱婆羅門的住所，跟從勝熱聽其說法，我們因此而捨棄遠離了諂誑，安住於忍地而堅固不動，圓滿成就了十力。」

復有十千迦樓羅王，勇力持王而為上首，化作外道童子之形，於虛空中唱如是言：「善男子！此婆羅門五熱炙身時，其火光明照我宮殿，一切震動皆悉恐怖，是故我等來詣其所。時，婆羅門即為我等如應說法，令修習大慈，稱讚大悲，度生死海，於欲泥中拔濟眾生，嘆菩提心，起方便智，隨其所宜調伏眾生。」

復有十千緊那羅王，於虛空中，唱如是言：「善男子！此婆羅門五熱炙身時，我等所住宮殿諸多羅樹、諸寶鈴網、諸寶繒帶、諸音樂樹、諸妙寶樹及諸樂器，自然而出佛聲、法聲❶及不退轉菩薩僧聲、願求無上菩提之聲，云：『某方某國有某菩薩發菩提心；某方某國有某菩薩修行苦行，難捨能捨，乃至清淨一切智行；某方某國有某菩薩，往詣道場；

乃至某方某國，有某如來，作佛事已，而般涅槃。』善男子！假使有人，以閻浮提一切草木末為微塵，此微塵數可知邊際，我宮殿中寶多羅樹乃至樂器所說菩薩名、如來名、所發大願、所修行等，無有能得知其邊際。善男子！我等以聞佛聲、法聲、菩薩僧聲，生大歡喜，來詣其所。時，婆羅門即為我等如應說法，令我及餘無量眾生於阿耨多羅三藐三菩提得不退轉。」

復有無量欲界諸天，於虛空中，以妙供具，恭敬供養，唱如是言：「善男子！此婆羅門五熱炙身時，其火光明照阿鼻❷等一切地獄，諸所受苦悉令休息。我等見此火光明故，心生淨信；以信心故，從彼命終，生於天中；為知恩故，而來其所，恭敬瞻仰，無有厭足。時，婆羅門為我說法，令無量眾生發菩提心。」

【章 旨】又有迦樓羅王、緊那羅王等各一萬名紛紛從天界下降至伊沙那村落為善財童子解除對於勝熱婆羅門的疑慮，並且激勵他向勝熱婆羅門求法。此外，還有無數天眾也下降至伊沙那村落為善財童子解除疑惑。

【注　釋】❶法聲　宣說佛法的美妙音聲。《賢愚經》卷十三曰：「五百群雁愛敬法聲，即共飛來。」❷阿鼻　即八熱地獄之一的阿鼻地獄，又作「阿毗地獄」、「阿鼻旨地獄」，意譯為「無間地獄」。《觀佛三昧海經》卷五〈觀佛心品〉說，此地獄位於諸獄之最底層，有七重鐵城、七層鐵網，七重城內有劍林，下有十八鬲，周匝七重皆是刀林，有十八獄卒。阿鼻四門於門閫上有八十釜，沸銅湧出，從門漫流。眾生殺父害母、罵辱六親者，命終後墮於此獄。由於在阿鼻地獄受苦之眾生皆不堪種種煎熬而痛苦叫喚，故此處又稱「阿鼻喚地獄」。又因阿鼻之猛火燒人，而稱「阿鼻焦熱地獄」。又阿鼻地獄極廣漠，非凡力所能脫出，其堅固猶如大城堡，故亦稱「阿鼻大城」。

【語　譯】這時，又有一萬名以勇力持王為首的迦樓羅王變化成外道的童子之形，在空中這樣唱道：「善男子！當這位勝熱婆羅門以五熱炙烤自己的身體時，其明亮的火光照耀著我們的宮殿，發出的所有震動都非常恐怖。於是，我們一起便來到這位婆羅門的住所。當時，這位婆羅門隨即隨應我們的要求為我們說法，使我們得以修習大慈法門，稱讚大悲法門，濟度我們脫出生死之海，將眾生從欲望的泥沼中拔濟出來，讚嘆菩提心，發起方便智，針對眾生的根機與能夠接受的方面使其頑劣的品性得到調整折服。」

這時，又有一萬名緊那羅王在空中這樣唱道：「善男子！當這位勝熱婆羅門以五熱炙烤自己的身體時，我們所住的宮殿中的許多多羅樹、寶鈴網、寶繒帶、音樂樹、妙寶樹及許多樂器，自然而發出佛聲、法聲以及不退轉菩薩僧所發出的聲音、願意求證無上菩提的聲音，說：『某方某國有某菩薩發菩提心；某方某國有某菩薩修行苦行，對於難於割捨的都能夠捨棄，甚至能夠使一切智、一切行都能夠得到清淨；某方某國有某菩薩，前往道場；乃至某方某國，有某如來，作佛事之後，就進入涅槃境界。』善男子！如果有人將閻浮提的所有草木都研成細末，這些細末的數量是可以知曉其最終邊際，但我們宮殿中的寶多羅樹以及許多樂器所說的菩薩名、如來名，所發的大願、所修行的法門等，是沒有人能夠知曉其邊際的。善男子！我們憑藉所聞的佛聲、法聲、菩薩僧的聲音，生出無限歡喜，便前來這位勝熱婆羅門的住所。當時，這位婆羅門隨即隨應我們的要求為我們說法，使我們以及其他無數的眾生獲得永不退轉的阿耨多羅三藐三菩提。」

這時，又有無數欲界諸天，在空中以美妙的供具，恭敬供養勝熱婆羅門。這些天眾這樣唱道：「善男子！當這位勝熱婆羅門以五熱炙烤自己的身體時，其明亮的火光照耀著阿鼻等一切地獄，地獄眾生所受的都得到滅除。我們因為看見這些明亮的火光的緣故，心中產生清淨的信仰；以信仰之心的緣故，當其命終之時，就可出生到天上。我們因為知恩的緣故，一起來到勝熱婆羅門的住所，恭敬瞻仰這位婆羅門，從來沒有感到滿足。當時，這位婆羅門為我們說法，使無數眾生發菩提心。」

爾時，善財童子聞如是法，心大歡喜，於婆羅門所，發起真實善知識心，頭頂禮敬，唱如是言：「我於大聖善知識所生不善心，唯願聖者容我悔過❶！」

時，婆羅門即為善財而說頌言：「若有諸菩薩，順善知識教，一切無疑❷懼❸，安住心不動。當知如是人，必獲廣大利，坐菩提樹❹下，成於無上覺。」

爾時，善財童子即登刀山，自投火聚；未至中間，即得菩薩善住三昧❺；纔觸火燄，又得菩薩寂靜樂神通三昧❻。善財白言：「甚奇！聖者！如是刀山及大火聚，我身觸時安隱快樂。」

時，婆羅門告善財言：「善男子！我唯得此菩薩無盡輪解脫❼。如諸菩薩摩訶薩大功德燄，能燒一切眾生見惑令無有餘，必不退轉，無窮盡心，無懈怠心，無怯弱心，發如金剛藏那羅延❽心，疾修諸行無遲緩心，願如風輪❾普持一切精進大誓皆無退轉。而我云何能知能說彼功德行？善男子！於此南方，有城名師子奮迅❿，中有童女名曰慈行⓫。汝詣彼問：菩薩云何學菩薩行、修菩薩道？」

時，善財童子頂禮其足，繞無數匝，辭退而去。

【章　旨】善財童子聽了這些天眾的解釋後，疑慮很快消除。善財童子真誠懺悔自己剛纔所產生的罪過，跟從勝熱婆羅門的教誨以身投入大火堆。當身體剛剛落到火堆上，善財立即證得了「菩薩寂靜樂神通三昧」。勝熱又向善財童子舉薦「師子奮迅」城中的童女「慈行」，囑咐善財童子南下前去拜訪。善財童子於是告別勝熱婆羅門繼續南下。

【注　釋】❶悔過　懺悔罪過，指為減輕或消除罪業而在佛、僧之前，自述所犯身、口、意等三業的懺悔儀式。❷疑　心所之名，《俱舍論》所列七十五法之一，唯識學百法之一。是指對迷悟因果之理，猶豫而無法決定的心理活動，也就是對於佛教真理猶豫不決之心。❸懼　指「一切恐懼」，迷界的所有眾生因心內有煩惱的怨賊，身外則面臨生死的苦海，未得安心之宅，常處恐懼之中。❹菩提樹　指諸佛成道處的樹木，又稱「覺樹」、「道樹」、「道場樹」、「佛樹」、「思惟樹」。釋迦牟尼佛成正覺時的菩提樹是「阿說他樹」，此樹別名為「畢缽羅樹」或「阿說他樹」，盛產於中央印度及孟加拉等地。這種菩提樹是常綠喬木，枝葉繁茂，亭亭高聳，周圍達二十五呎，樹皮稍平滑，呈灰色，葉互生而有長柄，葉身長四吋乃至七吋，寬三吋乃至四吋餘，尖端長而尖，葉之表裡皆無毛，上面特別平滑而有光澤，葉呈網狀脈。花包容在小形壺狀之花托內。此外，另有一種菩提樹，與前述之菩提樹不同，為落葉喬木，莖稍平滑，葉長一至二吋，葉緣呈鋸齒狀，上面平滑，下面呈白色，密生細毛，花有從葉掖特生的披針形總苞，上出花梗，花梗的前端多分歧。七月開黃褐色的花，結圓形的果實，可以串成念珠，多產於中國北部山地。❺善住三昧　據澄觀所說，「善住三昧者，上不依山，下不依火，正處於空即顯般若，離於二邊，無所住故。」（澄觀《華嚴經疏》卷五十七，《大正藏》卷三十五，頁九三二）善住，安定、安住之意。

❻寂靜樂神通三昧　據澄觀所說，「善住寂靜樂神通三昧者，親證般若實體，即性淨涅槃，故云『寂靜樂』，而大用無涯故云『神通』。」（澄觀《華嚴經疏》卷五十七，《大正藏》卷三十五，頁九三二中、下）❼菩薩無盡輪解脫　此法門之所以命名為「無盡輪」，是有兩重象徵涵義的：「一智輪摧惑，照其本源無可盡故；二反常智用，用周法界，無有盡故；圓轉不已，所以名『輪』。」（澄觀《華嚴經疏》卷五十七，《大正藏》卷三十五，頁九三二下）❽金剛藏那羅延　是具有大力的印度古神，又作「那羅延那天」、「那羅野拏天」，意譯為「堅固力士」、「金剛力士」、「鉤鎖力士」、「人中力士」。據慧琳《一切經音義》卷六載，那羅延是欲界中之天名，又稱「毗紐天」。凡是欲求多力者，如精誠祈禱、供養此天，則多獲神力。同書卷四十一描述了其形像，此天多力，身為綠金色，有八臂，乘金翅鳥，手持斗輪及種種器杖，常與阿修羅王戰爭。以那羅延天具有大力之故，中國佛教後來將其與密跡金剛共稱為二王尊，安置於寺門。❾風輪　為大地四輪之一，位於世界的最底部。佛教以為，世界之所以能夠生成是因為有空輪、風輪、水輪、金輪「四輪」的執持，在四輪之上乃有九山八海。風輪其廣無數，厚有十六億踰繕那。其體堅密，假令有一大諾健那，以金剛輪奮威擊之，則金剛碎盡，而風輪無損。「輪」是指其形橫圓、其體堅密之義。❿師子奮迅　本是佛所具的三昧神力之名，此處是指「師子幢王」所居住的地方，以之表徵「振動照耀住持世界自在無畏故」（澄觀《華嚴經疏》卷五十七，《大正藏》卷三十五，頁九三二）。⓫慈行　據澄觀說，此處之所以以「慈行」為童女之名，是因為此童女「知眾生根令其調伏。『慈』為『行』故，智中生悲便能處世無染，是謂童女以學如來十種智故」（澄觀《華嚴經疏》卷五十七，《大正藏》卷三十五，頁九三二）。

【語　譯】這時，善財童子聽到如此美妙的法門，心中非常歡喜，就在勝熱婆羅門的住所，發起真正的善知識之心，頭頂禮敬勝熱，這樣唱道：「我剛纔在大聖善知識的住所產生了不好的想法，請求聖者允許我悔過！」

當時，勝熱婆羅門隨即為善財說出這樣的偈頌：「若有諸菩薩，順善知識教，一切無疑懼，安住心不動。當知如是人，必獲廣大利，坐菩提樹下，成於無上覺。」

這時，善財童子立即登上刀山，自己投身於大火堆；善財童子的身體還未到半空中，就獲得了菩薩善住三昧；其身體剛剛接觸到火燄，又獲得了菩薩寂靜樂神通三昧。善財童子說：「很神奇！聖者！面對這樣的刀山及大火聚，我的身體接觸時卻感到安寧、穩定、快樂。」

這時，勝熱婆羅門告訴善財童子說：「善男子！我只是知曉這一菩薩無盡輪解脫法門。進入這樣的菩薩大功德火燄，能夠完全燒盡一切眾生的見惑，使其永遠不會退轉，獲得無邊際的心，無懈怠之心，無怯弱之心，發起如同金剛藏那羅延樣的心，很迅速修習諸行，沒有任何猶豫延遲之想法，其大願就如同風輪完全持一切精進大誓，使其永遠不會退轉。我為什麼能夠知曉、能夠宣說這一功德之行呢？善男子！在此再向南行進，有一座名叫『師子奮迅』的城市，此城之中有一位名叫『慈行』的童女。你可以前往她那裡，向她請教：菩薩如何學菩薩行、修菩薩道？」

這時，善財童子頂禮勝熱婆羅門的雙足，在其周圍繞行無數圈致敬。之後，善財童子辭別了勝熱婆羅門，繼續向南方行進。

華嚴經　入法界品之六

【題解】本卷主要包括〈入法界品〉「末會」中的第十二、十三、十四、十五、十六會的內容，即善財童子「五十三參」中的第十一至十五參的內容。

第十一參為「慈行童女會」：善財童子經過長途跋涉南下到達「師子奮迅」城，進入師子幢王的宮殿，至誠禮拜「慈行」童女，向其請教修行菩薩行的方法、途徑。慈行童女先從總體上為善財童子大致說明這一「般若波羅蜜普莊嚴門」的境界，然後分一百一十八門「陀羅尼」，詳細地對這一法門之境界以及功能作了說明。所謂「陀羅尼」，意譯「總持」、「能持」、「能遮」，是指能夠總攝憶持無量佛法而不忘失之念慧力。慈行童女給善財宣講的「般若波羅蜜普莊嚴門」，是進入「十住」第十住——「灌頂住」的方法。所謂「灌頂住」，又作「阿惟顏菩薩法住」、「補處住」。進入「灌頂住」的菩薩已可列名為佛子，堪行佛事，故佛以智水為之灌頂；猶如剎帝利王子之受權灌頂。已至灌頂住之菩薩即具有三種別相：第一，度眾生，謂堪能修行，成就十種智，而能度眾生。第二，得甚深所入之境界，一切眾生乃至第九法王子住之菩薩亦不能測量其境界。第三，廣學十種智，了知一切法。

第十二參為「善見比丘會」：善財童子經過長途跋涉南下到達「三眼」國，在樹林中發現了被天眾、龍眾圍繞的「善見」比丘。因為善見比丘已經完成了「十住」修行，所以初具佛、菩薩之「相」、「好」。善財童子向善見比丘請教修行菩薩行的方法、途徑。善見比丘給善財宣講的「菩薩隨順燈解脫門」，是進入「十行」第一行——「歡喜行」的方法。所謂「歡喜行」，是指在前述「十住」修行的基礎上，以無量如來之妙德，隨順十方，作大施主，能捨一切，三時無悔，令所有眾生歡敬。

第十三參為「自在主童子會」：善財童子經過長途跋涉南下到達「名聞」國，找到了正在與一萬名童子聚沙成堆的「自在主」童子。善財童子向自在主童子請教修行菩薩行的方法、途徑。自在主童子向善財童子顯示了自己所修的「一切工巧大神通智光明」法門的殊勝功用，其主旨為以戒、智之功德利益眾生。自在主童子教給善財童子的這一法門是進入「十行」第二行——「饒益行」的方法。所謂「饒益行」，即善能利益一切眾生，持淨戒伏眾魔，使一切眾生立無上戒，得不退地，饒益自他。

第十四參為「具足優婆夷會」：善財童子經過長途跋涉南下到達「海住」城，進入「具足優婆夷所住所，看到優婆夷的罕見身相以及身前所置的一具小器，一萬童女圍繞著具足優婆夷。善財童子禮拜具足優婆夷後，向其請教修行菩薩行的方法、途徑。具足優婆夷可以隨眾生的欲樂以一小器具生出無盡的物品，滿足無數眾生、聲聞、緣覺的各種願望。具足優婆夷以其身邊的童女為例讓善財童子親眼觀見此法門的神奇功用。具足優婆夷給善財宣講的「菩薩無盡福德藏解脫門」，是進入「十行」第三行——「無違逆行」的方法。所謂「無違逆行」，又稱「無瞋恨行」、「無恚恨行」，是指修忍辱離瞋，謙卑恭敬，不害自他，對怨能忍，以德報怨。

第十五參「明智居士會」：善財童子經過長途跋涉南下到達「大興」城，在大興城的街道上看到「明智」居士的罕見身相、豪華的裝飾以及陪侍的天眾、人眾。善財童子向其請教修行菩薩行的方法、途徑。明智居士可以滿足眾生一切欲樂、一切所請。明智居士以其會眾為例讓善財童子親眼觀見「隨意出生福德藏解脫門」的神奇功用。明智居士給善財宣講的「隨意出生福德藏解脫」法門，是進入「十行」第四行——「無屈撓行」的方法。所謂「無屈撓行」，又作「無盡行」，是指雖然多劫受諸劇苦，仍勤修精進，發心度一切眾生，廣攝善法，令至大涅槃而無鬆懈。

善財童子第十一參：慈行童女會

爾時，善財童子於善知識所，起最極尊重心，生廣大清淨解，常念大乘，專求佛智，願見諸佛，觀法境界，無障礙智常現在前，決定了知諸法實際、常住際❶、一切三世諸剎那際、如虛空際、無二際❷、一切法無分別際、一切義無障礙際、一切劫無失壞際、一切如來無際之際❸；於一切佛心無分別，破眾想網，離諸執著，不取諸佛眾會道場，亦不取佛清淨國土；知諸眾生皆無有我，知一切聲悉皆如響，知一切色悉皆如影。

漸次南行，至師子奮迅城，遍推求慈行童女。聞此童女是師子幢王女，五百童女以為侍從，住毗盧遮那藏殿，於龍勝栴檀❹足、金線網天衣座上而說妙法。善財聞已，詣王宮門求見彼女。見無量眾來入宮中，善財問言：「諸人今者何所往詣？」咸報之言：「我等欲詣慈行童女聽受妙法。」善財童子即作是念：「此王宮門既無限礙，我亦應入。」

善財入已，見毗盧遮那藏殿，玻璃為地，琉璃為柱，金剛為壁，閻浮檀金以為垣牆；百千光明而為窗牖，阿僧祇摩尼寶而莊校之；寶藏摩尼鏡周匝莊嚴，以世間最上摩尼寶而為莊飾；無數寶網羅覆其上，百千金鈴出妙音聲；有如是等不可思議眾寶嚴飾。其慈行童女，皮膚金色，眼紺❺紫色，髮紺青色，以梵音聲❻而演說法。

善財見已，頂禮其足，繞無數匝，合掌前住，作如是言：「聖者！我已先發阿耨多羅三藐三菩提心，而未知菩薩云何學菩薩行？云何修菩薩道？我聞聖者善能誘誨，願為我說！」

【章　旨】這是善財童子五十三參的第十一次參訪，也是〈入法界品〉「末會」中善財五十五會中的第十二會。善財童子告別勝熱婆羅門繼續南下，並在路途繼續思惟勝熱婆羅門所說的「菩薩無盡輪解脫門」。善財童子經過長途跋涉到達了師子奮迅城，進入師子幢王的宮殿，至誠禮拜慈行童女，向其請教修行菩薩行的方法、途徑。

【注　釋】❶常住際　常住，縮略語為「常」，為「無常」之對稱。際，際畔。「常住際」是指綿延於過去、現在、未來三世，恆常存在，永不生滅變易的存在。在大乘佛教中，一般僅指佛身為「常住」。《勝鬘經》、北本《涅槃經》卷三十四等，只說如來法身為常住不變，也就是涅槃四德之一的「常」。《大乘莊嚴經論》卷三則講，如來之法身、報身、應身也是常住不變，而以法身為本性常（本質上永遠不變），報身為無間常（受樂不絕），應身為相續常（為教化眾生而變現，生滅無限相續）。❷無二際　二際，涅槃際與生死際。小乘佛教認為此二者有別，大乘佛教則主張生死即涅槃，二者無異，故言「無二際」。❸無際之際　沒有邊際之分際。這是對於佛的法身的描述，即「無」之邊際，或虛空之邊際。大乘佛教認為，佛的法身是沒有邊際的，是無限的，《華嚴經》尤其強調這一點。❹龍勝栴檀　即「憂陀伽娑羅栴檀」，據法藏《華嚴經探玄記》卷二十所說：「憂陀伽娑羅栴檀者，具云『地毗烏羅伽娑羅』也。『地毗』此云『妙』，『烏羅伽』此云『腹行』，即龍蛇之類。『娑羅』此云『勝』，亦云『堅固』。謂此栴檀堅固勝出，在龍宮，故以為名。」❺紺　天青色；深青透紅之色。❻梵音聲　佛菩薩之音聲，指佛所具有的清淨微妙之音聲，佛三十二相中即有梵音相。佛教經典中說，佛具有「八種清淨音」（或稱「八種梵音聲」、「八梵」），即八種殊勝功德，令諸眾生聞即解悟。「八梵」如下：其一，極好音，唯有佛的音聲能使聞者無厭，得以進入妙道，為好中之最。其二，柔軟音，又作「濡軟聲」、「發喜聲」，佛以慈善為心，所出音聲巧順物情，能使聞者喜悅，都捨棄逞強欺弱之心。其三，和適音，佛常居中道，妙解從容，所出音聲和雅調適，能使聞者心都融適，因聲會理。其四，尊慧音，佛德位尊高，慧心明徹，所出音聲能令聞者尊重，慧解開明。其五，無厭聲，佛住於首楞嚴定，有大雄之德，所出音聲能令一切聞者敬畏，天魔外道，莫不歸伏。其六，不誤音，佛智圓明，照了無礙，所出音聲諦審真實，無有差謬，能使聞者各獲正見。其七，深遠音，佛智幽深，行位高極，所出音聲自近而遠，徹至十方，令近聲非大，遠聞不小，皆悟甚深幽遠之理。其八，不竭音，如來願行無盡，住於無盡法藏，所出音聲令聞者尋其語義，無盡無窮。以上是就佛音之德而言。就佛之聲音本身而言，《大智度論》卷四說，佛之梵音如大梵天王所出之聲，有五種清淨之音：甚深如雷；清徹遠播，聞而悅樂；入心敬愛；諦了易解；聽者無厭。

【語　譯】在繼續南下的路途，善財童子反省思惟，感到在勝熱婆羅門的住所，生起了最極尊重之心，生起了廣大清淨之解，常常憶念大乘，專心追求佛智，願意觀見諸佛，觀想法之境界，無障礙智常常顯現在前，明確了知諸法的真實本質，了知佛身常住，了知一切三世中的每一個剎那，了知諸法如同虛空、生死與涅槃沒有分別、一切法沒有分別，對於一切法之涵義沒有障礙、一切劫都沒有失壞、一切如來無際之際。善財童子已經對於一切佛心都沒有分別之心，毀破了憶想之網，遠離諸執著，對於諸佛與眾生聚會的道場不產生執著，對於佛的清淨國土也不產生執取；知曉眾生都沒有永恆不變的我，知曉一切聲音都如同空谷之回聲，知曉一切色彩都如同影子。

善財童子逐漸向南行進，到達師子奮迅城。在這座城中，善財童子到處尋找慈行童女。後聽說這位慈行童女是師子幢王之女，有五百名童女作為其侍從，住在毗盧遮那藏殿中，坐在以龍勝栴檀木製作、上面鋪著金絲織成的網天衣的寶座上宣說美妙之法。善財童子聽說之後，立即前往王宮門口求見這位慈行童女。到了王宮門口，善財童子看見無數的眾生都向宮內湧來，善財問道：「你們現在要到什麼地方去?」眾生都說：「我們都想要前往慈行童女的住所聽其宣說妙法。」善財童子立即就這樣想道：「這座王宮大門既然沒有任何阻攔，我也應該進去。」

善財進入宮殿之後，看見毗盧遮那藏殿是以玻璃為地，琉璃為柱，金剛為壁，閻浮檀之金為宮牆，有百千光明的窗戶上有無數摩尼寶作為裝飾，宮殿的四周有寶藏摩尼鏡裝飾著，鏡子則用世間最上等的摩尼寶作為裝飾，無數寶網覆蓋著宮殿，百千金鈴發出美妙的聲音。這座宮殿竟然有如此多的不可思議的珍寶作為裝飾。這位慈行童女，皮膚是金色的，眼睛深青透出紅紫，頭髮為青色，童女以如同佛的聲音演說佛法。

善財看到慈行童女之後，便頂禮慈行童女的雙足，在其周圍環繞無數圈。最後，善財合掌在慈行童女前方站住，這樣向童女說：「聖者！我早先已經發阿耨多羅三藐三菩提心，但卻不知道菩薩如何學菩薩行？如何修菩薩道？我聽說聖者諄諄善誘，希望聖者為我宣說這些問題！」

時，慈行童女告善財言：「善男子！汝應觀我宮殿莊嚴。」

善財頂禮，週徧觀察，見一一壁中、一一柱中、一一鏡中、一一相中、一一形中、一一摩尼寶中、一一莊嚴具中、一一金鈴中、一一寶樹中、一一寶形像中、一一寶瓔珞中，悉見法界一切如來，從初發心，修菩薩行，成滿大願，具足功德，成等正覺，轉妙法輪，乃至示現入於涅槃❶。如是影像靡不皆現，如淨水中普見虛空日月星宿所有眾像，如此皆是慈行童女過去世中善根之力。

爾時，善財童子憶念所見諸佛之相，合掌瞻仰慈行童女。

爾時，童女告善財言：「善男子！此是般若波羅蜜普莊嚴門❷，我於三十六恆河沙❸佛所求得此法。彼諸如來各以異門，令我入此般若波羅蜜普莊嚴門；一佛所演，餘不重說。」

【章旨】慈行童女應善財童子所請，為其演說「般若波羅蜜普莊嚴門」的內容。

【注釋】❶從初發心七句　此七句指世尊八相成道的成佛過程。❷般若波羅蜜普莊嚴門　據澄觀的說法，「名『般若普莊嚴』者，有二義：一由般若照一切法，依中有正、一中有多故，所得依無所不現。……二由能證般若已具諸度莊嚴故，所證所成亦莊嚴無盡。」（澄觀《華嚴經疏》卷五十七，《大正藏》卷三十五，頁九三三上）此中，澄觀是以「依報」與「正報」、「能證」與「所證」兩對範疇解釋此法門。世間國土房屋器具等，為身所依，叫做依報；眾生五蘊假合之身，乃過去造業所感，叫做正報。「能證」指修行主體及其智慧，「所證」指修證所要得到的「果」。❸三十六恒河沙　三十六條恆河中的沙子之數量，此句有象徵涵義。澄觀認為，「住位既滿，則六度之中一一具六，故為三十六。」（澄觀《華嚴經疏》卷五十七，《大正藏》卷三十五，頁九三三上）這是說，慈行童女已經證得十住位，所以為表示其已經圓滿六度，所以以三十六恆河沙來說明。

【語譯】這時，慈行童女告訴善財：「善男子！你應該仔細觀看我這座宮殿的裝飾。」

善財童子向童女頂禮致敬之後，仔細地觀察這座宮殿。他仔細地觀察，在宮殿的每一面牆壁、每一根柱子、每一面鏡子、宮殿的每一個相狀、每一個形狀、每一個摩尼寶、每一個莊嚴具、每一個金鈴、每一棵寶樹、每一座寶形像、每一枚寶瓔珞之中，都可以看見法界中的所有如來從初發心、修菩薩行、成滿大願、具足功德、成等正覺、轉妙法輪，甚至示現進入涅槃境界的全部過程。這樣的影像無不栩栩如生地顯現出來，就如同於清澈的水中映現的虛空之中的日月星辰的所有形像。這些都是慈行童女憑藉過去世中所具的善根之力而示現出來的。

這時，善財童子憶念自己所看見的諸佛之相，合掌禮拜瞻仰慈行童女。

這時，慈行童女告訴善財童子說：「善男子！這是般若波羅蜜普莊嚴門，我在三十六條恆河沙數的佛所住之處求得此法。那些如來各自以不同的法門，使我進入這一般若波羅蜜普莊嚴門。這裡顯現的是一位佛所演示的，至於其他佛所演示的，在此就不重複說明了。」

善財白言：「聖者！此般若波羅蜜普莊嚴門境界云何？」

童女答言：「善男子！我入此般若波羅蜜普莊嚴門，隨順趣向，思惟觀察，憶持分別時得普門陀羅尼，百萬阿僧祇陀羅尼門皆悉現前。所謂：佛剎陀羅尼門、佛陀羅尼門、法陀羅尼門、眾生陀羅尼門、過去陀羅尼門、未來陀羅尼門、現在陀羅尼門、常住際陀羅尼門❶；福德陀羅尼門、福德助道具陀羅尼門、智慧陀羅尼門、智慧助道具陀羅尼門、諸願陀羅尼門、分別諸願陀羅尼門、集諸行陀羅尼門、清淨行陀羅尼門、圓滿行陀羅尼門❷；業陀羅尼門、業不失壞陀羅尼門、業流注陀羅尼門、業所作陀羅尼門、捨離惡業陀羅尼門、修習正業陀羅尼門、業自在陀羅尼門、善行陀羅尼門、持善行陀羅尼門❸；三昧陀羅尼門、隨順三昧陀羅尼門、觀察三昧陀羅尼門、三昧境界陀羅尼門、從三昧起陀羅尼門、神通陀羅尼門❹；心海陀羅尼門、種種心陀羅尼門、直心陀羅尼門、照心稠林陀羅尼門、調心清淨陀羅尼門❺；知眾生所從生陀羅尼門、知眾生煩惱行陀羅尼門、知煩惱習氣陀羅尼門、知煩惱方便陀羅尼門、知眾生解陀羅尼門、知眾生行陀羅尼門、知眾生行不同陀羅尼門、知眾生性陀羅尼門、知眾生欲陀羅尼門、知眾生想陀羅尼門❻；普見十方陀羅尼門、說法陀羅尼門、大悲陀羅尼門、大慈陀羅尼門、寂靜陀羅尼門、言語道陀羅尼門、方便非方便陀羅尼門、隨順陀羅尼門、差別陀羅尼門、普入陀羅尼門、無礙際陀羅尼門、普遍陀羅尼門、佛法陀羅尼門、菩薩法陀羅尼門、聲聞法陀羅尼門、獨覺法陀羅尼門、世間法陀羅尼門❼；世界成陀羅尼門、世界壞陀羅尼門、世界住陀羅尼門、淨世界陀羅尼門、垢世界陀羅尼門、於垢世界現淨陀羅尼門、於淨世界現垢陀羅尼門、純垢世界陀羅尼門、純淨世界陀羅尼門、平坦世界陀羅尼門、不平坦世界陀羅尼門、覆世界陀羅尼門、因陀羅網世界陀羅尼門、世界轉陀羅尼門、知依想住陀羅尼門、細入粗陀羅尼門、粗入細陀羅尼門❽；見諸佛陀羅尼門、分別佛身陀羅尼門、佛光明莊嚴網陀羅尼門、佛圓滿音陀羅尼門、佛法輪陀羅尼門、成就佛法輪陀羅尼門、差別佛法輪陀羅尼門、無差別佛法輪陀羅尼門、解釋佛法輪陀羅尼門、轉佛法輪陀羅尼門、能作佛事陀羅尼門、分別佛眾會陀羅尼門、入佛眾會海陀羅尼門、普照佛力陀羅尼門、諸佛三昧陀羅尼門、諸佛三昧自在用陀羅尼門、諸佛所住陀羅尼門、諸佛所持陀羅尼門、諸佛變化陀羅尼門、佛知眾生心行陀羅尼門、諸佛神通變現陀羅尼門、住兜率天宮乃至示現入於涅槃陀羅尼門、利益無量眾生陀羅尼門、入甚深法陀羅尼門、入微妙法陀羅尼門[9]；菩提心陀羅尼門、起菩提心陀羅尼門、助菩提心陀羅尼門、諸願陀羅尼門、諸行陀羅尼門、神通陀羅尼門、出離陀羅尼門、總持清淨陀羅尼門、智輪清淨陀羅尼門、智慧清淨陀羅尼門、菩提無量陀羅尼門、自心清淨陀羅尼門[10]。

「善男子！我唯知此般若波羅蜜普莊嚴門。如諸菩薩摩訶薩，其心廣大，等虛空界，入於法界，福德成滿，住出世法，遠世間行，智眼無翳，普觀法界，慧心廣大猶如虛空，一切境界悉皆明見，獲無礙地大光明藏，善能分別一切法義，行於世行不染世法，能益於世非世所壞，普作一切世間依止，普知一切眾生心行，隨其所應而為說法，於一切時恆得自在。

【章旨】慈行童女先從總體上為善財童子大致說明這一「般若波羅蜜普莊嚴門」的境界，然後分一百一十八門「陀羅尼」，詳細地對這一法門之境界以及功能作了說明。所謂「陀羅尼」，意譯「總持」、「能持」、「能遮」，是指能夠總攝憶持無量佛法而不忘失之念慧力。簡單地說，陀羅尼就是佛教修行應該具備的一種記憶術。

【注釋】❶佛剎陀羅尼門句　依據澄觀的解釋，這八種陀羅尼門「總知依正理事持」（澄觀《華嚴經疏》卷五十七，《大正藏》卷三十五，頁九三三上）。也就是說，「佛剎」、「佛陀」、「法」為「理」（理體），為「正」（根據）；「眾生」等其他五門為「依」（依於「正」而顯現），為「事」（即「現象」）。❷福德陀羅尼門句　依據澄觀的解釋，這九種陀羅尼門的內容為「明願行持」（澄觀《華嚴經疏》卷五十七，《大正藏》卷三十五，頁九三三上）。所謂「願」即「誓願」，是指心中欲成就所期目的之決意，特指內心之願望，如心願、志願、意願、念願等。佛、菩薩欲達成佛教之最高目的，再入於「因位」之願，稱為本願、因願，或宿願；其本願之力或作用，稱為「願力」。欲成就佛道，願力是不可或缺的。所謂「行」即修行，是指為到達悟境所作之修行或行法。❸業陀羅尼門句　依據澄觀的解釋，這九種陀羅尼門的內容為「明業持」（澄觀《華嚴經疏》卷五十七，《大正藏》卷三十五，頁九三三上）。所謂「業」為「造作」之義，是指人之行為、所作、行動、作用、意志等身心活動，或單由意志所引生之身心生活。若與因果關係結合，則指由過去行為延續下來所形成之力量。「業」的概念是佛教所言因果報應思想的基礎。❹三昧陀羅尼門句　依據澄觀的解釋，這六種陀羅尼門的內容是「明正受體用持」（澄觀《華嚴經疏》卷五十七，《大正藏》卷三十五，頁九三三上）。具體而言，這六門是對於「三昧」定力之本體與作用的說明。❺心海陀羅尼門句　依據澄觀的解釋，這五種陀羅尼門的內容是「染淨諸心持」（澄觀《華嚴經疏》卷五十七，《大正藏》卷三十五，頁九三三上），是就眾生之修行中所應該顯現的「心」而言的。❻知眾生所從生陀羅尼門句　依據澄觀的解釋，這十種陀羅尼門的內容是「知所化持」（澄觀《華嚴經疏》卷五十七，《大正藏》卷三十五，頁九三三上）。成就菩薩的最重要途徑是度化一切眾生，此門是說，依於此門就可以知曉自己的化度對象的所有一切。❼普見十方陀羅尼門句　依據澄觀的解釋，這十七種陀羅尼門的內容是「知能化持」（澄觀《華嚴經疏》卷五十七，《大正藏》卷三十五，頁九三三上）。這是接續上述十門而對於菩薩行化度眾生的手段所作的說明。❽世界成陀羅尼門句　依據澄觀的解釋，這十七種陀羅尼的內容是「明知剎海自在持」（澄觀《華嚴經疏》卷五十七，《大正藏》卷三十五，頁九三三上）。這是說，菩薩不離世間而深入世間，為眾生的世間生活應該作出貢獻。❾見諸佛陀羅尼門句　依據澄觀的解釋，這二十五種陀羅尼門的內容是「知佛海自在持」（澄觀《華嚴經疏》卷五十七，《大正藏》卷三十五，頁九三三上）。這是說，菩薩修行菩薩行而求成佛，通過這些法門就可以對於佛的各個方面都有所瞭解。❿菩提心陀羅尼門句　依據澄觀的解釋，這十二種陀羅尼門的內容是「明菩提因果持」（澄觀《華嚴經疏》卷五十七，《大正藏》卷三十五，頁九三三上）。成佛也就是成就菩提心，菩提心就是「果」，而成就菩提心的最終依據是眾生都具備的「自心清淨心」，而由發「菩提心陀羅尼門」到「菩提無量陀羅尼門」也都是成就菩提心之「因」。

【語　譯】善財童子又問慈行童女說：「聖者！這一般若波羅蜜普莊嚴門的境界是什麼呢？」

慈行童女回答道：「善男子！我進入這一般若波羅蜜普莊嚴門，隨順法門之趣向，思惟觀察，在憶持辨別之時獲得普門陀羅尼，百萬阿僧祇陀羅尼門都顯現出來。具體而言，這些『普門陀羅尼』就是：佛剎陀羅尼門、佛陀羅尼門、法陀羅尼門、眾生陀羅尼門、過去陀羅尼門、未來陀羅尼門、現在陀羅尼門、常住際陀羅尼門；福德陀羅尼門、福德助道具陀羅尼門、智慧陀羅尼門、智慧助道具陀羅尼門、諸願陀羅尼門、分別諸願陀羅尼門、集諸行陀羅尼門、清淨行陀羅尼門、圓滿行陀羅尼門；業陀羅尼門、業不失壞陀羅尼門、業流注陀羅尼門、業所作陀羅尼門、捨離惡業陀羅尼門、修習正業陀羅尼門、業自在陀羅尼門、善行陀羅尼門、持善行陀羅尼門；三昧陀羅尼門、隨順三昧陀羅尼門、觀察三昧陀羅尼門、三昧境界陀羅尼門、從三昧起陀羅尼門、神通陀羅尼門；心海陀羅尼門、種種心陀羅尼門、直心陀羅尼門、照心稠林陀羅尼門、調心清淨陀羅尼門；知眾生所從生陀羅尼門、知眾生煩惱行陀羅尼門、知煩惱習氣陀羅尼門、知煩惱方便陀羅尼門、知眾生解陀羅尼門、知眾生行陀羅尼門、知眾生行不同陀羅尼門、知眾生性陀羅尼門、知眾生欲陀羅尼門、知眾生想陀羅尼門；普見十方陀羅尼門、說法陀羅尼門、大悲陀羅尼門、大慈陀羅尼門、寂靜陀羅尼門、言語道陀羅尼門、方便非方便陀羅尼門、隨順陀羅尼門、差別陀羅尼門、普入陀羅尼門、無礙際陀羅尼門、普徧陀羅尼門、佛法陀羅尼門、菩薩法陀羅尼門、聲聞法陀羅尼門、獨覺法陀羅尼門、世間法陀羅尼門；世界成陀羅尼門、世界壞陀羅尼門、世界住陀羅尼門、淨世界陀羅尼門、垢世界陀羅尼門、於垢世界現淨陀羅尼門、於淨世界現垢陀羅尼門、純垢世界陀羅尼門、純淨世界陀羅尼門、平坦世界陀羅尼門、不平坦世界陀羅尼門、覆世界陀羅尼門、因陀羅網世界陀羅尼門、世界轉陀羅尼門、知依想住陀羅尼門、細入粗陀羅尼門、粗入細陀羅尼門；見諸佛陀羅尼門、分別佛身陀羅尼門、佛光明莊嚴網陀羅尼門、佛圓滿音陀羅尼門、佛法輪陀羅尼門、成就佛法輪陀羅尼門、差別佛法輪陀羅尼門、無差別佛法輪陀羅尼門、解釋佛法輪陀羅尼門、轉佛法輪陀羅尼門、能作佛事陀羅尼門、分別佛眾會陀羅尼門、入佛眾會海陀羅尼門、普照佛力陀羅尼門、諸佛三昧陀羅尼門、諸佛三昧自在用陀羅尼門、諸佛所住陀羅尼門、諸佛所持陀羅尼門、諸佛變化陀羅尼門、佛知眾生心行陀羅尼門、諸佛神通變現陀羅尼門、住兜率天宮乃至示現入於涅槃陀羅尼門、利益無量眾生陀羅尼門、入甚深法陀羅尼門、入微妙法陀羅尼門；菩提心陀羅尼門、起菩提心陀羅尼門、助菩提心陀羅尼門、諸願陀羅尼門、諸行陀羅尼門、神通陀羅尼門、出離陀羅尼門、總持清淨陀羅尼門、智輪清淨陀羅尼門、智慧清淨陀羅尼門、菩提無量陀羅尼門、自心清淨陀羅尼門。

「善男子！我只是知曉這一般若波羅蜜普莊嚴門。進入這一菩薩行法門時，其心變得廣大，甚至與虛空界相等，進入法界，福德就圓滿成就，住於出世法，遠離世俗行為，智慧之眼沒有任何障礙，普觀法界，智慧之心廣大猶如虛空，一切境界都可以明察，獲得無礙地大光明寶藏，善能分別一切法義，在世間生活而不沾染世間之法，能夠有益於世間而並不能被世俗所毀壞，普作一切世間的依止，完全知曉一切眾生心中的所思所想，針對其所希望的而為其說法，在任何時刻都永遠自由自在。

「而我云何能知能說彼功德行？善男子！於此南方，有一國土，名為三眼❶；彼有比丘，名曰善見❷。汝詣彼問：菩薩云何學菩薩行、修菩薩道？」

時，善財童子頂禮其足，繞無數匝，戀慕瞻仰，辭退而行。

【章　旨】慈行童女又向善財童子舉薦「三眼」國土中的「善見」比丘，囑咐善財童子南下前去拜訪，善財童子於是告別慈行童女繼續南下。

【注　釋】❶三眼　據澄觀的解釋，「善見」比丘所說法門表徵布施，「目導餘根，故名為『眼』。財施無著成於慧眼，無畏之施成於慈眼，法施開於法眼，故復云『三』。」（澄觀《華嚴經疏》卷五十七，《大正藏》卷三十五，頁九三三上）❷善見　此比丘之名「善見」，與上述「三眼」國土之名構成一象徵體。澄觀說：「用上三眼見無不善，又施行內成勝報外現，見者皆善，故出住之行。」此中，「出住之行」意思為，這是修成「十住」進入「十行」位的法門（澄觀《華嚴經疏》卷五十七，《大正藏》卷三十五，頁九三三上）。

【語　譯】「我為什麼能夠知曉、能夠宣說這些功德行呢？善男子！在此繼續向南方行進，有一處名為『三眼』的國土。那裡有一位名叫『善見』的比丘。你可以前往他那裡去向他請教：菩薩如何學菩薩行、修菩薩道？」

當時，善財童子頂禮慈行童女的雙足，在童女周圍環繞無數圈，戀慕瞻仰慈行童女。然後，善財告別了慈行童女，繼續向南方進發。

善財童子第十二參：善見比丘會

爾時，善財童子思惟菩薩所住行甚深，思惟菩薩所證法甚深，思惟菩薩所入處甚深，思惟眾生微細智甚深，思惟世間依想住❶甚深，思惟眾生所作行甚深，思惟眾生心流注甚深，思惟眾生如光影❷甚深，思惟眾生名號甚深，思惟眾生言說甚深，思惟莊嚴法界甚深，思惟種植業行甚深，思惟業莊飾世間甚深。

漸次遊行，至三眼國，於城邑聚落、村鄰市肆、川原山谷一切諸處，週徧求覓善見比丘。見在林中，經行往返，壯年美貌，端正可喜。其髮紺青右旋不亂❸，頂有肉髻❹，皮膚金色❺，頸文三道，額廣平正❻，眼目修廣如青蓮華❼，脣口丹潔如頻婆果❽，胸標卍字，七處平滿❾，其臂纖長❿，其指網縵⓫，手足掌中有金剛輪⓬。其身殊妙如淨居天⓭，上下端直如尼拘陀樹⑭，諸相隨好，悉皆圓滿，如雪山王種種嚴飾，目視不瞬，圓光一尋⑮。智慧廣博猶如大海，於諸境界心無所動，若沉若舉，若智非智，動轉戲論，一切皆息⑯。得佛所行平等境界，大悲教化一切眾生，心無暫捨。為欲利樂一切眾生，為欲開示如來法眼，為踐如來所行之道，不遲不速，審諦經行。

無量天、龍、夜叉、乾闥婆、阿修羅、迦樓羅、緊那羅、摩睺羅伽、釋、梵、護世⑰、人與非人⑱前後圍繞，主方之神隨方迴轉引導其前，足行諸神持寶蓮華以承其足，無盡光神舒光破闇，閻浮幢林神雨眾雜華，不動藏地神現諸寶藏，普光明虛空神莊嚴虛空，成就德海神雨摩尼寶，無垢藏須彌山神頭頂禮敬曲躬合掌，無礙力風神雨妙香華，春和主夜神莊嚴其身舉體投地，常覺主晝神執普照諸方摩尼幢住在虛空放大光明。

【章旨】這是善財童子五十三參的第十二次參訪，也是〈入法界品〉「末會」中善財五十五會中的第十三會。善財童子經過長途跋涉到達了三眼國，找尋善見比丘。後來，善財在樹林中發現了被天眾、龍眾圍繞的善見比丘。因為善見比丘已經完成了「十住」修行，所以初具佛、菩薩之「相」、「好」。

【注釋】❶依想住 世間眾生依靠「四食」而得以在世間生存，此「依想住」是指「四食」中的「思食」。思食，又作「念食」、「意念食」、「意食」、「業食」，是指第六識相應之思心所對於可意之境產生希望之念，使諸根滋長相續。如人雖饑渴，思想飲食，可以使人長生不死。望梅止渴就是其例。❷眾生如光影 光影為因緣和合而起，因緣消散而失。佛教依照輪迴和緣起觀念認為，眾生在世間的存在也如同光與影一樣，為虛假的暫時的存在。❸發紺青右旋不亂 這是指佛、菩薩所具有的「毛上向相」、「身毛右旋相」，為三十二相之一。佛、菩薩的一切髮毛，由頭至足皆右旋。其色紺青，柔潤。此相由行一切善法而有，能令瞻仰之眾生，心生歡喜，獲益無量。❹頂有肉髻 佛的三十二相之一，如來及菩薩的頭頂上，骨肉隆起，其形如髻，故稱「肉髻」，這是尊貴之相。❺皮膚金色 即三十二相之一的「金色相」、「真妙金色相」、「金色身相」、「身皮金色相」，指佛身及手足都是真金色，如同眾寶莊嚴的美妙金臺。此相是以遠離忿恚，以慈眼顧視眾生而感得。此德相能使瞻仰的眾生厭捨愛樂，滅罪生善。❻額廣平正 為佛、菩薩所具「八十種好」的第四十五好。❼眼目修廣如青蓮華 即三十二相之一的「真青眼相」、「目紺青色相」、「目紺青相」、「蓮目相」。佛眼為紺青，如同青蓮花。這是由生生世世以慈心慈眼及歡喜心施予乞者所感得之相。❽脣口丹潔如頻婆果 即三十二相之一的「牙白相」以及「八十種好」的「脣色光潤丹暉好」。「牙白相」也叫「四牙白淨相」、「齒白如雪相」，佛、菩薩在一般人所具有的四十齒外，上下亦各有二齒，其色鮮白光潔，銳利如鋒，堅固如金剛。是因為常思惟善法，修慈而感得此相。此妙相能摧破一切眾生強盛堅固之三毒。頻婆果，頻婆樹之果。頻婆樹，意譯「相思樹」，其果實為鮮紅色，稱為頻婆果、頻婆羅果，佛典常常以之來比喻赤色。❾七處平滿 佛、菩薩三十二相之一，又作「七處隆滿相」、「七處滿足相」。佛、菩薩兩足、兩手及兩肩、頸項等七處，皆平滿端正，柔軟微妙。這是佛、菩薩在因位即修行過程中，不惜施捨，不計福田非福田，所感得之妙相。佛典以其表徵佛、菩薩斷盡七隨眠，具足七聖財，使一切眾生獲得滅罪生善之益的一種德相。❿其臂纖長　即三十二相之一的「正立手摩膝相」，又作「垂手過膝相」、「手過膝相」、「平住手過膝相」。這是說，當佛、菩薩立正時，兩手垂下，長可越膝。此相是由離我慢、好惠施、不貪著所感得，表降伏一切惡魔、哀愍摩頂眾生之德。⓫其指網縵　三十二相之一，又作「指網縵相」、「俱有網輓相」、「手足網縵相」。這是說，佛、菩薩的手足於各指間有網縵，類似雁王之蹼，其色金黃。這是佛、菩薩在因位時常修四攝法，攝取眾生，故感得此妙相，恰如水鳥捕取小魚，在水陸出沒自在而無礙，表示佛常入三界流轉之愛河，攝取五道眾生，使離煩惱惡業之浪，而至無為之彼岸。⓬手足掌中有金剛輪　三十二相之一的「手足輪相」、「千輻輪相」。這是說，佛、菩薩的手心、足心常顯現出一千輻輪寶之肉紋相。此相能摧伏怨敵、惡魔，表照破愚癡與無明之德。⓭淨居天　又作「五淨居處」、「五那含天」、「五不還天」，是證不還果（阿那含）的聖者所住之處，具體指色界第四禪九天中的「無煩天」、「無熱天」、「善現天」、「善見天」、「色究竟天」。⓮上下端直如尼拘陀樹　即三十二相之一的「身廣長等相」，又作「身縱廣等如尼拘樹相」、「圓身相」、「尼俱盧陀身相」。是指佛身縱廣左右上下，其量全等，周匝圓滿，如尼拘陀樹。以其常激勵眾生行三昧，作無畏施而感此妙相，表無上法王尊貴自在之德。尼拘陀樹，實叉難陀譯《華嚴經》卷六十三將其譯為「尼拘律樹」。見前〈入法界品之四〉的注釋。⓯圓光一尋　即三十二相之一的「大光相」、「常光一尋相」、「身光面各一丈相」。這是說，佛、菩薩之身光任運普照三千世界，四面各有一丈。此相以發大菩提心，修無量行願而有，能除惑破障，表一切志願皆能滿足之德。⓰智慧廣博六句　據澄觀的解釋，此六句是「明其心相，即止觀雙運。止過則沉，智過則舉；不沉不舉，則正受現前；不智不愚，則雙契中道。起念止觀皆成動轉，雙非再遣未離戲論；雖止觀雙運而無心寂照，則一切皆息」（澄觀《華嚴經疏》卷五十七，《大正藏》卷三十五，頁九三三下）。這是說，這一句是專就止觀修行中所見的心的相狀而作的描述、說明。⓱護世　即「護國四王」、「四大天王」、「四王」，即東方持國天王、南方增長天王、西方廣目天王、北方多聞天王。這四位天王居於須彌山四方之半腹，常守護佛法，護持四天下，使諸惡鬼神不得侵害眾生，故稱「護世」、「護國」。⑱人與非人　這裡指「人」、「非人」。非人，指非人類之天龍八部，以及夜叉、惡鬼、阿修羅、地獄等。一般又作為鬼神之泛稱。另有「人非人」一語，指天龍八部中的緊那羅。

【語譯】在南下的路途，善財童子一直在思惟著菩薩所住所行真是很深，思惟著菩薩所證之法真是很深，思惟著菩薩所進入的境界真是很深，思惟著眾生微細之智慧真是很深，思惟著世間眾生所依之而生存的思食真是很深，思惟著眾生所作所行真是很深，思惟著眾生之心的流注真是很深，思惟著眾生之存在如光影的道理真是很深，思惟著眾生的名號真是很深，思惟著眾生的言說真是很深，思惟著莊嚴的法界真是很深，思惟著種植業的實踐真是很深，思惟著以業裝飾世間真是很深。

善財童子逐漸向南行進，終於到達了三眼國。他在城市民眾聚居地、村莊貿易市場、川原山谷等所有地方，到處尋找善見比丘。最後，善財終於看見善見比丘在樹林中來回散步。這位比丘年屆壯年，偉岸瀟灑，使人頓生歡喜。他的青色頭髮右旋而不亂，頭頂有肉髻，皮膚呈金色，脖頸上有三道紋飾，額廣平正，眼睛很大，眼珠如同青蓮華，嘴脣紅潤清潔就如同頻婆果，胸部有卍字，七處平滿，手臂纖長，手足的指間有金黃色的網縵，手、足的掌心上有金剛輪。善見比丘的身體特殊美妙就如同淨居天的天眾，其身就像尼拘陀樹般的端正。凡是佛、菩薩的相與隨好，善見比丘都完全圓滿具備，身上佩帶如雪山王一樣的種種裝飾，眼睛從來就不眨，而身體閃閃發光，照耀大千世界。善見比丘有猶如大海般廣闊的智慧，對於許多境界都心無所動，心理活動的昇起與低沉，非智非愚，並不沉溺戲論，所有這一切都完全除滅了。善見比丘已經獲得佛所實行的平等境界，以大悲心教化一切眾生，永遠不捨棄眾生。為了使一切眾生都能夠滿足自己的欲望，獲得快樂，為了給所有眾生開示如來的法眼，為了實踐如來所實行過的方法，善見比丘在樹林中一邊在散步，一邊在從容不迫地仔細審視、細細思考著。

這時，無數的天、龍、夜叉、乾闥婆、阿修羅、迦樓羅、緊那羅、摩睺羅伽、帝釋天、梵王、四大天王、人以及其他類眾生都在善見比丘的前後圍繞著，主管方向的神在前面引導著，以足行走的諸神持寶蓮華以承接善見比丘的雙足，無盡光之神發出光線破除黑暗，閻浮幢樹林之神降下許多花朵，不動藏之地神顯現出許多寶藏，普光明虛空之神裝飾著虛空，成就德海神降下摩尼寶，無垢藏須彌山之神五體投地致敬之後又鞠躬合掌致意，無礙力的風神降下美妙的香華，春和主夜之神莊嚴其身五體投地禮拜善見比丘，常覺主晝之神則執持普照諸方的摩尼幢停在空中放出大光明。

時，善財童子詣比丘所，頂禮其足，曲躬合掌，白言：「聖者！我已先發阿耨多羅三藐三菩提心，求菩薩行。我聞聖者善能開示諸菩薩道，願為我說：菩薩云何學菩薩行？云何修菩薩道？」

善見答言：「善男子！我年既少，出家又近❶。我此生中，於三十八恆河沙佛所淨修梵行，或有佛所一日一夜淨修梵行，或有佛所七日七夜淨修梵行，或有佛所半月、一月、一歲、百歲、萬歲、億歲、那由他歲，乃至不可說不可說歲，或一小劫、或半大劫、或一大劫、或百大劫，乃至不可說不可說大劫，聽聞妙法，受行其教，莊嚴諸願，入所證處，淨修諸行，滿足六種波羅蜜海。亦見彼佛成道說法，各各差別，無有雜亂，住持遺教❷，乃至滅盡。亦知彼佛本所興願，以三昧願力嚴淨一切諸佛國土，以入一切行三昧力淨修一切諸菩薩行，以普賢乘出離力清淨一切佛波羅蜜。

「又，善男子！我經行時，一念❸中，一切十方皆悉現前，智慧清淨故；一念中，一切世界皆悉現前，經過不可說不可說世界故；一念中，不可說不可說佛剎皆悉嚴淨，成就大願力故；一念中，不可說不可說眾生差別行皆悉現前，滿足十力智故；一念中，不可說不可說諸佛清淨身皆悉現前，成就普賢行願力故；一念中，恭敬供養不可說不可說佛剎微塵數如來，成就柔軟心供養如來願力故；一念中，領受不可說不可說如來法，得證阿僧祇差別法，住持法輪陀羅尼力故；一念中，不可說不可說菩薩行海皆悉現前，得能淨一切行如因陀羅網願力故；一念中，不可說不可說諸三昧海皆悉現前，得於一三昧門入一切三昧門皆令清淨願力故；一念中，不可說不可說諸根海皆悉現前，得了知諸根際於一根中見一切根願力故；一念中，不可說不可說佛剎微塵數時皆悉現前，得於一切時轉法輪眾生界盡法輪無盡願力故；一念中，不可說不可說一切三世海皆悉現前，得了知一切世界中一切三世分位智光明願力故。

「善男子！我唯知此菩薩隨順燈解脫門❹。如諸菩薩摩訶薩如金剛燈，於如來家真正受生，具足成就不死命根❺，常然智燈無有盡滅，其身堅固，不可沮壞，現於如幻色相之身，如緣起法無量差別，隨眾生心各各示現，形貌色相世無倫匹，毒刃火災所不能害，如金剛山無能壞者，降伏一切諸魔外道；其身妙好如真金山，於天人中最為殊特，名稱廣大靡不聞知，觀諸世間咸對目前，演深法藏如海無盡，放大光明普照十方。
若有見者，必破一切障礙大山，必拔一切不善根本，必令種植廣大善根。
如是之人，難可得見，難可出世！

【章　旨】善財童子向善見比丘請教修行菩薩行的方法、途徑。善見比丘首先向其敘述了自己得法的因緣，後又向善財童子顯示自己所修的「菩薩隨順燈解脫門」殊勝功用。

【注　釋】❶年既少二句　此句是有特殊涵義的。據澄觀解釋說，「初入行位，故云『年少』；創離十住之家，名為『出家』。」（澄觀《華嚴經疏》卷五十七，《大正藏》卷三十五，頁九三三下）善見比丘是就自己修行菩薩行的階段而說「年少且出家短」的。❷遺教　又作「遺法」、「遺誡」、「遺訓」，指佛、祖師等遺留給後世之教法；或特指佛臨終時所說之教法。佛教為釋迦佛所說而遺留後世之教法，故佛教可謂釋迦之遺教。❸一念　指極短之時間單位，或作瞬間，或指某一事甫成就之片刻。關於此處所說的「一念」，澄觀說：「總云一念者，以得無依無念智故，無法不現。」（澄觀《華嚴經疏》卷五十七，《大正藏》卷三十五，頁九三三下）此處所說的是修行至「十行」位的菩薩所具的「如來正智之念」，它遠離根塵境界，為真淨明妙虛徹靈通之念。下文就是對其功用的描述。❹菩薩隨順燈解脫門　據澄觀的解釋，「名『隨順燈』者，用無念之真智順法、順機無不照故。」（澄觀《華嚴經疏》卷五十七，《大正藏》卷三十五，頁九三三下）也就是以此所證所獲得的無念智隨順諸法，度化眾生。❺命根　指生命、生命之持續力，或眾生與生俱來的生命機能或原理。十四心不相應行法之一。依《俱舍論》所述，命根即是「壽」。此命根能使有情於一期之間的暖（體溫）、識持續不斷。

【語譯】這時，善財童子來到善見比丘的住所，頂禮善見比丘的雙足，向其鞠躬合掌致敬。然後，善財童子對善見比丘說：「聖者！我早先已經發阿耨多羅三藐三菩提心，追求菩薩行。我聽說您善於為眾生開示修菩薩行的方法，希望您能為我宣說：菩薩如何學菩薩行？如何修菩薩道？」

善見比丘回答說：「善男子！我剛剛進入十行位，住於十住位時間也並不長。我此生中，曾經在三十八恆河沙數的佛所在之處清淨修行過梵行，在有的佛之所在處用了一日一夜的時間清淨修行梵行，在有的佛之所在處用了七日七夜清淨修行梵行，在有的佛之所在處用了半月、一月、一年、一百年、一萬年、億年、那由他年，乃至不可說不可說年，或一小劫、或半大劫、或一大劫、或百大劫，乃至不可說不可說大劫，聽聞美妙之法，接受其行其教，莊嚴諸願，進入所證之處，清淨修行諸行，使六種波羅蜜海得到滿足。也觀見諸佛成道說法，每位佛所說雖然各自有所不同，但卻整然有序，我住持諸佛之遺教，乃至滅盡之時。我也知曉諸佛心中所發的大願，憑藉三昧願力使一切諸佛國土得到莊嚴，憑藉進入一切行所得的三昧力清淨修行一切諸菩薩行，憑藉修普賢乘所得的出離力使一切佛波羅蜜得到清淨。

「此外，善男子！當我散步的時候，在一念中，一切十方都完全顯現在眼前，這是因為我的智慧清淨的緣故；一念中，一切世界都完全顯現在眼前，這是因為我經過了不可說不可說數世界的修行的緣故；一念中，不可說不可說數佛土都完全得到嚴整清淨，這是因為我成就了大願力的緣故；一念中，不可說不可說數的眾生各自不同的行為都完全顯現在眼前，這是因為我獲得了滿足十力之智的緣故；一念中，不可說不可說數諸佛的清淨身都完全顯現在眼前，這是因為我成就了普賢行之願力的緣故；一念中，恭敬供養不可說不可說數佛土微塵數的如來，這是因為我成就了以柔軟心供養如來的願力的緣故；一念中，領受不可說不可說數如來之法，得證阿僧祇不同之差別法，這是因為我獲得了住持法輪之陀羅尼力的緣故；一念中，不可說不可說數菩薩行海都完全顯現在眼前，這是因為我獲得了能清淨一切行且如因陀羅網的願力的緣故；一念中，不可說不可說數諸三昧海都完全顯現在眼前，這是因為我獲得了可以憑藉一個三昧門而進入一切三昧門並且能夠使其清淨的願力的緣故；一念中，不可說不可說數諸根之海都完全顯現在眼前，這是因為我獲得了知曉諸根邊際並且可以從一根中觀見一切根的願力的緣故；一念中，不可說不可說數佛土微塵數的時光都完全顯現在眼前，這是因為我獲得了在一切時轉法輪而使眾生界盡法輪無盡願力的緣故；一念中，不可說不可說數一切三世大海都完全顯現在眼前，這是因為我獲得了知曉一切世界中一切三世之分位的智慧光明之願力的緣故。

「善男子！我只是知曉這一菩薩隨順燈解脫門。進入此一解脫門，菩薩就如金剛燈一樣，纔真正地轉生在如來家，具足成就永恆的命根，常常燃燒的智慧之燈從來沒有滅的時候。菩薩的身體堅固，不會敗壞，顯現出如幻覺的色相之身，如同緣起法一樣有無數的差別，這身體隨著眾生之心而示現出不同的形像，其形貌顏色無與倫比，毒刃火災也不能傷害。菩薩的身體就如同金剛山一樣沒有什麼能夠使其敗壞，他能夠降伏一切諸魔外道；其身就如同真金山一樣的美妙，在所有天、人等類眾生之中菩薩最為特殊，其鼎鼎大名沒有誰不知道，其觀看世間就如同在其眼前一樣清晰，滔滔不絕地演說深刻的法藏，放出大光明普照十方。若干有看見菩薩之身體的，必然會使其一切障礙的大山都坍塌，必然會拔出一切不善的根本，必然使其種植下廣大的善根。這樣的人，難於見到，難於出世！

「而我云何能知能說彼功德行？善男子！於此南方，有一國土，名曰名聞❶；於河渚❷中，有一童子，名自在主❸。汝詣彼問：菩薩云何學菩薩行、修菩薩道？」

時，善財童子為欲究竟菩薩勇猛清淨之行，欲得菩薩大力光明，欲修菩薩無勝無盡諸功德行，欲滿菩薩堅固大願，欲成菩薩廣大深心，欲持菩薩無量勝行，於菩薩法心無厭足，願入一切菩薩功德，欲常攝御一切眾生，欲超生死稠林曠野，於善知識常樂見聞，承事供養無有厭倦；頂禮其足，繞無量匝，殷勤瞻仰，辭退而去。

【章旨】善見比丘又向善財童子舉薦「名聞」國中的童子「自在主」，囑咐善財童子南下前去拜訪。善財童子於是告別善見比丘繼續南下。

【注釋】❶名聞　據澄觀的解釋：「國曰『名聞』者，能持淨戒現世果故。」（澄觀《華嚴經疏》卷五十七，《大正藏》卷三十五，頁九三三下）這是說，此國名的象徵意義是，能夠遵守清淨之戒律，在世間作為榜樣。

❷河渚　據澄觀的解釋，此國之所以位於「河渚中者，若持淨戒，生死愛河不漂溺故。又無量福河常流注故。」（澄觀《華嚴經疏》卷五十七，《大正藏》卷三十五，頁九三三至九三四上）這是以河渚來象徵清淨戒律的功能。

渚，小洲；水中的小塊陸地；水邊；島。❸自在主　據澄觀的解釋：「童子『自在主』者，三業無非六根，離過故得自在，則戒為主矣！戒淨無染故云『童子』。」（澄觀《華嚴經疏》卷五十七，《大正藏》卷三十五，頁九三四上）

【語　譯】「我為什麼能夠知曉、能夠宣說這一法門的功德行呢？善男子！在此繼續朝南方行進，有一處名叫『名聞』的國土；在一個河洲上有一位名叫『自在主』的童子。你可以前往這個地方去向他請教：菩薩如何學菩薩行、修菩薩道？」

當時，善財童子因為想使菩薩勇猛清淨之行更加究竟，想獲得菩薩大力之光明，想修習菩薩無勝無盡的諸功德行，想滿足菩薩堅固的大願，想成就菩薩所具的廣大深心，想實行菩薩無量之勝行，對於菩薩之法在心中從來不會感到滿足，願意進入一切菩薩功德，想長久地攝入一切眾生，使其超脫生死輪迴的制約，常常樂於向善知識請教，並且承事供養善知識而從不感到厭惡與疲倦。善財童子頂禮善見比丘的雙足，在其周圍繞行無數圈，殷勤瞻仰比丘。然後，善財童子告別了善見比丘，向南方繼續行進。

善財童子第十三參：自在主童子會

爾時，善財童子受善見比丘教已，憶念誦持，思惟修習，明了決定，於彼法門而得悟入。

天、龍、夜叉、乾闥婆眾前後圍繞，向名聞國，週徧求覓自在主童子。時，有天、龍、乾闥婆等於虛空中告善財言：「善男子！今此童子在河渚上。」爾時，善財即詣其所，見此童子，十千童子所共圍繞，聚沙為戲❶。善財見已，頂禮其足，繞無量匝，合掌恭敬，卻住一面，白言：「聖者！我已先發阿耨多羅三藐三菩提心，而未知菩薩云何學菩薩行，云何修菩薩道。願為解說！」

自在主言：「善男子！我昔曾於文殊師利童子所❷，修學書、數、算、印等法❸，即得悟入一切工巧神通智法門。善男子！我因此法門故，得知世間書、數、算、印界處等法，亦能療治風癎、消瘦、鬼魅所著，如是所有一切諸病❹。亦能造立城邑聚落、園林臺觀、宮殿屋宅種種諸處，亦善調煉種種仙藥；亦善營理田農商賈一切諸業，取捨進退咸得其所；又善別知眾生身相，作善作惡，當生善趣，當生惡趣，此人應得聲聞乘道，此人應得緣覺乘道，此人應入一切智地，如是等事皆悉能知；

亦令眾生學習此法，增長決定究竟清淨❺。

「善男子！我亦能知菩薩算法❻。所謂：一百洛叉為一俱胝，俱胝俱胝為一阿庾多，阿庾多阿庾多為一那由他，那由他那由他為一頻婆羅，頻婆羅頻婆羅為一矜羯羅；廣說乃至，優鉢羅優鉢羅為一波頭摩，波頭摩波頭摩為一僧祇，僧祇僧祇為一趣，趣趣為一喻，喻喻為一無數，無數無數為一無數轉，無數轉無數轉為一無量，無量無量為一無量轉，無量轉無量轉為一無邊，無邊無邊為一無邊轉，無邊轉無邊轉為一無等，無等無等為一無等轉，無等轉無等轉為一不可數，不可數不可數為一不可數轉，不可數轉不可數轉為一不可稱，不可稱不可稱為一不可稱轉，不可稱轉不可稱轉為一不可思，不可思不可思為一不可思轉，不可思轉不可思轉為一不可量，不可量不可量為一不可量轉，不可量轉不可量轉為一不可說，不可說不可說為一不可說轉，不可說轉不可說轉為一不可說不可說，此又不可說不可說為一不可說不可說轉。

「善男子！我以此菩薩算法，算無量由旬廣大沙聚，悉知其內顆粒多少；亦能算知東方所有一切世界種種差別次第安住，南西北方、四維上下亦復如是；亦能算知十方所有一切世界廣狹大小及以名字，其中所有一切劫名、一切佛名、一切法名、一切眾生名、一切業名、一切菩薩名、一切諦名，皆悉了知。

「善男子！我唯知此一切工巧大神通智光明法門❼。如諸菩薩摩訶薩，能知一切諸眾生數，能知一切諸法品類數，能知一切諸法差別數，能知一切三世數，能知一切眾生名數，能知一切諸法名數，能知一切諸如來數，能知一切諸佛名數，能知一切諸菩薩數，能知一切菩薩名數。

【章旨】這是善財童子五十三參的第十三次參訪，也是〈入法界品〉「末會」中善財五十五會中的第十四會。善財童子經過長途跋涉到達了名聞國，找尋自在主童子。後來，善財童子找到了正在與一萬名童子聚沙成堆的自在主童子。善財童子向自在主童子請教修行菩薩行的方法、途徑。自在主童子向善財童子顯示了自己所修的「一切工巧大神通智光明」法門的殊勝功用，其主旨為以戒、智之功德利益眾生。

【注釋】❶聚沙為戲　據澄觀的解釋，「聚沙者，恆沙功德由戒積集故。」（澄觀《華嚴經疏》卷五十七，《大正藏》卷三十五，頁九三四上）這是說，自在主童子的聚沙為戲象徵著利益眾生的無上功德是由戒所積聚而成的。❷於文殊師利童子所　文殊師利菩薩象徵著智慧，善財童子從文殊師利所學象徵著「有智能護戒」（澄觀《華嚴經疏》卷五十七，《大正藏》卷三十五，頁九三四上）。❸書數算印等法　「書」本指書寫經典，而在此則指戒律中的「止」（禁止）、「作」（應當）分明。數，本指「數量」，而在此表徵戒律中的「四重、十重乃至三千威儀八萬細行」。「算」本指「計算」，而在此則表徵「一一之因感幾何果」。「印」本來是「印定」即「佛教的真理」，在此則是表徵「持犯善惡感果決定」。「等」則表徵此一「工巧明」與下文的「醫方」等共同構成此自在主童子所習的「五明」（上述引文均見澄觀《華嚴經疏》卷五十七，《大正藏》卷三十五，頁九三四上）。「五明」，古印度的五種學術，即語文學的聲明、工藝學的工巧明、醫藥學的醫方明、論理學的因明、宗教學的內明。❹亦能療治風癇句　指「五明」之一的「醫方明」。醫方明，醫學、藥學、咒法之學，是古印度解說有關疾病、醫療、藥方之學。明，學問。❺又善別知眾生身相十句　指「五明」之一的「內明」。所謂「內明」，是指佛教中的菩薩藏法和聲聞藏法，也就是諸佛的一切言教。《瑜伽師地論》卷十三舉出「事施設建立相」、「想差別施設建立相」、「攝聖教義相」、「佛教所應知處相」等四種相來說明「內明」。「事施設建立」指由三種事——素怛纜事（經）、毗奈耶事（律）、摩怛履迦事（論）總攝一切諸佛的言教；「想施設建立」的「想」指「名相」，即佛教中一切專有名相的建立；「攝聖教義」的「義」指佛教所說明解釋的義理；「佛教所應知處」則指佛教所應當知道的法數。❻算法　古代印度通常以如下十進法之五十二種數來表示各種數量：一、十、百、千、萬、洛叉、阿底洛沙、俱胝、末陀、阿庾多、大阿庾多、那由多、大那由多、鉢羅由多、大鉢羅由多、頻婆羅、大頻婆羅、矜羯羅、大矜羯羅、阿芻婆、大阿芻婆、毗婆訶、大毗婆訶、嗢蹭伽、大嗢蹭伽、婆喝那、大婆喝那、地致婆、大地致婆、醯都、大醯都、羯臘婆、大羯臘婆、印達羅、大印達羅、三磨缽耽、大三磨缽耽、揭底、大揭底、拈筏羅闍、大拈筏羅闍、姥達羅、大姥達羅、跋藍、大跋藍、珊若、大珊若、毗步多、大毗步多、跋羅攙、大跋羅攙、阿僧祇等。《華嚴經》所用的數詞非常多，除上述五十二位之外，本章仍然以多種比喻說明極大之數。方法是，以阿僧祇為單位，阿僧祇乘阿僧祇為一趣，趣乘趣為一喻，喻乘喻為一無數，無數乘無數為一無數轉，以下各大數皆以此類推。另外，關於「阿僧祇」，此章以「優缽羅優缽羅為一波頭摩，波頭摩波頭摩為一僧祇」來界定，不見於其他經典。其中，「優缽羅」本指「青蓮花」，「波頭摩」本指「紅蓮花」。❼一切工巧大神通智光明法門　工巧神通，又作「世工業明」、「巧業明」，指通達有關技術、工藝、音樂、美術、書術、占相、咒術等之藝能學問。可分「身工巧」和「語工巧」兩種。前者包括細工、書畫、舞蹈、刻鏤等等技藝。後者則指文詞讚詠、吟唱等藝能。關於這一法門，據澄觀的解釋，「工巧神通皆智所為故，亦表修戒發定慧故。」（澄觀《華嚴經疏》卷五十七，《大正藏》卷三十五，頁九三四上）這是說，此中是以工巧明象徵修行必須具備的「智慧」，而此「智慧」又是「持戒」、「護戒」的基礎，因此，這一法門也就是表徵修行必須「戒」、「定」、「慧」三學兼修。

【語　譯】善財童子領受了善見比丘的教誨之後，在南下的路上，他憶念誦持，思惟修習，心裡明了而堅定，完全領悟了這一法門並且進入了其境界。

善財童子遵照善見比丘的囑託，繼續向南行進。天、龍、夜叉、乾闥婆等天眾前後圍繞著善財童子到達了名聞國。善財童子在名聞國到處尋找自在主童子。這時，天、龍、乾闥婆等天眾在空中告訴善財說：「善男子！這位童子現在在河洲上。」於是，善財童子便前往自在主童子的住所。善財童子看見有一萬名童子與自在主童子一起在聚沙成丘。善財童子看見自在主童子後，便頂禮其雙足，在自在主童子周圍繞行無數圈向其致敬，然後合掌恭敬地站立在自在主童子面前，向自在主童子說道：「聖者！我早先已經發阿耨多羅三藐三菩提心，但卻不知曉菩薩如何學菩薩行，如何修菩薩道。請您向我開示這一問題！」

自在主童子說：「善男子！我過去曾經在文殊師利童子的住所，修學了書、數、算、印等法，隨即悟入了一切工巧神通智法門。善男子！我憑藉這一法門的緣故，獲得世間書、數、算、印界處等法，也能夠療治風癇、消瘦、鬼魅纏身等所有疾病。也能夠建造城邑村落、園林臺觀、宮殿屋宅等種種建築，也善於調製提煉種種仙藥；也善於營理田農、商業等所有事務，對於這些事務的取捨進退都能夠恰當處理；又善於區別了知眾生的身相以及他們所作的善事與惡事，應該轉生到善道還是應該轉生到惡道，此人應該到聲聞乘道，此人應該到緣覺乘道，此人應該進入一切智地，如此等等事情，我都能夠全部知曉；也能夠使眾生學習此法，增長獲得決定究竟的清淨心。

「善男子！我也能夠知曉修行菩薩行應該知曉的算法。這些算法有：一百洛叉為一俱胝，俱胝俱胝為一阿庾多，阿庾多阿庾多為一那由他，那由他那由他為一頻婆羅，頻婆羅頻婆羅為一矜羯羅；廣說乃至，優缽羅優缽羅為一波頭摩，波頭摩波頭摩為一僧祇，僧祇僧祇為一趣，趣趣為一喻，喻喻為一無數，無數無數為一無數轉，無數轉無數轉為一無量，無量無量為一無量轉，無量轉無量轉為一無邊，無邊無邊為一無邊轉，無邊轉無邊轉為一無等，無等無等為一無等轉，無等轉無等轉為一不可數，不可數不可數為一不可數轉，不可數轉不可數轉為一不可稱，不可稱不可稱為一不可稱轉，不可稱轉不可稱轉為一不可思，不可思不可思為一不可思轉，不可思轉不可思轉為一不可量，不可量不可量為一不可量轉，不可量轉不可量轉為一不可說，不可說不可說為一不可說轉，不可說轉不可說轉為一不可說不可說，此又不可說不可說為一不可說不可說轉。

「善男子！我憑藉這一算法，可以計算出無量由旬廣大沙堆，並且知曉這些沙堆之內究竟有多少顆沙粒；也能夠計算出東方所有一切世界種種差別以及其遞移次第，對於南、西、北方以及東南、東北、西南、西北、上、下等也是如此；我也能夠計算出十方所有一切世界的廣狹大小以及名字，這些世界中的所有一切劫名、一切佛名、一切法名、一切眾生名、一切業名、一切菩薩名、一切真理之名，我都能夠全部了知。

「善男子！我只是知曉一切工巧大神通智光明法門。若諸菩薩能夠進入這一法門，就能知曉一切諸眾生的數量，能夠知曉一切諸法的種類數，能夠知曉一切諸法的差別之處，能夠知曉一切三世之數，能夠知曉一切眾生的名數，能夠知曉一切諸法之名數，能夠知曉一切諸如來之數，能夠知曉一切諸佛之名數，能夠知曉一切諸菩薩之數，能夠知曉一切菩薩的名數。

「而我何能說其功德，示其所行，顯其境界，讚其勝力，辨其樂欲，宣其助道，彰其大願，歎其妙行，闡其諸度，演其清淨，發其殊勝智慧光明？善男子！於此南方，有一大城，名曰海住❶；有優婆夷，名為具足❷。汝詣彼問：菩薩云何學菩薩行、修菩薩道？」

時，善財童子聞是語已，舉身毛豎，歡喜踊躍，獲得希有信樂寶心，成就廣大利眾生心，悉能明見一切諸佛出興次第，悉能通達甚深智慧清淨法輪，於一切趣皆隨現身，了知三世平等境界，出生無盡功德大海，放大智慧自在光明，開三有城❸所有關鑰。頂禮其足，繞無量匝，殷勤瞻仰，辭退而去。

【章　旨】自在主童子又向善財童子舉薦「海住」城中的「具足」優婆夷，囑咐善財童子南下前去拜訪。善財童子於是告別自在主童子繼續南下。

【注　釋】❶海住　據澄觀的解釋，「城名『海住』者，近海而住故；安住於忍，如海包含故。」（澄觀《華嚴經疏》卷五十七，《大正藏》卷三十五，頁九三四上）這是說，以「海住」象徵安住於忍辱。❷具足　據澄觀的解釋，「友名『具足』者，一器之中無不具故，忍器徧容一切德故。忍辱柔和，故寄女人。」（澄觀《華嚴經疏》卷五十七，《大正藏》卷三十五，頁九三四上）❸三有城　這是一個比喻，指欲界、色界、無色界三類界別之中所有眾生的住所。

【語　譯】「我為什麼能夠宣說這一功德，演示其所行，顯現其境界，讚嘆其殊勝之力，辨別其樂欲，宣說其助道，彰顯其大願，讚嘆其妙行，闡述其六度，演說其清淨，發出其殊勝的智慧光明？善男子！在此繼續南下，有一座名叫『海住』的城市；這座城市中有一位名叫『具足』的優婆夷。

你可以前往她的住所向她請教：菩薩如何學菩薩行、修習菩薩道？」

善財童子當時一聽聞這些話語，全身的毛髮都豎起來了，歡喜踴躍，獲得罕見的信樂之心以及成就廣大利益眾生之心，能夠完全明見一切諸佛的出興次第，能夠完全通達甚深智慧清淨之法輪，能夠在一切趣界都隨應現身，了知三世平等的境界，出生無盡功德大海，放出大智慧自在之光明，獲得了打開欲界、色界、無色界所有眾生之心扉的鑰匙。善財童子於是頂禮自在主童子的雙足，在自在主童子周圍繞行無數圈，殷勤瞻仰自在主童子，然後告別自在主童子，向南方進發。

善財童子第十四參：具足優婆夷會

爾時，善財童子觀察思惟善知識教，猶如巨海受大雲雨無有厭足，作是念言：「善知識教，猶如春日，生長一切善法根苗；善知識教，猶如滿月，凡所照及皆使清涼；善知識教，如夏雪山，能除一切諸獸熱渴；善知識教，如芳池日，能開一切善心蓮華；善知識教，如大寶洲，種種法寶充滿其心；善知識教，如閻浮樹，積集一切福智華果；善知識教，如大龍王，於虛空中遊戲自在；善知識教，如須彌山無量善法，三十三天於中止住；善知識教，猶如帝釋，眾會圍繞，無能映蔽，能伏異道❶、修羅軍眾。」如是思惟。

漸次遊行，至海住城，處處尋覓此優婆夷。時，彼眾人咸告之言：「善男子！此優婆夷在此城中所住宅內。」善財聞已，即詣其門，合掌而立。

其宅廣博，種種莊嚴，眾寶垣牆周匝圍繞，四面皆有寶莊嚴門。善財入已，見優婆夷處於寶座，盛年好色，端正可喜，素服垂髮，身無瓔珞，其身色相威德光明，除佛菩薩餘無能及。於其宅內，敷十億座，超出人、天一切所有，皆是菩薩業力成就。宅中無有衣服、飲食及餘一切資生之物，但於其前置一小器。復有一萬童女圍繞，威儀色相如天采女，妙寶嚴具莊飾其身，言音美妙，聞者喜悅，常在左右，親近瞻仰，思惟觀察，曲躬低首，應其教命。彼諸童女，身出妙香，普熏一切；若有眾生遇斯香者，皆不退轉，無怒害心，無怨結心，無慳嫉心，無諂誑心，無險曲心❷，無憎愛心，無瞋恚心，無下劣心❸，無高慢心，生平等心，起大慈心，發利益心，住律儀❹心，離貪求心。聞其音者，歡喜踴躍；見其身者，悉離貪染。

爾時，善財既見具足優婆夷已，頂禮其足，恭敬圍繞，合掌而立，白言：「聖者！我已先發阿耨多羅三藐三菩提心，而未知菩薩云何學菩薩行，云何修菩薩道。我聞聖者善能誘誨，願為我說！」

【章　旨】這是善財童子五十三參的第十四次參訪，也是〈入法界品〉「末會」中善財五十五會中的第十五會。善財童子經過長途跋涉到達了海住城，找尋具足優婆夷。善財童子進入具足優婆夷的住所看到優婆夷罕見的身相以及身前所置的一具小器，一萬童女圍繞著具足優婆夷。善財童子禮拜具足優婆夷後，向其請教修行菩薩行的方法、途徑。

【注　釋】❶異道　指佛教之外的思想流派之信仰者，佛典中有「九十六種異道」的說法。❷無險曲心　即沒有「諂曲」之心。諂曲，欺瞞他人而故作嬌態，曲順人情。另外，對物無所執著，也稱為「無諂曲」。❸下劣心　指懷有停留於聲聞、緣覺二乘之修證而不向往發心求證大乘的修行者，是相對於大乘而言的，為大乘佛教最初給予小乘佛教的貶稱。❹律儀　又作「等護」、「擁護」、「禁戒」，指佛教的各種律法儀式，其詞義為「保護一切眾生」。據在中國佔據主流地位的南山律學的解釋，律儀通於善、惡兩戒。律儀可分三類：其一，別解脫律儀，或稱「別解脫戒」，是欲廛戒，指各別棄捨「身三」、「語四」之惡，防護其非。其二，靜慮律儀，或稱「定共戒」，為色廛戒，凡是獲得色界的定力者在定中自能防護身語之非。其三，無漏律儀，或稱「道具戒」或「道生律儀」，發無漏道自有防非止惡的律儀。後二戒與定心、無漏心同時生起，故名「隨心轉」；然別解脫戒與此相反，故名「不隨心轉」。從別解脫戒可防「身三」、「語四」之非而言，又可稱「身律儀」、「語律儀」。所謂「身律儀」即「身三」，是指不殺、不盜、不邪淫；「語律儀」即「語四」，是指不虛誑語、不離間語、不粗惡語、不雜穢語。

【語　譯】在繼續南下的路途，善財童子觀察思惟這位善知識的教誨，其心猶如巨海之中降下大雲雨而從來不會有滿足。善財童子這樣想道：「這位善知識的教誨，猶如春天的太陽，使得一切善法之根苗得以生長；善知識的教誨，猶如滿月，凡所照及之處都使其得到清涼；善知識的教誨，如同夏天的雪山，能夠除去一切諸獸的炎熱與口渴；善知識的教誨，如同花朵盛開於池沼，能夠使一切善心之蓮華盛開；善知識的教誨，如同大寶之洲，使種種法寶充滿眾生心中；善知識的教誨，如同閻浮樹，積集了一切福智之花與果實；善知識的教誨，如同大龍王，在空中自由自在地遊戲；善知識的教誨，如同須彌山般的無量善法，可以使三十三天在其中居住；善知識的教誨，猶如帝釋，有無數眾會圍繞，沒有任何東西可以遮蔽，能降伏外道、修羅的軍眾。」善財童子一路上就這樣想著。

善財童子遵照自在主童子的囑咐，逐漸地繼續南下，到達海住城。善財童子在海住城到處尋找具足優婆夷。這時，很多人都告訴善財說：「善男子！這位優婆夷在此城中自己的住宅內。」善財童子一聽說，隨即前往其門，並在其門前合掌而立向其致敬。

具足優婆夷的住宅非常寬敞，有種種莊嚴，有許多珍寶裝飾的圍牆勾勒出其邊界，四個方向都有裝飾著珍寶的大門。善財童子進入其住所之後，看見優婆夷坐在寶座上，正當盛年，容貌美麗，端正可喜，穿著簡樸，長髮飄飄，身上沒有瓔珞，其身體發出的威德光芒除佛、菩薩之外無與倫比。在其住宅內，鋪設了十億個座位，其數遠非人、天之中能夠具備，這都是具足優婆夷的菩薩之業力所成就的。住宅中沒有存放衣服、飲食及其他一切生活需要的物品，只是在其座位前方放置了一個很小的器具。又有一萬名童女圍繞著優婆夷，這些童女的威儀容貌如同天上的宮女，各種美妙的珍寶裝飾著她們的身體，說話的聲音非常美妙，使聽者喜不自禁。這些童女常常圍繞在具足優婆夷的左右，親近瞻仰優婆夷，思惟觀察，鞠躬低頭，聽從優婆夷的教誨、命令。這些童女，身上發出美妙的香氣，普熏一切；如果有眾生遇到此香，所證所修都可永不退轉，沒有憤怒和害人之心，沒有凝結於心的怨恨，沒有嫉妒之心，沒有花言巧語的欺騙之心，沒有諂媚之心，沒有憎恨和愛著之心，沒有瞋恨之心，沒有修行二乘之心，沒有高慢之心，生起平等心，發起大慈心，發出為眾生謀取利益之心，住於律儀心，遠離貪求心。凡是聽到具足優婆夷的聲音的，都歡喜踴躍；凡是看見其身體的，都遠離貪婪的污染。

當善財童子觀察了具足優婆夷之後，便頂禮其雙足，在其身體周圍圍繞無數圈恭敬致敬，然後在其前方合掌而立，善財說道：「聖者！我早先已經發阿耨多羅三藐三菩提心，但卻未能知曉菩薩如何學菩薩行，如何修菩薩道。我聽說聖者諄諄善誘，希望您能為我回答這些問題！」

彼即告言：「善男子！我得菩薩無盡福德藏解脫門❶，能於如是一小器中，隨諸眾生種種欲樂，出生種種美味飲食，悉令充滿。假使百眾生、千眾生、百千眾生、億眾生、百億眾生、千億眾生、百千億那由他眾生，乃至不可說不可說眾生；假使閻浮提微塵數眾生、一四天下微塵數眾生，小千世界、中千世界、大千世界，乃至不可說不可說佛剎微塵數眾生；假使十方世界一切眾生，隨其欲樂悉令充滿，而其飲食無有窮盡亦不減少。如飲食，如是種種上味、種種床座、種種衣服、種種臥具、種種車乘、種種華、種種鬘、種種香、種種塗香、種種燒香、種種末香、種種珍寶、種種瓔珞、種種幢、種種幡、種種蓋、種種上妙資生之具，隨意所樂悉令充足。

「又，善男子！假使東方一世界中，聲聞、獨覺食我食已，皆證聲聞、辟支佛果，住最後身❷；如一世界中，如是百世界、千世界、百千世界、億世界、百億世界、千億世界、百千億世界、百千億那由他世界、閻浮提微塵數世界、一四天下微塵數世界、小千國土微塵數世界、中千國土微塵數世界、三千大千國土微塵數世界，乃至不可說不可說佛剎微塵數世界中，所有一切聲聞、獨覺食我食已，皆證聲聞、辟支佛果，住最後身。如於東方，南、西、北方，四維、上、下，亦復如是。

「又，善男子！東方一世界，乃至不可說不可說佛剎微塵數世界中，所有一生所繫菩薩食我食已，皆菩提樹下，坐於道場降伏魔軍，成阿耨多羅三藐三菩提。如東方，南、西、北方，四維、上、下，亦復如是。

【章　旨】具足優婆夷向善財童子顯示了自己所修的「菩薩無盡福德藏解脫門」的殊勝功用。具足優婆夷可以隨眾生的欲樂以一小器具生出無盡的物品，滿足無數眾生、聲聞、緣覺的各種願望。

【注　釋】❶菩薩無盡福德藏解脫門　關於此門，澄觀以華嚴宗的法界緣起觀作了解釋。澄觀說：「即一小器融同法界，無盡緣起故；用無不應，應無不益，而其法界體無增減。又表『忍』必自卑故『小』，法忍同如一味為『一』，內空外假為『器』，『忍』能包含無外，故隨出無盡。」（澄觀《華嚴經疏》卷五十七，《大正藏》卷三十五，頁九三四中）此法門是以「忍辱」波羅蜜為修證目標的，其證成的法體即具有富德無盡的功用。❷最後

身　即生死身中最後之身。又作最後生、最後有、最後末身。小乘佛教指斷一切見思煩惱、證無餘依涅槃之阿羅漢，大乘佛教則指證佛果之等覺菩薩之身。

【語　譯】具足優婆夷隨即告訴善財童子說：「善男子！我已經獲得菩薩無盡福德藏解脫門，能夠在如此的一個小器具中，隨應諸多眾生的許許多多欲樂，生出許許多多美味嘉餚，使眾生的欲望都能夠得到滿足。即使有百眾生、千眾生、百千眾生、億眾生、百億眾生、千億眾生、百千億那由他眾生，乃至不可說不可說眾生；即使有閻浮提微塵數眾生、一四天下微塵數眾生，小千世界、中千世界、大千世界，乃至不可說不可說佛剎微塵數眾生；即使十方世界一切眾生，都可隨應其欲樂而使其欲望得到滿足，而且此器具中的飲食並沒有窮盡也不會減少。關於飲食是如此，對於種種最可口的上等味道、種種床座、種種衣服、種種臥具、種種車乘、種種華、種種鬘、種種香、種種塗香、種種燒香、種種末香、種種珍寶、種種瓔珞、種種幢、種種幡、種種蓋、種種上等的為眾生生存提供基礎的東西，我都能夠隨應眾生的意願和所樂使其得到滿足。

「又，善男子！假使東方一世界中的聲聞、獨覺喫了我的食品之後，都可以證得聲聞、辟支佛果，住於阿羅漢身；如果一世界中如此，如此百世界、千世界、百千世界、億世界、百億世界、千億世界、百千億世界、百千億那由他世界、閻浮提微塵數世界、一四天下微塵數世界、小千國土微塵數世界、中千國土微塵數世界、三千大千國土微塵數世界，乃至不可說不可說佛剎微塵數世界中的所有一切聲聞、獨覺喫了我的食品之後，都可以證得聲聞、辟支佛果，住於阿羅漢身。就如在東方的世界，其他南、西、北方，上下方，所有的聲聞、獨覺也是一樣。

「又，善男子！東方一世界，乃至不可說不可說佛剎微塵數世界中的所有一生所繫菩薩喫了我的食品之後，都可在菩提樹下悟道，坐於道場降伏魔軍為眾生說法，成就阿耨多羅三藐三菩提。東方世界是這樣，南、西、北世界，東南、東北、西南、西北世界，上、下世界也是如此。

「善男子！汝見我此十千童女眷屬已不？」

答言：「已見。」

優婆夷言：「善男子！此十千童女而為上首，如是眷屬百萬阿僧祇，皆悉與我同行❶、同願、同善根、同出離道、同清淨解、同清淨念、同清淨趣❷、同無量覺、同得諸根、同廣大心、同所行境、同理、同義❸、同明了法❹、同淨色相、同無量力、同最精進、同正法音、同隨類音❺、同清淨第一音❻、同讚無量清淨功德、同清淨業、同清淨報、同大慈周普救護一切、同大悲周普成熟眾生、同清淨身業隨緣集起令見者欣悅、同清淨口業隨世語言宣佈法化、同往詣一切諸佛眾會道場、同往詣一切佛剎供養諸佛、同能現見一切法門、同住菩薩清淨行地。

「善男子！是十千童女，能於此器取上飲食，一剎那頃徧至十方，供養一切後身菩薩❼、聲聞、獨覺，乃至徧及諸餓鬼趣，皆令充足。善男子！此十千女以我此器，能於天中充足天食，乃至人中充足人食。善男子！且待須臾，汝當自見。」

說是語時，善財則見無量眾生從四門入，皆優婆夷本願所請。既來集已，敷座令坐，隨其所須，給施飲食，悉使充足。

【章　旨】具足優婆夷以其身邊的童女為例讓善財童子親眼觀見此法門的神奇功用。

【注　釋】❶行　有三類涵義：其一為「造作」、遷流變化之意。在「造作」的意義上，同於「業」，指能招感現世果報之過去世三業（身業、口業、意業），亦即人的一切身心活動。在遷流變化的意義上，即「有為」之義，指因緣而起的一切法，「諸行無常」、「五蘊」中之「行蘊」中之「行」即屬此類。其二為動作、行為以及為到達悟境所作之修行或行法。其三指進行、步行，「行、住、坐、臥」四威儀之行即是此義。此處之「行」應該主要指第一類、第二類義項。❷趣　意譯為「道」，指眾生以自己所作之行為（業）所引導而有的來生之生存或生存世界，有「所往」、「因趣」兩種涵義。具體而言是指「六道」或「五道」。❸義　意義；道理。其中，「意義」與「義理」相通。「道理」指「正義」（正確的傳統道理）而言，反之則稱為「不正義」、「邪義」、「異義」等。

❹了法　即「了義」之法，凡直接、完全顯了述盡佛法道理之教，稱為「了義教」，如諸大乘經說生死、涅槃無異就是如此。宣說此道理之經典，即稱「了義經」，為佛所說。而若順應眾生理解之程度，不直接顯了法義，而漸次以方便教相引導，則稱「不了義教」（未了義教），如諸經宣說厭背生死、欣樂涅槃就是如此。而說此「不了義教」之經典即稱「不了義經」（未了義經），乃菩薩因人之所說。了義教與不了義教，合稱「二了」。❺隨類音　佛以一音說法，眾生之緣有深淺，根有利有鈍，因此在一音之中同聽而異聞。如人、天根器，則聞佛說五戒十善之法；如聲聞根器，則聞佛說四諦之法；如緣覺根器，則聞佛說十二因緣之法；如菩薩根器，則聞佛說六度等法，各得解了。《維摩經．佛國品》就說：「佛以一音演說法，眾生隨類各得解。」❻清淨第一音　又作「一圓音教」、「一音說法」，指佛世尊說法的聲音，佛陀以一種語言演說一切法之意。❼後身菩薩　又名「最後生菩薩」、「最後有菩薩」，是指住於生死身最後之生的菩薩。

【語　譯】「善男子！你是否已經看到在我這裡的一萬名童女眷屬？」

答言：「看見了。」

具足優婆夷說：「善男子！這一萬名童女為上首，在其下有眷屬百萬阿僧祇，她們都與我具有相同的行、相同的願、相同的善根、相同的出離之道、相同的清淨理解、相同的清淨之念、相同的清淨因趣、相同的無量智慧、獲得相同的諸根、相同的廣大心、相同的所行境、相同的理、相同的義、同時明了了義法、相同的清淨容貌、相同的無量力、相同的最精進、相同的正法音、相同的隨類理解、相同的清淨第一音、共同讚嘆無量清淨之功德、相同的清淨業、相同的清淨報、共同以大慈心周到完全救護一切、共同以大悲心周到完全使眾生成熟、以相同的清淨身業隨緣集起使得見者都感到欣悅、以相同的清淨口業用世間的語言宣說佛法導化眾生、共同前往一切諸佛眾會的道場、共同前往一切佛土供養諸佛、能夠共同顯現一切法門、共同住於菩薩清淨之十行地。

「善男子！這一萬名童女能夠同時在這個器具上拿取飲食，然後在一剎那頃徧至十方去供養一切後身菩薩、聲聞、獨覺，甚至徧及諸餓鬼道等道，使其眾生都得到充足的食物。善男子！這一萬名童女以我此器，在天道中能夠使其眾有充足的天食，乃至在人道中使人人有充足的食物。善男子！姑且再等待一瞬間，你就可以親眼看到這景象了。」

在具足優婆夷正在說這一段話時，善財童子就看見無數的眾生從四門進入了這個院落，這都是具足優婆夷本願所請來的。這些眾生集合之後，具足優婆夷就給他們敷座讓其坐下，按照其需要給與飲食，使其完全得到滿足。

告善財言：「善男子！我唯知此無盡福德藏解脫門。如諸菩薩摩訶薩一切功德，猶如大海甚深無盡，猶如虛空廣大無際，如如意珠❶滿眾生願，如大聚落所求皆得，如須彌山普集眾寶，猶如奧藏常貯法財❷，猶如明燈破諸黑闇，猶如高蓋普蔭群生。

「而我云何能知能說彼功德行？善男子！南方有城，名曰大興❸；彼有居士，名曰明智❹。汝詣彼問：菩薩云何學菩薩行、修菩薩道？」

時，善財童子頂禮其足，繞無量匝，瞻仰無厭，辭退而去。

【章旨】具足優婆夷又向善財童子舉薦「大興」城中的「明智」居士，囑咐善財童子南下前去拜訪。善財童子於是告別具足優婆夷繼續南下。

【注釋】❶如意珠　從寶珠出種種所求如意，故名「如意」。傳說出自龍王或摩竭魚之腦中，或為佛舍利所變成。《大智度論》卷五十九曰：「有人言：此寶珠從龍王腦中出，人得此珠，毒不能害，入火不能燒，有如是等功德。有人言：是帝釋所執金剛，用與阿修羅戰時碎落閻浮提。有人言：諸過去久遠佛舍利，法既滅盡，舍利變成此珠，以益眾生。有人言：眾生福德因緣故，自然有此珠。譬如罪因緣故，地獄中自然有治罪之器。此寶名如意，無有定色，清徹輕妙，四天下物皆悉照現。是寶常能出一切寶物，衣服飲食隨意所欲盡能與之。」❷法財　指佛法、教說等佛教義理。因為精神之教法能夠滋潤眾生，為眾生長養慧命之資糧，猶如世間之財寶，因此佛典中常常將「法」比喻為「法財」。❸大興　據澄觀的解釋，「城名『大興』者，起大精進故。」（澄觀《華嚴經疏》卷五十七，《大正藏》卷三十五，頁九三四中）❹明智　據澄觀的解釋，「友名『明智』者，進足必假智目導故。」（澄觀《華嚴經疏》卷五十七，《大正藏》卷三十五，頁九三四中）

【語譯】具足優婆夷告訴善財童子說：「善男子！我只是知曉這一無盡福德藏解脫門。這一菩薩摩訶薩一切功德，猶如大海甚深無有窮盡，猶如廣大的虛空無邊無際，就像如意珠一樣可以滿足眾生的願望，如同大村落中可以找到想尋找的任何東西，如同須彌山埋藏了所有珍寶，如同深處的寶藏常常儲存了法財，猶如明燈可以衝破黑暗，猶如高大的傘蓋完全可以為眾生提供避蔭。

「而我為什麼能夠知曉能夠宣說這一功德行？善男子！在此繼續南下，有一座名叫『大興』

的城市；此城中有一位名叫『明智』的居士。你可以前往他那裡去向他請教：菩薩如何學菩薩行、修菩薩道？」

這時，善財童子頂禮優婆夷的雙足，在其周圍繞行無數圈，喜悅地瞻仰優婆夷。然後，善財童子辭別了優婆夷，繼續向南方進發。

善財童子第十五參：明智居士會

爾時，善財童子得無盡莊嚴福德藏解脫光明已，思惟彼福德大海，觀察彼福德虛空，趣彼福德聚，登彼福德山，攝彼福德藏[1]，入彼福德淵，遊彼福德池，淨彼福德輪，見彼福德藏，入彼福德門，行彼福德道，修彼福德種。

漸次而行，至大興城，週遍推求明智居士。於善知識心生渴仰，以善知識熏習其心，於善知識志欲堅固，方便求見諸善知識心不退轉，願得承事諸善知識心無懈倦。知由依止善知識故，能滿眾善；知由依止善知識故，能生眾福；知由依止善知識故，能長眾行；知由依止善知識故，不由他教，自能承事一切善友。如是思惟時，長其善根，淨其深心，增其根性❷，益其德本❸，加其大願，廣其大悲，近一切智，具普賢道，照明一切諸佛正法❹，增長如來十力光明。

爾時，善財見彼居士在其城內市四衢道七寶臺上，處無數寶莊嚴之座。其座妙好，清淨摩尼以為其身，金剛帝青❺以為其足，寶繩交絡，五百妙寶而為校飾；敷天寶衣，建天幢幡，張大寶網，施大寶帳；閻浮檀金以為其蓋，毗琉璃寶以為其竿，令人執持以覆其上；鵝王羽翮❻清淨嚴潔以為其扇；熏眾妙香，雨眾天華；左右常奏五百樂音，其音美妙過於天樂，眾生聞者無不悅豫。十千眷屬前後圍繞，色相端嚴，人所喜見，天莊嚴具以為嚴飾，於天人中最勝無比，悉已成就菩薩志欲，皆與居士同昔善根，侍立瞻對，承其教命。

爾時，善財頂禮其足，繞無量匝，合掌而立，白言：「聖者！我為利益一切眾生故，為令一切眾生出諸苦難故，為令一切眾生究竟安樂故，為令一切眾生出生死海故，為令一切眾生住法寶洲故，為令一切眾生枯竭愛河故，為令一切眾生起大慈悲故，為令一切眾生捨離欲愛故，為令一切眾生渴仰佛智故，為令一切眾生出生死曠野故，為令一切眾生樂諸佛功德故，為令一切眾生出三界城故，為令一切眾生入一切智城故，發阿耨多羅三藐三菩提心，而未知菩薩云何學菩薩行，云何修菩薩道，能為一切眾生作依止處。」

【章　旨】這是善財童子五十三參的第十五次參訪，也是〈入法界品〉「末會」中善財五十五會中的第十六會。善財童子經過長途跋涉到達了大興城，找尋明智居士。善財童子在大興城的街道上看到明智居士的罕見身相、豪華的裝飾以及陪侍的天眾、人眾。善財童子禮拜明智居士之後，向其請教修行菩薩行的方法、途徑。

【注　釋】❶福德藏　指能夠獲得種種福利的善行，這些善行猶如能納福德之藏，故稱「福德藏」。❷根性　眾生所具的生善業或惡業之力。根，能生。❸德本　指能夠獲得功德善根的依據。❹正法　真正之法，也就是佛陀所說之教法。又作「白法」、「淨法」、「妙法」。❺帝青　寶珠之名。玄應《一切經音義》卷二十三說：「帝青，梵言因陀羅尼羅目多，是帝釋寶，亦作青色；以其最勝，故稱「帝釋青」。」❻羽翮　指鳥的翅膀上的羽毛。翮，羽軸下段不生羽瓣而中空的部分。

【語　譯】在南下的路上，善財童子在獲得了無盡莊嚴福德藏解脫光明之後，思惟著這一福德大海，觀察這一福德虛空，向那福德聚進發，登上那福德之山，攝入那福德藏，進入那福德淵，在那福德池中游泳，使福德輪清淨，觀察那福德藏，進入那福德門，實踐那福德之道，修養那福德的種子。

善財童子逐漸向南行進，到達大興城，到處尋找明智居士。善財童子在心中產生了對於善知識的極大渴仰，以善知識的教誨熏習其心，對於善知識有著頑強的渴求之心，以各種辦法拜見諸善知識之心永遠不會退轉，願意心無懈怠、心無厭倦地侍奉諸善知識。善財童子深深地知曉因為依止於善知識的緣故，能夠使得諸多善事能夠實現；知曉因為依止於善知識的緣故，能夠產生許多福分；知曉因為依止於善知識的緣故，能夠使十行得到增長；知曉因為依止於善知識的緣故，不用其他人教導，自己就能承事善待一切好友。善財童子這樣想著，其善根就得到增長，其深心就得到淨化，其根性就得到增長，其德本就得到擴充，其大願就得到加強，其大悲心就得到擴大，就接近了一切智，具備普賢之道，照亮了一切諸佛之正法，使其如來之十力光明得到增強。

這時，善財童子看見明智居士在此城的市中心大街旁一座七寶裝飾的高臺上，坐在由無數珍寶裝飾的寶座上。這個座椅是非常美妙的，它以清淨的摩尼寶裝飾其身，以金剛帝青裝飾其足，寶繩交錯，以五百種珍寶裝飾著座椅；此臺上敷設天眾的寶衣，建立了天道之幢幡，張掛著大寶之網，設置了大寶之篷帳；以閻浮檀金為傘蓋，以毗琉璃寶為傘蓋的撐竿，讓人執持著覆蓋在居士的頭頂之上；以清淨整潔的鵝王翅膀上的羽毛製作成扇子；點燃了許多美妙的熏香，降下許多的天道之花；居士周圍有眾演奏出五百種音樂，其美妙的聲音超過了天道的音樂，聽到這些音樂的眾生無不感到愉悅舒坦。有一萬名眷屬在居士周圍圍繞，這些眷屬容貌端莊美麗，為人所樂見，並且以天道之裝飾品裝扮自己，在天道、人道中無與倫比，都已經成就菩薩的志向，在過去與明智居士同具善根。這些眷屬侍立在兩旁侍奉著居士，並且承蒙其教誨與命令。

這時，善財童子頂禮明智居士的雙足，在其周圍環繞無數圈，然後合掌而立，對明智居士說：「聖者！我為使一切眾生得到利益，為使一切眾生出離諸苦難，為使一切眾生得到究竟安樂，為使一切眾生出離生死之海，為使一切眾生住於法寶之洲，為使一切眾生的愛河乾涸，為使一切眾生生起大慈大悲之心，為使一切眾生捨離欲愛，為使一切眾生渴仰佛智，為使一切眾生出生死的糾纏，為使一切眾生樂於諸佛功德，為使一切眾生出離三界之城，為使一切眾生進入一切智之城，而發阿耨多羅三藐三菩提心。但是我卻未能知曉菩薩如何學菩薩行，如何修菩薩道，如何能夠作為一切眾生的依止之處。」

居士告言：「善哉！善哉！善男子！汝乃能發阿耨多羅三藐三菩提心。善男子！發阿耨多羅三藐三菩提心，是人難得。若能發心，是人則能求菩薩行，值遇善知識恆無厭足，親近善知識恆無勞倦，供養善知識終恆不疲懈，給侍善知識不生憂戚，求覓善知識終不退轉，愛念善知識終不放捨，承事善知識無暫休息，瞻仰善知識無時憩止，行善知識教未曾怠惰，稟善知識心無有誤失。善男子！汝見我此眾會人不？」

善財答言：「唯然！已見。」

居士言：「善男子！我已令其發阿耨多羅三藐三菩提心，生如來家，增長白法❶，安住無量諸波羅蜜，學佛十力，離世間種，住如來種，棄生死輪，轉正法輪，滅三惡趣，住正法趣，如諸菩薩悉能救護一切眾生。

「善男子！我得隨意出生福德藏解脫門❷，凡有所須悉滿其願。所謂：衣服、瓔珞、象馬、車乘、華、香、幢、蓋、飲食、湯藥、房舍、屋宅、床座、燈炬、奴婢、牛羊及諸侍使，如是一切資生之物，諸有所須悉令充滿，乃至為說真實妙法。善男子！且待須臾，汝當自見。」

說是語時，無量眾生從種種方所、種種世界、種種國土、種種城邑，形類各別，愛欲不同，皆以菩薩往昔願力，其數無邊俱來集會，各隨所欲而有求請。

【章　旨】明智居士向善財童子顯示了自己所修的「隨意出生福德藏解脫門」的殊勝功用。明智居士可以滿足眾生一切欲樂、一切所請。

【注　釋】❶白法　指清淨之善法。有「二種白法」與「四種白法」兩種說法。「二種白法」指「慚」與「愧」，因為此二者能使諸行光潔，救度眾生，故稱「白法」。「四種白法」指「欲白法」、「行白法」、「滿足功德白法」、「證白法」。「欲白法」，聞佛正教，心生樂欲而不暫捨。「行白法」，勤行六度之行，唯在利益世間一切眾生而不求自身果報。「滿足功德白法」，精進勇猛，偏修眾行，令諸功德圓滿具足。「證白法」，淨行已成，功德已圓，得證悟佛果。❷隨意出生福德藏解脫門　關於此門，澄觀以華嚴宗的法界緣起觀作了解釋。澄觀說：「財法無盡，蘊在虛空，隨意給施故，名『隨意出生福德藏』，亦表見空無不備故。」（澄觀《華嚴經疏》卷五十七，《大正藏》卷三十五，頁九三四中）這是說，佛法之財全都蘊藏在空中，可以隨意將其布施給眾生。

【語　譯】明智居士告訴善財童子說：「好啊！好啊！善男子！你能夠發阿耨多羅三藐三菩提心。善男子！發阿耨多羅三藐三菩提心的人很是難得。若能夠發心，這人則能夠追求菩薩行，遇到善知識而永遠沒有滿足，親近善知識而永遠沒有勞苦和厭倦，供養善知識而永遠不疲倦懈怠，給侍善知識而不會產生憂傷悲戚，尋找善知識而永遠不會退轉，愛護想念善知識而永遠不會放棄，承事善知識而無有休息之時，瞻仰善知識而無有停息，執行善知識的教誨而未曾懈怠偷懶，稟承善知識之心而沒有任何走失與誤解。善男子！你看見了我此眾會中的人了嗎？」

善財童子回答說：「是啊！已經看見了。」

明智居士接著說：「善男子！我已經使其發阿耨多羅三藐三菩提心，生於如來之家，使其增長善法，安住於無量諸波羅蜜，學習佛之十力，遠離世間種，住於如來種，放棄生死輪，轉正法輪，滅除三惡道，住於正法之道，就如同諸菩薩一樣都能夠救護一切眾生。

「善男子！我獲得了隨意出生福德藏解脫門，凡眾生的所須都能夠給予滿足。也就是：衣服、瓔珞、象馬、車乘、華、香、幢、蓋、飲食、醫藥、房舍、屋宅、床座、燈具、奴婢、牛羊及諸使者，如是一切眾生生存所需要的物品，凡是他們所須的東西都能夠得到滿足，甚至還能夠為其宣說最真實的妙法。善男子！姑且再等待一會兒，你可以親眼看見這一景象。」

正在明智居士說此語時，無數眾生從種種方向和住所、種種世界、種種國土、種種城鎮，形狀和生類不同，愛好與欲望也不同，但都憑藉菩薩過去的願力，其數沒有邊際，都前來此地集會，各自都以自己的欲望而向居士請求滿足。

爾時，居士知眾普集，須臾繫念❶，仰視虛空；如其所須，悉從空下，一切眾會普皆滿足。然後復為說種種法。所謂：為得美食而充足者，與說種種集福德行、離貧窮行、知諸法行、成就法喜禪悅食❷行、修習具足諸相好行、增長成就難屈伏行、善能了達無上食行、成就無盡大威德力降魔怨行；為得好飲而充足者，與其說法，令於生死捨離愛著，入佛法味❸；為得種種諸上味者，與其說法，皆令獲得諸佛如來上味之相❹；為得車乘而充足者，與其宣說種種法門，皆令得載摩訶衍乘；為得衣服而充足者，與其說法，令得清淨慚愧之衣，乃至如來清淨妙色。如是一切靡不周贍，然後悉為如應說法。既聞法已，還歸本處。

爾時，居士為善財童子示現菩薩不可思議解脫境界已，告言：「善男子！我唯知此隨意出生福德藏解脫門。如諸菩薩摩訶薩成就寶手，徧覆一切十方國土，以自在力普雨一切資生之具，所謂：雨種種色寶、種種色瓔珞、種種色寶冠、種種色衣服、種種色音樂、種種色華、種種色香、種種色末香、種種色燒香、種種色寶蓋、種種色幢幡，徧滿一切眾生住處，及諸如來眾會道場，或以成熟一切眾生，或以供養一切諸佛。

【章　旨】明智居士以其會眾為例讓善財童子親眼觀見「隨意出生福德藏解脫門」的神奇功用。

【注　釋】❶繫念　是指將心念繫於一處而不思其他之意。又作「懸念」、「懸想」。教外將憂慮稱為「懸念」，稱「戀慕」為「懸想」，皆為轉訛之用法。❷法喜禪悅食　「食」為牽引、長養、持續的意思，是指牽引、養育眾生之肉身或聖者之法身，而使之存在，並永遠保持其狀態以及觸等精神作用之飲食。欲界、色界、無色界三界中能長養肉身之食物，稱作「世間食」；長養悟智（法身）之食物，稱「出世間食」。這裡的「法喜」、「禪悅」為五種出世間食的第一、第二項。禪悅食，即行者以禪法資益心神，得禪定樂。法喜食，即行者聞法歡喜，增長善根，資益慧命。出世間食的另外三種為「願食」、「念食」、「解脫食」。願食，即行者發弘誓願，欲度眾生，斷煩惱、證菩提，以願持身，常修萬行。念食，即行者常憶持所得出世之善法，心存定意，護念不忘。解脫食，即行者修出世聖道，斷煩惱業縛，不受生死逼迫之苦。「出世間食」等是依靠禪定之力、正願、正思、離煩惱之自由、學佛法之喜悅，以此五者能養育悟種並保持智慧之生命，故亦稱之為「食」。❸佛法味　又作「法味」、「法智味」，即佛所說的妙法之滋味。佛所說之法門，其義趣甚深，須細細咀嚼體得，方生快樂，故以美味譬之，稱為「法味」。❹諸佛如來上味之相　又作「味中得上味相」、「得味中上味相」、「次第得上味相」、「常得上味相」、「諸味中得最上味相」，是佛所具足三十二相中之第二十六相。佛之咽喉中常有津液，凡進食因之而得上妙美味，如同甘露流注。所謂「上味」，有二義：三千界中之最上味；縱是劣食粗味，然入於佛口即轉為上味。佛在因位時，於無量世之中給予眾生所須之飯食，又視眾生如子，迴向菩提給予眾生所須之善法，不待祈求即能施與，遂感得此妙相，故此相又可表佛法能滿足眾生志願之德。

【語　譯】這時，明智居士知曉眾生已經都到齊了，很快繫念，仰視虛空；果然，如居士所需要的東西都從空中降下，會中一切眾生的願望都得到滿足。明智居士然後開始為眾生宣說種種法。具體而言，明智居士所說的法有：為那些想得到充足的美食者，說種種積聚福德的方法與行為、遠離貧窮的方法與行為、知曉諸法的方法與行為、成就法喜禪悅食的方法與行為、修習具足諸相諸好的方法與行為、增長成就難屈伏的方法與行為、善能了達無與倫比之食的方法與行為、成就無盡大威德力降伏諸魔之怨恨的方法與行為；為那些想得到充足的飲料者，與其說法，使其在生死之中捨棄遠離對於愛戀的執著，進入佛法味；為那些想獲得種種最上等美味者，與其說法，使其都獲得諸佛如來上味之相；為那些想獲得充足的車乘者，與其宣說種種法門，使其獲得大乘之車；為那些想獲得充足的衣服者，與其說法，使其獲得清淨慚愧之衣，乃至如來清淨美妙的色相。如是一切無不周到詳贍，然後明智居士如其所應說法。這些眾生聽法之後，又回到其本來之地。

這時，明智居士為善財童子示現菩薩不可思議解脫境界之後，告訴善財童子說：「善男子！我只是知曉這一隨意出生福德藏解脫門。進入這一法門，即憑藉諸菩薩成就寶手完全覆蓋一切十方國土，以自在力降下一切資生之具，所謂：降下種種顏色寶、種種顏色瓔珞、種種顏色寶冠、種種顏色衣服、種種音樂、種種顏色的花朵、種種顏色香、種種末香、種種燒香、種種樣子的寶蓋、種種樣式的幢幡。這些東西徧滿一切眾生的住處以及諸如來眾會的道場，有的物品用來使一切眾生成熟，有的則用來供養一切諸佛。

「而我云何能知能說彼諸功德自在神力？善男子！於此南方，有一大城，名師子宮❶；彼有長者，名法寶髻❷。汝可往問：菩薩云何學菩薩行、修菩薩道？」

時，善財童子歡喜踴躍，恭敬尊重，如弟子禮，作如是念：「由此居士護念於我，令我得見一切智道，不斷愛念善知識見，不壞尊重善知識心，常能隨順善知識教，決定深信善知識語，恆發深心事善知識。」頂禮其足，繞無量匝，殷勤瞻仰，辭退而去。

【章　旨】明智居士又向善財童子舉薦「師子宮」城中的「法寶髻」長者，囑咐善財童子南下前去拜訪。善財童子於是告別明智居士繼續南下。

【注　釋】❶師子宮　據澄觀的解釋，「城名『師子宮』者，禪定無亂如彼深宮處之，則所說決定作用無畏，故以為名。」（澄觀《華嚴經疏》卷五十七，《大正藏》卷三十五，頁九三四下）這是以獅子來比喻禪定的深邃體驗。❷法寶髻　據澄觀的解釋，「友名『法寶髻』者，綰攝諸亂居心頂故，定含明智加以『寶』名，以喻顯法名『法寶髻』。」（澄觀《華嚴經疏》卷五十七，《大正藏》卷三十五，頁九三四下）這是以寶髻來比喻禪定之體驗。

【語　譯】「我為什麼能夠知曉、能夠宣說那些功德自在神力？善男子！在此地的南方有一座名叫『師子宮』的大城市，那裡有一位名叫『法寶髻』的長者。你可以到他那裡去向他請教：菩薩如何學菩薩行、修菩薩道？」

這時，善財童子歡喜踴躍，恭敬而莊重地以如弟子的禮節向明智居士致敬。善財童子這樣想：

「由於這位居士對我的護念，使我得以觀見一切智道，沒有斷絕愛念善知識的想法，沒有毀壞尊重善知識之心，常能隨順善知識的教誨，決定深信善知識的話語，永遠發深心侍奉善知識。」善財童子頂禮居士的雙足，在其周圍繞行無數圈，殷勤瞻仰居士。然後，善財童子告別了居士，繼續向南方進發。

華嚴經　入法界品之七

【題解】本卷主要包括〈入法界品〉「末會」中的第十七、十八、十九、二十、二十一會的內容，即善財童子「五十三參」中的第十六至二十參的內容。

第十六參為「法寶髻長者會」：善財童子經過長途跋涉到達「師子」城，於街市中找到「法寶髻」長者。寶髻長者引領善財童子仔細觀看自己的十層八門的宏偉大宅。此章極具象徵意義，據澄觀的解釋，此八門十層「如八角塔形」，而「十層」則分別表徵十地、十度，即表徵「因果行位」等法。寶髻長者向善財童子說明，因為自己曾經在過去劫的「圓滿莊嚴世界」供養「無邊光明法界普莊嚴王如來應正等覺」的因緣而證成這一法門。寶髻長者又向善財童子舉薦「藤根」國土「普門」城中的「普眼」長者，囑咐善財童子南下前去拜訪。善財童子於是告別寶髻長者繼續南下。法寶髻長者給善財宣講的「菩薩無量福德寶藏解脫門」，是進入「十行」之第五行——「離癡亂行」的方法。所謂「離癡亂行」，又名「無癡亂行」，是在前述修行的基礎上，常住於正念而不散亂，對於一切法都無癡亂。

第十七參為「普眼長者會」：善財童子經過長途跋涉到達「藤根」國「普門」城中找到「普眼」長者，向其請教修行菩薩行的方法。普眼長者向善財童子展示自己能知曉眾生之病，並給予相應治療，使其痊癒，其順序為先除身病，後治心病。普眼長者向善財童子說明，自己也同時知曉所有和合製作各種香的方法，並以其供養諸佛。普眼長者又說，如果有眾生與得到此法門的菩薩有緣接近，就能得到相應的利益。接著，普眼長者又向善財童子舉薦「多羅幢」城中的「無厭足王」，囑咐善財童子南下前去拜訪，善財童子於是告別普眼長者繼續南下。普眼長者給善財宣講的「令一切眾生普見諸佛歡喜」法門，是進入「十行」之第六行——「善現行」的方法。所謂「善現行」，是指知曉一切法並無所有，身、口、意「三業」寂滅，無縛無著，但卻不捨棄而是教化一切眾生。

第十八參為「無厭足王會」：善財童子經過長途跋涉到達「多羅幢」城中找到「無厭足王」。善財童子看到了無厭足王的神奇身相以及其審理犯罪眾生的手法。善財童子看到無厭足王的這一陣勢，對於無厭足王的修行有些懷疑。在天眾的提醒之下，他纔領悟到這是此王以方便智救度眾生的幻化場景。於是，善財童子便向無厭足王請教修行菩薩行的方法、途徑。無厭足王給善財童子解說了「菩薩如幻解脫」法門的內容。無厭足王為了調伏眾生的緣故而以方便化作惡人作種種惡行，受種種苦，使一切眾生心生恐怖畏懼，斷其惡業。無厭足王又向善財童子舉薦「妙光」城中的「大光王」，囑咐善財童子南下前去拜訪。善財童子於是告別無厭足王繼續南下。無厭足王給善財宣講的「菩薩如幻解脫」法門，是進入「十行」之第七行——「無著行」的方法。所謂「無著行」，是指歷諸塵剎供佛求法，心無厭足，且以寂滅觀諸法，因此對於一切無有所著。

第十九參為「大光王會」：善財童子經過長途跋涉到達「妙光」大城，看到此城的神奇景象。善財童子看到「大光王」所住樓閣的神奇景象，並且看到在城中的街道、村落有二十億的菩薩在為眾生做布施。於是，善財童子便禮拜大光王並且向其請教修行菩薩行的方法、途徑。大光王給善財童子解說「菩薩大慈幢行」之法，菩薩以大慈三昧攝化救護眾生。大光王宣講以法攝化、以無畏攝化、以財寶攝化以及隨機攝化等四種方法救度眾生。大光王並且進入「菩薩大慈為首隨順世間三昧」，為善財童子演示此法門攝化眾生之功能。大光王又向善財童子舉薦「安住」王都的「不動」優婆夷，囑咐善財童子南下前去拜訪。善財童子於是告別大光王繼續南下。大光王給善財宣講的「菩薩大慈為首隨順世間三昧門」，是進入「十行」之第八行——「尊重行」的方法。所謂「尊重行」，又名「難得行」，是指尊重善根智慧等法，悉皆成就，由之更增修自利、他利之行。

第二十參為「不動優婆夷會」：善財童子經過長途跋涉到達「安住」大城，打聽到「不動」優婆夷在自己住宅中演說佛法。善財童子來到優婆夷的住處看到不動優婆夷的神奇景象，便禮拜童女並且向其請教修行菩薩行的方法、途徑。不動優婆夷便告訴善財童子這是「菩薩難摧伏智慧藏解脫門」的功德。不動童女為善財童子講說自己修成此法門的因緣。遠在過去世離垢劫時，作電授國王獨生女的不動童女因修臂佛的指點而得以證成堅固如金剛之心，得以證成「菩薩難摧伏智慧藏解脫門」等境界。不動優婆夷進入「菩薩求一切法無厭足莊嚴」三昧門，為善財童子演示此法門攝化眾生之功能。不動優婆夷又向善財童子舉薦「無量都薩羅」城的「偏行」出家外道，囑咐善財童子南下前去拜訪。善財童子於是告別不動優婆夷繼續南下。不動優婆夷給善財童子宣講的「菩薩難摧伏智慧藏解脫」法門，是進入「十行」之第九行——「善法行」的方法。所謂「善法行」，是指獲得四無礙陀羅尼門等法，成就種種化他之善法，以守護正法，使佛種不絕。

善財童子第十六參：法寶髻長者會

爾時，善財童子於明智居士所，聞此解脫已，游彼福德海，治彼福德田，仰彼福德山，趣彼福德津，開彼福德藏，觀彼福德法，淨彼福德輪，味彼福德聚，生彼福德力，增彼福德勢。

漸次而行，向師子城，週徧推求寶髻長者。見此長者在於市中，遽即往詣，頂禮其足，繞無數匝，合掌而立，白言：「聖者！我已先發阿耨多羅三藐三菩提心，而未知菩薩云何學菩薩行，云何修菩薩道。善哉，聖者！願為我說諸菩薩道，我乘此道趣一切智！」

爾時，長者執善財手，將詣所居，示其舍宅，作如是言：「善男子！且觀我家。」

爾時，善財見其舍宅，清淨光明，真金所成，白銀為牆，玻璃為殿，紺琉璃寶以為樓閣，硨磲妙寶而作其柱，百千種寶週徧莊嚴；赤珠摩尼為師子座；摩尼為帳，真珠為網，彌覆其上；瑪瑙寶池香水盈滿，無量寶樹週徧行列；其宅廣博，十層八門❶。

善財入已，次第觀察。見最下層❷，施諸飲食。見第二層❸，施諸寶衣。見第三層❹，布施一切寶莊嚴具。見第四層❺，施諸采女並及一切上妙珍寶。見第五層❻，乃至五地菩薩雲集，演說諸法利益世間，成就一切陀羅尼門、諸三昧印❼、諸三昧行智慧光明。見第六層❽，有諸菩薩皆已成就甚深智慧，於諸法性明了通達，成就廣大總持三昧無障礙門，所行無礙，不住二法❾，在不可說妙莊嚴道場中而共集會，分別顯示般若波羅蜜門，所謂：寂靜藏般若波羅蜜門、善分別諸眾生智般若波羅蜜門、不可動轉般若波羅蜜門、離欲光明般若波羅蜜門、不可降伏藏般若波羅蜜門、照眾生輪般若波羅蜜門、海藏般若波羅蜜門、普眼❿捨得般若波羅蜜門、入無盡藏般若波羅蜜門、一切方便海般若波羅蜜門、入一切世間海般若波羅蜜門、無礙辯才般若波羅蜜門、隨順眾生般若波羅蜜門、無礙光明般若波羅蜜門、常觀宿緣而佈法雲⑪般若波羅蜜門……說如是等百萬阿僧祇般若波羅蜜門。見第七層⑫，有諸菩薩得如響忍⑬，以方便智分別觀察而得出離，悉能聞持諸佛正法。見第八層⑭，無量菩薩共集其中，皆得神通無有退墮，能以一音遍十方剎，其身普現一切道場，盡於法界靡不周遍，普入佛境，普見佛身，普於一切佛眾會中而為上首演說於法。見第九層⑮，一生所繫諸菩薩⑯眾於中集會。見第十層⑰，一切如來充滿其中。從初發心，修菩薩行，超出生死，成滿大願及神通力，淨佛國土道場眾會，轉正法輪，調伏眾生，如是一切，悉使明見。

【章　旨】這是善財童子五十三參的第十六次參訪，也是〈入法界品〉「末會」中善財五十五會中的第十七會。善財童子經過長途跋涉到達師子城，於街市中找到法寶髻長者。寶髻長者引領善財去觀看自己的家。善財仔細觀看寶髻長者之十層八門的宏偉大宅。此章極具象徵意義，據澄觀的解釋，此八門十層「如八角塔形」（澄觀《華嚴經疏》卷五十七，《大正藏》卷三十五，頁九三四下），而「十層」則分別表徵十地、十度，即表徵「因果行位」等法。

【注釋】❶八門　據澄觀的解釋，「門」可以從三層去理解：「一通約所修之道，以八正為門，八正通入於諸位故。二約所依之道，即以八識為門，於眼根中入正定故，根若能入，境則可知。三約教顯理，即四句入法，教、理各四故有八門。謂若失意，有、空俱泯，便成四謗；得意通入並稱為『門』。尋教得解即『教四門』，於理得解即『理四門』。」（澄觀《華嚴經疏》卷五十七，《大正藏》卷三十五，頁九三四下）這是說，從「所修之道」而言，「八門」象徵「八正道」，因為「八正道」通於諸位；從「所依之道」而言，「八門」象徵眼、耳、鼻、舌、身、意、末那識、阿賴耶識；而將「教」、「理」分別與「四句」結合就成為八門。「四句」即「有」、「無」、「亦有亦無」、「非有非無」。「教」即修行方法，「理」即理性，亦即萬有永恆不變的真體。❷最下層　此層象徵「十地」之第一地「乾慧地」與「十度」之第一度「布施波羅蜜」。菩薩至此「歡喜地」已經捨棄遠離無始以來的異生性，初得聖性，具證人、法二空理，能利益自他而生大喜。「施波羅蜜」則包含財施、法施、無畏施三種。❸第二層　此層象徵「十地」之第二地「離垢地」與「十度」之第二度「戒波羅蜜」。菩薩至「離垢地」則圓具淨戒，遠離煩惱垢。「戒波羅蜜」則指持戒而常自省。❹第三層　此層象徵「十地」之第三地「發光地」與「十度」之第三度「忍波羅蜜」。菩薩至此「發光地」已經成就勝定、大法、總持，發無邊妙慧光。「忍波羅蜜」則指忍辱負重。❺第四層　此層象徵「十地」之第四地「燄慧地」與「十度」之第四度「精進波羅蜜」。菩薩至此「燄慧地」已經安住於最勝菩提分法，燒煩惱薪，增智慧燄。「精進波羅蜜」則指精勵進修而不懈怠。❻第五層　此層象徵「十地」之第五地「難勝地」與「十度」之第五度「禪波羅蜜」。菩薩至「難勝地」已經能夠將行、相不同的真、俗二智互合相應。「禪波羅蜜」則指攝持內意，使心安定。❼三昧印　即「入定印」，指進入禪定之印。印，又作「印契」、「印相」、「契印」，指象徵佛法的種種標誌。❽第六層　此層象徵「十地」之第六地「現前地」與「十度」之第六度「般若波羅蜜」。菩薩至「現前地」已經住於緣起智，進而引發染淨無分別的最勝智現前。「般若波羅蜜」則能夠開真實之智慧，曉了諸法實相。❾二法　指「勝義法」與「法相法」。前者即涅槃之法，其義最勝，故名「勝義法」。後者即「四諦法」，謂苦、集、滅、道之法，各有相狀，故名「法相法」。❿普眼　指以斷除煩惱惑業之平等眼觀見一法具一切法之眼。⓫法雲　佛說法如雲，涵蓋一切，普蔭一切眾生，使其得以清涼自在。⓬第七層　此層象徵「十地」之第七地「遠行地」與「十度」之第七度「方便波羅蜜」。菩薩至「遠行地」，其修行已經進入無相行，遠離世間及二乘的有相功用。「方便波羅蜜」指以種種間接方法，啟發其智慧。⓭如響忍　善覺究竟彼岸，知一切法皆如響，不從內出、外出、內外出，但從緣起，而亦能以種種巧方便說法。⓮第八層　據澄觀的解釋，「八層之中含於二位，一『八地』無功用之神通，三種世間自在；二即『九地』法師一音能演，八大願所成神通等故。」（澄觀《華嚴經疏》卷五十七，《大正藏》卷三十五，頁九三五上）這是說，因為「願波羅蜜」之力的緣故，此層象徵「十地」之第八地「不動地」、第九地「善慧地」兩種位格。菩薩至「不動地」，則無分別智已經相續任運，不被相、用、煩惱等所動；至「善慧地」則已經成就微妙四無礙辯，普偏十方，善說法門。⓯第九層　據澄觀的解釋，「九層亦二位，十地、等覺俱可為一生故。」這是說，因「力波羅蜜」的緣故，十地「法雲地」與「如來地」是合二為一的。法雲地，菩薩至此位，大法智雲含眾德水，如虛空覆隱無邊二障，使無量功德充滿法身。⓰一生所繫諸菩薩　也作「一生所繫」、「一生補處」，略稱「補處」。原為「最後之輪迴者」之義，是指經過此生，來生定可在世間成佛。一般說來，此菩薩位還存有元品（根本）無明，受變易生死，故名一生；到最後斷惑入妙覺位，補前佛位處，因此名為「補處」。⓱第十層　此層象徵「如來地」與「十度」之第十度「智波羅蜜」。「如來地」即佛之位格。「智波羅蜜」則指能了知一切法之智慧。

【語　譯】在南下的路途，善財童子回味著在明智居士住所所得到的教誨。善財童子聽聞這一解脫法門之後，在其福德海中游賞，整治福德田，瞻仰福德山，向福德渡口進發，開發福德藏，觀想福德法，使福德輪清淨，回味福德聚，產生福德力，增長福德勢。

善財童子逐漸南下，向師子城進發。到達師子城後，善財童子到處尋找寶髻長者。後來，善財在師子城的街道上見到了寶髻長者。他立即前往拜見，頂禮長者的雙足，在其周圍繞行無數圈，然後在其前面合掌而立對長者說：「聖者！我早先已經發阿耨多羅三藐三菩提心，但卻不知道菩薩如何學菩薩行，如何修菩薩道。好啊，聖者！請您為我說說修菩薩的方法、途徑，我希望以此方法證得一切智！」

這時，寶髻長者拉著善財童子的手，帶著他去自己的住所。長者指著自己的住宅這樣說道：「善男子！你看看我的家。」

這時，善財看到這座住宅，既乾淨又光芒四射，它由真金製作而成，以白銀為牆，玻璃為殿，以紺琉璃寶為樓閣，以硨磲妙寶作為屋柱，成百上千種珍寶裝飾著這棟屋舍。屋內，以赤珠摩尼裝飾師子座，以摩尼製成寶帳，以真珠製成的網完全覆蓋在屋宇之上。院落中，以瑪瑙裝飾的寶池裝滿了香水，院落周圍有無數寶樹圍繞。這座住宅非常廣博，有十層八門。

善財童子進入這座住宅之後，依照順序仔細觀察屋宅。善財看見屋宇的最下層置放著許許多多飲食，第二層放置著許多珍貴的衣物，第三層則放置著用來布施的以一切寶裝飾的器物，第四層有無數的侍女以及所有最上等的珍寶。善財童子看見屋宇的第五層有無數達到五地的菩薩雲集其中，演說諸法以利益世間，成就一切陀羅尼門、諸三昧印以及諸三昧行智慧光明。善財看見屋宇的第六層有已經成就甚深智慧的諸菩薩，他們已經明了通達諸法的法性，成就了廣大總持三昧無障礙門，其所行沒有任何障礙，不執著二法；這些菩薩在不可說妙莊嚴道場中共同集會，分別顯示般若波羅蜜門，他們顯示的般若波羅蜜門如下：寂靜藏般若波羅蜜門、善分別諸眾生智般若波羅蜜門、不可動轉般若波羅蜜門、離欲光明般若波羅蜜門、不可降伏藏般若波羅蜜門、照眾生輪般若波羅蜜門、海藏般若波羅蜜門、普眼捨得般若波羅蜜門、入無盡藏般若波羅蜜門、一切方便海般若波羅蜜門、入一切世間海般若波羅蜜門、無礙辯才般若波羅蜜門、隨順眾生般若波羅蜜門、無礙光明般若波羅蜜門、常觀宿緣而佈法雲般若波羅蜜門……他們宣說著如此百萬阿僧祇般若波羅蜜門。善財童子看見屋宇的第七層，有獲得如響忍的許多菩薩，以方便智分別觀察而得以出離世間，都能完全聞持諸佛之正法。善財看見屋宇的第八層，有無量菩薩在其中集會，他們都獲得了不會退墮的神通，能以一音說法而傳偏十方國土，其身在一切道場同時出現，週徧一切法界而沒有任何遺漏，普入佛境，普見佛身，在一切佛眾會中作為上首菩薩演說諸法。善財童子看見屋宇的第九層，有許多補處菩薩在其中集會。善財看見屋宇的第十層中住滿了一切如來。在寶髻長者的住宅中，從初發心菩薩，修菩薩行之菩薩，超離生死之菩薩，成滿大願及神通力之菩薩，清淨佛國土道場之眾會，轉正法輪、調伏眾生之如來，都充滿其中。如此一切，善財童子都親眼看見了。

爾時，善財見是事已，白言：「聖者！何緣致此清淨眾會？種何善根獲如是報？」

長者告言：「善男子！我念過去過佛剎微塵數劫有世界名圓滿莊嚴，佛號無邊光明法界普莊嚴王如來應正等覺，十號❶圓滿。彼佛入城，我奏樂音，並燒一丸香而以供養，以此功德迴向三處❷，謂永離一切貧窮困苦、常見諸佛及善知識、恆聞正法，故獲斯報。

「善男子！我唯知此菩薩無量福德寶藏解脫門❸。如諸菩薩摩訶薩得不思議功德寶藏，入無分別如來身海，受無分別無上法雲，修無分別功德道具，起無分別普賢行網，入無分別三昧境界，等無分別菩薩善根，住無分別如來所住，證無分別三世平等，住無分別普眼境界，住一切劫無有疲厭。

【章　旨】寶髻長者向善財童子說明，因為自己曾經在過去劫的「圓滿莊嚴世界」供養「無邊光明法界普莊嚴王如來應正等覺」的因緣而證成這一法門。

【注　釋】❶十號　即佛的十種尊號。其一，如來，乘如實之道來成正覺。其二，應供，應受人、天的供養。其三，正偏知，真正偏知一切法。其四，明行足，宿命明、天眼明、漏盡明等三明與聖行、梵行、天行、嬰兒行、病行等五行都完全具足。其五，善逝，自在好去入於涅槃。其六，世間解，能瞭解一切世間的事理。其七，無上士，至高無上之士。其八，調御丈夫，能調御修正道的大丈夫。其九，天、人師，佛是一切天、人的導師。其十，佛世尊，佛是一切世人所共同尊重的人。❷三處　據澄觀的解釋，即指下文所說的「永離一切貧窮困苦、常見諸佛及善知識、恆聞正法」（澄觀《華嚴經疏》卷五十七，《大正藏》卷三十五，頁九三五上）。❸菩薩無量福德寶藏解脫門　據澄觀的解釋，此法門之名的來由為：「世寶三寶蘊積十重之中，故云『寶藏』；常用無盡，是為『無量福德』。」

【語　譯】這時，善財觀察完這些事之後，對寶髻長者說：「聖者！因為什麼因緣而招致此清淨眾會？究竟種植了什麼善根而獲得如此果報？」

寶髻長者告訴善財童子說：「善男子！我想起在過去超過佛剎微塵數劫一名叫『圓滿莊嚴』的世界，有一位佛號為『無邊光明法界普莊嚴王如來應正等覺』的如來，他十號圓滿。這位佛進入城時，我演奏著音樂，並點燃一丸香而供養這位佛。後憑藉此功德而迴向三處，即遠離一切貧窮困苦、常見諸佛及善知識、永遠聽聞正法。因這些因緣而獲得這一果報。

「善男子！我只是知曉這一菩薩無量福德寶藏解脫門。如同諸菩薩一樣，我也獲得了不可思議功德寶藏，進入無分別如來身海，接受無分別無上法雲，以無分別功德道具為修行對象，發起無分別普賢行網，進入無分別三昧境界，獲得與無分別菩薩同樣的善根，住無分別如來之所住，證得無分別三世平等智慧，住於無分別普眼境界，安住一切劫而沒有疲倦與厭惡。

「而我云何能知能說彼功德行？善男子！於此南方，有一國土，名曰藤根❶；其土有城，名曰普門❷；中有長者，名為普眼❸。汝詣彼問：菩薩云何學菩薩行、修菩薩道？」

時，善財童子頂禮其足，繞無數匝，殷勤瞻仰，辭退而去。

【章　旨】寶髻長者又向善財童子舉薦「藤根」國土「普門」城中的「普眼」長者，囑咐善財童子南下前去拜訪。善財童子於是告別寶髻長者繼續南下。

【注　釋】❶藤根　據澄觀的解釋，「國名藤根者，夫藤根深入於地上發華苗，表善現行般若證深能生後得，後得隨物而轉，故取類於『藤』。」（澄觀《華嚴經疏》卷五十七，《大正藏》卷三十五，頁九三五中）這是說，以「十行」的第三行「善現行」為本可以生出「後得智」。❷普門　據澄觀的解釋，「城名『普門』者，實相般若無所不通故。」（澄觀《華嚴經疏》卷五十七，《大正藏》卷三十五，頁九三五中）此城名象徵了實相般若的普徧性。❸普眼　據澄觀的解釋，「長者名『普眼』者，觀照般若無不見故。」此善知識之名象徵觀照般若的功用。

【語　譯】「我為什麼能夠知曉能夠宣說這一功德行？善男子！在此繼續南下有一處名叫『藤根』的國土，此國土中有一座名叫『普門』的城市，城市中有一位名叫『普眼』的長者。你可以前往長者的住所向他請教：菩薩如何學菩薩行、修菩薩道？」

當時，善財童子頂禮寶髻長者的雙足，在長者周圍繞行無數圈，殷勤瞻仰長者。然後，善財童子辭別寶髻長者，踏上繼續南下求法的歷程。

善財童子第十七參：普眼長者會

爾時，善財童子於寶髻長者所聞此解脫已，深入諸佛無量知見，安住菩薩無量勝行，了達菩薩無量方便，希求菩薩無量法門，清淨菩薩無量信解，明利菩薩無量諸根，成就菩薩無量欲樂，通達菩薩無量行門，增長菩薩無量願力，建立菩薩無能勝幢，起菩薩智照菩薩法。

漸次而行，至藤根國，推問求覓彼城所在。雖歷艱難，不憚勞苦，但唯正念善知識教，願常親近承事供養，偏策諸根離眾放逸。然後乃得見普門城，百千聚落周匝圍繞❶，雉堞崇峻❷，衢路寬平❸。見彼長者，往詣其所，於前頂禮，合掌而立，白言：「聖者！我已先發阿耨多羅三藐三菩提心，而未知菩薩云何學菩薩行，云何修菩薩道。」

長者告言：「善哉！善哉！善男子！汝已能發阿耨多羅三藐三菩提心。善男子！我知一切眾生諸病：風黃❹、痰熱、鬼魅、蠱毒❺，乃至水火之所傷害。如是一切所生諸疾，我悉能以方便救療。

「善男子！十方眾生諸有病者咸來我所，我皆療治，令其得差；復以香湯沐浴其身，香華、瓔珞、名衣、上服、種種莊嚴，施諸飲食及以財寶，悉令充足無所乏短。然後各為如應說法：為貪欲多者，教不淨觀；為瞋恚多者，教慈悲觀；愚癡多者，教其分別種種法相❻；等分行者，為其顯示殊勝法門。為欲令其發菩提心，稱揚一切諸佛功德；為欲令其起大悲意，顯示生死無量苦惱；為欲令其增長功德，讚歎修集無量福智；為欲令其發大誓願，稱讚調伏一切眾生；為欲令其修普賢行，說諸菩薩於一切剎、一切劫住，修諸行網；為欲令其具佛相、好，稱揚讚歎檀波羅蜜；為欲令其得佛淨身，悉能徧至一切處故，稱揚讚歎尸波羅蜜；為欲令其得佛清淨不思議身，稱揚讚歎忍波羅蜜；為欲令其獲於如來無能勝身，稱揚讚嘆精進波羅蜜；為欲令其得於清淨無與等身，稱揚讚嘆禪波羅蜜；為欲令其顯現如來清淨法身❼，稱揚讚嘆般若波羅蜜；為欲令其現佛世尊清淨色身，稱揚讚嘆方便波羅蜜；為欲令其為諸眾生住一切劫，稱揚讚嘆願波羅蜜；為欲令其現清淨身，悉過一切諸佛剎土，稱揚讚嘆力波羅蜜；為欲令其現清淨身，隨眾生心悉使歡喜，稱揚讚嘆智波羅蜜；為欲令其獲於究竟淨妙之身，稱揚讚嘆永離一切諸不善法。如是施已，各令還去。

【章　旨】這是善財童子五十三參的第十七次參訪，也是〈入法界品〉「末會」中善財五十五會中的第十八會。善財童子在南下的路上繼續回味在寶髻長者住所學到的「菩薩無量福德寶藏解脫門」的內容與功德，經過長途跋涉到達藤根國普門城中找到普眼長者，向其請教修行菩薩行的方法。普眼長者向善財童子展示自己能知曉眾生之病，並給予相應治療，使其痊癒。其順序為先除身病，後治心病。

【注　釋】❶百千聚落周匝圍繞　據澄觀的解釋，此中以城中的村落象徵般若智慧（參見澄觀《華嚴經疏》卷五十七，《大正藏》卷三十五，頁九三五中）。❷雉堞崇峻　指高大堅固的城牆。據澄觀的解釋，此形象象徵般若防非之功能是無與倫比的（參見澄觀《華嚴經疏》卷五十七，《大正藏》卷三十五，頁九三五中）。❸衢路寬平 據澄觀的解釋，此形象是象徵諸佛以般若智慧行方便之行，使世間平坦無涯（參見澄觀《華嚴經疏》卷五十七，《大正藏》卷三十五，頁九三五中）。❹風黃 指因感受冷風寒氣引起的熱病。❺蠱毒 指因食用以一種人工培育的毒蟲——蠱蟲之毒而致的中毒癥。❻法相 諸法所具本質之相狀（體相），或指其意義內容（義相）。❼清淨法身 指佛之體性，即「佛之真如理體」。因為佛身清淨無染，因此稱之為「清淨法身」。

【語譯】善財童子在南下的路上，回味著在寶髻長者所聽聞的這一解脫法門。善財童子聽聞這一解脫法門之後，深入了諸佛無量知見，安住於菩薩無量勝行，已經了達菩薩無量方便，希望追求菩薩無量法門，使菩薩的無量信解得到清淨，使菩薩無量諸根得以明利，成就菩薩無量欲樂，通達了菩薩無量行門，使菩薩無量願力得到增長，建立了菩薩無能勝幢，興起了菩薩智照菩薩法。

善財童子逐漸向南行進，到達藤根國。善財在此國到處尋找普門城的所在。雖然歷經艱難，但仍然不畏勞苦，只是正念善知識的教誨，希望常親近承事供養善知識，全面地鞭策自己的諸根使其遠離放逸。不久，善財童子終於看見了普門城。這座城市有百千村落在其周圍環繞，城牆高峻，街道寬敞平坦。善財童子看見普眼長者，立即前往其所在，在其面前頂禮禮拜，並合掌而立對普眼長者說：「聖者！我早先已經發阿耨多羅三藐三菩提心，但卻未能知曉菩薩如何學菩薩行，如何修菩薩道。請長者為我解答這一疑惑！」

普眼長者告訴善財童子說：「好啊！好啊！善男子！你已經能發阿耨多羅三藐三菩提心。善男子！我知曉一切眾生諸病：受冷發熱、咳嗽多痰、鬼魅纏身、蠱毒，甚至被大水大火所傷害。如此一切所生的疾病，我都能夠以方便智加以救治。

「善男子！十方眾生凡是有病者都來到我的住所，我都能夠為其加以治療，使其得到痊癒；然後再以香湯沐浴其身，香花、瓔珞、名貴的衣服、上等的服裝以及其他各種裝飾，飲食以及財寶，如此等等，我都充足供應而從不讓其匱乏。最後，我又針對他們的不同情況給其說法：對於多貪欲的，教授不淨觀；對於多瞋恚的，教授慈悲觀；對於多愚癡的，教授其分別種種法相；對於將各種修行方法同等對待的，為其顯示殊勝法門。為了使其發菩提心，我為其稱揚一切諸佛的功德；為了使其發起大悲意，我為其顯示出生死無量苦惱；為了使其增長功德，我讚嘆修集無量福智；為了使其發起大誓願，我為其稱讚調伏一切眾生；為了使其修普賢行，我為其宣說一切國土、一切劫都有菩薩住世，修習諸行之網；為使其具備佛的相、好，我為其稱揚讚嘆檀波羅蜜；為使其獲得佛的淨身，因為完全能夠徧至一切處的緣故，稱揚讚嘆尸波羅蜜；為欲使其得佛清淨不思議身，稱揚讚嘆忍波羅蜜；為使其獲得如來無能勝之身，我為其稱揚讚嘆精進波羅蜜；為使其獲得清淨無與等身，我為其稱揚讚嘆禪波羅蜜；為使其顯現如來清淨法身，我為其稱揚讚嘆般若波羅蜜；為使其顯現佛世尊清淨色身，我為其稱揚讚嘆方便波羅蜜；為使諸眾生住於一切劫，稱揚讚嘆大願波羅蜜；為使其顯現清淨身，在一切諸佛剎土都可經過，我為其稱揚讚嘆力波羅蜜；為使其顯現清淨身，能夠針對每一眾生的心意使其歡喜，我為其稱揚讚嘆智波羅蜜；為使獲得究竟淨妙之身，我為其稱揚讚嘆永離一切諸不善法。我這樣布施完畢之後，讓他們各自離去。

「善男子！我又善知和合一切諸香要法，所謂：無等香、辛頭波羅香❶、無勝香、覺悟香、阿盧那跋底香❷、堅黑栴檀香❸、烏洛迦栴檀香❹、沉水香、不動諸根香，如是等香，悉知調理和合之法。又，善男子！我持此香以為供養，普見諸佛，所願皆滿，所謂救護一切眾生願、嚴淨一切佛剎願、供養一切如來願。又，善男子！然此香時，一一香中出無量香，偏至十方一切法界一切諸佛眾會道場，或為香宮，或為香殿，如是香欄檻、香垣牆、香卻敵、香戶牖、香重閣、香半月、香蓋、香幢、香幡、香帳、香羅網、香形像、香莊嚴具、香光明、香雲雨，處處充滿以為莊嚴。

「善男子！我唯知此令一切眾生普見諸佛歡喜法門❺。如諸菩薩摩訶薩如大藥王，若見、若聞、若憶念、若同住、若隨行往、若稱名號，皆獲利益，無空過者；若有眾生暫得值遇，必令消滅一切煩惱，入於佛法，離諸苦蘊，永息一切生死怖畏，到無所畏一切智處，摧壞一切老死大山，安住平等寂滅之樂。

「而我云何能知能說彼功德行？善男子！於此南方，有一大城，名多羅幢❻；彼中有王，名無厭足❼。汝詣彼問：菩薩云何學菩薩行、修菩薩道？」

時，善財童子禮普眼足，繞無量匝，殷勤瞻仰，辭退而去。

【章旨】普眼長者向善財童子說明，自己也同時知曉所有和合製作各種香的方法，並以其供養諸佛。普眼長者又說，如果有眾生與得到此法門的菩薩有緣接近，就能得到相應的利益。普眼長者又向善財童子舉薦「多羅幢」城中的「無厭足王」，囑咐善財童子南下前去拜訪。善財童子於是告別普眼長者繼續南下。

【注釋】❶辛頭波羅香　出自印度河岸之香。「辛頭」為印度河的古譯名，「波羅」為岸邊的意思。因為此香生長於印度河的岸邊，因而有此名。❷阿盧那跋底香　又作「阿樓那香」，慧苑《一切經音義》上說：「阿樓那香，紅赤色香，其色一如日欲出前之紅赤相，即梵語中，呼彼赤相為『阿樓那香』也。」❸堅黑梅檀香　可能為「憂陀伽娑羅梅檀木香」的異名，據法藏《華嚴經探玄記》卷二十說：「憂陀伽娑羅梅檀者，具云『地毗烏羅伽娑羅』也。『地毗』此云『妙』，『烏羅伽』此云『腹行』，即龍蛇之類。『娑羅』此云勝，亦云『堅固』。謂此梅檀堅固勝出，在龍宮，故以為名。」❹烏洛迦梅檀香　據慧苑《一切經音義》卷下說：「烏洛迦者，西域蛇名，其蛇常患毒熱，據此香樹，以身繞之，毒熱便息，故因名也。或曰：此蛇最毒，螫人必死。唯以梅檀，能治，故以為名耳。」❺令一切眾生普見諸佛歡喜法門　此法門以普眼長者能夠知見眾生之疾病並能夠對症下藥，而眾生之身、心「病除，成二世樂，故皆歡喜以香普供」（澄觀《華嚴經疏》卷五十七，《大正藏》卷三十五，頁九三五中）。❻多羅幢　據澄觀的解釋，「言『多羅』者，此云『明淨』；『幢』者，建立，表無著行依般若淨明立勝行故。」（澄觀《華嚴經疏》卷五十七，《大正藏》卷三十五，頁九三五下）這是說，此法門是依於般若智慧而建立明淨之行。❼無厭足　據澄觀的解釋，「王名『無厭足』者，如幻方便，化無所著，故無疲厭心。」（澄觀《華嚴經疏》卷五十七，《大正藏》卷三十五，頁九三五下）

【語　譯】「善男子！我也善於知曉和合一切諸香的關鍵方法，所謂無等香、辛頭波羅香、無勝香、覺悟香、阿盧那跋底香、堅黑栴檀香、烏洛迦栴檀香、沉水香、不動諸根香，如此等等香，我都知曉其調理和合的方法。還有，善男子！我持此香以為供養，普見諸佛，所願都可以得到滿足。我的大願是：救護一切眾生願、嚴淨一切佛土願、供養一切如來願。又，善男子！點燃此香時，一一香中出現無數香，徧至十方一切法界一切諸佛眾會道場，有的顯現為香宮，有的顯現為香殿，還有香欄杆、香圍牆、香卻敵、香門窗、香重閣、香半月、香蓋、香幢、香幡、香帳、香羅網、香形像、香莊嚴具、香光明、香雲雨，香氣充滿裝飾著一切。

「善男子！我只是知曉這一使一切眾生普見諸佛歡喜法門。進入這一法門的菩薩就如同大藥王，若看見他、若聽其說法、若憶念他、若與其同住、若隨其行遊、若稱念其名號，都可以獲得利益，從不會空手而歸；如果有眾生偶然得以遇到他，必將使其消滅一切煩惱，進入佛法，遠離諸苦蘊，永遠息滅一切對於生死的恐懼，到達無所畏一切智處，摧壞一切老、死之大山，安住於平等寂滅之樂中。

「我為什麼能夠知曉、能夠宣說這一功德行呢？善男子！在此繼續朝南方走，有一座名叫『多羅幢』的大城市；那座城市中有一位名叫『無厭足』的王。你可以前往那裡向其請教：菩薩如何學菩薩行、修菩薩道？」

這時，善財童子頂禮普眼的雙足，在其周圍繞行無數圈，殷勤瞻仰長者。然後，善財童子辭別普眼長者，繼續向南方進發。

善財童子第十八參：無厭足王會

爾時，善財童子憶念思惟善知識教，念善知識：「能攝受我，能守護我，令我於阿耨多羅三藐三菩提無有退轉。」如是思惟，生歡喜心、淨信心、廣大心、怡暢心、踊躍心、欣慶心、勝妙心、寂靜心、莊嚴心、無著心、無礙心、平等心、自在心、住法心、徧往佛剎心、見佛莊嚴心、不捨十力心。

漸次遊行，經歷國土、村邑、聚落，至多羅幢城，問無厭足王所在之處，諸人答言：「此王今者在於正殿，坐師子座，宣佈法化，調御眾生，可治者治，可攝者攝，罰其罪惡，決其諍訟，撫其孤弱，皆令永斷殺、盜、邪淫，亦令禁止妄言、兩舌❶、惡口❷、綺語❸，又使遠離貪、瞋、邪見。」時，善財童子依眾人語，尋即往詣。

遙見彼王坐那羅延金剛❹之座，阿僧祇寶以為其足，無量寶像以為莊嚴，金繩為網彌覆其上；如意摩尼以為寶冠莊嚴其首，閻浮檀金以為半月莊嚴其額，帝青摩尼以為耳璫相對垂下，無價摩尼以為瓔珞莊嚴其頸，天妙摩尼以為印釧莊嚴其臂；閻浮檀金以為其蓋，眾寶間錯以為輪輻，大琉璃寶以為其竿，光味摩尼以為其臍，雜寶為鈴恆出妙音，放大光明遍十方，如是寶蓋而覆其上。

阿那羅王有大力勢，能伏他眾，無能與敵；以離垢繒而繫其頂，十千大臣前後圍繞共理王事。其前復有十萬猛卒，形貌醜惡，衣服褊陋❺，執持器仗，攘臂瞋目，眾生見者無不恐怖。無量眾生犯王教敕，或盜他物，或害他命，或侵他妻，或生邪見，或起瞋恨，或懷貪嫉，作如是等種種惡業，身被五縛❻，將詣王所，隨其所犯而治罰之。或斷手足，或截耳鼻，或挑其目，或斬其首，或剝其皮，或解其體，或以湯煮，或以火焚，或驅上高山推令墮落，有如是等無量楚毒；發聲號叫，譬如眾合大地獄❼中。

【章　旨】這是善財童子五十三參的第十八次參訪，也是〈入法界品〉「末會」中善財五十五會中的第十九會。善財童子在南下的路上繼續回味在普眼長者住所學到的「令一切眾生普見諸佛歡喜法門」的內容與功德，經過長途跋涉到多羅幢城中找到無厭足王。善財童子看到了無厭足王的神奇身相以及其審理犯罪眾生的手法。

【注　釋】❶兩舌　又作「離間語」、「兩舌語」，十惡之一。指在兩者之間搬弄是非、挑撥離間，破壞彼此的團結和合。❷惡口　又譯「粗惡語」，十惡之一。指口出粗惡語毀訾他人。❸綺語　又作「雜穢語」、「無義語」，十惡之一。指從一切染污心所發的言詞，或時機不對之不恰當言詞。❹那羅延金剛　指欲界具有大力的毗紐天王。此中是說，無厭足王幻化為那羅延天王處理對於罪犯的懲罰。❺褊陋　狹隘淺陋；狹小偏僻。❻五縛　此句中的「五縛」其表面意思為五種繩索之意，其深層涵義是指眾生所具的心、心所法及所緣之五種煩惱。煩惱大致分為「相應縛」與「所緣縛」兩種，前者指與諸煩惱縛同時相應之心、心所法，後者指諸煩惱緣境時縛其所緣之縛。而「所緣縛」又可分為同部同品、同部異品、異部同品、異部異品等四縛，與相應縛合稱五縛。其中，「部」指苦、集、滅、道四諦與修道等五部，「品」指所斷惑之上、中、下等九品。❼眾合大地獄　又作「聚磕」、「堆壓」地獄，八熱地獄之一。據《長阿含經》卷十九〈地獄品〉所載，此獄中有大石山，其山兩兩相對，罪人進入其中，兩山自然相合，堆壓糜碎罪人身體骨肉，其後兩山復還原處。又有大鐵象，舉身發火，蹴蹋罪人，使其身體糜碎，膿血流出。又有獄卒捉罪人置磨石中，以磨磨之，或以大石壓之，其淒苦難忍，欲求暫停而不可得。

【語譯】在南下的路上，善財童子憶念思惟這位善知識的教誨，這樣想：「這位善知識能夠攝受我，能夠守護我，使我對於阿耨多羅三藐三菩提心沒有退轉。」這樣想著，善財童子產生了歡喜心、淨信心、廣大心、怡暢心、踴躍心、欣慶心、勝妙心、寂靜心、莊嚴心、無著心、無礙心、平等心、自在心、住法心、徧往佛剎心、見佛莊嚴心、不捨十力心。

善財童子逐漸南下，歷經許多國土、村莊、聚落到達了多羅幢城。善財向人們詢問無厭足王所在的地方，有人回答說：「這位王現今在正殿，坐在師子座上，宣佈正法之教化，調御眾生，可改變的使其改變，可攝化的攝化之，懲罰其所犯的罪惡，審定其諍訟，撫養其孤弱，都使其永遠斷絕殺、盜、邪淫，也使其禁絕妄言、兩舌、惡口、綺語等惡行，又使其遠離貪、瞋、邪見。」聽完此言，善財童子便依照眾人的指點，前往其所在尋找無厭足王。

善財童子在遠處就看見無厭足王坐在那羅延金剛之座上，阿僧祇寶裝飾著其足，無量寶像裝飾著其身，以金繩製作的網完全覆蓋在其身上；由如意摩尼寶製作的寶冠戴在其頭上，以閻浮檀金製作的半月形物品裝飾著其額頭，以帝青摩尼寶製作的耳璫相互對應掛在其雙耳上，以無價摩尼製作的瓔珞裝飾著其頸，以天妙摩尼製作的印釧裝飾著其雙臂；以閻浮檀金製作的傘蓋十分輝煌，眾寶間錯作為座椅的輪輻，一大琉璃寶作為其竿，以光味摩尼寶裝飾著其中心，以雜寶製作的鈴鐺發出美妙的聲音，放出大光明週徧十方，這樣的寶蓋覆蓋在無厭足王上為其遮蔭。

這位阿那羅王有巨大的威力，能夠使眾生折伏，沒有誰能夠與其為敵；以離垢絲繩繫在其頭頂上，一萬名大臣前後圍繞在其周圍一同處理王事。在其前方又有十萬兇橫的士卒，形貌醜惡，穿著簡陋狹小的衣服，執持器仗，攘臂瞋目，凡是看見這陣勢的眾生沒有不恐怖的。觸犯王之教令的眾生，有的偷盜他人財物，有的殺害他人，有的冒犯他人之妻，有的產生邪見，有的則生起瞋恨之心，有的心懷貪欲與嫉恨，造這種種惡業，身體被五種繩索捆綁，將被押送到王所在之地，依照其所觸犯的罪行而治罰之。有的判決斷其手足，有的判決割下其耳、鼻，有的則判決挑出其眼睛，有的則判決斬首，有的則判決剝皮，有的則判決肢解其身體，有的則判決以熱水煮身，有的則判決火刑，有的則判決將其驅趕到高山上然後再推下山谷。有如此等等無數痛苦，這些被懲罰眾生發出的哀叫，與眾合大地獄中的聲音是相同的。

善財見已，作如是念：「我為利益一切眾生，求菩薩行，修菩薩道。今者，此王滅諸善法，作大罪業，逼惱眾生，乃至斷命，曾不顧懼未來惡道。云何於此而欲求法，發大悲心救護眾生？」

作是念時，空中有天而告之言：「善男子！汝當憶念普眼長者善知識教。」

善財仰視而白之曰：「我常憶念，初不敢忘。」

天曰：「善男子！汝莫厭離善知識語，善知識者能引導汝至無險難安隱之處。善男子！菩薩善巧方便智不可思議，攝受眾生智不可思議，護念眾生智不可思議，成熟眾生智不可思議，守護眾生智不可思議，度脫眾生智不可思議，調伏眾生智不可思議。」

時，善財童子聞此語已，即詣王所，頂禮其足，白言：「聖者！我已先發阿耨多羅三藐三菩提心，而未知菩薩云何學菩薩行，云何修菩薩道。我聞聖者善能教誨，願為我說！」

【章　旨】善財童子看到無厭足王的這一陣勢，對於無厭足王的修行有些懷疑。在天眾的提醒之下，他纔領悟到這是此王以方便智救度眾生的幻化場景。於是，善財童子便向無厭足王請教修行菩薩行的方法、途徑。

【語　譯】善財童子看到這一場景之後，心中這樣想：「我是為了利益一切眾生而尋求菩薩行，修習菩薩道的。但是現在此王卻泯滅了諸善法，作出大罪業，逼迫惱害眾生，甚至斷其性命，並未想到畏懼其未來會墮入惡道。我怎麼能向他尋求佛法，生發大悲心而救護眾生呢？」

剛剛想到這裡，空中有天眾告訴善財童子說：「善男子！你應該想想普眼長者善知識給予你的囑咐。」

善財童子抬起頭來看著空中說道：「我常常憶念，決不敢忘。」

天眾說：「善男子！你不要厭惡遠離善知識所說的話，此善知識能夠引導你到達無險難安隱之處。善男子！菩薩所具的善巧方便智不可思議，攝受眾生智不可思議，護念眾生智不可思議，成熟眾生智不可思議，守護眾生智不可思議，度脫眾生智不可思議，調伏眾生智不可思議。」

善財童子聽了這一段話之後，立即前往無厭足王的住所，頂禮王的雙足，對無厭足王說：「聖者！我早先已經發阿耨多羅三藐三菩提心，但卻不知曉菩薩如何學菩薩行，如何修菩薩道。我聽說聖者諄諄善誘，請您為我回答這些問題！」

時，阿那羅王理王事已，執善財手，將入宮中，命之同坐，告言：

「善男子！汝應觀我所住宮殿。」

善財如語即徧觀察，見其宮殿廣大無比，皆以妙寶之所合成，七寶為牆周匝圍繞，百千眾寶以為樓閣，種種莊嚴悉皆妙好，不思議摩尼寶網羅覆其上；十億侍女端正殊絕，威儀進止皆悉可觀，凡所施為無非巧妙，先起後臥軟意承旨。

時，阿那羅王告善財言：「善男子！於意云何？我若實作如是惡業，云何而得如是果報、如是色身❶、如是眷屬、如是富贍、如是自在？

「善男子！我得菩薩如幻解脫❷。善男子！我此國土所有眾生，多行殺、盜乃至邪見，作餘方便不能令其捨離惡業。善男子！我為調伏彼眾生故，化作惡人造諸罪業受種種苦，令其一切作惡眾生見是事已，心生惶怖，心生厭離，心生怯弱，斷其所作一切惡業，發阿耨多羅三藐三菩提意。善男子！我以如是巧方便故，令諸眾生，捨十惡❸業，住十善道❹，究竟快樂，究竟安隱，究竟住於一切智地。善男子！我身、語、意未曾惱害於一眾生。善男子！如我心者，寧於未來受無間苦❺，終不發生一念之意與一蚊一蟻而作苦事，況復人耶！人是福田，能生一切諸善法故。

「善男子！我唯得此如幻解脫。如諸菩薩摩訶薩得無生忍❻，知諸有趣悉皆如幻，菩薩諸行悉皆如化❼，一切世間悉皆如影，一切諸法悉皆如夢，入真實相無礙法門，修行帝網一切諸行，以無礙智行於境界，普入一切平等三昧，於陀羅尼已得自在。

「而我云何能知能說彼功德行？善男子！於此南方，有城名妙光❽，王名大光❾。汝詣彼問：菩薩云何學菩薩行、修菩薩道？」

時，善財童子頂禮王足，繞無數匝，辭退而去。

【章　旨】無厭足王給善財童子解說了「菩薩如幻解脫」法門的內容。無厭足王為了調伏眾生的緣故而以方便化作惡人做種種惡行受種種苦，使一切眾生心生恐怖畏懼，斷其惡業。無厭足王又向善財童子舉薦「妙光」城中的「大光王」，囑咐善財童子南下前去拜訪。善財童子於是告別無厭足王繼續南下。

【注　釋】❶色身　指有形質之身，即「肉身」。這是與無形質的「法身」或「智身」相對應的。具足三十二相之佛就是有形質之色身。佛的色身分為「實色身」、「化色身」二種，也稱「報身」與「應身」。「實色身」是諸佛如來在「因」中憑藉在修習中所獲得的無量功德而在「果位」感得的無量的相好莊嚴。「化色身」是諸佛如來憑藉自身所具的大悲願力，為了化度眾生而變化出的種種身形。❷菩薩如幻解脫　以「變化身」、「變化土」來教化眾生的解脫法門。佛、菩薩為教化凡夫，應機所變現淨、穢之國土，稱為「變化土」、「化土」；能變化之心，稱為「化心」；所變化之事，稱為「化事」。❸十惡　又作「十不善」，十種惡行，即殺生、偷盜、邪淫、妄語、兩舌、惡口、綺語、貪欲、瞋恚、邪見。❹十善道　指修行十種善業的方法、途徑。「十善」即不殺生、不偷盜、不邪淫、不妄語、不兩舌、不惡口、不綺語、不貪、不瞋、不邪見。❺無間苦　即「五無間地獄」或「阿鼻地獄」。法界有情眾生隨所造業，墮此地獄，受苦報無有間斷。為八大地獄中之最苦處，乃極惡之人所受之果報。「無間」即「時無間」，指歷劫受罪，無時間歇；「形無間」，指此地獄縱廣八萬由旬（限量），一切有情於中受苦，其身形亦廣八萬由旬，徧滿此獄。一人亦滿，多人亦滿，無有間隙；「受苦無間」，諸有情於劍樹刀山、罪器叉棒、碓磨鋸鑿及剉斫鑊湯等，備受諸苦，無有休歇；「趣果無間」，不問男子女人、老幼貴賤及天龍神鬼，罪業所感，悉同受之；「命無間」，若墮此獄，從初入時，至百千萬劫，一日一夜，萬死萬生，求一念間暫住不得，除非業盡，方得受生。❻無生忍　為「無生法忍」之略稱。遠離生滅之真如實相理體，稱為「無生法」；真智安住於此理而不動，稱為「無生法忍」。這是菩薩觀諸法性空，入於見道初地，而了見一切法畢竟不生之理所證成的境界。❼如化　化，又作變化、變化事、等變化。在佛教中，凡是神仙之通力、天龍之業力以及以禁咒、禪定等變現諸物者，皆稱為「化」。此等化事化物，皆空而無實，故以之比喻一切諸法皆空，猶如化物般之無實。❽妙光　據澄觀的解釋，「城名『妙光』者，前位悲增，今得無住妙慧運眾生故。」（澄觀《華嚴經疏》卷五十七，《大正藏》卷三十五，頁九三六上）這是說，無厭足王所象徵的第八行是以無住的奇妙智慧濟度眾生。❾大光　據澄觀的解釋，「王名『大光』者，慈定之智無不該故，廣大願中皆徹照故。」（澄觀《華嚴經疏》卷五十七，《大正藏》卷三十五，頁九三六上）這是說，進入此「行」的菩薩其智慧與大願具有無比的濟度眾生的功能。

【語　譯】這時，阿那羅王將政事處理完畢之後，拉著善財童子的手引其進入宮中，命令善財與其坐在一起。王告訴善財童子說：「善男子！你應該先看看我所住的宮殿。」

善財童子遵囑隨即全面觀察這座宮殿。善財看見這座宮殿廣大無比，都以妙寶製作而成，以七寶裝飾的圍牆在周圍矗立，以百千種珍寶製作成樓閣，種種裝飾都是異常美妙，不思議摩尼寶網覆蓋著宮殿；十億侍女既端正又美麗異常，威儀進止都非常優雅美觀，她們的所有動作都非常巧妙，早起晚睡溫柔地秉承王的旨意。

這時，阿那羅王告訴善財童子說：「善男子！你意下如何呢？我如果確實做了如此惡業，為什麼還能夠獲得如此的果報、如此的色身、如此的眷屬、如此富裕、如此自在呢？

「善男子！我已經獲得菩薩如幻解脫。善男子！我此國土的所有眾生，多做殺、盜等惡行，執著邪見，以其他方便不能使其捨棄遠離惡業。善男子！我為調伏這些眾生的緣故，化作惡人造諸罪業受種種苦，使其一切作惡眾生看見這些事之後，心裡產生惶恐畏懼，心裡產生厭離，心裡產生怯弱，便斷其所作一切惡業，發阿耨多羅三藐三菩提意。善男子！我以如此善巧方便的緣故，使諸眾生捨棄十種惡業，安住於十種善道，獲得究竟快樂，究竟安隱，究竟住於一切智地。善男子！我的身、語、意未曾對任何一位眾生產生擾亂迫害之心。善男子！與我有相同的心者，寧可在未來受無間地獄的果報，也決不可對一蚊一蟻產生哪怕是一念的迫害之心，更談不上做苦事了。對於動物都是如此，何況對於人呢！因為人是福田，能出生一切諸善法啊！

「善男子！我只是獲得此如幻解脫法門。我獲得了菩薩無生法忍，知曉諸道世間都如同幻化、菩薩諸行也都如同幻化、一切世間都如同影子、一切諸法都如同夢境，進入了真實相無礙法門，修行帝網一切諸行，以無礙智運行於這一境界，完全進入一切平等三昧，在陀羅尼方面已經能夠自由自在。

「我為什麼能夠知曉能夠宣說這一功德行呢？善男子！在此繼續朝南行進，有一座名叫『妙光』的城市，此城有一位名叫『大光』的王。你可以前往他那裡去向他請教：菩薩如何學菩薩行、修菩薩道？」

這時，善財童子頂禮無厭足王的雙足，在其周圍繞行無數圈，辭別無厭足王，繼續向南方行進。

善財童子第十九參：大光王會

爾時，善財童子一心正念彼王所得幻智法門，思惟彼王如幻解脫，觀察彼王如幻法性，發如幻願，淨如幻法，普於一切如幻三世起於種種如幻變化，如是思惟。

漸次遊行，或至人間城邑、聚落，或經曠野、岩谷、險難，無有疲懈，未曾休息。然後乃至妙光大城，而問人言：「妙光大城在於何所？」人咸報言：「妙光城者，今此城是，是大光王之所住處。」

時，善財童子歡喜踊躍，作如是念：「我善知識在此城中，我今必當親得奉見，聞諸菩薩所行之行，聞諸菩薩出要之門，聞諸菩薩所證之法，聞諸菩薩不思議功德，聞諸菩薩不思議自在，聞諸菩薩不思議平等，聞諸菩薩不思議勇猛，聞諸菩薩不思議境界廣大清淨。」作是念已，入妙光城。

見此大城，以金、銀、琉璃、玻璃、真珠、硨磲、瑪瑙七寶所成，七寶深塹，七重圍繞；八功德水盈滿其中，底佈金沙，優鉢羅華、波頭摩華、拘物頭華❶、芬陀利華偏佈其上；寶多羅樹七重行列，七種金剛以為其垣各各圍繞，所謂：師子光明金剛垣、無能超勝金剛垣、不可沮壞金剛垣、不可毀缺金剛垣、堅固無礙金剛垣、勝妙網藏金剛垣、離塵清淨金剛垣，悉以無數摩尼妙寶間錯莊嚴，種種眾寶而為埤堄❷。其城縱廣一十由旬，週回八方，面開八門，皆以七寶週偏嚴飾，毗琉璃寶以為其地，種種莊嚴甚可愛樂。

其城之內，十億衢道，一一道間，皆有無量萬億眾生於中止住。有無數閻浮檀金樓閣，毗琉璃摩尼網羅覆其上；無數銀樓閣，赤真珠摩尼網羅覆其上；無數毗琉璃樓閣，妙藏摩尼網羅覆其上；無數玻璃樓閣，無垢藏摩尼王網羅覆其上；無數光照世間摩尼寶樓閣，日藏摩尼王網羅覆其上；無數帝青摩尼寶樓閣，妙光摩尼王網羅覆其上；無數眾生海摩尼王樓閣，燄光明摩尼王網羅覆其上；無數金剛寶樓閣，無能勝幢摩尼王網羅覆其上；無數黑栴檀樓閣，天曼陀羅華網羅覆其上；無數無等香王樓閣，種種華網羅覆其上。

其城復有無數摩尼網、無數寶鈴網、無數天香網、無數天華網、無數寶形像網，無數寶衣帳、無數寶蓋帳、無數寶樓閣帳、無數寶華鬘帳之所彌覆，處處建立寶蓋、幢、幡。

當此城中，有一樓閣，名正法藏，阿僧祇寶以為莊嚴，光明赫奕最勝無比，眾生見者心無厭足，彼大光王常處其中。

爾時，善財童子於此一切珍寶妙物，乃至男女、六塵境界❸，皆無愛著，但正思惟究竟之法，一心願樂見善知識。

【章　旨】這是善財童子五十三參的第十九次參訪，也是〈入法界品〉「末會」中善財五十五會中的第二十會。善財童子在南下的路上繼續回味跟從無厭足王所學到的「令一切眾生普見諸佛歡喜法門」的內容與功德，經過長途跋涉到妙光大城，看到此城的神奇景象。

【注　釋】❶拘物頭華　又作「俱物頭華」、「究牟地華」、「句文羅華」，花莖有刺，色白或赤，葉稍短。❷埤堄　城上呈凹凸形而有射孔的矮牆。泛指城牆、圍牆。❸六塵境界　即「六境」。指六根所取之六種對境，亦為六識所感覺認識之六種境界。即色、聲、香、味、觸、法。此六境猶如塵埃能污染人之情識，故稱「六塵」。能引人迷妄，又稱「六妄」；能使善衰滅，又稱「六衰」；或因其能劫持一切善法，故又稱「六賊」。

【語　譯】在南下的路途，善財童子一心正念在無厭足王處所獲得的幻智法門，思惟那位王所教誨的如幻解脫方法，觀察無厭足王所說的如幻法性，發如幻大願，使如幻法得到清淨，完全進入一切如幻三世之中而生起種種如幻的變化。善財童子這樣邊想邊朝南走。

善財童子逐漸向南行進，走過人間城市、村落，經過了曠野、岩谷以及其他危險之處，從無疲倦和懈怠，未曾休息。最後，善財童子終於到達了妙光大城。善財問城中居民說：「妙光大城在什麼地方？」居民都說：「這座城就是妙光，是大光王所住的地方。」

這時，善財童子歡喜踴躍，這樣想道：「善知識在此城中，我現今肯定親自得以奉見這位善知識，聽聞諸菩薩所行之行，聽聞諸菩薩走出關鍵的門徑，聽聞諸菩薩所證之法，聽聞諸菩薩不思議功德，聽聞諸菩薩不思議自在，聽聞諸菩薩不思議平等，聽聞諸菩薩不思議勇猛，聽聞諸菩薩不思議境界廣大清淨。」這樣想著，善財童子已經進入了妙光城。

善財童子看見這座大城是以金、銀、琉璃、玻璃、真珠、硨磲、瑪瑙七寶修建而成的，以七寶掘成深塹，七重深壕圍繞著全城；壕中注滿了八種功德水，壕之底鋪就金沙，青蓮花、紅蓮花、拘物頭華、白色蓮花徧佈於上；七重寶多羅樹矗立其間護衛壕溝，七種金剛佈成圍牆各個環列。這七重圍牆是：師子光明金剛垣、無能超勝金剛垣、不可沮壞金剛垣、不可毀缺金剛垣、堅固無礙金剛垣、勝妙網藏金剛垣、離塵清淨金剛垣。這些圍牆都以無數摩尼妙寶間錯莊嚴，種種眾寶裝飾著呈凹凸形而有射孔的矮牆。其城縱廣一十由旬，週回八方，設置八門，都以七寶週徧裝飾，毗琉璃寶鋪就城中地面，種種莊嚴非常使人喜愛。

其城市之內，有十億數的大道，每一街道之間，都有無數萬億的眾生住於其中。城中有無數閻浮檀金樓閣，毗琉璃摩尼網羅覆蓋其上；有無數銀樓閣，赤真珠摩尼網覆蓋其上；有無數毗琉璃樓閣，妙藏摩尼網羅覆蓋其上；有無數玻璃樓閣，無垢藏摩尼王網羅覆蓋其上；有無數光照世間摩尼寶樓閣，日藏摩尼王網羅覆蓋其上；有無數帝青摩尼寶樓閣，妙光摩尼王網羅覆蓋其上；有無數眾生海摩尼王樓閣，燄光明摩尼王網羅覆蓋其上；有無數金剛寶樓閣，無能勝幢摩尼王網羅覆蓋其上；有無數黑栴檀樓閣，天曼陀羅華網羅覆蓋其上；有無數無等香王樓閣，種種華網羅覆蓋其上。

其城中還有無數摩尼網、無數寶鈴網、無數天香網、無數天華網、無數寶形像網，無數寶衣帳、無數寶蓋帳、無數寶樓閣帳、無數寶華鬘帳覆蓋在其上空，城中到處建立寶蓋、幢、幡。

在此城中，有一座名叫「正法藏」的樓閣，有阿僧祇寶作為裝飾，光明閃耀無與倫比。凡是看見這一景象的眾生心從來不會感到滿足，那位大光王就常住於其中。

這時，善財童子對於眼前所見的一切珍寶妙物，甚至男女、六塵境界，都無喜愛執著，只是正思惟究竟之法，一心希望拜見善知識。

漸次遊行，見大光王去於所住樓閣不遠四衢道中，坐如意摩尼寶蓮華藏廣大莊嚴師子之座，紺琉璃寶以為其足，金繒為帳，眾寶為網，上妙天衣以為茵蓐。其王於上結跏趺坐，二十八種大人之相、八十隨好而以嚴身；如真金山，光色熾盛；如淨空日，威光赫奕；如盛滿月，見者清涼；如梵天王，處於梵眾；亦如大海，功德法寶無有邊際；亦如雪山，相好樹林以為嚴飾；亦如大雲，能震法雷，啟悟群品；亦如虛空，顯現種種法門星象；如須彌山，四色❶普現眾生心海；亦如寶洲，種種智寶充滿其中。

於王座前，有金、銀、琉璃、摩尼、真珠、珊瑚、琥珀、珂貝❷、璧玉諸珍寶聚，衣服、瓔珞及諸飲食無量無邊種種充滿。復見無量百千萬億上妙寶車、百千萬億諸天伎樂、百千萬億天諸妙香、百千萬億病緣湯藥資生之具，如是一切悉皆珍好。無量乳牛，蹄角金色；無量千億端正女人，上妙栴檀以塗其體，天衣、瓔珞種種莊嚴，六十四能❸靡不該練，世情禮則悉皆善解，隨眾生心而以給施。

城邑、聚落、四衢道側，悉置一切資生之具。一一道傍皆有二十億菩薩，以此諸物給施眾生，為欲普攝眾生故，為令眾生歡喜故，為令眾生踊躍故，為令眾生心淨故，為令眾生清涼故，為滅眾生煩惱故，為令眾生知一切義理故，為令眾生入一切智道故，為令眾生捨怨敵心故，為令眾生離身、語惡故，為令眾生拔諸邪見故，為令眾生淨諸業道故。

時，善財童子五體投地，頂禮其足，恭敬右繞，經無量匝，合掌而住，白言：「聖者！我已先發阿耨多羅三藐三菩提心，而未知菩薩云何學菩薩行，云何修菩薩道。我聞聖者善能誘誨，願為我說！」

【章　旨】善財童子看到大光王所住樓閣的神奇景象，並且看到在城中的街道、村落中有二十億的菩薩在為眾生做布施。於是，善財童子便禮拜大光王並且向其請教修行菩薩行的方法、途徑。

【注　釋】❶四色　即須彌山四色。據佛教經典所說，須彌山由四寶所成，北面為黃金、東面為白銀、南面為琉璃、西面為頗梨。而須彌山四方的虛空色，也由這些寶物所反映。因此，四色即指黃金、白銀、琉璃、頗梨（即玻璃）之色。❷珂貝　最美麗的貝殼。珂，美石。貝，貝殼。❸六十四能　即「六十四梵音」，指如來的聲音所具有的六十四種殊勝美妙的相，即流澤聲、柔軟聲、悅意聲、可樂聲、清淨聲、離垢聲、明亮聲、甘美聲、樂聞聲、無劣聲、圓具聲、調順聲、無澀聲、無惡聲、善柔聲、悅耳聲、適身聲、心生勇銳聲、心喜聲、悅樂聲、無熱惱聲、如教令聲、善了知聲、分明聲、善愛聲、令生歡喜聲、使他如教令聲、令他善了知聲、如理聲、利益聲、離重複過失聲、如師子音聲、如龍音聲、如雲雷吼聲、如龍王聲、如緊那羅妙歌聲、如迦陵頻伽聲、如梵王聲、如共命鳥聲、如帝釋美妙聲、如振鼓聲、不高聲、不下聲、隨入一切音聲、無缺減聲、無破壞聲、無染污聲、無希取聲、具足聲、莊嚴聲、顯示聲、圓滿一切音聲、諸根適悅聲、無譏毀聲、無輕轉聲、無動搖聲、隨入一切眾會聲、諸相具足聲、令眾生心意惟喜聲、說眾生心行聲、入眾生心喜聲、隨眾生信解聲、聞者無分量聲、眾生不能思惟稱量聲。

【語　譯】善財童子在城中漫遊，在距離大光王所住樓閣不遠處的四衢街道中，看見大光王坐在如意摩尼寶蓮華藏廣大莊嚴師子之座上，紺琉璃寶裝飾著這個寶座之足，金繒為帳，眾寶為網，以最美妙的天衣作為座椅的墊子。這位大光王結跏趺坐於此座上，他具備了二十八種大人之相、八十種隨好莊嚴身相；他就如同一座真正的金山，光芒四射；如同明淨的太陽，熠熠閃光；如同滿月，使見者感覺到清涼；如同梵天王，坐在梵眾之中；也如同大海，其功德法寶無有邊際；也如同雪山，美麗的樹林妝點得雪山分外美麗；也如同大雲，能產生震動巨大的法雷，啟發眾生使其領悟；也如同虛空，顯現出種種法門的星象；如同須彌山，其四色普現眾生之心海；也如同寶洲，種種智寶都充滿其中。

在大光王的座位前，堆聚著金、銀、琉璃、摩尼、真珠、珊瑚、琥珀、貝殼、璧玉等珍寶，到處盛放著衣服、瓔珞以及各種飲食，無量無邊。善財童子又看見無數百千萬億上妙寶車、百千萬億諸天伎樂、百千萬億天諸妙香、百千萬億對症的湯藥等等器具，如此一切都是最上等的。還有無數蹄角為金色的乳牛；有無數千億端正美麗的女人，她們以上等美妙的栴檀塗抹自己的身體，以種種天衣、瓔珞裝飾其身，六十四梵音都完全具備而熟練，對於世間的情感和禮節都能夠完全理解，並且針對眾生之心而給與布施。

在此城中的街區、聚落、四衢道的兩側，到處都放置著一切資生之器具，每一街道旁邊都有二十億菩薩以此諸物給施眾生。這是為了完全攝入眾生的緣故，為了使眾生歡喜的緣故，為使眾生踴躍的緣故，為使眾生之心清淨的緣故，為使眾生清涼的緣故，為除滅眾生煩惱的緣故，為使眾生知曉一切義理的緣故，為使眾生進入一切智道的緣故，為使眾生捨棄怨敵之心的緣故，為使眾生遠離身、語惡業的緣故，為使眾生拔除諸邪見的緣故，為使眾生清淨諸業道的緣故。

這時，善財童子五體投地，頂禮大光王的雙足，恭敬地在其周圍右繞無數圈，最後在其前方合掌而住，對大光王說：「聖者！我早先已經發阿耨多羅三藐三菩提心，但卻不知曉菩薩如何學菩薩行，如何修菩薩道。我聽聞您諄諄善誘，希望您能為我回答這些問題！」

時，王告言：「善男子！我淨修菩薩大慈幢行，我滿足菩薩大慈幢行。善男子！我於無量百千萬億乃至不可說不可說佛所，問難此法，思惟觀察，修習莊嚴。

「善男子！我以此法為王，以此法教敕，以此法攝受，以此法隨逐世間，以此法引導眾生，以此法令眾生修行，以此法令眾生趣入，以此法與眾生方便，以此法令眾生熏習，以此法令眾生起行，以此法令眾生安住思惟諸法自性，以此法令眾生安住慈心，以慈為主，具足慈力；如是，令住利益心、安樂心、哀愍心、攝受心、守護眾生不捨離心、拔眾生苦無休息心。我以此法令一切眾生畢竟快樂，恆自悅豫，身無諸苦，心得清涼，斷生死愛，樂正法樂，滌煩惱垢，破惡業障，絕生死流，入真法海，斷諸有趣，求一切智，淨諸心海，生不壞信。善男子！我已住此大慈幢行，能以正法教化世間。

「善男子！我國土中一切眾生，皆於我所無有恐怖。善男子！若有眾生貧窮睏乏來至我所而有求索，我開庫藏恣其所取，而語之言：『莫造諸惡，莫害眾生，莫起諸見，莫生執著。汝等貧乏，若有所須，當來我所及四衢道，一切諸物種種具足，隨意而取勿生疑難。』善男子！此妙光城所住眾生，皆是菩薩發大乘意隨心所欲，所見不同。或見此城其量狹小，或見此城其量廣大；或見土沙以為其地，或見眾寶而以莊嚴；或見聚土以為垣牆，或見寶牆周匝圍繞；或見其地多諸瓦石高下不平，或見無量大摩尼寶間錯莊嚴平坦如掌；或見屋宅土木所成，或見殿堂及諸樓閣、階墀、窗闥、軒檻、戶牖——如是一切無非妙寶。

「善男子！若有眾生其心清淨，曾種善根，供養諸佛，發心趣向一切智道，以一切智為究竟處，及我昔時修菩薩行曾所攝受，則見此城眾寶嚴淨。餘皆見穢。

【章 旨】大光王給善財童子解說「菩薩大慈幢行」之法，菩薩以大慈三昧攝化救護眾生。此章中，大光王宣講以法攝化、以無畏攝化、以財寶攝化以及隨機攝化等四種方法救度眾生（參見澄觀《華嚴經疏》卷五十七，《大正藏》卷三十五，頁九三六中）。

【語 譯】這時，大光王告訴善財童子說：「善男子！我清淨修行菩薩大慈幢行，我完全滿足菩薩大慈幢行。善男子！我在無量百千萬億乃至不可說不可說佛所向諸佛請教此法，思惟觀察，認真虔誠地修習。

「善男子！我以此法為核心，以此法教化眾生，以此法攝受眾生，以此法隨逐於世間，以此法引導眾生，以此法讓眾生修行，以此法使眾生趣入，以此法給予眾生方便，以此法使眾生熏習，以此法制約眾生的行為，以此法使眾生安住思惟諸法的本性，以此法使眾生安住於慈心，使其以慈為核心而具足慈悲之力。這樣一來，使眾生產生安住於利益心、安樂心、哀愍心、攝受心、守護眾生而不捨棄遠離心、永不休息拔眾生出苦心。我以此法使一切眾生獲得最終的快樂，永遠愉悅，身無諸苦，心得清涼，斷絕對於生死的愛著，樂住於正法之樂，滌除煩惱垢，破除惡業障，斷絕生死之流轉，進入真實法之海，斷絕諸有趣，求證一切智，使其心海清淨，產生永遠不變化的信仰。善男子！我已住於此大慈幢行，能以正法教化世間。

「善男子！在我國土中的一切眾生都在此土沒有任何恐怖。善男子！如果有貧窮睏乏的眾生來到我的住所而想求取物品，我會打開庫藏讓其任意拿取，並且對他們說：『莫造諸惡，莫害眾生，莫起諸見，莫生執著。你們缺少物品，如果有需要，就可以來到我這裡或至街道，種種物品具足，隨意而取，勿生疑難。』善男子！此妙光城所住的眾生，都是菩薩發大乘之意隨心所顯現出來的，個人所見並不相同。有的見到的是狹小的城市，有的看到的是廣大的城市；有的看到的是沙土地面，有的看到的是以許多珍寶裝飾的地面；有的看到的是以土砌成的圍牆，有的看到的是以珍寶砌成的圍牆圍繞著城市；有的看到的地面上是高下不平的瓦石，有的看到的是無數大摩尼寶間錯莊嚴平坦如掌；有的看到的是以土木建造的住宅，有的看到的是殿堂、樓閣、臺階、窗戶、欄杆、大門——如此一切都是由美妙的珍寶製成。

「善男子！如果眾生的心是清淨的，並且曾經種植善根供養諸佛，發心進入一切智道，以一切智為最終的歸趣，這樣的眾生看見的此城是一幅眾寶輝映、整齊潔淨的城市。我昔時修菩薩行所攝受的眾生也是如此。除此之外的眾生見到的都是污穢的城市。

「善男子！此國土中一切眾生五濁世❶時樂作諸惡，我心哀愍而欲救護，入於菩薩大慈為首隨順世間三昧之門。入此三昧時，彼諸眾生所有怖畏心、惱害心、怨敵心、諍論心，如是諸心，悉自消滅。何以故？入於菩薩大慈為首順世三昧法如是故。善男子！且待須臾，自當現見。」

時，大光王即入此定。其城內外六種震動，諸寶地、寶牆、寶堂、寶殿、臺觀、樓閣、階砌、戶牖如是一切咸出妙音，悉向於王曲躬敬禮。妙光城內所有居人靡不同時歡喜踴躍，俱向王所舉身投地。村營、城邑一切人眾，咸來見王，歡喜敬禮。

近王所住鳥獸之屬，互相瞻視，起慈悲心，咸向王前恭敬禮拜。一切山原及諸草樹，莫不迴轉向王敬禮。陂池、泉井及以河海，悉皆騰溢，流注王前。十千龍王起大香雲，激電震雷，注微細雨。有十千天王，所謂：忉利天王、夜摩天王、兜率陀天王、善變化天王、他化自在天王……如是等而為上首，於虛空中作眾伎樂。無數天女歌詠讚嘆，雨無數華雲、無數香雲、無數寶鬘雲、無數寶衣雲、無數寶蓋雲、無數寶幢雲、無數寶幡雲，於虛空中而為莊嚴，供養其王。伊羅婆拏大象王❷以自在力，於虛空中敷佈無數大寶蓮華，垂無數寶瓔珞、無數寶繒帶、無數寶鬘、無數寶嚴具、無數寶華、無數寶香，種種奇妙以為嚴飾，無數采女種種歌讚。

閻浮提內復有無量百千萬億諸羅剎王、諸夜叉王、鳩槃荼王、毗舍闍王❸，或住大海，或居陸地，飲血噉肉，殘害眾生；皆起慈心，願行利益，明識後世，不造諸惡；恭敬合掌，頂禮於王。如閻浮提，餘三天下，乃至三千大千世界，乃至十方百千萬億那由他世界中，所有一切毒惡眾生悉亦如是。

【章旨】大光王進入「菩薩大慈為首隨順世間三昧」，為善財童子演示此法門攝化眾生之功能。

【注釋】❶五濁世　又作「五滓」，指減劫（人類壽命次第減短之時代）中所起之五種滓濁——世命濁、眾生濁、煩惱濁、見濁、劫濁。「世命濁」是眾生因煩惱叢集，心身交瘁，壽命短促；「眾生濁」是世人每多弊惡，心身不淨，不達義理；「煩惱濁」是世人貪於愛欲，瞋怒諍鬥，虛誑不已；「見濁」是世人知見不正，不奉正道，異說紛紜，莫衷一是；「劫濁」是生當末世，饑饉疾疫刀兵等相繼而起，生靈塗炭，永無寧日。❷伊羅婆拏大象王　又作「堙羅婆那」、「藹羅筏拏」、「伊羅滿」，意譯「持水者」、「守地子」、「持地子」，為因陀羅天所乘御之白象王，是由乳海攪拌而生之十四寶之一。又或係雷鳴時所湧現之雲，而將之比擬為動物，蓋雲湧之時，其形猶如象王成列。❸毗舍闍王　類似羅剎的鬼神之一，音譯又作「畢舍遮」、「毗舍遮」、「臂舍柘」，意為食血肉鬼、啖人精氣鬼或癲狂鬼。

【語　譯】「善男子！此國土中的一切眾生在五濁世時曾經樂於作惡，我心哀愍他們而想去救護，便進入菩薩大慈為首隨順世間三昧之門。當我進入此三昧時，那些眾生所具有的怖畏心、惱害心、怨敵心、諍論心，如此等等諸心，都全部自行消滅了。為什麼呢？這是進入菩薩大慈為首順世三昧之法本來就是如此的緣故。善男子！姑且等待一會兒，你自會看見這些景象。」

說完這些之後，大光王隨即進入此定。這時城內外出現六種震動，諸寶地、寶牆、寶堂、寶殿、臺觀、樓閣、階砌、戶牖等如此一切都發出美妙的聲音，都向大光王鞠躬敬禮。妙光城內的所有居民，無不同時歡喜踴躍，都面向大光王住所的方向舉身投地致敬。村莊、城邑一切人眾都前來拜見大光王，歡喜敬禮。

接近大光王住所的鳥獸之屬，互相對視，發起慈悲心，都來到王前恭敬禮拜。一切山原及諸草樹莫不回轉向王敬禮。池塘、泉井以及河海都全部沸騰溢出流注到王的面前。一萬名龍王生起大香雲，雷聲陣陣，降下細雨。有一萬名天王，即所謂的：忉利天王、夜摩天王、兜率陀天王、善變化天王、他化自在天王……如此等等作為上首，在空中演奏著眾伎樂。無數天女歌詠讚嘆，降下無數華雲、無數香雲、無數寶鬘雲、無數寶衣雲、無數寶蓋雲、無數寶幢雲、無數寶幡雲，這些雲彩在空中作為裝飾，供養這些天王。伊羅婆拏大象王以自在力在空中敷佈無數大寶蓮華，垂下無數寶瓔珞、無數寶繒帶、無數寶鬘、無數寶嚴具、無數寶華、無數寶香，以這些種種的奇妙花朵物品作為裝飾，無數采女演唱著種種讚歌。

在閻浮提內又有無量百千萬億諸羅剎王、諸夜叉王、鳩槃荼王、毗舍闍王，有的住在大海，有的居於陸地，他們飲血噉肉，殘害眾生。這時，他們都生起慈心，願意做有利於眾生的事情，明確地知曉後世，不造作諸惡。他們都恭敬合掌，向大光王頂禮致敬。不光是閻浮提如此，其餘三天下，甚至三千大千世界，甚至十方百千萬億那由他世界中，所有一切毒惡眾生也都是如此。

時，大光王從三昧起，告善財言：「善男子！我唯知此菩薩大慈為首隨順世間三昧門❶。如諸菩薩摩訶薩為高蓋，慈心普蔭諸眾生故；為修行，下、中、上行悉等行故；為大地，能以慈心任持一切諸眾生❷故；為滿月，福德光明於世間中平等現故；為淨日，以智光明照耀一切所知境故；為明燈，能破一切眾生心中諸黑闇故；為水清珠❸，能清一切眾生心中諂誑濁故；為如意寶，悉能滿足一切眾生心所願故；為大風，速令眾生修習三昧入一切智大城中故。

「而我云何能知其行，能說其德，能稱量彼福德大山，能瞻仰彼功德眾星，能觀察彼大願風輪，能趣入彼甚深法門，能顯示彼莊嚴大海，能闡明彼普賢行門，能開示彼諸三昧窟，能讚歎彼大慈悲雲？善男子！

於此南方，有一王都名曰安住❹，有優婆夷名曰不動❺。汝詣彼問：菩薩云何學菩薩行、修菩薩道？」

時，善財童子頂禮王足，繞無數匝，殷勤瞻仰，辭退而去。

【章　旨】無厭足王又向善財童子舉薦「安住」王都的「不動」優婆夷，囑咐善財童子南下前去拜訪。善財童子於是告別大光王繼續南下。

【注　釋】❶菩薩大慈為首隨順世間三昧門　據澄觀的解釋，「慈本為物，名『順世間』；高出眾行，故名為首。」（澄觀《華嚴經疏》卷五十七，《大正藏》卷三十五，頁九三六中）這一法門的涵義是，菩薩以大慈三昧，普覆救護一切眾生，上、中、下品等觀無二，慈如大地，載育眾生。❷任持一切諸眾生　任持，主持；維持。佛教中此語涵義很特別，各宗派理解不一。在此可以理解為菩薩以其三昧之力加持眾生使其明了領悟佛法並且如法生活。❸水清珠　能夠使濁水澄淨的珍貴珍珠，佛教典籍中常常以之比喻慈心、信心。❹安住　據澄觀的解釋，「示以女居『安住』王都者，王子位故，智契實法，不為緣壞，名為『安住』。」（澄觀《華嚴經疏》卷五十七，《大正藏》卷三十五，頁九三六中）這是說，此優婆夷已至「王子位」，其「智」已經不被外緣所壞，因此名叫「不動」。❺不動　據澄觀的解釋，此優婆夷之所以名為「不動」，是因為「自發心來，於一切法無不得定，煩惱二乘不能動故；亦令眾生心不動故，以智修慈故」（澄觀《華嚴經疏》卷五十七，《大正藏》卷三十五，頁九三六中）。

【語　譯】這時，大光王從三昧出來，告訴善財童子說：「善男子！我只是知曉菩薩大慈為首隨順世間三昧門。這一法門是以諸菩薩摩訶薩為高蓋，菩薩的慈心完全為眾生提供陰涼；在修行方面，使下、中、上等『行』的眾生其行的效果都相同；如同大地，能以慈心任持一切諸眾生；如同滿月，平等地將福德光明給予世間；如同淨日，以智光明照耀一切所知覺到的境界；如同明燈，能破除一切眾生心中的所有黑暗；如同水清珠，能夠使一切眾生心中的諂誑濁心乾淨；如同如意寶，能夠全部滿足一切眾生心中的所有願望；如同大風，使眾生迅速修習三昧進入一切智大城之中。

「我為什麼能夠知曉這一修行法門，能夠宣說這種修行法的功德，能夠稱量那福德大山，能夠瞻仰那功德眾星，能夠觀察那大願風輪，能夠進入那甚深法門，能夠顯示那莊嚴大海，能夠闡明那普賢行門，能夠開示那諸三昧窟，能夠讚嘆那大慈悲雲呢？善男子！在此繼續朝南方走，在一座名叫『安住』的王都，有一位名叫『不動』的優婆夷。你可以到她那裡去向她請教：菩薩如何學菩薩行、修菩薩道？」

這時，善財童子頂禮大光王的雙足，在其周圍環繞無數圈，殷勤瞻仰大光王。然後，善財童子辭別大光王，繼續向南行進。

善財童子第二十參：不動優婆夷會

爾時，善財童子出妙光城，遊行道路，正念思惟大光王教，憶念菩薩大慈幢行門，思惟菩薩隨順世間三昧光明門，增長彼不思議願福德自在力，堅固彼不思議成熟眾生智，觀察彼不思議不共受用大威德，憶念彼不思議差別相，思惟彼不思議清淨眷屬，思惟彼不思議所作業；生歡喜心，生淨信心，生猛利心，生欣悅心，生踴躍心，生慶幸心，生無濁心，生清淨心，生堅固心，生廣大心，生無盡心。如是思惟，悲泣流淚，念善知識實為希有，出生一切諸功德處，出生一切諸菩薩行，出生一切菩薩淨念，出生一切陀羅尼輪，出生一切三昧光明，出生一切諸佛知見❶，普雨一切諸佛法雨，顯示一切菩薩願門，出生難思智慧光明，增長一切菩薩根芽。又作是念：「善知識者，能普救護一切惡道，能普演說諸平等法，能普顯示諸夷險道，能普開闡大乘奧義，能普勸發普賢諸行，能普引到一切智城，能普令入法界大海，能普令見三世法海，能普授與眾聖道場，能普增長一切白法。」

善財童子如是悲哀思念之時，彼常隨逐覺悟菩薩、如來使天❷於虛空中而告之言：「善男子！其有修行善知識教，諸佛世尊悉皆歡喜；其有隨順善知識語，則得近於一切智地；其有能於善知識語無疑惑者，則常值遇一切善友；其有發心願常不離善知識者，則得具足一切義利。善男子！汝可往詣安住王都，即當得見不動優婆夷大善知識。」

【章　旨】這是善財童子五十三參的第二十次參訪，也是〈入法界品〉「末會」中善財五十五會中的第二十一會。善財童子在南下的路上繼續回味跟從大光王所學到的「菩薩大慈為首隨順世間三昧門」的內容與功德。

【注　釋】❶諸佛知見　指諸佛如來照見諸法實相妙理之知見慧解。此係二智中「一切種智」之用故，就智體而言「知」；亦為五眼中「佛眼」之用故，就眼而言「見」。蓋所謂「佛之知見」，乃透徹了達諸法實相之真知真見。而如來出世之一大事因緣，即在為眾生而「開啟」佛之知見，「示導」佛之知見，欲令眾生「了悟」佛之知見，並令「證入」佛之知見，還其本來清淨面目而不復迷失。❷如來使天　即隨如來之天。據澄觀的解釋，「隨菩薩天是已業行之神，如來使天是佛力攝生神。但修行位已著，皆有二天常隨其人。」（澄觀《華嚴經疏》卷五十七，《大正藏》卷三十五，頁九三六下）

【語　譯】當時，善財童子走出妙光城，踏上南下的道路。在路途，善財童子正念思惟大光王的教誨，憶念菩薩大慈幢行門，思惟菩薩隨順世間三昧光明門，使不思議願福德自在力得到增長，使不思議成熟眾生智更加堅固，觀察那不思議不共受用大威德，憶念那不思議差別相，思惟那不思議清淨眷屬，思惟那不思議所作業；產生歡喜心，產生淨信心，產生猛利心，產生欣悅心，產生踴躍心，產生慶幸心，產生無濁心，產生清淨心，產生堅固心，產生廣大心，產生無盡心。如此思惟，悲泣流淚，想到善知識確實甚為希有，是出生一切諸功德之處，能出生一切諸菩薩行，能出生一切菩薩淨念，能出生一切陀羅尼輪，能出生一切三昧光明，能出生一切諸佛知見，普降一切諸佛法雨，顯示一切菩薩願門，出生難於想像的智慧光明，增長一切菩薩根芽。善財童子又這樣想道：「善知識者，能夠完全救護一切惡道，能夠完全演說諸平等法，能夠完全顯示諸夷險道，能夠完全開闡大乘奧義，能夠完全激勵發普賢諸行，能夠完全將眾生引導到一切智城，能夠完全使眾生進入法界大海，能夠完全使眾生見三世法海，能夠完全給予眾聖道場，能夠完全使一切善法得到增長。」

在善財童子這樣悲哀思念之時，常隨逐覺悟菩薩、如來所派遣的天眾在空中對善財童子說：「善男子！對於依照善知識的教誨修行的眾生，諸佛世尊都很歡喜；對於隨順善知識話語的眾生，就可以接近一切智地；對於善知識之語無疑惑的眾生，就可以經常遇到一切善友；對於發心願意永不離開善知識的眾生，就可以具足一切義利。善男子！你可以前往造訪安住王都，就會見到不動優婆夷大善知識。」

時，善財童子從彼三昧智光明起，漸次遊行，至安住城，週徧推求不動優婆夷今在何所？無量人眾咸告之言：「善男子！不動優婆夷身是童女，在其家內，父母守護，與自親屬無量人眾演說妙法。」善財童子聞是語已，其心歡喜，如見父母，即詣不動優婆夷舍。

入其宅內，見彼堂宇金色光明普皆照耀，遇斯光者身意清涼。善財童子光明觸身，即時獲得五百三昧門，所謂：了一切希有相三昧門、入寂靜三昧門、遠離一切世間三昧門、普眼捨得三昧門、如來藏三昧門……得如是等五百三昧門。以此三昧門故，身心柔軟，如七日胎。又聞妙香，非諸天、龍、乾闥婆等、人與非人之所能有。

善財童子前詣其所，恭敬合掌，一心觀察，見其形色端正殊妙，十方世界一切女人無有能及，況其過者；唯除如來及以一切灌頂菩薩！口出妙香，宮殿莊嚴，並其眷屬悉無與等，況復過者！十方世界一切眾生，無有於此優婆夷所起染著心；若得暫見，所有煩惱悉自消滅。譬如百萬大梵天王，決定不生欲界煩惱；其有見此優婆夷者，所有煩惱應知亦然。十方眾生觀此女人皆無厭足，唯除具足大智慧者。

【章　旨】善財童子經過長途跋涉到安住大城打聽到不動優婆夷在自己住宅中演說佛法，善財童子來到優婆夷的住處看到了神奇景象。

【語　譯】這時，善財童子從三昧智光明出來，逐漸向南方行進，到達安住城，到處尋找不動優婆夷現今的住所。無數人眾都告訴他說：「善男子！不動優婆夷身是童女，正在其家內，有父母守護，給自己的無數親屬演說妙法。」善財童子聽到這一消息後，心裡非常歡喜，如同將與父母相見一樣，立即前往不動優婆夷的家宅。

進入不動優婆夷的住宅內，善財童子看見那裡的堂宇都發射出金色光明照耀十方，凡是遇到這種光線的人都有清涼的感覺。一經這種光明觸身，善財童子立即獲得五百種三昧門。這五百種三昧是：了一切希有相三昧門、入寂靜三昧門、遠離一切世間三昧門、普眼捨得三昧門、如來藏三昧門……如此等等共五百種三昧門。憑藉這些三昧門的緣故，善財童子的身心柔軟如同七日的胎兒。善財童子同時又聞到一陣美妙的香氣，不是諸天、龍、乾闥婆、人與非人等等之所能有。

善財童子前往不動優婆夷的住所，恭敬合掌，一心觀察童女，看見其形色端正美妙，為十方世界一切女人所不能企及，除如來以及一切灌頂菩薩之外沒有能夠超過的！不動優婆夷口出妙香，宮殿莊嚴，跟隨童女的眷屬都是無與倫比的，更不必說超過了！面對不動優婆夷，十方世界的一切眾生無一生起染著之心；如果可以與其見面，所有的煩惱都可自行消滅。譬如已經不會產生欲界煩惱的百萬大梵天王，如果再看到不動優婆夷，所有煩惱也能夠斷絕。除過具有大智慧的眾生之外，十方眾生觀此女人都不會有滿足的時候。

爾時，善財童子曲躬合掌，正念觀察，見此女人，其身自在不可思議，色相顏容世無與等，光明洞徹物無能障，普為眾生而作利益，其身毛孔恆出妙香，眷屬無邊，宮殿第一，功德深廣莫知涯際。心生歡喜，以頌讚曰：「守護清淨戒，修行廣大忍，精進不退轉，光明照世間。」

爾時，善財童子說此頌已，白言：「聖者！我已先發阿耨多羅三藐三菩提心，而未知菩薩云何學菩薩行，云何修菩薩道。我聞聖者善能誘誨，願為我說！」

時，不動優婆夷以菩薩柔軟語、悅意語慰喻善財而告之言：「善哉！善哉！善男子！汝已能發阿耨多羅三藐三菩提心。善男子！我得菩薩難摧伏智慧藏解脫門，我得菩薩堅固受持行門，我得菩薩一切法平等地總持門，我得菩薩照明一切法辯才門，我得菩薩求一切法無疲厭三昧門❶。」

善財童子言：「聖者！菩薩難摧伏智慧藏解脫門，乃至求一切法無疲厭三昧門，境界云何？」

童女言：「善男子！此處難知。」

善財白言：「唯願聖者，承佛神力，為我宣說！我當因善知識能信能受，能知能了，趣入觀察，修習隨順，離諸分別，究竟平等。」

【章　旨】看到不動優婆夷的神奇景象，善財童子便禮拜童女並且向其請教修行菩薩行的方法、途徑。不動優婆夷便告訴善財童子這是「菩薩難摧伏智慧藏解脫門」的功德。

【注　釋】❶菩薩難摧伏智慧藏解脫門五句　關於這一法門，澄觀的解釋如下：「一、智慧無羈名『解脫』，有智則煩惱不可壞，取著無能勝故云『難摧伏』，此智包容故名為『藏』。二、受持堅固得『行』名，謂遇惡眾生而能堪忍，偏生諸趣而心不迷，故云『堅固』。三、即能持深入法門得法性地，則無不持矣。四、即外化由正思佛法明照差別，故得『辯才』，能轉法輪稱眾生欲。五、即上求一心求法故云『三昧』，近佛無厭受法無足故。」（澄觀《華嚴經疏》卷五十七，《大正藏》卷三十五，頁九三六下）

【語　譯】這時，善財童子曲躬合掌，正念觀察，看見這位女子的身體自在而不可思議，色相顏容世無與等，光明洞徹沒有什麼物能夠障礙，完全為眾生而謀取利益。此童女的身體之毛孔一直產生美妙的香氣，有無數的眷屬陪伴，其宮殿是世間第一，其功德深廣無人能夠知曉其界限。善財童子心生歡喜，以頌讚美說：「守護清淨戒，修行廣大忍，精進不退轉，光明照世間。」

善財童子說完此頌之後，對不動優婆夷說：「聖者！我早先已經發阿耨多羅三藐三菩提心，但卻不知菩薩如何學菩薩行，如何修菩薩道。我聞聖者諄諄善誘，希望您能為我回答這些問題！」

這時，不動優婆夷以菩薩特有的柔軟語、悅意語對善財童子說：「好啊！好啊！善男子！你已經能發阿耨多羅三藐三菩提心。善男子！我已經獲得菩薩難摧伏智慧藏解脫門、菩薩堅固受持行門、菩薩一切法平等地總持門、菩薩照明一切法辯才門、菩薩求一切法無疲厭三昧門。」

善財童子說：「聖者！菩薩難摧伏智慧藏解脫門乃至於求一切法無疲厭三昧門的境界如何？」

童女說：「善男子！這些境界是非常難於瞭解的。」

善財稟告童女說：「希望聖者秉承佛之神力，為我宣說！我會憑藉善知識的教誨能信能受，能知曉能了悟，進入觀察，修習隨順，遠離諸分別，達到究竟平等的境界。」

優婆夷言：「善男子！過去世中有劫，名離垢，佛號修臂。時有國王名曰電授，唯有一女即我身是。我於夜分廢音樂時，父母兄弟悉已眠寢，五百童女亦皆昏寐。我於樓上仰觀星宿，於虛空中見彼如來如寶山王，無量無邊天龍八部❶、諸菩薩眾所共圍繞，佛身普放大光明網週徧十方無所障礙，佛身毛孔皆出妙香。我聞是香，身體柔軟，心生歡喜；

便從樓下至於地上，合十指爪，頂禮於佛。又觀彼佛不見頂相，觀身左右莫知邊際。思惟彼佛諸相隨好無有厭足，竊自念言：『此佛世尊作何等業，獲於如是上妙之身，相、好圓滿，光明具足，眷屬成就，宮殿嚴好，福德智慧悉皆清淨，總持三昧不可思議，神通自在，辯才無礙？』

「善男子！爾時，如來知我心念，即告我言：『汝應發不可壞心，滅諸煩惱；應發無能勝心，破諸取著；應發無退怯心，入深法門；應發能堪耐心，救惡眾生；應發無迷惑心，普於一切諸趣受生；應發無厭足心，求見諸佛無有休息；應發無知足心，悉受一切如來法雨；應發正思惟心，普生一切佛法光明；應發大住持心，普轉一切諸佛法輪；應發廣流通心，隨眾生欲施其法寶。』

「善男子！我於彼佛所聞如是法，求一切智，求佛十力，求佛辯才，求佛光明，求佛色身，求佛相、好，求佛眾會，求佛國土，求佛威儀，求佛壽命。發是心已，其心堅固猶如金剛，一切煩惱及以二乘悉不能壞。

【章　旨】不動童女為善財童子講說自己修成此法門的因緣。遠在過去世離垢劫時，作電授國王獨生女的不動童女因修臂佛的指點而得以證成堅固如金剛之心。

【注　釋】❶天龍八部　又稱「八部眾」，天、龍、夜叉、阿修羅、迦樓羅、乾闥婆、緊那羅、摩睺羅伽，為守護佛法而有大力之諸神。八部眾中，以天、龍二眾為上首，故標舉其名，統稱「天龍八部」。

【語　譯】不動優婆夷對善財童子說：「善男子！過去世中有一名叫『離垢』的劫，此劫中有一位佛號為『修臂』的佛。當時有一位名叫『電授』的國王，此國王有一位獨生女就是我。我在無任何聲音的一日夜晚，父母兄弟都已經睡覺了，五百名童女也都昏昏欲睡。我在樓上仰觀星宿，在空中發現如來就如同寶山王一樣，有無量無邊的天龍八部、諸菩薩眾圍繞著，佛身放射出的大光明網週徧十方沒有任何障礙，佛身各毛孔都發出美妙的香氣。我聞到這種香氣，身體變得柔軟，心裡產生大歡喜。於是，我便從樓上走下到達地面，合十指爪，向佛頂禮。我又觀看佛之不可能見到頂部的肉髻相，觀看到佛身左右並無邊際。我當時沒有任何滿足地思惟佛的三十二相、八十種隨好，私下裡自言自語：『此佛世尊作何等業，竟然獲得了如此上等美妙之身，相、好圓滿，光明具足，有無量眷屬跟隨，宮殿整齊美好，福德智慧都很清淨，總持三昧不可思議，神通自在，辯才無礙？』

「善男子！這時，如來知曉我心中的想法，立即告訴我說：『你應該發不可壞心，滅除煩惱；應該發無能勝心，破除諸取著；應該發無退怯心，進入深法門；應該發能堪耐心，救度惡眾生；應該發無迷惑心，在一切諸趣都可受生；應該發無厭足心，沒有間歇地求見諸佛；應該發無知足心，受一切如來法雨的沖洗；應該發正思惟心，產生一切佛法光明；應該發大住持心，轉一切諸佛法輪；應該發廣流通心，隨眾生所欲布施法寶。』

「善男子！我在那位佛的處所聽聞如此法，求證一切智，追尋佛之十力，追求佛之辯才，追求佛之光明，追求佛之色身，追求佛之相、好，尋找佛的眾會，尋找佛之國土，尋求佛之威儀，尋求佛之壽命。發這些心之後，我的心堅固得猶如金剛，一切煩惱以及聲聞、緣覺都不能破壞它。

「善男子！我發是心已來，經閻浮提微塵數劫，尚不生於念欲之心，況行其事！爾所劫中，於自親屬不起瞋心，況他眾生！爾所劫中，於其自身不生我見❶，況於眾具而計我所❷！爾所劫中，死時、生時及住胎藏，未曾迷惑起眾生想❸及無記心❹，況於餘時！爾所劫中，乃至夢中隨見一佛未曾忘失，何況菩薩十眼❺所見！爾所劫中，受持一切如來正法，未曾忘失一文一句，乃至世俗所有言辭尚不忘失，何況如來金口所說！爾所劫中，受持一切如來法海，一文一句無不思惟、無不觀察，乃至一切世俗之法亦復如是。爾所劫中，受持如是一切法海，未曾於一法中不得三昧，乃至世間技術之法，一一法中悉亦如是。爾所劫中，住持一切如來法輪，隨所住持，未曾廢捨一文一句，乃至不曾生於世智❻，唯除為欲調眾生故。爾所劫中，見諸佛海，未曾於一佛所不得成就清淨大願，乃至於諸化佛❼之所悉亦如是。爾所劫中，見諸菩薩修行妙行，無有一行我不成就。爾所劫中，所見眾生，無一眾生我不勸發阿耨多羅三藐三菩提心，未曾勸一眾生發於聲聞、辟支佛意。爾所劫中，於一切佛法，乃至一文一句，不生疑惑，不生二想❽，不生分別❾想，不生種種想，不生執著想，不生勝劣想，不生愛憎想。

「善男子！我從是來，常見諸佛，常見菩薩，常見真實善知識，常聞諸佛願，常聞菩薩行，常聞菩薩波羅蜜門，常聞菩薩地智光明門，常聞菩薩無盡藏門，常聞入無邊世界網門，常聞出生無邊眾生界因門，常以清淨智慧光明除滅一切眾生煩惱，常以智慧生長一切眾生善根，常隨一切眾生所樂示現其身，常以清淨上妙言音開悟法界一切眾生。

【章　旨】不動童女為善財童子繼續講說自己修成此法門的因緣。遠在過去世離垢劫時，作電授國王獨生女的不動童女因修臂佛的指點而發大心，得以證成「菩薩難摧伏智慧藏解脫門」等境界。

【注　釋】❶我見　又名「我執」，一切眾生的肉體和精神，都是因緣所生法，本無我的實體存在，但人們卻妄執為我，以為「我」是真實的、永恆的存在。這種觀念就是「我見」。❷我所　指為我所有之觀念，全稱「我所有」。即我之所有、我之所屬之意。即以自身為我，謂自身以外之物都為我所有。於佛教中，「我」與「我所」，被認為是一切世俗分別之基本分別，因此為應該破除的對象。❸眾生想　指妄執眾生為實體性存在的妄想。❹無記心　佛教「心所法」中的「無記」法，因為這類法的性質為非善非不善，不能記為善或惡，故稱「無記」。「無記心」又分為「有覆無記心」和「無覆無記心」兩種。「有覆無記心」，其性染污，覆障聖道，又能蔽心，使心不淨，故稱有覆；然因其勢用弱，不能引生異熟果，故稱為「有覆無記」。「無覆無記心」，即純粹之無記，絕不覆聖道，蔽心性，故不屬不淨。❺菩薩十眼　菩薩所具的十種眼目，肉眼、天眼、慧眼（聖慧眼）、法眼、佛眼（佛正覺眼）、智眼（智慧眼）、明眼（光明眼）、出生死眼（導利眼）、無礙眼（無為眼）、普眼（一切智眼）。❻世智　指普通世俗之智慧，為三智之一。是指與世諦之事相相通，相對於「出世間智」而言的智慧，又稱「世俗智」、「世間智」。如一切凡夫或外道妄計有、無所產生之有漏智，即為「世智」。此類智慧多緣於世俗之境而起，因此也必然隨世間俗事之變化而轉。❼化佛　有兩種情形：一是指佛陀為救度眾生而變現另一種姿態，即變化身、應化生。二是指原無而忽有之佛，即應機宜而忽然化現的佛形。❽二想　即「二見」，斷見（無見）與常見（有見）。前者是指固執人之身心斷滅不續生之妄見，後者是指固執人之身心常住不間斷之妄見。❾分別　推量思惟之意，又作「思惟」、「計度」，指心及心所（精神作用）對境起作用時，取其相而思惟的量度活動。

【語　譯】「善男子！在我發這些心以來，經閻浮提微塵數劫仍然不會產生念欲之心，何況去做念欲之事呢！在這些劫中，對於自己的親屬不起瞋心，何況對於其他眾生呢！在這些劫中，對於自身不產生我見，何況對於這些器具產生為我所有的觀念呢！在這些劫中，在死亡之時、出生之時以及住於胞胎之中時，都未曾產生迷惑而生起眾生想及無記心，何況在其他時間呢！在這些劫中，甚至在夢中隨見一佛都未曾忘失，何況菩薩十眼所見之佛呢！在這些劫中，受持一切如來正法，未曾忘失一字一句，甚至對於世俗所有的言辭都不會忘失，何況如來金口所說呢！在你們所在的劫中，受持一切如來法海，一字一句無不思惟、無不觀察，甚至一切世俗之法也是如此。在你們所在的劫中，受持如此一切法海，未曾在一法中不得三昧，乃至世間技術之法，一一法中都獲得了三昧。在你們所在的劫中，住持一切如來法輪，隨所住持，未曾廢棄一字一句，乃至不曾產生世俗智慧，除非為了調伏眾生的緣故。在你們所在的劫中，見諸佛海，未曾在一佛所不得成就清淨大願，乃至於諸化佛之所也是如此。在你們所在的劫中，見諸菩薩修行妙行，無有一項行為我不成就。在你們所在的劫中，所見眾生，無一位眾生我不激勵其發阿耨多羅三藐三菩提心，未曾激勵一位眾生發於聲聞、辟支佛意。在你們所在的劫中，對於一切佛法，甚至一字一句，不產生疑惑，不產生二想，不生分別想，不生種種其他想法，不產生執著想，不產生優劣之區分的想法，不產生愛或憎的想法。

「善男子！我從那時起，常見諸佛，常見菩薩，常見真正的善知識，常聞諸佛的願望，常聞菩薩行，常聞菩薩波羅蜜門，常聞菩薩地智光明門，常聞菩薩無盡藏門，常聞入無邊世界網門，常聞出生無邊眾生界因門，常以清淨智慧光明除滅一切眾生煩惱，常以智慧生長一切眾生善根，常隨一切眾生所樂示現其身，常以清淨上妙言音開悟法界一切眾生。

「善男子！我得菩薩求一切法無厭足莊嚴門，我得一切法平等地總持門，現不思議自在神變。汝欲見不？」

善財言：「唯！我心願見。」

爾時，不動優婆夷坐於龍藏師子之座，入求一切法無厭足莊嚴三昧門、不空輪莊嚴三昧門、十力智輪現前三昧門、佛種無盡藏三昧門……入如是等一萬三昧門。入此三昧門時，十方各有不可說佛剎微塵數世界六種震動，皆悉清淨琉璃所成；一一世界中，有百億四天下，百億如來或住兜率天乃至般涅槃；一一如來放光明網，周遍法界道場眾會清淨圍繞，轉妙法輪，開悟群生。

時，不動優婆夷從三昧起，告善財言：「善男子！汝見此不？」

善財言：「唯！我皆已見。」

優婆夷言：「善男子！我唯得此求一切法無厭足三昧光明，為一切眾生說微妙法，皆令歡喜。如諸菩薩摩訶薩，如金翅鳥遊行虛空無所障礙，能入一切眾生大海，見有善根已成熟者，便即執取置菩提岸；又如商客入大寶洲，採求如來十力智寶；又如漁師持正法網，入生死海，於愛水❶中漉❷諸眾生；如阿修羅王能徧撓❸動三有大城諸煩惱海；又如日輪出現虛空，照愛水泥，令其乾竭；又如滿月出現虛空，令可化者心華開敷；又如大地普皆平等，無量眾生於中止住，增長一切善法根芽；又如大風所向無礙，能拔一切諸見大樹；如轉輪王遊行世間，以四攝事攝諸眾生。

「而我云何能知能說彼功德行？善男子！於此南方，有一大城名無量都薩羅❹，其中有一出家外道名曰徧行❺。汝往彼問：菩薩云何學菩薩行、修菩薩道？」

時，善財童子頂禮其足，繞無量匝，殷勤瞻仰，辭退而去。

【章　旨】不動優婆夷進入「菩薩求一切法無厭足莊嚴」三昧門，為善財童子演示此法門攝化眾生之功能。不動優婆夷又向善財童子舉薦「無量都薩羅」城的「徧行」出家外道，囑咐善財童子南下前去拜訪。善財童子於是告別不動優婆夷繼續南下。

【注　釋】❶愛水　自愛欲之情流出之水液，如精液等。❷漉　用網撈取。❸抏　撼；搖。❹無量都薩羅　據澄觀的解釋，「都薩羅者，此云『喜出生』，謂此城中出生無量歡喜之事故，以智度圓滿則能無所不生。」（澄觀《華嚴經疏》卷五十七，《大正藏》卷三十五，頁九三七上）❺徧行　據澄觀的解釋，「友名『徧行』，巧智隨機無不行，故名『真實行』；示外道者，能行非道故，非道不染故曰『出家』。」（澄觀《華嚴經疏》卷五十七，《大正藏》卷三十五，頁九三七上）

【語　譯】「善男子！我獲得了菩薩求一切法無厭足莊嚴門，我得一切法平等地總持門，現不思議自在神變。你想看一看嗎？」

善財童子回答：「是！我是從心底裡想看一看的。」

這時，不動優婆夷坐在龍藏師子之座上，進入求一切法無厭足莊嚴三昧門、不空輪莊嚴三昧門、十力智輪現前三昧門、佛種無盡藏三昧門……進入如此等一萬個三昧門。在不動優婆夷進入這些三昧門時，十方各產生了不可說佛剎微塵數世界的六種震動，都是清淨琉璃所成；每一處世界中，都有一百億數量的四方天下，百億如來有的住於兜率天乃至般涅槃；每一如來都放出光明網，週徧法界道場眾會清淨圍繞著他們，轉妙法輪，開悟群生。

這時，不動優婆夷從三昧出來，告訴善財說：「善男子！你看見了這些了嗎？」

善財童子說：「是！我都已經看見了。」

優婆夷接著說：「善男子！我只是獲得了此求一切法無厭足三昧光明，為一切眾生說微妙法，使其歡喜。我就如同諸菩薩，如金翅鳥在虛空中沒有任何障礙地飛行，能進入一切眾生大海，看見善根已成熟的眾生，便立即執取將其置於菩提岸；又如同商客進入大寶洲，尋找採擇如來十力智寶；又如漁師持正法之網，進入生死海，從愛水之中將這些眾生撈取出來；如同阿修羅王能完全搖動三界眾生大城中的諸煩惱海；又如同日輪出現於虛空，照耀著愛水之泥，使其枯竭；又如同滿月出現於虛空，使可以化度者的心華開放；又如同大地完全平等，無量眾生在此生活居住，使得一切善法根芽得以增長；又如同大風所向無礙，能拔除一切諸見大樹；如同轉輪王在世間巡遊，以布施攝、愛語攝、利行攝、同事攝等四種方式攝諸眾生。

「我為什麼能夠知曉、能宣說這一功德行呢？善男子！在此繼續朝南方走，有一處名叫『無量都薩羅』的大城市，其中有一位名叫『偏行』的出家外道。你可以前往他那裡向他請教：菩薩如何學菩薩行、修菩薩道？」

當時，善財童子頂禮不動童女的雙足，在其周圍環繞無數圈，殷勤瞻仰童女。然後，善財童子辭別不動優婆夷，踏上了繼續南下求法的歷程。

華嚴經 入法界品之八

【題解】本卷包括〈入法界品〉「末會」中的第二十二會至二十六會，即善財童子「五十三參」中的第二十一參至二十五參的內容。

第二十一參為「徧行出家外道會」：善財童子經過長途跋涉到達「都薩羅」城，在「善德」山找到「徧行」出家外道，向其請教修行菩薩行的方法、途徑。徧行出家外道向善財童子講解「至一切處菩薩行」的體、用，他正是憑藉這一法門纔能夠以種種變化身救度無量眾生的。徧行出家外道給善財童子宣講的「至一切處菩薩行」法門，是進入「十行」之第十行——「真實行」的方法。真實行，謂成就第一義諦之語，如說能行，如行能說，語行相應，色、心皆順。

第二十二參為「優鉢羅華長者會」：善財童子經過長途跋涉到達「廣大」國，禮拜「優鉢羅華」長者，向其請教修行菩薩行的方法、途徑。優鉢羅華長者為善財童子講解「調和香」法門。此處是以諸香象徵法香，「謂以戒、定、慧、慈悲等香熏修生善滅惡習氣故。善知一切香者，差別行也；亦知調合者，融通行也。」（澄觀《華嚴經疏》卷五十七，《大正藏》卷三十五，頁九三七中）這一「調和香」法門，是進入「十迴向」之第一迴向——「救護眾生迴向」的方法。「救護眾生迴向」即「救護一切眾生離眾生相迴向」，是指菩薩以行六度、四攝等救護一切眾生使其遠離眾生之相，怨親平等。

第二十三參為「婆施羅船師會」：善財童子到達「樓閣」城，在城門外的海岸上看見了被無數大眾圍繞的「婆施羅」船師。善財禮拜船師，向其請教修行菩薩行的方法、途徑。婆施羅船師向善財童子講解「菩薩大悲幢行」法門的內容。婆施羅以大悲心救度眾生，而此處則以「五知」、「十海」來象徵菩薩救度眾生的功德。這一「大悲幢行」法門，是進入「十迴向」之第二迴向——「不壞迴向」的方法。「不壞迴向」，又名「不壞一切迴向」，將信仰佛、法、僧等三寶所獲得的永遠不會變化的信仰，迴向此善根，使眾生獲得善利。

第二十四參為「無上勝長者會」：善財童子到達「可樂」城，在城東大莊嚴幢無憂林中看見了被無數商人、居士圍繞的「無上勝」長者。善財禮拜長者，向其請教修行菩薩行的方法、途徑。無上勝長者向善財童子宣說「至一切處修菩薩行清淨法門無依無作神通之力」法門，長者正是以此法門至一切處救度三界六道眾生的。「至一切處修菩薩行清淨法門無依無作神通之力」法門，是進入「十迴向」之第三迴向——「等一切佛迴向」的方法。等一切佛迴向，又名「等一切諸佛迴向」、「平等一切佛迴向」、「等諸佛迴向」；謂傚法三世佛，以不著生死、不離菩提，修習迴向之位。

第二十五參為「師子嚬申比丘尼會」：善財童子南下到達「輸那」國土的「迦陵迦林」城，經人指點，來到勝光王所施捨的日光園，看到此園中各種寶樹、寶衣以及各種師子之座，以及「師子嚬申」比丘尼的身相與威儀等等，並看見七處天眾、天龍八部、人、羅剎以及十二類菩薩等分別圍繞，師子嚬申比丘尼隨應為其分別演說佛法。善財童子在日光園觀見如此盛大的場景，心中對於師子嚬申比丘尼產生極大尊敬，便禮拜比丘尼，向其請教修行菩薩行的方法、途徑。師子嚬申比丘尼為善財童子宣說「成就一切智光明境界」。師子嚬申比丘尼給善財童子宣講的「成就一切智解脫」法門，是進入「十迴向」之第四迴向——「至一切處迴向」的方法。至一切處迴向，又名「徧至一切處迴向」，是指經由迴向力以所修善根供養一切三寶、利益一切眾生。

善財童子第二十一參：徧行出家外道會

爾時，善財童子於不動優婆夷所得聞法已，專心憶念所有教誨，皆悉信受，思惟觀察。

漸漸遊行，經歷國邑，至都薩羅城，於日沒時入彼城中，廛店、鄰里、四衢道側處處尋覓徧行外道。

城東有山，名曰善德。善財童子於中夜時，見此山頂草樹巖巘光明照耀如日初出❶。見此事已，生大歡喜，作是念言：「我必於此見善知識。」便從城出而登彼山，見此外道於其山上平坦之處徐步經行，色相圓滿，威光照耀，大梵天王所不能及，十千梵眾之所圍繞。往詣其所，頭頂禮足，繞無量匝，於前合掌而作是言：「聖者！我已先發阿耨多羅三藐三菩提心，而我未知菩薩云何學菩薩行，云何修菩薩道。我聞聖者善能教誨，願為我說！」

【章　旨】這是善財童子五十三參的第二十一次參訪，也是〈入法界品〉「末會」中善財五十五會中的第二十二會。善財童子在南下的路上繼續回味跟從不動優婆夷處所學到的修行法門，並且經過長途跋涉到達都薩羅城，在善德山找到偏行出家外道。善財童子禮拜偏行出家外道，向其請教修行菩薩行的方法、途徑。

【注　釋】❶城東有山四句　善財童子所見所為都有象徵涵義。據澄觀所說，「『中夜見』者，智入生死故；善財將入此位，故上云『日沒入城』；於『山頂』者，表位極故；『光明照』者，以智慧光破於生死及二邊闇故。」（澄觀《華嚴經疏》卷六十七，《大正藏》卷三十五，頁九三七上）

【語　譯】這時，善財童子從不動優婆夷處聽聞菩薩難摧伏智慧藏解脫門之後，專心憶念不動優婆夷的所有教誨，都完全相信接受，思惟觀察此法門所顯現之相。

善財童子逐漸地向南行進，經歷許多城市，到達都薩羅城，在太陽落山的時候進入都薩羅城中。到這一城市之後，善財童子在商店、居民住宅、街道兩邊到處尋找偏行外道。

在都薩羅城東面有一座名叫「善德」的山。善財童子在中夜時分，看見此山頂草樹巖石被光明照耀如同太陽剛剛昇起之時。看見這一景象之後，善財童子無比喜悅，產生了這樣的想法：「我肯定會在此處看到這位善知識。」於是，他便出了城，登上善德山。在善德山上，善財童子看見此外道在山上平坦之處慢慢散步。偏行外道色相圓滿，威光照耀，是大梵天王所無法企及的，一萬名梵眾在其周圍圍繞。善財童子前往偏行外道的所在，以頭頂禮偏行外道的雙足，在其周圍圍繞無數圈，最後在其前方合掌這樣說道：「聖者！我早先已經發阿耨多羅三藐三菩提心，但卻不知道菩薩如何學菩薩行，如何修菩薩道。我聽說聖者諄諄善誘，希望您能夠為我回答這些問題！」

偏行答言：「善哉！善哉！善男子！我已安住至一切處菩薩行，已成就普觀世間三昧門，已成就無依無作神通力，已成就普門般若波羅蜜。

「善男子！我普於世間種種方所、種種形貌、種種行解、種種歿生一切諸趣。所謂：天趣、龍趣、夜叉趣、乾闥婆、阿修羅、迦樓羅、緊那羅、摩睺羅伽、地獄、畜生、閻羅王界、人、非人等一切諸趣；或住諸見，或信二乘，或復信樂大乘之道。如是一切諸眾生中，我以種種方便、種種智門而為利益。所謂：或為演說一切世間種種技藝，令得具足一切巧術陀羅尼智；或為演說四攝方便，令得具足一切智道；或為演說諸波羅蜜，令其迴向一切智位；或為稱讚大菩提心，令其不失無上道意；或為稱讚諸菩薩行，令其滿足淨佛國土度眾生願；或為演說造諸惡行受地獄等種種苦報，令於惡業深生厭離；或為演說供養諸佛種諸善根決定獲得一切智果，令其發起歡喜之心；或為讚說一切如來、應、正等覺所有功德，令樂佛身求一切智；或為讚說諸佛威德，令其願樂佛不壞身；或為讚說佛自在身，令求如來無能映蔽大威德體。

「又，善男子！此都薩羅城中，一切方所一切族類，若男若女諸人眾中，我皆以方便示同其形，隨其所應而為說法。諸眾生等，悉不能知我是何人、從何而至，唯令聞者如實修行。善男子！如於此城利益眾生，於閻浮提城邑聚落，所有人眾住止之處，悉亦如是而為利益。

「善男子！閻浮提內九十六眾❶，各起異見而生執著，我悉於中方便調伏，令其捨離所有諸見；如閻浮提，餘四天下亦復如是；如四天下，三千大千世界亦復如是；如三千大千世界，如是十方無量世界諸眾生海，我悉於中隨諸眾生心之所樂，以種種方便、種種法門，現種種色身，以種種言音而為說法，令得利益。

「善男子！我唯知此至一切處菩薩行。如諸菩薩摩訶薩，身與一切眾生數等，得與眾生無差別身，以變化身普入諸趣，於一切處皆現受生，普現一切眾生之前，清淨光明偏照世間，以無礙願住一切劫，得如帝網諸無等行，常勤利益一切眾生，恆與共居而無所著，普於三世悉皆平等，以無我智週偏照耀，以大悲藏❷一切觀察。

「而我云何能知能說彼功德行？善男子！於此南方，有一國土，名為廣大❸；有鬻香長者，名優鉢羅華❹。汝詣彼問：菩薩云何學菩薩行、修菩薩道？」

時，善財童子頂禮其足，繞無量匝，殷勤瞻仰，辭退而去。

【章　旨】徧行出家外道向善財童子講解「至一切處菩薩行」的體、用。徧行出家外道憑藉這一法門能夠以種種變化身救度無量眾生。徧行出家外道又向善財童子舉薦「廣大」國土中的「優鉢羅華」長者，囑咐善財童子南下前去拜訪。善財童子於是告別徧行出家外道繼續南下。

【注　釋】❶九十六眾　指「九十六種外道」，是佛陀在世前後出現於印度而異於佛教的思想流派，其以「六師外道」為核心而形成。「六師外道」即富蘭那迦葉、末伽梨拘賒梨子、刪闍夜毗羅胝子、阿耆多翅舍欽婆羅、迦羅鳩馱迦旃延、尼犍陀若提子，六師各有十五弟子，總計為九十六人。也就是外道之六師各有十六種之所學法，一法自學，餘之十五種各教十五弟子，師徒合論為九十六種。❷大悲藏　悲，意為拔苦。諸佛菩薩不忍十方眾生受苦而欲拔濟之，其心稱大悲，乃佛、菩薩為救度眾生痛苦之悲愍心。藏，為「籃」或「篋」、「篋藏」之義，引申為「倉庫」。菩薩所具大悲之法的匯集稱之為「大悲藏」。❸廣大　據澄觀的解釋，「『廣大國』者，創入迴向故，迴向眾生故『廣』；迴向菩提故『大』；迴向實際，義通『廣大』。」（澄觀《華嚴經疏》卷五十七，《大正藏》卷三十五，頁九三七中）實際，真如，即佛教的最高真理。❹優鉢羅華　為「青蓮花」之義。據澄觀的解釋，「青蓮華長者，寄救護眾生離眾生相迴向。」「青蓮華者，蓮華處淤泥而不染，猶護眾生而離相；青蓮華為水中之最，救護為入生死之尊。」（澄觀《華嚴經疏》卷五十七，《大正藏》卷三十五，頁九三七中）

【語　譯】徧行出家外道對善財童子說：「好啊！好啊！善男子！我已經安住於至一切處菩薩行，已成就普觀世間三昧門，已成就無依無作神通力，已成就普門般若波羅蜜。

「善男子！我常常在世間種種地方，以種種形貌、種種行解來救度眾生，我也常常投生於一切諸道。這些道是：天趣、龍趣、夜叉趣、乾闥婆、阿修羅、迦樓羅、緊那羅、摩睺羅伽、地獄、畜生、閻羅王界、人、非人等一切諸趣；在這些道中，有些眾生執著於某些見解，有些眾生信仰聲聞、緣覺二乘，有些眾生信仰大乘之道。在如此一切諸眾生所在的道中，我以種種方便、種種智門而為其謀取利益。具體而言，我有時為其演說一切世間的種種技藝，使其獲得具足一切巧術陀羅尼智；有時為其演說四攝方便，使其獲得具足一切智道；有時為其演說諸波羅蜜，使其迴向一切智位；有時為其稱讚大菩提心，使其不失無上道意；有時為其稱讚諸菩薩行，使其滿足使佛之國土清淨而救度眾生的大願；有時為其演說造諸惡行受地獄等種種苦報，使其對於惡業產生深深地厭惡與遠離之心；有時為其演說供養諸佛種植諸善根決定獲得一切智果，使其發起歡喜之心；有時為其讚說一切如來、應、正等覺所有功德，使其喜歡佛身求一切智；有時為其讚說諸佛之威德，使其願樂佛之不壞身；有時為其讚說佛之自在身，使其追求如來無能映蔽大威德之體。

「又，善男子！在此都薩羅城中，在一切地方的一切族類，無論是男還是女，我都以方便顯示與其同樣的形體，隨其需求和要求為其說法。這些眾生都不能知曉我是什麼人、從什麼地方來，只是使聽聞我說法的眾生如實修行。善男子！我不光在此城利益眾生，在閻浮提城邑聚落，凡是有人眾居住的地方，我都如此而為其謀利益。

「善男子！閻浮提內有九十六種外道，各起異見而產生執著，我都於中以方便調伏他們，使其捨棄遠離所有諸見；對於閻浮提中的眾生如此，對於其他的四天下也是如此；對於四天下如此，對於整個三千大千世界也是如此；對於三千大千世界如此，對於十方無量世界諸眾生海也是如此。在這些地方，我都在其中針對眾生心之所樂，以種種方便、種種法門，顯現種種色身，以種種語言聲音而為其說法，使其獲得利益。

「善男子！我只是知曉這一至一切處菩薩行法門。獲得此法門，就如同諸菩薩，其身與一切眾生的數量相等，獲得與眾生沒有差別的身體，並且以變化身完全進入諸趣，在一切處都可以受生，而顯現在一切眾生之前，其清淨光明偏照於世間，以無礙願住於一切劫，獲得如同帝網般的諸無等行，常常努力地為一切眾生謀取，永遠與其共居而無所執著，將三世看作完全平等的，以無我的智慧週徧照耀世間，以大悲藏觀察一切。

「我為什麼能夠知曉、能夠宣說這一功德行呢？善男子！在此繼續朝南方走，有一處名叫『廣大』的國土，在那裡有一位名叫『優缽羅華』的賣香長者。你可以前往他那裡去向他請教：菩薩如何學菩薩行、修菩薩道？」

當時，善財童子頂禮徧行出家外道的雙足，在其周圍繞行無量圈，殷勤瞻仰徧行出家外道。然後，善財童子告別徧行出家外道，踏上繼續南下求法的歷程。

善財童子第二十二參：優缽羅華長者會

爾時，善財童子因善知識教，不顧身命，不著財寶，不樂人眾，不耽五欲❶，不戀眷屬，不重王位；唯願化度❷一切眾生，唯願嚴淨諸佛國土，唯願供養一切諸佛，唯願證知諸法實性，唯願修集一切菩薩大功德海，唯願修行一切功德終無退轉，唯願恆於一切劫中以大願力修菩薩行，唯願普入一切諸佛眾會道場，唯願入一三昧門普現一切三昧門自在神力，唯願於佛一毛孔中見一切佛心無厭足，唯願得一切法智慧光明能持一切諸佛法藏，專求此等一切諸佛菩薩功德。

漸次遊行，至廣大國，詣長者所，頂禮其足，繞無量匝，合掌而立，白言：「聖者！我已先發阿耨多羅三藐三菩提心，欲求一切佛平等智慧，欲滿一切佛無量大願，欲淨一切佛最上色身，欲見一切佛清淨法身，欲知一切佛廣大智身，欲淨治一切菩薩諸行，欲照明一切菩薩三昧，欲安住一切菩薩總持，欲除滅一切所有障礙，欲遊行一切十方世界，而未知菩薩云何學菩薩行、云何修菩薩道，而能出生一切智智？」

【章旨】這是善財童子五十三參的第二十二次參訪，也是〈入法界品〉「末會」中善財五十五會中的第二十三會。善財童子在南下的路上回味著在前述善知識處所學的法門。經過長途跋涉，善財童子終於到達廣大國，禮拜優鉢羅華長者，向其請教修行菩薩行的方法、途徑。

【注釋】❶五欲　指財欲、色欲、飲食欲、名欲、睡眠欲。財欲，是指人以財物為養身之資，故貪求戀著而不捨。色欲，色即世間之青、黃、赤、白及男女等色，人以色悅情適意，故貪求戀著，不能出離三界。飲食欲，飲食即世間之餚膳眾味，指人必藉飲食以資身活命，故貪求戀著而無厭。名欲，名即世間之聲名，指人由聲名而能顯親榮己，故貪求樂著而不知止息。睡眠欲，指人不知時節，怠惰放縱，樂著睡眠而無厭。❷化度　教化濟度眾生。

【語譯】在南下的路途，善財童子憑藉徧行出家外道的教誨，不顧自己的身命，不貪著財寶，不執著於人道的生活，不沉溺於五欲，不貪戀眷屬，不看重王位；只是願意化度一切眾生，只是願意嚴淨諸佛國土，只願供養一切諸佛，只願證知諸法的真實本性，只願修集一切菩薩大功德海，只願修行一切功德而永不退轉，只願永遠在一切劫中以大願力修菩薩行，只願普入一切諸佛眾會道場，只願進入可以以一種三昧門而普現一切三昧門的自在神力，只願從佛的一處毛孔中看見一切佛而心中並不產生滿足，只願獲得一切法智慧光明能護持而不忘失一切諸佛之法藏，專心求此等一切諸佛菩薩功德。

善財童子逐漸地向南進發，到達廣大國，前往優缽羅華長者的住所，頂禮長者的雙足，在其周圍繞行無數圈，合掌而立。善財童子對長者說：「聖者！我早先已經發阿耨多羅三藐三菩提心，想追求一切佛平等智慧，想滿足一切佛無量大願，想獲得清淨的一切佛最上色身，想看見一切佛清淨法身，想知曉一切佛廣大智身，想淨治一切菩薩諸行，想照明一切菩薩三昧，想安住一切菩薩總持，想除滅一切所有障礙，想在一切十方世界遊走。但是，我卻不知曉菩薩如何學菩薩行、如何修菩薩道，並且能夠憑藉此出生一切智智？」

長者告言：「善哉！善哉！善男子！汝乃能發阿耨多羅三藐三菩提心。善男子！我善別知一切諸香，亦知調合一切香法，所謂：一切香、一切燒香、一切塗香、一切末香。亦知如是一切香王所出之處，又善了知天香、龍香、夜叉香，乾闥婆、阿修羅、迦樓羅、緊那羅、摩睺羅伽、人非人等所有諸香。又善別知治諸病香、斷諸惡香、生歡喜香、增煩惱香、滅煩惱香、令於有為生樂著香、令於有為生厭離香、捨諸憍❶逸❷香、發心念佛香、證解法門香、聖所受用香、一切菩薩差別香、一切菩薩地位❸香，如是等香形相、生起、出現、成就、清淨、安隱、方便、境界、威德、業用及以根本❹，如是一切我皆了達。

「善男子！人間有香，名曰象藏❺，因龍鬥生。若燒一丸，即起大香雲彌覆王都，於七日中雨細香雨。若著身者，身則金色；若著衣服、宮殿、樓閣，亦皆金色。若因風吹入宮殿中，眾生嗅者，七日七夜歡喜充滿，身心快樂，無有諸病，不相侵害，離諸憂苦，不驚不怖，不亂不恚，慈心相向，志意清淨。我知是已而為說法，令其決定發阿耨多羅三藐三菩提心。

「善男子！摩羅耶山出栴檀香，名曰牛頭❻；若以塗身，設入火坑，火不能燒。

「善男子！海中有香，名無能勝❼；若以塗鼓及諸螺貝，其聲發時，一切敵軍皆自退散。

「善男子！阿那婆達多池❽邊出沉水香，名蓮華藏❾，其香一丸如麻子大；若以燒之，香氣普熏閻浮提界，眾生聞者，離一切罪，戒品清淨。

「善男子！雪山有香，名阿盧那❿；若有眾生嗅此香者，其心決定離諸染著，我為說法莫不皆得離垢三昧。

「善男子！羅剎界中有香，名海藏⓫，其香但為轉輪王用；若燒一丸而以熏之，王及四軍皆騰虛空。

「善男子！善法天中有香，名淨莊嚴⑫；若燒一丸而以熏之，普使諸天心念於佛。

「善男子！須夜摩天有香，名淨藏⑬；若燒一丸而以熏之，夜摩天眾莫不雲集彼天王所而共聽法。

「善男子！兜率天中有香，名先陀婆⑭；於一生所繫菩薩座前燒其一丸，興大香雲徧覆法界，普雨一切諸供養具，供養一切諸佛菩薩。

「善男子！善變化天有香，名曰奪意⑮；若燒一丸，於七日中，普雨一切諸莊嚴具。

【章旨】優鉢羅華長者為善財童子講解「調和香」法門。此章是以諸香象徵法香，「謂以戒、定、慧、慈悲等香熏修生善滅惡習氣故。善知一切香者，差別行也；亦知調合者，融通行也。」（澄觀《華嚴經疏》卷五十七，《大正藏》卷三十五，頁九三七中）

【注釋】❶憍　心所法之一，是指不對他人，而僅對自己之種性、色力、財位、智才等有所染著，使心高舉之精神作用。也就是對自己之長處產生傲慢自大之心理。❷逸　全稱為「放逸」，心所法之一，指放縱欲望而不精勤修習諸善之精神狀態。❸地位　指菩薩修行階位中的「十地」之位。❹如是等香形相生起句　此句是指香所象徵的「本」與「末十事」，其中「根本」即「本」，是指如來藏。❺象藏　據澄觀的解釋，此章所言的「象藏香具前本、末十事。一但語香名必有形相，二「龍門」為生起，三「興雲」為出現，四「雨雨」為成就，五「金色」為清淨，六「喜樂」為安隱，七「無病」等為方便，八「慈心」等為境界，九「意淨」為威德。其「業用」一種義通前七。十「我知下」是根本，本為菩提心故。」（澄觀《華嚴經疏》卷五十七，《大正藏》卷三十五，頁九三七中）❻牛頭　又作「牛頭栴檀」，檀香木之一，乃栴檀中之最具香氣者。產於印度，為常綠樹，幹高約零點九公尺，其材芳香，呈灰黃色，或赤銅色，可用以雕刻，或與根研為粉末，以供焚香，或製香油。昔時優填王曾命人以此木雕刻佛像，迄今著名。據澄觀解釋，「此即『忍香』，瞋火不燒。」（澄觀《華嚴經疏》卷五十七，《大正藏》卷三十五，頁九三七中）❼無能勝　據澄觀解釋，此香象徵精進。❽阿那婆達多池　意譯「無熱池」，有龍王常居於其中。❾蓮華藏　由此以下為「五分法身香」。「蓮華藏」象徵「戒香」，自心中無過失，無罪惡，無嫉賢妒能的心理，無慳貪瞋忿的念頭，無劫掠殺害的意圖。❿阿盧那　又作「阿留那」、「阿樓那」，意譯「日」、「將曉」、「明相」，指紅色香。此香象徵「定香」，即看到一切善惡境相之時，自心不會散亂。⓫海藏　此香象徵「慧香」，即自心無障無礙，常以智慧觀照自己的真如自性，不造作一切罪惡之事，雖是修行種種善事，但心中不執著所作的善行，尊敬上輩，體念下人，憐憫孤苦，救濟貧窮。⓬淨莊嚴　此香象徵「解脫香」，即自心在外境上無所攀緣，不想善，不想惡，安然自在，沒有罣礙。⓭淨藏　此香即「解脫知見香」，即自心既於善惡都無所攀緣，但也不可以沉落斷空頑守枯寂，應當廣泛參學多多聞法，認識自己的本心，通達諸佛的道法，從初發心一直到圓滿菩提時，真如自性毫不變易。香的意義，是以智慧火燒那抽象無價真香，這是真實的莊嚴佛身，這是真實供養如來。⓮先陀婆　又作「仙陀婆」、「先陀」，意譯為「石鹽」。即產於印度河畔之鹽。依據南本《大般涅槃經》卷九載，如來密語深而難解；譬如諸臣之服侍大王，大王洗時索先陀婆，智臣便奉水；食時索先陀婆，智臣便奉鹽；飲時索先陀婆，智臣便奉器；遊時索先陀婆，智臣便奉馬。如此之智臣，堪稱善解大王四種密語之意。故知「先陀婆」一名，實具鹽、器、水、馬四義。而以「一名四實」譬喻如來密語之甚深難解。⓯奪意　此香象徵「能」、「所」兩忘。能，某一動作之主體。所，指某一動作之客體，即對象。

【語　譯】優缽羅華長者告訴善財童子說：「好啊！好啊！善男子！你能發阿耨多羅三藐三菩提心。善男子！我善於知曉區分一切諸香，也知曉調合一切香的方法。具體而言，一切香、一切燒香、一切塗香、一切末香我都能夠知曉。也知曉如此一切香中最上等者的產出之地，又善於了知天香、龍香、夜叉香以及乾闥婆、阿修羅、迦樓羅、緊那羅、摩睺羅伽、人非人等所有的各種香。又善於知曉區分治諸病香、斷諸惡香、生歡喜香、增煩惱香、滅煩惱香、使其對於有為法產生樂著之香、使其對於有為法產生厭離之香、捨棄憍逸香、發心念佛香、證解法門香、聖所受用香、一切菩薩差別香、一切菩薩十地之位香，如是等香的形相、生起、出現、成就、清淨、安隱、方便、境界、威德、業用以及根本，如此等等一切我都了達。

「善男子！人間有一種名叫『象藏』的香，憑藉龍鬥而生。若燒一丸，就生起大香雲完全覆蓋了王都，連續七日降下細香雨。其雨若飄落在身體上，身體就發出金色；若飄落在衣服、宮殿、樓閣上，也泛出金色。若憑藉風吹入宮殿中，被眾生所嗅聞，眾生則七日七夜充滿歡喜，身心快樂，無有諸病，不互相侵害，離諸憂苦，不驚慌也不恐怖，不亂不恚，以慈心相處，志意也變得清淨。我知曉這些後，便為這些眾生說法，使其決定發阿耨多羅三藐三菩提心。

「善男子！摩羅耶山出產一種名叫『牛頭』的栴檀香。如果將其塗抹在身體上，即便是落入火坑，火也不會浸燒身體。

「善男子！海中有一種名叫『無能勝』的香。如果將其塗抹在鼓以及螺貝上，當敲響這些鼓與螺貝之時，所有敵軍都會自己潰退逃散。

「善男子！阿那婆達多池邊出產一種名叫『蓮華藏』的沉水香，其一丸香就如同麻子一樣大。但是，如果點燃一丸，其香氣卻能夠完全熏徧閻浮提界，凡是聞見的眾生都遠離一切罪，戒的品類都很清淨。

「善男子！雪山出產一種名叫『阿盧那』的香。眾生如果嗅聞了此香，其心便可肯定離諸染著，我再為其說法，無不都獲得離垢三昧。

「善男子！羅剎界出產一種名叫『海藏』的香，其香只供轉輪王使用。如果點燃一丸而以香氣熏之，王及象兵、馬兵、車兵、步兵都在空中騰飛。

「善男子！善法天中有一種名叫『淨莊嚴』的香。如果點燃一丸而以其香氣熏之，完全可以使諸天的心念被佛所佔據。

「善男子！須夜摩天有一種名叫『淨藏』的香。如果點燃一丸而以其香氣熏之，夜摩天眾無不雲集在其天王的住所而一起聽法。

「善男子！兜率天中有一種名叫『先陀婆』的香。如果在一生所繫菩薩座前燒其一丸，就會產生大香雲而完全覆蓋整個法界，降下一切諸供養具，供養一切諸佛、菩薩。

「善男子！善變化天有一種名叫『奪意』的香。如果點燃一丸，就會一連七日降下一切諸莊嚴具。

「善男子！我唯知此調和香法。如諸菩薩摩訶薩，遠離一切諸惡習氣，不染世欲，永斷煩惱眾魔罥索❶，超諸有趣，以智慧香而自莊嚴，於諸世間皆無染著，具足成就無所著戒，淨無著智，行無著境，於一切處悉無有著，其心平等，無著無依。

「而我何能知其妙行，說其功德，顯其所有清淨戒門，示其所作無過失業，辨其離染身、語、意行？善男子！於此南方，有一大城，名曰樓閣❷；中有船師，名婆施羅❸。汝詣彼問：菩薩云何學菩薩行、修菩薩道？」

時，善財童子頂禮其足，繞無量匝，殷勤瞻仰，辭退而去。

【章　旨】優鉢羅華長者又向善財童子舉薦「樓閣」大城中的「婆施羅」船師，囑咐善財童子南下前去拜訪。善財童子於是告別優鉢羅華長者繼續南下。

【注　釋】❶罥索　音譯「播捨」、「皤賒」、「波捨」，又稱「金剛索」、「罥網」、「寶索」、「珠索」，略稱「索」，為戰鬥或狩獵之用具。據慧琳《一切經音義》卷六十一載，「罥索」是在戰鬥之時用以罥取人，或罥取馬頭、馬腳之繩索，俗稱「搭索」。通常以五色線搓成，一端附鐶，另一端附半獨股杵（獨股杵之半形）；或兩端均附半獨股杵。❷樓閣　據澄觀的解釋，「樓閣城者，由此迴向令菩提心轉更增長，悲智相依而勝出故。」（澄觀《華嚴經疏》卷五十七，《大正藏》卷三十五，頁九三七下）❸婆施羅　據澄觀的解釋，「婆施羅者，此云『自在』，謂於佛法海已善通達，於生死海能善運度，於一切法深信不壞。」（澄觀《華嚴經疏》卷五十七，《大正藏》卷三十五，頁九三七下）

【語譯】「善男子！我只是知曉這一調和香法。如同菩薩，遠離一切諸惡習氣，不染世欲，永遠斷絕煩惱眾魔罥索，超越諸生死道，以智慧香使自身莊嚴，對於諸世間都無染著，具足成就無所著戒，淨無著智，行無著境，對於一切處都無有著，其心平等，無著無依。

「我為什麼能夠知曉這一妙行，說其功德，顯現其所有清淨戒門，顯示其所作無過失業，辨別其離污染的身、語、意諸行呢？善男子！從此地繼續向南方走，有一座名叫『樓閣』的大城，城中有一位名叫『婆施羅』的船師。你可前往他那裡向他請教：菩薩如何學菩薩行、修菩薩道？」

這時，善財童子頂禮長者的雙足，在其周圍繞行無數圈，殷勤瞻仰長者。然後，善財童子告別優缽羅華長者，踏上了繼續南下求法的歷程。

善財童子第二十三參：婆施羅船師會

爾時，善財童子向樓閣城，觀察道路。所謂：觀道高卑，觀道夷險，觀道淨穢，觀道曲直❶。漸次遊行，作是思惟：「我當親近彼善知識。善知識者，是成就修行諸菩薩道因，是成就修行波羅蜜道因，是成就修行攝眾生道因，是成就修行普入法界無障礙道因，是成就修行令一切眾生除惡慧道因，是成就修行令一切眾生離憍慢道因，是成就修行令一切眾生滅煩惱道因，是成就修行令一切眾生捨諸見道因，是成就修行令一切眾生拔一切惡刺道因，是成就修行令一切眾生至一切智城道因。何以故？於善知識處得一切善法故；依善知識力得一切智道故。善知識者，難見難遇。」如是思惟。

漸次遊行，既至彼城，見其船師在城門外海岸上住，百千商人及餘無量大眾圍繞，說大海法，方便開示佛功德海❷。善財見已，往詣其所，頂禮其足，繞無量匝，於前合掌而作是言：「聖者！我已先發阿耨多羅三藐三菩提心，而未知菩薩云何學菩薩行，云何修菩薩道。我聞聖者善能教誨，願為我說！」

【章旨】這是善財童子五十三參的第二十三次參訪，也是〈入法界品〉「末會」中善財五十五會中的第二十四會。善財童子在南下的路上，依教觀察道路而增長對於善知識的堅定信念。後來，善財童子到達了樓閣城，在城門外的海岸上看見了被無數大眾圍繞的婆施羅船師。於是，善財禮拜船師，向其請教修行菩薩行的方法、途徑。

【注釋】❶觀道高卑四句　此四句具有象徵涵義，據澄觀的解釋，「佛道為『高』，餘皆是『卑』；生死、涅槃為『夷』、『險』；障、無障為『淨』、『穢』；二乘為『曲』，菩薩為『直』等。」（澄觀《華嚴經疏》卷五十七，《大正藏》卷三十五，頁九三七下）❷船師在城門外海岸四句　此場景具有象徵涵義，據澄觀的解釋，「在海岸者，若佛法海以生死為此岸，不捨生死故。若生死海，以大悲修因而為此岸，住大慈悲令離因故。」（澄觀《華嚴經疏》卷五十七，《大正藏》卷三十五，頁九三七下）這是說，以佛法而言，生死為此岸，但佛、菩薩並不捨棄生死因而住於此岸。另一方面，從生死海而言，大悲為離生死之因。

【語譯】善財童子繼續南下向樓閣城進發。在路途，善財童子觀察著道路。他觀察道路的高與低，觀察道路的平坦與險要，觀察道路的乾淨與污穢，觀察道路的彎曲與筆直。善財童子一邊南下，一邊這樣想：「我應該親近那些善知識。善知識是成就修行諸菩薩道之因，是成就修行波羅蜜道之因，是成就修行攝眾生道之因，是成就修行普入法界無障礙道之因，是成就修行使一切眾生除惡之智慧道之因，是成就修行使一切眾生遠離憍慢道之因，是成就修行使一切眾生滅煩惱道之因，是成就修行使一切眾生捨棄諸見道之因，是成就修行使一切眾生拔除一切惡刺道之因，是成就修行使一切眾生至一切智城道之因。為什麼呢？這是因為從善知識處可以獲得一切善法，依從善知識之力可以獲得一切智道。善知識難於見到難於遇到。」善財童子這樣想著。

善財童子逐漸南下，到達樓閣大城之後，善財童子看見這位船師住在城門外的海岸上，成百上千的商人以及其他無數大眾圍繞著他。船師在為這些眾生宣說大海法，以方便開示佛的功德海。善財看到這一情景之後，立即前往船師的住所，頂禮船師的雙足，在其周圍繞行無數圈，然後在其前合掌而這樣說道：「聖者！我早先已經發阿耨多羅三藐三菩提心，但卻不知菩薩如何學菩薩行，如何修菩薩道。我聽說您諄諄善誘，希望您能夠為我回答這些問題！」

船師告言：「善哉！善哉！善男子！汝已能發阿耨多羅三藐三菩提心，今復能問生大智因、斷除一切生死苦因、往一切智大寶洲因、成就不壞摩訶衍因、遠離二乘怖畏生死住諸寂靜三昧旋因、乘大願車徧一切處行菩薩行無有障礙清淨道因、以菩薩行莊嚴一切無能壞智清淨道因、普觀一切十方諸法皆無障礙清淨道因、速能趣入一切智海清淨道因。

「善男子！我在此城海岸路中淨修菩薩大悲幢行❶。善男子！我觀閻浮提內貧窮眾生，為饒益故，修諸苦行，隨其所願悉令滿足。先以世物，充滿其意；復施法財，令其歡喜，令修福行，令生智道，令增善根力，令起菩提心，令淨菩提願，令堅大悲力，令修能滅生死道，令生不厭生死行，令攝一切眾生海，令修一切功德海，令照一切諸法海，令見一切諸佛海，令入一切智智海。善男子！我住於此，如是思惟，如是作意❷，如是利益一切眾生。

「善男子！我知海中一切寶洲、一切寶處、一切寶類、一切寶種。我知淨一切寶、鑽一切寶、出一切寶、作一切寶。我知一切寶器、一切寶用、一切寶境界、一切寶光明❸。我知一切龍宮處、一切夜叉宮處、一切部多宮處，皆善回避，免其諸難❹。亦善別知漩澓淺深，波濤遠近，水色好惡，種種不同❺。亦善別知日月星宿運行度數，晝夜晨晡，晷漏延促❻。亦知其船鐵木堅脆、機關澀滑，水之大小，風之逆順❼。如是一切安危之相無不明了，可行則行，可止則止。善男子！我以成就如是智慧，常能利益一切眾生。

「善男子！我以好船運諸商眾行安隱道，復為說法令其歡喜，引至寶洲與諸珍寶，咸使充足，然後將領還閻浮提。善男子！我將大船如是往來，未始令其一有損壞。若有眾生得見我身、聞我法者，令其永不怖生死海，必得入於一切智海，必能消竭諸愛欲海，能以智光照三世海，能盡一切眾生苦海❽，能淨一切眾生心海，速能嚴淨一切剎海，普能往詣十方大海，普知一切眾生根海，普了一切眾生行海，普順一切眾生心海❾。

【章　旨】婆施羅船師向善財童子講解「菩薩大悲幢行」法門的內容。婆施羅以大悲心救度眾生，而此章則以「五知」、「十海」來象徵菩薩救度眾生的功德。

【注　釋】❶菩薩大悲幢行　關於此法門以「幢」命名的原因，澄觀解釋說：「謂大悲超出，為物所歸故。」而此大悲法門的「業用」有二：「先明於陸化生，令知有海。」（澄觀《華嚴經疏》卷五十七，《大正藏》卷三十五，頁九三七下）後則善知海相以之濟度眾生到達彼岸。❷作意　心所之名，即突然警覺而將心投注某處以引起相應的活動。❸知海中一切寶洲三句　此中「寶」象徵「智」，「不入生死大海，則不能得一切智寶。」此中三句的象徵意義如下：「一、生死海中湛寂不動，謂之『寶洲』，二、空、不空如來藏為『寶處』，三、恆沙功德皆「寶類」，四、佛性為「寶種」。此上皆約本有。次四約修成。以淨戒頭陀等為「能淨」，以緣起智為「能鑽」，以發一切智心為「出因」，聽聞為「能作」，後四為「寶用」。」從總體上其象徵意義為：「三乘等器，智慧有殊；照理斷惑，所用各別；所緣境界，萬品階差；破愚顯明，各各不等。」（澄觀《華嚴經疏》卷五十七，《大正藏》卷三十五，頁九三八上）❹知一切龍宮處三句　此處「龍宮處」象徵生死中瞋、貪、癡之三毒。「部多」為一種自生而類似於夜叉的龍類。因為其不從父母而生，因此以之比喻「多癡」。❺善別知漩澓淺深四句　此處以水流比喻心識之變化，「心識相、色、無色等依識心定，劫數淺深，七識波浪，染習遠近，隨善惡緣，心水色異。」（澄觀《華嚴經疏》卷五十七，《大正藏》卷三十五，頁九三八上）❻善別知日月星宿三句　此處以日月星宿象徵修行時機。晡，申時，即十五時至十七時。晷漏，古代測時的儀器。❼知其船鐵木堅脆三句　此處以船之狀況象徵濟度的手段之高下，「萬行不同，有方便為『堅』，無方便為『脆』；曾修為『滑』，不曾則『澀』；水之大小者，謂生死有邊與無邊；風之逆順者，八風四順四逆，又謂修行有住與無住故。」（澄觀《華嚴經疏》卷五十七，《大正藏》卷三十五，頁九三八上）機關，設有機件而能制動的器械。❽必得入於一切智海四句　此處的「一切智海」、「愛欲海」、「三世海」、「一切眾生苦海」等「四海」都是以自己解脫即「自利」為目的的（參見澄觀《華嚴經疏》卷五十七，《大正藏》卷三十五，頁九三八上）。❾能淨一切眾生心海六句　此處的「一切眾生心海」、「一切剎海」、「十方大海」、「一切眾生根海」、「一切眾生行海」、「一切眾生心海」是以濟度眾生即「利他」為目的的（參見澄觀《華嚴經疏》卷五十七，《大正藏》卷三十五，頁九三八上）。

【語　譯】婆施羅船師對善財童子說：「好啊！好啊！善男子！你已經能發阿耨多羅三藐三菩提心，現今又能問產生大智之因，斷除一切生死苦之因，往一切智大寶洲之因，成就不壞大乘之因，遠離聲聞、緣覺怖畏生死住於諸寂靜三昧旋之因，乘大願車徧一切處行菩薩行無有障礙清淨道之因，以菩薩行莊嚴一切無能壞智清淨道之因，普觀一切十方諸法都無障礙清淨道之因，速能趣入一切智海清淨道之因。

「善男子！我在此城海岸邊的路中淨修菩薩大悲幢行。善男子！我觀察閻浮提內貧窮的眾生，為了使他們得到法益的緣故，我修諸苦行，隨其所願使其都能得到滿足。先以世俗事物，滿足他們的心意；再給其施予法財，使其歡喜，使其修福行，使其產生智道，使其增長善根力，使其發起菩提心，使其發清淨的菩提願，使其堅固大悲力，使其修習能滅生死道，使其生不厭生死行，使其攝入一切眾生海，使其修習一切功德海，使其照耀一切諸法之海，使其觀見一切諸佛海，使其進入一切智智海。善男子！我住於此，如此思惟，如此作意，如此利益一切眾生。

「善男子！我知曉海中的一切寶洲、一切寶處、一切寶類、一切寶種。我知曉淨一切寶、鑽一切寶、出一切寶、作一切寶。我知曉一切寶器、一切寶用、一切寶境界、一切寶光明。我知曉一切龍宮處、一切夜叉宮處、一切部多宮處，並且都善於迴避，免於發生災難。我也善於知曉區別旋渦的淺深，波濤的遠近，水色的好惡以及其他種種不同。我也善於知曉區別日月星宿運行的情況，晝夜晨晡，片刻與延促。我也知曉其船鐵木的堅脆、機關的澀與滑，水之大小，風之逆順。如此一切安危之相，我無不明了，可行則行，可止則止。善男子！我以成就如此智慧，常能利益一切眾生。

「善男子！我以好船運諸經商的眾生行於安隱之道，又為其說法使其歡喜，引至寶洲給予他們珍寶，使他們都感到充足，然後再領他們回到閻浮提。善男子！我駕大船如此往來，從來不讓其有一點損壞。若有眾生能夠有機會看見我的身體、聽聞我說法，我就會使其對於生死海永遠不會感到恐怖，必然使其可以進入一切智海，必然能夠使其諸愛欲海乾枯，能夠以智光照耀三世海，能使一切眾生苦海乾涸，能使一切眾生心海清淨，能迅速嚴淨一切國土海，能前往一切十方大海，完全知曉一切眾生根海，完全了悟一切眾生行海，完全使一切眾生心海暢通快樂。

「善男子！我唯得此大悲幢行；若有見我及以聞我、與我同住、憶念我者，皆悉不空。如諸菩薩摩訶薩，善能遊涉生死大海，不染一切諸煩惱海，能捨一切諸妄見海，能觀一切諸法性海，能以四攝攝眾生海，已善安住一切智海，能滅一切眾生著海，能平等住一切時海，能以神通度眾生海，能以其時調眾生海。

「而我云何能知能說彼功德行？善男子！於此南方有城名可樂❶；中有長者名無上勝❷。汝詣彼問：菩薩云何學菩薩行、修菩薩道？」

時，善財童子頂禮其足，繞無量匝，殷勤瞻仰，悲泣流淚，求善知識心無厭足，辭退而去。

【章　旨】婆施羅船師又向善財童子舉薦「可樂」城中的「無上勝」長者，囑咐善財童子南下前去拜訪。善財童子於是告別婆施羅船師繼續南下。

【注　釋】❶可樂　據澄觀解釋，「可樂國者，由等佛迴向，不見美惡；皆得清淨，歡喜悅樂故。」（澄觀《華嚴經疏》卷五十七，《大正藏》卷三十五，頁九三八中）這是說，因菩薩的迴向之力，眾生均得清淨快樂。❷無上勝　關於此長者的名號之意義，澄觀解釋說：「寄等一切佛迴向，以得勝通無過上故；等於諸佛，更無勝故。」（澄觀《華嚴經疏》卷五十七，《大正藏》卷三十五，頁九三八中）這是說，「等一切佛迴向」所得之力無有超過者。

【語　譯】「善男子！我只是獲得此大悲幢行。如果有看見我以及聽說我，或者與我同住、憶念我的眾生，他們都是一種實際的存在。如同諸菩薩一樣，我善於在生死大海中游動擺渡，不染污一切諸煩惱海，能夠捨棄一切諸妄見海，能夠觀一切諸法性海，能夠以布施攝、愛語攝、利行攝、同事攝吸攝眾生海，已善安住一切智海，能夠滅除一切眾生執著之海，能夠平等地住於一切時之海，能夠以神通度過眾生海，能夠把握恰當的時機調伏眾生海。

「我為什麼能夠知曉、能夠宣說這一功德行？善男子！在此繼續南下，在南方有一座名叫『可樂』的城市，此城中有一位名叫『無上勝』的長者。你可以前往他那裡向他請教：菩薩如何學菩薩行、修菩薩道？」

這時，善財童子頂禮船師的雙足，在其周圍繞行無數圈，殷勤瞻仰船師，悲泣流淚。善財童子尋找拜見善知識之心永無厭足，後來他告別婆施羅船師，踏上了繼續南下求法的歷程。

善財童子第二十四參：無上勝長者會

爾時，善財童子起大慈週徧心，大悲潤澤心相續不斷，福德、智慧二種莊嚴，捨離一切煩惱塵垢，證法平等，心無高下，拔不善刺，滅一切障，堅固精進以為牆塹，甚深三昧而作園苑，以慧日光破無明暗，以方便風開智慧華，以無礙願充滿法界，心常現入一切智城，如是而求菩薩之道。

漸次經歷，到彼城內。見無上勝在其城東大莊嚴幢無憂林中，無量商人、百千居士之所圍繞❶，理斷人間種種事務；因為說法，令其永拔一切我慢❷，離我、我所，捨所積聚，滅慳嫉妒，心得清淨，無諸穢濁，獲淨信❸力，常樂見佛，受持佛法，生菩薩力，起菩薩行，入菩薩三昧，得菩薩智慧，住菩薩正念，增菩薩樂欲。

爾時，善財童子觀彼長者為眾說法已，以身投地，頂禮其足，良久乃起，白言：「聖者！我是善財！我是善財！我專尋求菩薩之行，菩薩云何學菩薩行？菩薩云何修菩薩道？隨修學時，常能化度一切眾生，常能現見一切諸佛，常得聽聞一切佛法，常能住持一切佛法，常能趣入一切法門，入一切剎學菩薩行，住一切劫修菩薩道，能知一切如來神力，能受一切如來護念，能得一切如來智慧？」

【章　旨】這是善財童子五十三參的第二十四次參訪，也是〈入法界品〉「末會」中善財五十五會中的第二十五會。善財童子在南下的路上，依教如法思惟。後來，善財童子到達可樂城，在城東大莊嚴幢無憂林中看見了被無數商人、居士圍繞的無上勝長者。於是，善財禮拜長者，向其請教修行菩薩行的方法、途徑。

【注　釋】❶城東大莊嚴幢二句　此二句的描述具有象徵意義，據澄觀的解釋，「在城東者，啟明佛日故。處『無憂林』者，同佛迴向無愛憎故。商人等圍繞者，佛為商主，菩薩為商人，法財外益功歸己故。」（澄觀《華嚴經疏》卷五十七，《大正藏》卷三十五，頁九三八中）❷我慢　謂視「我」為一己之中心，由此所執之「我」而形成憍慢心。❸淨信　清淨之信心。

【語譯】這時，善財童子發起大慈週徧之心，大悲潤澤心相續不斷，產生福德、智慧二種莊嚴，捨離了一切煩惱塵垢，證得法平等，心無高下，拔除了不善之刺，滅除了一切障礙，以堅固精進為牆塹，以甚深三昧為園苑，以慧日光破除無明之暗，以方便風開出智慧華，以無礙願充滿法界，心常進入一切智城，如此而尋求菩薩之道。

善財童子逐漸向南行進，到達可樂城內。善財童子看見無上勝長者正在可樂城東邊的大莊嚴幢無憂林中，在無數商人、百千居士的圍繞下，理斷人間種種事務。無上勝長者也借此機會為這些眾生說法，使其永遠拔除一切我慢，遠離我、我所，捨棄所積聚的東西，滅除了吝嗇、嫉妒之心，心獲得了清淨，沒有任何污穢混濁，獲得清淨的信仰之力，常樂見佛，受持佛法，產生菩薩力，發起菩薩行，進入菩薩三昧，獲得菩薩智慧，住於菩薩正念，增長菩薩樂欲。

這時，善財童子看到這位長者為眾說法之後，便以身投地，頂禮長者雙足，很久纔起來，稟告長者說：「聖者！我是善財！我是善財！我專尋求菩薩之行，菩薩如何學菩薩行？菩薩如何修菩薩道？隨修學時，常能化度一切眾生，常能現見一切諸佛，常得聽聞一切佛法，常能住持一切佛法，常能趣入一切法門，進入一切剎學菩薩行，住於一切劫修菩薩道，能知一切如來神力，能受一切如來護念，能得一切如來智慧？」

時，彼長者告善財言：「善哉！善哉！善男子！汝已能發阿耨多羅三藐三菩提心。善男子！我成就至一切處菩薩行門無依無作神通之力❶。

「善男子！云何為至一切處菩薩行門？善男子！我於此三千大千世界，欲界一切諸眾生中，所謂：一切三十三天、一切須夜摩天、一切兜率陀天、一切善變化天、一切他化自在天、一切魔天，及餘一切天、龍、夜叉、羅剎娑、鳩槃荼、乾闥婆、阿修羅、迦樓羅、緊那羅、摩睺羅伽、人與非人，村營、城邑、一切住處諸眾生中而為說法，令捨非法，令息諍論，令除鬥戰，令止忿競，令破怨結❷，令解繫縛，令出牢獄，令免怖畏，令斷殺生乃至邪見一切惡業，不可作事皆令禁止；令其順行一切善法，令其修學一切技藝，於諸世間而作利益；為其分別種種諸論，令生歡喜，令漸成熟；隨順外道，為說勝智，令斷諸見，令入佛法。乃至色界一切梵天，我亦為其說超勝法。

「如於此三千大千世界，乃至十方十不可說百千億那由他佛剎微塵數世界中，我皆為說佛法、菩薩法、聲聞法、獨覺法；說地獄，說地獄眾生，說向地獄道；說畜生，說畜生差別，說畜生受苦，說向畜生道；說閻羅王世間，說閻羅王世間苦，說向閻羅王世間道；說天世間，說天世間樂，說向天世間道；說人世間，說人世間苦樂，說向人世間道。為欲開顯菩薩功德，為令捨離生死過患，為令知見一切智人諸妙功德，為欲令知諸有趣中迷惑受苦，為令知見無障礙法，為欲顯示一切世間生起所因，為欲顯示一切世間寂滅為樂，為令眾生捨諸想著，為令證得佛無依法，為令永滅諸煩惱輪，為令能轉如來法輪，我為眾生說如是法。

【章　旨】無上勝長者向善財童子宣說「至一切處菩薩行門無依無作神通之力」法門。無上勝長者以此法門至一切處救三界六道眾生。

【注　釋】❶至一切處菩薩行門無依無作神通之力　據澄觀解釋：「無依者，不依他故。無作者，離加行故。」「加行」也就是即加功用行之意，是針對正行之預備行。「由無作無依，故能偏至。偏至是用廣，無依是體勝。」（澄觀《華嚴經疏》卷五十七，《大正藏》卷三十五，頁九三八中）❷怨結　怨恨之心，結而不解。

【語　譯】這時，無上勝長者告訴善財童子說：「好啊！好啊！善男子！你已經能發阿耨多羅三藐三菩提心。善男子！我已經成就了至一切處菩薩行門無依無作神通之力。

「善男子！什麼是至一切處菩薩行門？善男子！我在此三千大千世界、欲界的一切諸眾生中，為其說法。這些眾生有：一切三十三天、一切須夜摩天、一切兜率陀天、一切善變化天、一切他化自在天、一切魔天，及餘一切天、龍、夜叉、羅剎娑、鳩槃茶、乾闥婆、阿修羅、迦樓羅、緊那羅、摩睺羅伽、人與非人。我為住在村莊、城市、一切住處的諸眾生說法，使其捨棄不合於佛法的東西，使其息滅諍論，除掉他們之間的鬥爭，使其停止忿怒與競爭，使其破除怨結，使其解除繫縛，使其走出牢獄，使其免於恐怖畏懼，使其斷絕殺生乃至邪見等一切惡業，使其絕不做規定不能做的事情；使其順行一切善法，使其修學一切技藝，在諸世間為眾生謀取利益；為其分別種種諸論，使其歡喜，使其逐漸成熟；我也隨順外道，為他們宣說超過他們之說的殊勝智慧，使其斷絕諸見，使其進入佛法。我甚至為色界的所有梵天宣說特別殊勝之法。

「在這樣的三千大千世界，甚至十方十不可說百千億那由他佛剎微塵數世界中，我都為其說佛法、菩薩法、聲聞法、獨覺法；為其說地獄之法，說地獄眾生之法，說向地獄道之法；說畜生之法，說畜生差別之法，說畜生受苦之法，說向畜生道之法；說閻羅王世間之法，說閻羅王世間苦之法，說向閻羅王世間道之法；說天世間之法，說天世間樂之法，說向天世間道之法；說人世間之法，說人世間苦樂之法，說向人世間道之法。為了想向其開顯菩薩功德，為使其捨棄遠離生死過患，為使其知見一切智人諸妙功德，為了想使其知曉諸有趣中迷惑受苦，為使其知見無障礙法，為欲顯示一切世間生起所因，為欲顯示一切世間寂滅為樂，為使眾生捨諸想著，為使其證得佛無依法，為使其永滅諸煩惱輪，為使其能轉如來法輪，我為眾生說如此法。

「善男子！我唯知此至一切處修菩薩行清淨法門無依無作神通之力。如諸菩薩摩訶薩，具足一切自在神通，悉能徧往一切佛剎，得普眼地；悉聞一切音聲言說，普入諸法智慧自在，無有乖諍，勇健無比，以廣長舌出平等音；其身妙好，同諸菩薩，與諸如來究竟無二、無有差別；智身廣大，普入三世，境界無際，同於虛空。

「而我云何能知能說彼功德行？善男子！於此南方，有一國土，名曰輸那❶；其國有城，名迦陵迦林❷；有比丘尼，名師子嚬申❸。汝詣彼問：菩薩云何學菩薩行、修菩薩道？」

時，善財童子頂禮其足，繞無量匝，殷勤瞻仰，辭退而去。

【章旨】無上勝長者又向善財童子舉薦「輸那」國土中「迦陵迦林」城中的「師子嚬申」比丘尼，囑咐善財童子南下前去拜訪。善財童子於是告別無上勝長者繼續南下。

【注釋】❶輸那　此國名有象徵涵義，據澄觀的解釋，「國名『輸那』者，此云『勇猛』，勇猛之力能使善根無不至故。」（澄觀《華嚴經疏》卷五十七，《大正藏》卷三十五，頁九三八中）❷迦陵迦林　據澄觀的解釋，

「城名『迦陵迦林』者，以義翻，為相鬥戰時謂因鬥勝而立城故。表此迴向願以信解大威力故，廣大智慧無障礙故，令修善根無所不至義同戰時。」（澄觀《華嚴經疏》卷五十七，《大正藏》卷三十五，頁九三八中）這是說，此會所象徵的迴向意義與戰鬥之意義相同。❸師子嚬申　據澄觀的解釋，「善友名『師子嚬申』者，舒展自在無不至故；比丘尼者，純淨之慈合善偏故。」（澄觀《華嚴經疏》卷五十七，《大正藏》卷三十五，頁九三八中）

【語　譯】「善男子！我只是知曉這一『至一切處修菩薩行清淨法門無依無作神通之力』。掌握這一法門，就如同諸菩薩具足一切自在神通，都能夠偏往一切佛土，獲得普眼地；都可以聽聞一切音聲言說，完全進入諸法智慧自在，無有乖離與諍論，勇健無比，以廣長舌發出平等音；其身妙好，與諸菩薩相同，與諸如來究竟無二、無有差別；智身廣大，普入三世，境界無際，同於虛空。

「我為什麼能夠知曉、能夠宣說這一功德行呢？善男子！在此繼續南下，有一處名叫『輸那』的國土，此國有一座名叫『迦陵迦林』的城市，此城中有一位名叫『師子嚬申』的比丘尼。你可以前往她那裡向她請教：菩薩如何學菩薩行、修菩薩道？」

當時，善財童子頂禮長者的雙足，在其周圍繞行無數圈，殷勤瞻仰長者。然後，善財童子辭別無上勝長者，踏上了繼續南下求法的歷程。

善財童子第二十五參：師子嚬申比丘尼會

爾時，善財童子漸次遊行，至彼國城，周徧推求此比丘尼。有無量人咸告之言：「善男子！此比丘尼在勝光王之所捨施日光園❶中說法利益無量眾生。」時，善財童子即詣彼園，遍觀察。

見其園中有一大樹，名為滿月，形如樓閣，放大光明照一由旬；見一葉樹，名為普覆，其形如蓋，放毗琉璃紺青光明；見一華樹，名曰華藏，其形高大，如雪山王，雨眾妙華無有窮盡，如忉利天中波利質多羅樹❷。復見有一甘露果樹，形如金山，常放光明，種種眾果悉皆具足；復見有一摩尼寶樹，名毗盧遮那藏，其形無比，心王摩尼寶最在其上，阿僧祇色相摩尼寶遍莊嚴。復有衣樹，名為清淨，種種色衣垂布嚴飾；復有音樂樹，名為歡喜，其音美妙，過諸天樂；復有香樹，名普莊嚴，恆出妙香，普熏十方，無所障礙。

園中復有泉流陂池，一切皆以七寶莊嚴，黑栴檀泥凝積其中，上妙金沙彌佈其底，八功德水具足盈滿，優鉢羅華、波頭摩華、拘物頭華、芬陀利華遍覆其上，無量寶樹遍行列。諸寶樹下敷師子座，種種妙寶以為莊嚴，佈以天衣，熏諸妙香，垂諸寶繒，施諸寶帳，閻浮金網彌覆其上，寶鐸徐搖出妙音聲。或有樹下敷香王摩尼藏師子之座，或有樹下敷蓮華藏師子之座，或有樹下敷龍莊嚴摩尼王藏師子之座，或有樹下敷寶師子聚摩尼王藏師子之座，或有樹下敷毗盧遮那摩尼王藏師子之座，或有樹下敷十方毗盧遮那摩尼王藏師子之座；其一一座各有十萬寶師子座周匝圍繞，一一皆具無量莊嚴。

此大園中眾寶徧滿，猶如大海寶洲之上。迦鄰陀衣❸以布其地，柔軟妙好，能生樂觸，蹈則沒足，舉則還復；無量諸鳥出和雅音，寶栴檀林上妙莊嚴，種種妙華常雨無盡，猶如帝釋雜華之園❹。無比香王普熏一切，猶如帝釋善法之堂❺。諸音樂樹、寶多羅樹、眾寶鈴網出妙音聲，如自在天善口天女所出歌音。諸如意樹，種種妙衣垂布莊嚴，猶如大海。有無量色百千樓閣，眾寶莊嚴，如忉利天宮善見大城❻。寶蓋遐張，如須彌峰。光明普照，如梵王宮。

爾時，善財童子見此大園無量功德、種種莊嚴，皆是菩薩業報成就，出世善根之所生起，供養諸佛功德所流，一切世間無與等者，如是皆從師子嚬申比丘尼了法如幻集廣大清淨福德善業之所成就。三千大千世界天龍八部、無量眾生，皆入此園而不迫窄。何以故？此比丘尼不可思議威神力故。

【章　旨】這是善財童子五十三參的第二十五次參訪，也是〈入法界品〉「末會」中善財五十五會中的第二十六會。善財童子南下到達輸那國土的迦陵迦林城找尋師子嚬申比丘尼。經人指點，善財童子來到勝光王所施捨的日光園，看到此園中各種寶樹、寶衣以及各種師子之座。這些都是師子嚬申比丘尼的清淨善業所感招。

【注　釋】❶勝光王之所捨施日光園　據澄觀所說，依照戒律，比丘尼修頭陀行多在王園；言「勝光」者，「令其善根偏法界之園苑故，並皆即智故有光名。」（澄觀《華嚴經疏》卷五十七，《大正藏》卷三十五，頁九三八中）另外，義淨將「波斯匿王」翻譯為「勝光王」，不知二者是否為一？❷波利質多羅樹　又作「波利質羅」、「波疑質姤」，全名為「波利耶怛羅拘陀羅」，意譯「香偏樹」。慧苑《一切經音義》卷下說：「謂此樹根、莖、枝、葉、華、實皆能偏熏忉利天宮。」❸迦鄰陀衣　又作「迦旃鄰陀衣」、「迦真鄰底迦衣」，指以迦鄰陀鳥毛所造之衣。以鳥毛所織之衣。慧琳《一切經音義》卷十九說：「迦止栗綿，亦名迦真鄰底迦，瑞鳥名也。身有細軟毛，非常輕妙，如綿緝績。以為衣，或為絮。轉輪聖王，方御此服也。今雖有此鳥類，非鳥也。其毛粗惡，不堪緝績也。」❹帝釋雜華之園　即「帝釋四苑」之一的「雜林苑」。位於須彌山頂的善見城四面各有一苑，形皆正方，各苑之中央皆有一如意池，池中八功德水盈滿，為帝釋諸天遊戲之處。「雜林苑」就是其中之一，謂帝釋諸天若遊此苑，則於諸種眾妙之境，所玩皆同，而俱生勝喜。❺帝釋善法之堂　即「善法堂」，位於須彌山頂善見城外之西南角，此堂縱廣各五百由旬，有七重欄楯、七重鈴網，皆為七寶所成，四方諸門皆樓櫓臺觀，亦為七寶所成，其地為青琉璃寶，柔軟細滑，觸之如迦旃鄰提衣。堂中央有一寶柱，高二十由旬，柱下設帝釋天之座，高一由旬，方半由旬，左右各有十六小天王之座。善法堂為忉利天諸天眾之集會所。每逢三齋日，天眾集於此堂，詳論人、天之善惡，並制服阿修羅。❻善見大城　即「善見城」，又作「喜見城」、「天帝釋城」，位於須彌山頂忉利天之中央，為帝釋天所住之宮城。善見城四面縱廣各二千五百由旬，高一由旬半。其地平坦，以真金所成，以各種雜寶嚴飾，地面柔軟如兜羅綿，微風吹去萎花，散佈新花。城有千門，由五百青衣藥叉神防守。城中有大殊勝殿，以種種妙寶莊嚴。城之四隅有四臺觀，由金銀等四寶所成。城外有眾車、粗惡、雜林、喜林四苑，周環各千由旬，為諸天遊戲之處。

【語譯】這時，善財童子逐漸南下，到達輸那國土的迦陵迦林城，到處找尋師子嚬申比丘尼。無數人都告訴善財童子說：「善男子！此比丘尼在勝光王所施捨的日光園中為無數眾生說法，謀取利益。」當時，善財童子立即前往日光園，仔細全面觀察。

善財童子看見日光園中有一棵名為「滿月」的大樹，其形狀如同樓閣，放出大光明照射一由旬；看見一棵名為「普覆」的葉樹，其形狀如同大蓋，放出如同毗琉璃般的赤青色光明；看見一棵名為「華藏」的花樹，其形高大，如同雪山之王，降下許多美妙的花朵永遠沒有窮盡，也如同忉利天中的波利質多羅樹。善財童子又看到一棵甘露果樹，形如金山，常放光明，種種眾果都完全具足；又看見一棵名叫「毗盧遮那藏」的摩尼寶樹，此樹的形狀無比奇特，上有心王摩尼寶以及阿僧祇色相摩尼寶週徧裝飾。又有名為「清淨」的衣樹，各種顏色的衣服在上面垂掛作為裝飾；又有名為「歡喜」的音樂樹，其音美妙，超過諸天之音樂；又有名為「普莊嚴」的香樹，一直發出妙香，普熏十方，無所障礙。

這個日光園中又有泉水池塘，這些都以七寶作為裝飾，黑色的栴檀泥凝積其水中，上面有美妙的金沙鋪滿其底，八功德水具足盈滿，優缽羅華、波頭摩華、拘物頭華、芬陀利華覆蓋在其上面，無量寶樹在其周圍排列。在這些寶樹下敷設師子座，以種種妙寶作為裝飾，鋪上天衣，點燃妙香，絲綢寶帶裝飾其上，在其座上方設置了寶帳，以閻浮金網完全覆蓋在寶帳之上，寶鐸慢慢地發出美妙的音聲。有的樹下敷設的是蓮華藏師子之座，有的樹下敷設的是香王摩尼藏師子之座，有的樹下敷設的是龍莊嚴摩尼王藏師子之座，有的樹下敷設的是寶師子聚摩尼王藏師子之座，有的樹下敷設的是毗盧遮那摩尼王藏師子之座，有的樹下敷設的是十方毗盧遮那摩尼王藏師子之座。每一個寶座各有十萬寶師子座在其周圍圍繞，每一個寶座都有無數的裝飾品。

這一日光園中充滿了各種各樣的寶物，猶如位於大海寶洲之上。此園以迦鄰陀衣鋪設其地，柔軟妙好，能產生美妙的觸感，踩下去則沒足，抬起則又恢復如初；無數諸鳥發出和雅之音，寶栴檀林樹美妙無比，種種妙花常常降落，沒有窮盡，猶如帝釋善見城外的雜林苑。日光園中有無比香王普熏一切，猶如帝釋善法堂。諸音樂樹、寶多羅樹、眾寶鈴網發出美妙的聲音，如同自在天善口天女所唱出的歌音。日光園中的諸如意樹上有種種美妙的衣物垂佈莊嚴，猶如大海。此園中又有不同顏色樓閣上千座，都是以眾寶作裝飾，如同忉利天宮的善見城。此園寶蓋遐張，如同須彌山峰。此園光明普照，如同梵王的宮殿。

善財童子此時所看見的日光園的無量功德、種種莊嚴，都是菩薩業報之所成就，是出世善根之所生起，是供養諸佛之功德所流出，在一切世間都是無與倫比的。所有這些都是從師子嚬申比丘尼「了法如幻、集廣大清淨福德善業」之所成就。三千大千世界中的天龍八部、無數眾生，都同時進入此園而此園並不顯得狹小。為什麼呢？這是此比丘尼不可思議威神力的緣故。

爾時，善財見師子嚬申比丘尼徧坐一切諸寶樹下大師子座，身相端嚴，威儀寂靜，諸根調順，如大象王；心無垢濁，如清淨池；普濟所求，如如意寶；不染世法，猶如蓮華；心無所畏，如師子王；護持淨戒不可傾動，如須彌山；能令見者心得清涼，如妙香王；能除眾生諸煩惱熱，如雪山中妙栴檀香；眾生見者，諸苦消滅，如善見藥王❶；見者不空，如婆樓那天❷；能長一切眾善根芽，如良沃田。

在一一座，眾會不同，所說法門亦各差別。或見處座，淨居天眾❸所共圍繞，大自在天子而為上首；此比丘尼為說法門，名無盡解脫。或見處座，諸梵天眾所共圍繞，愛樂梵王而為上首；此比丘尼為說法門，名普門差別清淨言音輪。或見處座，他化自在天天子、天女所共圍繞，自在天王而為上首；此比丘尼為說法門，名菩薩清淨心。或見處座，善變化天天子、天女所共圍繞，善化天王而為上首；此比丘尼為說法門，名一切法善莊嚴。或見處座，兜率陀天天子、天女所共圍繞，兜率天王而為上首；此比丘尼為說法門，名心藏旋。或見處座，須夜摩天天子、天女所共圍繞，夜摩天王而為上首；此比丘尼為說法門，名無邊莊嚴。或見處座，三十三天天子、天女所共圍繞，釋提桓因而為上首；此比丘尼為說法門，名厭離門。

或見處座，百光明龍王、難陀龍王、優波難陀龍王、摩那斯龍王❹、伊羅跋難陀龍王、阿那婆達多龍王❺等龍子、龍女所共圍繞，娑伽羅龍王❻而為上首；此比丘尼為說法門，名佛神通境界光明莊嚴。或見處座，諸夜叉眾所共圍繞，毗沙門天王❼而為上首；此比丘尼為說法門，名救護眾生藏。或見處座，乾闥婆眾所共圍繞，持國乾闥婆王而為上首；此比丘尼為說法門，名無盡喜。或見處座，阿修羅眾所共圍繞，羅睺阿修羅王而為上首；此比丘尼為說法門，名速疾莊嚴法界智門。或見處座，迦樓羅眾所共圍繞，捷持迦樓羅王而為上首；此比丘尼為說法門，名怖動諸有海。或見處座，緊那羅眾所共圍繞，大樹緊那羅王而為上首；此比丘尼為說法門，名佛行光明。或見處座，摩睺羅伽眾所共圍繞，菴羅林摩睺羅伽王而為上首；此比丘尼為說法門，名生佛歡喜心。

【章旨】善財童子在日光園看見師子嚬申比丘尼的身相與威儀等等，並看見七處天眾、天龍八部等分別圍繞，師子嚬申比丘尼隨應為其分別演說佛法。

【注釋】❶善見藥王　產於喜馬拉雅山之藥名，能治一切病。晉佛陀跋陀羅譯《華嚴經》卷三十七〈離世間品〉載，雪山善現藥王，以眼見之者，眼得清淨；以耳聞之者，耳得清淨；以鼻聞香者，鼻得清淨；以舌嘗味者，舌得清淨；以身觸之者，身得清淨；若取其地之土，則能除治百病，安穩快樂。❷婆樓那天　又作「縛嚕拏龍王」，意譯「水天」，為一切魚類、龍之王，十二天之一，護世八方天之一，乃西方之守護神。密教將其置於胎藏界曼荼羅中，位於外金剛部院西門之北側，身呈赤色，頭上有七龍頭，右手持輪索，左拳叉腰。❸淨居

天眾　在色界四禪之最高處有五重天，為證得「不還果」的聖者所生之處，因無外道雜居，故名「淨居」。這五重天是無煩天、無熱天、善現天、善見天、色究竟天。❹摩那斯龍王　八大龍王之一，又稱「摩那蘇婆帝龍」，意譯作「大身龍王」、「慈心龍王」等。此龍身長能繞須彌山七匝，故稱「大身」。又謂此龍主管降雨，將降雨時先起雲，待七日眾事均畢，然後降雨；因起雲雨時都從慈心出，因此稱之為「慈心」。❺阿那婆達多龍王　八大龍王之一。「阿那婆達多」為水池之名，意思為「無熱」。❻娑伽羅龍王　八大龍王之一，觀音菩薩二十八部眾之一，音譯又作「娑竭羅龍王」、「沙竭龍王」，意譯「海龍王」。《長阿含經》卷十九〈龍鳥品〉說：「大海水底有娑竭龍王宮，縱廣八萬由旬，宮牆七重，七重欄楯，七重羅網，七重行樹，周匝嚴飾，皆七寶成，乃至無數眾鳥相和而鳴。」（《大正藏》卷一，頁一二七中）此龍王係降雨之龍神，從古以來修請雨之法時，都以之為本尊。❼毗沙門天王　四天王之一的北方多聞天王，有可畏、天敬、眾歸三城，率夜叉、羅剎二部鬼眾守護北洲兼及餘洲。

【語譯】當時，善財童子看見師子嚬申比丘尼偏坐於一切諸寶樹下的大師子座上，身相端嚴，威儀寂靜，諸根調順，如同大象王；其心無垢濁，如同清淨池；其普濟眾生所求，如同如意寶；其不染世間之法，猶如蓮華；其心無所畏，如師子王；其護持淨戒不可傾動，如同須彌山；其能使見者心得清涼，如同妙香王；其能除去眾生諸煩惱熱，如同雪山中美妙的栴檀香；眾生看到比丘尼，諸苦就可消滅，如同善見藥王；凡是看見比丘尼的就不會沒有收穫，如同婆樓那天；能使一切眾善根芽得以生長，如同良田沃土。

師子嚬申比丘尼在不同的座位，由於眾會不同，因此其所說法門也各有差別。善財童子有時看見師子嚬申比丘尼坐於師子座，被淨居天眾所圍繞，其中以大自在天子為上首；此比丘尼為其宣說名為「無盡解脫」的法門。善財有時看見師子嚬申比丘尼坐於師子座，被諸梵天眾所圍繞，其中以愛樂梵王為上首；此比丘尼為其演說名為「普門差別清淨言音輪」的法門。善財童子有時看見師子嚬申比丘尼坐於師子座，被他化自在天天子、天女所圍繞，其中以自在天王為上首；此比丘尼為其演說名為「菩薩清淨心」的法門。有時看見師子嚬申比丘尼坐於師子座，被善變化天天子、天女所圍繞，其中善化天王為上首；此比丘尼為其演說名為「一切法善莊嚴」的法門。有時看見師子嚬申比丘尼坐於師子座，被兜率陀天天子、天女所圍繞，其中兜率天王為上首；此比丘尼為其演說名為「心藏旋」的法門。有時看見師子嚬申比丘尼坐於師子座，被須夜摩天天子、天女所圍繞，其中夜摩天王為上首；此比丘尼為其演說名為「無邊莊嚴」的法門。有時看見師子嚬申比丘尼坐於師子座，被三十三天天子、天女所共圍繞，釋提桓因為上首；此比丘尼為其演說名為「厭離門」的法門。

善財童子有時看見師子嚬申比丘尼坐於師子座，被百光明龍王、難陀龍王、優波難陀龍王、摩那斯龍王、伊羅跋難陀龍王、阿那婆達多龍王等龍子、龍女所圍繞，其中娑伽羅龍王為上首；此比丘尼為其演說名為「佛神通境界光明莊嚴」的法門。有時看見師子嚬申比丘尼坐於師子座，被諸夜叉眾所圍繞，其中毗沙門天王為上首；此比丘尼為其演說名為「救護眾生藏」的法門。有時看見師子嚬申比丘尼坐於師子座，被乾闥婆眾所圍繞，其中持國乾闥婆王為上首；此比丘尼為其演說名為「無盡喜」的法門。有時看見師子嚬申比丘尼坐於師子座，被阿修羅眾所圍繞，其中羅睺阿修羅王為上首；此比丘尼為其演說名為「速疾莊嚴法界智門」的法門。有時看見師子嚬申比丘尼坐於師子座，被迦樓羅眾所圍繞，其中捷持迦樓羅王為上首；此比丘尼為其演說名為「怖動諸有海」的法門。有時看見師子嚬申比丘尼坐於師子座，被緊那羅眾所圍繞，其中大樹緊那羅王為上首；此比丘尼為其演說名為「佛行光明」的法門。有時看見師子嚬申比丘尼坐於師子座，被摩睺羅伽眾所圍繞，其中庵羅林摩睺羅伽王為上首；此比丘尼為其演說名為「生佛歡喜心」的法門。

或見處座，無量百千男子、女人所共圍繞；此比丘尼為說法門，名殊勝行。或見處座，諸羅剎眾所共圍繞，常奪精氣大樹羅剎王而為上首；此比丘尼為說法門，名發生悲愍心。

或見處座，信樂聲聞乘眾生所共圍繞；此比丘尼為說法門，名勝智光明。或見處座，信樂緣覺乘眾生所共圍繞；此比丘尼為說法門，名佛功德廣大光明。

或見處座，信樂大乘眾生所共圍繞；此比丘尼為說法門，名普門三昧智光明門。或見處座，初發心諸菩薩所共圍繞；此比丘尼為說法門，名一切佛願聚。或見處座，第二地諸菩薩所共圍繞；此比丘尼為說法門，名離垢輪。或見處座，第三地諸菩薩所共圍繞；此比丘尼為說法門，名寂靜莊嚴。或見處座，第四地諸菩薩所共圍繞；此比丘尼為說法門，名生一切智境界。或見處座，第五地諸菩薩所共圍繞；此比丘尼為說法門，名妙華藏。或見處座，第六地諸菩薩所共圍繞；此比丘尼為說法門，名毗盧遮那藏。或見處座，第七地諸菩薩所共圍繞；此比丘尼為說法門，名普莊嚴地。或見處座，第八地諸菩薩所共圍繞；此比丘尼為說法門，名偏法界境界身。或見處座，第九地諸菩薩所共圍繞；此比丘尼為說法門，名無所得力莊嚴。或見處座，第十地諸菩薩所共圍繞；此比丘尼為說法門，名無礙輪。或見處座，執金剛神❶所共圍繞；此比丘尼為說法門，名金剛智那羅延莊嚴。

【章　旨】善財童子在日光園看見人、羅剎以及十二類菩薩等分別圍繞，師子嚬申比丘尼隨應為其分別演說佛法。

【注　釋】❶執金剛神　又作「執金剛夜叉」、「金剛手」、「金剛力士」，為手執金剛杖而護帝釋天宮門之夜叉神。遇佛出世，即降於閻浮提，衛護世尊，防守道場。

【語 譯】善財童子有時看見師子嚬申比丘尼坐於師子座，被無數百千男子、女人所圍繞；此比丘尼為其演說名為「殊勝行」的法門。善財有時看見師子嚬申比丘尼坐於師子座，被諸羅剎眾所圍繞，其中常奪精氣大樹羅剎王為上首；此比丘尼為其演說名為「發生悲愍心」的法門。

善財童子有時看見師子嚬申比丘尼坐於師子座，被信仰聲聞乘的眾生所圍繞；此比丘尼為其演說名為「勝智光明」的法門。有時看見師子嚬申比丘尼坐於師子座，被信仰緣覺乘的眾生所圍繞；此比丘尼為其演說名為「佛功德廣大光明」的法門。

善財童子有時看見師子嚬申比丘尼坐於師子座，被信仰大乘的眾生所圍繞；此比丘尼為其演說名為「普門三昧智光明門」的法門。善財有時看見師子嚬申比丘尼坐於師子座，被初發心的諸菩薩所圍繞；此比丘尼為其演說名為「一切佛願聚」的法門。善財有時看見師子嚬申比丘尼坐於師子座，被第二地諸菩薩所圍繞；此比丘尼為其演說名為「離垢輪」的法門。有時看見師子嚬申比丘尼坐於師子座，被第三地諸菩薩所圍繞；此比丘尼為其演說名為「寂靜莊嚴」的法門。有時看見師子嚬申比丘尼坐於師子座，被第四地諸菩薩所圍繞；此比丘尼為其演說名為「生一切智境界」的法門。善財有時看見師子嚬申比丘尼坐於師子座，被第五地諸菩薩所圍繞；此比丘尼為其演說名為「妙華藏」的法門。有時看見師子嚬申比丘尼坐於師子座，被第六地諸菩薩所圍繞；此比丘尼為其演說名為「毗盧遮那藏」的法門。有時看見師子嚬申比丘尼坐於師子座，被第七地諸菩薩所圍繞；此比丘尼為其演說名為「普莊嚴地」的法門。有時看見師子嚬申比丘尼坐於師子座，被第八地諸菩薩所圍繞；此比丘尼為其演說名為「偏法界境界身」的法門。善財童子有時看見師子嚬申比丘尼坐於師子座，被第九地諸菩薩所圍繞；此比丘尼為其演說名為「無所得力莊嚴」的法門。善財童子有時看見師子嚬申比丘尼坐於師子座，被第十地諸菩薩所圍繞；此比丘尼為其演說名為「無礙輪」的法門。善財童子有時看見師子嚬申比丘尼坐於師子座，被執金剛神所圍繞；此比丘尼為其演說名為「金剛智那羅延莊嚴」的法門。

善財童子見如是等一切諸趣所有眾生已成熟者、已調伏者，堪為法器，皆入此園，各於座下圍繞而坐。師子嚬申比丘尼，隨其欲解勝劣差別而為說法，今於阿耨多羅三藐三菩提得不退轉。何以故？此比丘尼入普眼捨得般若波羅蜜門、說一切佛法般若波羅蜜門、法界差別般若波羅蜜門、散壞一切障礙輪般若波羅蜜門、生一切眾生善心般若波羅蜜門、殊勝莊嚴般若波羅蜜門、無礙真實藏般若波羅蜜門、法界圓滿般若波羅蜜門、心藏般若波羅蜜門、普出生藏般若波羅蜜門，此十般若波羅蜜門為首，入如是等無數百萬般若波羅蜜門。此日光園中所有菩薩及諸眾生，皆是師子嚬申比丘尼初勸發心，受持正法，思惟修習，於阿耨多羅三藐三菩提得不退轉。

時，善財童子見師子嚬申比丘尼如是園林、如是床座、如是經行、如是眾會、如是神力、如是辯才，復聞不可思議法門，廣大法雲潤澤其心，便生是念：「我當右繞無量百千匝。」

時，比丘尼放大光明，普照其園眾會莊嚴。善財童子即自見身，及園林中所有眾樹，皆悉右繞此比丘尼，經於無量百千萬匝。圍繞畢已，善財童子合掌而住，白言：「聖者！我已先發阿耨多羅三藐三菩提心，而未知菩薩云何學菩薩行，云何修菩薩道。我聞聖者善能誘誨，願為我說！」

【章旨】善財童子在日光園觀見如此盛大的場景，心中對於師子嚬申比丘尼產生極大尊敬，便禮拜比丘尼，向其請教修行菩薩行的方法、途徑。

【語譯】善財童子看到如此等一切諸趣的所有已經成熟、已經調伏、堪為法器的眾生都進入此園，各自在其座下圍繞而坐。師子嚬申比丘尼針對其欲望與理解力的優劣而為其說法，使其對於阿耨多羅三藐三菩提獲不退轉。為什麼呢？這位比丘尼進入普眼捨得般若波羅蜜門、說一切佛法般若波羅蜜門、法界差別般若波羅蜜門、散壞一切障礙輪般若波羅蜜門、生一切眾生善心般若波羅蜜門、殊勝莊嚴般若波羅蜜門、無礙真實藏般若波羅蜜門、法界圓滿般若波羅蜜門、心藏般若波羅蜜門、普出生藏般若波羅蜜門等十種般若波羅蜜門為首，進入如此無數百萬種般若波羅蜜門。此日光園中所有菩薩及諸眾生都是師子嚬申比丘尼首先激勵其發心，受持正法，思惟修習，對於阿耨多羅三藐三菩提獲得不退轉。

這時，善財童子看見師子嚬申比丘尼如此的園林、如此的床座、如此的漫步、如此的眾會、如此的神力、如此辯才，又聽聞不可思議法門，廣大法雲潤澤其心，便產生了這個念頭：「我應該從比丘尼右邊圍繞其無數量百千圈。」

這時，比丘尼放出大光明，普照日光園中的眾會，使其更為莊嚴。善財童子隨即自己現身，與園林中所有的樹木一起，都右繞此比丘尼無量百千萬圈。圍繞完畢之後，善財童子在比丘尼面前合掌而立，稟告師子嚬申比丘尼說：「聖者！我早先已經發阿耨多羅三藐三菩提心，但卻不知曉菩薩如何學菩薩行，如何修菩薩道。我聽說聖者諄諄善誘，希望您為我回答這一問題！」

比丘尼言：「善男子！我得解脫，名成就一切智❶。」

善財言：「聖者！何故名為成就一切智？」

比丘尼言：「善男子！此智光明，於一念中普照三世一切諸法。」

善財白言：「聖者！此智光明境界云何？」

比丘尼言：「善男子！我入此智光明門，得出生一切法三昧王；以此三昧故，得意生身❷，往十方一切世界兜率天宮一生所繫菩薩所，一一菩薩前現不可說佛剎微塵數身，一一身作不可說佛剎微塵數供養。所謂：現天王身乃至人王身，執持華雲，執持鬘雲，燒香、塗香及以末香，衣服、瓔珞、幢幡、繒蓋、寶網、寶帳、寶藏、寶燈，如是一切諸莊嚴具，我皆執持而以供養。如於住兜率宮菩薩所，如是於住胎、出胎、在家、出家、往詣道場、成等正覺、轉正法輪、入於涅槃，如是中間，或住天宮，或住龍宮，乃至或復住於人宮，於彼一一諸如來所，我皆如是而為供養。若有眾生，知我如是供養佛者，皆於阿耨多羅三藐三菩提得不退轉；若有眾生來至我所，我即為說般若波羅蜜。

「善男子！我見一切眾生，不分別眾生相，智眼明見故；聽一切語言，不分別語言相，心無所著故；見一切如來，不分別如來相，了達法身故；住持一切法輪，不分別法輪相，悟法自性故；一念徧知一切法，不分別諸法相，知法如幻故。

【章旨】師子嚬申比丘尼為善財童子宣說「成就一切智光明境界」法門。

【注釋】❶成就一切智　「一切智」等同於佛智，師子嚬申比丘尼因證得此智，所以徧知三世一切事，知一切事的本質為空性。❷意生身　又作「意成身」、「意成色身」、「摩奴末耶身」，非父母所生之身體，乃初地以上之菩薩為濟度眾生依「意」所化生之身。此外，「中有」之身、劫初之人、色界、無色界、變化身、界外之變易身等，均屬「意生身」。

【語譯】師子嚬申比丘尼對善財童子說：「善男子！我獲得了名叫『成就一切智』的解脫法門。」

善財童子說：「聖者！為什麼緣故名為『成就一切智』？」

比丘尼回答：「善男子！此智光明，在一念中可以普照三世一切諸法。」

善財又問道：「聖者！此智的光明境界如何？」

比丘尼說：「善男子！我進入此智光明門，得以出生一切法三昧之王；以此三昧的緣故，獲得意生身，前往十方一切世界兜率天宮一生所繫菩薩所，在每一位菩薩前現不可說佛剎微塵數身，每一身作不可說佛剎微塵數供養。具體而言，現天王身甚至人王身，執持花雲，執持鬘雲，燒香、塗香以及末香、衣服、瓔珞、幢幡、繒蓋、寶網、寶帳、寶藏、寶燈等等如此一切諸莊嚴具，我都執持而以之作為供養。當我住在兜率宮菩薩的住所時，如此在住胎、出胎、在家、出家、往詣道場、成等正覺、轉正法輪、入於涅槃，如此中間，有時住天宮，有時住龍宮，甚至也住於人間的宮殿，在每一諸如來的住所，我都如此而為供養。如果有知曉我如此供養佛的眾生，都獲得不退轉的阿耨多羅三藐三菩提；如果有眾生來到我的住所，我隨即為其說般若波羅蜜。

「善男子！我看見一切眾生，但不分別眾生之相，這是因為智眼所具的明澈功能的緣故；聽一切語言，但卻不分別語言之相，這是因為我的心已經沒有任何執著的緣故；觀見一切如來，但卻不分別如來之相，這是因為了達法身的緣故；住持一切法輪，但卻不分別法輪之相，這是因為已經悟得法的自性的緣故；一念徧知一切法，但卻不分別諸法的相狀，這是因為知曉法都如同幻相的緣故。

「善男子！我唯知此成就一切智解脫。如諸菩薩摩訶薩，心無分別，普知諸法，一身端坐，充滿法界，於自身中現一切剎，一念悉詣一切佛所，於自身內普現一切諸佛神力，一毛徧舉不可言說諸佛世界，於其自身一毛孔中現不可說世界成壞，於一念中與不可說不可說眾生同住，於一念中入不可說不可說一切諸劫。

「而我云何能知能說彼功德行？善男子！於此南方，有一國土，名曰險難❶；此國有城，名寶莊嚴❷；中有女人，名婆須蜜多❸。汝詣彼問：菩薩云何學菩薩行、修菩薩道？」

時，善財童子頂禮其足，繞無數匝，殷勤瞻仰，辭退而去。

【章　旨】師子嚬申比丘尼又向善財童子舉薦「險難」國土「寶莊嚴」城中的「婆須蜜多」女，囑咐善財童子南下前去拜訪。善財童子於是告別師子嚬申比丘尼繼續南下。

【注　釋】❶險難　據澄觀的解釋，「國名『險難』者，逆行非道，下位不能行故。」（澄觀《華嚴經疏》卷五十七，《大正藏》卷三十五，頁九三九中）❷寶莊嚴　據澄觀的解釋，「城名『寶莊嚴』者，逆隨世行，能生無盡功德藏故。」（澄觀《華嚴經疏》卷五十七，《大正藏》卷三十五，頁九三九中）❸婆須蜜多　據澄觀的解釋，「善友名『婆須蜜多』者，此云『世友』，亦云『天友』，隨世人、天方便化故。」（澄觀《華嚴經疏》卷五十七，《大正藏》卷三十五，頁九三九中）

【語　譯】「善男子！我只是知曉此成就一切智解脫法門。如同諸菩薩，心無分別，完全知曉諸法，一身端坐，充滿法界，在自己身中顯現一切國土，一念全部到達一切佛的住所，在自身內普現一切諸佛之神力，一毛孔中完全濃縮不可言說諸佛世界，在自身一毛孔中顯現出不可說世界之生成、存在與敗壞，在一念中與不可說不可說眾生同住，一念中進入不可說不可說一切諸劫。

「我為什麼能夠知曉能夠演說這一功德行呢？善男子！在此繼續朝南方行進，有一處名為『險難』的國土，此國中有一座名叫『寶莊嚴』的城市，此城中有一位名叫『婆須蜜多』的女人。你可以前往她那裡向她請教：菩薩如何學菩薩行、修菩薩道？」

這時，善財童子頂禮師子嚬申比丘尼的雙足，在其周圍繞行無數圈，殷勤瞻仰比丘尼。然後，善財童子辭別師子嚬申比丘尼，踏上了南下的路途。

華嚴經 入法界品之九

【題 解】本卷包括〈入法界品〉「末會」中的第二十七會至三十三會，即善財童子「五十三參」中的第二十六參至三十二參的內容。

第二十六參為「婆須蜜多女會」：善財童子南下到達「險難」國「寶莊嚴」城找尋「婆須蜜多」女。經人指點，善財童子來到婆須蜜多女的壯麗住宅，看到此宅建築園林之美無與倫比。善財童子終於見到無比美麗的婆須蜜多女，便禮拜此女，向其請教修行菩薩行的方法、途徑，婆須蜜多女向其講述自己所證得的「離貪欲際」法門。此境界的核心是，菩薩不斷貪欲而可得解脫，「染而不染」，即入世而出世，方為菩薩所獲得的「究竟離欲」境界。婆須蜜多女給善財童子宣講的「菩薩離貪際解脫」法門，是進入「十迴向」之第五迴向——「無盡功德藏迴向」的方法。所謂「無盡功德藏迴向」，又作「無盡藏迴向」，即隨喜一切無盡善根，迴向此等功德，莊嚴諸佛剎，以獲得無盡善根。

第二十七參為「鞞瑟胝羅居士會」：善財童子南下到達「善度」城找尋「鞞瑟胝羅」居士。善財童子向鞞瑟胝羅居士請教修行菩薩行的方法、途徑。鞞瑟胝羅居士向其講述自己所證得的「不般涅槃際」法門。此境界的核心是，在三昧定境中常常觀見一切諸佛。鞞瑟胝羅居士給善財童子宣講的「菩薩所得不般涅槃際解脫」法門，是進入「十迴向」之第五迴向——「隨順平等善根迴向」的方法。所謂「隨順平等善根迴向」，又名「隨順堅固一切善根迴向」、「入一切平等善根迴向」，其內容是迴向所修之善根，被佛所守護，能成一切堅固善根。

第二十八參為「觀自在菩薩會」：善財童子南下到達海中「補怛洛迦」山中，向「觀自在」菩薩請教修行菩薩行的方法、途徑。觀自在菩薩向善財童子宣說其以「菩薩大悲行門」平等教化一切眾生的因緣，其主要內容是以「四攝等門」攝取眾生以及以各種方便使其遠離「五種怖畏」。這一法門，是進入「十迴向」之第七迴向——「隨順等觀一切眾生迴向」的方法。所謂「隨順等觀一切眾生迴向」，又名「等心隨順一切眾生迴向」、「等隨順一切眾生迴向」，其內容是增長一切善根，迴向利益一切眾生。

第二十九參為「正趣菩薩會」：善財童子遵從觀自在菩薩的囑咐，到達「正趣」菩薩的住所向正趣菩薩請教修行菩薩行的方法、途徑。正趣菩薩向善財童子講述自己所證得的「普門速疾行」的菩薩解脫法門。此境界的核心是，一念速至一切佛所，一念速解一切佛法。正趣菩薩給善財童子宣講的「菩薩普門速疾行」法門，是進入「十迴向」之第八迴向——「如相迴向」的方法。如相迴向，又名「真如相迴向」，是指隨順真如相而將所成種種善根迴向給眾生。

第三十參為「大天神會」：善財童子遵從正趣菩薩的囑咐，到達「墮羅鉢底」城，向「大天」神請教修行菩薩行的方法、途徑。大天神向善財童子開始講述自己所證得的名叫「雲網」的菩薩解脫法門。此境界的核心是以六度救度眾生。大天神給善財童子宣講的「菩薩雲網解脫」法門，是進入「十迴向」之第九迴向——「無縛無著解脫迴向」的方法。無縛無著解脫迴向，又名「無縛無著解脫心迴向」、「無縛解脫迴向」、「無縛無著迴向」，是指對於一切法無所取執縛著，得解脫心，行普賢行，以無縛著解脫之心迴向所習諸善，饒益群生。

第三十一參為「安住地神會」：善財童子遵從大天神的囑咐，到達「摩竭提國菩提場」向「安住」地神請教修行菩薩行的方法、途徑。安住地神向善財童子顯示了善財童子昔日在此地下所種植的善根。安住地神為善財童子敘述「不可壞智慧藏」境界的內容。此境界的核心是擁有不可壞的一念之智慧。安住地神給善財童子宣講的「不可壞智慧藏」法門，是進入「十迴向」之第十迴向——「法界無量迴向」的方法。法界無量迴向，又名「入法界無量迴向」、「法界無盡迴向」，指修習一切無盡善根，以此迴向，願求法界差別無量功德。

第三十二參為「婆珊婆演底夜神會」：善財童子遵從安住地神的囑咐，到達「摩竭提國迦毗羅城」向「婆珊婆演底」夜神請教修行菩薩行的方法、途徑。由此，善財童子開始證入「十地」。婆珊婆演底夜神為善財童子敘述「菩薩破一切眾生癡暗法光明解脫」境界的內容。此境界的核心是以自己所具的「法光明」破除眾生的癡暗。婆珊婆演底夜神先言興起救物救世之心，後以十門疆界言對緣救攝眾生的實踐。應善財童子所請，婆珊婆演底夜神向其講述了獲得這一法門的發心時節機緣以及得法時間的長短。婆珊婆演底夜神又向善財童子演說自己獲得「出生見佛調伏眾生三世智光明輪」三昧並以之救度教化眾生的過程。婆珊婆演底夜神給善財童子宣講的「菩薩破一切眾生癡暗法光明解脫」法門，是進入「十地」之第一地——「歡喜地」的方法。歡喜地，即「菩薩初地」，又作「極喜地」。菩薩歷十信、十住、十行、十迴向等修行階位，經一大阿僧祇劫之修行，初證真如平等聖性，全部證得人空、法空之理，能成就自利、利他之行，心多生歡喜，故稱

「歡喜地」。《十地經論》卷二說，初地菩薩有九種歡喜：「是菩薩住菩薩歡喜地中，成就多歡喜：多信敬、多愛念、多慶悅、多調柔、多踴躍、多堪受、多不壞他意、多不惱眾生、多不瞋恨。」（《大正藏》卷二十六，頁一三五下）

善財童子第二十六參：婆須蜜多女會

爾時，善財童子，大智光明照啟其心，思惟觀察見諸法性，得了知一切言音陀羅尼門，得受持一切法輪陀羅尼門，得與一切眾生作所歸依❶大悲力，得觀察一切法義理光明門，得充滿法界清淨願，得普照十方一切法智光明，得偏莊嚴一切世界自在力，得普發起一切菩薩業圓滿願。

漸次遊行，至險難國寶莊嚴城，處處尋覓婆須蜜多女。

城中有人不知此女功德智慧，作如是念：「今此童子，諸根寂靜，智慧明了，不迷不亂，諦視一尋❷，無有疲懈，無所取著，目視不瞬，心無所動，甚深寬廣，猶如大海；不應於此婆須蜜女，有貪愛心，有顛倒心❸，生於淨想，生於欲想❹；不應為此女色所攝。此童子者，不行魔行，不入魔境，不沒欲泥，不被魔縛，不應作處已能不作，有何等意而求此女？」

其中有人先知此女有智慧者，告善財言：「善哉！善哉！善男子！汝今乃能推求尋覓婆須蜜女，汝已獲得廣大善利。善男子！汝應決定求佛果位，決定欲為一切眾生作所依怙❺，決定欲拔一切眾生貪愛毒箭❻，決定欲破一切眾生於女色中所有淨想。善男子！婆須蜜女於此城內市廛之北自宅中住❼。」

時，善財童子聞是語已，歡喜踴躍，往詣其門。見其住宅廣博嚴麗，寶牆、寶樹及以寶塹，一一皆有十重圍繞；其寶塹中，香水盈滿，金沙佈地，諸天寶華、優鉢羅華、波頭摩華、拘物頭華、芬陀利華徧覆水上；宮殿、樓閣處處分佈，門闥、窗牖相望間列，咸施網鐸，悉置幡幢，無量珍奇以為嚴飾；琉璃為地，眾寶間錯，燒諸沉水，塗以栴檀，懸眾寶鈴，風動成音，散諸天華徧佈其地；種種嚴麗不可稱說，諸珍寶藏其數百千，十大園林以為莊嚴。

【章　旨】這是善財童子五十三參的第二十六次參訪，也是〈入法界品〉「末會」中善財五十五會中的第二十七會。善財童子南下到達險難國寶莊嚴城找尋婆須蜜多女。經人指點，善財童子來到婆須蜜多女的壯麗住宅，看到此宅建築園林之美無與倫比。

【注　釋】❶歸依　又作「皈依」，指歸敬依投於佛、法、僧三寶。「歸依」的梵語含有救濟、救護之義，即依持三寶的功德威力，能加持、攝導歸依者，使止息無邊之生死苦輪而得解脫。一般而言，歸依是信仰、希願領受外來之助力，從他力而得救濟。而歸依的終極意義仍是歸向自己之自心、自性。❷一尋　古代之長度單位。伸張兩臂為一尋，約等於八尺或六尺。❸顛倒心　指違背常道、不順應正理的心理活動。❹欲想　即「貪欲想」，三想之一。即對於自身所好之對境生喜樂之念，而起貪著之心及取得之欲望。❺依怙　本來是「依恃」之意，佛教中引申為眾生因貪、瞋等無明纏身，造作各種惡業，而墮於輪迴之中，須仰賴佛、菩薩之慈心悲願，予以濟度，纔能出離苦厄，故稱眾生為「依怙」。❻貪愛毒箭　「貪愛」是指貪著愛、樂五欲之境而不能出離生死輪迴。「貪」與「愛」為異名同體。「貪」是指欲求染污之愛或財物等而無厭足之精神作用；「愛」是指染著於境之貪煩惱。因為「貪」、「愛」能夠害人，因此將其比喻為毒箭。❼市廛之北自宅中住　此住宅具有象徵意義。據澄觀的解釋：「『市』者，喧雜。『北』主於滅。『自宅』即畢竟空寂。謂在欲行禪處喧常寂故。」（澄觀《華嚴經疏》卷五十七，《大正藏》卷三十五，頁九三九中）這是說，行禪之地應該是外界嘈雜而心中常常寂靜。

【語　譯】 在繼續南下的路上，善財童子大智光明照啟其心，經過思惟觀察已經見到諸法的空寂本性，得以了知一切言音陀羅尼門，得以受持一切法輪陀羅尼門，能夠為一切眾生充當可以歸依的大悲力，能夠觀察一切法義理光明門，能夠充滿法界清淨大願，獲得普照十方一切法智之光明，獲得徧莊嚴一切世界的自在力，獲得完全發起一切菩薩業圓滿大願。

善財童子逐漸南下，到達險難國的寶莊嚴城，在城中到處尋找婆須蜜多女。

城中那些不知曉婆須蜜多女功德智慧的人產生了這樣的想法：「現今的這位童子，諸根寂靜，智慧明了，不迷不亂，眼睛仔細審視不遠處，沒有疲倦與懈怠，沒有執取執著，目視不動，心無所動，其心猶如大海般寬廣深邃。這位童子不應該對於婆須蜜女產生貪愛心，產生顛倒心，產生與其親近的想法，產生佔有的欲望；不應該被此女的美色所攝伏。這位童子不行魔行，不入魔境，不被欲泥所陷，不被魔所繫縛，不應該做的事情已經能夠不做，怎會有去尋找這位女子的想法呢？」

城中那些早先已經知曉此女之智慧的人告訴善財童子說：「好啊！好啊！善男子！你現今能夠推求尋覓婆須蜜女，你已經獲得廣大善利。善男子！你應該決定求取佛果之位，決定充當一切眾生的依怙，決定欲拔除一切眾生的貪愛毒箭，決定欲破一切眾生對於女色的所有欲望。善男子！婆須蜜女在此城內的市場之北自己的住宅中居住。」

當時，善財童子一聽說這一席話，歡喜踴躍，立即前往婆須蜜多女的住宅之門。善財童子看見此女的住宅廣博而嚴麗，寶牆、寶樹及圍繞的寶塹，每一處都有十重圍繞；其寶塹中，香水充滿，金沙鋪地，各種天寶華、優缽羅華、波頭摩華、拘物頭華、芬陀利華徧覆水上；到處是宮殿、樓閣，門戶、窗牖相望排列，都設置了網鐸，都懸掛著幡幢，無數珍奇作為裝飾；琉璃為地，眾寶錯落分佈，點燃沉水香，塗抹了栴檀，懸掛著許多寶鈴，風動成音，散諸天華徧佈其地；種種嚴麗不可稱說，諸珍寶藏其數百千，有十大園林以為莊嚴。

爾時，善財見此女人，顏貌端嚴，色相圓滿，皮膚金色，目髮紺青，不長不短，不粗不細，欲界人、天無能與比；音聲美妙超諸梵世，一切眾生差別言音，悉皆具足，無不解了；深達字義❶，善巧談說，得如幻智，入方便門；眾寶瓔珞及諸嚴具莊嚴其身，如意摩尼以為寶冠而冠其首；復有無量眷屬圍繞，皆共善根同一行願，福德大藏具足無盡。時，婆須蜜多女從其身出廣大光明，普照宅中一切宮殿；遇斯光者，身得清涼。

爾時，善財前詣其所，頂禮其足，合掌而住，白言：「聖者！我已先發阿耨多羅三藐三菩提心，而未知菩薩云何學菩薩行，云何修菩薩道。

我聞聖者善能教誨，願為我說！」

彼即告言：「善男子！我得菩薩解脫，名離貪欲際❷，隨其欲樂而為現身。若天見我，我為天女，形貌、光明殊勝無比；如是乃至人、非人等而見我者，我即為現人、非人女，隨其樂欲皆令得見。

「若有眾生欲意所纏來詣我所，我為說法，彼聞法已，則離貪欲，得菩薩無著境界三昧；若有眾生暫見於我，則離貪欲，得菩薩歡喜三昧；若有眾生暫與我語，則離貪欲，得菩薩無礙音聲三昧；若有眾生暫執我手，則離貪欲，得菩薩遍往一切佛剎三昧；若有眾生暫昇我座，則離貪欲，得菩薩解脫光明三昧；若有眾生暫觀於我，則離貪欲，得菩薩寂靜莊嚴三昧；若有眾生見我嚬申❸，則離貪欲，得菩薩摧伏外道三昧；若有眾生見我目瞬❹，則離貪欲，得菩薩佛境界光明三昧；若有眾生抱持於我，則離貪欲，得菩薩攝一切眾生恆不捨離三昧；若有眾生唼我脣吻，則離貪欲，得菩薩增長一切眾生福德藏三昧。凡有眾生親近於我，一切皆得住離貪際，入菩薩一切智地，現前無礙解脫。」

【章　旨】善財童子終於見到無比美麗的婆須蜜多女，便禮拜此女，向其請教修行菩薩行的方法、途徑。婆須蜜多女向其講述自己所證得的「離貪欲際」法門。此境界的核心是，菩薩不斷貪欲而可得解脫，「染而不染」，即入世而出世，方為菩薩所獲得的「究竟離欲」境界。

【注　釋】❶字義　佛教之真言咒語之字輪相有字相、字義兩層面的解釋。「字相」是觀真言文字的形、音、義，「字義」是觀字的實義；詮明諸字的形、音及意義稱為「字相」，而各個字不可得的義趣，即為「字義」。而所謂「字義」，是字的真實義。❷離貪欲際　澄觀這樣解釋這一法門：「凡夫染欲，二乘見欲可離。菩薩不斷貪欲而得解脫，智了性空欲即道故。如是染而不染，方為究竟離欲之際。」（澄觀《華嚴經疏》卷五十七，《大正藏》卷三十五，頁九三九中）這是說，菩薩不斷貪欲而可得解脫，「染而不染」，即入世而出世，方為菩薩所獲得的「究竟離欲」境界。❸嚬申　為「師子奮迅三昧」的縮略語。進入此三昧定中，如獅子王之奮迅勇猛，現佛之大威神力，故稱為「師子奮迅三昧」。❹目瞬　目動；眨眼；看；注視。

【語　譯】這時，善財童子看見婆須蜜多女，面相端莊美麗，身體圓滿，皮膚金色，眼睛、頭髮青中透紅，毛髮不長不短，不粗不細，是欲界人、天無與倫比的；其美妙的聲音超過諸梵世，一切眾生各不相同的聲音都完全具足，沒有她不瞭解的；她深達真言密咒的字義，以方便善巧談論，獲得如幻智，進入方便門；她以許多珍寶瓔珞以及其他莊嚴具裝飾自己的身體，以如意摩尼為寶冠裝飾自己的頭；又有無數眷屬圍繞著她，這些眷屬也都具備同樣的善根、同樣的行願，其福德大藏具足無盡。這時，婆須蜜多女從其身發出廣大光明，完全照耀著住宅中的一切宮殿；凡是遇到這些光線的會眾，身體都獲得清涼的感受。

這時，善財童子前往婆須蜜多女的住所，頂禮此女的雙足，合掌而住，對婆須蜜多女說：「聖者！我早先已經發阿耨多羅三藐三菩提心，但卻不知曉菩薩如何學菩薩行，如何修菩薩道。我聽聞聖者諄諄善誘，希望您能夠為我回答這些問題！」

婆須蜜多女隨即告訴善財童子說：「善男子！我獲得名叫『離貪欲際』的菩薩解脫境界，能夠針對眾生的欲樂而顯現出相應的身體。如果是天眾來見我，我就顯現為天女，形貌、光明殊勝無比；甚至人、非人等而來見我，我就顯現為人、非人女，針對其欲樂都使其得以看見。

「如果有眾生被欲望所糾纏前來我的住所，我為其說法，他們聽聞佛法之後，就遠離貪欲，獲得菩薩無著境界三昧；如果有眾生短時間看見我，就可遠離貪欲，獲得菩薩歡喜三昧；如果有眾生短時間與我說話，就可遠離貪欲，獲得菩薩無礙音聲三昧；如果有眾生短時間拉著我的手，就可遠離貪欲，獲得菩薩徧往一切佛土三昧；如果有眾生短時間登上我的座位，就可遠離貪欲，獲得菩薩解脫光明三昧；如果有眾生短時間觀察我，就可遠離貪欲，獲得菩薩寂靜莊嚴三昧；如果有眾生覩見我的定力，就可遠離貪欲，獲得菩薩摧伏外道三昧；如果有眾生與我的眼睛對視一會兒，就可遠離貪欲，獲得菩薩、佛境界光明三昧；如果有眾生擁持我，就可遠離貪欲，獲得菩薩攝一切眾生永遠不捨離三昧；如果有眾生吻我的嘴脣，就可遠離貪欲，獲得菩薩增長一切眾生福德藏三昧。凡是與我親近的眾生，就可獲得住於離貪之際，進入菩薩一切智地，顯現出無礙解脫境界。」

善財白言：「聖者種何善根、修何福業，而得成就如是自在？」

答言：「善男子！我念過去有佛出世，名為高行；其王都城，名曰妙門。善男子！彼高行如來哀愍眾生，入於王城蹈彼門閫❶，其城一切悉皆震動，忽然廣博，眾寶莊嚴，無量光明遞相映徹，種種寶華散佈其地，諸天音樂同時俱奏，一切諸天充滿虛空。善男子！我於彼時為長者妻，名曰善慧；見佛神力，心生覺悟，則與其夫往詣佛所，以一寶錢而為供養❷。是時，文殊師利童子為佛侍者，為我說法，令發阿耨多羅三藐三菩提心。

「善男子！我唯知此菩薩離貪際解脫。如諸菩薩摩訶薩，成就無邊巧方便智，其藏廣大，境界無比。

「而我云何能知能說彼功德行？善男子！於此南方有城，名善度❸；中有居士，名鞞瑟胝羅❹，彼常供養栴檀座佛塔。汝詣彼問：菩薩云何學菩薩行、修菩薩道？」

時，善財童子頂禮其足，繞無量匝，殷勤瞻仰，辭退而去。

【章　旨】婆須蜜多女為善財童子解說修成此法門的因緣。婆須蜜多女又向善財童子舉薦「善度」城中的「鞞瑟胝羅」居士，囑咐善財童子南下前去拜訪。善財童子於是告別婆須蜜多女繼續南下。

【注　釋】❶門閫　門檻。❷以一寶錢而為供養　關於以一寶錢供養佛的涵義，澄觀解釋為：「一，寶而能捨故得離貪。二，一錢雖微，以菩提心故，成斯自在。」（澄觀《華嚴經疏》卷五十七，《大正藏》卷三十五，頁九三九下）❸善度　據澄觀的解釋，「城名『善度』者，無一善根不度到究竟故。」（澄觀《華嚴經疏》卷五十七，《大正藏》卷三十五，頁九三九下）這是說，所有善根都能夠度盡眾生使其到達究竟境界。❹鞞瑟胝羅　據澄觀的解釋，「善友名『鞞瑟胝羅』者，此云『纏裹』，義當『包攝』，塔中包攝一切佛故。或云『攝入』，攝諸善根入平等故。常供佛塔者，善根中最故。未詳何緣偏供此塔。有云『以塔中空有栴檀之座，為欲普供無盡佛故』，亦是一理。」（澄觀《華嚴經疏》卷五十七，《大正藏》卷三十五，頁九三九下）

【語　譯】善財童子又問婆須蜜多女：「聖者究竟種植了什麼善根、修行了什麼福業，而獲得成就如此自在？」

婆須蜜多女回答說：「善男子！我記得過去有位名為『高行』的佛出世；其國王的都城名叫『妙門』。善男子！那位高行如來哀愍眾生，進入王城，剛剛踏上此城的門檻，其城中的一切都產生了震動，城市忽然變得廣博，許多珍寶裝飾，有無量光明競相輝映，種種珍貴的花朵散佈在地面上，諸天音樂同時演奏出來，一切諸天充滿了虛空。善男子！我在那時為一長者之妻，名為『善慧』；當時，我看見佛的如此神力，心生覺悟，就與丈夫一起前往佛的住所，以一寶錢作為供養。當時，文殊師利童子為佛的侍者，為我說法，使我發阿耨多羅三藐三菩提心。

「善男子！我只是知曉這一菩薩離貪際解脫法門。如同諸位菩薩，成就了無邊巧方便智，其蘊藏非常廣大，境界無與倫比。

「我為什麼能夠知曉、能夠宣說這一功德行呢？善男子！在此繼續朝南方行進，有一座名為『善度』的城市，此城有一位名叫『鞞瑟胝羅』的居士，那位居士常常供養栴檀座佛塔。你可以前往他那裡向他請教：菩薩如何學菩薩行、修菩薩道？」

這時，善財童子頂禮婆須蜜多女的雙足，在其周圍繞行無數圈，殷勤瞻仰婆須蜜多女。然後，善財童子告別婆須蜜多女，踏上了繼續南下求法的歷程。

善財童子第二十七參：鞞瑟胝羅居士會

爾時，善財童子漸次遊行，至善度城，詣居士宅，頂禮其足，合掌而立，白言：「聖者！我已先發阿耨多羅三藐三菩提心，而未知菩薩云何學菩薩行，云何修菩薩道。我聞聖者善能誘誨，願為我說！」

居士告言：「善男子！我得菩薩解脫，名不般涅槃際❶。善男子！我不生心，言『如是如來已般涅槃，如是如來現般涅槃，如是如來當般涅槃。』我知十方一切世界諸佛如來畢竟無有般涅槃者，唯除為欲調伏眾生而示現耳。善男子！我開栴檀座如來塔門時，得三昧，名佛種無盡❷。善男子！我念念中入此三昧，念念得知一切無量殊勝之事。」

善財白言：「此三昧者，境界云何？」

居士答言：「善男子！我入此三昧，隨其次第見此世界一切諸佛。所謂：迦葉佛❸、拘那含牟尼佛❹、拘留孫佛❺、尸棄佛❻、毗婆尸佛❼、提舍佛、弗沙佛❽、無上勝佛、無上蓮華佛；如是等而為上首，於一念頃，得見百佛，得見千佛，得見百千佛，得見億佛、千億佛、百千億佛、阿庾多億佛、那由他億佛，乃至不可說不可說世界微塵數佛，如是一切，次第皆見。亦見彼佛，初始發心，種諸善根，獲勝神通，成就大願，修行妙行，具波羅蜜，入菩薩地，得清淨忍，摧伏魔軍，成正等覺，國土清淨，眾會圍繞，放大光明，轉妙法輪，神通變現；種種差別，我悉能持，我悉能憶，悉能觀察，分別顯示。未來彌勒佛❾等一切諸佛，現在毗盧遮那佛❿等一切諸佛，悉亦如是。如此世界，十方世界所有三世一切諸佛、聲聞、獨覺、諸菩薩眾，悉亦如是。

【章　旨】這是善財童子五十三參的第二十七次參訪，也是〈入法界品〉「末會」中善財五十五會中的第二十八會。善財童子南下到達善度城找尋鞞瑟胝羅居士。善財童子向鞞瑟胝羅居士請教修行菩薩行的方法、途徑。鞞瑟胝羅居士向其講述自己所證得的「不般涅槃際」法門。此境界的核心是，在三昧定境中常常觀見一切諸佛。

【注　釋】❶不般涅槃際　此法門的核心是不見佛入於涅槃境界，因為「謂心契實際，知佛常住」（澄觀《華嚴經疏》卷五十七，《大正藏》卷三十五，頁九三九下）的緣故。❷佛種無盡　「佛種」即真如佛性。「佛種從緣起，佛緣理生。見理湛然故，見佛無滅，以佛化身即是常身法身故。」（澄觀《華嚴經疏》卷五十七，《大正藏》卷三十五，頁九三九下）這是說，從真如理性的角度言之，諸佛是不滅的。❸迦葉佛　又作「迦葉波佛」、「迦攝波佛」、「迦攝佛」，意譯作「飲光佛」。為釋尊以前之佛，即過去七佛中之第六佛，又為現在賢劫千佛中之第三佛。傳說為釋迦牟尼前世之師，曾預言釋迦將來必定成佛。❹拘那含牟尼佛　又作「拘那含佛」、「羯諾迦牟尼佛」，意譯「金色仙」、「金寂」。過去七佛之第五佛，現在賢劫千佛之第二佛。❺拘留孫佛　又作「迦羅鳩孫陀佛」、「拘樓秦佛」、「俱留孫佛」等，意譯「領持」、「滅累」等。是過去七佛中之第四佛，現在賢劫千佛之第一佛。❻尸棄佛　又作「式佛」、「式詰佛」、「式棄那佛」，意譯「頂髻」、「有髻」、「最上」。指過去七佛之第二佛。❼毗婆尸佛　又作「毗缽尸佛」、「鞞婆尸佛」，意譯為「勝觀佛」、「淨觀佛」、「種種見佛」，為過去七佛之第一佛，即過去莊嚴劫中出現之佛。釋尊於因位修百劫相好業時，偶逢此佛坐於寶龕中，威光赫奕，遂七日七夜翹足讚嘆之。❽弗沙佛　又作「底沙佛」、「帝沙佛」、「提沙佛」，為釋尊於過去世修百劫相好業時所遇之佛。據《俱舍論》卷十八所載，釋尊於過去世三阿僧祇劫修行成滿後，更勇猛精進修行百劫相好業之際，適逢底沙佛坐於寶龕中，入火界定，威光赫奕，特異於常，遂專誠瞻仰，翹足而立，經七日七夜而不倦怠，淨心以美妙的偈頌讚頌佛（參見《大正藏》卷二，頁九五中）。❾彌勒佛　又作「彌勒菩薩」，意譯為「慈氏」，現住在兜率天內院，是一生補處菩薩，將來當於住劫中的第十小劫，人壽減至八萬歲時，下生此界，繼釋迦牟尼佛之後，為賢劫之第五尊佛。❿毗盧遮那佛　佛的報身或法身，又作「盧舍那佛」，意譯為「大日如來」、「偏照」、「光明偏照」等。據舊譯《華嚴經》卷二〈盧舍那佛品〉所述，盧舍那佛於無量劫海修功德成正覺，住蓮華藏莊嚴世界海，放大光明照十方，由身上諸毛孔出化身雲，演出無邊契經海。

【語　譯】這時，善財童子逐漸南下，到達善度城，前往鞞瑟胝羅居士的住宅，頂禮居士的雙足，合掌而立，對居士說：「聖者！我早先已經發阿耨多羅三藐三菩提心，但卻不知道菩薩如何學菩薩行，如何修菩薩道。我聞聖者諄諄善誘，希望您能夠回答我的問題！」

鞞瑟胝羅居士告訴善財童子說：「善男子！我獲得了名為『不般涅槃際』的菩薩解脫法門。善男子！我不產生這樣的想法，說什麼『這位如來已經涅槃，那位如來已經涅槃，那位如來肯定要涅槃。』我知曉十方一切世界諸佛如來最終沒有涅槃者，除非其為調伏眾生考慮而示現涅槃。善男子！我打開栴檀座如來塔門之時，獲得了名為『佛種無盡』的三昧。善男子！我念念中入此三昧，念念得知一切無量殊勝之事。」

善財童子又問道：「這一三昧的境界如何呢？」

鞞瑟胝羅居士回答說：「善男子！我進入此三昧，依照其次第見到此世界一切諸佛。這些佛是：迦葉佛、拘那含牟尼佛、拘留孫佛、尸棄佛、毗婆尸佛、提舍佛、弗沙佛、無上勝佛、無上蓮華佛，以上述諸佛為上首，在一念的時間內，可以見到百佛，可以見到千佛，可以見到百千佛，可以見到億佛、千億佛、百千億佛、阿庾多億佛、那由他億佛，甚至不可說不可說世界微塵數佛，如此一切，次第都可以見到。我因為可以看到這些佛從初始發心，種植諸善根，獲得特殊的神通，成就大願，修行妙行，具備波羅蜜，進入菩薩地，獲得清淨忍，摧伏魔軍，成正等覺，使國土清淨，眾會圍繞，放出大光明，轉妙法輪，變現神通。這些佛的種種差別變化，我都能夠護持而不忘失，我都能夠時常全部回憶，都能夠完全觀察，分別顯示。對於未來彌勒佛等一切諸佛，現在毗盧遮那佛等一切諸佛，也是如此。如此世界，十方世界所有三世一切諸佛、聲聞、獨覺、諸菩薩眾，也都是如此。

「善男子！我唯得此菩薩所得不般涅槃際解脫。如諸菩薩摩訶薩，以一念智普知三世，一念徧入一切三昧，如來智日恆照其心，於一切法無有分別，了一切佛悉皆平等、如來及我一切眾生等無有二，知一切法自性清淨，無有思慮，無有動轉，而能普入一切世間，離諸分別，住佛法印❶，悉能開悟法界眾生。

「而我云何能知能說彼功德行？善男子！於此南方有山，名補怛洛迦❷；彼有菩薩，名觀自在❸。汝詣彼問：菩薩云何學菩薩行、修菩薩道？」

即說頌曰：「海上有山多聖賢，眾寶所成極清淨，華果樹林皆徧滿，泉流池沼悉具足。勇猛丈夫觀自在，為利眾生住此山；汝應往問諸功德，彼當示汝大方便。」

時，善財童子頂禮其足，繞無量匝已，殷勤瞻仰，辭退而去。

【章　旨】鞞瑟胝羅居士又向善財童子舉薦「補怛洛迦」山中的「觀自在」菩薩，囑咐善財童子南下前去拜訪。善財童子於是告別鞞瑟胝羅居士繼續南下。

【注　釋】❶法印　指佛教教義的根本性質、基本標誌以及證明為真正佛法之標準。印，印記；標幟。又有「真實」、「不動不變」之義。後世稱《雜阿含經》卷十所指的「一切行無常」、「一切法無我」、「涅槃寂靜」等三者為「三法印」。又稱「一切行無常」、「一切行苦」、「一切法無我」、「涅槃寂靜」為「四法印」。此四者之上再加「一切法空」，稱為「五法印」。❷補怛洛迦　關於此地之象徵涵義，澄觀說：「海上有山者，大悲隨順入生死海而住涅槃山故，即南印度之南。在補怛落迦山者，此云『小白華樹』，山多此樹，香氣遠聞，聞見必欣，是『隨順』義。」（澄觀《華嚴經疏》卷五十七，《大正藏》卷三十五，頁九三九至九四〇）這是說，此山是以「小白華樹」而得名。❸觀自在　即觀世音菩薩，又作「光世音菩薩」、「觀世自在菩薩」、「觀世音自在菩薩」等，別稱「救世菩薩」、「蓮華手菩薩」、「圓通大士」。觀音菩薩為以慈悲救濟眾生為本願之菩薩，與大勢至菩薩同為西方極樂世界阿彌陀佛之脅侍，世稱「西方三聖」。凡遇難眾生誦念其名號，菩薩即時觀其音聲前往拯救，故稱觀世音菩薩。又因其於理事無礙之境，觀達自在，故稱觀自在菩薩。

【語譯】「善男子！我只是獲得菩薩所得不般涅槃際解脫境界。如同諸菩薩，以一念智完全知曉三世，一念偏入一切三昧，如來智之光永遠照耀其心，對於一切法都沒有分別，了悟一切佛都是平等的、如來與我及一切眾生完全平等而沒有區別，知曉一切法的自性都是清淨的，沒有思慮，沒有運動和轉化，而能完全進入一切世間，遠離諸分別，住於佛法之印，完全能夠開悟法界中的眾生。

「我為什麼能夠知曉、能夠宣說這一功德行法門呢？善男子！從此地再向南行進，有一座名叫『補怛洛迦』的山，此山中有一位名叫『觀自在』的菩薩。你可以前往他那裡去向他請教：菩薩如何學菩薩行、修菩薩道？」

鞞瑟胝羅居士隨即誦出頌語：「海上有山多聖賢，眾寶所成極清淨，華果樹林皆偏滿，泉流池沼悉具足。勇猛丈夫觀自在，為利眾生住此山；汝應往問諸功德，彼當示汝大方便。」

這時，善財童子頂禮居士的雙足，在其周圍繞行無數圈之後，又殷勤瞻仰居士。然後，善財童子告別鞞瑟胝羅居士，踏上繼續南下的歷程。

善財童子第二十八參：觀自在菩薩會

爾時，善財童子一心思惟彼居士教，入彼菩薩解脫之藏，得彼菩薩能隨念力，憶彼諸佛出現次第，念彼諸佛相續次第，持彼諸佛名號次第，觀彼諸佛所說妙法，知彼諸佛具足莊嚴，見彼諸佛成正等覺，了彼諸佛不思議業。

漸次遊行，至於彼山，處處求覓此大菩薩。見其西面❶巖谷之中，泉流縈映，樹林蓊鬱，香草柔軟，右旋佈地。觀自在菩薩於金剛寶石❷上結跏趺坐，無量菩薩皆坐寶石恭敬圍繞，而為宣說大慈悲法，令其攝受一切眾生。

善財見已，歡喜踊躍，合掌諦觀，目不暫瞬，作如是念：「善知識者，則是如來；善知識者，一切法雲；善知識者，諸功德藏；善知識者，難可值遇；善知識者，十力❸寶因；善知識者，無盡智炬；善知識者，福德根芽；善知識者，一切智門；善知識者，智海導師；善知識者，至一切智助道之具。」便即往詣大菩薩所。

爾時，觀自在菩薩遙見善財，告言：「善來❹！汝發大乘意普攝眾生，起正直心專求佛法，大悲深重救護一切，普賢妙行相續現前，大願深心圓滿清淨，勤求佛法悉能領受，積集善根恆無厭足，順善知識不違其教；從文殊師利功德智慧大海所生，其心成熟，得佛勢力；已獲廣大三昧光明，專意希求甚深妙法，常見諸佛生大歡喜，智慧清淨猶如虛空，既自明了，復為他說，安住如來智慧光明。」

爾時，善財童子頂禮觀自在菩薩足，繞無數匝，合掌而住，白言：「聖者！我已先發阿耨多羅三藐三菩提心，而未知菩薩云何學菩薩行，云何修菩薩道。我聞聖者善能教誨，願為我說！」

【章　旨】這是善財童子五十三參的第二十八次參訪，也是〈入法界品〉「末會」中善財五十五會中的第二十九會。善財童子南下到達海中補怛洛迦山中，向觀自在菩薩請教修行菩薩行的方法、途徑。

【注　釋】❶西面　觀音菩薩坐於西面，據澄觀的解釋，其原因在於：「西方主殺，顯悲救故，又令歸向本所事故。」（澄觀《華嚴經疏》卷五十七，《大正藏》卷三十五，頁九四〇上）❷金剛寶石　佛典中常以金剛比喻寶石，因金剛石透明無色，且光耀璀璨，一經日光照射，即顯現出各種光耀之色彩，於夜中亦能放出螢光，而為諸寶中之最勝者。此中以金剛寶石來比喻菩薩所證得之金剛三昧。❸十力　有「如來十力」與「菩薩十力」兩種，此處應該指後者。「菩薩十力」是指在十迴向中第九「無縛無著解脫迴向位」之菩薩所具足之十種作用：深心力（直心力）、增上深心力（深心力）、方便力、智力（智慧力）、願力、行力、乘力、神變力（遊戲神通力）、菩提力、轉法輪力等。❹善來　印度比丘歡迎來人之辭。

【語　譯】在南行的路途，善財童子一心思惟鞞瑟胝羅居士的教誨，進入居士所教授的菩薩解脫之藏，獲得菩薩能隨念力，回憶在居士處所見諸佛的出現次第，念起在居士處所見諸佛的相續次第，記憶在居士處所見諸佛的名號次第，觀想在居士處所見諸佛所說的妙法，知曉在居士處所見到的諸佛具足的莊嚴，觀見那些諸佛成正等覺的過程，瞭解那些諸佛不可思議之業。

善財童子逐漸南行，到達補怛洛迦山，在山中到處尋找觀自在菩薩。善財童子看見此山西面的巖谷之中，泉水清澈流淌，樹林鬱鬱蒼蒼，柔軟的香草以右旋方向鋪滿大地。觀自在菩薩在金剛寶石上結跏趺而坐，有無數菩薩都坐在寶石上恭敬圍繞，觀自在菩薩為其宣說大慈悲之法，使其能夠攝入感化一切眾生。

善財看見這些之後，歡喜踴躍，合掌仔細觀察，目不轉睛。善財童子這樣想道：「善知識就是如來，善知識為一切法雲，善知識是諸功德所在，善知識難可遇求，善知識是證成菩薩十力之寶的因憑，善知識是無盡智之火炬，善知識為福德之根芽，善知識是進入一切智之門，善知識為智海之導師，善知識是至一切智的助道之具。」善財童子隨即便前往觀自在大菩薩的住所。

這時，觀自在菩薩在遠處早已經觀見善財，也已經知曉善財的想法，就告訴善財童子說：「歡迎你，善財！你已經發大乘的意願，要普攝眾生，生起正直心專心求證佛法，以大悲心深重救護一切，普賢妙行接連不斷地顯現出來，你的大願深心圓滿清淨，辛勤求得的佛法都能夠領悟接受，積集善根永遠沒有滿足，順善知識而不違反其教誨；這些都是你依憑文殊師利功德智慧之大海而產生的，其心成熟，獲得佛的勢力；已經獲得廣大三昧光明，專意希求甚深妙法，常見諸佛而產生大歡喜，智慧清淨猶如虛空，自己明了之後，又能夠為他人宣說，安住於如來智慧光明。」

這時，善財童子頂禮觀自在菩薩雙足，在其周圍繞行無數圈，合掌而住，對觀音菩薩說：「聖者！我早先已經發阿耨多羅三藐三菩提心，但卻不知曉菩薩如何學菩薩行，如何修菩薩道。我聽說聖者諄諄善誘，希望您能夠為我回答這些問題！」

菩薩告言：「善哉！善哉！善男子！汝已能發阿耨多羅三藐三菩提心。善男子！我已成就菩薩大悲行解脫門。善男子！我以此菩薩大悲行門平等教化一切眾生❶，相續不斷。

「善男子！我住此大悲行門，常在一切諸如來所，普現一切眾生之前。或以布施，攝取眾生；或以愛語，或以利行，或以同事，攝取❷眾生；或現色身，攝取眾生；或現種種不思議色淨光明網，攝取眾生；或以音聲，或以威儀，或為說法，或現神變，令其心悟而得成熟；或為化現❸同類之形，與其共居而成熟之。

「善男子！我修行此大悲行門，願常救護一切眾生；願一切眾生離險道怖，離熱惱怖❹，離迷惑怖，離繫縛怖，離殺害怖，離貧窮怖，離不活怖❺，離惡名怖❻，離於死怖❼，離大眾怖❽，離惡趣怖❾，離黑闇怖，離遷移怖，離愛別怖❿，離怨會怖⓫，離逼迫身怖，離逼迫心怖，離憂悲怖。復作是願：『願諸眾生，若念於我，若稱我名，若見我身，皆得免離一切怖畏⓬。』善男子！我以此方便，令諸眾生離怖畏已，復教令發阿耨多羅三藐三菩提心永不退轉。

「善男子！我唯得此菩薩大悲行門。如諸菩薩摩訶薩，已淨普賢一切願，已住普賢一切行，常行一切諸善法，常入一切諸三昧，常住一切無邊劫，常知一切三世法，常詣一切無邊刹，常息一切眾生惡，常長一切眾生善，常絕眾生生死流⑬；而我云何能知能說彼功德行？」

【章旨】觀自在菩薩向善財童子宣說其以「菩薩大悲行門」平等教化一切眾生的因緣，其主要內容是以「四攝等門」攝取眾生以及以各種方便使其遠離「五種怖畏」。

【注釋】❶以此菩薩大悲行門平等教化一切眾生　關於這一法門，澄觀解釋說：「平等教化即是『大悲』，以同體悲故云『平等』，相續不斷即是『行門』。又『門』即『普門』，『普門』示現曲濟無遺故。」（澄觀《華嚴經疏》卷五十七，《大正藏》卷三十五，頁九四〇上）❷攝取　攝物而取之，即佛以慈悲之光明攝救苦難眾生。❸化現　指化現形像，即佛、菩薩為救度眾生而變化成種種形像示現於此一世間。❹熱惱怖　對於熱惱逼迫身心的恐怖。熱惱，指被劇苦所逼迫，而使身心焦熱苦惱。❺不活怖　又作「不活畏」、「不活恐怖」，五怖畏之一。剛剛開始修行之人，雖然行布施，但卻仍然存有我想，尚愛自身，深恐爾後難維生計，故常積存資財，未能盡施所有，這就叫作「不活畏」。❻惡名怖　又作「惡名畏」，五怖畏之一。常常恐懼他人譏謗而使自己的名譽受到損害的心理。❼死怖　又作「死畏」，五怖畏之一。指對於死亡的恐懼心理，常常畏懼自己的生命即將終了。❽大眾怖　又作「大眾威德畏」、「怯眾畏」，五怖畏之一。是指眾生由於缺乏自信而具有的對於在大眾聚集場合出現所懷有的恐懼心理。❾惡趣怖　惡道畏，又作惡趣畏，五怖畏之一。恐懼墮入地獄、餓鬼等惡趣。❿愛別

怖　即對於「愛別離苦」的恐懼。「愛別離」是指常所親愛之人，乖違離散不得共處。⓫怨會怖　即對於「怨憎會苦」的恐怖。「怨憎會」是指那些常常怨恨憎惡之人，本來欲求遠離，但反而集聚在一起。⓬一切怖畏　本章羅列十八種「怖畏」。其中，「險道怖」、「熱惱怖」、「迷惑怖」都是從「因」言之的，其餘十五種則是以「五怖畏」為核心開出的。「繫縛怖」、「殺害怖」、「貧窮怖」是從「不活怖」開出的，「黑闇怖」、「遷移怖」、「愛別怖」、「怨會怖」、「逼迫身怖」、「逼迫心怖」、「憂悲怖」則是從其他四種怖畏中開出的。⓭生死流　生死之苦海能使人漂流和湮沒，故佛典中常常以水流比喻生死。

【語　譯】觀自在菩薩對善財童子說：「好啊！好啊！善男子！你已經能夠發阿耨多羅三藐三菩提心。善男子！我已經成就菩薩大悲行解脫門。善男子！我以此菩薩大悲行門，連續不斷地平等教化一切眾生。

「善男子！我住於此大悲行門，常常住在一切諸如來的住所，完全顯現在一切眾生之前。有時以布施的方法攝取眾生，有時以愛語的方法攝取眾生，有時以利行的方法攝取眾生，有時以同事的方法攝取眾生；有時顯現出色身來攝取眾生，有時顯現出種種不可思議的色淨光明網來攝取眾生，有時以音聲，有時以威儀，有時為其說法，有時顯現神變，使眾生心悟而得以成熟；有時又化現出與其同類的身形，與其居住在一起而使其成熟。

「善男子！我修行此大悲行門，希望以此永遠救護一切眾生；希望以此使一切眾生遠離對於險惡道路的恐怖，使其遠離對於煩惱的恐怖，遠離對於無明的恐怖，遠離對於繫縛的恐怖，遠離對於被殺害的恐怖，遠離對於貧窮的恐怖，遠離對於不活的恐怖，遠離對於惡名的恐怖，遠離對於死亡的恐怖，遠離對於在大眾中出現所懷有的恐怖，遠離對於出生在三惡道的恐怖，遠離對於黑闇的恐怖，遠離對於遷移的恐怖，遠離對於愛別離的恐怖，遠離對於怨憎聚集的恐怖，遠離對於身體所受到的逼迫的恐怖，遠離對於心所受到的逼迫的恐怖，遠離對於憂傷悲痛的恐怖。我又發出這樣的大願：『希望諸眾生，只要想起我，只要稱呼我的名字，只要看見我的身，都可以獲得免除、遠離一切怖畏的結果。』善男子！我用此方便法門，使諸眾生遠離怖畏之後，又教誨他們使其發阿耨多羅三藐三菩提心而永遠不退轉。

「善男子！我只是獲得此菩薩大悲行門。如同諸菩薩，已使普賢一切願得到清淨，已經住於普賢一切行，常常實踐一切諸善法，常常進入一切諸三昧，常常住於一切沒有邊際的劫中，常常知曉一切三世之法，常常到達一切沒有邊際的國土，常常使一切眾生之惡得到熄滅，常常使一切眾生的善行得以增長，常常使眾生得以斷絕生死之流。而我為什麼能夠知曉、能夠宣說這一功德法門呢？」

爾時，東方有一菩薩，名曰正趣❶，從空中來，至娑婆世界輪圍山頂，以足按地；其娑婆世界六種震動，一切皆以眾寶莊嚴。正趣菩薩放身光明，映蔽一切日、月、星、電，天龍八部、釋、梵、護世所有光明皆如聚墨；其光普照一切地獄、畜生、餓鬼、閻羅王處，令諸惡趣眾苦皆滅，煩惱不起，憂悲悉離。又於一切諸佛國土，普雨一切華、香、瓔珞、衣服、幢、蓋；如是所有諸莊嚴具，供養於佛。復隨眾生心之所樂，普於一切諸宮殿中而現其身，令其見者皆悉歡喜，然後來詣觀自在所。

時，觀自在菩薩告善財言：「善男子！汝見正趣菩薩來此會不？」白言：「已見。」告言：「善男子！汝可往問：菩薩云何學菩薩行、修菩薩道？」

【章　旨】觀自在菩薩又向善財童子舉薦東方的「正趣」菩薩，囑咐善財童子前去拜訪。

【注　釋】❶正趣　關於「正趣」菩薩的敘述具有象徵意義，澄觀解釋為：「從東來者，後位如相，智明方證故。名『正趣』者，正法徧趣，化眾生故；以智正，趣真如相故；從空來者，智體無依，方契如故。『智輪圍上』者，如依妄惑顯故。足動界者，以定慧足除雜惡故。同前會者，不離隨順眾生，得如相故；又以智會悲，成無住故。」（澄觀《華嚴經疏》卷五十七，《大正藏》卷三十五，頁九四〇中）

【語　譯】這時，從東方一位名為「正趣」的菩薩，從空中出現。正趣菩薩到達娑婆世界的輪圍山頂，以足壓按大地，娑婆世界立即出現六種震動，此世界中的一切都被以許多珍寶裝飾起來。正趣菩薩從身體中發出光明，映蔽了所有日、月、星、電，天龍八部、帝釋、梵天、護世天王等等所有光明都一齊消失，成為黑炭般的墨色；這些光明完全照耀著一切地獄、畜生、餓鬼、閻羅王所在地，使諸惡趣眾生所受的眾苦都得以消滅，其所具的煩惱不再生起，其心中的憂悲都得以遠離。與此同時，一切諸佛國土都降下所有花、香、瓔珞、衣服、幢、蓋；以這些莊嚴具供養在其佛前。又針對眾生心之所樂，完全在一切諸宮殿中顯現出身體，使那些看見這位菩薩身體的眾生都產生大歡喜，然後都前來觀自在菩薩的住所。

這時，觀自在菩薩對善財童子說：「善男子！你是否看見正趣菩薩來到了此會？」善財童子回答說：「已經看見了。」觀自在菩薩告訴善財童子說：「善男子！你可以前往他那裡向他請教：菩薩如何學菩薩行、修菩薩道？」

善財童子第二十九參：正趣菩薩會

爾時，善財童子敬承其教，遽即往詣彼菩薩所，頂禮其足，合掌而立，白言：「聖者！我已先發阿耨多羅三藐三菩提心，而未知菩薩云何學菩薩行，云何修菩薩道。我聞聖者善能教誨，願為我說！」

正趣菩薩言：「善男子！我得菩薩解脫，名普門速疾行❶。」

善財言：「聖者！於何佛所得此法門？所從來剎，去此幾何？發來久如？」

告言：「善男子！此事難知，一切世間天、人、阿修羅、沙門、婆羅門等所不能了；唯勇猛精進無退無怯諸菩薩眾，已為一切善友所攝，諸佛所念，善根具足，志樂清淨，得菩薩根，有智慧眼，能聞能持，能解能說。」

善財言：「聖者！我承佛神力、善知識力，能信能受，願為我說！」

正趣菩薩言：「善男子！我從東方妙藏世界普勝生佛所❷而來此土，於彼佛所得此法門，從彼發來已經不可說不可說佛剎微塵數劫，一一念中舉不可說不可說佛剎微塵數步，一一步過不可說不可說世界微塵數佛剎。一一佛剎，我皆徧入，至其佛所，以妙供具而為供養；此諸供具皆是無上心所成，無作法所印，諸如來所忍，諸菩薩所嘆。善男子！我又普見彼世界中一切眾生，悉知其心，悉知其根，隨其欲解現身說法❸，或放光明，或施財寶，種種方便教化調伏，無有休息。如從東方，南、西、北方，四維、上、下，亦復如是。

【章　旨】這是善財童子五十三參的第二十九次參訪，也是〈入法界品〉「末會」中善財五十五會中的第三十會。善財童子遵從觀自在菩薩的囑咐，到達正趣菩薩的住所向正趣菩薩請教修行菩薩行的方法、途徑。正趣菩薩向善財童子講述自己所證得的「普門速疾行」的菩薩解脫法門。此境界的核心是：一念速至一切佛所，一念速解一切佛法。

【注　釋】❶普門速疾行　關於此法門，澄觀解釋說：「十方無際，故名『普門』；一念超多，故云『速疾』。」（澄觀《華嚴經疏》卷五十七，《大正藏》卷三十五，頁九四〇中）也就是說，以一念速至十方，觀見十方一切諸佛。❷東方妙藏世界普勝生佛所　關於此法門的獲得之處的敘述具有象徵涵義。澄觀說：「從自本智如來藏界，普生萬善本覺而來故；行能速徧知一切法，不離心性萬行頓成。」（澄觀《華嚴經疏》卷五十七，《大正藏》卷三十五，頁九四〇下）這是說，「妙藏」為如來藏之義，而以此「妙藏」則可普徧出生諸佛（即「普勝生」）。❸現身說法　佛、菩薩神通廣大顯現出種種之身向眾生說法。

【語　譯】這時，善財童子恭敬地秉承觀自在菩薩的教誨，立即前往正趣菩薩的住所。善財童子見到正趣菩薩之後，頂禮菩薩的雙足，合掌而立，對正趣菩薩說：「聖者！我早先已經發阿耨多羅三藐三菩提心，但卻不知曉菩薩如何學菩薩行，如何修菩薩道。我聽說聖者諄諄善誘，希望您能夠為我回答這些問題！」

正趣菩薩回答說：「善男子！我獲得名叫『普門速疾行』的菩薩解脫法門。」

善財童子又問道：「聖者！您是從哪一位佛的所在獲得這一法門的呢？這一佛所是從什麼國土來的？距離此土有多遠？從那處國土出發多長時間可以到達這裡？」

正趣菩薩說：「善男子！此事難以知曉，因為它是一切世間的天、人、阿修羅、沙門、婆羅門等都不能瞭解的。只有勇猛精進無退無怯的諸位菩薩眾纔能夠聽聞能夠受持，能夠理解能夠宣說，因為他們已經被一切善友所攝護，被諸佛所憶念，具足善根，立志以清淨為樂，獲得了菩薩之根，具備智慧之眼。」

善財童子說：「聖者！我秉承佛之神力、秉承善知識之力，已經能夠信仰能夠受持，希望您能為我宣說這一法門！」

正趣菩薩說：「善男子！我是從東方妙藏世界普勝生佛的住所來到此土的，我是在普勝生佛所獲得這一法門的，從東方妙藏世界出發經過了不可說不可說佛剎微塵數劫，在每一念能夠走過不可說不可說佛土微塵數步，每一步都經過了不可說不可說世界微塵數的佛土。每一佛土，我都完全進入，到其佛的住所，以美妙的供具作為給予諸佛的供養；這些供具都是無上心所作成，由無作法所印可，為諸如來所忍，為諸菩薩所感嘆。善男子！我又完全觀見那些世界中的一切眾生，完全知曉其心，完全知曉其根，針對其欲望和理解為其現身說法，有時放出光明，有時布施財寶，以種種方便永不休息地教化調伏眾生。與從東出發一樣，從南、西、北方，東南、東北、西南、西北以及上、下，也是這樣。

「善男子！我唯得此菩薩普疾行解脫，能疾遍到一切處。如諸菩薩摩訶薩，普於十方無所不至，智慧境界等無差別，善佈其身悉遍法界，至一切道，入一切剎，知一切法，到一切世，平等演說一切法門，同時照耀一切眾生，於諸佛所不生分別，於一切處無有障礙。

「而我云何能知能說彼功德行？善男子！於此南方有城，名墮羅缽底❶；其中有神，名曰大天❷。汝詣彼問：菩薩云何學菩薩行、修菩薩道？」

時，善財童子頂禮其足，繞無數匝，殷勤瞻仰，辭退而去。

【章　旨】正趣菩薩又向善財童子舉薦「墮羅缽底」城中的「大天」神，囑咐善財童子南下前去拜訪。善財童子於是告別正趣菩薩繼續南下。

【注　釋】❶墮羅缽底　這一城名具有象徵意義，據澄觀的解釋：「『墮羅缽底城』者，此云『有門』，謂有此無縛等微妙法門為法師故。」（澄觀《華嚴經疏》卷五十七，《大正藏》卷三十五，頁九四〇下）這是說，有這一「無縛」法門為法之師。❷大天　這一善知識的名字有象徵意義，據澄觀的解釋：「善友名『大天』者，現大身故，無縛無著智淨自在，故名為『天』；稱理普應故名為『大』；妙用難測故名為『神』。」（澄觀《華嚴

經疏》卷五十七，《大正藏》卷三十五，頁九四〇下）

【語　譯】「善男子！我只是獲得這一菩薩普疾行解脫，能夠迅速完全到達一切地方。如同諸菩薩一樣，到達十方無所不至，與佛之智慧境界相等而沒有差別，善於將自己的身體都偏佈於整個法界，到達一切道，進入一切國土，知曉一切法，到達一切世間，平等演說一切法門，同時照耀一切眾生，對於諸佛的住所不產生分別比較的意識，對於一切處無有障礙。

「我為什麼能夠知曉、能夠宣說這一功德法門呢？善男子！從此繼續南下有一座名為『墮羅缽底』的城市，此城市中有一位名叫『大天』的神。你可以前往他那裡向他請教：菩薩如何學菩薩行、修菩薩道？」

這時，善財童子頂禮正趣菩薩的雙足，在其周圍繞行無數圈，殷勤瞻仰菩薩。然後，善財童子辭別正趣菩薩，踏上了繼續南下的歷程。

善財童子第三十參：大天神會

爾時，善財童子入菩薩廣大行，求菩薩智慧境，見菩薩神通事，念菩薩勝功德，生菩薩大歡喜，起菩薩堅精進，入菩薩不思議自在解脫，行菩薩功德地，觀菩薩三昧地，住菩薩總持地，入菩薩大願地，得菩薩辯才地，成菩薩諸力地。

漸次遊行，至於彼城，推問大天今在何所。人咸告言：「在此城內，現廣大身，為眾說法。」

爾時，善財至大天所，頂禮其足，於前合掌而作是言：「聖者！我已先發阿耨多羅三藐三菩提心，而未知菩薩云何學菩薩行，云何修菩薩道。我聞聖者善能教誨，願為我說！」

爾時，大天長舒四手，取四大海水自洗其面，持諸金華以散善財❶，而告之言：「善男子！一切菩薩難可得見，難可得聞，希出世間，於眾生中最為第一，是諸人中芬陀利華，為眾生歸，為眾生救，為諸世間作安隱處，為諸世間作大光明，示迷惑者安隱正道；為大導師，引諸眾生入佛法門；為大法將❷，善能守護一切智城。菩薩如是難可值遇，唯身、語、意無過失者，然後乃得見其形像、聞其辯才，於一切時常現在前。善男子！我已成就菩薩解脫，名為雲網❸。」

【章　旨】這是善財童子五十三參的第三十次參訪，也是〈入法界品〉「末會」中善財五十五會中的第三十一會。善財童子遵從正趣菩薩的囑咐，到達墮羅鉢底城，向大天神請教修行菩薩行的方法、途徑。大天神向善財童子開始講述自己所證得的名叫「雲網」的菩薩解脫法門。

【注　釋】❶長舒四手三句　此處對於大天神的敘述具有象徵意義，澄觀解釋說：「約『事』則發心難遇，淨目而觀，散華而供故。約『表』謂展『四無礙解』手，取所證勝流相應法門；先當自淨以洗身心，後因利他故云『華散』。亦表四攝遠展攝取四眾故。」（澄觀《華嚴經疏》卷五十七，《大正藏》卷三十五，頁九四〇下）「四無礙解」又作「四無礙智」，即法無礙智、義無礙智、詞無礙智、樂說無礙智。「法無礙智」是通達諸法的名字，分別無滯；「義無礙智」是了知一切法之理，通達無礙；「詞無礙智」是通曉各種言語，能隨意演說；「樂說無礙智」是辯說法義，圓融無滯，為眾生樂說自在。這是說，以「四無礙解」之手證得與其相應的「四無礙智」，也表示以「四攝」即布施攝、愛語攝、利行攝、同事攝來攝取四眾。❷法將　即佛法之大將，此處指菩薩。以大將與軍隊的關係來比喻佛、菩薩與眾生的關係。❸雲網　此處是以如雲彩之網來比喻菩薩六度，菩薩以此法門如網羅攝取眾生使其獲得解脫。

【語　譯】在繼續南下的路途，善財童子進入菩薩廣大之行，求取菩薩智慧之境，觀見菩薩神通之事，憶念菩薩殊勝之功德，產生對於菩薩的大歡喜心，發起菩薩所具的堅強精進心，進入菩薩不思議自在解脫境界，行於菩薩功德之地，觀想菩薩三昧之地，住於菩薩總持之地，進入菩薩大願之地，獲得菩薩辯才之地，成就菩薩諸力地。

善財童子逐漸向南行進，到達墮羅鉢底城。在此城中，善財童子到處詢問大天現今的住所。人都告訴善財說：「他在此城內，顯現出廣大身，為眾生說法。」

這時，善財前往大天的所在，頂禮大天的雙足，在其前合掌而這樣說道：「聖者！我早先已經發阿耨多羅三藐三菩提心，但卻不知曉菩薩如何學菩薩行，如何修菩薩道。我聽說聖者諄諄善誘，希望您能夠為我回答這些問題！」

當時，大天展開其四隻長長的手，取來四方大海水清洗自己的臉面，又手持諸金花散給善財。然後，大天告訴善財童子說：「善男子！一切菩薩難於看見，難於有機會聽聞其說法，在眾生之中是最希望至出世間的，是諸人中芬陀利華，為眾生歸依的對象，是眾生的救星，為諸世間創造出安全穩妥的生存環境，為諸世間放射出大光明，為迷惑者顯示出安全穩妥的正確道路；菩薩是眾生的偉大導師，引導諸位眾生進入佛的法門；菩薩是偉大的法將，善於並且能夠守護一切智之城。菩薩如此難於遇到，只有身、語、意沒有過失的眾生纔可以看見其形像、聽聞其辯才，菩薩在一切時間都可以在其眼前顯現出來。善男子！我已經成就了名為『雲網』菩薩解脫法門。」

善財言：「聖者！雲網解脫境界云何？」

爾時，大天於善財前，示現金聚、銀聚、琉璃聚、玻璃聚、硨磲聚、瑪瑙聚、大焰寶聚、離垢藏寶聚、大光明寶聚、普現十方寶聚、寶冠❶聚、寶印❷聚、寶瓔珞聚、寶璫聚、寶釧聚、寶鎖聚、珠網聚、種種摩尼寶聚、一切莊嚴具聚、如意摩尼聚，皆如大山；又復示現一切華、一切鬘、一切香、一切燒香、一切塗香、一切衣服、一切幢幡、一切音樂、一切五欲娛樂之具，皆如山積；及現無數百千萬億諸童女眾。

而彼大天告善財言：「善男子！可取此物，供養如來，修諸福德，並施一切攝取眾生，令其修學檀波羅蜜，能捨難捨。善男子！如我為汝示現此物，教汝行施；為一切眾生悉亦如是，皆令以此善根熏習，於三寶所、善知識所，恭敬供養，增長善法，發於無上菩提之意。

「善男子！若有眾生貪著五欲，自放逸者，為其示現不淨境界；若有眾生瞋恚、憍慢、多諍競者，為其示現極可怖形，如羅剎等飲血噉肉；令其見已，驚恐惶懼，心意調柔，捨離冤結❸。若有眾生惛沉❹、懶惰，為其示現王、賊、水、火及諸重疾；令其見已，心生惶怖，知有憂苦而自勉策。以如是等種種方便，令捨一切諸不善行，修行善法；令除一切波羅蜜障，具波羅蜜；令超一切障礙險道，到無障處。

【章　旨】大天為善財童子敘述「雲網」境界的內容。此境界的核心是以六度救度眾生。

【注　釋】❶寶冠　又作「天冠」，指飾以寶玉之冠，是用於莊嚴佛、菩薩之物。❷寶印　有多種涵義。一是指佛、法、僧「三寶」中的法寶，「法」為諸寶中之寶，堅固不壞，故名「寶印」。二是指佛教的「三法印」，即「諸行無常印」、「諸法無我印」、「涅槃寂靜印」。因為凡符合此三原則的，便是佛正法，有如世間印信，用為證明，故名「法印」。三是對諸佛、菩薩種種印契之美稱。❸寃結　即「寃習」，對於對手的怨恨情緒。寃習交嫌而發銜恨，如陰毒之人，心懷毒惡，此業所感，故有投擲擊射等報。❹惛沉　心所法之一，指內心惛昧沉鬱，使身心不能實踐善行。

【語　譯】善財又問大天神：「聖者！雲網解脫境界的內容是什麼呢？」

這時，大天在善財童子前，示現出金聚、銀聚、琉璃聚、玻璃聚、硨磲聚、瑪瑙聚、大燄寶聚、離垢藏寶聚、大光明寶聚、普現十方寶聚、寶冠聚、寶印聚、寶瓔珞聚、寶璫聚、寶釧聚、寶鎖聚、珠網聚、種種摩尼寶聚、一切莊嚴具聚、如意摩尼聚，這一切都如同大山；大天又示現出一切花、一切鬘、一切香、一切燒香、一切塗香、一切衣服、一切幢幡、一切音樂，也示現出用來滿足一切色、聲、香、味、觸等「五欲」之娛樂的工具。這些物品如同大山一樣堆積在此。同時，大天也示現出無數百千萬億的童女。

那位大天這時告訴善財童子說：「善男子！你可以隨意拿取這些物品來供養如來，修諸福德，並將其布施給眾生以攝取所有眾生，使其修學布施波羅蜜，使其能夠捨棄最難於捨棄的對象。善男子！如同今日我為你示現這些物品，教你實踐布施一樣，我為一切眾生也都是如此做，都使他們以此熏習善根，在三寶的所在、善知識的所在地，能夠恭敬供養三寶、善知識，使善法得到增長，發無上菩提之意。

「善男子！如果有貪著色、聲、香、味、觸等『五欲』以及自我放逸的眾生，就可以為其示現不乾淨的境界；如果有瞋恚、憍慢、多諍競的眾生，就可以為其示現出極為可怕的情景，如羅剎等飲血吃肉的景象，使他們看見情景之後，驚恐惶懼，心意變得調和柔順，捨棄遠離冤習。如果有惛沉、懶惰的眾生，就可以為其示現出王難、賊難、水災、火災以及其他重大疾患，使其看見這些情形之後，心中產生恐怖，具有憂患意識而能夠振作勤勉起來。以這樣的種種方便，使眾生捨棄一切諸不善行，修行善法；使其除去一切波羅蜜之障礙，具備諸波羅蜜；使其超越一切障礙險道，到達無障礙之處。

「善男子！我唯知此雲網解脫。如諸菩薩摩訶薩，猶如帝釋，已能摧伏一切煩惱阿修羅軍；猶如大水，普能消滅一切眾生諸煩惱火；猶如猛火，普能乾竭一切眾生諸愛欲水；猶如大風，普能吹倒一切眾生諸見取❶幢；猶如金剛，悉能摧破一切眾生諸我見山。

「而我云何能知能說彼功德行？善男子！此閻浮提摩竭提國❷菩提場中，有主地神❸，其名安住❹。汝詣彼問：菩薩云何學菩薩行、修菩薩道？」

時，善財童子禮大天足，繞無數匝，辭退而去。

【章旨】大天神又向善財童子舉薦「閻浮提摩竭提國菩提場」中的「安住」地神，囑咐善財童子南下前去拜訪。善財童子於是告別大天神繼續前進求法。

【注釋】❶見取　即「見等取見」，是指執著於身見、邊見、邪見等非理之見。有為法在修行過程中是必須斷除的，相反，執著此有為法並且以為其最殊勝，這樣的心理活動稱之為「見取」。❷摩竭提國　又作「摩揭陀國」，其領域大致相當於現今印度比哈爾邦的巴特那和加雅地方。摩竭提國是印度古代最為強大的國家之一，在印度歷史上佔據非常突出的地位。在西元前七世紀佛教開始創立時，摩竭提國就很強大，頻毗娑羅王在位時，國都為王舍城。頻毗娑羅王是佛教的最大保護者，其子阿闍世王也與佛教有特殊的因緣。❸地神　即世俗所謂「土地神」，其為大地之神，是守護疆界的功能神。❹安住　澄觀對此善知識之名的涵義解釋如下：「善友名『安住地神』者，地為萬法所依，即所入法界。『安住』即入義。」（澄觀《華嚴經疏》卷五十七，《大正藏》卷三十五，頁九四〇下）

【語譯】「善男子！我只是知曉這一雲網解脫法門。如同諸菩薩一樣，我猶如帝釋，已經能夠摧伏一切煩惱阿修羅軍；猶如大水，完全能夠消滅一切眾生諸煩惱之火；猶如猛火，完全能夠使一切眾生的愛欲之水乾竭；猶如大風，完全能夠吹倒一切眾生諸見取之幢；猶如金剛，完全能夠摧毀破壞一切眾生諸我見之山。

「我為什麼能夠知曉、能夠宣說這一功德法門呢？善男子！在此閻浮提內摩竭提國的菩提道場中，有一位名為『安住』的土地神。你可以前往他那裡向他請教：菩薩如何學菩薩行、修菩薩道？」

這時，善財童子頂禮大天的雙足，在其周圍繞行無數圈。然後，善財童子告別了大天，踏上了繼續求法的歷程。

善財童子第三十一參：安住地神會

爾時，善財童子漸次遊行，趣摩竭提國菩提場內安住神所，百萬地神同在其中，更相謂言：「此來童子即是佛藏❶，必當普為一切眾生作所依處，必當普壞一切眾生無明㲉藏❷。此人已生法王種❸中，當以離垢無礙法繒而冠其首，當開智慧大珍寶藏，摧伏一切邪論異道。」

時，安住等百萬地神，放大光明，徧照三千大千世界，普令大地同時震吼，種種寶物處處莊嚴，影潔光流遞相鑒徹；一切葉樹俱時生長，一切華樹咸共開敷，一切果樹靡不成熟，一切河流遞相灌注，一切池沼悉皆盈滿；雨細香雨徧灑其地，風來吹華普散其上，無數音樂一時俱奏，天莊嚴具咸出美音；牛王、象王、師子王等，皆生歡喜，踴躍、哮吼，猶如大山相擊出聲；百千伏藏自然湧現。

時，安住地神告善財言：「善來童子！汝於此地曾種善根，我為汝現，汝欲見不？」

爾時，善財禮地神足，繞無數匝，合掌而立，白言：「聖者！唯然！欲見。」

時，安住地神以足按地，百千億阿僧祇寶藏自然湧出，告言：「善男子！今此寶藏隨逐於汝，是汝往昔善根果報，是汝福力之所攝受，汝應隨意自在受用。」

【章旨】這是善財童子五十三參的第三十一次參訪，也是〈入法界品〉「末會」中善財五十五會中的第三十二會。善財童子遵從大天神的囑咐，到達摩竭提國菩提場向安住地神請教修行菩薩行的方法、途徑。安住地神向善財童子顯示了善財童子昔日在此地下所種植的善根。

【注　釋】❶佛藏　本指佛所說的大乘經以及所包含的明一切諸佛所說之法、佛菩薩神通變現以及利導眾生之事等等，在此是指善財童子已經完全掌握了佛法，堪為眾生理解修習佛法的依持。❷無明㲉藏　能夠出生無明的卵子之集合。❸法王種　即「法王之種子」。「法王」為佛的尊稱，因為王有最勝、自在之義，佛為法門之主，能自在教化眾生，故稱「法王」。

【語　譯】這時，善財童子逐漸前行，到達摩竭提國的菩提道場內的安住地神的住所，當時百萬地神同在其中。這些地神互相議論說：「剛剛來此地的童子就是佛藏，一定會成為一切眾生的歸依之處，一定會完全毀壞一切眾生無明之卵藏。此人已經成就了法王的種子，會以離垢無礙法之絲帶裝飾其首，會打開智慧大珍寶之藏，摧伏一切堅持邪論的異道。」

這時，安住等百萬地神放射出大光明，完全照亮了三千大千世界，完全使大地同時發出震吼，種種寶物處處裝飾著大地，明亮的光流使得大地明澈清潔；一切葉樹都同時生長出來，一切花樹都同時開放，一切果樹無不成熟，一切河流都充滿水流，一切池沼都蓄水飽滿；從空中降下的細香雨灑遍了大地，風吹落的花朵完全撒滿了大地，無數音樂一時奏出，天中的莊嚴具都發出美妙的聲音；牛王、象王、師子王等，都產生歡喜心，跳躍、吼叫，猶如大山相互撞擊發出的聲音。地下的百千埋藏的寶藏自然湧出顯現。

當時，安住地神告訴善財童子說：「歡迎你，童子！你曾經在此地種植了善根，我現在為你顯現出來，你想看到嗎？」

這時，善財童子頂禮地神的雙足，在其周圍繞行無數圈，合掌而立，稟告地神說：「聖者！我確實想看到！」

這時，安住地神以足壓按住大地，百千億阿僧祇寶藏就自然湧現了出來。安住地神告訴善財童子說：「善男子！現在你看到的這些寶藏跟隨於你，它們是你過去善根的果報，是你福力之所攝受，你應該隨意自在享用。

「善男子！我得菩薩解脫，名不可壞智慧藏❶，常以此法成就眾生。

「善男子！我憶自從然燈佛❷來，常隨菩薩恭敬守護，觀察菩薩所有心行、智慧境界、一切誓願、諸清淨行、一切三昧、廣大神通、大自在力、無能壞法，徧往一切諸佛國土，普受一切諸如來記，轉於一切諸佛法輪，廣說一切修多羅門，大法光明普皆照耀，教化調伏一切眾生，示現一切諸佛神變，我皆能領受、皆能憶持。

「善男子！乃往古世過須彌山微塵數劫，有劫名莊嚴❸，世界名月幢，佛號妙眼，於彼佛所得此法門。善男子！我於此法門，若入若出修習增長，常見諸佛未曾捨離，始從初得乃至賢劫❹，於其中間，值遇不可說不可說佛剎微塵數如來、應、正等覺，悉皆承事，恭敬供養；亦見彼佛詣菩提座，現大神力；亦見彼佛所有一切功德善根。

「善男子！我唯知此不可壞智慧藏法門。如諸菩薩摩訶薩常隨諸佛，能持一切諸佛所說，入一切佛甚深智慧，念念充偏一切法界，等如來身，生諸佛心，具諸佛法，作諸佛事。

「而我云何能知能說彼功德行？善男子！此閻浮提摩竭提國迦毗羅城❺，有主夜神，名婆珊婆演底❻。汝詣彼問：菩薩云何學菩薩行、修菩薩道？」

時，善財童子禮地神足，繞無數匝，殷勤瞻仰，辭退而去。

【章　旨】安住地神為善財童子敘述「不可壞智慧藏」境界的內容。此境界的核心是擁有不可壞的一念之智慧。安住地神又向善財童子舉薦「閻浮提摩竭提國迦毗羅城」中的「婆珊婆演底」夜神，囑咐善財童子前去拜訪。善財童子於是告別安住地神繼續前進求法。

【注　釋】❶不可壞智慧藏　關於此法門的涵義，澄觀解釋為：「謂一念之智冥乎法界，則不可壞。此中則無所不生，故名為『藏』。」（澄觀《華嚴經疏》卷五十七，《大正藏》卷三十五，頁九四一上）❷然燈佛　又作「燃燈佛」、「普光佛」、「錠光佛」、「定光佛」。《大智度論》卷九說：「生時一切身邊如燈，故名然燈太子，作佛亦名然燈。」（《大正藏》卷二十五，頁一二四中）據《佛說太子瑞應本起經》卷上說：定光佛之時，菩薩即後來的釋迦是一名儒童（學童）。此儒童菩薩遇見燃燈佛時，花了五百錢從一位賣花少女處買來五莖青蓮花奉獻給燃燈佛。定光佛預言儒童：「汝自是後九十一劫，劫號為『賢』，汝當作佛，名釋迦文。」儒童菩薩「稽首佛足。見地濯濕，即解皮衣，欲以覆之。不足掩泥，乃解髮布地，令佛蹈而過」（《大正藏》卷三，頁四七三上）。❸劫名莊嚴　又作「過去莊嚴劫」，是相對於「現在賢劫」、「未來星宿劫」而言的。在現在賢劫之前，由一大劫所成。一大劫中總有成、住、壞、空之八十增減小劫，於其「住劫」中，以華光佛為首，至毗舍浮佛，共有千佛出世，莊嚴其劫，故稱莊嚴劫。劫，時分之義。❹賢劫　即「現在住劫」、「現在賢劫」，「賢」又譯作「善」，即千佛賢聖出世之時分。佛教認為，在現在之二十增減住劫中，有千佛賢聖出世化導，故稱為賢劫，又稱善劫、現劫。此與「過去莊嚴劫」、「未來星宿劫」合稱「三劫」。❺迦毗羅城　即佛世尊出生之地「迦毗羅衛」城，又作「迦毗羅衛」、「劫比羅伐窣堵國」等等，意譯為「蒼城」、「黃赤城」、「妙德城」等等。傳說迦維羅衛國是日族英雄喬達摩所建立。數論派傳說中之始祖迦毗羅仙人亦居於此，因此以其名為國名。在佛陀晚年，迦毗羅衛之釋迦族慘遭憍薩羅國毗琉璃王之虐殺而衰亡，此地亦漸次荒廢。關於此城的地理位置，現今仍未能取得完全一致，有兩種意見可以考慮：其一，迦維羅衛城位於尼泊爾南部的提勞拉柯特，此地據塔賴首府陶裏伐以北兩英里。其二，迦維羅衛城位於現今印度北方邦東北部巴斯提區北部的比普拉瓦。兩種看法都有考古發掘的成果作依據。「又此是佛生之城，表初地生佛家故。」（澄觀《華嚴經疏》卷五十八，《大正藏》卷三十五，頁九四一上）❻婆珊婆演底　關於此夜神之名，澄觀解釋為：「『婆珊』者，此云『春』也；『婆演底』者，此云『主當』；以於春時主當苗稼故。謂顯初入地能生長萬行，護眾生故。地上多見夜神者，證智玄妙離相破闇故。」（澄觀《華嚴經疏》卷五十八，《大正藏》卷三十五，頁九四一上）

【語　譯】「善男子！我獲得了名為『不可壞智慧藏』的解脫法門，並且常常以此法成就眾生。

「善男子！我記得自從然燈佛以來，我常常跟隨菩薩，恭敬守護菩薩，觀察菩薩所有的心理活動、智慧境界、一切誓願、清淨的行為、一切三昧、廣大神通、大自在力、無能壞法，徧往一切諸佛國土，普徧地接受一切諸如來的授記，轉一切諸佛之法輪，廣說一切佛法之門，被大法的光明完全照耀，教化調伏一切眾生，示現出一切諸佛神變。菩薩的這些活動及其內容，我都能領悟接受、都能夠憶住遵循。

「善男子！在久遠的過去世再經過須彌山微塵數的劫數，有一名為『莊嚴』的劫，其世界名稱為『月幢』，佛號為『妙眼』。我是在此佛所在獲得此法門的。善男子！我在此法門，有時進入有時出來，修習增長法力，常常觀見諸佛而從未捨棄遠離，從剛剛獲得此法門一直到賢劫，在此期間，我遇到過不可說不可說佛土微塵數的如來，我都完全承事，恭敬供養；我也見到過這些佛坐於菩提座，顯現出大神通之力；也看見過這些佛所有一切功德善根。

「善男子！我只是知曉這一不可壞智慧藏法門。如同諸菩薩常隨侍在佛側，能憶持一切諸佛所說，進入一切佛甚深智慧，念念充徧一切法界，與如來之身相同，產生諸佛之心，具備諸佛之法，作諸佛事。

「我為什麼能夠知曉、能夠宣說這一功德法門呢？善男子！在閻浮提中的摩竭提國迦毗羅城中，有一位名叫『婆珊婆演底』的夜神。你可以前往他那裡去向他請教：菩薩如何學菩薩行、修菩薩道？」

這時，善財童子頂禮地神雙足，在其周圍繞行無數圈，殷勤瞻仰安住地神。然後，善財童子辭別地神，踏上繼續求法的歷程。

善財童子第三十二參：婆珊婆演底夜神會

爾時，善財童子一心思惟安住神教，憶持菩薩不可沮壞智藏解脫，修其三昧，學其軌則，觀其遊戲，入其微妙，得其智慧，達其平等，知其無邊，測其甚深。

漸次遊行，至於彼城，從東門入，佇立未久，便見日沒❶。心念隨順諸菩薩教，渴仰欲見彼主夜神，於善知識生如來想，復作是念：「由善知識得遍眼，普能明見十方境界；由善知識得廣大解，普能了達一切所緣；由善知識得三昧眼，普能觀察一切法門；由善知識得智慧眼，普能明照十方剎海。」

作是念時，見彼夜神於虛空中處寶樓閣香蓮華藏師子之座，身真金色，目髮紺青，形貌端嚴，見者歡喜，眾寶瓔珞以為嚴飾，身服朱衣，首戴梵冠，一切星宿炳然在體❷。於其身上一一毛孔，皆現化度無量無數惡道眾生，令其免離險難之像；是諸眾生，或生天上，或生人中，或有趣向二乘菩提，或有修行一切智道。又彼一一諸毛孔中，示現種種教化方便，或為現身，或為說法，或為示現聲聞乘道，或為示現獨覺乘道，或為示現諸菩薩行、菩薩勇猛、菩薩三昧、菩薩自在、菩薩住處、菩薩觀察、菩薩師子嚬申、菩薩解脫遊戲❸，如是種種成熟眾生。

善財童子見聞此已，心大歡喜，以身投地，禮夜神足，繞無數匝，於前合掌而作是言：「聖者！我已先發阿耨多羅三藐三菩提心，我心冀望依善知識獲諸如來功德法藏。唯願示我一切智道，我行於中，至十力地❹！」

【章　旨】這是善財童子五十三參的第三十二次參訪，也是〈入法界品〉「末會」中善財五十五會中的第三十三會。善財童子遵從安住地神的囑咐，到達摩竭提國迦毗羅城向婆珊婆演底夜神請教修行菩薩行的方法、途徑。由此，善財童子開始證入「十地」。

【注　釋】❶從東門入三句　此句描述有象徵意義，澄觀解釋說：「從東門入者，開明之初，顯入證之始故。見日沒者，是夜神故，表分別見日皆已亡故。」（澄觀《華嚴經疏》卷五十八，《大正藏》卷三十五，頁九四一中）這是說，以「東門」象徵證入「十地」之開端，以「日落」象徵「分別」之見已經消亡。❷夜神於虛空中九句　此九句有象徵涵義，澄觀解釋為：『城』表教道，『空』表證道。服『朱衣』者，證、智明顯故。法門星像，不離一身如體，化生作用不離一毛之性。」這是說，「夜神於虛空中」指證得「空」理，「身服朱衣」是為了使證、智顯明，「一切星宿炳然在體」象徵此法門不離夜神之身體。❸菩薩解脫遊戲　指菩薩所具的「師子遊戲三昧」。菩薩憑藉神通力，以度化眾生而自娛，使一切惡道地獄之眾生皆蒙解脫，得生於天上。❹十力地　此處指如來十力之地。「如來十力」見〈入法界品之一〉注。

【語　譯】在繼續前進的路上，善財童子一心思惟安住地神的教誨，憶持菩薩不可沮壞智藏解脫法門，修其三昧，復習其軌則，觀想其遊戲三昧，進入其微妙之處，獲得其智慧，達到其平等境界，知曉其境界沒有邊際，測量而知此境界非常深邃。

善財童子逐漸前進，到達摩竭提國迦毗羅城，從城的東門進入城中，剛剛在城中站立不久，便看見太陽落山了。善財童子這時非常渴望隨順諸位菩薩的教誨，渴望瞻仰拜見那位婆珊婆演底主管夜晚之神，渴望拜見善知識的感覺就如同對於如來的想念一樣。善財童子又這樣想道：「我由善知識而獲得週偏之眼，完全能夠明見十方境界；由善知識而獲得廣大的理解力，完全能夠了達一切所緣；由善知識而獲得三昧之眼，完全能夠觀察一切法門；由善知識而獲得智慧之眼，完全能夠明照十方國土之海。」

正當善財童子這樣想的時候，他看見婆珊婆演底夜神在虛空中坐於寶樓閣香蓮華藏師子之座上，身體為真金之色，眼睛、頭髮為青中帶赤之色，形貌端正威嚴，非常讓人喜歡，以許多珍寶製作的瓔珞作為裝飾，身穿紅色的衣服，頭戴乾淨的帽子，一切星宿炳然印顯在其身體上。從婆珊婆演底夜神身體的每一毛孔之中，都可以顯現化度無量無數惡道眾生，使其免除、遠離險難的徵兆。這些眾生，有的可以轉生人道，有的可以轉生天道，有的則可以趣向聲聞、緣覺菩提，有的則可以修行一切智之道。此外，婆珊婆演底夜神的每一毛孔之中，示現出種種教化方便，有的顯現出身體，有的則為其說法，有的則示現為聲聞乘道，有的則示現為獨覺乘道，有的則示現出諸菩薩行、菩薩勇猛、菩薩三昧、菩薩自在、菩薩住處、菩薩觀察、菩薩師子嚬申、菩薩解脫遊戲。婆珊婆演底夜神顯示出了如此等等使得眾生成熟的法門。

善財童子看見、聽聞這些之後，心中產生大歡喜，以身投地頂禮夜神雙足，在其周圍繞行無數圈，後來在其前合掌而這樣稟告夜神：「聖者！我早先已經發阿耨多羅三藐三菩提心，我心中希望依靠善知識獲得諸如來功德法藏。希望您能夠為我開示一切智之道，使我如法實踐，最終到達十力之地！」

時，彼夜神告善財言：「善哉！善哉！善男子！汝能深心敬善知識，樂聞其語，修行其教；以修行故，決定當得阿耨多羅三藐三菩提。

「善男子！我得菩薩破一切眾生癡暗法光明解脫❶。善男子！我於惡慧眾生起大慈心；於不善業眾生起大悲心；於作善業眾生起於喜心；於善惡二行眾生起不二心❷；於雜染❸眾生起令生清淨心；於邪道眾生起令生正行心；於劣解眾生起令興大解心；於樂生死眾生起令捨輪轉心；於住二乘道眾生，起令住一切智心。善男子！我以得此解脫故，常與如是心共相應。

「善男子！我於夜闇人靜，鬼、神、盜賊、諸惡眾生所遊行時，密雲重霧、惡風暴雨、日月星宿並皆昏蔽不見色時，見諸眾生，若入於海，若行於陸，山林、曠野、諸險難處，或遭盜賊，或乏資糧，或迷惑方隅，或忘失道路，慞惶憂怖不能自出；我時即以種種方便而救濟之。

「為海難者，示作船師、魚王、馬王、龜王、象王、阿修羅王及以海神；為彼眾生，止惡風雨，息大波浪，引其道路，示其洲岸，令免怖畏，悉得安隱。復作是念：『以此善根，迴施眾生，願令捨離一切諸苦。』

「為在陸地一切眾生於夜暗中遭恐怖者，現作日月及諸星宿、晨霞、夕電種種光明，或作屋宅，或為人眾，令其得免恐怖之厄。復作是念：『以此善根，迴施眾生，悉令除滅諸煩惱暗。』一切眾生，有惜壽命，有愛名聞，有貪財寶，有重官位，有著男女，有戀妻妾，未稱所求，多生憂怖；我皆救濟，令其離苦。

「為行山險而留難者，為作善神，現形親近；為作好鳥，發音慰悅；為作靈藥，舒光照耀；示其果樹，示其泉井，示正直道，示平坦地，令其免離一切憂厄。

「為行曠野、稠林、險道，藤蘿所罥、雲霧所暗而恐怖者，示其正道，令得出離。作是念言：『願一切眾生，伐見稠林❹，截愛羅網，出生死野，滅煩惱暗，入一切智平坦正道，到無畏處畢竟安樂。』

【章　旨】婆珊婆演底夜神為善財童子敘述「菩薩破一切眾生癡暗法光明解脫」境界的內容。此境界的核心是以自己所具的「法光明」破除眾生的癡暗。此章先言興起救物救世之心，後又宣說以十門疆界對緣救攝眾生的實踐。第一門為總體言之，以下為救海難眾生、救處陸眾生、救求不得及行山險眾生、救樂國土眾生等四門。

【注釋】❶菩薩破一切眾生癡暗法光明解脫　據澄觀解釋，「『一切眾生癡暗』者，即所破二愚。『法光明』者，即是能破二無我智。又破眾生闇為『悲』，法光明是『智』，悲智具故。」（澄觀《華嚴經疏》卷五十八，《大正藏》卷三十五，頁九四一中）「二愚」即十地菩薩所應破的兩種迷惑，一是執著我法之迷惑，二是執著惡趣、雜染之迷惑。「二無我智」即是知曉「人無我」、「法無我」二理之智。「悲」為大悲，「智」為智慧。❷於善惡二行眾生起不二心　佛教從理論上，雖將善惡分別為二，順從、符合佛法之理為「善」，違反佛法之背理為「惡」，但以般若（智慧）之立場觀之，善、惡，都由因緣而生，其中並無實體，而係空性平等，無所差別，也就是說善惡本來就是不二的。善、惡都為空性，並非對立，而為平等一如。若從覺悟境地之不二立場觀之，在相對之世界中，善、不善之對立，並無任何實質可言，僅為虛妄分別，因此以智慧滅除善與不善相對分別之執著，則通達一切法無相平等，就可到達善、不善不二之境地。因此，佛、菩薩以其智慧法門使其持善惡截然二分的眾生最終生起「不二」之心。❸雜染　指有為法，為「清淨」之對稱。雜，間雜；和雜。染，染污。因為有為法能夠染污眾生之真性，故稱「雜染」。❹見稠林　即「邪見稠林」。邪見種類眾多，猶如稠林之茂密，交互繁生，故稱「邪見稠林」。

【語譯】這時，婆珊婆演底夜神告訴善財童子說：「好啊！好啊！善男子！你能夠深心尊敬善知識，樂於聽聞其言論，樂於修行其教誨。因為你專心修行的緣故，肯定會得到阿耨多羅三藐三菩提。

「善男子！我獲得了菩薩破一切眾生癡暗法光明解脫。善男子！我面對惡慧眾生生起大慈之心；面對不善業眾生生起大悲之心；面對作善業眾生生起喜心；面對善惡二行眾生生起不二之心；面對雜染眾生使其產生清淨之心；面對邪道眾生使其產生正行心；面對劣解眾生使其興起大解之心；面對樂著生死眾生使其捨棄輪轉之心；面對住於聲聞、緣覺二乘道的眾生使其住於一切智之心。善男子！我憑藉這一解脫法門，常常產生與此心相應的救度眾生的行為。

「善男子！我在夜暗人靜而鬼、神、盜賊、諸惡眾生正在猖獗之時，在密雲重霧、惡風暴雨、日月星宿都被完全遮蔽看不見任何顏色之時，仍然可以看見眾生。如果有入海的眾生以及在陸地行走的眾生，在山林、曠野、諸險難之處，或者遭遇盜賊，或者缺乏資糧，或者迷失方向，或者忘記道路，恐慌憂慮而自己走不出來。對於這些困境中的眾生，我立刻會以種種方便救助他們。

「我為在海上航行中遇到困難的眾生，示現為船師、魚王、馬王、龜王、象王、阿修羅王以及海神；為了這些眾生，制止惡風大雨的襲擊，平息大波浪，為其引路，為其顯示洲岸，使其免於怖畏，都完全得到安穩。我又這樣想道：『以此善根，迴施眾生，能夠使其捨棄遠離一切諸苦。』

「我為在陸地行走而在黑夜中遭遇恐怖的眾生，顯現為日月及諸星宿、早晨的霞光、黃昏的電光等等光明，或者製作屋宅，或者扮做其同伴，使其得以避免恐怖之厄。我又這樣想道：『希望以此善根，迴施眾生，使其都得以免除諸煩惱黑暗。』在所有眾生中，有憐惜壽命的，有喜愛名聲的，有貪圖財寶的，有看重官位的，有愛著男女之形的，有眷戀妻妾的，這些欲望未能得到滿足，便會產生許多憂慮恐怖。對於這些困境中的眾生，我都會給予救濟，使其遠離痛苦。

「我為在山中險道上遇到危險的眾生，顯現為善神，與他們親近；顯現為好鳥，發出美妙的叫音撫慰他們；為其製作靈驗的藥品，以舒適的光芒照耀著他們；為其顯示出果樹，顯示出泉井，顯示出正直之道，顯示出平坦之地，使其免於一切憂厄。

「我為在曠野、稠林、險道上行走以及被藤蘿繩索所拌、被雲霧所遮蔽而產生恐怖的眾生，顯示出正確的道路，使其得以出離險境。我又這樣想道：『希望一切眾生，砍倒邪見之稠林，截斷愛欲之羅網，走出生死之荒野，滅除煩惱之黑暗，進入一切智之平坦正道，到達無畏處畢竟安樂的境界。』

「善男子！若有眾生，樂著國土而憂苦者，我以方便，令生厭離。作是念言：『願一切眾生不著諸蘊❶，住一切佛薩婆若境。』

「善男子！若有眾生，樂著聚落，貪愛宅舍，常處黑暗，受諸苦者，我為說法，令生厭離，令法滿足，令依法住。作是念言：『願一切眾生，悉不貪樂六處聚落❷，速得出離生死境界，究竟安住一切智城。』

「善男子！若有眾生行暗夜中，迷惑十方，於平坦路生險難想，於險難道起平坦想，以高為下，以下為高，其心迷惑，生大苦惱。我以方便舒光照及，若欲出者，示其門戶；若欲行者，示其道路；欲度溝洫，示其橋梁；欲涉河海，與其船筏；樂觀方者，示其險易安危之處；欲休息者，示其城邑、水、樹之所。作是念言：『如我於此照除夜暗，令諸世事悉得宣敘；願我普於一切眾生生死長夜、無明暗處，以智慧光普皆照了。是諸眾生無有智眼，想心見倒之所覆翳，無常常想，無樂樂想，無我我想，不淨淨想，堅固執著我人眾生、蘊界處法❸，迷惑因果，不識善惡，殺害眾生，乃至邪見，不孝父母，不敬沙門及婆羅門，不知惡人，不識善人，貪著惡事，安住邪法，毀謗如來，壞正法輪，於諸菩薩呰辱傷害，輕大乘道，斷菩提心，於有恩人反加殺害，於無恩處常懷冤結，毀謗賢聖，親近惡伴，盜塔寺物，作五逆罪❹，不久當墮三惡道處。願我速以大智光明破彼眾生無明黑暗，令其疾發阿耨多羅三藐三菩提心。』既發心已，示普賢乘，開十力道，亦示如來法王境界，亦示諸佛一切智城、諸佛所行、諸佛自在、諸佛成就、諸佛總持、一切諸佛共同一身、一切諸佛平等之處，令其安住。

「善男子！一切眾生，或病所纏，或老所侵，或苦貧窮，或遭禍難，或犯王法，臨當被刑，無所依怙，生大怖畏；我皆救濟，使得安隱。復作是念：『願我以法普攝眾生，令其解脫一切煩惱、生老病死、憂悲苦患，近善知識，常行法施，勤行善業，速得如來清淨法身，住於究竟無變易處。』

「善男子！一切眾生入見稠林，住於邪道，於諸境界起邪分別，常行不善身、語、意業，妄作種種諸邪苦行，於非正覺❺生正覺想，於正覺所非正覺想，為惡知識之所攝受，以起惡見，將墮惡道；我以種種諸方便門而為救護，令住正見，生人、天中。復作是念：『如我救此將墜惡道諸眾生等，願我普救一切眾生，悉令解脫一切諸苦，住波羅蜜出世聖道，於一切智得不退轉，具普賢願，近一切智，而不捨離諸菩薩行，常勤教化一切眾生。』」

【章旨】婆珊婆演底夜神以「菩薩破一切眾生癡暗法光明解脫」法門救度執著聚落眾生、闇夜眾生、惑業眾生、八苦眾生、惡見眾生。

【注　釋】❶諸蘊　即「五蘊」。「蘊」是積集的意思，「五蘊」就是色蘊、受蘊、想蘊、行蘊、識蘊。「色」就是一般所說的物質，變礙為義，是地、水、火、風四大種所造；「受」就是感受，領納為義，其中包括苦、樂、捨三受；「想」就是想像，於善惡憎愛等境界中，取種種相，作種種想；「行」就是行為或造作，由意念而行動去造作種種的善惡業；「識」就是了別的意思，由識去辨別所緣所對的境界。五蘊中，前一種屬於物質，後四種屬於精神，乃是構成人身的五種要素。❷六處聚落　指「六根」的聚合體。「六處」為「六根」的別名，「處」是出生之義，「六處」就是出生六識之處，因為六根緣「六塵」，生起「六識」故。在「十二因緣」的系列中，「六處」指在母胎內具足眼、耳、鼻、舌、身、意等六根而出母胎之位。❸蘊界處法　指「五蘊」、「十二處」、「十八界」之法，為根本佛教與部派佛教對於人身的構成、身心及其與對象所形成的緣起關係的分析。❹五逆罪　指五種極惡之行為，又名「五無間業」、「五無間罪」、「五不救罪」。即殺父、殺母、殺阿羅漢、出佛身血、破和合僧。「殺」包含殺與傷害兩層涵義。其中前四是身業，後一為口業。造此五罪必墮無間地獄受苦，故稱五無間罪、五無間業。又因殺父、殺母是違逆恩田，其他三種為背逆福田，故稱「五逆」或「五逆罪」。❺正覺　又作「正解」、「等覺」、「等正覺」、「正等正覺」、「正等覺」、「正盡覺」，指達到成佛的真正覺悟，也就是證悟一切諸法之真正覺智，即如來之實智，成佛又稱「成正覺」。「等」是就所證之理而言的，「盡」是就所斷之惑而言的。「非正覺」是針對未得此最終解脫智慧而言的。

【語　譯】「善男子！如果有樂著國土並且產生憂苦的眾生，我會以方便，使其產生厭惡而遠離之。我又這樣想道：『希望一切眾生不對諸蘊產生執著，住於一切佛之一切智境。』

「善男子！如果有樂著村落、貪愛宅舍、常常住在黑暗之處承受諸苦的眾生，我將為其說法，使其產生厭惡而遠離這些，使其滿足於佛法，使其依照佛法的要求行事。我又這樣想道：『希望一切眾生，都不貪樂六處這一村落，很快獲得出離生死之境界，究竟安住於一切智城。』

「善男子！如果有在暗夜中行走的眾生，對十種方位產生迷惑，將平坦的大路當作險難去想，將險難之道路當作平坦的大道去想，將高處當作低處，將低處當作高處，這些眾生的心很迷惑，產生了大苦惱。我便以方便之舒光照及他們，為想要出門的眾生，顯示其門戶；對於想要行路的眾生，顯示其道路；對於想要跨過溝渠的眾生，顯示其橋梁；對於想要渡過河海的眾生，給與船筏；對於樂於觀察旅遊的眾生，顯示其險易安危之處；對於想要休息的眾生，顯示其城邑以及有水、生長樹木的地方。我又這樣想道：『如同我在此以光明照耀除去夜暗，使諸世事都能夠正常運轉，希望我能夠以智慧之光完全照耀一切眾生的生死長夜、無明暗處。這些眾生因為沒有智慧之眼，被想心顛倒之見所遮蔽，將無常當作恆常去想，將無樂當作樂去想，將無我當作我去想，將不淨當作淨去想，堅固執著於做人道眾生以及蘊、界、處之法，迷惑於因果，不知曉善惡，殺害眾生，執持邪見，不孝順父母，不尊敬沙門以及婆羅門，不知曉惡人，不認識善人，貪著於惡事，安住於邪法，毀謗如來，毀壞正法之輪，侮辱傷害諸位菩薩，輕視大乘之道，滅斷菩提之心，對於有恩之人反而加以殺害，在沒有恩遇之處常以冤仇看待，毀謗賢聖，親近惡伴，盜竊塔寺之物品，犯五逆大罪，這些眾生不久將墮入三惡道之處。希望我速以此大智光明破除這些眾生無明之黑暗，使其迅速發阿耨多羅三藐三菩提心。』在發菩提心之後，示顯普賢乘，開創十力之道，也示顯出如來法王之境界，也示顯出諸佛一切智之城、諸佛的實踐、諸佛的自在、諸佛的成就、諸佛的總持力、一切諸佛共同的法身、一切諸佛平等之處，使其安住於這些境界。

「善男子！一切眾生，有的被病所糾纏，有的已經進入老境，有的苦於貧窮，有的遭遇災難，有的違反王法面臨被處罰的局面，沒有依靠，產生極大的恐怖。這些眾生，我都會去救濟，使其獲得安穩。我又這樣想道：『希望我以此法普攝眾生，使其解脫一切煩惱、生老病死、憂悲苦患，親近善知識，常常實踐法布施，勤懇實踐善業，迅速獲得如來清淨法身，住於究竟沒有變易之處。』

「善男子！一切進入邪見稠林的眾生，住於邪道，對於諸境界產生邪分別，常行不善身、語、意業，妄作種種諸邪苦行，將非正覺當作正覺去想，將正覺當作非正覺去想，被惡知識所攝受，產生惡見，將墮入惡道。我將以種種諸方便門救護這些眾生，使其住於正見，生於人、天之道中。我又這樣想道：『如同我救度這些將墜入惡道的眾生一樣，希望我完全能夠救度一切眾生，都使其解脫一切諸苦，住於波羅蜜出世之聖道，對於一切智得以不退轉，具備普賢大願，親近一切智，並且不捨棄遠離諸菩薩行，常常勤奮地教化一切眾生。』」

爾時，婆珊婆演底主夜神，欲重宣此解脫義，承佛神力，觀察十方，為善財童子而說頌曰：「我此解脫門，生淨法光明，能破愚癡暗，待時而演說❶。我昔無邊劫，勤行廣大慈，普覆諸世間，佛子應修學。寂靜大悲海，出生三世佛，能滅眾生苦，汝應入此門。能生世間樂，亦生出世樂，今我心歡喜，汝應入此門。既捨有為患，亦遠聲聞果，淨修諸佛力，汝應入此門❷。我目甚清淨，普見十方剎，亦見其中佛，菩提樹下坐，相好莊嚴身，無量眾圍繞，一一毛孔內，種種光明出；見諸群生類，死此而生彼，輪迴五趣中，常受無量苦。我耳甚清淨，聽之無不及，一切語言海，悉聞能憶持；諸佛轉法輪，其聲妙無比，所有諸文字，悉皆能憶持。我鼻甚清淨，於法無所礙，一切皆自在，汝應入此門。我舌甚廣大，淨好能言說，隨應演妙法，汝應入此門。我身甚清淨，三世等如如，隨諸眾生心，一切悉皆現。我心淨無礙，如空含萬像，普念諸如來，而亦不分別。了知無量剎，一切諸心海，諸根及欲樂，而亦不分別❸。我以大神通，震動無量剎，其身悉徧往，調彼難調眾。我福甚廣大，如空無有盡，供養諸如來，饒益一切眾。我智廣清淨，了知諸法海，除滅眾生惑，汝應入此門。我知三世佛，及以一切法，亦了彼方便，此門徧無等。一一塵中見，三世一切剎，亦見彼諸佛，此是普門力。十方剎塵內，悉見盧舍那，菩提樹下坐，成道演妙法❹。」

【章　旨】婆珊婆演底主夜神為善財童子以二十一首偈頌將前述法義重新作了說明。

【注　釋】❶我此解脫門四句　此頌講的是此法門的名稱與法體。❷我昔無邊劫十六句　此四頌主要是激勵善財童子修學這一法門，並且以「四無量心」來救度眾生。四無量心，即「慈無量心」、「悲無量心」、「喜無量心」、「捨無量心」。與一切眾生樂，名「慈無量心」；拔一切眾生苦，名「悲無量心」；見人行善或離苦得樂，深生歡喜，名「喜無量心」；如上三心，捨之而不執著，或怨親平等，不起愛憎，名「捨無量心」。四心普緣無量眾生，引生無量之福，故名「無量心」。❸我目甚清淨四十句　此以十頌分別以眼、耳、鼻、舌、身、意為線索，顯現修行之果使其進入此境界。五趣，又作「五道」、「五惡趣」、「五有」，指有情眾生五種所趣之處，即地獄、餓鬼、畜生、人、天。五趣中，地獄、餓鬼、畜生三者為純惡之所趣，人、天為善惡雜業之所趣，都屬於有漏，與無漏之淨土相對，因而總立名為惡趣。又從因果不亡之義而言，稱為「五有」。❹我以大神通二十四句　此處以六頌說明此法門的廣大功能。

【語　譯】這時，婆珊婆演底主夜神想為善財童子重新闡述此解脫之義，秉承佛之神力，觀察十方，為善財童子而說頌曰：「我此解脫門，生淨法光明，能破愚癡暗，待時而演說。我昔無邊劫，勤行廣大慈，普覆諸世間，佛子應修學。寂靜大悲海，出生三世佛，能滅眾生苦，汝應入此門。能生世間樂，亦生出世樂，令我心歡喜，汝應入此門。既捨有為患，亦遠聲聞果，淨修諸佛力，汝應入此門。我目甚清淨，普見十方剎，亦見其中佛，菩提樹下坐，相好莊嚴身，無量眾圍繞，一一毛孔內，種種光明出；見諸群生類，死此而生彼，輪迴五趣中，常受無量苦。我耳甚清淨，聽之無不及，一切語言海，悉聞能憶持；諸佛轉法輪，其聲妙無比，所有諸文字，悉皆能憶持。我鼻甚清淨，於法無所礙，一切皆自在，汝應入此門。我舌甚廣大，淨好能言說，隨應演妙法，汝應入此門。我身甚清淨，三世等如如，隨諸眾生心，一切悉皆現。我心淨無礙，如空含萬像，普念諸如來，而亦不分別。了知無量剎，一切諸心海，諸根及欲樂，而亦不分別。我以大神通，震動無量剎，其身悉徧往，調彼難調眾。我福甚廣大，如空無有盡，供養諸如來，饒益一切眾。我智廣清淨，了知諸法海，除滅眾生惑，汝應入此門。我知三世佛，及以一切法，亦了彼方便，此門徧無等。一一塵中見，三世一切剎，亦見彼諸佛，此是普門力。十方剎塵內，悉見盧舍那，菩提樹下坐，成道演妙法。」

爾時，善財童子白夜神言：「汝發阿耨多羅三藐三菩提心為幾時耶？得此解脫其已久如，乃能如是饒益眾生？」

其神答言：「善男子！乃往古世過如須彌山微塵數劫，有劫名寂靜光，世界名出生妙寶，有五億佛於中出現。彼世界中有四天下❶名寶月燈光，有城名蓮華光，王名善法度，以法施化，成就七寶，王四天下。王有夫人，名法慧月，夜久眠寐。時，彼城東有一大林，名為寂住，林中有一大菩提樹，名一切光摩尼王莊嚴身出生一切佛神力光明。爾時，有佛名一切法雷音王，於此樹下成等正覺，放無量色廣大光明，徧照出生妙寶世界。蓮華光城內有主夜神名為淨月，詣王夫人法慧月所，動身瓔珞以覺夫人，而告之言：『夫人當知，一切法雷音王如來，於寂住林成無上覺，及廣為說諸佛功德自在神力、普賢菩薩所有行願。』今王夫人發阿耨多羅三藐三菩提意，供養彼佛及諸菩薩、聲聞、僧眾。

「善男子！時王夫人法慧月者，豈異人乎？我身是也！我於彼佛所發菩提心種善根故，於須彌山微塵數劫，不生地獄、餓鬼、畜生諸惡趣中，亦不生於下賤之家，諸根具足，無有眾苦，於天、人中福德殊勝，不生惡世❷，恆不離佛及諸菩薩、大善知識，常於其所種植善根，經八十須彌山微塵數劫常受安樂，而未滿足菩薩諸根。

【章　旨】善財童子又向婆珊婆演底夜神請教其獲得這一法門的發心時節機緣以及得法時間

的長短。

【注　釋】❶四天下　一個太陽和一個月亮所照臨的四大部洲，即東勝身洲、南贍部洲、西牛貨洲和北俱盧洲。

❷惡世　即濁惡之世。此時煩惱、邪見熾盛，且人壽短促，苦多而樂少。惡世中有劫濁、見濁、煩惱濁、眾生濁、命濁等五濁，其時眾生垢重，成就諸不善根，故諸佛以方便力應機示教，於一佛乘分別說三乘之法。蓋正法時代，眾生煩惱薄少，人人自行十善，且其壽命長達數萬歲；反之，末法時代，惡世界、惡眾生、惡見、惡煩惱、惡邪、無信熾盛之時，特稱之為惡世或惡時。

【語　譯】這時，善財童子又問婆珊婆演底夜神：「您是什麼時候發阿耨多羅三藐三菩提心的？獲得這一解脫法門多長時間之後纔能如此饒益眾生呢？」

婆珊婆演底夜神回答說：「善男子！在久遠的過去再過如須彌山微塵數劫，有一名為『寂靜光』的劫，此世界名叫『出生妙寶』，有五億佛在此世界中出現。那一世界中有一名為『寶月燈光』的四天下，有一名叫『蓮華光』的城市，城中有一位名為『善法度』的王，其王以法施化，成就了七寶，在四天下稱王。此王有一位名叫『法慧月』的夫人，此位夫人在深夜入睡了。這時，在此城東一處名為『寂住』的大森林中，有一棵名為『一切光摩尼王莊嚴身出生一切佛神力光明』的大菩提樹。那時，有一位名為『一切法雷音王』的佛，正在此樹下成等正覺，放出了無數種顏色的廣大光明，徧照世間產生了美妙的寶藏世界。在蓮華光城內，有一位名叫『淨月』的主管夜晚的夜神，前往王夫人法慧月的住所，以身上搖動的瓔珞使夫人覺醒，然後告訴夫人：『夫人應該知道，一切法雷音王如來在寂住林成無上覺，並且廣為宣說諸佛功德自在神力、普賢菩薩所有行願。』此如來可以使王夫人發阿耨多羅三藐三菩提意，供養彼佛及諸菩薩、聲聞、僧眾。

「善男子！當時的這位叫法慧月的王夫人，難道是別人嗎？就是我身啊！我在那位佛的住所發菩提心種植善根，在須彌山微塵數的劫中，不生於地獄、餓鬼、畜生諸惡趣中，也不生於下賤之家，諸根具足，沒有眾多痛苦，在天、人中福德殊勝，不生於惡世，永遠不遠離佛及諸菩薩、大善知識，常常在他們的住所種植善根，經過八十須彌山微塵數劫常常享受安樂，但是卻未使菩薩諸根得到滿足。

「過此劫已，復過萬劫，於賢劫前，有劫名無憂偏照，世界名離垢妙光。其世界中淨穢相雜，有五百佛於中出現。其第一佛，名須彌幢寂靜妙眼如來、應、正等覺；我為名稱長者女，名妙慧光明，端正殊妙。彼淨月夜神，以願力故，於離垢世界一四天下妙幢王城中生，作主夜神，名清淨眼。我於一時，在父母邊，夜久眠息。彼清淨眼來詣我所，震動我宅，放大光明，出現其身，讚佛功德言：『妙眼如來坐菩提座，始成正覺。』勸喻於我及以父母並諸眷屬，令速見佛；自為前導，引至佛所，廣興供養。

「我纔見佛，即得三昧，名出生見佛調伏眾生三世智光明輪。獲此三昧故，能憶念須彌山微塵數劫，亦見其中諸佛出現，於彼佛所聽聞妙法；以聞法故，即得此破一切眾生暗法光明解脫。

「得此解脫已，即見其身徧往佛剎微塵數世界，亦見彼世界所有諸佛，又見自身在其佛所；亦見彼世界一切眾生，解其言音，識其根性，知其往昔曾為善友之所攝受，隨其所樂而為現身，令生歡喜。我時於彼所得解脫，念念增長，此心無間；又見自身徧往百佛剎微塵數世界，此心無間；又見自身徧往千佛剎微塵數世界，此心無間；又見自身徧往百千佛剎微塵數世界。如是，念念乃至不可說不可說佛剎微塵數世界，亦見彼世界中一切如來；亦自見身在彼佛所，聽聞妙法，受持憶念，觀察決了；亦知彼佛諸本事海、諸大願海，彼諸如來嚴淨佛剎，我亦嚴淨；亦見彼世界一切眾生，隨其所應而為現身教化調伏。此解脫門，念念增長，如是乃至充滿法界。

【章　旨】婆珊婆演底夜神又向善財童子演說自己獲得「出生見佛調伏眾生三世智光明輪」三昧並以之救度教化眾生的過程。

【語　譯】「在寂靜光劫之後再經過萬劫，在賢劫之前有一名為『無憂徧照』的劫，此世界名為『離垢妙光』。這一世界是淨穢相雜的，有五百佛在其世界中出現。其第一佛名為『須彌幢寂靜妙眼如來、應、正等覺』；我當時為『名稱』長者之女，名為『妙慧光明』，長相端莊美麗。那位淨月夜神，以大願之力的緣故，在離垢世界一四天下妙幢王城中出生，又作主夜之神，名為『清淨眼』。一時，我在父母身邊，於深夜中眠息。那位清淨眼來到我的住所，敲動我的臥室，放出大光明，顯現出其身，讚嘆佛的功德說：『妙眼如來坐於菩提座，始成正覺。』此夜神勸導我以及父母並諸眷屬，使我們迅速去拜見佛。這位夜神自己作為前導，將我們引至佛的所在，廣興供養。

「我剛剛見到佛，立即就獲得名為『出生見佛調伏眾生三世智光明輪』的三昧。我因為獲得此三昧的緣故，能憶念起須彌山微塵數劫，也能夠看見其中諸佛的出現，在彼佛所聽聞美妙的佛法；因為聞法的緣故，立即獲得此『破一切眾生暗法光明解脫』境界。

「當我獲得此解脫之後，立即看見自身完全徧往佛土微塵數世界，也看見那一世界中的所有諸佛，又看見自身在其佛所；也看見那一世界中的一切眾生，理解其言語，知曉其根性，知曉其往昔曾為善友之所攝受，並且針對其所樂而為其現身，使其產生歡喜。我那時在那一位佛的所在獲得解脫，念念增長，此心沒有任何間斷；又看見自身徧往百佛土微塵數世界，此心沒有任何間斷；又看見自身徧往千佛土微塵數世界，此心沒有任何間斷；又看見自身徧往百千佛土微塵數世界。如此等等，念念乃至不可說不可說佛剎微塵數世界，也看見那一世界中一切如來；也看見自身在那一佛所，聽聞妙法，受持憶念，觀察使義理決定明了；也知曉那一佛諸本事之海、諸大願之海，那諸如來嚴淨佛土，我也嚴淨；也看見那一世界中的一切眾生，針對其所應而為現身教化調伏他們。這一解脫法門，念念增長，如此甚至充滿了法界。

「善男子！我唯知此菩薩破一切眾生暗法光明解脫。如諸菩薩摩訶薩，成就普賢無邊行願，普入一切諸法界海，得諸菩薩金剛智幢自在三昧，出生大願，住持佛種；於念念中，成滿一切大功德海，嚴淨一切廣大世界；以自在智，教化成熟一切眾生；以智慧日，滅除一切世間暗障；以勇猛智，覺悟一切眾生惛睡；以智慧月，決了一切眾生疑惑；以清淨音，斷除一切諸有執著；於一切法界一一塵中，示現一切自在神力；智眼明淨，等見三世。

「而我何能知其妙行、說其功德、入其境界、示其自在？善男子！此閻浮提摩竭提國菩提場內❶，有主夜神，名普德淨光❷。我本從其發阿耨多羅三藐三菩提心，常以妙法開悟於我。汝詣彼問：菩薩云何學菩薩行、修菩薩道？」

爾時，善財童子向婆珊婆演底神而說頌曰：「見汝清淨身，相好超世間，如文殊師利，亦如寶山王。汝法身清淨，三世悉平等，世界悉入中，成壞無所礙。我觀一切趣，悉見汝形像，一一毛孔中，星月各分佈。汝心極廣大，如空徧十方，諸佛悉入中，清淨無分別。一一毛孔內，悉放無數光，十方諸佛所，普雨莊嚴具。一一毛孔內，各現無數身，十方諸國土，方便度眾生。一一毛孔內，示現無量剎，隨諸眾生欲，種種令清淨。若有諸眾生，聞名及見身，悉獲功德利，成就菩提道。多劫在惡趣，始得見聞汝，亦應歡喜受，以滅煩惱故。千剎微塵劫，嘆汝一毛德，劫數猶可窮，功德終無盡。」

時，善財童子說此頌已，頂禮其足，繞無量匝，殷勤瞻仰，辭退而去。

【章　旨】婆珊婆演底夜神又向善財童子舉薦「閻浮提摩竭提國菩提場內」中的「普德淨光」夜神，囑咐善財童子前去拜訪。善財童子於是告別婆珊婆演底夜神繼續前進求法。

【注　釋】❶菩提場內　此之所以名為「菩提場內」，是因為「得無誤犯，由契理故，理即菩提場」（澄觀《華嚴經疏》卷五十八，《大正藏》卷三十五，頁九四一下）。❷普德淨光　據澄觀的解釋，「友名『普德』者，最勝法界無德不具故；『淨光』者，正智證入離誤犯之垢故。」（澄觀《華嚴經疏》卷五十八，《大正藏》卷三十五，頁九四二下）

【語　譯】「善男子！我只是知曉此『菩薩破一切眾生暗法光明解脫』法門。如同諸菩薩，成就普賢無邊行願，完全進入一切諸法界之海，獲得諸菩薩金剛智幢自在三昧，出生大願，住持佛種；於念念中，成就滿足一切大功德海，嚴淨一切廣大世界；以自在的智慧教化使一切眾生都得到成熟；以智慧之日，滅除一切世間暗障；以勇猛智使一切眾生從惛睡中覺醒；以智慧之月，使一切眾生的疑惑得到決定明了；以清淨之聲音，斷除眾生對於一切諸有的執著；在一切法界一一塵中，示現出一切自在神力，智眼明淨，同時看清楚過去、現在、未來三世。

「而我為什麼能夠知曉這一妙行、宣說這一法門的功德、進入這一境界、顯示這一法門的自在呢？善男子！在此閻浮提摩竭提國的菩提場內，有一位名叫『普德淨光』的主管夜晚的神。我本來是跟從其發阿耨多羅三藐三菩提心的，他常常以妙法使我開悟。你可以前往他那裡去向他請教：菩薩如何學菩薩行、修菩薩道？」

這時，善財童子向婆珊婆演底夜神以偈頌形式說：「見汝清淨身，相好超世間，如文殊師利，亦如寶山王。汝法身清淨，三世悉平等，世界悉入中，成壞無所礙。我觀一切趣，悉見汝形像，一一毛孔中，星月各分佈。汝心極廣大，如空徧十方，諸佛悉入中，清淨無分別。一一毛孔內，悉放無數光，十方諸佛所，普雨莊嚴具。一一毛孔內，各現無數身，十方諸國土，方便度眾生。一一毛孔內，示現無量剎，隨諸眾生欲，種種令清淨。若有諸眾生，聞名及見身，悉獲功德利，成就菩提道。多劫在惡趣，始得見聞汝，亦應歡喜受，以滅煩惱故。千剎微塵劫，嘆汝一毛德，劫數猶可窮，功德終無盡。」

當時，善財童子說完此頌之後，頂禮夜神的雙足，在其周圍繞行無數圈，殷勤瞻仰夜神。然後辭別婆珊婆演底夜神，踏上了繼續求法的歷程。

古籍今注新譯叢書

【哲學類】

新譯四書讀本　謝冰瑩等編譯
新譯學庸讀本　王澤應注譯
新譯論語新編解義　胡楚生編著
新譯孝經讀本　賴炎元等注譯
新譯易經讀本　郭建勳注譯
新譯周易六十四卦經傳通釋：上經　黃慶萱注譯
新譯周易六十四卦經傳通釋：下經　黃慶萱注譯
新譯乾坤經傳通釋　黃慶萱注譯
新譯易經繫辭傳解義　吳　怡著
新譯禮記讀本　姜義華注譯
新譯儀禮讀本　顧寶田等注譯
新譯孔子家語　羊春秋注譯
新譯老子讀本　余培林注譯
新譯帛書老子　趙　鋒注譯
新譯老子解義　吳　怡著
新譯莊子讀本　黃錦鋐注譯
新譯莊子讀本　張松輝注譯
新譯莊子本義　水渭松注譯
新譯莊子內篇解義　吳　怡著
新譯列子讀本　莊萬壽注譯
新譯管子讀本　湯孝純注譯
新譯墨子讀本　李生龍注譯
新譯公孫龍子　丁成泉注譯
新譯晏子春秋　陶梅生注譯
新譯鄧析子　徐忠良注譯
新譯荀子讀本　王忠林注譯
新譯尹文子　徐忠良注譯
新譯尸子讀本　水渭松注譯
新譯鶡冠子　趙鵬團注譯
新譯鬼谷子　王德華等注譯
新譯韓非子　傅武光等注譯
新譯呂氏春秋　朱永嘉等注譯
新譯韓詩外傳　孫立堯注譯
新譯淮南子　熊禮匯注譯
新譯春秋繁露　朱永嘉等注譯
新譯新書讀本　饒東原注譯
新譯新語讀本　王　毅注譯
新譯潛夫論　彭丙成注譯
新譯論衡讀本　蔡鎮楚注譯
新譯申鑒讀本　林家驪等注譯
新譯人物志　吳家駒注譯
新譯張載文選　張金泉注譯
新譯近思錄　張京華注譯
新譯傳習錄　李生龍注譯
新譯呻吟語摘　鄧子勉注譯
新譯明夷待訪錄　李廣柏注譯

【文學類】

新譯詩經讀本　滕志賢注譯
新譯楚辭讀本　林家驪注譯
新譯楚辭讀本　傅錫壬注譯
新譯文心雕龍　羅立乾注譯
新譯六朝文絜　蔣遠橋注譯
新譯世說新語　劉正浩等注譯
新譯昭明文選　周啟成等注譯
新譯古文觀止　謝冰瑩等注譯
新譯古文辭類纂　黃　鈞等注譯
新譯樂府詩選　溫洪隆注譯
新譯古詩源　馮保善注譯
新譯千家詩　邱燮友等注譯
新譯詩品讀本　成　林等注譯
新譯花間集　朱恒夫注譯
新譯南唐詞　劉慶雲注譯
新譯絕妙好詞　聶安福注譯
新譯唐詩三百首　邱燮友注譯
新譯宋詩三百首　陶文鵬注譯
新譯宋詞三百首　汪　中注譯
新譯宋詞三百首　劉慶雲注譯
新譯元曲三百首　賴橋本等注譯
新譯明詩三百首　趙伯陶注譯
新譯清詩三百首　王英志注譯
新譯清詞三百首　陳水雲等注譯
新譯唐人絕句選　卞孝萱等注譯
新譯唐才子傳　戴揚本注譯
新譯拾遺記　石　磊注譯
新譯搜神記　黃　鈞注譯
新譯唐傳奇選　東　忱等注譯

新譯宋傳奇小說選　束忱注譯
新譯明傳奇小說選　陳美林等注譯
新譯容齋隨筆選　朱永嘉等注譯
新譯明散文選　周明初注譯
新譯明清小品文選　鄭婷注譯
新譯人間詞話　馬自毅注譯
新譯白香詞譜　劉慶雲注譯
新譯幽夢影　馮保善注譯
新譯菜根譚　吳家駒注譯
新譯小窗幽記　馬美信注譯
新譯圍爐夜話　馬美信注譯
新譯郁離子　吳家駒注譯
新譯歷代寓言選　黃瑞雲注譯
新譯賈長沙集　林家驪注譯
新譯揚子雲集　葉幼明注譯
新譯曹子建集　曹海東注譯
新譯建安七子詩文集　韓格平注譯
新譯阮籍詩文集　林家驪注譯
新譯嵇中散集　崔富章注譯
新譯陸機詩文集　王德華注譯
新譯陶淵明集　溫洪隆注譯
新譯江淹集　羅立乾等注譯
新譯庾信詩文選　歸青注譯
新譯初唐四傑詩集　李福標注譯
新譯駱賓王文集　黃清泉注譯
新譯王維詩文集　陳鐵民注譯
新譯孟浩然詩集　楊軍注譯
新譯李白詩全集　郁賢皓注譯

新譯李白文集　郁賢皓注譯
新譯杜甫詩選　張忠綱等注譯
新譯杜詩菁華　林繼中注譯
新譯高適岑參詩選　孫欽善等注譯
新譯昌黎先生文集　周啟成等注譯
新譯劉禹錫詩文選　閻琦注譯
新譯柳宗元文選　卞孝萱等注譯
新譯白居易詩文選　陶敏等注譯
新譯元稹詩文選　郭自虎注譯
新譯李賀詩集　彭國忠注譯
新譯杜牧詩文集　張松輝注譯
新譯李商隱詩選　朱恒夫等注譯
新譯范文正公選集　王興華等注譯
新譯蘇洵文選　羅立剛注譯
新譯蘇軾文選　滕志賢注譯
新譯蘇軾詞選　鄧子勉注譯
新譯蘇轍文選　朱剛注譯
新譯曾鞏文選　高克勤注譯
新譯王安石文選　沈松勤注譯
新譯唐宋八大家文選　鄧子勉注譯
新譯柳永詞集　侯孝瓊注譯
新譯李清照集　姜漢椿等注譯
新譯陸游詩文選　韓立平注譯
新譯辛棄疾詞選　聶安福注譯
新譯歸有光文選　鄔國平注譯
新譯唐順之詩文選　馬美信注譯
新譯徐渭詩文選　周群等注譯
新譯薑齋文集　平慧善注譯

新譯顧亭林文集　劉九洲注譯
新譯方苞文選　鄔國平等注譯
新譯鄭板橋集　朱崇才注譯
新譯袁枚詩文選　王英志注譯
新譯李慈銘詩文選　潘靜如注譯
新譯聊齋誌異選　任篤行等注譯
新譯閱微草堂筆記　嚴文儒注譯
新譯浮生六記　馬美信注譯
新譯弘一大師詩詞全編　徐正綸編著

歷史類

新譯史記　韓兆琦注譯
新譯漢書　吳榮曾等注譯
新譯後漢書　魏連科等注譯
新譯三國志　吳樹平等注譯
新譯資治通鑑　張大可等注譯
新譯史記—名篇精選　韓兆琦注譯
新譯尚書讀本　吳璵注譯
新譯尚書讀本　郭建勳注譯
新譯周禮讀本　賀友齡注譯
新譯逸周書　牛鴻恩注譯
新譯左傳讀本　郁賢皓等注譯
新譯公羊傳　雪克注譯
新譯穀梁傳　顧寶田注譯
新譯春秋穀梁傳　周何注譯
新譯戰國策　溫洪隆注譯
新譯國語讀本　易中天注譯
新譯說苑讀本　左松超注譯

新譯說苑讀本　羅少卿注譯
新譯新序讀本　葉幼明注譯
新譯吳越春秋　黃仁生注譯
新譯西京雜記　曹海東注譯
新譯列女傳　黃清泉注譯
新譯越絕書　劉建國注譯
新譯燕丹子　曹海東注譯
新譯東萊博議　李振興等注譯
新譯唐六典　朱永嘉等注譯
新譯唐摭言　姜漢椿注譯

宗教類

新譯金剛經　徐興無注譯
新譯高僧傳　朱恒夫等注譯
新譯碧巖集　吳　平注譯
新譯百喻經　顧寶田注譯
新譯楞嚴經　賴永海等注譯
新譯梵網經　王建光注譯
新譯圓覺經　商海鋒注譯
新譯法句經　劉學軍注譯
新譯六祖壇經　李中華注譯
新譯禪林寶訓　李中華注譯
新譯維摩詰經　陳引馳等注譯
新譯經律異相　顏洽茂注譯
新譯阿彌陀經　蘇樹華注譯
新譯無量壽經　邱高興注譯
新譯無量壽經　蘇樹華注譯
新譯妙法蓮華經　張松輝注譯
新譯景德傳燈錄　顧宏義注譯
新譯大乘起信論　韓廷傑注譯
新譯釋禪波羅蜜　蘇樹華注譯
新譯八識規矩頌　倪梁康注譯
新譯永嘉大師證道歌　蔣九愚注譯
新譯華嚴經入法界品　楊維中注譯
新譯地藏菩薩本願經　李承貴注譯
新譯悟真篇　劉國樑等注譯
新譯无能子　張松輝注譯
新譯坐忘論　張松輝注譯
新譯列仙傳　張金嶺注譯
新譯抱朴子　李中華注譯
新譯神仙傳　周啟成注譯
新譯性命圭旨　傅鳳英注譯
新譯老子想爾注　顧寶田等注譯
新譯周易參同契　劉國樑注譯
新譯道門觀心經　王　卡注譯
新譯養性延命錄　曾召南注譯
新譯樂育堂語錄　戈國龍注譯
新譯冲虛至德真經　張松輝注譯
新譯長春真人西遊記　顧寶田等注譯
新譯黃庭經・陰符經　劉連朋等注譯

軍事類

新譯司馬法　王雲路注譯
新譯尉繚子　張金泉注譯
新譯三略讀本　傅　傑注譯
新譯六韜讀本　鄔錫非注譯
新譯吳子讀本　王雲路注譯
新譯孫子讀本　吳仁傑注譯
新譯李衛公問對　鄔錫非注譯

教育類

新譯爾雅讀本　陳建初等注譯
新譯顏氏家訓　李振興等注譯
新譯聰訓齋語　馮保善注譯
新譯曾文正公家書　湯孝純注譯
新譯三字經　黃沛榮注譯
新譯百家姓　馬自毅等注譯
新譯幼學瓊林　馬自毅注譯
新譯增廣賢文・千字文　馬自毅注譯
新譯格言聯璧　馬自毅注譯

政事類

新譯商君書　貝遠辰注譯
新譯鹽鐵論　盧烈紅注譯
新譯貞觀政要　許道勳注譯

地志類

新譯山海經　楊錫彭注譯
新譯水經注　陳橋驛等注譯
新譯佛國記　楊維中注譯
新譯大唐西域記　陳　飛等注譯
新譯洛陽伽藍記　劉九洲注譯
新譯徐霞客遊記　黃　珅注譯
新譯東京夢華錄　嚴文儒注譯